KB143704

100가지 동물로 읽는 세계사

티라노사우루스부터 북극곰까지 인류와 공생한 동물들의 이야기

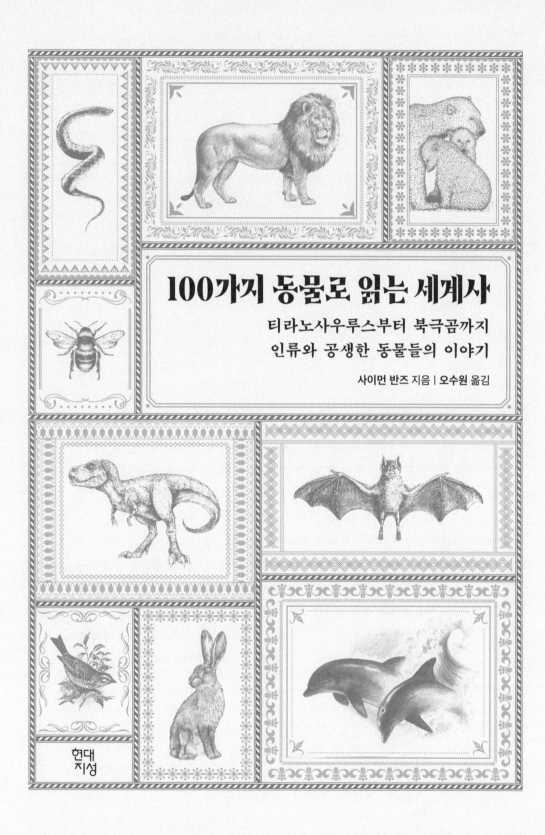

100가지 동물로 읽는 세계사

티라노사우루스부터 북극곰까지
인류와 공생한 동물들의 이야기

사이먼 반즈 지음 | 오수원 옮김

현대
지성

추천사

인간이 힘을 빌리거나 식량으로 삼는 동물도 있지만 유감스럽게도 대부분의 동물은 우리에게 공포와 혐오의 대상이다. 물론 아주 가끔 가족처럼 지내는 동물도 있긴 하다. 지구상에 존재하는 한 우리는 다양한 동물과 이러저러한 인연을 맺으며 살 수밖에 없다. 그리고 그 인연이 문명의 근거가 되었다. 이 책에서 사자와 티라노사우루스부터 모기와 바퀴벌레에 이르기까지 100가지 동물들을 하나씩 살피다 보면 어느새 세계사가 퍼즐처럼 맞춰진다. 이 책은 우리를 둘러싼 동물들을 이해하면서 인류를 되돌아보게 하는 이 분야 최고의 역사책이자 과학책이다.

이정모
전 국립과천과학관장

옛 마을의 정취를 떠올리게 하는 소와 닭에 관한 이야기에서부터 상상 속 먼 나라의 이국적인 정취를 떠올리게 하는 악어와 북극곰 이야기까지, 너무나 친숙하고 하잘것 없는 모기 이야기에서부터 위엄 넘치는 사자 이야기까지, 이 책은 책장을 넘기는 가운데 앉은 자리에서 온 세상을 돌아보게 해주는 이야기로 가득하다. 이 모든 동물 이야기들이 고리처럼 엮여 있어 서로 다른 대륙의 사회상과 서로 다른 시대의 역사가 어느 역사책 못지않게 생생하게 다가온다. 생명의 아름다움을 노래하고 귀여운 동물들을 사랑하는 따뜻한 시각을 견지하면서도, 최신 과학의 연구 성과에 근거한 날카로운 통찰력을 보여준다. 과연 이 책의 백미다.

곽재식
작가, 숭실사이버대학교 환경안전공학과 교수

남극 얼음 위에 서 있으면 뼛속까지 파고드는 추위 속에 홀로 외롭다는 생각이 든다. 하지만 오롯이 혼자라고 느껴지는 순간, 이내 주위를 둘러보면 얼음 위에 펭귄과 물범이 눈에 들어온다. 이렇게 혹독한 곳에서도 인간은 혼자가 아니다. 사람 곁에는 늘 동물이 있었고, 오랜 시간에 걸쳐 관계를 맺었다. 물론 동등한 관계는 아니었다. 닭과 오리는 가축으로 길들였고 도도새와 양쯔강돌고래는 멸종시켰다. 최근에는 기후 위기를 자초해 남극 펭귄과 물범마저 위기에 빠뜨렸다. 동물이 인간과 함께해온 시간은 곧 인류의 역사다. 책에 소개된 100가지 동물을 따라가다 보면, 인간의 역사 속에서 같이 걸어온 동물들을 이해하고 마음속에 기억하게 된다. 그리고 역사의 교훈 앞에서 인간과 동물이 공존하는 방법을 고민하게 된다. 누구보다 펭귄과 물범은 우리 곁을 떠나지 않고 오래도록 함께 지냈으면 하는 바람이다.

이원영
동물행동학자, 극지연구소 선임연구원

이런 책을 기다리고 있었다. 『이상한 나라의 앨리스』에서 도도새를 읽었을 때, 비 오는 날 지렁이를 만났을 때, 아이 머리에서 머릿니를 발견했을 때, 곧장 책꽂이로 달려가 꺼내 찾아볼 수 있는 책이다! 이 책은 흔한 자연과학 다이제스트가 아니다. 100종에 달하는 동물 종의 진화와 지구 생태계에 관한 최신 과학의 탐구 결과뿐만 아니라 그동안 동물이 인간과 맺어온 역사와 문화가 훌륭하게 정리되어 있다. 차곡차곡 쌓은 지식에 번뜩이는 통찰을 뿌린 뒤 압축기로 누른 듯한 저자의 노고가 돋보인다. 소파 옆에 이 책을 놓고 나는 매일 새로운 종을 만나러 떠난다.

남종영
환경논픽션 작가, 〈한겨레〉 기자

〈노아의 방주로 들어가는 동물들〉, 야콥 사베리(1593~1627).

차례

서문 ✦ *11*

001 사자 ✦ *15*

002 고양이 ✦ *23*

003 고릴라 ✦ *29*

004 흉내지빠귀 ✦ *36*

005 버펄로 ✦ *43*

006 벼룩 ✦ *51*

007 소 ✦ *59*

008 대왕고래 ✦ *67*

009 산호 ✦ *75*

010 독수리 ✦ *81*

011 오리너구리 ✦ *87*

012 꿀벌 ✦ *93*

013 티라노사우루스 ✦ *100*

014 상어 ✦ *107*

015 바퀴벌레 ✦ *115*

016 판다 ✦ *121*

017 대구 ✦ *129*

018 백로 ✦ *136*

019 도도 ✦ *142*

020 당나귀 ✦ *148*

021 늑대 ✦ *154*

022 비둘기 ✦ *162*

023 모기 ✦ *170*

024 호랑이 ✦ *177*

025 쥐 ✦ *185*

026 말벌 ✦ *192*

027 지렁이 ✦ *198*

028 뱀 ✦ *204*

029 닭 ✦ *212*

030 원숭이 ✦ *219*

031 시조새 ✦ *227*

032 집파리 ✦ *233*

033 개 ✦ 239

034 곰 ✦ 248

035 낙타 ✦ 255

036 펭귄 ✦ 262

037 문어 ✦ 269

038 돌고래 ✦ 275

039 코뿔소 ✦ 283

040 나이팅게일 ✦ 290

041 돼지 ✦ 297

042 침팬지 ✦ 304

043 앨버트로스 ✦ 312

044 여행비둘기 ✦ 319

045 체체파리 ✦ 326

046 오리 ✦ 330

047 캥거루 ✦ 338

048 태즈메이니아주머니늑대 ✦ 344

049 악어 ✦ 350

050 말 ✦ 357

051 올빼미 ✦ 367

052 물범 ✦ 373

053 바우어새 ✦ 379

054 코끼리 ✦ 385

055 피라냐 ✦ 394

056 박새 ✦ 400

057 거미 ✦ 406

058 누에 ✦ 414

059 매 ✦ 420

060 꿩 ✦ 427

061 따개비 ✦ 433

062 머릿니 ✦ 439

063 까마귀 ✦ 445

064 박쥐 ✦ 451

065 뒤영벌 ✦ 458

066 연어 ✦ 464

067 오릭스 ✦ 470

068 양 ✦ 476

069 하와이기러기 ✦ 482

070 오랑우탄 ✦ 488

071 앵무새 ✦ 496

072 콜로라도감자잎벌레 ✦ 504

073 메뚜기 ✦ 510

074 양쯔강돌고래 ✦ 516

075 두루미 ◆ 522

076 매머드 ◆ 529

077 염소 ◆ 536

078 로아사상충 ◆ 544

079 공작 ◆ 550

080 금붕어 ◆ 557

081 카나리아 ◆ 563

082 순록 ◆ 570

083 칠면조 ◆ 576

084 사슴 ◆ 583

085 토끼 ◆ 591

086 참새 ◆ 598

087 나비 ◆ 605

088 초파리 ◆ 613

089 사올라 ◆ 619

090 대왕오징어 ◆ 625

091 비버 ◆ 632

092 구아노가마우지 ◆ 638

093 생쥐 ◆ 644

094 황새 ◆ 651

095 굴 ◆ 658

096 재규어 ◆ 664

097 분홍비둘기 ◆ 670

098 바키타 ◆ 676

099 개미 ◆ 682

100 북극곰 ◆ 689

에필로그 ◆ 698

찾아보기 ◆ 702

도판 저작권자 ◆ 724

감사의 말 ◆ 727

〈노아의 방주로 들어가는 동물들〉의 일부, 대(大) 얀 브뤼헐(1568~1625).

서문

"인간과 고등동물의 차이는 크지만,

그것은 양적인 차이이지 질적인 차이는 아니다."

└ 찰스 다윈, 『인간의 유래와 성 선택』

우리는 혼자가 아니다.

우리는 우주에서도 혼자가 아니다. 지구에서도 혼자가 아니다. 야생에서도 혼자가 아니다. 농촌에서도 혼자가 아니다. 도시에서도 혼자가 아니다. 집에서도 혼자가 아니다. 욕조나 샤워 부스에서도 혼자가 아니다. 모낭충이 우리 얼굴 피부에서 함께 살고 있지 않은가.

우리는 인간의 고유성을 신주단지 모시듯 애지중지한다. 우리의 사상, 철학, 종교, 예술 심지어 과학까지 인간의 고유성을 전제로 한다. 지나친 인간 중심주의가 인간과 동물을 이분법적으로 갈라놓는다. '비인간적'이라는 말은 인간 사회에서는 최악의 모욕이라 함부로 쓸 수 없다. 아돌프 히틀러나 폴 포트 정도를 욕할 때 쓰려고 아껴두는 말이다. 하지만 깨물어주고 싶을 정도로 귀여운 강아지, 털 뭉치를 갖고 노는 새끼 고양이, 여왕이 타고 다니는 말도 모두 '비인간'이라는 사실을 알고 있는가.

인간도 사실은 개나 고양이, 우리가 먹는 소나 물고기, 식물의 꽃가루를 옮기는 벌, 얼굴에 사는 진드기처럼 동물이다. 인간은 척추동물이면서 포유류이고 영장류다. 침팬지나 보노보와 DNA를 98퍼센트 이상 공유하는 유인원이라는 말이다.

우리의 삶과 역사와 사상은 지구상에서 공존하는 다른 동물들과 떼려야 뗄 수 없다. '비인간'인 동물들은 300만 년 전 인류의 조상이 아프리카 대초원을 돌아다닐 때부터 인간의 삶에 깊숙이 들어와 있었고, 지금까지도 계속 그래 왔다.

인류는 식량을 얻고자 동물을 길렀고 이동 수단으로 삼으려고 동물을 길들였다. 동물은 농사에 동력을 제공하면서 인류 문명 발전에 힘이 되었다. 20세기 초반까지는 전쟁을 치르는 데 추진력도 되어주었다. 우리 할아버지는 제1차 세계대전 기간에 그리스 테살로니키에서 영국 포병대 하사관으로 복무할 때 말로 포를 끌면서 전투를 수행했다.

벼룩은 유럽에서 인간의 문명을 멸망시킬 뻔했다. 소가 살육되면서 한 문명은 창조되었지만 다른 문명은 파괴되었다. 수백 년 동안 인류의 미움을 받은 쥐는 인간을 따라 세계 각지를 돌아다녔고, 인류의 가장 위대한 의학적 발견에 조금이나마 기여하기도 했다. 비둘기는 인류의 지성사에 가장 큰 돌파구를 선사했다.

우리 인류는 동물로 마음을 채웠을 뿐 아니라 동물을 선과 악의 상징으로 삼았다. 기독교를 비롯한 수많은 종교에서 신을 표상하는 존재는 동물이었다. 비둘기는 평화를 상징하고 독수리는 전쟁을 상징한다. 바다로 향한 인류는 바닷속에서 이상적인 식량원을 발견하고는 그것이 절멸 위기가 올 때까지 잡아들였다. 그러다가 인간들은 자신들도 지구상에 존재하는 하나의 종으로서 살육의 악습을 벗어버리고 동물들과 평화롭게 공존하겠다고 맹세했다.

우리는 동물을 집으로 데려와 사랑을 듬뿍 쏟았고 곁에 두며 위안을 얻었다. 신화에 야생동물을 등장시켜 상상할 수 없을 정도의 사악한 존재로 만들기도 하고, 평화를 사랑하는 고결한 존재로도 만들었다. 동물을 통해 세상을 이해하고 세상 속 인간의 위치를 파악하려 시도했다. 그럼으로써 인간의 삶을 이해하는 방식과 우리가 살아가는 지구를 운영하는 방식을 혁신시켜 나갔다.

동물계 종의 수에 대한 추정치는 많다. 대략 중간치인 1,000만 종이라고 해보자. 이 1,000만 종이 각각 이런저런 방식으로 부지불식간에 인류에게 영향을 미쳤다고 말할 수 있다. 인류도 이 모든 종에게 각각 영향을 미쳤을 수 있다.

사정이 이러하므로 1,000만 종 가운데 100종을 선정하는 건 너무나 어려운 작업이었다. 물론 일부 동물은 쉽게 선택할 수 있을 만큼 인간과 밀접한 관계에 있다. 소나 쥐는 늘 우리 곁에 있었다. 어떤 동물은 비교적 최근에 알려졌다. 고릴라나 갈라파고스군도에서만 발견되는 동물종이 그러하다. 지렁이나 늑대처럼 인류와 관계가 밀접하지만 다소 명확히 드러나지 않은 종도 있다. 시간을 초월한 신화적인 종도 있는가 하면, 옛 신화를 뒤집고 현대적인 신화를 자극하는 동물도 있다. 일부 동물은 인류의 세계관을 바꾸기도 했다.

나는 이 책을 영어로 썼지만 다루는 내용은 영어권 세계를 훌쩍 뛰어넘는다. 이 책의 범위는 전 세계를 아우른다. 이 책은 인간이라는 종과 동물계를 이루는 다른 999만 9,999종과의 관계를 주제로 다룬다.

동물학자들은 공생이라는 개념을 말한다. 공생은 상이한 두 종이 상호 관계를 맺는 방식을 가리킨다. 전형적인 공생의 사례로는 아프리카 대형 포유류와 소등쪼기새의 관계를 들 수 있다. 이 새들은 버펄로나 하마와 같은 포유류에게 붙어 있는 기생충을 없애준다. 이 과정에서 새는 먹이를 얻고 포유류는 안심과 건강을 챙긴다. 두 당사자 모두 서로 공존하면서 이득을 보는 셈이다.

우리 인간도 동물계의 나머지 동물들과 공생 관계를 맺고 있다고 할 수 있다(더 넓게는 진핵생물계, 식물계, 균류, 색조류계, 원생생물계, 그리고 세균계와 고세균계와도 공생 관계를 맺고 있다). 이 책을 통해 독자 여러분이 이러한 관계를 더 잘 이해할 수 있기를 희망한다. 인류는 인간의 '고유성'이라는 독단에 사로잡혀 지난 수천 년 동안 파괴의 길을 걸어왔다. 세계에서 인간이 위치한 자리를 제대로 이해하려면 그 세계를 잘 이해하려고 노력해야 한다. 이러한 노력으로 우리는 고래를 구할 수도 있고 북극곰을 구할 수도 있다. 나아가 인간 스스로를 구하게 될 것이다.

이 책에 나오는 많은 동물종의 보전 상태를 논할 때 내가 쓰는 범주는 국제자연보전연맹(IUCN)에서 발간하는 적색목록이다. 범주는 다음과 같다.

절멸(EX,Extinct)	개체가 전혀 남아 있지 않은 상태.
야생절멸(EW, Extinct in the Wild)	자연 서식지에서는 절멸했으나 보호시설에서 사육 또는 재배하는 개체만 있는 상태.
위급(CR, Critically Endangered)	야생에서 절멸할 가능성이 매우 높은 상태.
위기(EN, Endangered)	야생에서 절멸할 가능성이 높은 상태.
취약(VU, Vulnerable)	야생에서 절멸 위기에 처할 가능성이 높은 상태.
준위협(NT, Near Threatened)	가까운 장래에 야생에서 멸종 우려 위기에 처할 가능성이 있는 상태 .
최소관심(LC, Least Concern)	위험이 낮고 위험 범주에 도달하지 않은 상태.
정보부족(DD, Data Deficient)	멸종 위험을 평가하기에 자료가 부족한 상태.

001
사자

용맹한 제왕의 상징이 되다

"아슬란이 올 때 악은 바로잡히리라.

그의 우렁찬 포효에 슬픔은 사라지고,

그가 이를 드러낼 때 겨울은 죽음을 맞이하며,

그가 갈기를 흔들 때 봄은 다시 찾아오리라."

└• C. S. 루이스, 『사자와 마녀와 옷장』

탄자니아 올두바이협곡의 박물관에 가보면 누군가의 발자국을 본뜬 모형을 볼 수 있다. 박물관 근처 라에톨리에서 나온 발자국이다. 아마 인간과 관련되어 있다면 지구상에서 가장 감동적인 발자국일 것이다. 장장 360만 년 전에 찍힌 이 발자국은 분명 인간의 것이 맞다. 물론 360만 년이나 된 발자국이라는 사실이 흥미롭기는 하지만 그것 때문에 감동이 밀려오는 건 아니다.

이제 발자국을 더 가까이 가서 살펴보자. 어떤 발자국은 다른 발자국에 비해 크기가 절반밖에 되지 않는다. 발자국을 찍은 이들은 둘 혹은 셋으로 보인다. 발자국의 주인공은 '인간'이다. 한두 명은 어른이고, 나머지 한 명은 이들의 자식인 듯하다.

발자국은 서로 가까이서 걸어간 흔적을 보여준다. 아이 발자국이 어른 발자국 옆에 나란히 있지만 서로 겹쳐 있지는 않다. 확실히 이 태곳적 사람들은 나란히 걷고 있다. 이 대목에서 갑자기 감동이 솟아오른다. 21세기를 사는 부모와 자식은 시간을 초월해 이미 오래전에 사라진 '걷는 사람들'을 보면서 울컥하며 깊은 공감을 느낀다.

부모는 자식의 손을 잡고 걷는다. 자식을 챙기고 안심시키고 보호하기 위해서다. 애정이 있어야 가능한 행동이다. "루퍼스 거리를 건널 때는 아빠 손을 꼭 잡으렴." 런던의 핌리코에서 어린 시절을 보낸 내게 아버지가 늘 하시던 말씀이다. 360만 년 전 라에톨리는 지금처럼 교통이 혼잡하지는 않았겠지만 아이를 보호하고 안심시켜야 할 또 다른 위험 요소가 분명히 존재했을 것이다. 그 위험 요소가 지금도 그곳에 존재한다.

그것은 바로 사자다. 사자는 확실히 인류의 가장 오랜 적이다. 인간은 아프리카 대초원에서 최초로 직립보행을 시작했고 사자와 함께 걸어 다녔다. 인간은 성장하고 발달하고 진화했고, 사자는 그 과정을 모두 지켜보았을 것이다. 사자는 인간의 모습을 보고, 인간이 내는 소리를 듣고, 인간의 냄새

인간 본래의 공포: 〈사자굴 속의 다니엘〉, 페테르 파울 루벤스(1614~1616년경).

를 맡고, 인간을 만지고, 인간의 맛을 보았다. 옛날에는 인간이 생태계를 지배하지 못했다. 그저 한낱 먹잇감에 불과했다. 오늘날에도 이 사실을 알고 있는 사람들이 있다. 나도 개인적인 경험으로 그 사실을 안다.

나는 예전에 사자와 맞닥뜨린 적이 있다. 천운으로 목숨을 부지했고, 지금은 내 인생 최고의 사건이라고 마르고 닳도록 이야기하고 다닌다. 간단히 말하면 이런 이야기다. 당시 나는 잠비아의 루앙과계곡을 걷고 있었다. 무기는 가지고 있지 않았다. 그러다가 잠자고 있는 수사자를 깨우고 말았다. 사자는 화가 난 듯 몸을 일으켜 세웠다. 나와 스무 걸음쯤 떨어져 있었다. 그 순간 나는 당장 해야 할 일을 한 치의 오차도 없이 해냈다. 바로 아무 짓도 하지 않는 것. 근육이 그대로 얼어붙었다. 만일 돌아서서 달렸다면 사자의 반사적인 추적 본능을 깨운 꼴이 되어 아마 대여섯 걸음도 가지 못하고 잡혔을 것이다. 하지만 나는 돌아서지 않았다. 그냥 그대로 서 있었다. 다행히 배가 고프지 않았던 사자는 그저 잠시 놀랐을 뿐 다시 자리에 앉았다.

이 이야기의 요점은 나의 적확한 반응이다. 이 반응은 인간이라는 종이 출현한 먼 옛날부터 나에게까지 대대로 내려온 '본능'이다. 인간은 다른 동물의 먹이가 될 위험이 사라진 지금도 먹이가 된다는 것이 무엇을 의미하는지 알고 있다. 게다가 이러한 위험에 어떻게 대처해야 하는지 여전히 잊지 않고 있다. 이는 내게 매우 중요한 문제다. 덕분에 지금도 이렇게 목숨을 부지하고 있지 않은가.

그렇다고 총기가 없던 시절에 인간이 사자에 맞서 쓸 수 있는 방편이 많았다는 말은 아니다. 1898~1899년에 사자 두 마리가 케냐와 우간다 철도 건설에 동원된 노동자들을 먹이로 삼았다. 우간다 철도 건설 프로젝트는 존 헨리 패터슨 중령이 진행한 사업이었다. 그는 사자의 인간 사냥에 얽힌 이야기를 1907년에 출간된 『사보의 식인 사자』라는 책에 풀어놓았다. 이 책에서 패터슨은 자신이 총으로 사자를 잡기 전까지 135명이 사자에게 죽임을 당했다고 주장했다. 나는 '문제적 사자'라는 헤드라인 아래 실린 신문 기사를 읽고 철도 건설 지연에 얽힌 이 불행한 이야기를 알게 되었다.

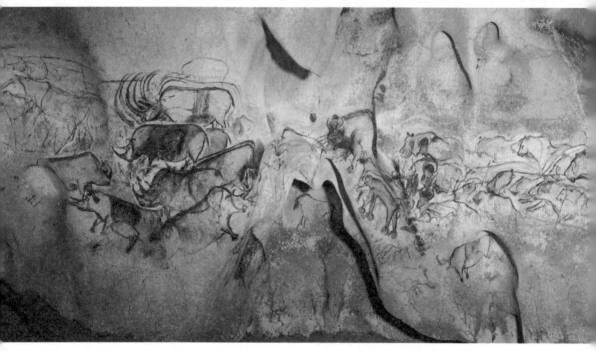

우리는 사자가 인간을 잡아먹는 것이 흔치 않은 일이라고 생각하고 싶어 한다. 사자가 다리를 절거나 허약하거나 이가 빠졌을 때만 인간을 잡아먹는다고 생각한다. 식인은 자연의 질서에 어긋나며, 불량하고 타락한 사자만이 인간에게 맛을 들인다고 믿고 싶은 것이다. 하지만 터무니없는 편견에 불과하다. 덤불숲에서 인간을 잡아먹는 행동은 사자에게는 지극히 자연스러운 일이다. 늘 그래 왔듯이.

우리는 사자가 인간종의 머나먼 과거에나 의미를 갖는다고 생각하는 경향이 있다. 농업이 시작되기 전, 인간이 정착하기 전, 문명이 시작되기 전에 말이다. 역사적으로 사자가 분포했던 지역들을 살펴보면 이러한 생각이 편견임을 알 수 있다. 사자는 한때 '유럽'에 사는 맹수였다. 놀랍게도 스페인, 프랑스, 이탈리아, 그리스에서 사자를 볼 수 있었다. 캅카스산맥에는 10세기까지 유럽 사자가 살고 있었다. 사자는 이미 터키와 아시아 너머 인도 아래 지역에서도 발견되었다. 사자가 서식지에서 물러났다는 것은 인류가 사자의 서식지로 침입했다는 이야기이기도 하다.

사자는 늘 인간을 먹이로 삼았다. 하지만 인간은 항상 사자를 어떤 동물보다 추앙했다. 인간이 사자를 추앙한 주된 이유는 사자의 암수가 전혀 다르게 생겼다는 것이다. 다 자란 수사자의 외양은 암사자와 확연히 달라서 전혀 다른 종처럼 보인다. 수사자는 남성성은 물론이고 왕의 위엄을 연상시킨다. 왕관이나 화관 같은 갈기 털로 뒤덮인 정글의 왕, 영역 내 모든 존재의 군주. 사자의 이름을 딴 중세 군주로는 잉글랜드의 사자왕 리처드, 작센 공국의 하인리히 사자공, 스코틀랜드의 사자왕 윌리엄, 플랑드르의 사자 로베르 3세가 있다.

사자는 가문을 상징하는 문장(紋章)에 주로 등장한다. 잉글랜드 왕실 문장은 오른쪽 앞다리를 들고 왼쪽을 향해 걷는 자세를 취한 세 마리 사자로, 스코틀랜드 왕실 문장은 뒷발로 일어선 사자로 표현된다. 사자는 이솝우화에도 여러 차례 등장한다. 자기 목숨을 살려준 사자를 구해준 생쥐 이야기도 있고, '사자의 몫(가장 큰 몫 혹은 알짜배기 몫을 나타낸다—옮긴이)'이라는 개념도 우화에서 비롯되었다. 헤라클레스에게 주어진 12가지 노역 중 첫 번째 일도 네메아계곡의 사자를 죽이는 것이었다.

사자는 용맹과 남성성, 왕권뿐 아니라 자연을 지배하는 인간의 힘을 대표하는 양날의 상징이 되었다. 인간의 승리는 결국 사자의 완패로 종결되었다. 이는 서커스에서 희화화된 모습으로 나타났다. 사자 조련사는 두려움 없이 우리 속에 들어가 사자들을 바닥에 앉히는가 하면 뒷발로 서서 몸을 흔들게 했다. 용맹의 상징이었던 사자는 인간이라는 훨씬 더 용맹한 존재를 만났고, 가장 무시무시했던 자연의 무기는 훨씬 더 강력한 무기를 만났다. 바로 인간의 심보 말이다.

20세기 초 맹수 사냥은 부와 권력을 과시할 수 있는 방편이었다. 물론 사자가 궁극의 사냥감이었다. 사자를 죽인 사람들은 매우 용감할 뿐더러 인류를 위해 선행을 실천했다는 정서가 팽배해 있었다. 인구가 점차 늘어나면서 사자는 기존 서식지에서 쫓겨나기 시작했다. 그러자 비판적 움직임이 일어났다. 1960년대 환경 운동이 추진력을 얻으면서 지구상의 천연자원과 야생 세계가 무한하지 않다는 사실을 사람들이 서서히 인식한 것이다. 이 새로운 물결을 타고 엘사(Elsa)가 등장했다.

엘사는 사자의 인간적인 측면을 보여주었다. 엘사는 케냐에서 조지 애덤슨과 조이 애덤슨 부부가 입양한 새끼 사자다. 조이가 쓴 책 『야성의 엘사』는 전 세계인의 상상력을 사로잡았다. 각국의 촬영 팀이 인간과 어우러져 살고 있는 사자를 보기 위해 카메라를 들고 케냐로 몰려갔다. 사자가 양과 함께 뒹구는 광경까지는 아니어도 분명 조이와 함께 누워 있는 낙원의 한 장면이 연출되었다. 엘사와 조이는 자주 한 침대를 썼다. 엘사는 지구 환경뿐 아니라 동물들을 바라보는 세계인의 태도 변화에도 제 몫을 해냈다. 이제 엘사는 세상을 바라보는 새로운 방식의 상징이 되었다. 친절, 관용, 품위, 온화, 존중, 사랑, 평화, 기쁨, 조화, 이해의 상징으로 거듭났다. 이들의 사연은 영화로 만들어졌다. 유명 여배우 버지니아 매케나가 조이 역을 맡았다.

하지만 현실은 그리 간단치 않았다. 엘사가 애덤슨 부부에게 입양된 것은 조지 애덤슨이 엘사의 어미를 총으로 쏘아 죽였기 때문이다. 조지는 훗날 엘사의 새끼 중 한 마리도 쏘아 죽였다. 새끼 사자가 조지의 조수를 죽이고 아이까지 공격했기 때문이다. 조이와 조지 부부는 각자 다른 사건으로 사자에게 살해당했다. 시작은 목가적이었지만 결말은 전혀 그렇지 못했다. 사자 이야기에는 언제나 폭력이 난무하다. 그러나 기록된 전설 속에는 사자와 인간의 행복한 공존이 여전히 살아남아 있다.

조지 샬러가 시작한 오랜 동물 행동 연구 덕분에 우리는 사자를 더 정확히 이해하게 되었다. 샬러는 사자들이 하이에나가 잡은 죽은 고기의 찌꺼기를 먹는다는 사실을 보여주었다. 사자에 대한 신화가 산산조각 나버린 대표적인 사례다. 이제 사자는 다른 종보다 더 고귀하게 볼 이유가 딱히 없어졌다. 사자들의 집단생활은 들개나 하이에나에 비해 다소 임기응변적이고 격식에 매이지 않는다는 사실이 드러났다. 사자 무리의 생활을 보면 긍지 같은 것이 있지만 이 역시 수사자의 몫은 아니다. 긍지는 암사자들이 지킨다. 어머니와 딸, 이모, 자매, 사촌이 혈연, 훈육, 공유된 경험으로 서로서로 연결되어 있다. 약간 의인화하자면 이러한 집단의 결속을 '애정'이라고 부를 수도 있을 것 같다. 먹이를 포식하고 긍지 따위는 잊은 채 모두 옹기종기 모여 따스하고 나른하게 우애를 나누는 모습을 보면, 이런 것이 사랑 아닐까 하는 생각이 울컥 솟아난다. 누구나 그 무리에 끼어들고 싶은 마음이 들 수 있다. 무리와 함께 뒹굴고 또 뒹굴고 싶은 마음 말이다.

사자는 멸종 위기 등급에서 취약 종(VU)에 속한다. 사자의 개체 수는 1993년부터 2014년까지 약 43퍼센트나 급락했다. 인도의 기르숲에는 아직 300마리 정도가 살고 있다. 전 세계적으로 사자 수가 감소하는 원인으로는 가축과 인간을 보호하기 위한 무차별 살상, 야생의 먹이 고갈, 야생 서식지 파괴 등이 있다.

하지만 아프리카의 여러 국립공원에는 사자들이 여전히 생존해 있다. 이 사자들이 생존할 수 있는 이유도 역시 인간 때문이다. 사자들은 매년 찾아오는 관광객에게 큰 보상이 되고 아프리카 주민에게도 큰 의미가 된다. 카메룬이 자국 축구팀의 이름을 '불굴의 사자'라고 붙인 이유가 달리 어디 있겠는가? 짐바브웨의 황게(Hwange) 국립공원 외곽에서 떠돌던 사자가 활과 화살로 무장한 미국인 치과의사에게 죽임을 당하자 전 세계적으로 격렬한 항의가 일어났다. 죽은 사자는 세실이라는 이름을 갖고 있었다. 이로써 '동물 살해'에 대해 광범위한 관심과 공감을 이끌려면 동물에게 이름을 붙여줘야 한다는 사실이 명확해졌다. 미국어류야생동물관리국(USFWS)은 훗날 사자를 위기 종(EN) 목록에 넣어 미국 시민이 사자를 죽이기 더 어렵게 만들었다.

사자는 중요하다. 런던 트래펄가광장의 넬슨 제독 동상을 떠받치고 있는 동물도 사자다. 사자는 국가를 상징하는 표식에서도 포효하고 있다. 대부분의 사자는 남성의 미덕을 상징한다. 에티오피아의 마지막 황제 하일레 셀라시에는 유다의 사자였다. C. S. 루이스의 『나니아 연대기』에서 아슬란은 메시아로 등장한다. 사자와 조우하는 일은 많은 사람의 버킷 리스트에 올라와 있다. 사자는 인류의 여명기부터 우리 삶 속에 깊숙이 들어와 있었고, 오늘날까지도 우리의 상상 속에 자주 출몰한다.

002
고양이

인류 문명에 안겨진 최초의 선물

"나는 혼자 걷는 고양이다. 내게는 어디든 거기서 거기다."
└ 러디어드 키플링, 『아빠가 읽어주는 신기한 이야기』

인간은 문명을 창조하면서 같이 지내던 동물들에게서 스스로를 분리시켰다가, 얼마 지나지 않아 인간이 아닌 종을 집 안에 들여놓기 시작했다. 고양이가 첫 타자였을까? 최초의 반려동물은 고양이였을까? 일설에 따르면, 인간은 고양이를 일부러 자신의 삶 속에 들여놓았다. 쥐를 잡기 위해서였다. 다시 말해, 인간 문명이 가져온 최초의 기적은 고양이 키우기인 셈이다. 물론 내게는 영 미심쩍은 이야기지만.

인류 역사상 최초의 큰 혁명은 1만 2,000년 전쯤에 일어났다. 1,000년 정도의 차이를 감안하면 이 혁명은 세계 각지에서 거의 동시에 일어났다. 유럽 문명과 관련시켜보자면, 이 혁명은 이른바 '비옥한 초승달 지대', 즉 나일강과 티그리스-유프라테스강을 따라 형성된 지대에서 이루어졌다. 인류가 농업 및 관개와 더불어 문자와 바퀴를 발명해낸 지역이다. 여기서 말하는 최초의 혁명이란 바로 문명의 발명이다.

이제 다시 고양이의 역사로 돌아오자. 인간이 문명이라는 극적 변화를

혼자 걷는 고양이: 러디어드 키플링의 『아빠가 읽어주는 신기한 이야기』삽화(저자가 그림, 1902년 초판본).

일궈내면서 두 가지 결과가 동시에 나타났다. 첫 번째 결과는 저장고를 지어 곡물이 나지 않는 계절을 버티고 이듬해 시기가 좋을 때 심을 종자까지 마련하게 된 것이다. 두 번째 결과는 설치류의 번식이다. 곡물 저장고를 짓자 쥐가 들끓게 되었고, 결국 곡물 저장고는 쥐를 잡아먹는 포식자들의 온상이 되었다. 포식자 중에는 들고양이도 있었다. 유전 연구에 따르면, 오늘날 우리가 기르는 집고양이는 서아시아들고양이의 후손이다.

처음에는 고양이를 일부러 들여놓았다기보다 그냥 방치하는 정도였을 것이다. 그러나 알다시피 고양이는 늘 자신의 운을 과신하는 경향이 있다. 과감하고 호기심이 많은 데다가 날듯이 달아나는 자기 능력을 맹신하는 녀석들은 비바람을 피하고 먹이를 쉽게 구하기 위해 인간의 거주지로 들어올 수밖에 없었다. 인간 거주지에서 이들은 환대와 냉대를 모두 받았을 것이다. 고양이가 특별한 비장의 무기를 풀어놓은 것은 바로 이 시점이 아니었을까.

바로 가르랑거리기.

고양이가 기분 좋게 가르랑거리는 이유는 수만 가지다. 그중 하나는 만족감의 표현이다. 대체로 이러한 기능은 어미와 새끼 사이에 결속의 일환으로 생겨난다. 어미가 잘 핥아주는 새끼고양이는 가르랑거린다. 인간도 고양이의 가르랑거림에 묘한 매력을 느낀다. 인간이 고양이의 두 귀 사이를 긁으며 어미 고양이가 거친 혀로 쓸어주는 듯한 느낌을 살리면 고양이는 가르랑거린다. 이 소리는 고양이를 긁어주는 인간에게도 평온한 느낌을 안겨준다. 맥박수가 떨어지고 혈압과 호흡량도 내려간다. 종 사이의 장벽을 넘어 기쁨이 공유된다. 인간의 거주지에 침입한 고양이가 공짜로 오지는 않은 셈이다.

사이프러스의 신석기 묘지에서 인간과 함께 매장된 고양이 뼈가 발견되었다. 무려 9,500년이나 된 뼈다. 인간과 무덤을 공유할 정도였다면 고양이는 틀림없이 매우 중요한 동물이었을 것이다. 사이프러스의 고양이는 이집트 미술에 최초로 묘사된 고양이보다 4,000년도 더 앞서 매장된 것이다. 이 발견은 고대 이집트인이 고양이를 최초로 집으로 들였다는 가설을 뒤집는다.

이집트인은 고양이를 좋아하고 추앙하기까지 했다. 이집트의 여신 바스테트는 원래 암사자 형상으로 묘사되었지만 문명이 발전하면서 고양이의 모습으로 바뀌었다. 바스테트는 가정, 여성, 출산을 상징하는 여신이었고 고양이의 여신이기도 했다. 고양이는 방부 처리된 미라로 만든 다음 인간과 함께 매장했다. 이집트인이 이룩한 위대한 진보가 모두 고양이라는 가정의 신을 중심으로 이루어진 것처럼 보일 정도다. 대영박물관에 가면 '가이어 앤더슨 고양이'라는 유명한 청동상을 볼 수 있다. 고귀함을 폴폴 풍기는 우아한 이집트 고양이다. 인류의 숭배를 당연한 권리로 누렸을 법한 모습이다.

인류 문명은 이처럼 고양이의 가르랑거리는 소리를 귀하게 여기는 수준까지 발전했다. 고양이는 문명에 추진력을 부여한 존재까지는 아니어도 문명의 선물 정도는 되었다. 인간은 집을 지어 정착하면서 함께 살 고양이를 들여왔다. 수렵과 채집 생활을 버리고 유목 생활에서 벗어나 농업에 종사하면서 평생 고되게 노동하는 삶에 스스로를 속박했다. 보람된 결과라면 생존 가능성 증가, 영구적 거주지 마련 정도였다. 인간은 이제 식구들이나 부르면 들을 수 있는 거리의 부족민들과 매일 밤 동일한 장소에 머리를 눕힐 수 있게 되었다. 집고양이는 쥐들이 다음 해에 파종할 종자를 먹어치우는 최악의 사태를 막아주었다. 적당한 때가 되면 흡족한 마음으로 노래라도 부르듯 가르랑댔다.

고양이는 인류의 가장 오랜 적인 사자를 연상시킨다. 고양이와 사자는 둘 다 고양이과에 속한다. 신체 언어도 대부분 동일하다. 둘 다 유연하고 강하고 오래 잔다. 그런데 한 가지 분명한 차이점이 있다. 사자는 가르랑거리지 못한다. 호랑이, 표범, 재규어, 눈표범 같은 다른 표범속 동물도 마찬가지다. 이들은 모두 가르랑거리는 게 아니라 으르렁거린다. 고양이속에서 으르렁거리는 종은 이들 뿐이다. 밤마다 사자의 으르렁거리는 소리에 공포심을 느낀 인간들은 고양이의 가르랑거림으로 위로를 받았으리라. 으르렁거림은 목구멍에 위치한 설골(舌骨)에서 나는 소리다. 설골의 골화가 불완전해 으르렁거림이 생겼고, 덕분에 맹수들은 사회를 구성하고 세력권을 만들어 활동할 수 있게 되었다.

고양이가 일찍부터 인간에게 길들여진 이유 중 하나는 길들이기 쉽기 때문이다. 고양이는 사회적 본능이 있으면서도 매우 독립적인 동물이다. 온갖 고양이 이야기에서 최고로 꼽히는, 러디어드 키플링의 『아빠가 읽어주는 신기한 이야기』에 나오는 '혼자 걷는 고양이'에서 칭송하는 특징이 이것이다. "나는 혼자 걷는 고양이다. 내게는 어디든 거기서 거기다." 이 이야기는 고양이의 이중성, 즉 절반은 야생동물이고 절반은 길들여진 동물이라는 상반된 성질 사이의 긴장을 다루고 있다. 고양이는 아기를 즐겁게 하고 집 주변에서 편안함을 주는 존재지만 동시에 언제든 어디론가 빠져나가 자기 욕구에 집중한다.

야생성과 길들여짐의 기묘한 결합은 집고양이가 지닌 매력이기도 하다. 반려묘를 키울 때 비교적 손을 덜 타는 것도 고양이의 이중성 덕분이다. 먹이와 집만 제공하면 끝이다. 녀석은 야생동물처럼 나머지는 알아서 처리한다.

그래서 집고양이는 집에서 키우는 개와 아주 다르다. 대부분의 개와 달리 집고양이는 생존 가능한 환경만 갖춰지면 인간의 도움 없이도 완전한 야

생동물로 살아갈 수 있다. 집고양이는 기막히게 다양한 형태와 외양과 행동을 보이는 쪽으로 분화하지도 않았다. 대체로 고양이는 그냥 고양이다.

전 세계적으로 엄청난 수의 집고양이가 길고양이로 살아간다. 미국의 길고양이 수는 2,500만~6,000만 마리로 추산된다. 수의 편차가 크다는 사실은 길고양이에 관해 우리가 아는 바가 별로 없다는 방증이기도 하다.

길고양이는 매혹적인 사회생활을 영위한다. 조상종인 들고양이 대부분은 혼자 산다. 먹이 자원이 극히 부족하기 때문이다. 그러나 먹이가 풍부할 경우 길고양이들은 큰 무리를 이루어 서식한다. 길고양이 사회는 코끼리 사회처럼 모계 중심으로 돌아간다. 가모장 고양이들, 즉 '여왕'들은

고양이 신: 이집트의 여신 바스테트 청동상(기원전 500년경), 대영박물관 소장.

서로의 새끼들에게 젖을 물리고 심지어 출산까지 돕는다.

영국 고양이는 반려고양이와 길고양이 모두 한 해에 6,480만 마리의 새를 잡는다고 추산된다. 야생동물 보전에서 고양이가 논란이 되는 이유다. 불가피하게 고기를 먹어야 하는 육식동물(이들 중 많은 동물이 인간이 제공하는 먹이와 인간 주변의 찌꺼기를 구해 먹으면서 에너지를 얻는다)로 세상을 채우는 것은 조류, 작은 포유류, 파충류, 양서류 같은 야생동물을 보호하는 최상의 방법은 아니다. 그러나 새를 잡아먹는 고양이를 막자는 캠페인은 동물 보전 단체에 기꺼이 기부금을 내는 많은 사람을 적으로 돌릴 수 있다. 영국 왕립조류보호협회(RSPB)의 주장에 따르면, 고양이는 조류 개체 수에 전혀 중대한 영향을 미치지 않는다. 다만, 고양이가 오스트레일리아에서만 87개

의 조류종과 20개의 작은 포유류종의 멸종에 큰 역할을 했다는 주장은 있다. 1894년 라이얼굴뚝새(스티븐스섬굴뚝새라고도 한다)는 당시 기준으로 뉴질랜드 북섬과 남섬 사이의 쿡해협에 위치한 스티븐스섬에서만 발견되었다. 그 일 직후에 마지막 굴뚝새가 등대지기의 고양이에게 죽임을 당했다는 소식이 처음으로 과학계에 소개되었다. 고양이의 이름은 티블스였다.

집고양이는 야생의 성향과 길들여짐의 성향 둘 다 가지고 있는데, 이는 현대 생활의 원형으로 남아 있다. 『이상한 나라의 앨리스』에는 자꾸 입이 귀에 걸리도록 히죽 웃는 체셔 고양이가 나온다. 토버모리는 말을 배워 지나치게 많은 지식으로 사람들을 불편하게 만드는 고양이로 스코틀랜드 작가 사키의 동명 단편소설에 등장한다. T. S. 엘리엇은 모더니즘의 존재론적 위기와 종교의 복잡한 위안에서 벗어나기 위해 고양이에게 눈길을 돌려 『주머니쥐 할아버지가 들려주는 지혜로운 고양이 이야기』라는 작품을 썼다. 작곡가 앤드류 로이드 웨버의 뮤지컬 《캐츠》는 이 작품을 바탕으로 한다.

나는 집에 고양이를 들이고 싶은 마음은 전혀 없다. 내가 살고 있는 곳 주변의 야생 습지대 야생동물에게 녀석이 해코지할까 봐 걱정되기 때문이다. 그러나 가끔씩 과거에 키웠던 고양이들이 그리워 마음이 아플 때가 있다. 특히 뷰티가 그립다(당시에 배우였던 아내가 《미녀와 야수》 공연을 하고 있어 이 녀석에게 뷰티[미녀]라는 이름을 지어주었다). 뷰티는 말 그대로 어여쁜 고양이였다. 연한 적갈색 털이 난 커다란 몸집에, 타협이라고는 모르는 단호한 녀석. 뷰티는 잠으로 대부분의 시간을 보냈다(고양이는 보통 하루 24시간 중 12~16시간을 잔다). 그것도 내 서류함에 들어가 잤다. 녀석은 적갈색 둥근 몸을 맞지도 않는 사각 서류함에 구겨 넣는 바람에 많은 일을 못 하게 만들었다. 꼭 봐야 하는 서류를 찾느라 용기를 내 잠을 방해라도 할라치면 뷰티는 늘 사랑스럽게 가르랑거렸다.

003
고릴라

잔인하고 포악한 괴물?

"고릴라의 품위에 대해 알수록 사람을 피하고 싶어진다."

└ 다이앤 포시, 『로스앤젤레스 타임스』

영화 《킹콩》은 1933년에 제작되었다. 메리언 C. 쿠퍼 감독에 따르면 이 영화는 "이제껏 인간이 본 가장 잔인하고 포악한 괴물 같은 존재"를 묘사한다. 1979년 13부작으로 제작된 야생동물 다큐멘터리 《생명의 위대한 역사》가 영국 텔레비전으로 방영되었다. 영어권 100여 개 지역에서 방영된 이 다큐멘터리를 시청한 사람은 무려 5,000만 명에 달했다.

두 편의 영화 사이에 흐른 시간은 고작 46년이다. 불가사의할 정도로 짧다. 지구나 우주의 역사는 고사하고 인류 역사의 관점에서 보더라도 지극히 짧은 시간이다. 그러나 두 편의 영화 사이에 존재하는 윤리적 간극은 몇 광년만큼이나 크다. 지구상의 종을 바라보는 수정주의 시각의 대표적 사례다. 수정주의 시각이란 지구를 공유하고 있는 동물 일부에 대한 상을 재정립하고 과거의 태도를 완전히 뒤바꾸는 것이다.

《생명의 위대한 역사》의 말미에서 다루는 주제는 영장류일 수밖에 없다. 영장류를 다루면서 진행자인 데이비드 애튼버러가 고릴라를 주제로 이

더 이상 적이 아니다: 데이비드 애튼버러와 산악 고릴라, BBC 다큐멘터리 《살아 있는 지구》 시리즈 촬영 중(1979년 르완다).

야기를 펼친다. 애튼버러가 르완다의 고릴라 가족 옆에 앉아 이야기를 한다는 점이 흥미롭다. 그러고 나서 어린 수컷 고릴라가 애튼버러를 찾아와 함께 노는 장면이 몇 초간 영상으로 나간다. 누가 봐도 즐거워하는 모습이 역력하다. 마치 에덴동산에서 촬영하는 것 같다.

영화 《킹콩》에 나오는 킹콩은 거대한 고릴라다. 킹콩은 해골이 난무할 것 같은 무시무시한 스컬 아일랜드(달리 어디겠는가)에서 잡힌 다음 인류 문명의 첨단을 상징하는 뉴욕(달리 또 어디겠는가)으로 옮겨진다. 고릴라는 포획자들의 손아귀에서 벗어나 파괴를 일삼다가 엠파이어스테이트빌딩까지 기어 올라간다. 그렇다. 이 영화를 한 번도 보지 않은 수많은 사람들조차 익숙하게 떠올리는, 영화 역사상 가장 유명한 이미지 중 하나다. 킹콩이 맨해

튼에서 광란의 행각을 벌이는 이 이미지는 야생과 문명의 정면충돌을 상징하는 오래된 원초적 문화 통념이다. 킹콩은 쿠퍼 감독의 말대로 "반인반수의 얼굴로" 자신을 공격하는 비행기에 분노를 토해내며 앞으로도 늘 존재할 것이다. 킹콩은 페이 레이가 분한 극중 여배우 앤 대로우를 잡는다. 그러나 킹콩은 앤을 다정하게 대하는 순간 공격에 취약해진다. 결국 비행기의 기관총 세례로 죽음에 내몰린다. 영화의 대미를 장식한 대사처럼 "야수를 죽인 것은 비행기가 아니라 미녀"였다.

영화 《킹콩》은 악명 높은 '스콥스 원숭이 재판(자세한 내용은 30장 참조)'이 벌어지고 8년 후에 개봉되었다. 이 재판에서 교사 존 스콥스는 학교에서 진화론을 가르쳤다는 이유로 유죄 판결을 받았다. 재판은 미국 전역을 뒤흔든 기삿거리였다. 인간은 유인원인가 아니면 천사인가? 이 영화는 인간의 야만성을 거대 유인원의 모습을 통해 보여주었다. 물론 유인원의 야만성에는 딱히 인간화되지 않은 최소한의 다정함이 뒤섞여 있었다. 영원히 접근할 수 없는 인간성을 모색하다가 절망할 수밖에 없는 것이 야수의 운명이다. 킹콩은 인간이 되면 가능한 구원에 다가가 있었다. 하지만 슬프게도 킹콩은 그 구원에 도달하지 못했다.

애튼버러의 다큐멘터리가 들려준 이야기는 영화 《킹콩》과 달랐다. 물론 다큐멘터리의 소재 역시 진화였지만 접근법은 전혀 달랐다. 애튼버러는 영장류의 엄지가 다른 네 손가락과 마주보는 특이성을 갖고 있다는 점을 설명하는 중이었는데, 고릴라가 찾아와 같이 놀자고 방해했다. 고릴라가 진행자를 방해하는 장면은 별 의도 없이 무심결에 화면에 삽입된 것이다. 시청자들에게 꼭 보여줄 의도가 있던 장면이 아니었으므로, 제작사 BBC에서는 애튼버러와 고릴라들이 노는 장면을 다큐멘터리에 포함시켜야 할지 여부를 놓고 큰 논쟁이 벌어졌다. 해당 장면이 지나치게 경박하다고 생각하는 사람들도 있었다. 그러나 러닝타임 33초에 불과한 이 장면은 애튼버러의 다음과 같은 말과 함께 삭제되지 않고 살아남았다. "인간의 조건을 벗어나 다른 동물의 세계에서 마음대로 살 기회가 조금이라도 있다면 나는 고릴라와 함께 살 것입니다." 화면에서는 특별한 평온함이 흘렀다. 애튼버러 역시 강조한 점이었다. "고릴라를 공격성과 폭력성의 상징으로 선택한 인간의 처사는 매우 부당해 보입니다. 고릴라는 공격성이나 폭력성과는 거리가 먼 동물입니다. 그것은 오히려 인간의 전유물이죠."

과거에는 고릴라를 바라보는 인식이 이랬다. 이 동물이 인간이라는 짐승을 닮은 성질, 다시 말해 통제를 벗어나거나 아예 통제가 불가능한 측면을 가지고 있다고 보았다. 고릴라는 인간이 이미 극복한 야수성의 모든 것, 스스로를 통제하지 못할 때 다시 빠져들 수 있는 모든 어두운 측면을 상징했다. 1859년(찰스 다윈이 『종의 기원』을 출간한 해다) 조각가 엠마누엘 프리미에는 파리의 유명 인사가 되었다. 〈여자를 끌고 가는 고릴라〉라는 조각 작품으로 당시 살롱을 비롯한 문화계에 엄청난 스캔들을 일으켰기 때문이다. 속사정은 더 복잡 미묘했다. 설상가상으로 여자를 끌고 가는 고릴라가 수컷이 아니라 암컷이었던 것이다. 1887년 수정된 조각 작품에서는 고릴라가 수컷으로 바뀌었다. 두 조각품 모두 순전히 공상의 산물이었다. 조각가의 상상 속에서 고릴라는 성폭력과 성적 방종의 상징, 야수로 환원된 인간이었다. 객관적 사실은 공상과 무관했다. 이 조각품에 열광하던 사람들이 고릴라 성기가 발기했을 때 길이가 고작 4센티미터에 불과하다는 사실을 어떻게 받아들일지 자못 궁금하다. 영장류의 유인원에 포함되는 동물 가운데 상대적이고 절대적인 의미에서 제일 큰 성기를 소유한 것은 인간이다.

고릴라가 과학적 설명의 대상이 된 것은 1847년으로 비교적 최근의 일이다. 그러나 거대 유인원 또는 야수 인간 또는 인간을 닮은 야수에 대한 신화와 풍문이 전해 내려온 시간은 그보다 훨씬 더 길다. 다른 영장류들은 수세기 동안 인간에게 친숙했고, 더 크고 인간과 비슷한 버전을 설정하는 데 대단한 상상력이 필요한 건 아니었다. 카르타고의 탐험가이자 항해자 한노(Hanno)는 기원전 500년경 이미 고릴라를 발견했거나, 존재 정도는 알고 있었다. '고릴라'는 털이 많은 여성 부족을 의미하는 이름으로 고대 그리스어에서 유래했다.

1861년 폴 뒤 샤이유(Paul du Chaillu)라는 탐험가가 죽은 고릴라 표본을 유럽에 최초로 들여왔다. 다윈의 『종의 기원』이 출간되고 2년 뒤의 일이다. 샤이유가 특정한 행동을 취하는 그림도 있다. 자기 앞에서 애원하는 듯한 자세를 취하고 있는 고릴라를 총으로 쏘는 장면을 그린 것이다. 그림 하단에는 '나의 첫 고릴라'라는 제목이 달려 있다.

20세기에 접어들고 훨씬 시간이 지나서야 고릴라는 자연의 광포를 상징하는 존재가 아닌 다른 무언가로 간주되기 시작했다. 이러한 변화는 고릴라가 실제로 사는 방식을 본격적으로 연구하면서 시작되었다. 동물의 행동을 연구하는 과학을 '동물행동학'이라 한다. 동물행동학자 조지 샬러(선구적인 사자 관찰자로 1장에서 이미 만난 인물이다)는 고릴라를 연구한 다음 1964년 탁월한 대중 과학서 『고릴라의 삶』을 출간했다. 고릴라의 비폭력성은 이때부터 누구나 아는 사실이 되었다.

샬러의 후계자는 동물학자 다이앤 포시다. 포시는 1966년부터 1985년 세상을 떠날 때까지 르완다에서 산악 고릴라를 연구했다. 포시가 고릴라들과 맺은 특별한 친밀감은 그의 연구에 큰 도움이 되었다. 고된 노력 끝에 고릴라들에게 받아들여진 덕분에 포시는 과거에는 아무도 알지 못했던 고릴라의 생활 방식을 깊이 포착해낼 수 있었다(애튼버러의 고릴라도 포시가 연구하던 친숙한 고릴라 무리의 구성원이었다). 포시는 암컷들이 한 무리에서 다른 무리로 이동한다는 사실을 발견했다. 자연계는 근친교배를 예방하는 행동 장치들로 가득하다. 포시는 고릴라의 발성 범위와 의미, 서열 및 사회관계도 파악해냈다. 고릴라의 발성 중 가장 빈번한 것은 우르릉거리는 트림 소리다. 만족감을 표현하는 것이다. 이 소리를 고릴라의 '가르랑거리기'라고 불러도 좋다. 포시는 고릴라를 가리켜 '개성과 강력한 가족 관계를 유지하는 위엄 있는 동물, 고도로 사회적이고도 온화한 거대 동물'이라고 요약했다.

포시는 저서 『안개 속의 고릴라』에서 자신의 고릴라 연구를 집대성했다. 이 책은 1988년 《정글 속의 고릴라》라는 영화로 제작되었고 시고니 위버가 포시 역을 맡았다. 포시는 밀렵을 반대하는 운동을 벌인 탓에 적이 많았다. 그녀가 밀렵꾼으로 의심되는 사람들을 억류해 구타했다는 소문도 돌았다. 포시는 결국 살해당했다.

알려진 고릴라는 두 종으로 동부고릴라와 서부고릴라다. 고릴라는 살아 있는 영장류 중 가장 큰 종으로 여겨진다. 물론 인간 중에도 예외적으로 큰 사람이 있기 때문에 고릴라 정도는 가볍게 제칠 수 있는 경우가 없지 않다. 큰 수컷 고릴라의 몸무게는 195킬로그램이 최대치지만 인간은 635킬로그램까지 기록되었다.

고릴라와 인간은 공통의 조상을 가지고 있다. 사실 그렇게 따지자면 지구상에 존재하는 모든 생명체의 조상이 같다고도 할 수 있다. 여기서 중요한 것은 분기점이다. 인간과 고릴라가 나뉘게 된 분기점은 약 700만 년 전이다. 지구 전체의 역사로 보자면 비교적 최근의 일이다. 인간과 고릴라 두 종의 DNA는 95~99퍼센트가 일치한다. 고릴라는 완전히 채식을 하며 암컷과 새끼 여러 마리와 이들을 지배하는 수컷 한 마리가 무리를 이루어 살아간다. 이 수컷이 유명한 '실버백(등에 은백색 털이 나 있고 무리를 이끄는 우두머리 수컷 고릴라—옮긴이)'이다. 수컷이 다수를 이루는 무리도 존재한다. 서열이 아래인 수컷들은 실버백을 따르고, 실버백이 죽으면 그 자리를 넘겨받아 일인자가 된다.

고릴라는 도구를 만들어 쓸 줄 안다. 강을 건너기 전 막대기를 이용해 물의 깊이를 재는 고릴라가 관찰된 적 있다. 부러진 나무로 다리를 만드는 고릴라도 있다. 고릴라는 지역마다 문화가 다양하다. 웃거나 슬퍼하고 과거와 미래를 생각한다. 심지어 종교적 혹은 영적인 감정을 느낀다고 주장하는 사람들도 있다.

코코라는 이름의 고릴라에게 수어를 가르치자 코코는 이 언어를 이용해 캘리포니아 고릴라 재단의 조련사와 대화를 나누었다. 철학자들과 문헌학자들이 논쟁에 끼어들어 코코의 행위는 언어 소통이 아니라고 주장했다. 어쨌거나 '진짜' 언어는 아니라는 주장이다. 하지만 이들은 고릴라의 언어를 규명하는 과정에서 언어의 정의를 임의로 바꿔버렸다. 언어 사용 능력을 인간종에게만 적용하려는 배타적인 태도의 소산이다. 쉽게 말해 이들은 운동장의 골대를 옮긴 것이다. 인간과 마찬가지로 고릴라도 고도로 사회적이고 뛰어난 소통 능력을 보유한다는 것은 분명한 사실이다. 고릴라에게 유머 감각이 있다고 주장하는 사람도 있다. 언젠가 코코는 조련사가 신은 운동화 끈을 한데 묶어 제대로 걷지 못하게 만든 다음 "나 잡아봐라"라는 수어를 했으니 말이다.

004
흉내지빠귀

다윈에게 '유레카'를 외치게 한 새

"고작 몇 마일밖에 떨어져 있지 않은 데다
물리적 조건까지 동일한 두 섬에
차이가 있을 것이라고는 전혀 생각지 않았다."

└ 찰스 다윈

박물관 전시 준비가 한창일 때 현장을 방문하면 특별한 친밀감을 느끼게 된다. 먼지막이 커버, 골판지, 기포 비닐에 싸여 있는 무명의 전시품들, 바닥에 놓여 있어 발로 차지 않게 조심해야 하는 귀한 보물들, 상상할 수 없을 만큼 중요한 물건들을 마음대로 만져볼 수 있는 진기한 기회를 누릴 수 있기 때문이다. 나는 런던 자연사박물관에서 이런 경험을 두어 차례 해보았다. 큐레이터들이 무엇을 의도했는지 알 길은 없지만 때로는 예상치 못한 수확을 얻기도 한다. 한두 가지 전시물을 가까이에서 보면서 친밀한 인연을 맺는 절호의 기회 말이다.

2008년의 경험이 정확히 그랬다. 이런저런 잡동사니와 뼈들과 가구들이 어수선하게 널려 있는 전시장 한가운데에 새 두 마리가 보라색 쿠션 위에 나란히 놓여 있었다. 정확히 말해 새가 아니라 새로 만든 박제였다. 깃털 속에 솜을 채운 모형 새의 발에는 라벨이 붙어 있었다.

이 두 마리 새는 평범한 새가 아니었다. 진품 평가를 거친 이 두 마리의

세상을 바꾼 새: 갈라파고스흉내지빠귀, 존 굴드
그림. 굴드는 다윈의 표본들을 별개의 종으로 인
식했다.

새야말로 우리 인간이 자신의 위치에 대해 사유하는 방식을 영원히 바꿔놓
은 주인공이기 때문이다. 바로 흉내지빠귀다. 갈라파고스군도 중 서로 가까
이에 위치한 섬들에서 발견되는 두 종의 다른 새다.

두 새는 찰스 다윈이 직접 총으로 쏴서 잡은 다음 표본으로 만들어놓은
것이다. 라벨도 다윈이 직접 썼다. 잉크를 묻힌 사각거리는 펜촉으로 라벨을
써서 붙인 사람이 바로 다윈이다. 다윈은 왕립 해군 군함 비글호를 타고 5년

간의 항해를 마치면서 흉내지빠귀에 관한 궁금증이 풀리지 않아 따로 노트를 마련해두었다. 다윈의 두뇌는 암석을 분쇄하듯 차근차근 사안을 분석했다. 그는 펜으로 사유했다. 노트는 열심히 돌아가는 머릿속을 느리게 복기해주는 재생기 같았다. 다윈은 갈라파고스군도에서 입수한 흉내지빠귀 표본들 사이의 유사점과 차이점을 정리한 다음 이렇게 덧붙였다. "정리한 내용의 토대가 될 만한 미미한 기초라도 발견될 여지가 있다면 갈라파고스군도의 동물계는 검토할 가치가 있다. 정리한 사실들이 종의 안정성을 흔들어놓을 수 있기 때문이다." "종의 안정성을 흔들어놓는다"는 마지막 말은 지금 보면 불로 글자를 달궈놓은 듯 그렇게 강렬할 수가 없다.

다윈이 비글호에서 보낸 시간을 오늘날 후세대의 관점에서 되돌아보면, 사정을 다 알고 있는 사람의 의기양양함과 안타까움을 엿볼 수 있다. "이봐 찰리, 좀 봐, 보라고. 너무 빤히 보이잖아!" 물론 빤히 보일 리 없다. 갈라파고스 야생동물의 고유성은 다윈의 위대한 진화론에 100가지 단서를 제공한다. 하지만 거기에 머무는 동안 다윈은 널려 있는 단서들을 보지 못했기 때문에 자신의 이론을 뒷받침하는 단서로 삼을 수 없었다. 다윈이 위대한 사상에 도달하는 데 실마리를 제공할 동물은 바다이구아나였을지도 모른다. 다윈은 녀석을 "구역질 나게 못생긴 도마뱀"이라고 묘사했다. 그러나 녀석이 남아메리카 본토에서 왔다는 잘못된 정보가 표기된 라벨을 박물관 표본에서 이미 본 터라 바다이구아나의 고유성을 알아보지 못했다.

코끼리거북이 다윈 사상의 기초가 될 수도 있었다. 어떤 의미에서는 사실이기도 하다. 다윈은 당시 이 섬의 죄수들이 거북이를 보면서 어느 섬에서 온 놈인지 다 알아맞힐 수 있다고 장담하는 데 흥미를 느꼈다. 다윈은 이 경험도 노트에 적어두었지만 행동을 취하지는 않았다. 비글호에 수많은 코끼리거북을 태웠지만 런던으로 가져온 성체 거북이는 한 마리도 없었다. 모두 먹어치웠기 때문이다. 거북이 껍질은 가장 믿을 만한 단서였지만 모조리 배 밖으로 버려지는 신세가 되었다.

아니면 다윈이 위대한 사상에 도달하게 된 계기가 지금은 '다윈의 핀치'

로 유명한 새일 수도 있다. 핀치도 사실 다윈의 사유에서 중요한 새였다. 단 하나의 조상 종으로부터 진화하면서 상당히 분화되었기 때문이다. 그러나 핀치도 본격적인 증거는 아니었다. 다윈이 직접 잡은 핀치의 라벨에 개별 섬의 이름을 적는 수고까지 하지 않은 것을 보면 말이다. 그는 핀치가 중요하다는 사실을 아직 몰랐다.

그러나 흉내지빠귀에 이르러 다윈은 좀 더 세심해졌다. 다윈은 흉내지빠귀를 좋아했다. 그는 이 새들이 "생기발랄하고 호기심 많으며 능동적이고 빨리 달리는 데다 고기를 얻으러 집집마다 자주 나타난다"라고 적어놓았다. 오늘날 알려진 흉내지빠귀는 통상 17종이다. 북부흉내지빠귀는 미국에서 발견되는 종으로, 하퍼 리의 소설 『앵무새 죽이기』에 나오는 바로 그 새다. 다윈은 갈라파고스의 흉내지빠귀가 본토의 흉내지빠귀와 다르다는 사실을 알아차렸다. 또 하나 중요한 사실을 들자면, 다윈은 서로 다른 섬에 존재하는 새들 사이에도 차이가 있다는 것을 알아차렸다. 이 차이가 무언가를 입증해주었다는 말은 아니다. 오히려 질문만 무성해졌다. 이 새들을 생각하면 할수록 질문만 늘어났다. 다윈은 이렇게 적었다. "새들의 변종은 자기 서식지에 충실한 특징을 가지고 있다. 거북에 관해 언급했던 사실과 비슷하다."

'변종(variety)'이라는 단어는 오늘날 동물학에서 많이 쓰는 용어가 아니다. 변종이란 단일 종 내의 하위 집단으로서 작은 차이를 갖는 소집단을 가리킨다. 다윈이 영국으로 돌아왔을 때, 1837년 조류학자이자 화가인 존 굴드가 다윈의 흉내지빠귀를 정식 과학 연구용 그림으로 그렸다. 다윈의 흉내지빠귀는 같은 종 내의 변종이 아니라 아예 다른 종이었다.

왜 갈라파고스군도의 각 섬에는 저마다 다른 종의 흉내지빠귀가 살고 있었을까? 이제 훨씬 더 타당한 질문을 던져보자. 어떻게 그럴 수 있었을까?

다윈은 이른바 '종의 돌연변이', 즉 새로운 종이 발생할 수 있다는 개념을 최초로 생각한 인물은 아니다. 그의 할아버지 이래즈머스 다윈(Erasmus Darwin)은 저서 『주노미아』에서 종의 돌연변이에 관해 썼다. 종의 돌연변이는 생물학자 장 바티스트 라마르크도 제기했다.

예언자처럼 턱수염을 기르기 전의 다윈: 조지 리치먼드의 수채화(1840년).

따라서 '종의 돌연변이' 개념이 독창적인 것은 아니었다. 그러나 이 개념은 여전히 추정, 그것도 아주 인기 없는 추정에 그쳤다. 『성경』을 문자 그대로 해석하는 것이 보편적 정설이라는 것, 지구의 나이가 6,000살이라는 것, 신이 빛을 창조하고 사흘 후에 태양을 창조했다는 것을 19세기 사람 모두가 믿었다고 말한다면 과장이다. 그러나 세상 만물의 배후에 신이 존재하고 꽤 적극적으로 실질적인 역할을 맡고 있다는 관념만큼은 서구 문명 세계관의 중심에 자리했다. 이러한 세계관을 가장 잘 표현한 인물이 윌리엄 페일리다. 그는 한두 세대 전에 시계를 본 사람이 논리적으로 생각할 법한 추론으로 유명하다. 결론은 선택의 여지없이 간단하다. 시계를 보고 시계를 만든 시계공을 유추하듯이, "언젠가, 어느 장소에 틀림없이 이 모든 것을 지은 조물주가 존재했다"고 유추한 것이다.

목적이 있는 창조 외의 다른 무엇이 지구상의 생명체 배후에 있다는 주장은 저주받아 마땅했다. 창조에 목적이 없다면 인간을 도대체 어떻게 설명할 수 있단 말인가? 이런 이유로 다윈의 '빅 아이디어'는 너무나 큰 비판과 반감에 시달렸다. 다윈의 죄목은 신을 왕좌에서 끌어내린 것이 아니라 인간을 왕좌에서 끌어내린 것이다. 다윈은 이렇게 말한 것과 같다. "인간은 신의 특별한 창조물이 아니다. 그저 동물의 왕국에 사는 동물에 불과할 뿐."

다윈은 1836년 비글호 항해에서 돌아왔다. 그는 이 항해를 가리켜 '내

100가지 동물로 읽는 세계사

인생 최고로 중요한 사건'이라며 의미를 부여했다. 비글호의 여정으로 학자로서 그의 경력 전체가 결정되었다. 그런데 다윈이 배에 타고 나서 노트에 끄적거린 생각들이 세상에 알려지는 데까지는 23년의 세월이 더 흘러야 했다. 마침내 1859년 『종의 기원』이 출간되었다. 다윈은 책을 출간하면서 마치 "살인을 자백하는 것" 같다며 심정을 토로했다.

다윈은 단순히 진화가 발생했다는 암시만 풍기지 않았다. 일련의 세세한 단계를 거쳐 진화가 정확히 '어떻게' 발생했는지 정밀하고도 빈틈없는 논리로 설명했다. 그 내용에 관해서는 이 책에서 또 살펴볼 기회가 있을 것이다. 가장 주목할 만한 사례는 비둘기에 관한 설명이다(22장 참조). 하지만 『종의 기원』이 출간되면서 진화와 돌연변이는 더 이상 추정에 머무르지 않고 논박의 여지가 없는 사실로 받아들여져야 했다. 인류는 이제 생명이 어떤 작용을 거쳐 현재에 이르렀는지 알게 되었다. 하지만 알게 된 내용을 전혀 반기지 않는 이들이 많았다. 오늘날도 마찬가지다.

갈라파고스는 다윈이 "유레카"를 외친 성지는 아니었다. 그가 핀치를 보자마자 무언가 중대한 발견을 했다는 식으로 말하는 신화는 애석하지만 말 그대로 신화일 뿐이다. 다윈이 갈라파고스에서 보낸 시간은 훗날 "유레카"를 외칠 수 있는 중대한 계기는 되어주었다. 다윈의 이론에서 가장 중요한 역할을 수행한 것은 바로 세밀하고 꼼꼼한 분석을 거쳐 정확한 라벨을 받은 흉내지빠귀였다.

다윈이 비글호 항해를 마치고 돌아온 지 2개월 후에 "유레카"를 외친 사건이 일어났다. 항해를 떠나기 전 다윈은 목사가 되기로 결심했다. 그러나 항해 후 그 꿈은 더 이상 가당치 않았다. 광범위한 독서광 다윈은 생명에 관한 일관성 있는 견해를 구축하는 데 온 힘을 쏟았다. 여행에서 경험한 획기적인 사건 이후에도 유용하게 남을 만한 생명에 관한 총체적 견해를 만드는 것이 꿈이었다. 1838년 다윈은 토머스 맬서스의 『인구론』을 읽게 되었다.

태어난 인간이 모두 자라서 성인이 되는 것은 아니다. 왜 그런가? 다윈은 이 질문에서 훨씬 더 큰 보폭으로 걸음을 내딛는다. 사고의 도약이다. 인간이 아닌 동물도 마찬가지다. 태어난 동물이라고 해서 모두 자라나 성체가 되고 후손을 낳는 것은 아니다. 왜 그런가? 이 사실은 살아남아 후손을 남기고 조상이 되는 생명체에 관해 무엇을 말해주는가? 조상이 된 생명체는 살아남지 못한 생명체가 갖지 못한 작은 이점이 있었던 것 아닐까? 그리고 시간이 지나면서 비교적 최근 개념인 '심원한 시간(13장 '티라노사우루스' 편을 보라)'의 견지에서 보자면, 이러한 이점들이 더해져 종의 성질이 바뀌는 것은 아닐까?

지그문트 프로이트는 다음과 같이 말했다.

> 인류는 시간이 지날수록 과학의 손이 순진무구한 자기애에 폭행을 가하는 두 가지 진실을 감내해야 했다. 첫 번째 진실은 지구가 우주의 중심이기는커녕 가늠하기조차 어려운 무한한 우주의 한 점에 불과하다는 것이다. … 두 번째 진실은 생물학 연구를 통해 밝혀진 것, 즉 인간이 특별하게 창조되기는커녕 동물 세계의 후손에 불과하다는 것이다. 인간은 우주의 중심에서, 그리고 생명계의 중심에서 나락으로 떨어졌다.

(프로이트는 인간의 자기애에 세 번째 폭행을 가한 진실을 자신이 만들었다고 덧붙인다. 인간은 본능과 무의식에 휘둘리는 존재라는 진실 말이다. 이로써 인간은 자신을 이성적인 동물이라 간주하는 특권 의식으로 스스로 위로조차 할 수 없는 지경에 이르렀다.)

우리는 아직 진정한 의미에서 다윈을 뛰어넘지 못했다. 이 모든 것은 흉내지빠귀에게서 시작되었다. 모든 것은 라벨을 쓰고, 이 새들이 살았던 섬에 관심을 기울이고, 잉크 묻은 손으로 세심하게 라벨을 붙인 다음 이제 자신이 한 작업의 의미가 무엇인지 찬찬히 사유하기 시작한 한 인간에게서 시작되었다. 그는 다시 펜을 들고 노트에 더 많은 내용을 적어 내려갔다.

005
버펄로

버펄로를 닥치는 대로 죽여라!

"버펄로를 잡아 죽일 때 나의 큰 강점은 말을 타고 무리 맨 앞으로 돌진해
녀석들의 리더들을 총으로 쏴서 소들이 원형 대열로 움직이게 만드는 것이다.
곧이어 뒤에 있는 녀석들은 왼쪽만 파고들어 같은 곳을 빙빙 돌게 된다."

└ 윌리엄 코디(일명 버펄로 빌)

뉴욕의 스카이라인을 처음 본 사람을 알 수 없는 것처럼 버펄로를 처음 본 사람을 찾아내는 건 불가능하다. '버펄로'라고 해도 좋고 '아메리카들소'라고 해도 좋다. 뉴욕의 스카이라인도 버펄로도 이미지를 하도 많이 본 탓에 우리에게는 너무 익숙한 모습이 되어버렸다. 둘의 이미지는 인류가 공유하는 원형이나 마찬가지다. 인류 신화의 일부라고 해도 좋을 정도다.

맨해튼 협곡 같은 빌딩 거리에서 벌어지는 추격전을 1,000번은 넘게 본 것 같다. 뉴욕의 센트럴파크나 5번가에서 남녀의 키스도 수천 번은 목격한 것 같다. 북아메리카 버펄로의 이미지도 마찬가지다. 우리가 본 사진만 해도 족히 수천 장은 될 것이다. 녀석은 어깨 위로 혹이 높이 솟아 있다. 땅에서 어깨까지 높이는 1.8미터에 이르고, 그보다 조금 아래에 위치한 거대한 머리에는 단정하고 경제적이고 목적이 분명한 뿔이 달려 있다.

미국 개척 시대의 황량한 서부는 이제 낭만적인 과거가 되었다. 카우보이, 인디언, 무법자, 서부 개척자, 마초, 처녀, 매춘부, 선과 악, 극단적 폭력.

그리고 이 모든 것을 거칠고 위험한 땅에서 벌어지는 신화로 변모시킨 서부 영화.

버펄로는 이 신화의 핵심적인 상징이다. 버펄로는 한때 거칠고 강인하기 이를 데 없는 국가를 상징하는 동물이었다. 이제 미국은 거친 야생성을 상실한 국가로 변모했다. 19세기에 들어서는 1801년 아메리카합중국은 건국한 지 24년밖에 안 된 신생국가였다. 20세기 초 미국은 지구상의 최대 강국으로 가는 기로에 서 있었다. 19세기 초 북아메리카에는 6,000만 마리의 버펄로가 존재했다. 하지만 20세기 초 미국에 남아 있는 버펄로는 300마리뿐이었다. 미국의 변모와 버펄로 개체 수의 변화, 이 두 가지 사실은 무관하지 않다.

과학자들은 대체로 '들소(bison)'라는 용어를 선호해 '아메리카들소'라고 부른다. 아프리카물소나 아시아물소와 구별하기 좋기 때문이다. 학명은 '바이손 바이손(Bison bison)'이다. 헷갈릴 일이 없다. 그러나 미국인이 일상에서 선호하는 말은 '버펄로'다. 심지어 들소는 백인의 용어여서 원주민에게는 받아들일 수 없다는 식의 이야기도 나왔다.

거대 초식동물인 버펄로는 사회성이 발달되어 있다. 이들은 무리를 지어야 할 필요성이 큰 동물이다. 어미 중심의 무리와 새끼 없는 수컷 집단이 함께 몰려다닌다. 아프리카 초원의 영양 떼처럼 원래부터 이동성을 가졌다. 계절을 따라 그레이트플레인스(미국 대평원)에 풀이 무성한 시기를 좇아 이동한다.

버펄로의 하위 종은 대개 초원들소와 숲들소 두 종류로 알려져 있다. 둘 중 숲들소가 더 큰데, 제일 큰 수컷의 무게는 1,000킬로그램에 달한다. 숲들소는 인도물소(gaur)와 아시아물소(water buffalo) 다음으로 세계에서 세 번째로 큰 소과 동물이다. 이들은 유럽들소와 가깝다. 유럽들소는 소수만 남아 근근이 생존하고 있다.

아메리카들소는 다수가 무리지어 살도록 진화했다. 옛날에 인간이 드문 시절에는 이 들소가 지배적인 거대 포유류로 지내는 드넓은 지역이 있었다. 이들의 유일한 천적은 늑대였다. 늑대라 하더라도 다 자란 건강한 들소와는 절대로 맞붙으려 하지 않는다. 버펄로는 거대 삼각주에 살았다. 가장 북쪽 지대가 캐나다의 그레이트베어호 유역이고, 남쪽으로 내려가면 멕시코의 두랑고와 누에보 레온까지, 그리고 동쪽으로는 대서양까지 걸쳐 있는 지역이 버펄로의 서식지였다. 아이러니하게도 거친 서부의 상징인 버펄로는 먼 서쪽까지 가본 적이 없었다.

버펄로는 아메리카 원주민, 특히 북아메리카의 그레이트플레인스에서 생활한 평원 인디언들이 주로 활용한 동물이다. 버펄로는 식량이자 옷감이자 집이었다. 버펄로의 가죽과 근육(다시 말해 고기)은 이들에게 문명의 기초를 제공했다. 그러므로 버펄로가 신성한 동물로 간주되었다는 사실은 놀랍지 않다.

아메리카 원주민은 버펄로를 가축으로 길들이지 않았다. 굳이 그럴 필요가 없었기 때문이다. 덩치가 상당히 크고 쉽게 길들여질 만큼 온순하지 않다는 것도 이유였다. 오늘날에도 버펄로는 울타리에 갇혀 있는 것을 좋아하지 않는다. 자신의 키와 비슷한 1.8미터짜리 울타리 정도는 가뿐히 뛰어넘고 2미터나 되는 울타리도 넘을 수 있다. 날카로운 칼날을 설치한 철조망을 비롯해 웬만한 울타리는 부술 수 있는 녀석들이다.

백인들이 신대륙으로 넘어오기 전에는 인간과 버펄로가 조화롭게 공존했다고 말하는 것은 지나치게 낭만적인 신화일 수 있다. 북아메리카에 살던 초기 인류도 버펄로가 멸종하는 데 어느 정도 몫을 했다. 가장 중요한 도살 기술은 표적이 되는 동물을 벼랑 끝으로 몰아 떨어뜨리는 것이었는데, 원주민들은 이런 식으로 버펄로를 사냥했다. 걷기에는 불을 이용해 버펄로 떼를 몰아댔다. 그러나 당시만 해도 버펄로의 수에 비해 인간은 그다지 많지 않았다. 유럽 정착민이 들어올 때까지 수적인 균형은 안정적이었다.

나는 사우스다코타의 배들랜즈 국립공원에서 버펄로를 처음 봤다. 전혀 예상치 못한 강렬한 경험이었다. 버펄로를 보면서 내가 이들과 인연이 깊다는 느낌을 받았다. 사실 나는 미국인이 아닌 영국인이기 때문에 이런 느낌은 언뜻 말이 되지 않는다. 하지만 미국의 신화는 인류 전체의 신화가 된 지 오래다. 나도 무법자 조시 웨일즈나 '열 마리 곰'이라는 이름의 수(Sioux) 족 추장과 친구가 되었고, 백인과 인디언이 자연과 평화롭게 공존하는 땅을 꿈꾸었다. 이들의 꿈이 곧 나의 꿈이었다. 우리가 『성경』의 에덴동산을 문자 그대로 믿지 않아도 거기에 의미를 두는 것처럼, 버펄로와의 평화로운 공존 이라는 꿈을 문자 그대로 믿을 필요는 없지만 이런 세상은 우리 모두에게 불가피한 의미가 있기 마련이다.

나는 자동차로 도로를 달려 배들랜즈 국립공원으로 갔다. 그곳에 가려 면 네브래스카주를 지나야 한다. 네브래스카는 주 전체가 미국의 식품 공장 이다. 영국인의 눈에는 혐오감을 일으키는 풍경이다. 자연을 어떻게든 지켜 보려는 노력이 전혀 보이지 않는다. 이곳은 기능만 중요시하는 땅이었다. 버 펄로가 주로 서식한 곳은 배들랜즈의 메마른 땅이 아니라 네브래스카 땅이 었다.

오늘날은 더 이상 그렇지 않다. 자연은 끝없이 퍼내도 계속 차오르는 우물 같다는 옛 사람들의 신념 때문에 버펄로는 유럽 정착민에게 무자비하 게 살육당했다. 나중에 자연이 바닥을 드러내지 않는 우물이 아니라는 사실 이 밝혀졌을 때도 이 소들은 그때그때 필요에 따라 살육되었다.

윌리엄 코디는 캔자스태평양철도회사에 소고기를 공급하기로 계약을 맺었다. 1867년부터 1868년까지 18개월 동안 코디는 4,282마리의 버펄로를 죽였다. 훗날 그는 빌 콤스톡과 시합을 벌였다. 승자는 '버펄로 빌'이라는 이름을 갖기로 했다. 여덟 시간 동안 코디는 버펄로 68마리, 콤스톡은 48마리를 잡았다.

코디는 미국의 야생지 파괴에 일조했다. 그러나 정작 가장 큰 역할을 한 일은 미국 야생지의 전설을 창조하는 것이었다. 우선 1869년 처음 출간된 네드 번틀린의 소설 『버펄로 빌, 변방의 왕』의 주인공이었다. 이 소설은 일간지 『시카고 트리뷴』 앞면에 연재되었고 후속작도 무수히 나왔다. 소설로 성공을 거둔 후 코디는 1883년 '버펄로 빌의 와일드 웨스트'라는 유랑단을 창단했다. 이 유랑단의 쇼는 1887년 영국을 비롯해 유럽까지 진출해 미국 서부의 신화를 국제적인 이벤트로 확장시켰다.

버펄로 살육은 미국이라는 국가의 미래에 꼭 필요한 일이라고 생각하는 사람들이 많았다. 무명의 어느 미 육군 대령은 부유한 사냥꾼에게 "가능한 한 버펄로를 모조리 죽여야 한다. 버펄로를 죽일 때마다 인디언도 없어질

지평선 가득히: 〈물가로 오는 버펄로〉, E. J. 소여의 수채화. 1925년경에 이미 향수 어린 풍경이 되었다.

테니까!"라고 말했다. 이 말은 인디언의 식량 공급을 상대로 한 전쟁, 이들의 삶의 방식을 겨냥한 전쟁을 한마디로 요약해준다. 철도 회사들은 기차 창문 밖으로 버펄로를 쏠 수 있는 기회를 제공했다. 1870년대 절정기에는 매일 5,000마리 꼴로 버펄로가 살육당했다. 버펄로 가죽은 공장으로 보내지고 혹과 혀는 고기로 쓰였다. 나머지는 대부분 죽은 자리에서 방치된 채 썩어갔다. 단테의 지옥도를 연상케 하는 버펄로 산업의 규모 일부는 케빈 코스트너가 출연하는 영화 《와이어트 어프》(Wyatt Earp)에 그려져 있다. 버펄로를 빼면 별로 기억에 남을 만한 것이 없는 영화이기도 하다.

버펄로 살육은 정부의 공식 정책은 전혀 아니었다. 어쩌다 보니 벌어진 일이다. 하지만 분명히 정부가 장려한 일이기도 하다. 버펄로를 대량으로 죽이면 돈을 벌 수 있었기 때문이다. 버펄로 사냥꾼들은 원주민 보호구역에 진입하는 것이 금지되어 있었지만, 버펄로를 잡으려면 보호구역으로 가야 했다. 그레이트플레인스 지대를 침입자인 백인의 땅으로 만드는 일의 일등공신인 필립 셰리든 육군 소장은 버펄로 사냥꾼들에 관해 이런 말을 남겼다. "골치 아픈 인디언 문제를 해결하기 위해 버펄로 사냥꾼들이 지난 2년 동안 수행한 역할이 육군 정규군 전체가 지난 30년 동안 수행한 역할보다 훨씬 크다." 적에게 자원 자체를 남기지 않는 초토화 작전은 늘 전쟁의 일부로 수행되었지만, 야생동물 한 종을 거의 멸종에 이를 때까지 살육한 일은 초토화 작전을 새로운 차원으로 끌어올렸다.

위에서 말한 버펄로 살육은 전부 사실이다. 위악을 떨며 거칠게 인정하든 수정주의에서 나오는 감상적 슬픔으로 받아들이든 진실은 부정할 수 없다. 거의 멸종에 이르도록 버펄로를 근절시키지 않았다면 미국은 오늘날 존재하지 못했을 것이다.

버펄로에 얽힌 충격적인 진실에 대응해 오늘날 큰 반발이 일어났다. 사과해야 한다는 요구에 가까운 비판이었다. 그 결과 버펄로는 다시 돌아왔다. 몬태나주의 옐로스톤 국립공원에 유물처럼 남아 있던 버펄로 25마리가 현재는 최대 5,000마리까지 늘었다. 버펄로 개체 수를 늘리기 위한 프로젝트

더 많은 버펄로가 있다: 갈아서 비료로 쓰려고 쌓아둔 버펄로 두개골 무더기(1870년).

는 특정 종을 보호한 초기의 사례다. 버펄로는 배들랜즈 국립공원을 비롯해 과거에 돌아다니던 여러 곳으로 다시 들어왔다.

버펄로는 다수가 사유지에서 보호를 받고 있는 실정이다. 정육용으로 관리하기 때문이다. 버펄로 고기는 가축 소의 고기에 비해 지방이 적고 콜레스테롤도 낮다. 오늘날 전 세계적으로 서식하는 버펄로는 약 50만 마리다. 국제자연보전연맹(IUCN)의 추정에 따르면, 그중 진정한 야생 버펄로는 1만 5,000마리 정도다. "버펄로 무리를 다시 살리는 것은 우리 부족을 다시 살리는 일입니다." 샤이엔강 원주민 보호구역의 수족 프레드 듀브레이의 말이다.

사실 오늘날 우리의 마음은 모두 버펄로를 보호하자는 입장에 서 있다. 이제 버펄로는 대부분 사라졌기 때문에 감성에 기대어 버펄로 편을 들기는 어렵지 않다. 나는 배들랜즈 국립공원 안에 드문드문 짧게 깎아놓은 풀밭 위에 앉아 이 모든 일을 생각해본다. 내가 앉은 자리에서 그리 멀지도 가깝지도 않은 곳에 버펄로 떼가 흩어져 있다. 현재의 아름다움은 과거 불멸의 아름다움, 즉 광활한 자연의 미국이라는 아름다운 신화 속에 비롯되었다. 텁수룩한 털, 거대한 머리와 믿기 힘들 만큼 높이 솟은 혹 속에 아름다운 옛 시절이, 나로서는 결코 알지 못할 위대한 추억이, 그리고 어떤 면에서는 실재한 적 없는 아름다운 추억이 숨어 있는 듯했다.

2016년 버락 오바마 대통령은 버펄로가 미국을 상징하는 포유동물이라고 재차 선포했다. 나는 대통령이 이 선포에 깃든 영원한 아이러니를 잘 알고 있다고 추호도 의심하지 않는다.

006
벼룩

세상을 뒤집어놓은 동물

"동물학자들이 관찰한 바에 따르면,

큰 벼룩을 작은 벼룩이 등 뒤에 올라타서 문다.

그 작은 벼룩을 더 작은 놈이 올라타서 문다.

이 과정은 끝없이 이어진다."

└ 조너선 스위프트, 『시에 관하여: 랩소디』

동양쥐벼룩이라는 종에 관한 주장은 상당히 많다. 이 벼룩 때문에 종교개혁이 일어났다, 르네상스를 일으킨 것도 이 벼룩이다, 이 벼룩 탓에 불과 몇 년 만에 2억 명이 죽었다, 이 벼룩 때문에 유럽 인구의 3분의 1이 한꺼번에 죽었다 등등.

벼룩이 이러한 변화에서 무슨 득을 봤다는 말은 물론 아니다. 벼룩이 바라거나 필요해서 수많은 사람이 죽어나 인류의 역사가 변한 건 아니니까. 오히려 벼룩이 일으킨 변화는 이들의 소망과 필요에 역행한다고 해야 맞을 것이다. 벼룩은 생물학과 역사학의 십자포화를 맞은 무고한 방관자였다. 물론 이들은 십자포화가 펼쳐지는 현장에서 끔찍할 정도로 사람들을 물고 어마어마한 양의 피를 빨아먹기는 했다.

동양쥐벼룩은 페스트를 일으키는 병원균인 페스트균의 매개체다. 페스트에는 선페스트, 폐페스트, 패혈증페스트로 세 가지 형태가 있다. 선페스트는 셋 중에서 가장 덜 치명적이다. 치료하지 않으면 사망률은 50퍼센트이고

흑사병: 〈죽음의 무도〉, 미하엘 볼
게무트(1434-1510년).

페스트 환자의 4분의 3을 차지한다. 선페스트는 벼룩이 물어야만 전염된다.
폐페스트는 사람 사이의 감염도 가능하다.

　벼룩은 곤충이다. 대부분의 곤충과 마찬가지로 벼룩 역시 네 단계의 생
명 과정을 거친다. 일단 알, 유충의 단계를 보자. 벼룩의 유충은 아주 작고
벌레같이 생겼으며 건조한 피부의 각질과 분변을 먹이로 삼는다. 유충은 번
데기가 되고 성체로 부화한다. 벼룩의 성체는 작고(길이 2.5밀리미터) 날개가
없고 갈색이 도는 납작한 몸에 뒷다리가 길다. 납작한 갈색 몸 덕분에 털 속,
특히 빽빽한 털 속에 숨어 살기 좋다. 뒷다리가 길어서 엄청난 도약력으로
묘기를 부릴 수 있다. 무려 50센티미터나 뛰어오른다. 몸길이의 약 200배나
높이 뛴다는 말이다. 비율로 따졌을 때 벼룩은 이제껏 진화한 동물 중에서
가장 도약을 잘하는 종이다. 현존하는 벼룩종은 2,500여 가지다.

　이 대목에서 중요한 점은 대부분의 벼룩이 다양한 온혈동물(조류와 포
유류)을 먹이로 삼을 수 있지만, 오직 한 종이나 소수의 종에서만 번식하는

경향이 있다는 것이다. 이런 이유로 벼룩은 자기와 같은 종류의 벼룩을 만나 번식할 수 있다. 동양쥐벼룩은 검은쥐나 큰모래쥐 같은 설치류에 붙어 산다. 추정에 따르면, 인간은 벼룩을 이기기 위해 털이 없는 쪽으로 진화했다. 벼룩은 서식지인 두꺼운 털가죽을 빼앗겼기 때문에 인간을 반영구적 숙주로 이용하지 못한다. 그러나 개를 키워본 사람이라면 누구나 말하듯 인간이 아닌 포유류에 붙어 사는 벼룩은 개뿐 아니라 인간에게도 괴로운 동반자다. 이 벼룩은 기회만 있으면 인간을 깨물지만 영구적인 서식처로는 개를 더 좋아한다.

벼룩의 입은 경이로울 만큼 구조가 우아하다. 벼룩은 타액과 절반쯤 소화한 피를 상처 부위에 분사해 다시 피를 빤다. 벼룩이 장에서 소화한 피를 상처 부위로 분사하는 탓에 병원균이 우리 몸으로 들어간다. 물론 여기서 벼룩이 득을 보는 것은 전혀 없다. 벼룩도 어떤 의미에서는 피해자다. 쥐벼룩이 페스트균에 감염되면 그 병균은 벼룩의 장에서 번식하기 시작하고, 늘어난 개체 수 때문에 장폐색이 생긴다. 폐색이 생긴 벼룩은 미칠 듯이 배고픈 상태가 되어 공격적으로 먹이를 찾기 시작하고 이 과정에서 병원균을 숙주에게 다시 쏟아놓는다.

> 이 벼룩을 보시오. 이것을 보면
> 그대의 거절이 얼마나 보잘것없는지 알 것이요.
> 벼룩은 먼저 나를 빨고, 이제 그대를 빨았소.
> 그러니 벼룩 안에 우리 둘의 피가 섞였소.

16세기의 활판 인쇄술 탓에 S와 F라는 글자가 비슷하게 보이도록 인쇄되어, 여기서 우리는 벼룩이 무는 순간을 포착한 존 던이라는 시인이 야한 농담을 시로 표현할 기회를 얻었다는 식으로 이야기를 해볼 수 있다(시인이 '빨다'라는 뜻의 'suck'과 '성교하다'라는 뜻의 'fuck' 두 단어의 혼동을 의도했다는 뜻이다—옮긴이). 하지만 이 이야기는 뒤로하고 여기서는 이 시를 통해 당시 사회가 벼룩을 대수롭지 않은 존재로 받아들였다는 사실, 벼룩에게 물리는 일이 불가피한 일상이었다는 사실 정도를 추정하는 선에서 이야기를 마무리해야겠다. 아무도 페스트의 원인이 병원균이라는 사실과 벼룩이 병원균을 옮긴다는 사실을 알지 못했다. 당시에는 페스트가 신의 분노를 전하는 수단이라고 생각하는 편이 훨씬 더 합리적으로 보였다.

병원균과 벼룩과 설치류는 수천 년 동안 인간의 안팎에 존재했고 지금도 그러하다. 하지만 과거나 현재나 환경이 유리해지면 병원균은 번성한다. 역사상으로도 많은 사망자를 초래한 발병이 간간이 있었다. 페스트의 징후는 청동기 인간의 (치아에서 추출한) DNA에서도 발견되었다. 유스티니아누스 전염병은 6세기 비잔틴제국의 황제 유스티니아누스 1세 때 발생해 542년에는 콘스탄티노플에 당도했고, 동쪽으로는 아시아, 서쪽으로는 지중해 항구 도시들을 감염시켰다. 페스트의 역사적 패턴을 보면 이 전염병이 실크로드를 타고 이동했다는 것을 추정할 수 있다. 배에 올라탄 쥐들도 벼룩에 감염된 내장을 품고 다니며 세계 각지로 병균을 전파했다. (여기서 덧붙일 점은 벼룩이 페스트의 매개물이라는 이론에 문제 제기가 있어왔다는 점이다. 일각에서는 페스트가 에볼라나 코로나 바이러스처럼 인간 사이에 전염되었다고 주장하기도 한다.) 1346~1353년에 횡행한 흑사병은 가장 무시무시한 페스트 팬데믹 사례로 알려졌다. 르네상스 시대의 이탈리아 작가 보카치오는 『데카메론』에 다음과 같은 내용을 남겼다. "이웃에 사는 사람들은 죽은 자들을 향한 측은지심 못지않게 시신의 부패로 인한 감염 공포에 이끌려 스스로 나서서 시신을 집 밖으로 끌어내어 … 문 앞에 놔두곤 했습니다. 특히 아침에 거리를 지나간 사람이라면 무수히 많은 시신을 보았을 것입니다."

페스트는 오한, 구토, 두통, 어지럼증, 빛을 견디지 못하는 증상에서 시작해 사지통, 불면증, 무감각, 섬망까지 진행된다. 선페스트는 겨드랑이와 사타구니의 림프샘이 부어오르는 증상을 보인다.

우리는 큰 수치에 열광한다. 공포에 걸맞게 수치도 커야 하는 법이니까. 유럽과 아시아 전역을 합쳐 아마 7,500만 명이 페스트로 사망한 듯하다.

검은 광대: 윌리엄 블레이크, 〈벼룩의 유령〉(1820년).

이보다 훨씬 더 많은 2억 명이라고 추산하는 사람도 있다. 세상은 전혀 새로운 곳으로 변했다. 페스트가 닥치기 이전의 수준으로 인구가 회복하는 데 100~200년 정도의 세월이 걸렸다. 현대적 의미의 인구 과잉 시대가 되기까지는 500년이 걸렸다. 흑사병을 '검은 죽음'이라고 한다면, 또 다른 재난인 인구 과잉은 '검은 탄생'이라고 부를 수 있지 않을까?

흑사병을 역사적인 재난으로 보는 것은 인간 중심적 시각으로 보기 때문일 것이다. 가령, 지구상의 전체 생명체 중 96퍼센트가 사라졌던 페름기 대멸종과 흑사병은 비교조차 할 수 없다(100장 '북극곰' 편을 보라). 하지만 고통에 시달리는 인류에게 흑사병은 세상의 종말처럼 보였고 믿을 만한 것은 하나도 없는 듯했다.

종교는 가장 근본적인 질문에 답을 제공한다. 죽음 후에는 무슨 일이 벌어질까? 결국 흑사병은 종교적인 사건이었다. 흑사병에는 종교적 열광이 수반되었고, 인류의 역사에서 위기 때마다 발생하는 공통된 사건, 즉 외부 집단의 박해가 이어졌다. 일부 지역에서는 흑사병의 원인이 유대인이 우물에 탄 독이라고 믿었다. 유대인은 박해를 받고 죽임을 당했다. 스트라스부르, 마인츠, 쾰른에 사는 유대인들은 말 그대로 몰살당했다. 하지만 영국에서는 이런 일이 벌어지지 않았다. 이미 1290년에 영국에서 살던 유대인들이 모두 추방당했기 때문이다. 외국인과 걸인, 집시도 박해 대상이었다.

교회에서는 인류의 죄악 때문에 페스트가 닥쳤다고 가르쳤다. 그런데 빈번히 죽어나간 이들 중에는 평신도만큼이나 성직자도 많았다. 이런 상황에서 사람들은 어떤 결론을 내려야 했을까? 여기서 훨씬 더 중요한 결론이 도출되었다. 바로 교회의 무기력함이다. 페스트는 교회가 신과 인간 사이에 개입하기에는 무력한 존재라는 사실을 여실히 보여주었다. 성직자들은 속수무책이었다. 병에 걸리지 않은 성직자들은 죽어가는 신도들을 버리고 달아나 '반교권주의'에 불을 지폈다. 성직자가 사라지자 평신도가 예배와 기도 등 성직자의 직무를 직접 수행하기 시작했다. 가톨릭교회를 거부하는 프로테스탄트 교리의 출발점이 된 것이다.

흑사병은 사회 내 계층 이동도 증가시켰다. 페스트가 물러나면서 인구가 줄어들었고 남은 사람들은 더 큰 기회가 생긴 세계를 마주하게 되었다. 이로써 봉건제는 큰 타격을 입었다. 이제 소작농들은 더 나은 노동 임금을 따라 일자리를 찾아 나섰고, 토지와 영주에 대한 종래의 속박에서 벗어날 수 있었다. 어떤 면에서 페스트 이후의 사회는 주사위 두 개를 던져 한 번에 '6'

이 두 개가 나오는 행운을 잡은 셈이다. 모든 것을 새로 시작할 기회가 열렸다. 최소한 일부 지역에서는 그랬다.

이후로도 페스트는 발발했지만 서양에서는 흑사병 유행에 비견할 만한 정도는 아니었다. 1665년에 일어난 '런던 대역병(잉글랜드 왕국에서 발생한 마지막 흑사병 대유행이다. 이때 런던 인구의 25퍼센트에 달하는 10만 명이 희생되었다—옮긴이)'은 비교적 규모가 작았다. 17세기의 유명한 일기 작가 새뮤얼 피프스는 1665년 8월 31일자 일기에 다음과 같은 내용을 남겨놓았다.

> 일어나 울리치(Woolwich)로 가기 전에 여러 가지 일을 정리한다. 이번 주 역병은 모든 기대를 넘어설 만큼 증가했다. … 이번 달 말이면 거대한 역병으로 사람들의 슬픔이 왕국 전체를 덮을 것이다. 매일매일 슬픈 소식이 늘어나고 있다. 이번 주 런던에서만 7,496명이 사망했는데 그중 6,102건의 원인이 역병이다. 그러나 이번 주 사망자 수는 1만 명에 육박할 것으로 우려된다. 여기에는 그 수가 너무 많아 세지 못한 가난한 사람들, 애도의 종을 울려줄 사람이 없는 퀘이커교도들, 기타 사망자들이 포함된다.

북아프리카, 터키, 폴란드, 오스트리아, 독일에도 1675년부터 1684년까지 페스트가 발발했다. 이후 제3차 대역병이 돌았다. 1850년대 중국 윈난성에서 시작해 1894년 홍콩을 강타한 위기였다. 이 범세계적인 유행으로 인도와 중국에서 1,200만 명이 사망했다. 페스트는 인간이 거주하는 모든 대륙에 상륙했고 1960년대까지 기승을 부렸다.

하지만 20세기 초가 되면서 페스트는 인류의 주요 사망 사건으로는 후퇴 일로로 접어들었다. 인간이 쥐에게서 점점 분리된 덕분이다. 인간 거주지에서 쥐를 몰아내는 효율적인 방안이 개발된 데다 쥐가 아예 들어오지 못하도록 제작한 선박이 증가한 것도 한몫했다.

페스트 전염병의 원인은 분명히 밝혀져 있다. 1894년 프랑스의 세균학자 알렉상드르 예르생은 페스트 병원균을 분리해냈고, 1903년 찰스 로스차일드는 벼룩에 관해 상세히 기술했다. 1930년대 무렵 항생제가 개발되어 효과적인 치료 방안이 나왔다. 개인들이 여전히 간헐적으로 페스트에 감염되고 있지만 엄청난 사망자를 초래한 질병은 더 이상 존재하지 않는다.

그런데 복병이 있었다. 20세기 후반 냉전 시기에 소련과 미국 양국은 페스트를 생물학전 무기로 개발하려 했다(그러니 이 책에 나오는 동물 중 누가 가장 치명적인 종인지 의심의 여지가 없다). 현대 생활에서 전염병의 영향력은 가히 상상을 초월한다. 따라서 페스트라는 생물학적 무기는 말 그대로 공포심을 유발하기 위해 설계된 무기였다. 양국 모두 방어 대책도 강구해놓았다.

한편, 동방쥐벼룩은 지금도 전 세계 기회가 있는 곳이라면 어디든 마다하지 않고 설치류의 피를 계속 빨고 있다. 마치 자신들이 인류 역사에서 벌여놓은 어마어마한 일들은 아랑곳하지 않겠다는 듯이.

007

소

우리를 인간으로 만들어준 음식

"하나님이 말씀하시기를
우리가 우리의 형상을 따라서 우리의 모양대로 사람을 만들자.
그리고 그가 바다의 고기와 공중의 새와 땅 위에 사는 온갖 들짐승과
땅 위를 기어 다니는 모든 길짐승을 다스리게 하자 하시고"

└ 창세기 1장 26절

인류는 '소'라는 동물을 선택해 스스로를 인간으로 규정했다. 우리가 먹는 음식은 우리를 규정한다. 수천 년에 걸쳐 인간이 선택한 음식은 대부분 소의 근육이었다. 인간은 소고기를 섭취함으로써 황소의 강한 힘(황소의 덩치, 특권, 남성성)을 얻고자 했다. (황소는 고릴라나 코뿔소처럼 엄격한 채식주의 식단에서 힘과 정력을 얻는다. 음식이 존재를 규정한다면, 한낱 풀때기가 황소를 만든 것이다. 그러니 인간이 만든 논리는 얼마나 보잘것없는지 모른다.) 소는 인류 역사 내내 인간의 삶을 형성해왔고, 인간이 오늘날 살아가는 지구를 관리하는 방식까지 좌지우지한다. 소는 문명 건설의 추진력이었지만 이제 그 문명을 파괴하는 데 지대한 공헌을 하고 있다.

　소를 가리키는 영어 단어 'cattle'에는 단수형이 없다. 'a cattle'이라는 표현은 쓰지 않는다. 대부분은 소를 가리키는 말로 '암소'를 뜻하는 'a cow'를 쓴다. 암컷이 아니어도 마찬가지다. 이런 용법에서 소가 동물 개체 이상의 의미를 가진다는 것을 추정할 수 있다. 원래 소는 재산을 의미했다. 일종의

수많은 소들의 조상: 〈상 받을 만한 황소〉, 에드먼드 브리스토우(1787-1876년).

동산(動産)인 셈이다. 추정에 따르면, 소는 재산을 나타내는 최초의 형식이었기 때문에 최초 형식의 도둑질 장물이기도 했다. 물론 이런 설명은 소에 관한 신화의 또 다른 층위에 불과할 수도 있다.

수컷 소는 모두 황소(bull)지만 요즘은 황소를 보기 힘들다. 관리하기가 어렵기 때문이다. (나의 이웃 한 명도 황소에게 죽었다.) 암컷의 성체는 암소(cow)라고 부른다. 젖을 떼지 않은 새끼 소는 송아지(calf)다. 일단 젖을 뗀 송아지는 한 살배기 소(stirk)가 된다. 아직 새끼를 낳지 않은 어린 암소는 헤퍼(heifer)라고 한다. 거세한 수소는 황소보다 다루기가 훨씬 수월한데, 대부분의 영어권 국가에서는 블록(bullock)이라 부르고 미국에서는 스티어(steer)라고 한다. 미국인에게 블록은 어린 황소 전체를 가리킨다. 새끼를 낳을 시기

100가지 동물로 읽는 세계사

가 가까운 암소나 어린 암소는 스프링어(springer)라고 부른다. 노역용으로 쓰는 거세한 수소는 옥스(ox)라고 한다.

소를 가리키는 단어가 이렇게 풍부하다는 것은 인간이 아주 오랫동안 소와 가까운 관계를 맺고 지냈다는 증거다. 인류는 유럽과 아시아와 북아프리카에서 발견되는 야생 오록스(aurochs)를 소라는 가축으로 바꿨다. 이를 순화 또는 품종 개량이라 한다. 품종 개량이 어찌나 크게 성공했던지 오록스(복수 명사는 '펑키한' 느낌을 주는 오록센[aurochsen]이다)는 주변부로 밀려나 인간 거주지에서 멀어졌고 결국 17세기에 멸종했다.

그러나 인간과 소 사이에는 가축화 이전에도 이미 강력한 관계가 형성되어 있었다. 오록스를 사냥하는 장면이 동굴벽화에 묘사되어 있다. 1만 7,000년 전에 그려진 라스코 동굴벽화가 가장 유명하다. 성공적인 사냥으로 영양가 높은 음식의 향연이 펼쳐졌다. 그러나 소고기는 오래 보관할 수 없어 소를 한번 잡으면 큰 축제를 벌일 수밖에 없었다. 오늘날도 기독교에서는 매년 기념하는 큰 축일을 '축제일(feast day)'이라고 부른다(83장 '칠면조' 편을 보라). 축제(festival) 역시 어원이 같다. 카니발(carnival)도 마찬가지다. 이탈리아어 카르네발레(carnevale)는 말 그대로 '고기와의 작별'을 의미한다. 카니발은 원래 사순절(기독교에서 부활절 전 예수 그리스도의 수난을 묵상하며 행하는 40일간의 금욕 기간—옮긴이)을 정점으로 하는 금욕 절기 전에 마지막으로 허용된 축제 기간을 뜻한다. 인간은 일상과 특별한 날을 분리하고 싶어 전통적으로 특별한 날(기독교 달력의 주일)을 고기로 기념했고, 아주 특별한 날은 아주 많은 양의 고기로 축하했다. 축제는 인간 문화에서 필수적인 요소이며 소는 축제의 탄생 시기부터 일정한 역할을 담당해왔다.

인간은 어떻게 소를 가축으로 변모시켰을까? 오록스는 무시무시한 짐승이었다. 가장 큰 녀석은 어깨 부위의 높이가 1.8미터에 달하며 거대하고 치명적인 뿔이 달려 있다. 가설이 분분하지만 가축화가 수렵·채집 생활양식의 자연스러운 연장이라는 주장이 가장 그럴듯하다. 야생 소 떼를 쫓다 보면 친밀성이 생긴다. 무리를 개체의 집합으로 파악하기 때문에 가능한 일이

61

다. 소 떼 가까이에서 살 경우 각 구성원을 알게 되어 녀석이 나머지 다른 개체들과 비교해 덩치와 털 무늬, 뿔의 크기와 형태, 행동이 어떻게 다른지 파악할 뿐 아니라 각 개체의 상이한 성격까지 알게 된다. 안전만 보장할 수 있다면 가장 호전적인 놈을 죽이는 것(그래서 먹어치우는 것)이 당연한 이치다. 이런 식으로 소 무리는 점차 인간이 함께 있기에 더 안전한 상대가 된다.

그뿐이 아니다. 상당한 시간이 흐르면서 이러한 과정을 통해 더 쉽게 길들일 수 있는 소의 번식이 가능해진다. 상상할 수 없을 정도의 시간이 가져다주는 강력한 효과를 이해하는 것은 지질학과 진화뿐 아니라 초창기 인류 문화의 발전과, 인류가 함께 살기로 선택한 동물의 변화를 이해하는 데도 매우 중요하다(13장 '티라노사우루스' 편을 보라). 이제 인간은 이 문제를 오래 고민할 필요 없이 쉽게 순응하는 소를 선택해 번식시키기에 이르렀다. 수백 년의 세월을 거치면서 이제 인간은 더 작고 뿔도 변변찮은 순한 소 떼와 마주하게 되었다. 하나같이 자기 조상들보다 온순한 성질을 지녔다. 인간은 오록스를 길들여 가축화시켰는데, 암소는 이렇게 탄생하게 되었다.

가축화의 정확한 과정은 수수께끼로 남아 있다. 물론 그다지 심오한 수수께끼는 아니다. 소를 가축으로 길들이는 과정이 일어난 시대와 장소는 비교적 정확히 알려져 있다. 소가 가축이 된 것은 1만 500년 전 서아시아에 살고 있던 개체 80마리의 무리에서 시작되었다. 이것은 DNA 분석으로 밝혀진 사실이다. 이렇게 해서 저 들판의 소 떼가 우리 집 소가 되었다. 이제 우리는 원할 때마다 축제를 벌일 수 있게 되었다. 이제 우리 중 일부는 부자가 될 기회를 얻었다.

소의 다른 종들도 가축이 되었다. 인도아대륙의 들소와 동아시아 늪지 및 강에 서식하는 물소, 티베트의 야크가 가축이 되었다. 하지만 세계를 지배하는 종은 오록스(학명은 보스 타우루스[Bos taurus])에서 유래했다.

일단 가축이 된 소는 인간에게 고기와 가죽 이상의 것을 선사했다. 우유뿐 아니라 운송 수단까지 제공한 것이다. 소는 타고 다닐 수도 있고 농사 도구 같은 물건을 끌 수도 있다. 농사도 소 덕분에 발전했다. 1에이커(약

1,200평)의 땅은 소 두 마리가 하루 동안 경작할 수 있는 면적이다. 하다못해 소똥까지 유용한 비료로 쓰인다. 소똥을 말리면 연료로도 쓸 수 있다.

기술의 발전으로 인류는 우유를 더 오랫동안 신선하게 보존할 수 있게 되었다. 자연 발효 과정을 통해 요구르트와 치즈를 만들었기 때문이다. 치즈는 카세인이라는 우유 단백질을 응고시켜 만든다. 되새김질을 하는 반추동물의 위장에서 발견되는 효소 복합체 레닛(rennet)을 첨가해 단백질과 지방을 만들어낸다. 치즈는 휴대성이 좋다는 이점이 있다. 사람들은 이제 굶을 걱정 없이 상당한 거리를 여행할 수 있게 되었다. 치즈가 문명의 발전과 세계 팽창에서 얼마나 큰 역할을 차지했을까? 치즈는 고기보다 매력이 없다는 이유로 이러한 질문은 잘 제기되지 않는 경향이 있다.

힌두교도들은 예로부터 소를 공경해왔다. 소를 신으로 숭배한다기보다 신들의 풍요로운 선물을 상징하는 존재로 여기는 것이다. 인도 고대의 서사시 『마하바라타』에는 소를 "어머니를 모시듯 공경하라"라는 뜻이 함의된 구절이 나온다. 인도인들이 사랑하는 신 크리슈나는 소 떼 사이에서 자랐고 소의 수호자를 뜻하는 '고빈다'라는 이름도 가지고 있다. 시바는 '난디'라는 이름의 소를 타고 다닌다. 인도의 맥도날드 매장에서는 소고기 패티 햄버거를 팔지 않는다.

가축인 소의 주된 기능은 인간을 위해 풀을 맛있는 물질로 바꾸는 능력이다. 소가 풀을 단백질로 바꾸는 과정은 놀랄 만큼 효율성이 높다. 소의 위는 네 부위로 되어 있어 말과 코끼리처럼 단순한 소화계를 가진 동물보다 훨씬 더 많은 영양분을 풀에서 뽑아낸다. 다른 반추동물처럼 소도 절반 정도 소화시킨 음식을 역류시켜 되풀이해 씹는다. 되새김질 덕분에 먹은 풀의 영양가는 두 배가 된다.

프랑스인은 영국인을 가리켜 '레 로스비프(les rosbifs)'라고 불렀다. 피가 흐르는 고깃덩어리를 제대로 익히지 않고 먹어대는 영국인의 식욕이 짐승같다고 조롱하는 표현이다. 정작 영국인은 사내답지 못하게 라구(스튜의 일종)나 커틀릿 따위는 먹지 않는다며 이 말을 칭찬으로 받아들였다.

소고기는 이렇게 동경의 대상이 되었고, 소에 대한 선망은 전 세계의 보편적인 현상이 되었다. 한때 어쩌다 한 번씩 먹는 잔치 음식인 소고기는 이제 누구나 매일 바로 먹을 수 있는 음식이 되었다. 소고기 생산량은 하늘 높은 줄 모르고 치솟았다. 전 세계에 분포하는 소는 14억 마리로 추산된다. 고기용 소와 유제품을 생산하는 소는 분리되었다. 영국의 젖소는 매일 22리터의 우유를 생산할 수 있다. 문제는 젖소가 우유를 계속 공급하려면 송아지를 낳아야 한다는 것이다. 암소들은 돌아가면서 우유를 생산하고 수소들은 대부분 도축되어 송아지 고기를 공급한다.

소고기 수요가 늘어났다는 것은 엄청난 면적의 땅이 목축에 할애되고 있다는 뜻이다. 경작 농업에 할애된다면 더 많은 식량을 생산할 수 있는 땅이 목축에 쓰이고 있다. 광대한 숲이 파괴되어 목초지가 되고 있다. 영국에

중요한 동물: 프랑스의 라스코 동굴벽화(기원전 1만 5,000-1만 년경).

100가지 동물로 읽는 세계사

서는 고대에 존재한 드넓은 숲이 수백 년에 걸쳐 몇 군데 잔존하는 숲이 되어버렸다. 최근 들어서는 브라질이 아마존 열대우림의 상당 면적을 파괴해 지구상의 다른 어떤 나라보다 소를 많이 키우고 있다.

일부 지역, 특히 미국에서는 소고기용 소에게 풀이 아니라 곡물을 먹인다. 따라서 고기 단백질로 변하는 것은 풀이 아니라 곡물인 셈이다. 소에게 곡물을 먹이는 방법은 상업적 측면에서는 효율적이지만 식량 생산을 위해 토지 사용을 최적화해야 한다는 관점에서 보면 효율성이 떨어진다. 집약적 농사 방식은 더 집약적인 관리를 요구한다. 이제 소는 들판을 돌아다니는 대신 밀집도가 높은 외양간에서 먹고 마시기만 하다가 일정 시간이 되면 도축된다. 이러한 사육 방식은 끊임없이 윤리 논쟁을 낳고 있다. 인간처럼 지각을 가진 포유류인 소가 이토록 처참한 생활환경에서 살아야 한다는 사실을 받아들일 준비가 되어 있는가? (전 세계적인 합의는 '그렇다'이다. 단, 실상을 직접 보지 않는다는 조건이 붙는다.)

온갖 종류의 집약적인 소 사육, 특히 공장식 사육을 하려면 불가피하게 항생제를 써야 한다. 생산되는 항생제 총량 중 약 40퍼센트가 동물 사료용으로 사용된다. 그것도 가축이 병에 걸리기도 전에 예방 차원에서 선제적으로 쓰인다. 항생제를 쓰면 체중 증가가 가속화된다. 대량으로 사육해야 하는 판매용 소에게 체중 증가는 꼭 필요하다. 게다가 항생제의 무분별한 남용 때문에 항생제에 내성이 생긴 병원균종이 나타날 것이라는 우려도 증가하고 있다. 세계보건기구(WHO)는 항생제로 더 이상 흔한 감염을 치료할 수 없는 시대가 올 것이라고 경고해왔다. 병원 내 항생제 사용은 줄고 있는 반면 소 사육 농가의 항생제 사용은 오히려 늘고 있다. 일각에서는 항생제의 위험성에 대한 인식이 높아지고 있기는 하다. 실제로 영국에서는 2014년 이후 항생제 사용이 53퍼센트나 감소했다.

소 사육과 관련된 문제는 또 있다. 바로 메탄가스 문제다. 소는 주로 입과 항문을 통해 메탄가스를 대량으로 배출한다. 메탄가스는 이산화탄소보다 온실효과가 28배나 높다고 한다. 우리는 소고기를 먹는 와중에 파국을 맞이하게 될 것 같다. 인류는 방귀 때문에 멸종을 맞이하는 최초의 종이 될 가능성이 높은 셈이다.

최근 몇 년 동안 소고기에 대한 반발이 일어났다. 반발의 추진력은 윤리보다는 건강과 관련된 생각에서 나왔다. 붉은 살코기를 많이 먹으면 심장병과 심혈관 질환의 문제가 커지고, 암과 당뇨와 비만 심지어 발기불능까지 생긴다는 주장이 있다. 소와 연계된 전통적 개념을 생각해보면 놀라운 반전이다. 두말할 나위 없이 육우 업계에서는 이러한 주장에 맞서는 거센 반론이 존재한다.

그러나 인구가 늘면서 소의 개체 수도 늘고 있다. 우리는 여전히 소고기와 관련된 특권과 신화와 마법의 노예에 머문다. 소고기가 음식 중에서도 최고의 음식이라는 전통적 통념, 우리를 특별하게 만드는 음식, 인간을 동물과 다른 진정한 인간으로 만들어주는 음식이라는 종래의 개념이 여전히 우리의 인식을 지배하고 있다. 하지만 소고기에 대한 애정이 지구 생태계 파괴와 그로 인한 인간 파괴를 자초할지도 모른다.

008
대왕고래

세상에서 가장 큰 동물

"지구상의 동물들이 아무리 바보같이 행동하더라도
인간의 광기에 비하면 아무것도 아니다."
└ 허먼 멜빌, 『모비 딕』

혹시 대왕고래라는 망할 녀석의 크기를 감당할 마음의 준비가 되어 있는가? 물론 그럴 리 없다. 그런 준비는 불가능하다. 대왕고래는 자연계에 대한 우리의 생각을 완전히 무너뜨릴 만큼 거대하기 때문이다. 물론 순전히 크기만으로 우리를 압도하기에 충분하리라는 것을 모르지 않는다. 그 크기를 실제로 보면 또 한 번 놀라 자빠지겠지만 말이다. 아무 예측도 하지 않을 경우 제일 먼저 다가오는 특징은 대왕고래의 우아하고 날씬한 자태다. 대왕고래는 지구상 현재 살아 있는 동물 중 가장 거대할 뿐 아니라 과거에 살았던 동물 중에서도 가장 크다. 대왕고래에 비하면 공룡이나 다른 종류의 고래는 난쟁이나 피라미로 보일 지경이다.

　　나는 런던과 뉴욕의 자연사박물관에서 거대한 대왕고래 모형 주변을 걸어 다녀본 적이 있다. 하지만 고래 모형의 고요한 자태와 유리 같은 눈에 담긴 표정을 아무리 보고 또 보아도 진짜 고래를 맞이할 마음의 준비를 한다는 것은 불가능하다. 대왕고래가 내는 소리와 움직임, 거대한 몸집, 숨을

현존하는 괴물: 대왕고래의 골격(런던 자연
사박물관, 2017년).

내쉬고 들이쉬는 모습, 물속으로 다시 들어갈 때 도대체 언제 끝날지 모를
정도로 한참 동안 몸체를 회전시키는 모습을 어떻게 맞이해야 할까. 대왕고
래의 몸체를 이쪽 끝에서 저쪽 끝까지 시선을 떼지 않고 보면 날씬한 유선
형이다. 어쩌면 저렇게 완벽할 수 있을지 감탄이 절로 나올 정도다. 거대한
꼬리를 위로 쳐들고 잠수를 시도할 때는 놀라울 정도로 우아한 자태에 넋이
나갈 지경이다.

거대 동물은 태곳적부터 끝없이 인간의 마음에 출몰해왔다. 두말할 필
요 없이 초창기 인류는 거대 동물들 사이로 걸어 다녀보았기 때문이다. 미
지의 거대한 바다에서 나타나는 거대한 괴물 역시 수백 년 동안 우리의 악

100가지 동물로 읽는 세계사

몽과 신화에서 자연스럽게 일정한 역할을 수행해왔다. 게다가 의심할 바 없이 오래전부터 인간은 고래라는 거대한 괴물을 주제로 글을 쓰기 시작했다. 맙소사! 해변으로 밀려나와 오도 가도 못한 채 누워 있는 거대한 고래를 처음 본 굶주린 인간은 도대체 어떤 느낌을 받았을까? 에베레스트만 한 거대하고 따뜻한 단백질 덩어리는 광포하고 잔인한 바다가 변덕을 부려 갑자기 내놓은 천혜의 선물 같지 않았을까?

괴물, 배를 집어삼키는 바다뱀, 바다의 공포, 밑바닥을 알 수 없는 풍요는 인간이 오랜 세월 동안 바다를 보며 떠올린 생각들이다. 몰아치는 파도 밑 저 깊은 곳에 살고 있는 온갖 생명체 중에서 가장 거대한 대왕고래보다 인간의 상상력을 사로잡는 존재는 없었다.

우리는 거대함을 나타내는 통계 수치에 매료된다. 하지만 실물을 만나면 수치가 다 무슨 소용인가 싶다. 그래도 좀 따져보자면 대왕고래는 30미터 길이의 가장 큰 동물이라고 대체로 확정할 수 있다(물론 대략적인 수치인데다 과장도 없지는 않다). 최대 체중으로 기록된 것은 173톤이다. 하지만 체중은 정확히 재기가 어렵다. 대왕고래를 욕실 체중계에 올려놓을 수는 없는 노릇이니까. 고래의 전체 무게를 실제로 잰 적은 없는 셈이다. 통계치를 좀 더 살펴보면, 심장은 소형 자동차만 하고 혀는 코끼리만 하다. 혀는 작지만 약 2.7톤은 된다. 대왕고래는 입안에 90톤의 물과 먹이를 담을 수 있다. 대왕고래 새끼는 하루에 젖 380리터를 먹는다. 대왕고래의 음경은 기록상 최대 3미터에 달한다. 우리 인간은 '크다는 것'을 어설픔이나 세련되지 않음과 동일시하는 습관이 있다. 크다는 개념을 인간종의 비만과 혼동하기 때문이다. 그러나 대왕고래와 비교하면 다른 대형 고래들은 오히려 땅딸막하고 둔해 보인다. 대왕고래의 유선형 몸매는 강하고 화려해 보인다. 대왕고래는 변화무쌍하게 움직일 수 있다. (대개 같은 종을 만나 신이라도 나면) 시속 48킬로미터까지 빨라진다. 일반적인 유영 속도도 시속 19킬로미터를 유지한다. 속도를 아무리 낮춘다 해도 대왕고래는 영원히 움직이는 듯 보인다. 거대한 꼬리를 휙휙 움직이며 어마어마한 거리를 나아간다. 위아래로 움직이는 대왕고래를 보면 흡사 치타가 달리는 모습을 보는 것 같다. 척추를 N자 형태로 만들었다가 똑바로 펴기도 하고, 심지어 얕은 U자 형태로 구부렸다가 제자리로 돌아오면서 헤엄을 친다.

대왕고래는 이빨이 없다. 대신 거대한 털로 이루어진 체 같은 것이 입안에 달려 있다. 고래수염이라고 불리는 체가 300여 개나 된다. 자연계의 기적 중 하나는 세계 최대의 동물이 작은 손가락만 한 갑각류에 불과한 크릴새우에 거의 전적으로 의존하며 산다는 것이다. 성체 고래는 하루 4,000만 마리의 크릴새우를 먹는다. 따라서 개체를 기준으로 하면 대왕고래는 동물의 왕국에서 다른 어떤 종보다 일일 동물 사망자 수를 많이 내는 셈이다. 물론 살충제 등을 고려하면 인간종이 앞선다. 대왕고래가 양분을 섭취하는 방법은 엄청난 양의 물과 떼로 이동하는 크릴새우를 함께 들이마시는 것이다. 그런 다음 코끼리만 한 혀로 물을 밀어내고 체 기능을 하는 고래수염으로 크릴새우를 붙잡아 삼킨다.

대왕고래를 처음 묘사한 인물은 1694년 로버트 시벌드다. 스코틀랜드 포스만(浦)에 한 마리가 좌초된 뒤였다. 녀석의 길이는 24미터였다. 1735년 스웨덴의 식물학자이자 분류학의 기초를 세운 린나이우스(일명 칼 폰 린네)는 위대한 저작 『자연의 체계』(린네에 관한 정보를 더 얻으려면 11장 '오리너구리' 편을 보라)에서 대왕고래를 묘사했다. 시벌드는 대왕고래에게 발라이노프테라 무스쿨루스(Balaenoptera musculus)라는 학명을 부여했다. 이 라틴어도 말장난이다. 무스쿨루스에는 '근육(muscle)'이라는 뜻도 있고 '생쥐(mouse)'라는 뜻도 있다. 분명 이 위대한 스웨덴 백작은 싱글거리며 가발 쓴 머리를 굴려 이런 이름을 생각해냈을 것이다(가발에 관해서는 62장의 '머릿니' 편, 생쥐에 관한 더 많은 정보를 알고 싶다면 93장 '생쥐' 편을 보라).

대왕고래는 고기뿐 아니라 빛의 원료로도 이용되었다. 고래 지방은 끓여서 기름을 떼어내는 작업을 거치면 램프에 쓰이는 기름이 되었다. 환한 조명을 본격적으로 쓸 수 있게 되면서 인간의 생활은 리듬이 바뀌었고, 밤은 덜 무섭고 견딜 만한 시간이 되었으며, 쾌락과 이윤을 위해 쓸 수 있는 시간도 늘어났다. 이렇게 고래는 인간에게 잠재된 가능성을 현실화시켰다.

질이 더 좋은 기름은 향유고래에게서 나왔다. 향유고래는 이빨이 있는 고래 중에서 가장 크고, 거대한 머리 덕분에 아주 정확한 음파 탐지가 가능하다. 이들은 '멜론'이라는 지방조직을 통해 음파를 탐지하는데, 여기에는 경뇌유라는 물질이 들어 있다. 실제로 경뇌유는 정액처럼 생긴 일종의 왁스다. 과거에 냄새가 없는 최상급 상품이 잘 팔렸고, 바로 이것 때문에 허먼 멜빌의 장편소설 『모비 딕』에서 피쿼드호의 에이해브 선장과 선원들이 항해를 떠난 것이다. 모비 딕이 바로 그 향유고래다.

『모비 딕』의 화자인 이슈메일은 이렇게 선언한다. "나는 모든 논쟁을 보류하고 옛날 방식대로 고래가 물고기라는 입장을 받아들이면서 경건한 요나에게 나를 지지해달라고 요청하겠다." 물론 고래는 물고기가 아니다. 고래는 인간처럼 포유류이고 산소 호흡을 한다. 이것은 1818년 뉴욕 재판의 핵심 쟁점이 되었다. 램프를 밝힐 수도 있는 생선 기름은 당국의 검사를 받아야 했고 검사를 거부하면 벌금을 부과할 수 있었다. 그러나 고래 기름은 생선 기름이 아니다. 고래는 어류가 아니기 때문이다. 이것이 고래 기름 세 통의 소유주가 펼친 주장이었다. 지루하고 긴 공개재판 끝에 배심원단은 15분에 걸쳐 평결을 내렸다. 고래는 어류라는 평결이었다. 세금이 중요하지 과학적 진실 따위가 뭣이 중하겠는가.

이러한 결론에도 불구하고 고래가 물고기라는 결론은 위기를 맞고 있었다. 『성경』의 구식 생물 분류는 과학의 문제 제기에 직면했고, 많은 곳에 오류가 있다는 사실이 명백해지고 있었다. 그리고 고래에 대한 『성경』의 기록이 틀렸다면 『성경』의 절대적 권위 역시 의문시할 만한 것이었다. 고래는 사회의 세속화에 작지만 중대한 역할을 수행했다.

기술의 진보로 대왕고래는 대규모의 포경업에서 접근할 수 있는 동물이 되었다. 20세기가 지나면서 '폭발형' 작살을 쓸 수 있게 된 덕이다. 포경선에서 작살을 발사해 선미에 있는 거대한 문을 통해 고래를 배 위로 끌어올린다. 이 방법을 쓰면 고래가 가라앉을 염려가 없다. 이제 대왕고래는 표

포경 현장: 〈작살로 향유고래 잡기〉, 윌리엄
자딘의 『자딘 박물학 총서』 삽화(채색 판화,
1837년).

적 종이 되었다. 1900년에서 1960년대 중반까지 살육된 대왕고래는 36만
마리에 이른다고 추정된다. 그 후 포경의 속도는 줄어들었다. 대왕고래를 찾
아보기가 훨씬 어려워졌기 때문이다. 대왕고래는 고기와 고래 기름을 구하
기 위해 잡는다. (1860년에 발명된) 마가린은 동물성 지방에 우유와 소금을
섞어 만드는데 고래 기름도 널리 사용되었다. 1950년대와 1960년대 살았다
면 대왕고래를 먹었을 수도 있다. 나로서는 생각만 해도 좀 메스껍다.

　　그러나 1960년대는 근본적인 변화의 시기였다. 이때부터 우리가 세상
을 보는 세계관과 삶의 방식에 의문이 제기되었기 때문이다. 인간만이 가장
중요하고 의미 있는 동물종이 아니라는 생각보다 혁명적인 개념이 어디 있
겠는가? 막대한 이익과 만족을 위해 그때까지 아무 생각 없이 죽였던 동물
을 보살핀다는 생각보다 더 충격적인 개념의 변화가 어디 있겠는가?

　　고래를 구하라!

　　근본적인 문화 변혁이 일어났다. 고래가 좋은 동물이라는 것, 고래를 구

해야 한다는 것, 지구에서 고래가 떼로 이동할 때 인간의 삶은 비로소 더 풍요로워진다는 합의가 폭넓게 이루어졌다. 야생의 세계가 인간이 영원히 물을 퍼다 쓸 수 있는 밑바닥 없는 우물 같은 곳이라는 견해는 이제 의심의 대상이 되었다. 고래는 유한한 자원일 뿐 아니라 경탄과 애정의 대상으로 변모했다.

1971년에 창설된 세계적인 환경 단체 그린피스는 고래와 인도주의적 관계를 맺을 필요성에 대한 새로운 개념을 표상했다. 그린피스는 원래 반핵 운동 단체로 출발했지만 창설 이후 급속도로 대의를 넓혀나갔다. 얼마 지나지 않아 그린피스는 고무보트를 몰고 고래와 포경선 사이로 위험천만하게 돌진하는 헌신적인 청년들을 찍은 영상으로 대중매체를 가득 채운다. 우리를 찌르라, 우리에게 작살을 던져라, 당신들이 무슨 짓을 하든 우리는 고래를 버려두고 떠나지 않을 것이다!

이 생생한 장면으로 세상은 구경거리와 용기, 새로운 철학에 열광하게 된다. 이것이 환경 운동이라고 알려진 움직임을 촉발시킨 최초의 사건이다. 그뿐 아니라 고래 보호 운동은 지금까지도 가장 성공적인 캠페인으로 인정받고 있다. 1982년 7월 23일 국제포경위원회는 포경업 중단에 동의했고, 이때 만든 협약은 1986년부터 효력을 발휘했다. 그러나 일본, 노르웨이, 아이슬란드는 협약을 거부하고 계속해서 고래를 잡고 있다.

야생동물 보호는 오늘날에도 주목할 만한 대전환이다. 우리는 이제 야생동물(죽여야 인간의 삶에 유용하거나 최소한 이윤이 생기는 동물)을 죽이기를 거부한다. 살려서 공존하는 편이 더 낫기 때문이다. 고래 관광은 오늘날 유명한 사업이 되었고, 고래 구경은 우리의 버킷 리스트에서 상위권을 차지하는 소원이다. 나는 스리랑카 연안에서 대왕고래를 본 적이 있다. 이름이 좀 우스꽝스러운데 피그미대왕고래라는 하위종이다. 멕시코의 바하칼리포르니아의 산이냐시오라는 석호에도 가보았다. 이곳은 한때 고래 살육의 중심지였고, 이곳에 모여 살았던 회색고래들은 작은 배를 공격해 전복시킨 탓에 악마의 물고기로 유명했다. 나 역시 작은 배를 타고 석호에 나가보았다. 고래들이 일부러 배에 다가와 우리가 토닥이고 간지럽히고 쓰다듬어주기를 바라는 것 같았다. 고래도 문화가 바뀌었단 말인가?

IUCN은 현재 대왕고래의 개체 수를 5,000~1만 5,000마리 정도로 추정한다. 편차가 꽤 크지만 대왕고래는 통계를 내기 쉬운 동물이 아니다. 숫자는 늘고 있지만 종 자체는 여전히 위기(EN) 등급으로 분류된다. 19세기 남극에 있는 고래의 개체 수는 23만 마리로 추정되었다. 포경 금지가 진행 중이라는 점을 고려해도 2100년이면 남극에 있는 고래의 개체 수는 19세기 절정기 개체 수의 절반도 안 될 것이다. 대왕고래는 장수하면서 천천히 번식하는 종이다. 암컷은 약 3년에 한 번씩 새끼를 낳는다. 회복 속도는 더딜 수밖에 없다. 지금까지 사라지지 않고 있는 위험에는 선박 충돌과 해저 소음이 있다. 인간이 해저에서 발생시키는 소음은 고래가 음파 탐지를 이용해 방향을 잡고 먹이를 구하며 서로를 찾는 능력에 악영향을 끼친다.

009
산호

국가 건설의 주역이 되다

"잊을 수 없는 순간이 많았지만, 스쿠버다이빙 장비를 착용하고
처음 산호초 위를 잠수했던 3분은 정말 신세계였다."

└ 데이비드 애튼버러

동물에게 가장 크게 의존하는 방법은 아예 동물을 집으로 만들어 그곳에 사는 것이다. 키리바시라는 나라는 본질적으로 수많은 동물들이다. 키리바시는 산호라는 동물 위에 건설된 나라이기 때문이다. 2018년 기준으로 키리바시의 인구는 11만 8,000명이 조금 넘는다. 국토 면적은 약 811제곱킬로미터지만 국토 전체가 태평양 350만 제곱킬로미터 내 여기저기에 흩어져 있다. 키리바시는 32개의 환초와 한 개의 산호섬으로 이루어져 있다.

산호는 동물의 왕국에서 가장 큰 건설자다. 산호의 범위와 폭은 인간의 범위를 한참 능가한다. 지구상에서 가장 큰 산호 지대는 오스트레일리아 퀸즐랜드 연안의 그레이트배리어리프(Great Barrier Reef)로 길이가 총 2,300킬로미터에 달한다. 우주에서도 보이는 것으로 유명하다. 그레이트배리어리프는 34만 4,400제곱킬로미터의 면적에 약 2,900개의 산호초 군락이 펼쳐진 구조로 되어 있다. 프로이트였다면 오이디푸스콤플렉스로 인해 벌어진 어리석은 경쟁이라고 일축했을 전 세계에서는 최고층 빌딩 짓기 각축이 벌

살아 있는 땅: 키리바시 공화국의 산호섬. 밀
레니엄 환초 또는 캐롤라인 환초로도 불린다.

어졌다. 하지만 최고의 건축물을 과시하려는 인류의 노력은 새끼손가락만
한 동물들이 건설한 작품 앞에서는 초라할 만큼 창피한 수준이 된다.

산호는 자포동물문에 속하고 말미잘과는 친척이다. 본질적으로 둘 다
중앙의 입 주변으로 촉수가 뻗어 나와 있는 연한 자루 형태의 생명체다. 이
들은 군락을 이루어 사는 경향이 있다. 유성생식과 무성생식 둘 다 가능하
다. 유전적으로 동일한 개체를 복제하는 식이다. 개체들은 다소 획일적으로
행동한다. 일부 산호는 연하다. 찬 바다에 사는 종은 상당히 깊은 곳에서도
살 수 있어 3,300미터 해저에서도 발견된다.

그러나 인간의 삶에 가장 큰 영향을 끼친 산호는 산호초를 만드는 종이
다. 탄산칼슘을 분비해 딱딱한 껍질(이것을 산호라고 부른다)을 만들 수 있는

100가지 동물로 읽는 세계사

개별 폴립(촉수)이 달린 산호종이다. 이들은 군락을 이루면서 산호초 같은 특별한 구조물을 만든다.

대부분의 산호종은 통칭해 동물성 플랑크톤이라 부르는 아주 작은 생명체를 잡아먹는다. 촉수로 뒤덮인 중앙의 입에 달려 있는 자세포를 이용해 먹이를 잡는다. 그러나 산호초를 만드는 산호종은 영양을 얻는 또 다른 방식이 있다. 이들은 산호 폴립의 조직 내에 살고 있는 조류와 복잡한 공생 관계를 진화시켰다. 이른바 공진화다. 산호 폴립 속에 사는 식물인 조류는 빛을 생명 유지에 필요한 양분으로 바꾸는 광합성을 통해 산다. 산호 폴립은 조류가 광합성 과정을 통해 만든 탄수화물의 일부를 흡수해 필요한 영양의 90퍼센트를 얻고 조류는 산호가 분비하는 폐기물에서 이득을 얻는다.

탁월한 공생 전략을 통해 산호는 어마어마한 구조물을 만드는 데 필요한 에너지를 얻는다. 물론 이 전략의 효과에는 한계가 있다. 빛의 양이 한계를 규정한다. 산호 폴립 속의 조류가 광합성을 하려면 산호는 따뜻하고 맑고 해가 잘 드는 얕은 바다에 살아야 한다. 산호가 대부분 열대 바다에 사는 이유가 이것이다.

서식처를 만들어 환경을 창조하는 종들이 일부 있다. 북아메리카의 그레이트플레인스는 수백만 마리의 버팔로가 풀을 뜯어먹는 바람에 계속 광활한 초원으로 남아 있다(5장 '버팔로' 편을 보라). 비버는 서식처의 물 환경을 관리한다(91장 '비버' 편을 보라). 해달은 켈프라는 해초를 먹는 성게를 먹이로 삼아 켈프 숲을 유지한다. 이들은 핵심 종이다. 이들이 없다면 생태계 전체가 붕괴하기 때문이다. 산호가 만들어내는 서식지를 보며 사람들은 경이감을 느낀다. 한 대 세게 얻어맞은 것 같은 충격이다. 열대우림은 다양성으로 유명하지만 생명체가 가득한 거대한 나무그늘 아래로 30미터 남짓 걸어 들어가 보았자 들리는 것이라고는 정체모를 소리뿐이고, 느껴지는 것이라고는 성가신 벌레뿐이다. 하지만 생물 다양성이 진정으로 의미하는 바를 알고 싶다면 되도록 수중 마스크를 쓰고 산호초가 펼쳐진 바닷속에 얼굴을 집어넣어보라.

복잡한 생태계: 산호초 속에 숨은 문어(인도양의 크리스마스섬).

자연의 풍요를 생생히 전하는 메신저로 산호초만 한 생명체가 없다. 폭발할 듯 다채로운 색채, 천문학적인 개체 수, 어마어마한 생물 다양성이 펼쳐진 곳이 산호 주변의 생태계다. 이곳에서는 물을 한 번만 첨벙대도 생물 다양성에 관한 일장 연설이 들려온다. 우리는 1950년대 이후 용감하고 모험

100가지 동물로 읽는 세계사

심 강한 영화감독들 덕분에 이런 자연의 풍요로움을 누려왔다. 대표적인 감독은 자크 쿠스토다. 그의 영화《침묵의 세계》는 1956년 칸영화제에서 황금종려상을 수상했다. 최근에는《니모를 찾아서》같은 애니메이션을 통해 동일한 현상을 볼 수 있다.《니모를 찾아서》는 줄거리는 좀 빈약하지만 넋이 나갈 만큼 화려한 산호초의 세계를 생생히 보여준다.

산호초 세계의 특별한 성격을 감상하는 데는 단 1초면 된다. 홍해에서 스노클을 끼고 산호초를 보려고 시도했던 첫 경험이 기억난다. 물속에 들어간 지 불과 1초 만에 나는 숨이 턱 막혀 가쁜 숨을 몰아쉬며 물 위로 떠올랐다. 말도 안 되게 화려하고 경이로운 세계가 눈앞에 펼쳐지면서 나는 순간 숨조차 제대로 쉬지 못했다.

산호초 덕분에 생명체가 엄청나게 풍성해지면서 인류는 오랫동안 이들을 식량 자원으로 이용할 수 있게 되었다. 말 그대로 대포로 물고기를 쏘아대는 것 같은 풍요로운 환경에 자연의 선물이 그득했다. 살아서 헤엄치는 성찬의 뷔페라고나 할까. 산호초는 파도와 폭풍우로부터 해안을 보호해 인간의 삶에 도움을 주기도 한다.

산호초는 풍요롭고 안정적인 생태계를 만들어 오래도록 유지해준다. 인간의 기준으로는 느릿한 존재 같지만 지질학적 시간대에서 보면 매우 빠른 생명체다. 그레이트배리어리프는 50만 년 이상 이런저런 형태로 존재해왔지만 지금의 구조를 갖춘 것은 고작 6,000~8,000년밖에 안 된다.

그렇다면 산호초는 앞으로 얼마나 오래 존재할까? 애석하게도 이 질문을 던져야 할 시기가 되었다. 전 세계 바다의 산호초가 죽어가고 있기 때문이다. 산호초의 멸종 현상을 '백화(白化)'라고 한다. 백화는 표백과는 무관하다. 죽은 산호초의 외관이 색을 잃어 그런 이름이 붙었을 뿐이다. 백화 현상은 대개 해수 온도의 상승 때문에 일어난다. 해수 온도가 상승하면 산호 폴립은 더 이상 공생하는 조류(황록공생조류)에게 필요한 것을 제공하지 못한다. 조류 또한 산호에게 필요한 것을 주지 못한다. 이렇게 죽음의 순환 고리가 완성되어 산호초는 점점 죽어간다. 2016년 기준으로 그레이트배리어리프에 있는 산호초의 29~50퍼센트가 이미 죽어버렸다.

　기후변화 때문에 산호가 받는 악영향은 이뿐이 아니다. 몰디브는 국토의 80퍼센트가 산호초인 국가로 40만 명 이상의 인구가 살고 있다. 몰디브 군도에는 1,192개의 산호섬이 있다. 평균 해발 고도는 1.5미터이고 가장 높은 곳은 2.4미터 정도다. 해수 온도 상승과 극지방 만년설 해빙으로 해수면 상승은 키리바시 같은 곳에 사는 사람들의 삶을 극히 위태롭게 만들고 있다. 몰디브는 2100년이면 사람이 살 수 없는 땅이 된다고 추정하고 있다.

010
독수리

신의 새이자 히틀러의 새

"독수리가 까마귀에게 굴복하며 배우는 것만큼
시간을 허비하는 일도 없다."

└ 윌리엄 블레이크

인류 역사상 인간이 동물을 순전히 실용적인 관점에서만 보지 않는 시기가 마침내 도래했다. 인간은 자신이 잡아먹을 동물과 자신을 잡아먹는 동물, 또는 자신에게서 달아나는 생명체와 자신을 죽일 수 있는 생명체로 동물을 분류하지 않는 수준에 이른 것이다. 인류는 어느 시점부턴가 동물을 경탄과 애정과 부러움과 혐오의 눈으로 바라보기 시작했다. 이제 자신이 동일시할 수 있는 동물, 임의로 인성을 부여할 수 있는 동물, 행운을 가져다주는 동물, 웃음을 짓게 하는 동물을 찾아냈다. 그중 일부는 동굴벽화에 그려져 있다. 쇼베 동굴에 그려진 사자는 3만 년 전의 작품이다. 사자와 함께 걸어보았거나 사자에게 꽤 가까이 가본 적 있는 사람이라면 이 그림을 보고 오싹한 느낌이 들 것이다. 이 그림을 그린 화가들은 사자에 대해 잘 알고 있었다.

　이처럼 그림의 주인공이 된 동물들은 일종의 종교적 경배 차원에서 창조되었을 것이다. 인간에게 풍부한 식량을 가져다줄 의도로 행해진 주술이 관련되었을지도 모른다. 사람들은 동물들이 힘을 제공할 것이라고 생각했을 공산이 크다. 이에 관해 여러 설이 있지만 사고방식에 획기적인 변화가 있었다는 사실 하나만큼은 분명하다. 인간은 이제 더 이상 동물을 기능적 차원에서만 보지 않고 그것이 가진 의미에 더 관심을 기울이게 되었다. 다시 말해, '상징'을 창조한 것이다.

인간은 독수리를 먹을거리에 추가한 적이 한 번도 없었다. 독수리 또한 인간을 잡아먹지 않았다. 물론 잔점배무늬독수리가 밭 언저리에서 자고 있던 아기를 물어 갔다는 이야기는 이따금씩 들린다. 엽총이 발명되기 전에 인간과 독수리 사이에 직접 교류는 없었지만(물론 양치기들은 독수리를 죽였고 기회가 있으면 둥지를 망가뜨렸다), 그럼에도 불구하고 독수리는 인간의 삶에서 중요한 역할을 담당했다. 인간은 개인과 국가의 권력을 나타내는 데 독수리를 선택한 것이다. 심지어 독수리는 신(神)까지 상징했다.

오늘날에도 독수리에게 무관심한 사람은 극히 드물다. 독수리는 관심을 이끈다. 일단 덩치가 어마어마한 데다 무심한 듯 하늘을 날아다닌다. 자신이 소유한 땅을 내려다보는 것처럼 하늘을 유유히 비행한다. 이 모습을 부

독수리와 군사력: 〈독수리 문장 깃발의 분배〉, 자크 루이 다비드(1810년).

러워하지 않을 도리가 있을까? 이 자태를 열망하지 않을 도리가 과연 있을까? 수리가 앉아 있는 모습을 본다면 거대한 갈고리 모양의 부리에서 풍기는 사나움에 경탄이 터져 나온다. 이렇게 경탄하는 데는 전형적인 의인화도 어느 정도 작용한다. 수리의 얼굴, 부리부리하고 밝은 두 눈, 정면을 쏘아보는 두 눈(굉장히 먼 거리를 보며 먹이를 겨냥하기 위해 입체적 시각 능력을 갖추었다)에서 사나움에 내재된 아름다움의 표상을 보기 때문이다. 인간은 나뭇가지나 지나가는 구름에서도 자신과 비슷한 얼굴과 표정을 찾아내는 습성이 있다. 본디 인간은 동물의 얼굴에서도 인간을 보려고 한다. 생쥐에게서는 까불까불하고 건방진 태도를, 개에게서는 삐딱한 웃음을, 소에게서는 친절한 점잖음을, 독수리에게서는 사나운 위엄을 찾는다.

독수리를 어떻게 정의해야 할까? 독수리는 정확한 조류학 용어가 아니다. 독수리는 때로 '참'수리라 불리는 수리속에 국한시킬 수 있지만, 그럴 경우 흰머리독수리, 아프리카고기잡이독수리를 분류 범주에서 누락시켜야 하므로 이 새들을 국조로 삼는 미국, 잠비아, 짐바브웨, 나미비아의 새들까지 독수리 범주에서 쫓겨날 판이다. 우리가 두루뭉술하게 독수리라 부르는 새들은 사실 서로 밀접한 관계가 없다. 그저 하는 행동이 같을 뿐이다. 극도로 잘 날고 다소 큰 척추동물을 먹이로 삼는다는 정도가 같다.『킹 제임스 성경』에 나오는 독수리 중 일부는 콘도르였고, 다른 것들은 솔개였을 것 같다.

거의 모든 인간 문명은 독수리를 상징과 종교적 목적으로 선택했다. 독수리는 남극을 제외한 모든 대륙에서 발견되기 때문이다. 비슈누가 타고 다니기 위해 선택한 새 가루다는 인간의 몸에 독수리의 날개를 달고 있다. 아즈텍족의 태양신 우이칠로포치틀리는 독수리 형상을 하고 있다. 북유럽의 폭풍 거인 티아시도 마찬가지다.

독수리는 땅과 하늘 사이의 존재다. 대지와 천국 사이의 존재라고 해도 좋다. 제우스는 독수리의 형상으로 변신한 채 가니메데라는 미소년을 납치했다. 가니메데는『일리아스』에 묘사된 가장 아름다운 인간이다. 제우스는 올림포스산으로 이 미소년을 데려가 불멸과 영원한 청춘을 상으로 주고 술

영광의 새: 〈흰머리수리〉, 존 제임스 오듀
본의 『북미의 새』에 들어간 저자의 삽화
(1830년).

잔 드는 일을 맡긴다. 이는 당시 사회에서 수용했던 성애 관계를 표상하지
만, 그렇다고 독수리를 동성애의 상징으로 보는 사람은 많지 않다.

독수리는 세계 최초의 로고였을 것이다. 제우스 신(로마인에게는 주피
터)의 새였기 때문에 로마군의 상징으로 채택되었다. 독수리는 로마 각 군
단의 군기 문양, 로마의 원로원과 시민을 의미하는 머리글자 'SPQR(Senatus
Populusque Romanus)' 위에 그려 넣었다. 독수리를 그려 넣은 군기를 잃어버
리는 것은 가장 끔찍한 수치이자 불명예였다.

독수리가 지닌 이중적인 의미는 강력하다. 한편으로는 인간의 군사력
을 상징하지만 다른 한편으로는 신의 새이기도 했다. 영국의 많은 교회에서
는 날개를 펼친 독수리 모양의 독서대에 『성경』이 놓인 모습을 볼 수 있다.
독수리는 『신약성경』 중 요한복음의 저자 성 요한의 상징이기도 하다. 하늘
과 땅 사이에서 인간과 신의 중재자 노릇을 하는 존재이기 때문이다. 『성경』
의 역할이야말로 정확히 신과 인간 사이의 중재자여야 했다. 특히 복음서의

중요성이 컸고, 많은 이들이 요한복음을 가장 중시했다.

신의 새는 무장한 인간의 새이기도 하다. 독수리는 사자 못지않게 위대한 인물들의 방패에 등장한다. 샤를마뉴(카롤루스 1세 마그누스)는 문장(紋章)이 생기기 전 시대의 인물이지만 훗날 신성로마제국의 상징이 된 독수리 문장을 소급해 받았다. 1211년 독수리의 머리는 두 개가 되었다. 제국이 유럽과 아시아 양쪽을 보면서 뻗어 나갔다는 사실을 내세운 것이다.

나폴레옹도 독수리를 자신의 개인적인 상징으로 삼았다. 추앙해 마지않은 로마인들의 생각을 빌린 것이다. 1782년 흰머리독수리는 미국의 국조(國鳥)로 채택되었다. 한쪽 발톱으로는 초창기 13개 주를 상징하는 화살 13개를 붙잡고, 다른 쪽 발톱으로는 올리브 가지를 쥐고 있는 모양이다. 올리브 가지의 의미에 관해서는 22장 '비둘기' 편을 참고하라.

독일의 옛 왕국 프로이센 역시 독수리를 상징으로 채택했다. 1919년부터 1933년까지 존재한 바이마르공화국 체제의 독일도 이를 계승했다. 훗날 아돌프 히틀러도 독수리를 변형시켜 상징으로 삼을 권리를 요구했다. 이렇게 독수리는 나치 독일의 공식 문장까지는 아니지만 제2의 상징이 되었다. 훗날 독수리는 다시 변형을 거쳐 전후의 독일을 상징하게 되었다. 이번에는 호전성이 완전히 빠져 흔히 '살찐 닭'이라고 불린다.

주화와 깃발, 지폐, 배지 등 표상의 세계에서 확장 일로를 걸었던 독수리는 실제 자연환경에서는 개체 수가 감소했다. 많은 독수리가 총에 맞아 죽었다. 하나의 이유는 인간이 사냥과 낚시를 하는 데 방해가 되었기 때문이고, 또 다른 이유는 인간 본연의 공포 때문이었다. 독수리가 가축과 어린아이를 물고 갈 수도 있다는 공포 말이다. 1930년까지 12년 동안 7만 마리의 흰머리독수리가 알래스카에서 총에 맞아 죽었다는 주장이 있다. 이보다 더 심각한 상황도 뒤따랐다. 살충제, 특히 디클로로디페닐트리클로로에탄(DDT) 사용이 확산되면서 독수리가 곤충보다 더 많이 죽어나갔다. 다음에 이 문제를 더 다루겠지만(23장 '모기' 편을 보라) 이 자리에서는 이 독극물이 먹이사슬에 들어갔다는 이야기 정도만 해두겠다. 맹금류는 (곤충을 잡아먹는 동물을 먹는) 성질상 가장 고농도의 DDT에 노출되어 부화가 가능한 알을 더이상 낳지 못했다. 추정에 따르면, 18세기 미국 접경지대에 살고 있던 흰머리독수리는 최대 50만 마리였다. 1950년 무렵 둥지가 남은 곳은 단 412곳으로 보고되었다. 독수리와 다른 맹금류 전체에 걸쳐 동일한 패턴이 전 세계에서 되풀이되었다.

이러한 재난으로부터의 (부분적인) 회복에 관해서는 다시 이야기하겠다(59장 '매' 편을 보라). 지금 말할 수 있는 사실은 많은 지역에 독수리가 돌아왔고 일단 자리만 잡으면 경탄을 불러일으킬 뿐 아니라 관광객의 돈까지 벌어들인다는 것이다. 20세기 초 영국에서 절멸된 흰꼬리수리는 1990년대 서식처로 돌아왔다. 스코틀랜드 연안의 멀(Mull)섬에서는 독수리 중심의 관광업이 성행하고 있다. 이 섬에서 볼 수 있는 독수리는 두 종이다(그리고 이 지역에서 증류한 두 종류의 싱글몰트 위스키도 맛볼 수 있다).

독수리의 상징성은 이렇게 약간 바뀌었다. 여전히 사납긴 하지만 인간은 이제 독수리의 취약성도 자각하고 있다. 한때 오직 힘을 상징하던 독수리는 이제 부서지기 쉬운 허약성도 상징한다. 이렇게 독수리는 인류의 능력뿐 아니라 변화하려는 의지의 상징이기도 하다. 인간이 충분히 바뀔 수 있을지는 아직 더 지켜보아야 한다. 하지만 멀섬에서 예전 같으면 진지한 태도로 새를 바라본 적 없는, 더군다나 망원경을 통해서는 한 번도 본 적 없는 관광객 무리와 함께 서 있다 보면, 인류의 머나먼 조상들이 수리를 바라보며 느꼈던 원초적 경외감에 관광객들이 사로잡혀 있다는 사실을 알게 될 것이다. 수리는 인간에게 상상 이상으로 중요한 존재인 모양이다.

011
오리너구리

짓궂은 장난

"… 오리를 완벽히 닮은 부리가 …

네발짐승의 머리에 붙어 있는 모습을 보고 있노라면 …

인위적 수단으로 만든 거짓 생명체라는 생각이 당연히 들기 마련이다."

└ 조지 쇼, 『박물학 문집』

"내 생각은 이렇다. 우주는 우리가 현재 생각하는 것뿐 아니라 앞으로 생각할 수 있는 것보다 더 기이하다." 자주 인용되는 이 구절은 J. B. S. 홀데인이라는 과학자가 1927년에 쓴 말이지만 본질적으로는 시간을 초월한 울림이 있다. 그의 진단은 오늘날에도 의미가 있고 확실히 100년 후에도 의미가 있을 것이다. 18세기 말에도 그러했다.

18세기는 계몽주의 시대로 통한다. 인간의 사유 방식이 혁명을 맞이한 시기였기 때문이다. 18세기는 생명체의 기이함이 부단히 밝혀지던 시절, 린나이우스(칼 폰 린네)의 시절이었다. 린네는 지구상의 생명체 전체에 이름을 붙이려 했던 인물이다. 동물과 식물을 별개의 계(界, kingdoms)로 나누고 각 종들을 관련성 수준에 따라 상이한 범주에 배치한 것이다. 린네의 분류 작업은 유전학의 발견을 예상한 것일 뿐 아니라 찰스 다윈의 계시에 가까운 발견들의 초석을 놓았다.

전기로 먹이를 찾기: 태즈메이니아의 오
리너구리(데이비드 와츠 촬영).

100가지 동물로 읽는 세계사

그렇다면 이 장에서 다룰 오리너구리는 어느 분류 체계에 어울릴까? 오리너구리의 사촌은 누구일까? 뱀잡이수리는 부리가 굽은 황새일까, 아니면 다리가 긴 맹금류일까? 핵심은 모조리 세부 사항에 있었다. 생명에 대한 근본적인 질문, 즉 생명이 어떻게 작동하는지, 생명이 의미하는 바가 무엇인지 질문하는 세부 사항이 중요했다. 이러한 세부 사항은 린네의 위대한 저서 『자연의 체계』에서 찾아볼 수 있다. 이 책은 18세기에 13판까지 출간되었다. 초판은 1735년에, 가장 중요한 10판은 1758년에 출간되었다.

　　계몽주의의 주제는 다양했다. 특히 자유, 진보, 관용, 경험적 지식과 합리적 사고가 대표적인 주제였다. 이제 과거의 자동 반사적 추정과는 결별이었다. 그것은 가차 없는 변화였다. 교회와 군주의 권위는 새로운 사고방식에 따라 의문과 의심의 대상이 되었다.

　　새로운 발견 덕분에 그동안 확실하다고 여겨진 옛 지식에 대한 의심이 끊임없이 생겨났다. 선박은 세상 넓은 곳으로 나갔다가 『성경』에 언급조차 된 적 없는 동물들을 싣고 돌아왔다. 18세기 이전이나 18세기 당대에 상상할 수 있는 것보다 기이하고 희한한 생명체가 속속 등장했다. 하지만 오리너구리의 최초 표본이 오스트레일리아에서 런던으로 들어온 1798년 당시 기성 과학계는 이를 감당할 수 없었다. 그래서 이 기이한 동물을 '식민지의 못된 장난꾸러기가 과학계를 상대로 친 짓궂은 장난'이라고 진단했다.

　　오리의 부리, 두더지의 털, 수달의 꼬리를 가진 오리너구리는 확실히 믿기 힘든 동물이었다. 자연을 거스르는 동물이었고 이런 존재는 있을 수 없었다. 당시 발견된 오리너구리의 가죽은 지금도 런던의 자연사박물관에서 볼 수 있다. 가까이 가서 자세히 들여다보면, 과학자 조지 쇼가 오리너구리의 부리를 머리에 이어 붙였다고 생각해 바늘땀을 찾아내 보여주려다가 낸 가위 자국도 볼 수 있다고 한다.

　　그러나 바늘땀 따위는 찾아봐야 헛수고였다. 이 낯설고 진기한 동물은 우선 받아들인 다음 린네의 방법과 관행에 따라 분류해야 했다. 오리너구리가 실제로 얼마나 희한하고 진기한 동물인지 알아낸 것은 1884년이나 되어

서였다. 수컷 오리너구리는 뒷다리에 독침이 달려 있다. 독은 대개 파충류에게는 흔하지만 포유류에게는 이례적이다. 암컷이 알을 낳는다는 점도 밝혀졌다. 많은 파충류가 알을 낳지만 포유류 중에 알을 낳는 것은 네 종류뿐이다. 다른 셋은 모두 가시두더지로 오스트레일리아에서 발견되며 곤충을 먹이로 삼는 종이다.

다윈이 오리너구리의 알에 관해 알았더라면 뛸 듯이 기뻐했을 것이다. 파충류와 포유류 중간의 이행종이 존재한다는 것을 증명하는 셈이었을 테니 말이다. 『종의 기원』은 이행종 동물이 없는 상황에 양해를 구하는 말로 가득하다. 이행종 동물은 생명체의 기록인 화석에 나타나지 않았다(31장의 '시조새'는 예외다). 그런데 살아 있는 이행종 동물의 사례가 버젓이 존재하는 것이다. 게다가 다윈은 오리너구리에 관해 모르지 않았다. 심지어 비글호 여행 동안 오리너구리를 죽이는 일에 관여하기까지 했다. 그는 이런 글을 남겼다. "이토록 경이로운 동물의 죽음에 관여한 것은 엄청난 성과다." 오리너구리는 다윈이 상상하는 것 이상으로 경이로운 생명체였다. 최소한 당시에는 그랬다.

오리너구리는 파충류의 연결 고리가 발견되면서, 다시 말해 파충류, 조류, 포유류의 특징을 모두 가지고 있어 연결 고리 노릇을 할 수 있다는 사실이 밝혀지면서 '원시적'이라는 통념이 대두되었다. 오리너구리는 어딘지 모르게 불완전하며 세계 어디서든 오스트레일리아 동부보다 가혹한 환경에서 더 정교한 동물로 대체되었다는 생각 말이다. 이는 진화를 놓고 널리 퍼진 오류를 드러낸다. 진화는 본질적으로 더 좋은 쪽으로 나아간다는 오해, 진화의 목적은 완벽함으로 더 다가가는 것이라는 통념, 진화는 동물의 서열을 드러내므로 바닥의 '가장 하찮은 동물', 즉 인간과 가장 다른 동물에서 출발해 결국 아름답고 영예로운 인간에서 완성된다는 오해, 결국 목표와 최종 결과야말로 진화의 최종 목적이라는 통념 말이다.

이 문제는 나중에 더 파헤쳐보겠지만, 아무튼 오리너구리에게서 읽어 낸 이러한 메시지는 왠지 기분 좋은 안도감을 준다. 후속 연구로 위의 통념

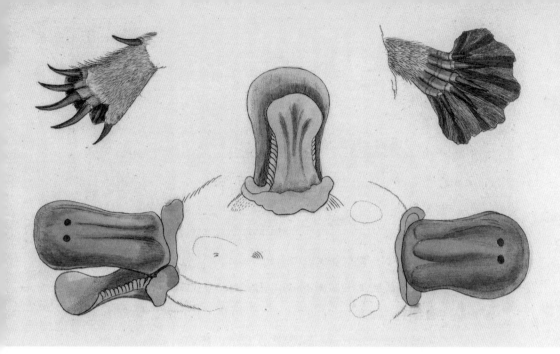

조지 쇼의 『박물학 문집』(1799)에 나오는 오리너구리 신체 구조(프레더릭 폴리도어 노더 그림).

이 완전히 틀렸다는 사실이 밝혀졌다. 오리너구리는 놀라운 동물이며, 퀸즐랜드의 열대우림과 태즈메이니아산맥의 추운 고지대, 반은 물에서 반은 땅에서 살아갈 수 있다. 두꺼운 털이 공기를 품을 수 있어 겨울에도 물속에서 체온을 유지하고, 먹이는 대부분 물속 밑바닥에서 잡는다. 오리너구리는 휘몰아치는 파도와 고요한 호수에도 쉽게 적응할 줄 안다. 물가에 굴을 파고 암컷이 그 유명한 알을 굴속에 낳는다. 오스트레일리아의 원주민들은 오리너구리가 알을 낳고 뒷다리에 독침이 있다는 사실을 알고 있었다. 그러므로 초창기 연구자들은 원주민들에게 이 동물에 대해 물어보며 도움을 받았을 것이다. 고대로부터 내려온 원주민들의 오리너구리 이야기도 있고, 종래의 동물 분류에 속하기를 거부하는 것과 관련된 이야기도 있다. 자신을 정당화하기 위해 굳이 무리의 일원이 되려 하지 않고 특이성에서 존엄성과 의미를 찾는 이야기다.

　오리너구리는 물속으로 뛰어들 때 눈과 귀와 코를 모두 닫는다. 여기서 이런 질문을 제기할 수 있다. 온통 감각을 닫아버리는데 벌레나 유충이나 새우 같은 먹이는 어떻게 찾을까? 대답은 우리가 상상할 수 있는 것 이상으로 희한하다. 바로 전기다. 오리너구리는 먹이로 삼는 동물들의 근육이 수축하면서 발생하는 전기장을 감지한다. 그래서 어둠 속에서도 움직일 수 있어 사냥을 대부분 밤에 한다. 물론 밤에 사냥을 하면 포식자들에게 발각될 위험도 훨씬 줄어든다. 고도로 정교한 생체 기능을 소유한 덕에 오리너구리는 원시성이라는 불쾌한 통념에서 벗어난다. 오리너구리는 현대를 사는 온전한 동물이다. 21세기의 세계에서 살 역량을 충분히 갖춘 동물, 인간이 서식처를 파괴하거나 수질을 심하게 오염시키지 않은 장소라면 어디서나 살아갈 수 있는 뛰어난 종이다.

요즘 인간은 유전학 지식을 얻기 위해, 그리고 다른 포유류와 인간의 관계가 어느 정도인지 알아보기 위해 오리너구리를 연구한다. 2008년에 해독된 오리너구리 유전체는 이 종이 파충류에서 가장 초창기에 분기한 포유류에서 시작되었다는 사실과, 이러한 분기는 1억 6,600만 년 전에 발생했다는 사실을 보여준다. 오리너구리는 다른 포유류에서 찾아볼 수 없는 유전자를 가지고 있다. 하지만 젖 분비 유전자를 가지고 있고 부화한 새끼에게 젖을 먹인다. 이 때문에 오리너구리는 영구적으로 포유류에 포함된다. 다시 말해 포유류는 새끼를 낳기 전, 즉 알을 낳았을 때부터 이미 새끼에게 젖을 먹였다.

200년 넘는 세월 동안 오리너구리는 인간에게 생명의 의미를 가르쳤다. 우리가 생각할 수 있는 것 이상으로 진기한 동물이 실제로 존재한다는 사실, 이들이 더 큰 지식과 심오한 이해로 가는 첫걸음을 제공한다는 사실을 보여주었다.

012
꿀벌

반짝이는 별들이 뱉은 침

"젖과 꿀이 흐르는 땅, 곧 가나안 사람과 헷 사람과 아모리 사람과
브리스 사람과 히위 사람과 여부스 사람이 사는 곳으로 데려가려고 한다."

└ 출애굽기 3장 8절

나는 쓰러진 나무 그루터기 위에 앉아 차를 한잔 마시고 있었다. 새 한 마리
가 내 모습을 보고 저 위쪽 꼭대기의 나뭇가지에서 내려오더니 지저귀기 시
작했다. 길게 이어지는 고집스러운 재잘거림. 따라와. 새는 이렇게 말하고
있었다. 따라오라니까! 나는 새를 따라갔다. 그리고 새는 나를 이끌고 곧장
날아갔다. 천상의 땀, 별들의 침, 신들의 양식을 향해….

꿀! 나를 이끈 새는 큰꿀잡이새였다. 인간과 꿀의 인연이 얼마나 깊은
지 그 친밀함이 제3의 동물이 하는 행동까지 바꿔놓았다. 이것은 민담이나
속설이 아니라 엄연한 사실이다. 큰꿀잡이새는 아프리카 대초원에서 서식
하며 수천 년 동안 이곳을 인간과 공유하고 꿀을 안내하는 재주를 진화시켜
왔다. 이 새는 인간을 한 걸음 한 걸음 야생벌이 사는 벌집으로 인도한다. 그
러면 꿀을 채집하는 인간이 벌집을 헤집어놓을 것이고, 이때 큰꿀잡이새는
벌집 속의 유충들을 포식한다. 전설에 따르면, 꿀을 찾아준 새에게 인간은
답례 격으로 노획물의 일부를 꼭 남겨놓아야 한다. 그렇지 않으면 다음번에

는 벌집이 아니라 사자에게 안내할지도 모르니까. 나는 꿀이 가득한 나무를
베어버리고 싶지 않아 새의 안내를 받지 않았다. 녀석이 내게 원한을 품지
않기만 바랄 뿐이다.

아프리카 대초원에 살던 우리 조상들에게 꿀은 주식 외의 즐거움을 주
는 작은 보너스 정도의 음식이 아니었다. 꿀은 자연에서 구할 수 있는 음식
중 열량이 가장 높다. 아프리카에 현존하는 수렵·채집 사회의 식사를 분석
해 추정한 결과 전체 열량 중 15퍼센트가 꿀에서 나왔다. 꿀과 함께 삼키게
되는 유충을 포함시키지 않은 비율이다. 우리 조상들에게 꿀을 찾아내는 일
은 고기를 사냥하는 일만큼이나 중요했고, 그러려면 고통을 감내하는 상당
한 의지만큼 협동도 필요했다. 꿀은 최초의 인간이 생활하는 방식에 꼭 필요
했다. 고칼로리 양분을 제공하는, 요컨대 두뇌를 위한 음식이었다. 현생 인

류가 오늘날의 모습이 된 것은 꿀과 벌 덕분이다.

인간종은 발전을 거듭해 문명을 창조하면서 꿀을 쉽게 구하는 방안을 생각해냈다. 이제 더 이상 나무에 기어 올라가거나 나무를 쓰러뜨릴 필요가 없다. 벌 떼를 찾아 살 곳을 마련해주면 벌들이 끊임없이 돌아와 그 집에서 꿀을 만든다.

꿀벌은 전 세계적으로 총 2만 종에 이른다. 그중 많은 꿀벌이 독자적으로 생활한다. 일부는 반(半)사회적이지만 소수는 완전한 사회성을 띤다. 이 말인즉슨, 이타적으로 협력하는 집단을 꾸린다는 뜻이다(더 자세한 내용은 99장 '개미' 편을 보라). 이러한 생활 방식을 유지하려면 자기희생과 노동의 위임이 특징인 고도로 진화된 사회, 즉 계층 사회가 필요하다. 꿀벌의 생존 전략은 꿀을 기반으로 한다. 꿀은 겨울철이나 더운 지역의 건기처럼 주위에 꽃이 전혀 없는 곤궁한 시기 내내 벌집의 구성원들을 버티게 해주는 중요한 양분이다.

꿀벌을 가축처럼 재배할 경우 위험은 명백하다. 꿀벌은 자신을 적극적으로 방어하는 위험한 동물이다. 벌집에는 알 낳는 일을 담당하는 여왕벌 한 마리, 여왕벌의 딸들이자 죄다 암컷인 수천 마리의 일벌들, 여왕벌과 교미 말고는 다른 일은 전혀 하지 않는 더 적은 수의 수벌들이 들어가 산다. 암컷인 일벌들은 벌집을 지키고 침입자를 공격한다. 이 공격은 대개 벌 자신에게는 치명적이다. 침입자를 침으로 쏜 벌은 침을 꽂아 넣은 자리에 자기 몸의 일부를 남기기 때문이다. 꿀벌의 침은 변형된 산란관, 즉 알을 낳는 기관이고 그 때문에 암컷만 침을 쏠 수 있다.

꿀벌은 기본적으로 말벌에서 분화했지만 말벌과 달리 채식을 하는 종이다. 먹이의 변화로 꿀벌은 말벌에 비해 더 큰 이점을 누리게 되었다. 말벌은 달아나는 먹이를 찾아다녀야 하는 반면, 꿀벌은 말 그대로 접시에 제공되는 음식을 찾아다니기 때문이다. 꿀벌은 꽃들과 공진화(共進化)를 겪었다. 꿀벌은 이 식물 저 식물로 꽃가루를 운반해 꽃들의 유성생식을 돕는다. 꿀벌은 유충에게 먹일 고단백 음식으로 꽃가루를 모은다. 꽃가루를 모을 때 일부

천재 양봉가: 로렌조 랭스트로스(1810-1895), 미국 철학학회 제공 사진.

꽃가루를 자신이 찾아다니는 다른 여러 꽃에 뿌리면서 자기도 모르게 꽃에게 생식 기회를 마련해주는 것이다. 꽃이 뇌물로 화밀을 제공하면 꿀벌은 그것으로 꿀을 만들고 먹이를 구할 수 없는 시기에도 생존하게 된다. 꽃과 꿀벌, 꿀벌과 꽃은 떼려야 뗄 수 없는 관계다.

100가지 동물로 읽는 세계사

꿀벌을 길들인 긴 역사 대부분은 벌 떼를 잡아 적절한 거처를 마련해주는 이야기였다. 벌은 자리를 잡아 거처를 꿀로 채우는 일을 곧잘 해내지만, 수확기가 되면 양봉가는 벌집을 부수고 벌들의 군체까지 없앨 수밖에 없었다. 꿀이 더 필요하면 벌 떼를 잡아들이는 일부터 전 과정을 다시 시작해야 했다.

양봉은 어렵고 위험했지만 보상은 상당했다. 그야말로 달콤한 보상이다. 우리가 쓰는 언어 중 얼마나 많은 단어와 구절이 달콤함을 사랑과 동일시하는지 떠올려보라. 설탕은 15세기에 들어서야 아시아 외의 지역에서 알려졌고 18세기까지도 여전히 사치품으로 간주되었다. 달콤함을 맛보고 싶다면 꿀을 찾는 수밖에 없었다. "오 나의 신부여, 그대의 입술에서는 꿀이 흐르고 그대의 혀 밑에는 꿀과 젖이 있구려." 『성경』의 아가서에 나오는 이 구절은 기원전 1000년경에 쓰인 것으로 추정되며 17세기 초 잉글랜드 제임스 1세 시대에 번역된 『킹 제임스 성경』에 나온다. 원저자와 번역자가 모두 꿀이라는 개념에서 큰 영감을 얻은 모양이다. 꿀은 사랑이라는 행위만큼이나 달콤한 것이었다.

꿀벌과 종교 간의 연계성은 강력하다. 꿀벌을 키우는 양봉은 수도원에서 전해 내려오는 기술이었고, 글래스턴베리 대수도원에서 기르던 다양한 꿀벌은 오늘날에도 생산성과 온순함으로 전 세계적으로 경탄의 대상이 되고 있다. 꿀벌에게서 채집한 밀랍은 질 좋은 양초의 재료가 되어 그야말로 어둠을 밝히는 빛이 되어주었다. 부활절 미사에서 죽음을 이긴 생명의 승리를 상징하는 것은 어두운 예배당에 켜놓은 단 한 자루의 촛불이 내는 빛이었다. "거룩한 은총의 밤, 오 거룩하신 하나님 아버지, 부활초를 받아주소서. 경건한 제물, 벌과 당신의 종들이 노동한 산물을 … 결코 사그라지지 않는 빛 … 이 초를 타오르게 하는 것은 너무도 귀한 빛을 만들기 위해 어미 벌들이 만든 밀랍을 녹인 재료이오니." 종교에 꿀벌이 제공하는 호소력은 이들이 구성하는 사회가 완벽해 보인다는 데서 유래한다. 꿀벌 사회는 인간 사회의 모범이다. 플라톤, 아리스토텔레스, 베르길리우스, 세네카, 에라스무스, 셰익스피어, 톨스토이, 마르크스까지 나름대로 이러한 개념을 받아들였다. 셰익스피어의 희곡 〈헨리 5세〉에서 캔터베리 대주교는 꿀벌 사회의 완벽함에 대한 생각을 열렬히 수용했고, 성별의 혼동은 다소 있으나 노동 분업이라는 핵심을 강조하면서 꿀벌이 하는 일을 다음과 같이 설명한다.

> 열심히 일하는 꿀벌들,
> 자연이 가르쳐준 법칙에 따르는 피조물이
> 인간 왕국에 질서라는 법을 가르쳐주노라.
> 꿀벌에게는 일종의 왕과 장교가 있다.
> 여기서 일부는 판사처럼 가정에서 올바른 것을 가르치고
> 다른 일부는 상인처럼 외부에서 교역을 하며
> 또 다른 일부는 군인처럼 침으로 무장하여
> 벨벳처럼 부드러운 여름 꽃봉오리로 쳐들어간다.

그러나 꿀벌은 달콤함과 빛, 도덕적 교훈을 우리 조상들에게 가져다주는 일 그 이상의 역할을 해냈다. 술도 꿀벌에서 유래하기 때문이다. 벌꿀 술은 꿀을 발효시킨 것으로 인간이 즐겨 마신 가장 오래된 형태의 술이다. 거의 모든 먹을거리가 그대로 내버려두기만 해도 술로 변한다는 것, 특히 자연 효모에 노출된 꿀이 발효된다는 것은 대단히 즐거운 일 아닌가! 이 술을 희석시키면 술 효과가 있는 일반 음료를 얻게 되며 알코올 도수는 3퍼센트부터 20퍼센트까지 다양하다. 포도가 없는 북위도 지방에서는 벌꿀 술이 수백 년 동안 마실 수 있는 주된 술이었다. 지금은 벌꿀 술이 다양한 유행의 물결에 밀려 진기한 옛 체험 정도가 되어버렸지만 요즘 젊은이들 사이에서 다시 부활하고 있다. 중세풍 판타지 영화 《왕좌의 게임》의 인기 덕분인 듯하다.

양봉은 '지속 가능한 벌집' 개념을 향해 서서히 발전했다. 군체 전체를 파괴하지 않고 벌집만 제거하면 되는 개념을 마련한 것이다. 18세기와 19세기에 이러한 발전이 이루어졌다. 미국의 목사이자 양봉가 로렌조 랭스트로

스는 벌들이 벌집에 길을 만든다는 사실을 활용해 움직일 수 있는 틀을 고 안한 다음 벌집에서 들어 올려 꿀을 뽑아내는 장치를 만들었다. 나의 할아버 지(서문에서 말했듯이 테살로니키에서 제1차 세계대전을 치르신 분이다)가 복면 포와 장갑을 쓰고 양봉 일을 하셨던 기억이 난다. 할아버지의 벌집 꿀은 어 린 시절에 맛본 가장 근사한 맛 중 하나였다.

현대 양봉은 벌 떼 폐사 장애로 인해 큰 골치를 앓고 있다. 벌 떼 폐사 장애란 일벌이 벌집과 여왕벌, 유충, 식량 등을 남기고 떠나는 현상이다. 정 확한 원인은 알려져 있지 않다. 대략적인 이유로 살충제, 진드기, 균류, 항생 제, 영양실조 등이 거론된다. 이들 중 몇 가지 또는 전체가 복합되어 일어나 는 현상인 듯하다. 2006년 미국에서는 이 현상에 주목해 이름을 붙였다. 유 럽에서도 문제가 있었고 몇 년 동안 월동 벌집의 양봉 성공률이 낮아졌지 만, 대부분의 전문가들은 상황이 모두 동일하지는 않다는 데 의견을 같이한 다. 필시 우리가 농촌을 벌들이 살기 힘든 곳으로 만들고 있다는 것이 궁극 적인 문제인 듯하다. 꽃이나 야생식물이 줄어드니 벌들이 먹이를 찾아다니 는 곳도 줄어들 수밖에.

벌 떼 폐사 장애는 더 큰 문제로 이어진다. 꿀벌이 돕는 꽃가루받이는 인간에게도 중요하기 때문이다. 추정에 따르면, 우리가 먹는 음식의 3분의 1은 꽃가루받이의 결과물이다. 이 문제에 관해서는 뒤에 가서 더 상세히 이 야기하겠다(65장 '뒤영벌' 편을 보라). 지금은 야생의 수분 실행자인 꿀벌이 부 족해 사업 하나가 생겨났다는 사실만 언급하고 넘어가겠다. 상당한 비용을 들여 꿀벌을 버스로 실어 나르는 사업이다. 꿀벌이 꽃가루받이를 돕도록 꽃 에게 데려다주는 것이다. 예전 같으면 꿀벌이 무료로 해주던 일을 이제는 돈 을 들여 해야 하는 셈이다. 벌 떼 폐사 장애로 꽃가루받이 비용이 20퍼센트 이상 올랐다.

꿀벌은 여전히 인간 문명의 중심에 있다. 벌을 잃을수록 인류는 심각한 위험에 처하게 된다. 벌을 잃으면 우리 자신도 잃는다. 실제로 우리는 지금 벌을 잃고 있다.

티라노사우루스

폭군 도마뱀의 왕

> "티라노사우루스와 알로사우루스야말로
> 진정 무시무시하다고 할 만한 공룡들이다."
> └ 버사 모리스 파커, 『자연사의 황금 보고』

인간은 시간이라는 개념을 거의 이해하지 못한다. 일주일은 정치에서는 긴 시간이다. 반 학기는 어린이에게는 영원의 시간이다. 크리스마스는 작년에 지낸 이후로 열두 달밖에 지나지 않았는데 다시 돌아온다. 그럼 우리는 "벌써 그렇게 됐어? 도대체 시간이 어느새 그렇게 가버린 거야?" 하며 또 깜짝 놀란다.

인간은 조잡하지만 그럭저럭 쓸 만한 시간 개념 정도는 가지고 있다. 인간 개개인의 삶은 시간에 영향을 받기 마련이다. 10년, 한 세대, 두 세대 심지어 세 세대…. 그러나 그 이상을 넘어가면 시간 개념이 모호해지기 시작한다. 인간의 최대 기대 수명이라고 할 수 있는 100년을 넘어가면 우리는 더 이상 시간을 본능적으로 이해하지 못하게 된다. 시간은 그저 추상이 되어버린다. 200년이나 300년? 그 정도의 시간은 마치 달을 향해 가는 여행과 같다. 기독교가 출범한 이후 2,000여 년이라는 시간은 쉽게 상상할 수 있는 범위를 훌쩍 넘어선다.

수천 년이라는 시간이 뭔지는 안다. 실감나지 않아도 알 수는 있다. 과거에 우리가 지구의 나이를 6,000년으로 확정한 것은 틀림없이 이런 이유였을 것이다. 6,000년이라는 시간은 수많은 수수께끼가 담긴 수였지만 그나마 우리가 상상할 수 있는 범위에 속한 시간이기는 하다. 농업의 발명이 1만 2,000년 전에 이루어졌다는 사실은 우리의 이해 범위를 넘어선다.

그런데 이제 '심원한 시간(Deep Time)'이 발견되었다. 그 발견과 함께 지구가 인간종보다 훨씬 더 오랫동안 존재해왔다는 대단히 충격적이고 이해 자체가 불가능한 깨달음이 찾아왔다. 사실 대략적으로 보아도 지구의 전체 역사는 인간의 것이 아니다. 하지만 누구라도 지구가 겪었다는 45억 년이라는 시간을 상상할 수 있겠는가? 대부분은 100만과 10억도 혼동하는데 말이다. 인간의 뇌는 이토록 어마어마한 숫자를 이해하도록 조직되어 있지 못하다. 진화생물학자 리처드 도킨스의 말대로 "인간의 두뇌는 몸이 동작하는 크기와 속도의 규모에 맞춰 생존하는 데 도움이 되도록 진화"했다.

우리에게 어떤 이미지가 필요한 이유가 여기에 있다. 두뇌를 가동시킬 수 있는 기반이 될 그림이 필요한 것이다. 저술가 존 맥피는 시간 개념을 다음과 같이 가늠해보자고 제안했다. 자주 인용되는 문구다. "'야드'라는 영국의 옛 측정 단위를 가져와 지구의 나이를 1야드라고 상상해보자. 1야드면 왕의 코에서 쭉 뻗은 손끝까지의 길이다. 손톱 다듬는 줄로 왕의 가운뎃손가락 손톱을 한 번만 슥 밀어버리면 인간의 역사는 모

적극적인 사냥꾼: 티라노사우루스 '수'의 화석(시카고 필드 자연사박물관).

두 지워진다. 줄 끝에 묻어난 손톱 가루가 인간의 전체 역사쯤 된다."

심원한 시간이라는 개념은 처음에는 지질학자들의 관심사였다. 이 개념을 처음 창안한 인물은 스코틀랜드의 지질학자 제임스 허턴이다. 찰스 라이엘은 1830~1833년에 세 권으로 출간한 『지질학의 원리』에서 이 개념을 더욱 정교하게 발전시켰다. 다윈은 비글호에서 찰스 라이엘의 책을 읽었다. 심원한 시간이라는 개념을 알지 못했다면 다윈은 진화론을 발전시키지 못했을 것이다.

하지만 20세기 초 이후로 우리에게 심원한 시간이 실제로 의미하는 바를 온전히 이해시켜주고, 인간이 지구를 늘 지배한 것이 아니라는 관념을 알려준 것은 단 한 마리의 동물, 바로 공룡이었다. 어린 시절 우리가 배우고 열렬히 사랑한 동물이다. 지구상에서 활보한 동물 중 가장 무시무시한 포식자를 밀쳐낼 사람이 어디 있겠는가?

공룡마다 나름의 매력적인 측면이 다 있지만 티라노사우루스(폭군 도마뱀의 왕이라는 의미로 티라노사우루스 렉스라고도 불린다. '렉스'는 라틴어로 왕이

단골 상상: 티라노사우루스와 트리케라톱스
(20세기, 찰스 R. 나이트 그림).

라는 뜻이다―편집자)는 그중에서도 가장 황홀하고도 흥미진진한 공룡이다. 크고 사나울 뿐 아니라 절멸했기 때문이다. 이런 사실은 살아 있을 때의 매력에 신비감까지 더해준다. 이제 이들은 지구상에서 영원히 사라져버렸다. 다시는 볼 수 없는 동물이다. 나는 버사 모리스 파커의 『자연사의 황금 보고』를 읽다가 공룡을 발견한 추억이 있다. 당시 나는 티라노사우루스와 투구를 쓴 것 같은 머리 모양을 한 초식 공룡 트리케라톱스 사이의 사투를 보여주는 그림을 한참 들여다보았다. 어마어마하게 컸다! 심하게 잔인했다! 모조리 죽고 말았다! 그것도 멀고 먼 옛날에….

　1874년 북아메리카에서 티라노사우루스의 이빨이 가장 먼저 발견되었다. 척추 뼈는 1892년에 발견되었다. 1900년 고생물학자 바넘 브라운은 와이오밍주 동부에서 골격의 일부를 발견했고, 1902년에는 몬태나주의 헬크리크층(미국 서부에서 발견된 백악기 말기 및 팔레오세의 지층. 공룡 시대의 마지막 지층이다)에서 또 다른 골격의 일부를 발견했다. 화석에 티라노사우루스라는 이름을 붙인 것은 1905년이었다. 이 이름이야말로 천재적인 창조성을 드러낸 업적이다. 이름을 붙인 인물은 고생물학자이자 미국자연사박물관장인 헨리 페어필드 오스본이다. 공룡의 이름에서 풍기는 신비감도 매력의 일부다. 공룡은 모두 학명으로 알려져 있다. 공룡을 가리킬 때 쓸 수 있는 평범한 이름은 아예 없다. 참새의 학명은 파세르 도메스티쿠스지만 보통 사람들은 그런 이름을 입에 올리지는 않는다. 하지만 티라노사우루스 렉스라는 학명은 과학자든 일반인이든 누구나 부르는 이름이다. 이 어려운 라틴어가 자연스레 입에서 나온다. '폭군 도마뱀의 왕'이라는 뜻이다.

린네(8장 '대왕고래'와 11장 '오리너구리' 편을 보라)는 과학의 이중 명명 체계, 즉 이명법(二名法, binomial nomenclature)을 확립했다. 티라노사우루스 렉스는 세계에서 가장 널리 알려진 이명법이다. 호모 사피엔스 정도가 견줄 만하다. 우리는 지구상의 생명체를 이해하고 분류하는 방식의 근본적 작동 원리를 이 '폭군 도마뱀의 왕'을 통해 배운다. 게다가 이러한 배움은 심원한 시간에 대한 관념을 동반할 수밖에 없다.

우리가 티라노사우루스의 성질을 생생하게 파악하게 된 것은 대개 찰스 나이트라는 화가의 재능 덕분이다. 나이트는 멸종 동물을 전문으로 그린 화가다. 1926년 그는 시카고 필드 자연사박물관에 전시할 벽화 28점을 제작하는 대형 프로젝트에 착수했다. 프로젝트를 완성하는 데 4년이나 걸렸다. 가장 유명한 작품은 티라노사우루스가 트리케라톱스와 싸우는 장면이다. 이것이 오늘날 흔한 말로 '입소문을 타고' 퍼져 나간 이미지다. 이 그림은 약간 변형되어 내가 어린 시절에 공부한 교과서에도 멋지게 실렸다.

1960년대 초까지는 이 초창기의 발견들이 유일한 티라노사우루스의 화석으로 알려져 있었다. 그 후로 42개의 다른 화석이 발견되었다. 가장 완성된 형태의 화석 중 하나는 아마추어 고생물학자 수 헨드릭슨이 발견한 것이다. 헨드릭슨은 이것을 동일한 헬크리크층에서 발견했다. 이때 발견된 화석은 필드박물관이 760만 달러에 사들여 2000년 이후로 전시해오고 있다.

화석의 이름은 발견자의 이름을 따라 '수(Sue)'라고 붙였지만 녀석의 성별이 실제로 무엇인지는 아무도 모른다. 수는 길이가 12미터, 골반까지의 높이는 3.6미터로 티라노사우루스의 표본 중 가장 크다.

나이트는 땅에서 45도 각도로 티렉스를 그렸다. 무거운 꼬리를 질질 끌고 가는 모습이다. 뉴욕에 위치한 미국자연사박물관의 표본은 1915년부터 나이트의 그림과 똑같은 자세로 공룡 모형을 배치한 채 77년 동안 같은 상태로 전시했다. 나이트의 작품은 항상 공룡이 필요하지 않은 존재라는 뉘앙스를 풍긴다. 결국 파국을 맞이해 다른 생명체에게 자리를 빼앗길 운명임을 보여주려는 것 같다. 물론 나이트가 틀린 것은 아니지만 공룡은 무려 1억 5,000만 년 동안 지구를 지배한 거대 동물이다. 공룡은 분명 우리 인간이 목표로 삼을 만한 모범을 제시한 동물이다. 하지만 공룡을 더 우월한 종인 인간을 위해 초석이나 깔아놓은 존재로 묘사해야 인간의 허영심이 채워진다. 오죽하면 요즘에도 낡은 견해를 고수하는 사람을 '공룡'이라고 부르겠는가. 영화 《007 골든아이》에서 주디 덴치가 분한 M이라는 인물이 제임스 본드에게 이렇게 말한다. "당신은 성차별주의 공룡이야."

하지만 제임스 본드 식 문구는 조금씩 수정되었고 공룡을 묘사하는 방식 역시 수정을 거쳤다. 영화 《쥬라기 공원》에서 벨로시랩터는 빠르고 능동적이며 영민하고 협조적인 동물로 비쳐진다. 티라노사우루스도 광범위한 수정을 거쳤다. 현재 수용되고 있는 가설에 따르면 티라노사우루스는 꼬리를 질질 끌고 다니지 않고 대지와 평행 상태로 몸을 움직였다. 거대한 머리와 균형을 맞추기 위해 커다란 꼬리를 공중에 들고 다녔다는 말이다. 뉴욕 박물관의 표본도 다시 자세를 고쳤다. 1.5미터짜리 두개골에 15센티미터 길이의 이빨을 지닌 녀석은 역사상 어떤 육상동물보다 더 큰 먹이를 물고 다녔을 것이다.

티라노사우루스가 최상위 포식자가 아니라 죽은 동물을 찾아 먹는 부류였다는 주장을 놓고 논쟁이 벌어졌다. 오늘날의 추론은 둘 다 해당한다는 것이다. 분명 티라노사우루스는 모든 분류군의 포식자들과 마찬가지로 입체적인 시력을 가지고 있었다. 이들이 온혈동물이었는지, 깃털이 있었는지, 얼마나 빨리 이동할 수 있었는지를 놓고도 논란이 분분했다. 시속 70킬로미터로 달릴 수 있었다는 가설도 있는 반면, 최근 연구들은 이들이 (몸이 공중에 머물러 있는 것 자체가 불가능해) 아예 달리기를 못했고 시속 18킬로미터 정도로 빠르게 걸었다는 설을 제시한다. 후속 연구들은 티라노사우루스 렉스가 결국 어느 정도는 달리기가 가능했다고 주장한다. 이 가설 역시 얼마든지 바뀔 수 있다.

티라노사우루스는 인간의 상상을 영원히 쫓아다니는 사냥꾼 같은 존재다. 어린 시절 처음 만나 결코 잊히지 않는 존재로 남아 있다. 이들은 우리에게 진화의 진실뿐 아니라 녀석을 존재할 수 있게 해준 지구상의 기나긴 생명의 역사에 얽힌 이야기를 전해준다. 이들은 기독교 근본주의자들에게 골칫거리다. 지구 역사 6,000년 동안 티라노사우루스는 노아의 방주에 타지 못했다고 우기는 사람들이기 때문이다. 티라노사우루스는 절멸의 첫 교훈이다. 애석하게도 종의 절멸, 혹은 멸종이라는 주제는 이 책에서 여러 차례 다시 살펴볼 수밖에 없는 문제다.

014

상어

바다 깊은 곳에 사는 괴물

"물속으로 다시 들어가는 게 안전하다고 생각한 순간!"

└─→ 피터 벤츨리, 『죠스』

우리 인간이 자신을 두고 하는 온갖 주장들 가운데 가장 터무니없는 것은 인간이 이성과 합리성을 갖춘 존재라는 주장, 이성이야말로 짐승과 인간의 차이점이라는 주장이다. 사실 인간은 전혀 합리적으로 살고 있지 않다. 합리적으로 살 역량 따위도 없어 보인다. 심지어 합리적으로 살려는 노력조차 하지 않는 것 같다.

괴물을 예로 들어보자. 인간은 괴물 없이는 못 사는 듯 보인다. 괴물 없는 삶은 아예 살고 싶어 하지 않는 것 같다. 괴물은 인간 문화의 일부분인 동시에 무심하게 인간 문명을 파괴하려는 무시무시한 자연의 힘이다. 괴물은 시대마다 얼굴을 새로 바꾼다. 어제는 용이었다면 오늘은 인크레더블 헐크가 된다. 하지만 괴물은 서로 다 비슷비슷하다. 저 지평선 아래 보이지 않게 도사리고 있다. 어둠, 깊은 곳, 미지의 세계, 우리의 내면에서 나올 준비를 하고 있는 공포의 대상이라는 점에서 괴물은 거기서 거기다. 사실 이성과 합리성을 동원해 생각하자면 형편없는 운전자와 질주하는 자동차를 공포의

대상으로 삼는 편이 이치에 맞을 텐데 말이다.

아마도 이 불합리한 공포의 기원은 사자일 것이다. 다시 말해, 머나먼 시절 우리 조상들이 매일 사자와 함께 살고 함께 걸었다는 사실이 이성적으로는 설명할 수 없는 공포의 기반이라는 뜻이다(1장 '사자' 편을 보라). 인간의 정신은 아주 긴 시간, 즉 심원한 시간을 거치면서 진화했다. 고작 지난 몇천 년 동안 인간의 삶에 급격한 변화가 많이 일어났지만 인간의 정신은 이 변화의 속도를 따라잡지 못했다. 그래서 우리는 아직도 괴물을 두려워한다. 게다가 우리 중 일부는 두려움을 즐기기까지 한다.

우리는 상어를 두려워한다. 상어는 지구상 다른 어떤 동물보다 공포스러운 존재다. 상어는 심해에서 솟구쳐 나와 인간을 죽인다. 인간이 바다에서 즐거움을 만끽하고 있을 때, 돌연 나타나 인간을 잡아먹는다. 그래서 상어의 공격은 끔찍하다. 상어는 자연의 무심한 악의, 즉 동기도 이유도 없는 악의를 상징한다. 상어가 인간을 죽이고 파멸시키는 이유는 무언가를 원하거나 필요해서가 아니다. 그냥 아무 이유가 없다. 이들의 무심함은 파괴의 야만적인 동력이다.

인류는 물에 발가락을 처음 담근 이후 심해에서 뛰쳐나오는 괴물을 음미하고 만끽해왔다. 그리스 전설에 따르면, 제우스의 아내 헤라는 남편과 바람을 피운 라미아를 복수하기 위해 그녀의 자식들을 살해한다. 제우스는 라미아를 괴물인 상어로 변신시켜 대응했다. 라미아는 남들의 무고한 자식들을 먹어치움으로써 세상에 복수한다. 고대 영어로 쓰인 작자 미상의 서사시 『베어울프』에서 베어울프는 그렌델의 어미와 싸우기 위해 강 깊은 곳까지 돌진한다. 그렌델의 어미는 딱히 상어는 아니지만 수많은 세월 동안 인간의 상상 속에 출몰해온 수중 괴물에 속한다.

뱃사람들은 재미로 배를 부수고 선원들을 잡아먹는 바다뱀이나 다른 심해 괴물을 다룬 전설을 늘 소중히 여겨왔다. 물은 인간의 본래 활동 영역

| 죠스가 나타났다: 영화 《죠스》 포스터.

이 아니다. 물속으로 침입한 쪽은 오히려 인간이다. 우리가 파도에 뛰어들었을 때 유리한 쪽은 모조리 물속의 적들이다. 바다 깊은 곳에서 나와 인간을 덮칠 수 있는 존재들에 대한 공포는 우리 안에 깊이 새겨져 있다. 현대에 들어와 대양 및 생명체의 특성을 알면 알수록 상어가 이러한 공포의 중심을 차지하게 되었다.

상어는 누구에게나 괴물이 되었다. 고대 선원들에게만 두려운 괴물이 아니라는 뜻이다. 해수욕을 즐거운 오락 활동으로 인식하면서 인간은 이러한 쾌락에 인간 본연의 공포가 살짝 섞여 있음을 발견했다. 즐거움과 공포의 결합은 분명 바다가 주는 작지만 하찮지 않은 경험이다. 마치 블러디메리 칵테일에 살짝 첨가하는 타바스코 소스 같다고나 할까?

바다에서 헤엄쳐본 사람이라면 누구나 상어와 헤엄을 쳐본 셈이다. 상어는 바닷속 어디에나 있기 때문이다. 지구상 바다 전체를 누비고 해저 2,000미터 깊이까지 헤엄쳐 다닌다. 상어는 총 500여 종인데, 그중 인간을 공격하는 것은 네 종이다. 상어의 크기는 길이가 약 17센티미터에 불과한 투명상어부터 무려 12미터에 달하는 고래상어까지 다양하다. 둘 다 인간에게 전혀 위험하지 않다. 투명상어는 너무 작고, 고래상어는 플랑크톤만 흡입하기 때문이다. 강상어와 황소상어 두 종은 바닷물뿐 아니라 민물에서도 살 수 있다. 상어는 16세기까지 '바닷개'로 알려져 있었다. 그 증거가 언어에 여전히 남아 영국의 바다에서 발견되는 작은 '돔발상어'를 독피시(dogfish)라고 부른다.

상어가 위협적으로 보이는 이유 중 하나는 다른 대부분의 물고기와 다르기 때문이다. 사실 동물학적 관점에서 '어류'라는 말은 무의미하다. 어류를 조류강(현대 생물학에서는 일반적으로 스웨덴 식물학자 칼 폰 린네가 제시한 '계-문-강-목-과-속-종' 범위의 생물 분류법에 상위 분류인 '역'을 추가해 분류한다 —옮긴이)이라는 조류처럼 거대한 하나의 관련 군으로 묶을 수 없다는 뜻이다. 상이한 네 가지 어류군이 존재하며 각각은 척추동물문에서 상이한 강을 나타낸다. 가장 큰 어류강은 조기어류 혹은 경골어류라는 어류군이다. 금붕어, 연어, 대구(17장 '대구' 편을 보라), 산호초 위에서 헤엄치는 대부분의 어류가 여기에 속한다.

두 번째로 큰 어류강은 연골어류다. 상어와 가오리가 여기에 해당한다. 연골어류의 뼈는 척추동물문에 속하는 다른 대부분의 동물처럼 단단한 뼈로 이루어져 있지 않다. 이들의 뼈는 우리의 귀와 코처럼 연골로 이루어져 있다. 연골은 가벼운 데다 유연하기 때문에 과장을 좀 보태자면 상어가 옆으로 휘어지듯 자유롭게 헤엄을 치게 해준다.

조기어류 혹은 경골어류는 물속에서 움직이지 않고 가만히 있을 수 있다. 부레가 있어 몸이 뜨기 때문이다. 금붕어를 보면 알겠지만 이러한 특징은 조기어류라면 모두 가지고 있다. 그러나 연골어류는 다르다. 이들은 바닥으로 가라앉거나 계속해서 움직여야 한다. 가오리는 보통 바닥으로 가라앉는다. 수염상어 같은 일부 상어도 그렇다. 그러나 대부분의 상어는 끊임없이 헤엄치는 쪽을 택한다. 계속 헤엄쳐서 발생하는 물의 흐름을 아가미구멍으로 공급해야 물에서 산소를 얻어 호흡할 수 있다. 수염상어는 가만히 있어도 물을 흘러가게 할 수 있지만 대부분의 상어는 잠잘 때도 부단히 움직여야 한다. 이들의 뼈는 연골이라 경골어류의 뼈보다 가볍고 간도 커서 부력이 커지도록 돕는다. 그러나 생존하려면 계속 헤엄쳐 물 위쪽으로 가야 할 뿐 아니라 평생 매 순간 헤엄을 쳐야 한다.

우리는 상어의 턱에 매료된다. 녀석의 턱은 이빨로 가득 차 있다. 상어의 이빨은 컨베이어 벨트 시스템으로 움직인다. 추정에 따르면, 상어는 평생 무려 3만 개의 이빨을 갈아 치운다. 이들의 이빨은 턱에 붙어 있지 않고 인간처럼 잇몸에 끼워져 있으며 끊임없이 빠지고 대체된다. 상어의 턱은 인간과 달리 머리뼈에 붙어 있지 않기 때문에 녀석이 짓는 표정은 인간의 눈에 마치 기괴한 외계인처럼 보인다.

인간은 괴물인 상어가 사악한 사냥 천재이기를 바랄까, 아니면 맹목적이고 어리석은 분노의 화신이길 바랄까? 딱히 결정된 것은 없다. 천재와 바보 중 무엇이 더 소름 끼칠까? 선택은 자유지만 사실 상어는 실로 놀랄 만큼 유능한 포식자다. 이들의 후각은 전설 그대로 아주 예리하다. 100만 분의 1로 희석된 피 냄새를 물속에서 맡을 정도다. 상어는 후각을 통해 방향을 감지한다. 인간이 청각을 이용하는 것과 같은 이치다. 상어는 콧구멍 사이의 거리 덕분에 교차방위를 파악해 위치를 알 수 있다. 추정컨대, 후각이 강화되었기 때문에 망치상어(귀상어)의 머리 모양이 지금과 같이 된 것 같다. 상어는 물속 시력과 청력도 타고났다. 앞서 살펴본 오리너구리처럼 전기 감응 능력도 갖추고 있다. 망치상어는 특히 이 능력이 탁월하다. 모든 상어의 뇌와 몸체의 비율은 대부분의 포유류 및 조류와 비슷하다. 학습 능력도 있는 것으로 관찰되었고 놀이하는 모습도 발견되었다. 일부 종은 고도로 사회적이다. 사회생활은 지능을 추진하는 강력한 요인이다.

상어는 1916년 여름 인간이 정한 괴물 서열에서 아찔할 만큼 높은 자리까지 올라갔다. 그해 7월 1일에서 12일 사이 뉴저지주에서 상어 한 마리(혹은 여러 마리)가 사람 네 명을 죽이고 한 명에게 중상을 입힌 사건이 벌어졌다. 혹서와 소아마비 유행까지 겹쳐 바다 피서객이 한창 늘어난 시기였다. 사망자가 출현하자 언론들이 뉴저지로 모여들었고 상어 공격은 대서특필되었다. 소아마비도 끔찍했지만 상어 습격으로 인한 사망 사건은 그야말로 소름이 쫙 끼치는 사건이었다.

이 사건은 피터 벤츨리의 1974년 소설 『죠스』에서 재창조되었다. 소설은 1년 후 스티븐 스필버그 감독이 영화로 제작해 괴수 영화의 고전이 되었다. 턱은 하나보다 두 개가 늘 더 낫다는 생리적 진실(영화 《죠스》가 '턱'의 영어 복수형 jaws와 철자가 같은 것을 이용한 저자의 언어유희다—옮긴이)에 따라 속편 《죠스 2》가 자노 슈와르크 감독의 연출로 개봉되었다. 이때 붙은 슬로건 "물속으로 다시 들어가는 게 안전하다고 생각한 순간!"이라는 문구는 우리의 일상 속에서 상투적으로 쓰는 표현이 되었다.

모두 상어에 대한 공포를 다룬 이야기들이지만 이 공포는 분명 합리적이지 않다. '국제상어공격정보(International Shark Attack File)'의 보고에 따르면, 1958년부터 2016년까지 정당한 이유 없이 상어가 인간을 공격한 건수는 2,785건이다. 그중 439건은 치명적이었다. 평균을 내면 1년에 여덟 건에 약간 못 미친다. 사망 사건에 깊이 연루된 상어종은 총 500여 종 중 세 종인 백상어와 뱀상어, 황소상어뿐이다. 물론 이것은 보고되지 않은 사망자를 고려하지 않은 수치이며 개발도상국의 기록은 빈약한 실정이다.

반면, 인간은 1년에 거의 1억 마리의 상어를 죽인다. 이들 중 많은 수가 먹거리로 식탁에 오른다. 상어는 과거에 영국 요리 피시앤드칩스의 주재료였다. 피시앤드칩스는 생선 튀김과 감자 칩으로 구성된 음식인데 '피시'에 해당하는 생선 재료로 돔발상어가 쓰였다. 사람들은 돔발상어를 '락새먼(rock salmon)'라는 이름으로 바꿔 부르면서 씨가 마를 때까지 잡아들여 음식으로 팔았다. 상어는 플레이크, 허스, 스테이크 피시, 레몬 피시, 심지어 두부 피시를 비롯해 여러 가명을 달고 음식으로 널리 제공되고 있다.

중국 문화에서 상어 지느러미 수프인 샥스핀은 진미로 분류되어 사람들이 큰돈을 척척 내고 먹는 음식이다. 한 그릇에 150달러짜리도 있다고 한다. 그러다 보니 상어를 잡으면 지느러미만 자른 후 도로 바다에 내던져 죽어가도록 방치하는 일이 일어난다. 지느러미는 아무 맛도 나지 않고 식감은 질기다. 정력을 올리고 원기를 회복시키며 회춘과 암 예방 효과가 있다고들 한다. 음식으로 내놓기에는 꽤 일류 식재료인 셈이다. 그러나 최근 몇 년 동안 샥스핀을 보는 사람들의 시선이 곱지 않았다. 미국 프로농구협회(NBA)에서 뛰었던 중국의 농구 스타 야오밍이 샥스핀 소비 반대 운동을 이끌었고, 그 결과 상어 지느러미 소비는 급감했다.

인간은 상어를 많은 서식지에서 도태시키고 있다. 오스트레일리아와 남아프리카와 레위니옹에서 수영하는 사람들을 보호하기 위해서다. 엄밀히 말해 상어보다는 상어에 대한 공포에서 사람들을 보호하는 것이 진짜 목표다. 관광객을 끌어들이고 이윤을 늘리려는 의도다. 영화 《죠스》의 줄거리 역시 같은 개념을 강조했다. 상어, 아니 상어에 대한 공포가 지역 산업에 해가 된다는 생각이다. 2001~2017년에 그레이트배리어리프 주변을 포함해 오스트레일리아의 퀸즐랜드에서 1만 480마리의 상어가 살육되었다. 이후로 법원은 무차별적 상어 살육을 지속해서는 안 된다는 판결을 내렸다. 인간과 상어 사이의 대결을 연간 점수로 내면 인간이 상어 1억 마리를 죽이는 동안 상어는 인간 아홉 명을 죽인다. 인간의 압도적인 승리다.

015
바퀴벌레

생존의 달인

———————— • ————————

"밸런타인데이를 맞이해
바퀴벌레에게 전 애인 이름을 붙일 수 있습니다.
단 돈 2달러면 됩니다."

ᒪ 인터넷에 등장한 황당한 이벤트

바퀴벌레는 지구상에서 가장 미움받는 동물이다. 최소한 미움이라는 과제에 가장 잘 적응한 종인 인간에게 그렇다는 말이다. 우리는 바퀴벌레를 상어를 두려워하듯 두려워하지는 않는다. 심지어 거미를 무서워하듯 바퀴벌레를 무서워하는 것도 아니다. 바퀴벌레는 공포보다는 혐오나 역겨움을 유발한다. 공포는 더 깊은 곳, 혐오 훨씬 뒤편에 도사리고 있다. 이러한 공포는 옛 조상들이 느꼈던 아주 오래된 공포, 즉 통제를 상실할 가능성에 대한 공포다. 인간이 아닌 생명체가 인간에 맞서 싸우는 전쟁에서 승자가 될 수 있다는 생각이 주는 공포다.

바퀴벌레는 우리가 사는 집, 직장, 심지어 가장 좋아하는 식당에도 있을지 모른다. 최악은 가장 가까운 병원에도 바퀴벌레가 살고 있다는 것이다. 공포와 혐오를 자아낼 만하다. 바퀴벌레 사진이나 특히 음식과 물이 있고 따뜻한 곳에 모여 있는 바퀴벌레 영상은 보는 이에게 몸서리치는 감정을 불러일으킨다.

밤에 기어 다니는 것들
(스티브 로버츠의 그림).

100가지 동물로 읽는 세계사

우리는 많은 시간과 돈을 들여 바퀴벌레를 잡지만 이들은 박멸되지 않는다. 바퀴벌레의 회복탄력성은 그 자체로 공포다. 인간의 파괴력 따위는 가뿐히 뛰어넘은 거의 유일한 동물이다. 바퀴벌레의 끈질긴 생명력은 우리가 가장 좋아하는 현대 신화를 만들어냈다. 핵겨울을 뚫고 살아남을 유일한 동물은 바퀴벌레가 될 것이라는 신화 말이다. 제임스 조이스의 걸작 소설 『율리시스』, 바흐의 〈B단조 미사곡〉, 셰익스피어의 〈햄릿〉, 그리고 고흐의 걸작 〈별이 빛나는 밤〉 등 풍요로운 문명의 산물에도 불구하고 지구를 물려받을 종은 인간이 아니라 바퀴벌레가 되리라는 신화다. 바퀴벌레를 죽게 만들 정도의 방사능 치사량은 인간을 죽게 만드는 치사량의 열 배다. 물론 바퀴벌레보다 더 잘 견디는 곤충도 없지는 않다. 하지만 밤에 기어 다니는 것, 더러운 곳에 사는 벌레, 우리가 상상할 수 있는 가장 역겨운 것을 먹는 생명체인 바퀴벌레가 우리의 세계를 넘겨받을 후계자라는 생각은 매혹적이면서도, 한편으로는 우리 내부 저 깊은 곳에서 혐오감을 불러일으킨다.

바퀴벌레는 바퀴목에 속한다. 인간이 영장목에 속하는 것과 같다. 이들은 딱정벌레가 아니다. 이들이 거대한 딱정벌레목에 속하는 일부 동물들과 닮은 것은 겉으로 드러나는 유사성에 불과하다. 4,500여 종의 바퀴벌레가 존재하고, 그중 20~30종만 인간과 관련 있으며, 그중에서도 해충으로 분류되는 것은 네 종뿐이다. 대부분의 종은 굉장한 재활용 장치 노릇을 하기 때문에 자기 서식처인 자연 생태계에서 눈에 띄지 않지만 중요한 역할을 담당한다. 북극권에 살고 있는 종도 있지만 바퀴벌레가 제일 많은 곳은 열대지방이다.

인간에게 문제가 되는 네 종은 미국바퀴(일명 별바퀴), 동양바퀴(집바퀴), 독일바퀴, 갈색줄바퀴다. 이들은 인간의 교통수단을 타고 널리 퍼져 나갔다. 심지어 영국처럼 기후가 만만치 않은 곳에서도 생존할 뿐 아니라 환경 조건이 좋은 곳에서는 크게 증식한다.

바퀴벌레의 가장 큰 장점은 못 먹는 게 거의 없다는 점과 어떤 먹이에서든 양분을 얻을 수 있다는 점이다. 여기에 숨은 교훈을 한 가지 밝히자면,

인간이 급격히 변화시킨 세계에서 생존 확률이 제일 높은 동물은 잡식성 동물이라는 것이다. 적응력이 뛰어나고 임기응변에 강하고 다양한 방식으로 생존하고 온갖 종류의 먹이를 섭취할 수 있는 동물 말이다. 딱따구리나 펭귄은 건물이 가득한 도시 환경에서는 살지 못하지만 비둘기는 살아간다. 딱정벌레 중에도 고도로 특화된 종들이 있다. 딱정벌레목에 속하는 곤충은 100만 종 이상이 있지만, 그중 병원에서 번성하는 것은 극소수뿐이다.

그뿐이 아니다. 바퀴벌레는 먹이가 전혀 없어도 한 달간 생존이 가능하고 최소량의 먹이만으로도 연명할 수 있다. 우표 책의 풀, 가죽, 피부 각질, 털, 때 묻은 옷, 배설물도 먹이로 삼을 수 있다. 이들은 까탈스러운 족속이 아니다.

바퀴벌레의 진화는 인간 사이에서 살도록 아예 미리 설계된 것이 아닌가 싶을 정도다. 물론 망상이지만 설득력이 없지는 않다. 바퀴벌레는 야행성 동물이다. 인간의 활동이 가장 적을 때 가장 왕성하게 활동하며, 두툼하게 생긴 외양에도 불구하고 좁아서 빠져나갈 수 없어 보이는 틈새도 몸을 납작하게 펴고 다리를 벌려 능숙하게 빠져나간다. 눈에 안 띄는 데도 선수다. 특정 장소에 바퀴벌레가 하나도 보이지 않는다는 것은 그곳에 바퀴벌레가 전혀 없다는 뜻이 아니다. 또한 적절하고 효율적으로 번식한다. 인간은 바퀴벌레의 번식 방식에 늘 경악한다. 바퀴벌레는 태어난 지 2개월이 되면 성충이 되어 짝짓기가 가능하고, 환경이 적절한 경우 소수의 개척자들이 1년도 안 되어 무수히 불어난다.

바퀴벌레는 큰 겹눈이 있어 광도가 낮은 곳에서도 편안하게 생활할 수 있다. (위대한 동물학자 제럴드 더럴이 "중국 고관대작의 긴 콧수염 같다"라고 묘사한) 긴 더듬이가 있어 어둠 속에서도 길을 찾을 수 있다. 속도 변환도 능숙해 1초에 약 30센티미터까지 움직일 수 있다. 군집성이 강해 먹이에 관한 결정도 집단적으로 내리는 것으로 알려졌다. 바퀴벌레는 복잡하고 정교한 동물이지 입만 달린 장님은 아니다. 일부 종은 어린 새끼를 돌보기까지 하는 것으로 관찰되었다. 곤충에게서는 극히 드문 일이다.

바퀴벌레가 인간에게 가하는 위협은 도대체 얼마나 될까? 분명 어느 정도 위협은 된다. 이들은 병원균을 몸 표면으로 옮길 수 있고 그러면 병원균이 인간에게 옮는다. 이들의 배설물은 인간에게 알레르기를 일으킨다. 천식을 유발하는 알레르기도 있다. 이들은 불쾌한 냄새도 남긴다.

그러나 인간의 건강에 끼치는 더 큰 위협은 바퀴벌레가 아니라 따로 있다. 그러니 식당에서는 바퀴벌레 출몰을 걱정하느니 재료의 저장과 준비에 신경 쓰고, 특히 육류의 신선도를 점검하며 인간의 배설물이 인간의 손으로 옮겨질 때의 위험을 걱정하는 것이 더 긴요하다.

바퀴벌레가 인간에게 큰 해를 끼치지 않는데도 인간이 바퀴벌레를 이토록 격렬히 싫어하는 이유는 바퀴벌레가 만연하는 현상 자체가 인간의 실패를 확연히 드러내는 징표가 되기 때문이다. 바퀴벌레는 인류가 충분히 높은 수준의 위생을 유지하지 못했다는 생생한 증거, 우리가 문을 열어 틈을 만들고 냄새 고약한 자연이 스멀스멀 다시 기어들어왔음을 보여주는 징표와 같은 것이다. 해충을 박멸하는 전문 기관은 바퀴벌레의 존재로 해당 집이나 사무실의 평판이 손상될 수 있다는 점을 늘 공들여 강조한다. 바퀴벌레가 끼치는 해악이란 사람들이 바퀴벌레 때문에 병에 걸리는 것이 아니다. 바퀴벌레가 사람들 사이에 발생시키는 히스테리 탓에 사업이 망할지도 모르는 가능성이다. 사람들이 바퀴벌레를 미워하면 할수록 '미워해야 할 필요성'은 더욱 늘어난다. 첩첩산중인 셈이다. 사실 이것은 경제 상식이다.

물론 바퀴벌레와 관련된 유익한 사실도 없지 않다. 중국에서는 두 번 튀긴 바퀴벌레를 약용 음식으로 간주한다. 심지어 바퀴벌레 농장이 있어 시장에 재료를 공급한다. 바퀴벌레는 태국과 멕시코에서도 식용 곤충이다. (안 그럴 이유가 있는가? 바퀴벌레도 새우나 게, 바다가재처럼 절지동물인데 말이다.)

바퀴벌레를 뜻하는 영단어 'cockroach'는 스페인어 '라 쿠카라차(La Cucaracha)'가 변형된 것이다. 물론 〈라 쿠카라차〉는 누구나 들어본 노래다. 이 노래의 버전은 무수히 많다. 그중 하나인 멕시코 민요 〈라 쿠카라차〉는 1910~1920년의 멕시코혁명과 관련이 있고, 문제의 '쿠카라차'는 멕시코 대통령 빅토리아노 우에르타였다.

바퀴벌레에 얽힌 재미있는 이야기를 하나 더 하자면, 우주의 무중력 환경에서 짝짓기에 성공하고 지구로 귀환해 새끼를 낳은 유일한 육상동물은 바퀴벌레다. 나데즈다라는 이 암컷 바퀴벌레는 2007년에 러시아인들이 우주로 보낸 녀석이다. 나데즈다의 자식은 번성했고 손자들도 마찬가지다. 하기야 번식은 바퀴벌레의 전매특허 아니겠는가.

016
판다

돌아온 귀염둥이

"판다는 번식도 형편없고 먹이는 별나게 까탈스럽다.
이 유전적 부적응자들은 그토록 사랑스럽지 않았더라면
벌써 오래전에 멸종했을 것이다."
└ 『이코노미스트』, 2014년

판다가 앞으로 벌어질 수도 있는 핵 참사에서 살아남으리라 기대하지 않는다. 핵 참사는 고사하고 이들이 다음 10년 동안 살아남기 위해 필요한 것을 갖추었는지도 모르겠다. 판다는 생명체의 취약성을 상징하는 표상이 되었다. 바퀴벌레와 정반대편에 서 있는 동물인 셈이다. 껴안고 싶도록 사랑스럽고 인간의 지극정성 어린 보살핌이 절실하게 필요한 동물이 바로 판다다.

　　판다가 서양 세계에 알려진 것은 1869년이나 되어서다. 당시 선교사이자 동물학자였던 아르망 다비드(사불상[Père David's deer]은 그의 이름을 딴 것이다. 사불상은 사슴의 일종으로 당나귀의 몸, 말의 얼굴, 소의 발굽, 사슴의 뿔을 가졌지만 넷 중 어떤 것과도 닮지 않았다는 뜻으로 '사불상'이라고 부른다)는 판다 가죽을 얻었다. 1916년 후고 바이골트라는 독일의 동물학자는 판다 새끼를 구입했고, 이로써 살아 있는 판다를 직접 본 최초의 서양인이 되었다. 1929년 시어도어 루스벨트 대통령 또는 그의 아들 커밋 루스벨트는 판다를 총으로 쏜 최초의 서양인이 되었다. 사냥은 두 사람 모두의 공으로 간주된다. 시카

고의 필드박물관에 가면 이 판다의 박제를 찾아볼 수 있다. 1936년 미국의 패션 디자이너 루스 하크니스는 미국으로 판다를 데리고 들어왔다. 그녀는 팔에 판다를 안고 배에서 내렸다. 이 판다는 시카고의 브룩필드 동물원에서 전시했다.

제2차 세계대전 이후인 1950년대 초 전 세계적으로 사고의 혁명이 일어났고, 그 일환으로 사람들은 대형 포유류의 절멸이 실제로 가능하다는 사실을 받아들이게 되었다. 자연이 제공하는 자원은 무한하지 않고 끝없는 착취를 자연이 용서하지도 않는다는 사실을 지각한 것은 인류 역사상 가장 크고 충격적인 사건에 속한다. 이렇듯 판다는 생명의 가능성을 사유하는 새로운 방식에서 중대한 역할을 한다.

상황이 이렇게 된 데는 타당한 이유가 많다. 판다는 지구상에서 가장 쉽게 알아볼 수 있는 종에 속한다. 다른 어떤 동물도 판다와 조금이나마 닮은 데가 없다. 판다를 보는 인간은 대부분 귀엽다는 반응을 보인다. 그 이유를 1930년대 동물행동학자 콘라트 로렌츠가 밝혀냈다. 머리가 크고 둥글며 눈 주위 무늬가 큰 동물, 다시 말해 인간의 아기같이 생긴 동물이 인간에게 귀엽다는 반응을 일으킨다는 결론이었다. 당연히 안아주고 아끼고 보살펴야 할 필요를 느끼는 것이다. (디즈니 만화영화에 나오는 인간이나 인간을 닮은 동물이 이와 같은 원리를 따른다. 미키 마우스는 머리가 크고 둥그스름해 설치목 쥐과 동물로는 보이지 않는다. 이 현상을 기술한 인물은 위대한 고생물학자이자 과학 저술가인 스티븐 제이 굴드다.)

사실 판다의 머리 모양이 둥근 것은 엄청난 양의 식사를 할 동력을 제공하는 거대한 근육이 있기 때문이다. 눈 부위가 검은 것은 눈을 두드러지게 강조해 다른 판다에게 자신을 알리고 서로를 개체로 인식하기 위해서다. 그러나 우리 인간은 판다를 보면서 자신이 보고 싶은 것만 보는 경향이 있다. 2006년 취객 한 명이 베이징 동물원의 울타리 안으로 뛰어들어 판다를 껴

좀처럼 보기 힘든 판다: 중국 쓰촨성 자연보호구역에서 촬영.

123

안으려다 물려서 끔찍한 부상을 입었다.

서양 최초의 판다는 인간의 연민을 자극했다. 연민에 따른 반응은 심각할 정도로 비뚤어진 것이었다. 판다를 포획해 동물원에서 키우는 것이 불쌍한 이들을 돌보는 방법이라고 생각했다. 당시에는 판다라는 동물이 너무 약하고 (너무 쓸모없어) 자연 그대로의 환경에서는 사람의 도움 없이 살지 못한다는 생각이 팽배했다. 자연의 위험으로부터 구해내 제대로 보살피는 과제가 인간에게 주어졌다고 생각한 것이다.

이러한 생각은 중국이 당시까지 유지했던 국제적 고립에서 벗어나 국제정치의 소용돌이 속으로 들어왔다는 사실과도 관련 있다. 판다는 중국에서만 발견되는 동물이다. 중국은 이른바 '판다 외교' 정책을 실시하기 시작했다. 판다를 포획해 서구 주요 도시에 빌려준 것이다. 이 판다들은 인기가 대단했다. 누구도 귀여운 판다 앞에서 맥을 못 추었다. 서구 도시에서 판다의 존재는 중국에 대한 좋은 인상을 심어주는 외교적 효과를 발휘했다. 핵미사일을 만들면서도, 껴안고 싶을 만큼 귀엽고 나약한 동물을 돌보는 나라라는 이미지가 중국에 덧씌워졌다. 그뿐 아니라 판다는 서양인들에게 자연이 취약하다는 사실을 새롭게 인식하는 계기를 마련해주었다.

그러나 이번에도 판다에 대한 인간의 이해는 턱없이 부족했다. 판다는 대중의 인기를 끌었지만, 한편으로는 자연의 끔찍한 실패작으로도 간주되었다. 판다는 분류상 식육목에 속하는 곰이다. 그런데 채식을 선택한 종으로서 먹이의 99퍼센트가 대나무다. 서양인들에게 다른 곰과 다른 판다의 특이한 식성은 실행 불가능할 만큼 까다로운 것으로 비쳐졌다. 하지만 판다의 입장에서는 억울한 평가다. 대나무 또한 풀의 한 종류일 뿐이고 과거에는 끝없이 넓은 지역에 분포한 식물이기 때문이다.

판다가 훨씬 더 무력하게 보였던 이유는 이들을 의도적으로 번식시키기가 불가능했기 때문이다. 새끼를 낳고 싶어 하지 않는 것처럼 보일 정도였다. 인간의 투지 넘치는 노력에도 불구하고 스스로 절멸의 운명을 선택이라도 한 듯 보였다. 런던 동물원의 암컷 판다 치치는 앙앙이라는 수컷을 만나러 모스크바로 보내졌다. 그러나 둘은 서로를 향해 지나친 공격성을 드러내 급히 분리되었다. 세계 어디에도 포획된 판다에게 짝짓기를 유도하는 데 성공을 거둔 곳은 없었다. 이들은 이른바 '판다 포르노'(신문에서 이렇게 불렀다)라는 판다 교미 영상까지 보았지만 소용없는 일이었다.

그러나 해결책은 동물원이 아니었다. 해답은 인간이 할 수 있는 일이 아니라 멈출 수 있는 일에 있었다. 자연 생태계에서 판다의 수가 급감한 이유는 인간이 이들의 대나무 숲을 침입해 파괴했기 때문이다. 야생동물 개체군의 감소에는 복잡한 이유가 많지만 공통점은 바로 서식처 파괴다. 동물이 사는 곳을 파괴하면 동물은 죽는다. 문제는 정말 그렇게 간단하다. 판다는 이제 고지대의 대나무 숲에 남아 있는 개체들이 전부다. 최적이 아닌 서식처에 고립된 개체군이 띄엄띄엄 살고 있다. 남은 판다를 잃고 싶지 않다면 이들의 서식지인 대나무 숲을 살려야 했다. 남은 숲을 살린 다음 이들을 '서식지 재조성'이라는 과정에 통합시키는 것이 방법이다.

중국은 판다를 잡아 우리에 가두는 대신 남은 숲을 돌보는 작업에 착수했다. 1963년 쓰촨성에 울롱 국립자연보호구역이 설립되었다. 1975년에는 보호구역의 넓이가 200제곱킬로미터에서 2,000제곱킬로미터로 확대되었다. 야생 판다 연구가 제시한 바에 따르면, 판다는 사실 매우 건강하고 효과적인 생활 방식을 영위하고 있었다. 대부분의 다른 육식동물과 달리 판다의 먹이는 식물이라 어딘가로 도망치지 않는다. 식물을 먹이로 삼는 것은 살기 편한 생활 방식이다. 대신 식물은 영양분이 모자라기 때문에 판다는 지나치다 싶을 정도로 많은 양의 풀을 먹은 다음 일정한 속도로 먹이를 소화관으로 통과시켜야 한다. 추정컨대, 판다는 하루 40차례 대변을 본다. 판다는 영장류와 마찬가지로 엄지손가락이 나머지 손가락들과 마주볼 수 있다. 무언가를 쥘 수 있다는 뜻이다. 대나무를 잡을 때 엄지손가락을 쓴다. 판다의 엄지는 인간의 엄지와 딱히 똑같지는 않다. 손목뼈에서 돌출되어 나온 부분이 엄지와 동일한 기능을 하는 정도다. 이것은 임시변통 격으로 문제를 해결하는 진화 기술의 생생한 사례로 해석된다. 이에 대한 내용은 역시 스티븐 제이 굴드의 유명한 저서 『판다의 엄지』에 설명되어 있다.

사자와 고릴라를 연구했던 조지 샬러(1장과 3장 참조)도 판다와 함께 자연에서 살며 이들을 연구했다. 그의 연구를 통해 판다가 영양가 낮은 먹이를 먹으며 에너지를 절약하는 방식으로 살아가므로 어느 정도 게으름뱅이처럼 산다는 사실이 밝혀졌다. 부단히 먹어야 하는 필요성 때문에 판다는 대체로 고독한 생활 방식을 영위하게 되었지만 이 체제는 매우 효율적으로 돌아간다. 암컷은 1년 중 단 이틀 정도만 수컷과 교미할 태세를 갖추지만 적어도 이날만큼은 정력적인 모습을 보인다. 샬러의 기록에 따르면, 암수 판다는 세 시간 동안 48회 교미를 했다. 평균 3분에 한 번씩이다. 일부 인간이 한 해동안 하는 성교 횟수를 판다는 다소 길다 싶은 점심시간 정도에 돌파해낸 셈이다. 암컷은 2년에 한 번씩 새끼를 낳는다. 첫돌 때까지 살아남는 새끼는 60퍼센트다. 다시 말해, 판다는 경탄할 정도의 생활 방식에 불가피하게 적응한 셈이다. 중언부언하는 느낌이기는 하지만 그래도 강조하자면 판다는 인간의 도움 없이도 잘 살아갈 수 있다. 이들이 인간에게 요구하는 것은 서식지 파괴를 중단하는 것뿐이다.

사람들은 남아 있는 야생 판다의 개체 수를 보호하기 위해 큰 노력을 기울여왔다. 중국 정부는 판다를 잃으면 국제관계 측면에서 심각하게 불리해진다는 사실을 잘 알고 있다. 중국인들은 판다 금화를 발행하고 있고, 2008년 베이징 올림픽의 마스코트에는 당연히 판다가 속해 있었다. 세계자연기금(WWF, 예전의 세계야생동물기금)은 1961년 판다를 단체의 로고로 채택했다. 거대 동물의 대량 절멸로 전 세계가 잃은 것을 사랑스럽게 상징하는 완벽한 상징물이기 때문이다. 하지만 판다 보전은 영국 텔레비전 진행자이자 환경 운동가인 크리스 패컴이 가장 소리 높여 비판하는 조치이기도 하다. 패컴은 판다를 보전하는 데 들어간 비용이 지난 50년간 환경 보전에 쓴 비용 중에서 가장 큰 낭비라고 주장했다. 그는 판다에게 쓰는 돈을 더 적절한 명분에 쓸 수만 있다면 자신은 '기꺼이 최후의 판다를 잡아먹겠다'라고 일갈했다.

패컴의 다소 과격한 수사법 이면에는 한 가지 중요한 점이 도사리고 있다. 지구상에서 보전할 곳을 선택할 때 생명 다양성이 가장 크고 생명체가 풍부한 서식지를 제치고 안아주고 싶은 마음이 드는 귀여운 동물을 먼저 보전하려는 방향은 분명 잘못되었다는 것이다. 그러나 판다는 어마어마한 상징적 가치가 있다. 판다의 보전은 인간이 의지를 발휘할 때 어느 정도까지 큰 성과를 이루어낼 수 있는지 보여주는 사례다. 판다의 개체 수는 상승했거나 최소한 상승한 것처럼 보인다. 2016년 판다는 위기(EN)에서 취약(VU) 상태로 위험 정도가 낮아졌다. 그 의미는 무엇일까? 판다는 이제 야생에서 절멸할 위험이 '아주 높은 상태'가 아니라 그냥 '높은 상태'에 처해 있다는 뜻이다. 현재 중국에는 40곳의 판다 보전 구역이 있다. 1998년 13곳에서 늘어난 수치다. 총기 규제에 대한 새 법률도 마련했고, 판다를 수용하기 위해 인간들이 거주지를 옮기기도 했다.

판다는 실제로 자연환경에서 꽤 능숙하게 살아간다. 이들은 나름의 효과적인 생활 방식을 진화시켜 2,000만 년 동안 지켜왔다. 문제가 생긴 것은 고작 지난 100여 년 정도였을 뿐이다.

017
대구

바다의 황금

"이성조차 마비시키는 대구 한 조각."

└• 학생들의 옛 농담

우리는 약 1만 2,000년 전 수렵·채집 생활 방식을 인간의 문화에서 단계적으로 몰아냈다. '비옥한 초승달 지대'와 그 밖의 다른 지대에서 농사짓는 문화를 확립했기 때문이다. 그럼에도 인간은 농업을 완성한 적이 단 한 번도 없었다. 어쨌든 지금까지도 그러하다. 생활의 일부에서 우리는 아직 먼 옛날의 방식을 고수하고 있다. 생선은 인류 단백질 섭취량의 15퍼센트를 담당해온 것으로 추산되고, 그중 대다수는 야생에서 잡은 것들이다.

인류는 예로부터 바다의 야생동물을 남용했다. 옛 조상들이 오록스(가축 소의 조상)를 사냥했을 때 가지고 있던 천진한 믿음, 동물 자원이란 언제나 그 자리에 차고 넘치리라는 순진한 믿음으로 어류를 마구 잡아들인 것이다. 자연은 바닥없이 깊은 우물 같아서 언제든 배고프거나 목마르면 물동이를 내려보내기만 하면 된다고 생각한 것이다. 그러나 7장에서 본 대로 오록스는 현재 절멸했다.

인간이 대구라는 어종을 잡아들인 것은 약 9세기부터다. 대구를 잡으려면 일종의 용감함이 필요하다. 대구는 대체로 인간이 사는 지역에서 먼 곳에 서식하며 깊고 찬 물을 선호한다. 그러나 인간이 대구를 찾게 만든 요인은 많다. 대구는 큰 생선인 데다 살은 인간의 입맛에 아주 잘 맞는다. 대구는 영국의 전통 음식 피시앤칩스의 재료다(스코틀랜드에서는 해덕대구를 선호한다). 대구는 주요 포식자다. 최대 100킬로그램짜리도 잡힌 적이 있다. 생선치고는 엄청난 양의 먹을거리다.

그러나 용어 정리부터 해야겠다. '대구(cod)'란 다소 부정확하게 쓰이는 말이다. 정확히 말해 대구에는 태평양대구와 대서양대구 두 종이 있다. 여기서 말하고 있는 것은 대부분 대서양대구다. 대서양대구는 해덕대구, 민대구, 명태와 가깝다.

대구를 뜻하는 영어 cod에는 딱히 복수명사가 없다. 영어에서 대구는 단수로 존재한다는 뜻이다. 대구를 살아 있는 개체보다는 음식이나 물질로 취급하기 때문이다. 대구는 스페인과 포르투갈, 이탈리아, 브라질에서 많이 먹는다. 대구는 17세기와 18세기 내내 중요한 교역 상품이 되었다. 생선은 염장 보존이 가능했다. 미국 뉴잉글랜드의 초창기 역사는 어업의 수익성

가장 거친 일: 〈대구잡이〉, 앙브루아즈 루이 가르느레(1783-1857년).

과 밀접한 관련이 있다. 어류 교역에 성공한 사람들을 '벼락부자(the codfish aristocracy)', 즉 대구로 하루아침에 부자가 된 사람들이라고 불렀다. 매사추세츠주의 하원에는 나무로 커다랗게 조각한 대구가 전시되어 있다. 대영제국의 수상이었던 대(大) 윌리엄 피트는 뉴펀들랜드 대구 어장을 '영국의 황금'이라고 불렀다.

당시 대구는 양도 많고 가치도 큰 데다 무한해 보이는 자원이었다. 인간은 영양과 교역을 위해 대구에 의지하기만 하면 되었다. 대구는 화려하지는 않지만 우리의 삶에 꼭 필요했다. 이렇듯 긴요한 물품을 사회에 공급하는 어부들은 조용한 영웅, 경탄 받아 마땅한 사람, 어느 정도 으스대도 되는 사람이었다. 어업은 해안 공동체에 거칠지만 자립적인 문화를 형성했을 뿐 아니라 정체성 의식도 심어주었다. 대구를 잡는 이들은 특별한 존재였다. 이들은 바로 '어부'였다.

캄브리아기 대폭발(일반적으로 고생대 캄브리아기, 약 5억 4,200만~5억 3,000만 년에 오늘날의 동물문이 갑자기 나타난 현상—옮긴이) 이후의 세계사에서 가장 주목할 만한 사건은 인간의 지능이 급속히 발달한 것이다. 그러나 지능과 정신의 발달로 인간은 새로운 관념이 옛 관념을 신속하게 대체하며 속속 개선을 일궈냈더라도, 또 한편으로 인간의 정신은 먼 옛날 조상들이 지난 수천 년 동안 초원에서 진화시켜온 형태와 패턴을 유지하고 있기도 하다. 우리는 여전히 자연이 광대하다고 생각한다. 내 말은 우리가 아직도 마음 깊은 곳에서 그렇게 '느끼고' 있다는 것이다. 우리는 자연이 광대하면서도 아주 위험하다고 생각하며, 언제 어떻게 집으로 들이닥쳐 우리를 없애버릴지 모른다고 느낀다. 바퀴벌레가 입증하고 있는 바대로다(15장을 보라). 우리가 자연을 향해 가지고 있는 생각은 이렇게 모순적이다. 자연은 광대하기에 위험하고 예측 불가능하지만 또 한편으로는 너그럽고 이롭다. 자연은 영원히 인간을 먹여 살릴 것이다. 단, 우리가 자연의 산물을 채집하고 수렵하는 법을 제대로 아는 한에서 말이다.

탁월한 지능을 갖춘 현대인들의 생각과 옛 조상들의 생각 사이에 충돌

생선 흥정: 〈어시장〉, 요아힘 베케라르
(1568년).

이 잘 일어나는 곳이 바로 어업 분야다. 대구 어장은 여기서 중요한 사례로
호출된다.

제2차 세계대전이 끝난 후 몇 년 동안 어업 기술은 비약적으로 발전했
다. 동시에 식품 수요도 증가했다. 어부들은 레이더와 수중 음파 탐지기와
전자항법 덕택에 더 깊은 바다로 들어가 더 오랜 기간 더 넓은 구역에서 생
선을 잡을 수 있게 되었다. 이제 어획량의 획기적인 증가가 현실이 되었다.
그뿐 아니라 기술의 발전으로 의도치 않게 상당량의 어획물까지 잡게 되었
다. 상품 가치는 없는데 우연히 잡는 식의 어획이 많아진 것이다. 하지만 상
품성이 없다고 해서 생태 환경에도 쓸모없다는 말은 아니다. 대서양대구의
먹이도 이러한 어획 대상에 포함되어 있기 때문이다.

대구를 비롯해 해양 어류 전체에 대해 우리가 크게 간과한 사실이 있
다. 이들이 바다에 산다는 사실 말이다. 어류가 바다에 산다는 말은 우리가
이들을 관찰하기가 매우 어렵다는 뜻이다. 해양 생태계 연구의 난제는 그 규
모가 육상 서식지 연구보다 10배는 더 크다는 데 있다. 살펴야 하는 범위가

100가지 동물로 읽는 세계사

예외 없이 상당히 넓은 데다 접근하기도 어렵기 때문이다. 바다를 연구하는 이들에게도 어려운데 나머지 보통 사람들이 바다에 접근하는 것은 너무나 막막한 일이다. 바다는 우리의 경험이나 직관적 이해의 영역 너머에 있다. 바다 생명체의 개체 수에 관해서는 근사치를 추정해보기조차 지극히 어렵다. 요컨대, 대구의 실제 삶은 우리의 이해 저 너머에 존재한다.

어업은 '재고'와 '수확량' 같은 용어로 가득하다. 이러한 용어들은 마치 인간이 어업을 공식적으로 시작해 늘 제대로 통제하고 조절해왔다는 착각을 일으킨다. 하지만 실상은 다르다. 해양 생태계는 무한히 복잡하고 파악하기 어렵다. 무엇보다 어업은 지속 가능해야 한다. 어종은 스스로 번식할 시간을 벌어야 하고, 따라서 특정 어종을 잡는 동안 일정 기간마다 해당 어종의 개체 수를 유지해야 한다는 뜻이다.

그러나 실제 어업은 그러지 못했다. 1992년 캐나다 정부는 대서양의 대구 어업 중단을 선언했다. 유럽연합과 다른 이해관계가 있는 비유럽연합 국가들도 1970년대 이후 북해의 대구 어획량에 제한을 두려고 시도해왔다. 1960년대 이후 이 바다에서 대구는 남획되었고 현재도 다르지 않다.

대구 어업의 제한은 가장 첨예한 논쟁을 불러일으킨 문제였다. 어부들은 과학자들이 틀렸다고 단언했다. 그들은 바다에 어류가 풍성하다고 보았다. 과학자들은 어부들이 그렇게 생각하는 이유가 이들이 어종이 발견되는 곳에서만 생선을 잡기 때문이라며 반대했다. 과학자들과 달리 어부들은 물고기가 사라진 텅 빈 수역에서 고기를 잡으려 해본 적조차 없기 때문에 실상을 모른다는 비판이다.

모든 논쟁을 한 구절로 좀 거창하게 요약하면 이 사태는 '공유 자원의 비극'으로 수렴된다. 우리는 개인이나 가족으로서 자기 자신에게나 가족에게 이익이 되는 일을 하지, 다른 많은 사람에게 이익이 되는 일을 하지 않는다. 달리 말해, 그런 일은 내가 굳이 하지 않아도 누군가가 나서서 할 것이라고 생각한다. 대기오염, 수질 관리, 삼림 파괴, 항생제 사용, 인구 과잉 문제에서도 비극은 발견된다. 지구와 지구의 지배 종이 대면하고 있는 가장 큰 난제 전체에 적용할 수 있는 명제가 바로 '공유 자원의 비극'이다.

캐나다 정부의 어업 중단을 둘러싸고 벌어진 정치 공작은 치열했고 대단한 골칫거리였다. 유명한 일례로 과학 보고서 한 편이 대중이 읽을 수 있도록 편집되었다. 그중 한 문장은 다음과 같았다. "개선 지표가 거의 없다." "거의 없다"는 말은 의도적으로 삭제되었다. 상황이 문제없다고 생각해야 할 필요가 절박해 보였다. 어업은 지속될 수 있다는 것, 그 어떤 해도 가해지지 않았다는 것을 믿을 이유가 필요했다.

추산에 따르면, 대구의 개체 수는 지난 30년 동안 70퍼센트나 줄어들었다. 모든 어장은 15년 후면 가동이 불가능해질 수도 있다. 이것이 사실이 아니라고 열렬히 주장하는 사람들이 있다. 바다에는 여전히 대구가 넘쳐난다는 것이다. 용감무쌍한 어부들이 정부의 간섭에서 벗어나 바다로 나가 그 빌어먹을 물고기를 잡을 수 있게만 해준다면 말이다. 여기에는 돈 문제가 얽혀 있었고 문화적인 정체성 의식도 한몫 거들었다. 사람들은 딱히 합당한 이유도 없이 생계를 박탈할 위협을 당한다고 느꼈다. 할당량을 정하고 어업 중단을 선언한 것은 정작 어부들의 생계를 보호하기 위함이었는데 말이다.

어업의 장기적인 지속 가능성은 분명 논쟁의 양측 당사자가 모두 원하는 바다. 그런데 논쟁이 양극으로 치달아 화해가 불가능해 보이는 상황은 이런 의미에서 이상하다. 아마도 이러한 양극화는 피해 갈 수 없을 것이다. 지극히 인간적인 논쟁이기 때문에 그럴 수도 있다.

IUCN은 대구를 취약(VU) 종으로 분류한다. 2015년 보고서가 시사하는 바에 따르면, 이제 대구는 수적으로도 증가 추세에 있고 건강 상태도 좋아지고 있었다. 북해의 대구는 2017년 지속 가능한 종으로 선포되었다. 전 세계에 환호성이 크게 울렸지만 이러한 결정은 2년 후 다시 뒤집어졌다. 그러는 동안 유럽연합에서 온 어선들은 서아프리카 바다에서 대구를 잡아왔다. 세계 어장의 83퍼센트가 남획되었다고 추정되었다. 지속 불가능한 어획이 이루어졌다. 번식 가능한 속도보다 더 빨리 어류를 잡았다는 말이다. 희귀종이 되어버린 어류종으로는 황새치, 참다랑어, 야생연어, 청어가 있다. 모두 대구의 주요 먹이다.

　따라서 우리는 이제 현대인이라 해도 수렵·채집자의 생활양식을 여전히 고수하고 있다는 희한한 상황을 고려해야 한다. 우리가 이러한 상황을 고려할 최후의 세대가 될지 말지도 생각해야 한다. 무엇보다 세계의 천연자원이 무한하지 않다는 사실, 세계 인구가 계속 증가 추세라는 사실을 인정하는 것이 꼭 필요하다. 인간의 정신은 이러한 사유의 진보를 이룩할 수 있을까? 우리의 미래는 이 정도로 상상의 도약을 할 수 있는 능력에 달려 있다.

백로

세상을 바꾼 모자

"우리의 아름다운 깃털을 몸에 둘러

벼락출세한 까마귀 한 마리가 있으니…"

└ 로버트 그린, 「많은 후회로 얻은 서푼짜리 기지」

지구 자원이 결국 무한하지 않다는 것을 깨달은 최초의 사람들은 누구일까? 누가 이 문제를 해결하기 위해 일을 벌인 최초의 사람들일까? 두 질문에 대한 답은 19세기 말 네 명의 여성이다. 이들은 세계에서 가장 영향력 있는 환경 보전 단체 두 곳을 창립했다. 이 단체의 설립을 추진한 동기는 모두 백로가 제공했다.

백로는 생물학적으로 뚜렷한 동물 집단이 아니다. 백로는 왜가리과에 속하는 몇십 종의 새에 붙인 이름이다. 다리와 목이 길고 물속 어류를 잡아먹는 섭금류(습지 등의 물 주변을 걸어 다니며 먹이를 구하는 백로, 두루미, 해오라기 등의 새를 가리킨다)다. 이들 중 몇몇 종은 몸 색깔이 아주 하얗다. 백로라는 단어를 들을 때 떠오르는 새가 바로 이들이다. 대부분의 상황에서 흰색은 주목받기에 적합한 색깔이다. 사슴과 토끼처럼 백로와 무관한 많은 동물의 경우 번쩍이는 흰색 꼬리는 천적의 눈에 띈다는 경고 신호다. 당연히 하얀 백로도 주변 풍경과는 극적인 대비를 이룬다.

그러나 물고기는 흰색을 경고 신호로 보지 못한다. 어두운 물속에서 위를 올려다보는 물고기의 눈에는 하늘이나 백로나 별 차이가 없다. 좀 더 창백한 조각이 어른거릴 뿐이다. 게다가 왜가리과 조류가 다 그러하듯 백로 또한 움직이지 않는 재주를 타고났기 때문에 물고기는 백로 가까운 곳으로 쉽게 유인당한다. 유인당한 바로 그때 백로의 긴 부리가 물고기를 가격해 옆으로 움켜잡는다. 백로의 긴 부리는 창이 아니라 낚아채는 역할을 하므로 길이가 길수록 실수할 여지가 줄어든다. 작은 백로는 발이 노란색이다. 백로는 한쪽 발을 부드럽게 흔들며 물고기를 유인하는 방편으로 쓴다. 물고기는 자기 위에 하얗고 거대한 천적이 있다는 사실을 모른 채 노란 발의 움직임만 보고 먹이로 착각해 결국 죽음을 맞는다.

　인간은 이 날씬하고 가냘픈 흰 새가 매혹적인 동물이라고 늘 생각해왔다. 백로는 일본 시인들의 고전적 하이쿠(5, 7, 5의 3구 17자로 된 일본 특유의

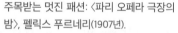

주목받는 멋진 패션: 〈파리 오페라 극장의 밤〉, 펠릭스 푸르네리(1907년).

단시)에 여러 차례 등장한다. 아래 18세기 여성 시인 치요가 백로를 소재로 쓴 하이쿠를 소개한다.

> 울음소리가 없었다면
> 백로를 알아보지 못했겠지
> 눈 내린 아침

백로는 구애기와 번식기가 되면 매력이 배가된다. 이때 암컷과 수컷은 키도 더 커지고 색깔도 더 하얘지며 깃털 장식도 화려해진다. 이런 깃털을 대개 '장식깃'이라 부른다. 깃털 색깔은 정말 선명하고 눈부시게 아름답다. 그래서 19세기에 여성들이 모자에 깃털을 꽂고 다니는 유행이 생겼다.

깃털이 풍성하게 달린 아주 큰 모자는 아름다울 뿐 아니라 부와 지위를 확연히 과시하는 아이템이다. 어마어마한 양의 깃털을 몸에 걸칠 수도 있다. 깃털은 믿을 수 없을 만큼 가볍기 때문이다. 가벼움은 깃털의 조건이다. 가벼움과 풍성함의 결합은 대규모의 국제 깃털 무역을 창조했다. 유행하는 깃털 중에는 백로 깃털이 단연 최고였다.

장식깃은 하늘하늘 얇고 가벼운 데다 기막히게 아름답고 우아하다. 자연환경이 빈번히 토해내는 무용의 아름다움이다. 이 깃털을 '아그레뜨(aigrettes)'라고 불렀다. 프랑스어로 '백로'라는 뜻이다. '백로'라는 단어에 굳이 프랑스어를 사용한 것은 새의 죽음과 심정적으로 거리를 두기 위해서였다. 소고기를 굳이 '비프(beef)'라고 부르는 것과 같다. 백로의 깃털은 유럽과 북아메리카에서 인기가 많은 필수품이었다. 여성들은 예로부터 남들 앞에 나설 때마다 모자를 써야 했기 때문이다. 추정컨대, 교역 수요를 맞추기 위해 한 해에만 백로 500만 마리가 살육당했다. 이들 대부분은 플로리다주 에버글레이즈 습지에서 잡은 쇠백로였다. 런던은 유럽 교역의 중심지가 되었다. 한 중개상이 한 번에 주문한 깃털을 예로 들어보자. 극락조 깃털 6,000마리 분, 벌새 깃털 4만 마리 분, 동인도제도 종의 깃털 36만 마리 분이다. 깃털은 말 그대로 무게당 금값과 같은 가치가 있었다.

앞에서 언급한 놀라운 여성 네 명의 행동에 영향을 끼친 것은 깃털 교역 사업의 경박성이었던 듯싶다. 그토록 아름다운 동물이 과시와 허영을 위해 그토록 대량 살육되었다는 것은 그야말로 천박한 일이었다. 무차별적 살육에 의한 절멸 가능성이 이 여성들에게 얼마나 영향을 끼쳤는지는 분명하지 않다. 물론, 쇠백로의 숫자는 심각할 정도로 급감하기는 했다. 이 여성들에게 영감을 준 것이 사업의 잔혹성에 대한 혐오인지 낭비벽에 대한 반감인

번식기에 한층 더 멋지게 깃털을 펼친 쇠백로(채색 석판화), 월터 앨로이스 웨버 (1906-1979년).

지는 아무도 모른다.

동기야 어떻든 맨체스터 교외 디즈버리의 에밀리 윌리엄슨은 이 문제를 해결하기 위해 행동하기로 결심했다. 1889년 윌리엄슨은 깃털연맹이라는 단체를 창설했다. 1891년 깃털연맹은 일라이자 필립스가 런던 남부의 크로이던에 1889년에 창설한 '모피·지느러미·깃털을 보호하는 사람들'이라는 단체와 합병했다. 합병한 단체는 조류보호협회라고 불렸다. 협회의 규칙은 두 가지였다.

첫째, 회원들은 이유 없는 조류 살상을 반대하고 좌절시키며 조류종 전체의 보호에 관심을 기울인다.

둘째, 여성 회원들은 식량을 위한 목적으로 죽이지 않은 새의 어떤 깃털도 착용하지 않는다. 단, 타조는 예외다.

타조를 예외로 한 이유는 가축으로 길러서 살아 있을 때 깃털을 뽑아도 되었기 때문이다.

조류 보호 운동은 사회적 지위가 높은 여성들의 관심을 끌어 상당한 영향력을 발휘했다. 제1대 협회장은 위니프레드 캐번디시 벤팅크라는 포틀랜드 공작 부인이었다. 1904년 협회는 칙허장을 받았고 왕립조류보호협회가 되었다. 현재 이 단체는 120만 명이 넘는 회원을 두고 있으며, 2,200명을 직원으로 고용해 자연보호구역 218곳을 관리하고 있다.

미국에서도 놀라울 정도로 유사한 운동이 일어났다. 1896년 해리엇 헤먼웨이와 사촌 미나 홀은 매사추세츠오듀본협회를 설립했다. 이들이 공유한 목적은 깃털 무역을 좌절시키는 것이었다. 2년 후 16개 주에서 추가로 유사한 협회가 설립되었고, 1901년 플로리다오듀본협회는 최초의 국립야생동물보호협회를 플로리다의 펠리컨 아일랜드에 설립했다. 1905년 국립오듀본협회가 창립되었다. 이 협회의 회원은 60만 명이고 지부는 500곳이 넘는다.

기억해야 할 점은 이러한 조류 협회들이 창설된 당시 여성에게 투표권이나 재산 소유권을 허용한 나라는 없었다는 것이다. 이러한 제약 속에서도 네 명의 여성은 인간이 자연을 생각하는 방식을 바꿔놓는 데 지대한 영향을 끼쳤다. 분명한 것은 장식깃을 뽑겠다고 백로의 깃털을 마구 약탈하면 자연이 주는 자원이 남아나지 못한다는 사실이다.

새로운 사실을 자각하면서 당연한 질문이 제기되었다. 그렇다면 이 문제를 어떻게 처리할 것인가? 무언가 할 일이 있기는 한 것일까? 지구를 지배하는 종인 인간이 돌이킬 수 없는 방식으로 자연을 통제할 때가 되었다는 자각이 시작되고 있었다. 이제 지구에서 일어날 일은 자연사의 불가피한 작용으로 인한 결과도, 신의 형언할 수 없는 섭리의 결과도 아니었다. 이제 확연해진 진실은 앞으로 자연에서 일어나는 일이 모두 인간의 결정에 달려 있다는 것이다.

오늘날 '인간이 일으킨' 변화는 흔한 대화 소재다. 인류의 활동이 기후 변화를 촉진했다는 생각이 과학계에서 전반적으로 수용되고 있다. '인류세(Anthropocene)'라는 용어는 현재 널리 쓰이고 있으며 더 이상 그림 속에나 존재하는 이미지가 아니다. 지구가 인류의 활동이 초래한 결과 때문에 새로운 지질학 시대로 들어섰다는 생각은 거의 정설이 되고 있다.

이러한 실상을 최초로 대면한 동물은 백로였고, 최초로 이 문제를 정면에서 다룬 이들은 하늘거리고 우아한 깃털 교역의 흐름에 맞선 놀라운 여성들이었다. 백로 보전 운동은 인류 역사상 최대 사건이다. 이 운동에 참여한 이들은 인간의 결정이 동물종의 지속적인 생존이나 절멸을 가능하게 한다는 사실을 깨달았다. 제2차 세계대전 이후 시작된 환경 운동의 초석을 놓은 이들이 바로 이 여성들이다.

인간이 내리는 결정이 지구의 가까운 미래를 결정할 것이다. 이는 오늘날 누구나 받아들이는 진실이다. 인간이 어떤 결정을 내릴지는 좀 더 지켜봐야 한다. 백로를 보호했던 네 명의 여성은 우리가 무엇을 할 수 있는지 본보기를 제시했다. 이들은 사업을 비롯한 경제의 흐름을 바꿨고, 문화를 바꿨고, 철학을 바꿨고, 세상을 바라보는 방식을 바꿔놓았다.

019

도도

절멸의 길을 가다

"도도가 일어나 발을 들더니 근엄하게 말했다.

'그러면 나는 좀 더 활동적인 방법을 당장 도입하기 위해 휴정하겠어.'"

└ 루이스 캐럴, 『이상한 나라의 앨리스』

도도의 이야기는 절멸의 이야기다. 물론 그렇다. 우리 모두 알고 있다. 도도가 도도의 길을 갔다는 것, 도도가 죽었다는 것, 도도가 죽은 것처럼 다른 어떤 생명체도 죽어버릴 수 있다는 것을 말이다. 그러나 도도 이야기의 핵심에는 절멸을 바라보는 우리의 태도가 놓여 있다. 절멸한 지 350년이 되어가는 가운데 도도의 절멸 이야기에 내포된 도덕적 교훈은 변화를 거듭했다.

도도를 서양에서 처음 알게 된 때는 1598년이다. 모리셔스섬이 네덜란드의 식민지가 되었을 시기다. 도도를 보았다는 마지막 기록은 1662년에 나왔다. 별로 오래지 않은 옛날이다. 하지만 아무도 눈치 채지 못했다. 당시에 멸종은 논리적으로 타당한 개념이 아니었다. 절멸이 가능하다는 사실을 누구도 생각하지 못했다. 신이 허락할 리 없는 일이었기 때문이다.

도도는 독특한 동물이다. 새인데도 몸집이 크고 날지 못했다. 성체로 자란 도도는 키가 1미터에 육박했고 몸무게는 17.5킬로그램까지 나갔다. 부리 모양도 굉장했다. 도도는 나름대로 전형적인 섬에 사는 종이었다. 섬의 개체

멍청해서 멸종했다고?: 〈도도〉, 한스 사베리(1597-1654년).

군은 고립되어 살면서 진화가 빨리 진행되어 고유한 종으로 진화하는 경향을 보인다. 찰스 다윈의 갈라파고스흉내지빠귀 이야기(4장 참조)에서 이미 살펴본 대로다. 날지 못한다는 특징은 도도와 관련 없는 섬의 종들에게서도 여러 차례 진화상의 결과로 나타났다. 대체로 수용되는 가설에 따르면, 포식자가 없는 종의 경우 날개보다는 다리에 투자하는 편이 유리했다. 비행이라는 형질은 사치가 된 것이다. 비행은 존재하는 이동 방식 중에서 에너지 비용이 가장 높기 때문이다.

최근 연구 성과에 따르면, 도도는 대체로 과실과 씨앗과 견과류와 뿌리식물을 먹이로 삼으며 숲에 거주한 종이었다. 포유류 포식자들이 전혀 없었기 때문에 땅에 둥지를 틀고 살아도 안전했다. 도도를 알아보았던 최초의 인간은 이들을 터무니없는 동물이라고 생각했다. 도도는 생명이 예로부터 터무니없이 저지르는 듯한 부조리한 실수처럼 보였다. 도도는 토머스 허버트 경이 1634년에 쓴 여행기에 최초로 불쑥 등장했다. "녀석의 얼굴은 아주 우울해 보인다. 몸통은 아주 커다랗게, 날개는 보조물인 양 너무 작고 무기력하게 만들어 새라는 것만 간신히 증명할 정도로, 자신을 창조한 자연이 터무니없는 해악을 벌였음을 알고 있는 듯한 표정이다."

네덜란드 선원들은 도도를 '맛없는 새'라는 뜻으로 '바흘포겔(wahlvogel)'이라 불렀다. 이들은 도도를 오래 익힐수록 더 질겨져 뿔닭 조리법을 연상시킨다며 불평했다. 뿔닭 조리법은 이랬다. 뿔닭을 냄비에 넣고 물과 돌을 함께 넣은 다음 둘 다 끓인다. 돌이 말랑말랑해지면 뿔닭도 먹을 만큼 익은 것이다.

도도의 이름은 네덜란드 사람들이 붙였지만 정확한 어원은 논란이 있다. 한 가지 설은 도도가 '나태한 사람'을 뜻하는 '도두르(dodoor)'에서 유래했다는 것이다. 그러나 도도는 다리가 크고 힘이 세서 잡히지 않을 만큼 빠르게 달리는 신체 구조를 가지고 있는 듯 보인다. 또 다른 가설은 도도라는 이름이 의성어라 두 음절짜리 울음소리와 비슷하다는 것이다. 물론 순전히 추정에 불과하다. 도도의 울음소리를 다시 듣는 일은 없을 테니 말이다. 내가 좋아하는 가설은 도도라는 이름이 '뚱뚱한 엉덩이'라는 뜻의 '도다르(dodaars)'에서 유래했다는 것이다. 사실 도다르는 도도가 꽁지에 달고 다니던 깃털 뭉치를 가리킨다.

영국의 과학자들은 모리셔스가 1814년 영국의 식민지가 된 이후부터 도도의 수수께끼에 관심을 가졌다. 휴 에드윈 스트릭랜드와 알렉산더 고든 멜빌이 1848년에 공동으로 쓴 논문 「도도와 그 친척」은 과학계뿐 아니라 대중에게도 주목을 받았다. 도도의 특이함은 대중의 상상력을 사로잡았다.

관심이 어찌나 높았는지 옥스퍼드 대학교의 크라이스트처치에서 수학을 가르치는 어떤 선생은 자기 자신에게 도도라는 별명을 붙일 정도였다. 그는 말을 더듬었고 자신을 소개할 때 머뭇거리며 "찰스 도-도-도지슨입니다"라고 말했다. 그래서인지 도지슨은 어린 소녀들을 데리고 강가에 소풍을 나가 지어낸 이야기를 해줄 때 도도 이야기도 간간이 곁들였다. 1865년 그가 아이들에게 해준 이야기가 『이상한 나라의 앨리스』라는 소설로 출간되었다. 저자는 루이스 캐럴이라는 가명 뒤로 숨었다. 소설이 엄청난 성공을 거두면서 도도 또한 전 세계에서 인기 있는 새가 되었다. 다름 아니라 존 테니얼이라는 풍자 화가이자 삽화가의 뛰어난 삽화 덕분이었다. 누구나 도도가 어떤 모습인지 알게 되었다. 아주 기이하고 이 세상에 있을 것 같지 않은 모습의 새였다.

『이상한 나라의 앨리스』는 다윈의 『종의 기원』보다 6년 후에 출간되었고 다윈의 저작에 대한 초창기의 오해를 가속화시켰다. 도도는 진부화(쇠퇴)의 상징이 되었다. 아무런 쓸모가 없어 절멸밖에 선택지가 없는 생물, (인류처럼) 개선된 종에 의해 대체될 수밖에 없는 운명의 종이라는 오해가 이 소설로 강화되었다. 다윈이 계시처럼 밝힌 진화론은 이미 새로운 종류의 신화가 되어가고 있었다. 진화는 모조리 인간종의 탄생을 야기하도록 이미 정해져 있다는 통념이 신화로 자리 잡았다.

따라서 어떤 종이 도도처럼 멸종되면 그 이유는 해당 종이 더 이상 유능하지 않기 때문에, 현대 생활의 속도를 견딜 수 없기 때문에, 결함이 있기 때문에, 결국 생명의 적극적인 힘에 의해 폐기되기 때문이라는 것이다. 도도의 이미지는 뚱뚱하고 볼품없는 형상, 뭘 해도 도통 어울릴 것 같지 않은 새의 모습을 보여주었다(테니얼의 삽화에 나오는 도도는 아예 지팡이를 짚고 다닌다). 이런 이미지 때문에 절멸이라는 개념이 수용할 만한 것이 되었다. 이런 이미지들은 종 특유의 오만한 기색도 고요히 풍기고 있었다. 인간은 당연히 전혀 진부화를 겪거나 절멸의 운명에 처하지 않을 종이라는 기색 말이다. 현재는 우리 인간의 시간이었다.

그러나 20세기 후반 이러한 견해는 변화를 겪었다. 나의 어머니가 BBC 어린이 프로그램 〈블루 피터〉 때문에 도도 이야기를 조사하다가 눈물을 흘리시던 기억이 난다. 어머니가 조사한 내용은 새로운 정설을 담고 있었다.

도도는 절멸한 운명 때문에 사라진 것이 아니라 네덜란드 선원들이 멸종시켰다는 이야기다. 도도는 사람을 두려워하지 않았다. 지나치게 순진해 요리냄비로 그냥 걸어 들어간 것이나 마찬가지였다. 하도 멍청해 고통당해도 싼 동물로 여겨져 인간의 손쉬운 먹이가 되었다. 도도는 인간의 부주의함과 잔혹함 때문에 절멸당했다. 순진무구한 도도는 날지도 못하고 달아나지도 못한 채 갈팡질팡하다가 무심한 냉담함과 무지로 세상에서 완전히 사라졌다.

이러한 견해를 대체한 다른 견해는 또 있었다. 도도는 열대우림에 사는 종이었기 때문에 특성상 인간이 잡기 쉽지 않았다. 열대우림은 인간이 들어가기에는 매우 가혹한 환경이기 때문이다. 도도의 날개는 근육이 잘 잡혀 있었기 때문에 뛰어서 달아날 때 몸의 균형을 잡아주었을 것이다. 따라서 인간의 걸음으로는 도도를 따라잡을 수는 없었을 것이다. 게다가 앞에서도 말했지만 도도는 뛰어난 달리기 선수였다. 초창기에 개발된 원시적 총기류로 도도를 쏘는 일도 나무와 풀이 우거진 숲에서는 녹록치 않았을 것이 뻔했다. 그뿐 아니라 도도를 잡았다 해도 별로 득이 될 것이 없었다. 앞에서 언급했지만 도도 고기는 맛있는 종류가 전혀 아니었기 때문이다.

틀림없이 극소수의 도도는 냄비에서 음식으로 조리되었겠지만 이들이 멸종된 것은 인간이 잡아먹었기 때문은 아니다. 무엇보다 당시 모리셔스섬에서 상주하는 인간은 50명이 넘지 않았고 이들은 도도를 사냥하러 나가지도 않았다. 오히려 이들은 섬에서 농지를 개척했다. 그리고 숲을 체계적으로 파괴한 것은 농지 개발이었다. 도도를 실제로 위협한 것은 선원들의 위장(胃腸)이 아니라 농부의 필요였다. 바로 이곳에서 서식지 파괴가 전속력으로 진행된 것이다.

인간이 모리셔스섬에 몰고 온 문제는 또 있었다. 바로 다른 포유류들이다. 인간을 따라 섬에 들어온 종은 쥐, 돼지, 게잡이마카크(필리핀원숭이)였다. 이들이 모두 도도가 지상에 만든 둥지 속의 알을 마음대로 집어삼켰다.

그러나 뭐니 뭐니 해도 도도의 절멸에 가장 크게 기여한 것은 모리셔스섬의 토지가 농지, 특히 사탕수수 재배지로 바뀐 것이었다. 도도보다 유명세

앨리스와 도도: 『이상한 나라의 앨리스』에 들어간 존 테니얼 경의 삽화(1889년), 거트루드 톰슨 수채화 채색.

가 덜한 모리셔스의 수많은 다른 종도 처지는 마찬가지였다. 날지 못하는 레드레일, 넓은부리앵무, 마스카렌회색잉꼬, 모리셔스푸른비둘기, 모리셔스올빼미, 마스카렌물닭, 모리셔스황오리, 모리셔스오리, 모리셔스해오라기, 여러 종의 파충류와 한 종의 박쥐다.

이들은 모조리 도도와 같은 운명을 맞이했다.

도도는 모리셔스섬의 주화와 지폐에, 『이상한 나라의 앨리스』에, 위대한 작가이자 동물학자 제럴드 더럴(『나의 특별한 동물 친구들』 등의 저작이 있다. 90장 참조)이 창립한 더럴야생동물보전재단의 로고 속에 남아 있다. 미국의 생물다양성센터는 매년 '야생의 자연과 생명 다양성을 파괴하는 데 가장 큰 공을 세운 이들'에게 '고무 도도상'을 수여한다. 역대 수상자들로는 살충제 기업 몬산토와 미국농무부 및 양생동물관리국 등이 있다.

당나귀

신(神)을 등에 태운 겸손한 짐승

"늙은 회색 당나귀 이요르는 엉겅퀴가 무성한 숲속 외딴 구석에 혼자 서 있었어.

앞발을 널찍이 벌리고 고개를 갸우뚱 기울이고는 이런저런 생각에 빠져들었지.

때로는 슬퍼하며 '왜?'라는 생각도 하고, 때로는 '뭣 때문에?'라는 생각도 하고,

가끔은 '어떤 점에서?'라는 생각도 했어.

가끔은 자기가 무슨 생각을 하는 건지 잘 모를 때도 있었지."

↳ A. A. 밀른, 『곰돌이 푸』

당나귀는 인류가 노동을 절약하는 데 최초로 사용한 도구였다. 당나귀는 5,000년 넘는 세월 동안 무거운 짐을 지면서 인간을 도왔다. 이후로 인간은 얼간이나 바보를 가리켜 '당나귀'라고 부르는 희한한 방식으로 당나귀에게 감사(?)를 표현해왔지만, 한편으로는 녀석의 충직함과 무던함 때문에 애정도 깊이 간직해왔다. 예수는 예루살렘에 입성할 때 왕의 군마 대신 당나귀를 탔다. 자신을 낮추어 칭송을 받은 것이다. 요즘으로 치면 롤스로이스보다 자전거를 선호한 셈이다. 예수는 우리와 같은 한 명의 사람이었다는 것이 종려주일(기독교에서 예수가 죽음을 앞두고 예루살렘에 입성한 날을 기념하는 부활절 전 주일을 가리킨다—옮긴이)의 여정에 담긴 의미다. 당나귀는 궁극적으로 겸허한 동물이다. 인간의 혐오와 애정을 동시에 받는 존재인 것이다. 당나귀는 본질상 희극적인 성격을 띤다. 그러나 그 희극 뒤에서 우리는 감탄이 절로 나오는 자질을 발견한다.

　당나귀는 아프리카 야생 당나귀를 가축화한 종이다. 대부분 이집트 땅

인 '비옥한 초승달 지대'에서 길들였다. 이 지대는 남아 있는 야생 당나귀들과 지리상 가장 가까운 곳이다. 추정컨대, 세계 각지에 퍼져 있는 가축 당나귀 숫자는 4,100만 마리 정도다. 아프리카 야생 당나귀는 현재 적색 목록 위급(CR) 종으로 분류되었으며, IUCN이 추정하는 개체 수는 23~200마리가량이다.

당나귀를 규정하는 것은 말이다. 당나귀와 말 두 종은 400만 년 전에 살았던 조상을 공유하고 있다. 말은 예로부터 고귀하고 아름다우며 소유자들의 지위를 높여주는 존재로 경탄의 대상이었다. 말은 전쟁과 정복에 사용되었고, 영웅의 동상을 만들 때도 관례상 영웅을 늘 말 위에 앉혔다. 반면, 당나귀는 본질상 가축이다. 당나귀는 위대한 모험의 동반자가 아니라 인간이 고용한 일손에 가깝다. 인간은 사회를 계층화하는 경향이 있다. 인간이 가축으로 길들인 말과 동물은 계층에 흡족하게 맞아떨어진다. 말은 영웅인 반면 당나귀는 노동자다. 우스꽝스럽고 비루하며 유용하지만 하찮다.

웬 천사가 꽃 침대에 누운 나를 깨우실까?: 〈티타니아와 보텀〉, 앙리 푸젤리 (1790년경).

그러나 당나귀가 그토록 유용한 이유는 이들이 말이 아니기 때문이다. 당나귀는 반(半)건조 지대 환경에 적응하는 능력 덕분에 형편없는 소량의 먹이만으로도 먼 길을 이동할 수 있다. 당나귀는 단위 무게당 말보다 훨씬 적은 사료를 먹는다. 대부분의 말보다 크기가 작고 관리하기도 쉽다. 대부분 자연환경에서 홀로 살아간다. 말은 무리에 속해 살아야 하고 혼자 방치하면 번식이 잘되지 않는다. 하지만 당나귀에게 고독은 별일이 아니다. 야생의 자연에서 영위하는 삶의 방식을 보면 당나귀의 귀가 왜 큰지 알 수 있다. 이들은 서로 소리로 소통한다. 인간은 당나귀의 울음소리를 3킬로미터나 떨어진 곳에서도 들을 수 있다. 당나귀의 건강한 두 귀는 그것의 두 배나 되는 거리에서도 서로의 소리를 듣는다.

당나귀는 장수하는 동물이다. 형편없는 환경에서도 거의 12년을 산다. 호의호식한 녀석들은 약 50년을 산 것으로 알려져 있다. 당나귀는 주로 짐을 운반하거나 밭을 가는 데 활용되었다. 대부분의 문화권에서 당나귀는 황소 대용물이었다. 소는 일하다가도 쉬면서 되새김질할 먹이를 줘야 하지만, 당나귀는 사료를 자주 조금씩 주면 오랫동안 일을 시킬 수 있다.

인간은 동물을 길들여 가축으로 쓸 때 짝짓기 상대를 통제했고 인간의 구미에 맞게 번식도 조정했다. 이런 식으로 원하는 동물, 필요에 맞는 동물을 설계할 수 있다. 당나귀를 번식시킬 때 크기는 다양하게 조절했다. 보통 7.3핸드에서 15.3핸드까지 다양했다(1핸드는 10센티미터를 뜻한다. 말을 땅에서 어깨까지 잰 체고를 측정한 수치다). 다시 말해, 당나귀의 체고는 80센티미터에서 160센티미터 정도 된다. 오늘날 인정받는 당나귀 품종은 200여 종에 달한다.

당나귀는 이집트의 '비옥한 초승달 지대'에서 아시아 남서부로 퍼져 나간 후 약 4,000년 전에 유럽에 당도했다. 로마인들은 훗날 당나귀를 제국 전역으로 퍼뜨렸다. 현재 중국에 있는 당나귀는 1,100만여 마리다. 오늘날 당나귀는 가난한 지역사회 및 개발도상국을 연상시킨다. 일을 도와줄 당나귀가 존재하는 이유는 더 나은 대안이 전혀 없기 때문이다. 당나귀는 극히 기

본적인 필요를 충족시키는 동물이
다. 이들은 더럽고 천한 일을 도맡
는 전문가다.

노새의 범위는 좀 더 넓다. 노
새는 암말과 수나귀 사이에서 태
어난 종으로 번식이 불가능하다.
노새는 당나귀보다 힘이 세고 탄
탄하지만 말에 비해 아쉬운 점이
없다. 아빠인 당나귀를 닮아 고집
이 센 것으로 유명하다는 말이다.
물론 여기서 고집이 세다는 것은
인간이 시키는 일을 때로는 하지
않으려는 의지가 대단하다는 뜻이
다. 모든 말과의 조상들은 먹잇감
이었다. 이들은 세상을 위험천만
한 곳으로 보도록 진화했다. 갑작
스러운 사건, 예기치 않은 변화, 위
협적인 상황, 어둡고 익숙지 않은
환경으로 들어가는 일에 당나귀나

자신을 낮춤: 〈당나귀를 탄 그리스도〉, 조토 디
본도네, 이탈리아 파도바 스크로베니 예배당의
프레스코화 일부(1304-1306년경).

말과 동물을 노출시키는 것은 아주 좋지 않은 생각으로 보인다. 이들을 온건
한 수단으로 설득해야 하지만 그냥 때리기도 한다. 예로부터 쓰던 방식이다.
이 문제에서는 말도 마찬가지인데 당나귀나 노새가 말을 항상 잘 듣는 것은
아니다. 돌아서거나 달아나며 앞발을 번쩍 들고 심지어 발길질을 하는 경우
도 있다. 당나귀는 네 발을 딛고 서서 꿈쩍도 하지 않는다. 이러한 고집을 피
하는 방법은 말과 신뢰 관계를 구축하는 것이다. 장기적으로는 이 방법이 시
간을 절약하는 길이지만, 그렇다고 전통적으로 당나귀를 이용하는 공동체
에서 이러한 전략을 늘 찾아볼 수 있는 것은 아니다.

당나귀와 인간은 수천 년을 함께 살아왔기 때문에 당연히 당나귀에 관해 확립된 신화와 전통이 많다. 힌두교의 여신 칼라라트리는 악마 퇴치자로서 당나귀를 타고 다닌다. 당나귀는 이집트 신 라(Ra)의 상징이기도 하다. 그리스에서 포도주 신 바쿠스의 가정교사 노릇을 했던 신 실레노스 역시 당나귀를 탔다. 『성경』의 십계명 역시 이웃의 나귀를 탐내지 말라고 가르친다. 당나귀는 재산이었기 때문이다.

영어에서는 당나귀를 가리키는 단어로 'ass'를 18세기 말까지 선호했다. 그 후 차차 'donkey'라는 단어가 'ass'를 대체하게 되었다. 이유는 대화 예절이 섬세하게 바뀐 데 있는 듯하다. 예의 바른 대화 자리에서 '엉덩이'를 연상시키는 단어를 자꾸 쓰는 일은 별로 달갑지 않았을 것이다. 닭을 가리킬 때 'cock'보다 'rooster'를 대체로 선호하는 것도 같은 이유였다(29장 '닭' 편을 보라). 'donkey'라는 단어는 전통적으로 말 색깔인 '회갈색'을 뜻하는 'dun'을 가리키는 것 같다. 물론 이 단어가 '덩컨(Duncan)'이라는 이름에서 유래했다는 추정도 있다. 어떤 설명이든 지나치게 주장하지 않는 편이 낫겠다. '잘난 척하는 인간(smart ass)'처럼 보이고 싶지 않다면 말이다.

당나귀는 보는 사람들을 늘 두 편으로 가른다. 한편은 당나귀가 멍청하고 고집이 세다는 입장이고, 다른 한편은 사랑스럽고 겸손하다는 입장이다. 『성경』에 나오는 발람의 당나귀 이야기에서 당나귀는 천사를 보지만 발람은 보지 못한다. 발람은 당나귀를 때리지만 당나귀는 천사의 영향으로 꿈쩍도 하지 않는다. 셰익스피어의 〈한여름 밤의 꿈〉에서는 보텀이 당나귀로 변하고 요정 여왕 티타니아는 그에게 반해 우스꽝스러운 꼴이 된다.

(보텀에게) 자, 이 꽃 침대에 앉으세요. 그러면 그대의 사랑스러운 뺨을 어루만지고, 그대의 매끄럽고 부드러운 머리에 사향장미를 꽂고, 그대의 큰 귀에 입을 맞추겠어요, 내 사랑.

보텀이 이 예상치 못한 상황에서 아주 신사답게 행동한다는 점을 기억해야 한다. 그는 사랑에 빠진 여왕 티타니아를 이용할 시도 따위는 하지 않는다. 그는 얼간이일지는 몰라도 점잖은 품위를 잃지 않는다.

문학에서 가장 유명한 당나귀는 이요르(Eeyore)일 것 같다. 1926년 A. A. 밀른의 아동 판타지 동화 『곰돌이 푸』에 처음 등장한다. 이요르는 자신의 불행을 항상 나누고 싶어 하는 우울한 당나귀다. "이요르가 말했어. '내가 알았어야 했나 봐. 어쨌거나 누구도 불평할 수는 없어. 내게는 친구들이 있어. 누군가가 겨우 어제 말해주었을 뿐이야. 지난주인가 지지난주에 래빗이 나에게 부딪치더니 '젠장!'이라고 말했지. 사교 모임에선 항상 무슨 일이 생기는 법이야.'"

영국에서 당나귀는 노역을 하지 않은 지 오래되었기 때문에 예로부터 아이들이 휴일에 해변에서 탈 수 있는 놀이용 동물 노릇을 했다. 해변에서 당나귀 타기는 1886년 웨스턴슈퍼메어라는 해변에서 시작되었다. 1950년대에 나도 그곳에서 당나귀를 타본 적이 있다. 요즘은 이런 오락도 쇠락일로에 있다.

그래도 당나귀를 향한 큰 애정만큼은 쇠락하지 않았다. 사람들은 고통당하는 당나귀를 생각하며 마음 아파한다. 그래서인지 당나귀 보호에 진지한 태도로 돈을 낼 의지가 있다. 영국의 자선단체인 당나귀보호소는 2017년 기부금 수입으로 3,760만 파운드를 모았다. 야생동물 보전 노력을 지지하는 사람들조차 놀라워할 정도의 액수다. 보전은 복지 후생과 명분이 다르다. 보전은 종 층위에서 서식지를 유지하고 동물을 보호하는 일을 하는 반면, 복지 후생은 개별 동물의 고통까지 돌본다. 열대우림 특정 구역을 보호하는 돈은 모으기 상당히 어려운 반면에, 당나귀 한 마리를 편안하게 해주기 위한 기금 조성은 비교적 쉬운 현실 앞에서 보전 단체들은 좌절한다. 하지만 인간의 본성 깊은 곳에 있는 무언가는 당나귀가 고통당한다는 생각에 아파하는 듯하다. 이러한 감정은 동물을 위한 자선 분야에 팽배해 있다.

021
늑대

"늑대가 나타났다!"

"바위 위에 앉아 있던 아켈라가 외쳤다.
'너희는 법칙을 알 것이다. 똑똑히 알 것이다. 늑대들이여, 잘 보아라!'"

└ 러디어드 키플링, 『정글북』

늑대를 못살게 구는 법률이 존재하던 옛 시절이 있었다. 늑대를 죽이는 사람에게 정부가 포상금을 지급했다. 오늘날에는 늑대 보호법이 있다. 늑대를 죽이면 정부에 돈을 내야 한다. 야생동물을 바라보는 인간의 태도가 변했다는 사실을 늑대보다 집약적으로 보여주는 동물도 없다. 늑대는 정책상 절멸 대상이었다가 이제 살던 곳으로 다시 들어오는 대상이 되었다. 물론 정부 정책의 소산이다.

오해는 하지 말자. 우리는 지금 단일 종 늑대인 회색늑대 혹은 팀버늑대에 관해 이야기하는 중이다. 회색늑대는 역사적으로 북반구 대부분의 지역에 서식했다. 대략 북위 12도 지역으로 구세계와 신세계가 모두 여기에 포함된다. 다시 말해, 늑대는 열대지방에서 북극 지방까지 넓게 서식했다. 이들의 탁월한 적응력은 무한대에 가까웠다. 사회 활동이 활발한 최상위 포식자인 회색늑대는 협동을 통해 사냥한 덕에 무스나 엘크와 같은 큰 사슴을 비롯해 아주 큰 먹잇감도 쓰러뜨릴 수 있었다. 또 하나 명확히 짚고 넘어갈 점은 북아메리카에서 무스라고 부르는 동물을 유럽에서는 대개 엘크라 부른다는 것이다. 같은 동물을 가리키는 이름이 지역에 따라 다르다. 북아메리카의 엘크를 유럽에서는 붉은사슴이라 부른다. 늑대는 무리를 지어 사냥하기 때문에 이 모든 종의 사슴들과 맞붙는다.

늑대가 지닌 고도의 사회성은 이들에게 이득이다. 늑대는 얼굴 표정을 비롯해 강력한 소통 형식을 가지고 있다. 장거리 연락도 가능하다. '우우우~' 하는 그 유명한 하울링을 통해서다. 이들은 단거리 주파를 잘하지는 않지만 큰 먹잇감을 꽤 먼 거리까지 쫓아가 잡은 다음 무리에서 분리시킨 후 되풀이해 물어뜯어 결국 쓰러뜨린다. 통상 늑대 무리는 최대 12마리 정도로 구성되는데 중심부에는 일부일처의 한 쌍이 있다. 제철이 되면 암컷이 새끼 여럿을 낳고 형 누나뻘 되는 새끼는 갓 태어난 새끼를 돌보는 일에 힘을 보탠다. 늑대는 텃세가 매우 심해 이웃 무리와의 분쟁이 종종 죽음에 이르는 혈전으로 번진다. 이들은 숲, 툰드라, 초원, 사막을 비롯한 상당히 광범위한

삼형제: 러디어드 키플링의 『정글북』에서.

서식지에 분포해 있다. 늑대의 개체 수는 먹이가 얼마나 풍부한지에 따라 기복이 생긴다.

늑대는 인간 공동체에서 가축을 훔치기도 한다. 약 1만 2,000년 전 인간이 고기를 얻기 위해 야생동물을 가축으로 길들이기 시작한 이후 늑대가 인류의 적이 된 것은 이런 이유에서다(더 자세한 내용은 33장을 보라). 늑대는 이따금씩 인간을 잡아먹기도 한다.

총기와 화기의 발명 이후 늑대는 인간을 매우 경계하며 가능한 한 인간으로부터 거리를 두고 살아간다. 광견병에 걸린 늑대는 자기 길을 방해하면 사람이든 동물이든 가리지 않고 공격한다고 알려져 있다. 그러나 특수한 경우가 아니라면 늑대의 인간 공격은 길 잃은 아이들, 때로는 여성들로 국한된다. 물론 늑대가 인간에게 정말 위협적이었음을 보여주는 기록은 많다. 1362년부터 1918년까지 프랑스에서 늑대에게 죽임을 당한 사람이 7,600명이라는 주장도 있다.

실상이야 어떠했든 인간의 거주지를 둘러싼 포식자 늑대에 대한 관념의 역사는 매우 깊다. 이러한 관념은 언어에 스며들어 있다. 어려운 시절에 우리는 '입에 풀칠하느라' 애를 먹는다. 이때 '입에 풀칠하다, 근근이 먹고 살다'라는 뜻으로 말할 때 '늑대를 문간에서 몰아내다(keep the wolf from the door)'라는 영어 표현을 썼다. 산에서 먹이를 구하지 못한 늑대가 인가로 내려올 만큼 먹이 사정이 좋지 않다는 데서 유래한다. 살면서 제일 먼저 필요한 일이 으르렁대는 육식동물을 삶의 터전에 들어오지 못하게 쫓아내는 것이었던 셈이다. 배를 곯다가 마침내 음식을 받으면 우리는 '게걸스레 먹는데' 이럴 때 'wolf it down'이라는 영어 표현을 쓴다. 늑대의 식욕이 끝이 없다는 뉘앙스다.

'빨간 모자' 이야기는 서양에서 유명한 동화 중 하나다. 빨간 모자를 쓴 소녀는 할머니 집을 방문하러 갔다가 할머니 침대에 누워 있는 늑대를 발견한다. 동화라는 장르를 개척한 프랑스 작가 샤를 페로가 이 이야기를 처음으로 썼다. 아니, 처음으로 채록했다고 봐야 한다. 그가 쓴 버전은 1697년 『빨

100가지 동물로 읽는 세계사

간 모자』(Le Petit Chaperon Rouge)라는 제목으로 처음 등장했지만 모든 동화
가 그렇듯 이 이야기도 수백 년에 걸쳐 만들어져왔다. 저 바깥에 우리를 잡
아먹으려 하는 존재가 있다는 공포 섞인 관념은 늘 인간 조건에서 일부를
차지했다. 그리고 늑대는 이 공포에서 어마어마한 역할을 맡고 있다. 사악하
고 커다란 늑대를 두려워하는 자는 누구인가? 오늘날까지 여전히 제기되는
질문이다. 인간의 삶을 지배한 최초의 공포는 사자를 향한 것이었지만, 북반
구에 살던 후손들은 사자 대신 주로 늑대에 대한 공포에 지배를 받았다. 수
백 년 동안 아이들은 모르는 길로 가지 말라는 경고(곤란한 행동은 어떤 것도
안 된다는 경고)를 받았다. 모르는 길로 가거나 곤란한 행동을 할라치면 늑대
가 잡아가기 때문이었다. 수많은 세대가 이러한 협박에 바탕을 둔 양육을 받
고 자랐다.

그러나 늑대가 인간에게 가한 진정한 위협은 우리가 길들인 가축을 통
해 등장했다. 늑대가 인간의 정착지에 매력을 느끼고 들어온 것은 정착지 주
변에 늘 쌓이는 음식물 쓰레기가 종종 간식거리로 제공되었기 때문이다. 가
축으로 인해 인간과 늑대는 서로 만날 가능성이 커졌고 덩달아 위험도 늘어
났다. 제한된 공간에 가두어 편리하게 기르는 대형 포유류는 늑대에게는 공
짜로 먹을 수 있는 맛난 점심거리였다. 이제 인간의 삶은 야생의 접근을 막
는 역량에 따라 좌지우지되었다. 이 역량을 발휘하지 못하는 이들에게는 재
앙이 뒤따랐다. 가축의 죽음은 곧 식솔들의 죽음을 뜻했다. 늑대와 인간 사
이의 경합에서 경솔한 행동을 할 여지는 전혀 없었다.

승리는 인간의 몫이었다. 그냥 승리가 아니라 압승이었다. 그러나 전투
가 끝난 후에도 우리 내면의 어떤 부분은 아직 이 전투에서 벗어나지 못했
다. 자연의 접근을 막고 우리가 원하는 것을 얻고자 자연을 통제하려면 무
슨 일이든 해야 한다는 생각, 그러지 못하면 큰 재앙이 닥친다는 생각은 여
전히 우리 안에 남아 있다. 사람들은 사나운 기세로 잔디를 싹 깎는다. 자연
을 통제하고 있음을 보여주기 위해서다. 우리 소유의 땅에 원치 않는 생명체
의 세포를 하나라도 허용한다면 마치 실패한 것처럼 여긴다.

인간은 수천 년 동안 늑대와 전쟁을 치렀다. 고대 그리스의 이야기꾼 이솝은 "늑대가 나타났다"라고 외친 양치기 소년에게 닥친 끔찍한 운명을 전한다. 늑대가 나타났다고 거짓말하던 소년은 실제로 도움이 필요했을 때 아무도 오지 않아 늑대에게 자신이 몰던 양을 모조리 잡아먹힌다. 훗날 개작한 이야기에서는 늑대가 소년까지 잡아먹는다. "늑대가 나타났다"라고 외치는 것, 즉 거짓 경보를 울리는 것은 21세기 우리의 삶에서도 생생히 살아 있는 개념이다. 늑대는 기만을 상징하기도 한다. 양의 탈을 쓴 늑대는 누구나 경계해야 하는 존재다. 늑대는 이 책의 다른 동물들처럼 인간을 오늘날의 모습으로 만드는 데 일조했다.

늑대와 맞서 싸우는 것은 인간의 의무이자 필수 과제였다. 이들은 가축을 잡아먹었을 뿐 아니라 가축에게 정신적 고통을 안기고 체중 손실과 유산(流産)을 초래했다. 늑대가 출몰해 생긴 스트레스로 가축의 육질도 나빠졌다. 기원전 5세기 아테네의 개혁 정치가 솔론은 늑대 한 마리를 죽일 때마다 은화 5드라크마를 포상금으로 내걸었다. 잉글랜드와 유럽 대륙 전역의 지방 군주들도 포상금 제도를 만들었다. 늑대를 잡는 것은 중요한 일이었고 늑대의 절멸은 분명 바람직한 일로 간주되었다. 늑대는 16세기 무렵 잉글랜드에서 자취를 감추었다. 1684년에는 스코틀랜드에서, 1847년에는 아일랜드에서 사라졌다.

섬과 달리 유럽 대륙에서는 늑대를 절멸시키지 못했다. 이들을 모조리 몰아내기에는 야생 서식처가 너무 많았던 탓이다. 그렇다고 해도 18세기 무렵에는 인간이 사는 거주 지역에 늑대가 더 이상 출몰하지 않았다. 늑대를 박해하는 일은 19세기와 그 이후에도 지속되었다. 농촌 생활이 변화하면서, 다시 말해 이동식 유목 생활을 버리고 고정된 농업 단위 사회가 성장하면서 늑대의 개체 수는 다시 회복되지 못했다. 늑대는 인간에게서 멀리 떨어져 자유롭게 살수록 번성했다.

늑대가 어디서나 물리쳐야 할 악당으로 간주된 것은 아니다. 사악한 늑대라는 관념은 보편적 현상이 아니었다. 서양 문명의 창조 신화 중 하나는 늑대와 관련 있다. 전설에 따르면, 훗날 로마를 건국하게 되는 로물루스와 그의 형제 레무스는 늑대 젖을 먹었다. 『정글북』에서 늑대는 문명사회, 즉 '자유민'을 상징한다. 문명사회를 이끄는 존재는 지혜로운 회색 늑대 아켈라이며 이들은 법을 유지했다. 이 복잡 미묘한 작품에서 늑대 사회는 붕괴해 무정부 상태가 된다. 그러나 보이스카우트의 창시자 로버트 베이든 파월은 이러한 미묘한 차이에 관심이 없었다. 그는 보이스카우트의 어린이 버전인 울프컵(오늘날의 컵스카우트)를 창설할 때 『정글북』을 경전으로 삼았다. 나 또한 울프컵의 일원이었고, '그레이 식스(Grey Six)'라는 6인 소단위의 대표까지 지냈다. 내 인생에서 유일하게 경험해본 권위자의 지위였다. 관습대로 우리 단체의 대표는 짐 채프먼이라는 꽤 좋은 사람으로 '아켈라'라는 직함을 가지고 있었다.

야생아(野生兒)에 관한 이야기도 많다. 그중 일부는 로물루스의 신화처럼 진위를 가리기가 쉽지 않다. 그러나 일부는 진실이며 늑대는 이따금씩 이러한 아이들을 기르는 일에 연루되었다. 마르코스 로드리게스 판토하는 1946년생으로 12년 동안 스페인에서 늑대와 함께 살았다. 그는 일곱 살 때 염소지기에게 팔려 갔다가 염소지기가 죽자 야생으로 돌아갔다. 열아홉 살 때 발견되어 인간 사회에 다시 적응했지만 본격적으로 인간 사회에 녹아들지는 못했다.

1970년 이후 보전 운동이 진행되면서 늑대에 대한 견해가 변하기 시작했다. 많은 지역에서 늑대 보호법이 도입되었다. 일부 지역에서는 늑대를 다시 들여왔다. 이러한 조치에 대한 이의는 늘 제기되었다. 반대의 근거는 실질적인 가축 관리 문제와 인간의 근원적 공포에 있었다. 그러나 이제 늑대는 소중한 대우를 받는다는 것이 어떤 것인지 조금씩 알아가고 있다.

늑대의 귀환에는 예기치 못한 측면도 없지 않았다. 1995년 미국 와이오밍주에 위치한 옐로스톤 국립공원에 늑대가 돌아오면서 공원 생태계가 변한 것이다. 변화 중 하나는 늑대가 오기 전에는 한 곳밖에 없던 비버 군체가 늑대가 들어온 후 아홉 곳으로 늘어난 것이다. 그 이유는 늑대가 엘크의 포

문명은 늑대와 함께 시작된다: 〈암늑대의 젖을 먹는 로물루스〉, 주세페 체사리(일명 카발리에르 다르피노).

식자이기 때문이다. 엘크는 이제 늑대 때문에 더 이상 버드나무와 사시나무, 미루나무 사이를 떼로 돌아다닐 수 없게 되었다. 늑대가 나타난 탓에 이들은 훨씬 더 능동적으로 뛰어다닐 수밖에 없었고, 결과적으로 비버는 엘크가 놓친 먹이를 먹고 개체 수가 확 늘어났다. 91장에서 살펴보겠지만 비버는 핵심 종(비교적 적은 개체 수가 존재하면서도 생태계에 큰 영향을 미치는 생물종—옮긴이)이다. 늑대가 영양 단계 연쇄반응, 즉 생태계에서 한 종이 다른 종과 관계하는 방식을 다시 조정해놓은 것이다. 늑대 덕분에 생태계의 풍요와 다양성이 증가했다.

옐로스톤 국립공원의 늑대 행동을 집중적으로 연구한 성과가 나타났다. 관찰 내용 중 가장 흥미로운 부분은 미국 학자이자 저술가인 칼 사피나가 그의 책 『소리와 몸짓: 동물은 어떻게 생각과 감정을 표현하는가?』에서 논의한 내용이다. 그는 옐로스톤 국립공원 삼림 관리원 릭 매킨타이어의 말을 인용한다. "완벽한 늑대가 있다면 그건 21번이었어요." 연구자들이 의인화를 경계해 늑대에게 이름 대신 번호를 붙였다는 데 주목하자.

21번은 싸움에서 진 적이 없었다. 그리고 경쟁에서 완패한 상대를 죽인 적도 전혀 없었다. 나는 롱아일랜드에 있는 칼의 집 정원(마당)에서 이 문제에 대해 칼과 이야기했다.

> 인간이 싸움에 패배한 적을 죽이지 않고 보내주면, 이 광경을 지켜보는 이의 눈에 패배한 자는 여전히 패배한 자이지만 관용을 보인 승자는 훨씬 더 인상적인 느낌을 준다. 승리가 없다면 관용도 없다. … 자비를 베푸는 자의 용맹은 어마어마한 자신감으로 비친다. 이를 지켜본 구경꾼들은 힘이 세지만 관용을 베푸는 사람을 따르는 편이 바람직하다고 느끼게 된다.

문득 한 가지 생각이 떠오른다. 인간에게 자비를 가르친 것은 늑대가 아닐까?

022

비둘기

성령을 상징하는 새

"바위틈에 있는 나의 비둘기여,

낭떠러지 은밀한 곳에 숨은 나의 비둘기여,

그대의 모습, 그 사랑스런 모습을 보여주오.

그대의 목소리, 그 고운 목소리를 들려주오."

└• 아가서 2장 14절

고대 메소포타미아의 쐐기문자나 고대 이집트의 상형문자로 쓰인 문서에는 가축으로 길들인 비둘기에 관한 기록이 나온다. 둘 다 5,000여 년 전의 일이다. 인간이 비둘기를 길들인 것은 그보다 훨씬 더 전인 1만 년 전부터라고 추정된다. 나는 이 과정이 그보다 훨씬 더 오래되었을 것으로 생각하는 편이다. 비둘기는 이미 인류가 농업을 고안해내기 전부터 비공식적으로는 인류가 영위하던 생활의 일부였을 것이다.

모든 집비둘기는 야생종인 바위비둘기의 후손이다. 경주용 비둘기, 도시 비둘기, 관상용 흰 비둘기도 모두 치와와나 그레이트데인 같은 개들이 같은 종이듯 동일한 종이다. 야생 바위비둘기는 벼랑 위와 주변에서 즐겨 살며 주로 동굴에 둥지를 튼다. 인간도 동굴을 집으로 이용했다. 둥지를 떠나기 전의 어린 비둘기는 이미 상당한 크기까지 자랄 수 있다. 따라서 꽤 먹을 만한 고깃덩어리를 원한다면 비둘기 둥지에 가서 마음껏 얻으면 된다. 비둘기에게 먹이를 주어 집 쪽으로 유인할 수 있다면, 이런 식으로 비둘기를 지

100가지 동물로 읽는 세계사

무수한 변종: 관상용 비둘기들(채색 판화, 19세기 독일 유파).

속적으로 거둬들일 수 있다면, 식탁에 계속 고기를 올릴 수도 있다(풍족하지는 않아도 최소한 근근이 먹을 정도는 구할 수 있다). 인간은 문명이 시작되기 전부터 비둘기와 함께 살았고, 내 생각에 이것은 인간의 선택이기도 했겠지만 그럴 수밖에 없는 유인 요인도 없지 않은 듯하다. 비둘기는 인간이 가축으로 길들인 최초의 조류, 아니 어쩌면 최초의 동물이었는지도 모른다. 애초에 동물을 가축으로 만들자는 기발한 생각을 품게 한 존재가 비둘기였을 수 있다. 그렇다면 문명은 비둘기에 기반을 두었다고 말할 수도 있다.

오늘날 비둘기과에 속하는 종은 300개가 넘는다. '비둘기'는 영어로 '피죤(pigeon)'과 '도브(dove)' 둘 다 쓰지만 둘 사이에 별 차이는 없다. 이름에 도브가 들어간 종, 이를테면 멧비둘기(turtle dove)와 칠보비둘기(Namaqua dove)가 이름에 피죤이 들어간 산비둘기(wood pigeon), 녹색비둘기(green pigeon)보다 크기가 더 작은 정도다. 그러나 비둘기장과 도시 광장에 있는 바위비둘기 후손에 관해 말하자면, 사람들은 대략 좋아하는 것을 도브, 싫어하는 것을 피죤이라고 부른다.

따라서 예수가 세례를 받을 때 성령은 피죤이 아니라 도브의 형태로 강림한다. 이 장면을 묘사한 대부분의 텍스트에서 새는 관상용 흰 비둘기, 즉 귀엽게 보이도록 길러져 새장에서 보호를 받고 사는 종류다. 순수한 흰색은 먹이 신세인 동물에게는 주위에 온통 눈이 내리지 않고서야 불리한 색이다. 눈에 잘 띄기 때문에 포식자의 표적이 되기 쉽기 때문이다. 흰 비둘기는 야생 환경에서는 제대로 살아남지 못한다. 그러나 인간은 눈을 즐겁게 하자고 흰색 비둘기를 품종 개량해 만들었다. 다시 말해, 성령을 상징하는 흰 비둘기는 우리가 현대 도시에서 유해 동물이라며 일상적으로 처분해버리는 비둘기와 같은 종이다. 미국의 뛰어난 풍자가 톰 레러는 이렇게 노래했다. "공원에서 비둘기를 독살하고 있을 때, 봄날 오후의 세상은 온통 완벽해 보이네…."

그러나 피죤에 대한 혐오는 인간의 문화에서 꽤 최근에 생긴 추세이며, 이러한 태도는 도브에 대한 애정으로 어느 정도 상쇄된다. 고대 메소포타미아에서 도브는 사랑과 성과 전쟁과 정의를 관장하는 여신 이난나 혹은 이시타르의 상징이었다. 그리스신화 속 사랑의 여신 아프로디테도 도브와 관련 있다. 아테네 아크로폴리스의 아프로디테 사원에는 비둘기가 양각으로 새겨져 있다.

도브는 대개 사랑을 연상시켰고, '달콤한 애정 표현'을 뜻하는 'lovey-dovey'라는 단어는 운율만 맞춰 생긴 단어가 아니다. 많은 비둘기종은 짝들 간의 결속력이 매우 강해 개체를 한 쌍의 반쪽으로 간주한다. 연인들의 애무를 뜻하는 '부리를 맞대고 구구구 소리를 내는 것(billing and cooing)'은 그 자체로 구애하는 비둘기들의 행동을 정확히 묘사한 표현이다.

비둘기는 선지자 무함마드가 숨어 있는 동굴에 둥지를 틀어 선지자를 도왔다. 적들이 둥지를 보고 동굴에 사람이 살지 않는다고 생각한 것이다. 창세기에서 노아는 방주에서 비둘기를 날려 보내 육지를 찾으려 한다. 비둘기는 잠깐 나갔다가 그냥 돌아왔지만 일주일 후 노아는 다시 비둘기를 날려 보냈고, 이번에 비둘기는 올리브나무의 잔가지를 부리에 물고 돌아왔다. 『킹 제임스 성경』에 '올리브가지 하나(an olive-branch)'라고 번역된 식물을 물고 돌아온 비둘기는 어찌된 일인지 돌연 전 세계적으로 평화를 상징하는 이미지가 되었다. 노아의 방주로 올리브가지를 물고 돌아온 비둘기가 평화의 상징이 되기까지 변천 과정은 좀 기이하지만, 아마도 인류에게 새 출발이라는 관념은 언제나 좋은 생각으로 비치는 모양이다. 이렇게 해서 인간은 비둘기를 가장 강력하고도 중요한 평화의 상징으로 채택했다. 피카소가 제작한 비둘기 석판화는 피카소 특유의 우아한 선이 담긴 것으로 1949년 파리강화회의의 상징으로 쓰였다.

그러나 비둘기는 전쟁에서도 큰 역할을 수행했고 이를 입증하는 메달도 받았다. 집으로 돌아오는 길을 찾아내는 비둘기의 놀라운 능력은 전갈을 보내는 데 활용되었고, 전시에 이러한 전갈은 대개 과장 없이 삶과 죽음을 가르는 중대한 문제였다. 셰어 아미라는 이름의 전서구(傳書鳩, 통신에 이용할 수 있도록 훈련시킨 비둘기)는 제1차 세계대전 중인 1918년 아르곤 전투 후 무공십자훈장을 받았다. 이 비둘기는 다리를 하나 잃고 가슴에 총까지 맞았지만 메시지를 가까스로 전달해 194명의 목숨을 구했다. 32마리의 비둘기가 디킨 메달을 받았다. 디킨 메달은 '병든 동물을 위한 진료소(PDSA)'라는 영국의 동물 구호 단체가 인명 구조를 도운 동물에게 주려고 제정한 것이다. 런던에 있는 임페리얼 전쟁 박물관에 가면 이런 비둘기 세 마리의 박제를 볼 수 있다.

비둘기를 길들이는 일은 편리하게 구할 수 있는 고기의 필요성이 없어진 뒤에도 계속되었다. 경주용 비둘기가 하나의 사례다. 비둘기 경주는 유명한 스포츠로 강력한 도박 매체다. 비둘기를 풀어놓으면 대개 놀라울 정도로 멀리 나갔다가도 멀쩡히 집을 찾아 돌아온다. 1,600킬로미터 정도는 거뜬히 다닌다. 이 놀라운 능력은 과학자들의 연구 대상이 되었지만 여전히 신비에

비둘기같이 내려온 성령: 〈그리스도의 세례〉, 안드레아 델 베로키오와 레오나르도 다빈치(1472-1475년).

100가지 동물로 읽는 세계사

싸여 있다. 바위비둘기는 철새가 아니기 때문이다. 비둘기의 항법 기술에 대한 명쾌한 답은 아직 없다. 별과 태양의 위치를 이용할 수도 있고 후각을 이용할지도 모른다. 지구의 자기장을 감지해 다닐 수도 있다. 비둘기의 항법 기술은 많은 요인이 결합된 결과로 보인다.

비둘기는 관상용으로 키우기 위해 품종 개량을 한다. 야생에서는 결코 존재할 수 없을 만큼 다양한 종류의 관상용 비둘기가 생산된다. 텀블러비둘기는 원을 그리며 날 수 있고, 파우터비둘기는 목에 있는 모이주머니를 아주 크게 부풀릴 수 있으며, 공작비둘기는 공작처럼 꼬리가 부채모양이다. 반면, 흰 비둘기는 햇빛을 받으며 가장 예쁘게 날아다닌다. 이렇게 다양한 비둘기들을 함께 보고 있자면 이들이 죄다 동일 종이라는 사실을 도저히 믿을 수 없을 정도다. 품종 개량이 얼마나 많은 다양성을 낳을 수 있는지 확연히 볼 수 있는 사례다.

찰스 다윈이 주목한 것도 바로 이 점이었다. 다윈은 가축화와 품종 개량으로 원조상과 전혀 다른 동물을 만들어낼 수 있다는 점에 매료되었다. 무슨 일이든 끝장을 보고야 마는 성격인 다윈은 비둘기 애호가가 되었다. 다윈은 사회적으로 유지해야 할 신망과 지위가 있고 유복한 귀족 계급이었지만 순전히 비둘기 애호가들의 이야기를 듣기 위해 싸구려 술집을 드나들기 시작했다. 그는 능수능란한 사육자들이 자신은 감지하지 못하는 차이를 분간한다는 것, 그리고 이들이 쓰는 방법으로 놀랄 만큼 다양한 동물을 만들 수 있다는 사실에 넋이 나갈 지경이었다.

다윈은 "나는 비둘기가 너무 좋아 이들을 죽여 골격만 남기지 않고는 참을 수 없다"라고 썼다. 어쨌거나 그는 그 소름끼치는 작업에 완전히 매료되었고 비둘기 뼈를 검사하면서 왜 갓 부화한 새끼 새들은 다 똑같아 보이는데 자라면 전혀 다른 성체가 되는지 알아내려 애썼다. 다윈의 비둘기 연구는 『종의 기원』 1장을 온통 차지한다. 1장에서 다윈이 '인위적 선택'이라고 칭한 품종 개량을 통해, 놀라울 정도로 짧은 세대를 거치는 동안 얼마나 심오한 변화가 종에게 이루어지는지 알 수 있다. 다윈은 여기서 한 걸음 더 나아가 야생의 자연계에도 동일한 과정이 작동하리라고 추론한다. 자연계에서 작동하는 선택에는 '자연 선택'이라는 명칭을 붙였다. 따라서 비둘기는 갈라파고스흉내지빠귀(4장 참조)와 함께 세계에서 가장 위대한 '유레카' 조류, 즉 엄청난 발견을 상징하는 새라고 할 수 있다.

비둘기는 기르기 쉽고 값도 싼 덕분에 실험실에서 매우 애용하는 동물 중 하나가 되었다. 다시 톰 레러를 인용하자면, "우리는 웃고 즐거워하며 비둘기를 살육할 것이다. 실험을 위해 집으로 데려가는 고작 몇 마리를 제외하고는…".

비둘기가 어떻게 배우며 무엇을 배우는지 인지 능력에 관한 연구도 많았다. 비둘기는 머릿속에 1,000여 개의 이미지를 저장하는 훈련이 가능하며 숫자와 문자의 해독을 포함하는 난제에도 잘 대응한다. 따라서 비둘기뿐 아니라 다른 조류와 포유류도 과거에 우리가 생각했던 것 이상으로 복잡한 사고 과정이 가능하다는 사실이 밝혀졌다. 행동심리학자 B. F. 스키너는 비둘기가 미신을 믿는 행동과 비슷한 행태를 보인다고 생각했다. 비둘기가 같은 자리를 계속 맴돌면서 먹이가 온다고 믿는 듯 보인다는 것이다.

인간이 가축으로 키우는(심지어 가둬서 키우는) 동물은 기회만 있다면 십중팔구 뛰쳐나가 야생종 집단을 형성한다. 비둘기도 그랬다. 물론 누구도 비둘기가 야생종으로 사는 데 얼마나 능숙해질지 예상하지 못했지만 말이다. 비둘기는 창의성을 갖추고 있고 먹이에 그다지 까다롭지 않다. 식물도 먹을 수 있다면 무척추동물도 먹을 수 있다. 어떤 먹이든 거의 완벽하게 적응하는 역량이 있다. 비둘기의 야생 서식지는 바위와 벼랑과 동굴이다. 현대에 들어와 도시가 발전하면서 비둘기는 돌과 콘크리트 절벽도 아늑하다고 느끼게 된 것 같다.

처음에 비둘기는 애정과 장려의 대상이었다. 비교적 최근까지는 그랬다. 런던의 트래펄가 광장이나 베니스의 산마르코 광장에 있는 행상에게 비둘기 먹이를 구매하는 사람들이 있는 것을 보면 비둘기는 아직 사람들에게 사랑을 받고 있는 것 같다. 그러나 비둘기의 수는 점차 늘어났고 인간은 좀 더 깔끔해졌다. 이제 인간은 자신의 생활공간을 동물들과 공유하는 일이 마뜩잖아 한다. 비둘기는 건물에 손상을 입힐 수 있고, 에어컨 실외기 같은 옥상 기기를 망가뜨릴 수 있다. 물론 피해라고 해봐야 건강상의 위협까지는 아니고 그저 골칫거리에 불과하기는 하다. 어쨌거나 인간의 태도 변화 때문에 도시의 공공건물은 비둘기가 앉기 힘들게 점차 뾰족한 설치물을 요란하게 달고 있다. 현대 도시의 목적은 비둘기를 없애는 것이다. 그러나 맥도날드의 프렌치프라이와 쓰레기통이 있는 한 도시의 비둘기는 쉽사리 사라지지 않을 것이다.

023
모기

세상에서 가장 치명적인 킬러

> "당신이 너무 작아 영향력을 행사할 수 없다고 생각한다면
>
> 모기와 함께 잠자리에 들어보라."
>
> └ 어니타 로딕

모기는 절묘한 아름다움을 갖춘 존재다. 특히 암컷의 입 부분이 기가 막히다. 앞으로 녀석에게 물릴 일이 생기면 암컷 모기를 지켜보라. 감탄이 절로 나온다. 이 곤충이 당신의 몸에서 생명을 빨아들이는 모습을 들여다보며 이렇게 말해보라. "경이로운 피조물이여, 너와 이 지구를 공유하게 되어 영광이다. 너를 만든 힘이 또한 나를 만들었다. 네가 알을 낳고 생명을 채우며 다음 세대 모기를 얻게 해줄 피를 모으는 모습을 보니 감탄을 금할 수 없구나."

모기는 30미터 떨어진 곳에서 우리가 내뿜는 이산화탄소뿐 아니라 체열도 감지할 수 있다. 배경과 대비되는 색상의 옷 역시 모기를 끌어들인다. 움직임도 마찬가지다. 땀을 흘려도 모기는 꼬인다. 일단 우리를 찾아낸 모기는 긴 관처럼 생긴 주둥이를 아주 교묘히 삽입해 항응고 물질을 주입한 다음 우리 몸의 방어 시스템을 교란시키는 동시에 편리한 혈관을 찾아내 피를 빨아들인다. 이런 동물 때문에 어안이 벙벙하지 않을 사람이 과연 있을까?

모기과에는 약 3,500종이 있다. 이들 중 인간을 무는 것은 200여 종이

다. 모기는 다른 포유류, 조류, 파충류, 양서류, 때로는 어류까지 물고 일부 갑각류도 문다. 모기(mosquito)라는 이름은 '파리'를 뜻하는 스페인어 'mosca'와 '작은 것'을 나타내는 접미사가 결합된 단어다. 따라서 작은 파리인 셈이다. 충분히 적확한 명칭이다. 이들은 집파리, 청파리, 꽃등에, 그리고 우리가 막연히 파리라고 부르는 다른 모든 종과 동일한 강(綱)에 속하기 때문이다. 대부분의 곤충처럼 모기도 네 단계를 거쳐 성충이 된다. 암컷이 고인 물에 알을 낳으면 유충이 나온다. 이 유충을 '꿈틀이'라고도 한다. 유충은 물속에 살면서 아주 작은 먹이 입자들을 먹은 다음 번데기가 된다. 떠다니는 이 번데기는 때로는 '뒹굴이'라고도 한다. 이 번데기에서 성충이 나온다. 수컷은 암컷을 찾아 짝짓기를 시도하며 필요한 소량의 과즙(꽃의 꿀)만 있으면 살 수 있는 온순한 녀석들이다. 그러나 암컷은 알을 대량으로 낳기 위해, 때로는 알의 크기를 키우기 위해 피를 섭취해야 한다. 그러므로 고도로 유능한 혈액 사냥꾼으로 진화했다.

추정에 따르면, 말라리아는 '비옥한 초승달 지대'와 그 밖의 다른 지대

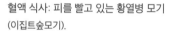

혈액 식사: 피를 빨고 있는 황열병 모기 (이집트숲모기).

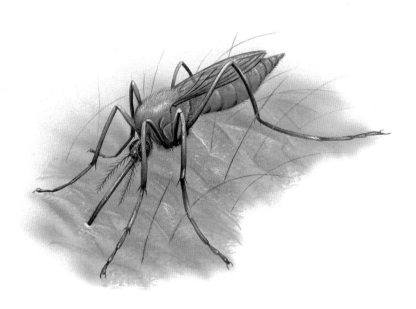

에서 문명의 여명기인 1만 2,000년 전부터 인간 생활에서 상당한 부분을 차지해왔다. 이 책 내내 이 시기는 자주 언급된다. 인간의 영구 정착지는 특정 종의 모기에게 전에 없던 기회를 제공한 듯하고 모기가 폭증하면서 질병도 널리 퍼져 나갔다.

말라리아는 고대 그리스의 명의(名醫) 히포크라테스도 언급한 병이다. 고대 로마, 특히 로마제국의 중심 도시에 만연해 당시에는 '로마 열병'으로 알려졌다. 추정컨대, 관개시설로 물을 댄 정원과 자유롭게 흐르는 테베레강이 모기의 이상적인 번식 조건이 된 듯하다. 물이 고여 있어 모기 알과 꿈틀이들이 번성할 수 있었기 때문이다. 수천 년 동안 말라리아는 유럽과 북아메리카를 비롯한 세계 대부분의 지역에 만연했다. 인간은 늪지의 유독한 증기 때문에 말라리아에 걸린다고 생각했다. 말라리아(malaria)라는 낱말 자체도 '나쁜(mala) 공기(aria)'를 뜻한다. '나쁜 공기'라는 뜻의 낱말이 그대로 병명이 된 것이다.

지구상의 인간 중 절반이 말라리아로 죽었다는 이야기까지 나올 정도다. 세계에서 가장 치명적인 동물을 꼽아볼 때, 사자와 상어는 가장 극적인 볼거리를 제공하지만 숫자 면에서는 모기를 당할 재간이 없다. 물론 여기서 강조할 점은 킬러는 모기 자체가 아니라는 것이다. 모기 역시 실제 킬러인 병원균에게 착취당할 뿐이다. 세계보건기구의 추정에 따르면, 매년 50만 명에 가까운 사람들이 모기 때문에 죽는다. 다른 단체는 이보다 더 높은 수치를 제시하기도 한다.

20세기 초 인간은 드디어 질병이 곤충을 매개로 퍼진다는 사실을 발견했다. 패트릭 맨슨 경과 로널드 로스 경의 협업을 통해 알려진 성과다. 로스는 1902년 노벨 생리의학상을 받았다. 이 엄청난 발견 이후 곤충 문제를 해결할 수 있다면 질병 문제도 해결할 수 있다는 사실이 명백해졌다. 모기가 병원균을 옮기는 질병은 말라리아 외에도 황열병, 뎅기열, 지카 바이러스 감염증이 있다. 감염된 혈액은 모기의 입을 통해 사람들 사이로 옮겨지지만 인간면역결핍바이러스(HIV)는 모기 체내에서 생존할 수 없다. 따라서 에이즈는 모기로 감염되지 않는다.

말라리아는 빈곤이 원인인 질환으로 간주된다. 모기장 혹은(그리고) 개폐식 창문을 사용할 경제적 여력이 없으면 매일 밤 모기에 시달려야 한다. 거꾸로 말라리아가 빈곤의 결과가 아니라 오히려 '원인'이며 경제 발전에 심각한 장애물이라는 견해도 있다. 빈곤 지역에서 말라리아는 거의 일상이다. 치료는 가능하다. 늘 치명적이지는 않다는 말이다. 그러나 치료를 하려면 근로 시간이나 공부 시간을 상당히 희생해야 한다. 아프리카 말라리아 환자의 치료비는 연간 120억 달러로 추산된다. 아프리카 병원 입원 환자의 30~50퍼센트는 말라리아 환자이며 외래 환자 전체의 절반 역시 말라리아로 병원을 찾는다. 미국 남부 주들이 북부 주들에 비해 더디게 발전한 것 역시 18~19세기에 말라리아가 만연했던 탓일 수 있다.

모기가 짜증나는 골칫거리에서 치명적인 적수로 승격된 이후 인류는 말라리아와 전쟁을 벌이는 데 최선을 다했다. 농업용 습지의 물을 빼내 모기 개체 수를 감소시켜 유지할 수 있게 되었다. 모기가 번식하는 다른 장소를 제거하는 일 역시 중요했다. 최근 몇 년 동안 빈곤 지역 주변에 플라스틱 쓰레기가 계속 쌓이면서 얕은 웅덩이들이 잔뜩 생겨났다. 이러한 웅덩이들은 모기가 번식할 수 있는 최적의 환경을 제공해 다시 악순환이 반복되고 있다. 빈곤은 말라리아를 일으키고 말라리아는 다시 빈곤을 일으키는 악순환이다.

지금껏 모기에 맞서 싸우는 데 사용된 가장 효과적인 무기는 DDT였다. DDT는 아예 모기 때문에 개발된 살충제다. DDT는 훌륭하게 제 역할을 해냈다. 모기뿐 아니라 다른 모든 종의 곤충들도 사실상 없애버렸다. 이 살충제는 곤충을 선별해 죽이는 법이 없어 무수히 많은 곤충이 지구상에서 사라졌다. 인류 역사상 전례 없는 대규모 살상이었다. 사람들은 이 화학물질의 더 큰 잠재력을 곧 알아보았고 농업의 해충 방제에도 DDT를 쓰기 시작했다. 1950년대 선진국들은 DDT 포화 상태였다.

그러나 DDT는 모기를 퇴치하는 최종 해결책으로는 효력이 없었다. 내성을 갖춘 개체가 죽지 않았고 이들이 번식해 면역력을 후세대에게 전달했다. 이렇게 DDT 내성을 갖춘 승자 모기들의 후손이 번성했다. 하지만 DDT는 지구 생태계를 끝장내는 해결책이 될 뻔했다. 이 독극물은 곤충만 죽인 것이 아니라 지구상에 살던 모든 생명체의 건강을 위협했다.

> 오 갑옷 입은 기사여,
> 무엇이 그대를 아프게 하기에
> 창백한 몰골을 하고 홀로 방황하는가?
> 호숫가의 사초는 시들어버렸고
> 새는 노래하지 않네.

레이철 카슨은 해양 생물학자였지만 연구 분야를 넓혀 살충제 확산에 관심을 기울였다. 존 키츠의 시 〈무정한 미인〉이 카슨의 마음에서 지워지지 않았다. 카슨은 이 시의 바탕이 된 관념 하나를 자신이 집필하는 살충제 관련 책 속 한 장의 제목으로 삼기로 결심했다. 그리고 설득을 통해 아예 그 관념을 책 제목으로 삼았다. 이렇게 해서 1962년 카슨은 『침묵의 봄』을 출간했다.

『침묵의 봄』출간은 전통적으로 환경 운동의 출발점이 된 사건으로 여겨진다(그러나 69장을 보라). 아마 1962년은 제1차 세계대전이 발발한 1914년, 프랑스혁명이 발발한 1789년, 미국이 독립한 1776년처럼 역사상 중요한 날로 남을 것이다. 분명 1962년이라는 해는 일반인들(특히 북아메리카의 일반인들)이 처음으로 중요한 깨달음을 얻은 해였다. 인간이 자연을 효과적으로 지배하고 통제해왔다는 것, 이제 인간은 장기적인 결과를 염두에 두고 자기 통제를 실천할 필요가 있다는 자각이 최초로 대중 사이에 생겨났다. 『침묵의 봄』은 그야말로 세상을 뒤집어놓았다. 이제 DDT는 전 세계적으로 금지되고 있으며 어떤 정부든 환경에 대한 관심을 정책에 반영한다. 야생동물 관련 책을 쓰는 작가 치고 출판사 편집자에게 점심 초대를 받고 불려나가 『침묵의 봄』을 계승할 만한 책을 쓰라는 요청을 받아보지 않은 사람이 없을 것이다. 하지만 요청을 받은 작가는 (메뉴에서 두 번째로 싼) 와인을 홀짝거리며 너무도 잘 아는 진실을 확인할 뿐이다. 『침묵의 봄』을 계승할 책 따위는 없다는 것을 말이다. 세상 전체를 계몽할 수 있는 기회는 딱 한 번뿐이다. 더 이상의 가르침은 필요 없다. 우리는 이제 인간이 지구를 지배하고 통제해왔다는 사실을 완벽하게 알고 있다. 신의 결정을 내리는 주체가 사실은 인간이라는 것을 모르는 현대인은 없다. 뭣 하러 새삼 같은 이야기를 다시 하겠는가? 정작 어렵고 까다로운 일은 자각이 아니라 자각을 기반으로 결정한 일을 올바르게 실천하는 것이다.

위대한 선구자: 생물학자이자 『침묵의 봄』(1962년)의 저자 레이철 카슨, 집 근처 숲에서.

실천 이야기는 다시 모기 문제와 연결된다. 오늘날 유전 기술의 진보로 위험한 모기종을 고의로 멸종시키는 논의가 본격적으로 진행되고 있다. 원리는 간단하지만 실천은 간단하지 않다. 생식력이 없는 새끼만 낳을 수컷 모기를 만든 다음 풀어놓자는 방안이다. 어마어마한 작업이 될 것이고 엄청나게 많은 수의 수컷 모기가 필요할 것이다.

복잡한 윤리 문제도 얽혀 있다. 인간에게 '자연 질서를 마음대로 교란시킬' 권리가 있는가 하는 문제다. 사안을 단지 정도의 문제로 바라볼 수도 있다. 인류는 이미 지난 1만 2,000년 동안 자연을 변형시키는 방식으로 질서를 교란시켜왔으니까. 문제는 유전자를 이용하는 방법이 이전의 방법과는 비교도 안 될 만큼 달라졌다는 것이다. 우리는 이 방법이 지구상에 수백만 리터의 독극물을 뿌려대는 것보다 훨씬 더 해로울 수도 있다는 불길함을 본능적으로 느낀다.

현 생태계에 모기의 절멸이 초래할 영향에 대한 타당한 질문들도 있다.

가령, 모기 유충은 많은 어류의 중요한 먹이다. 물론 반론도 있다. 만일 유전자 변형이 특정한 종에 영향을 끼친다 해도 다른 종의 모기가 생태계의 빈자리를 채울 것이고 결국 인간이 모기에 물리는 피해를 입지 않고도 자연은 새로운 질서에 따라 작동할 것이라는 주장이다. 또 하나의 문제는 자연 생태계에 유전자 조작 생명체 수백만 마리를 방출할 경우 어떤 일이 벌어질지 아무도 알 수 없다는 것이다. 아직 누구도 이런 일을 해본 적이 없기 때문이다. 위대한 과학자 에드워드 윌슨의 말마따나 "지구는 하나, 실험도 한 번뿐"이다.

024
호랑이

지켜야 할 마지노선

"호랑이여! 호랑이여!
한밤중 숲속에서 찬란히 타오르는구나.
어떤 불멸의 손과 눈이
너의 무시무시하고 완벽한 몸을 빚어냈는가?"

└ 윌리엄 블레이크, 〈호랑이〉

지구상에는 지켜야 할 마지노선의 성격을 지닌 종들이 소수 있다. 감히 잃을 생각조차 해서는 안 되는 종이다. 이들을 영원히 보내버리고 도대체 어떻게 우리가 인간이라는 자부심을 유지하고 살아간단 말인가? 이들을 절멸시킨다면 미래 세대는 인류에게 진정 중요한 종에 속하는 마지막 생명체를 잃어버린 조상을 도대체 어떤 시선으로 보겠는가? 생각만으로도 몸서리쳐질 만큼 견딜 수 없는 질문이다.

그렇다면 그 중요성이 좀 더 큰 동물들로는 무엇이 있는가? 대왕고래, 코끼리 두 종, 코뿔소 다섯 종, 사자, 검독수리와 흰머리독수리… 그리고 지켜야 할 마지노선의 성격을 띤 종 목록에서 결코 빠질 수 없는 동물이 바로 '호랑이'다.

지구상에서 과거에 호랑이가 살던 서식지를 그린 지도와 21세기 이들이 남아 있는 서식지를 그린 지도를 겹쳐 놓고 보면 인류가 지구상에서 어느 곳까지 뻗어나갔는지, 그리고 호랑이들이 어디까지 후퇴했는지 한눈에 알 수 있다. 인간과 인간이 요구하는 바가 늘어난 만큼 호랑이의 서식지는 계속 줄어들었고, 더불어 지구상에 존재하는 호랑이 개체 수도 대폭 감소했다. 20세기 초 지구상에 살고 있던 호랑이는 약 10만 마리였다. 2015년 통계에 따르면, 야생 호랑이 수는 3,890마리다. 지금은 그보다 약간 더 많아졌을 것이다. 2018년 인도의 통계에 따르면, 인도에 살고 있는 호랑이만 2,967마리다. 2014년에 비해 400마리가 늘어났다. 과거에 호랑이는 흑해에서 중앙아시아를 거쳐 몽골까지 서식처로 삼았다. 남아시아와 동남아시아에서 시베리아에 이르는 지역이다. 요즘 호랑이는 전에 살던 지역의 남쪽과 동쪽을 가로지르는 아주 좁은 지역에서만 간간이 발견된다. 인도를 제외하고 호랑이가 가장 많은 지역은 시베리아다.

흉포한 상상: 〈호랑이 사냥〉, 페테르 파울 루벤스(1616년경).

호랑이는 인도 전역에서 부유한 영국 식민 통치자와 인도 왕족의 사냥감이 되었다. 사람이 직접 두 발로 걸어 들어가 잡거나 숨어서 미끼를 가지고 잡는다. 산 채로 포획할 수도 있고 죽여서 잡을 수도 있다. 아니면 코끼리를 타고 잡을 수도 있다. 물론 호랑이도 인간을 사냥한다고 알려져 있다. 호랑이는 (인간을 제외하면) 다른 어떤 척추동물보다 더 많이 사람을 죽였을 것이다. 호랑이는 인간 정착지를 경계한다. 불의 발명과 총기 및 화기의 발명이후 그랬을 것이다. 그러나 부상이나 서식지 파괴, 먹이가 될 만한 종의 멸종으로 벼랑 끝에 내몰린 호랑이는 인간종이 던지는 위험을 감수할 수밖에 없었다. 네팔과 인도의 암컷 호랑이 참파와트는 사냥꾼이었다가 환경보호 활동가로 변신한 짐 코빗의 총에 맞아 1907년 사살될 때까지 436명의 인간을 살해했다고 전해진다. 녀석은 송곳니 두 개가 빠진 채 발견되었고, 그로 인해 사람을 잡아먹는 동물은 죄다 결함이 많고 타락하고 일탈한 개체라는 통념이 생겨났다.

인도와 방글라데시 사이의 거대한 늪지대인 순다르반스에서 호랑이는 오랫동안 많은 인간을 먹이로 삼았다. 그러나 인간이 호랑이의 주식이었던 적은 없다. 최근 들어 호랑이 서식지의 진입 규제가 강력해지면서 연간 사망률은 50여 명에서 세 명 정도로 급감했다. 순다르반스는 1만 제곱킬로미터에 달하는 맹그로브 숲에 100여 마리의 성체 호랑이가 살고 있다. 이곳의 호랑이는 왜 그토록 포악한 것일까? 온갖 이유가 제시된다. 짠 물 때문에 호랑이가 공격성을 띠게 되었다는 설도 있고, 만조 때문에 호랑이의 냄새 표식이 씻겨 나가 대치 국면이 많아져 영토를 방어하기 위해 공격성을 띨 수밖에 없다는 이론도 있다. 인도의 열대성 폭풍 사이클론이 주기적으로 들이닥치는 바람에 사람들의 시체가 늪으로 쓸려 들어가 호랑이가 인육의 맛을 알게 되었다는 설도 있고, 소형 배를 탄 벌꿀 사냥꾼들과 어부들이 쉬운 먹잇감이 된 것뿐이라는 설도 있다. 이 지역은 옛 방식의 호랑이 사냥에 적합한 곳이 아니기 때문에 호랑이가 인간을 전혀 두려워할 줄 모른다는 설도 있다.

하지만 진실은 호랑이란 녀석이 늘 사람들을 살해했고 여전히 살해하고 있다는 것이다. 내가 방문했던 인도 북부의 한 마을에서는 호랑이들이 가축을 죽인 지 얼마 안 되었고, 불과 몇 년 전에는 마을 사람 한 명을 죽이기도 했다. 모기처럼 호랑이 역시 사람을 죽인다. 그러나 모기와 달리 호랑이는 완전히 멸종시키기 쉽다. 최소한 비교적 그렇다는 말이다. 호랑이의 절멸은 이미 의도치 않게 우리 곁에 와 있다. 마음만 먹으면 우리는 조만간 호랑이를 절멸시킬 수 있다.

그러나 우리는 호랑이의 절멸을 원하고 있는 것 같지 않다. 인간은 대체로 호랑이가 계속 살아가기를 원한다. 인류 역사 내내 호랑이는 찬탄의 대상이었다. 힌두교의 전사 여신 두르가는 호랑이를 타고 다닌다. 불교에서 호랑이는 분노를 상징한다. 인도와 말레이시아와 인도네시아에는 호랑이로 변한 인간인 '호랑이 인간'의 전통도 있다. 서양 문화에서는 블레이크의 유명한 시 〈호랑이〉(이 장 서두의 인용문을 보라)를 보면 호랑이와 그 흉포함을 향한 경탄으로 가득하다. 물론 시인은 다음과 같은 질문을 던진다. "어린 양을 만드신 분께서 너도 만들었단 말인가?" 블레이크는 『지옥의 잠언』에서 "분노하는 호랑이가 훈계하는 말보다 슬기롭다"라고 열변을 토한다.

호랑이는 매복하는 포식자다. 사냥하지 않는다. 기다린다. 몰래 다가온다. 먹이 가까이 가 있어야 한다. 가속도는 빠르지만 장거리를 달릴 만한 지구력이 없기 때문이다. 커다란 먹잇감과 경합을 벌여야 하는 녀석의 장점은 폭발적인 힘이다. 호랑이는 사자처럼 무리를 짓지 않고 혼자서 사냥하지만 녀석이 잡는 먹잇감은 사자의 자부심을 죄다 앗아갈 만하다.

다 자란 호랑이는 개별 영토를 점유하고 살아간다. 암컷 한 마리 혹은 암컷과 새끼들이 한 단위로 영토를 차지한다. 반면에 수컷은 둘이나 셋 혹은 그보다 많은 암컷의 영토가 포함된 더 큰 영토를 차지하려 한다. 영토가 없는 어린 수컷 호랑이들은 가능한 후보지를 찾아 배회한다. 호랑이는 사슴, 들소, 멧돼지 같은 큰 초식동물을 사냥한다. 사람들은 호랑이의 매복 기술을 타고난 비겁함의 발현으로 해석해왔다. 러디어드 키플링의 『정글북』에 등장하는 호랑이 시어 칸은 절름발이에다가 인간을 잡아먹는 비열하고 사악한 호랑이로 묘사된다.

그러나 우리는 호랑이를 혐오하는 것 이상으로 이들을 사랑한다. 로마인들은 대중의 오락과 개인의 위신을 위해 호랑이를 길렀다. 17세기 유럽의 귀족들은 과시용으로 호랑이를 길렀다. 18세기 호랑이는 동물원의 인기 동물이었다. 호랑이는 심지어 아이들의 장난감이 되었다. 『곰돌이 푸』 시리즈 중 두 번째 책인 『푸 모퉁이에 있는 집』에 티거라는 캐릭터로도 등장한다. 티거는 지나치게 열정적이고 활발하지만 그래도 매력적이고 사랑스럽다(티거는 사고로 당나귀 이요르를 강물에 빠뜨리지만 결국 용서받는다. 20장 참조).

환경 운동이 시작되었을 때 호랑이의 절멸 가능성은 인류 앞에 닥친 큰 문제였다. 생태계 파괴가 어느 정도로 심각한지 적나라하게 드러내는 쟁점이 호랑이 문제였던 것이다. 호랑이가 멸종할 경우 인간이 무언가 잘못을 단단히 저지르고 있다는 반박 불가능한 증거가 될 터였다. 인정받은 호랑이는 총 아홉 종이다. 그중 발리호랑이, 카스피호랑이, 자바호랑이 세 종은 이미 멸종했다.

환경 운동 초창기에 개별 종 전체를 구하자는 움직임이 있었다. 이 종도 저 종도 모두 구하자는 것이다. 개별 종을 모두 구하자는 발상은 여전히 보전에서 가장 매력적인 개념이다. 우리가 지키지 않으면 카리스마 넘치는 이 거대 동물종 하나가 완전히 절멸된다고 하니 구하고 싶은 욕구가 활활 타오르지 않는가! 기금 조성 단체들도 단일 종에 집중해 모금 운동을 펼치는 경향이 있다. 개별 종 전체가 사라질 수 있다는 생각이 사람들의 마음과 머리를 뒤흔들어놓는다는 사실을 잘 알기 때문이다. 보전 개념의 발전 방식은 다시 살펴보겠지만, 1960년대 호랑이가 멸종할지도 모른다는 끔찍한 생각은 전 세계인을 결집시킨 핵심 포인트였다.

1969년 IUCN의 연례 총회가 인도의 델리에서 개최되었다. 인도의 환경보호 활동가들이 크게 관여했다. 델리 동물원 원장 카일라시 상할라도 참여했다. 호랑이의 고통이 공식 회의 전체를 지배하는 화두였다. 총회는 호랑이 서식지가 있는 국가 전체에 호랑이 사냥과 가죽 수출을 금지해줄 것을 요청하기로 결의했다. 또한 정치가들에게 호랑이와 관련한 중대한 정보를 제공하기로 표결했고, 인도의 호랑이 개체 수 전수조사가 이루어졌다. 영국의 환경보호 활동가이자 (당시 세계야생동물기금이었던) 세계자연기금의 창립이사 가이 마운트포트는 호랑이 절멸 방지 기금 모금 운동을 벌였을 뿐 아니라, 당시 인도 수상인 인디라 간디를 직접 만났다. 간디의 대응은 신속하고 직접적이었다. "특별위원회를 설치하지요. 호랑이 대책 위원회요. 관련 보고는 내가 직접 받겠습니다."

'타이거 프로젝트'는 이렇게 시작되었다. 개체 조사 결과에 따르면, 당시 인도에 남아 있는 호랑이의 개체 수는 약 2,400마리였다. 문제는 이들을 보전할 방안을 찾아내는 것이었다. 프로젝트의 근간은 서식지 보호였다. 야생동물 보전 구역을 만들어 효과적으로 보전해야 했다. 세계는 서류상으로만 존재하는 '유령 보호구역'으로 가득 차 있다. 국립공원으로 지정되었지만 지도상의 표시로만 그치는 광대한 지대다.

그러나 타이거 프로젝트는 호랑이를 구하는 일에 전력을 다했다. 야생동물 보전을 위한 정치적 의지가 발동될 때 무엇이 가능한지 입증하는 세계적인 모범 사례였다. 문제가 없지는 않았지만 야생동물을 보전하려는 정부의 헌신적 태도는 귀감이 되었고 영향력도 컸다. 이로써 환경과 야생동물을 보호하는 데 정부가 무엇을 할 수 있고 무엇을 해야 하는지 알게 되었다.

물론 일이 쉽게 진행된 적은 한 번도 없었다. 인도야생동물재단의 최고경영자이자 내 오랜 벗 비벡 메논은 이렇게 회고했다. "32년 전 내가 야생동물 보호 활동을 시작했을 때 사람들은 호랑이가 10년 이내에 멸종할 것이라고 말했지요." 2019년 영국의 야생동물 보호 단체 본프리재단도 똑같은 주장을 펼쳤다. 그러나 사실은 다르다. 인도와 중국, 네팔, 부탄, 러시아의 호랑이 개체 수는 안정적이며 심지어 증가 징후까지 보이고 있기 때문이다.

호랑이는 중국 한의학에서 늘 인기가 많았다. 호랑이 뼈로 담근 술인 호골주는 류머티즘과 관절염을 포함한 온갖 종류의 질환이나 통증에 좋다고 (따라서 회춘에 특효라고) 여겨진다. 호랑이의 음경 수프는 최음제로 유명

이글이글 불타오르다 – 윌리엄
블레이크의 〈호랑이〉, 『순수와
경험의 노래』(1794년경)에서.

하다. 이러한 속설 때문에 호랑이 밀렵이 성행했고 수익성 높은 불법 무역도
상당히 이루어졌다. (야생동물은 마약과 총기 다음으로 가장 규모가 큰 불법 밀수
품이다.) 중국은 처음에는 환경 운동을 받아들이지 않았지만 1980년대에 들
어 태도를 바꾸어 '멸종 위기에 처한 야생 동식물종의 국제 거래에 관한 협
약(CITES)'에 가입했다. 1993년 중국은 호랑이 부속 교역을 금지했다.

　인도의 호랑이 숫자는 21세기 초 몇 년 동안 감소 추세를 보이고 있었
다. 대부분 밀렵 탓이었지만 2007년 실망스러운 개체 수 조사 결과 이후로
정부의 강력한 대응이 이어졌다. 여덟 곳의 새로운 보전 구역을 만들었고,

20만 명의 주민을 이동시켜 사람들이 야생동물과 마주칠 가능성을 줄였다. 밀렵을 막는 조치에도 크게 투자했다. 앞으로는 누구도 호랑이의 운명이나 지구상 다른 종의 운명에 대해 자신할 수 없겠지만 호랑이의 미래는 그래도 당분간은 꽤 밝은 편이다.

　지금까지 설명한 내용은 맹호, 즉 야생 호랑이의 상황이다. 포획 호랑이는 확실히 번성하고 있다. 사람들에게 잡혀 살고 있는 호랑이가 많다는 뜻이다. 추정에 따르면, 미국 텍사스주에만 2,000~6,000마리의 호랑이가 살고 있다. 텍사스 주민 사이에 위험하다고 소문난 개를 키우느니 호랑이를 소유하기가 더 쉽다는 말이 나돌 정도다. 그러나 이러한 현실은 야생 호랑이 보호에 전혀 도움이 되지 않는다. 필요한 것은 건강한 야생의 생태계다. 호랑이가 살고 있는 생태계를 보호할 때 비로소 우리는 호랑이를 보호하는 길로 들어섰다고 할 수 있다. 호랑이뿐 아니라 덤으로 호랑이가 서식하는 생태계의 다른 모든 것까지 보호할 수 있기 때문이다.

100가지 동물로 읽는 세계사

025
쥐

인류의 여정을 함께한 동행자

"일부 거리에서는 여자들이 아기를 혼자 두고
단 5분이라도 집 밖에 나갈 엄두를 내지 못했다.
분명 쥐들이 아기를 공격할 터이기 때문이다.
쥐들이 순식간에 뼈가 드러날 때까지 아기를 파먹을 테니."

└ 조지 오웰, 『1984년』

누군가를 가리켜 '쥐(rat) 같다'라고 말해본 적이 있는가? '쥐 같다'라는 말은 '못됐다'라는 뜻을 내포하고 있다. 그냥 못된 정도가 아니라 아주 비열하게 못됐다는 뜻이다. 쥐같이 못됐다는 말은 저열하고 고약하며 교활한 방식의 못됨을 의미하며 자기만은 절대 나락에 떨어지지 않겠다는 비열함이다. 영어 단어 'rat on'은 '배반, 밀고'라는 의미로 가장 혐오스러운 방식으로 누군가에게 부정행위를 했다는 뜻을 담고 있다. 품위 있는 인간이라면 쥐는 결코 되고 싶지 않은 종류의 존재다.

우리 중 얼마나 많은 사람이 쥐가 인간과 지독하게 비슷하다는 사실에 목숨을 빚지고 있을까? 쥐는 인간과 DNA의 90퍼센트가 비슷하기 때문에 없어서는 안 될 실험실 동물이다. 쥐와 인간의 유사성 덕분에 약물과 백신은 쥐를 사용하는 실험실 조건에서 검증이 가능하고, 이는 특정 약물과 백신이 쥐에게 효력이 있을 경우 인간에게도 효력이 있을 가능성이 있다는 뜻이다.

쥐는 지난 2,000년 동안 유럽에서 인간과 같이(인간의 옆, 위, 주변, 심지

어 아래에서) 살아왔고, 어떤 형태로든 일부 임시 정착지에서도 인간을 이용
해왔다. 인간은 음식을 저장해놓는 데다 먹을 만한 쓰레기를 가는 곳마다 남
긴다. 그런데 쥐는 임기응변에 능할 뿐 아니라 아무거나 잘 먹는 잡식성 동
물이다. 이런 의미에서 쥐는 인간과 (같은 음식을 공유한다는 의미에서) 공생
관계를 형성하기 비교적 쉬운 동물인 셈이다.

우리는 아무데서나 툭 튀어나오는 대담함 때문에 쥐를 두려워하는 것
같지만 실상 쥐가 인간과의 관계에서 이득을 보는 것은 늘 경계하는 태도,
요컨대 수줍음 덕분이다. 쥐는 눈에 띄지 않도록 극도로 조심하며 구석과 어
둑한 곳, 인간에게 보일 가능성이 가장 낮은 시간대를 좋아한다.

하지만 분명히 짚고 넘어갈 점이 있다. 우리가 '쥐'라고 부르는 동물은
많지만 엄밀히 말해 '쥐'는 과학 용어가 아니다. 도깨비쥐, 캥거루쥐, 사탕수
수쥐, 숲쥐에 관해 말하지만 이른바 이 다양한 '쥐'는 우리의 논의 대상이 아
니다. 케네스 그레이엄의 동화 『버드나무에 부는 바람』에 나오는 래티는 이
동화에 나오는 캐릭터들 중 가장 사랑받는 축에 드는 녀석이다. 하지만 래티
는 쥐가 아니라 물쥐이고, 이 장에서 논하는 쥐와는 아주 먼 친척에 해당한
다. 시궁쥐속에는 60가지 이상의 종이 포함되며, 대부분은 인간과 거의 상
관없이 옛날 방식으로 야생에서 살아간다. 인간 정착지는 쥐에게 성공과 번

쥐 방제: 하멜른 광장에 있는 피리 부
는 사나이 인형 시계.

영으로 가는 길이었다. 쥐는 지구상에 존재하는 극소수의 다른 종과 더불어 인류의 진보에 편승해 번성했기 때문이다. 이 책에서 우리는 이미 간접적으로 쥐를 만난 적이 있다(6장 '벼룩' 편을 보라). 쥐와 관련된 벼룩은 전염병 바이러스의 매개체다.

쥐의 조상인 곰쥐는 나무가 서식지였기 때문에 나무를 능숙하게 탔다. 집쥐는 낮은 곳을 선호하며 굴을 파는 종이다. 서식지의 차이 덕분에 집쥐는 더 추운 기후가 닥쳤을 때 곰쥐와의 경쟁에서 이겼다. 따뜻하면서도 인적이 드문 장소를 찾는 데 더 능숙했기 때문이다. 바로 그 장소는 하수관이다.

쥐는 설치류이고, 설치류의 고유한 강점은 앞니다. 앞니는 평생 자란다. 이빨의 앞쪽은 단단한 법랑질, 뒤쪽은 더 부드러운 상아질로 이루어져 있다. 쥐가 입을 다물 때마다 이빨 아래 끝부분이 날카롭게 벼려진다는 뜻이다. 설치류는 이빨로 갉는다. 쥐 역시 갉는 능력을 빠른 지능 및 적응 능력과 함께 활용해 옛 생활 방식을 버리고 지구를 지배하는 종인 인간의 동반자로 거듭났다. 인간의 성공이 곧 쥐의 성공이었다. 인류는 쥐와 손을 잡고, 아니 발을 잡고 함께 발전해온 셈이다.

이제 인간은 쥐를 보면 소름 끼쳐 한다. 도시민들은 배워서 이미 알고 있다. 쥐에게서 1.8미터 이상 벗어나 살 수 없다는 사실을 말이다. 좀 과장인 듯하지만 어쨌거나 쥐가 눈에 띄지 않고 인간과 더불어 살아갈 수 있는 기술이 뛰어나다는 사실만큼은 확실히 알 수 있다. 우리는 쥐를 특히나 더러운 동물로 여기는 경향이 있다. 우리 가까이 살고 있는 모든 종의 포유류가 똑같이 음식을 오염시키고 배설물을 남기고 오줌을 싸고 벼룩을 옮기는데도 유독 쥐만 더럽다고 탓하는 꼴이다. 쥐가 새삼 특별한 골칫거리가 되는 이유는 본성이 불량해서가 아니라 우리 가까이에서 살고 있기 때문이다. 우리가 특히 쥐와 연관 지어 생각하는 골칫거리는 바일병이다. 하지만 실제로 바일병은 쥐뿐 아니라 소와 돼지와 개의 오줌이나 혈액 및 생체 조직, 그리고 오염된 흙만 접촉해도 걸릴 수 있다. 바일병은 주로 노동 관련 질환으로 농부, 도축업자, 수의사, 쥐 퇴치 전문가, 수상 스포츠 관계자도 걸리는 병이다.

쥐를 긍정적으로 보는 문화권도 있다. 일본의 교토에는 한 선사에서 다음 선사까지 이어진 '철학자의 길'이 있다. 이 길을 따라 걷다 보면 정교하게 제작한 쥐의 동상을 볼 수 있다. 중국의 별점(占)에 해당하는 십이지에서 쥐띠 해에 태어난 사람은 창의적이고 지적이고 정직하면서도 화를 잘 내고 낭비가 심하기도 하는 등 다채로운 특성을 지니고 있다. 힌두교도들이 사랑하는 신 가네쉬는 코끼리 머리를 하고 있고 쥐를 타고 다닌다. 물론 이 쥐는 문제 해결의 신이 처리해야 하는 문젯거리기는 하다.

동양보다 서양 문화권에서 쥐를 더 사악하게 본다. 13세기부터 내려오는 '하멜른의 피리 부는 사나이'에 얽힌 민담은 쥐를 제거하고 싶은 존재로만 그린다. 이 이야기에서 한 피리 부는 사나이가 마을에 들어와 쥐를 없애주지만 마을 주민들이 주기로 약속한 돈을 떼먹자 마을의 아이들을 데리고 사라진다. 여기에는 물론 유용한 (그러나 크게 도외시된) 도덕적 교훈도 숨어 있다. 무엇이든 제거하기 시작하면 제거하고 싶었던 것보다 더 많은 것을 잃을 수 있다는 교훈이다. 조지 오웰의 소설 『1984』에서 주인공 윈스턴 스미스에게 궁극의 고문은 101번 방에서 쥐들과 함께 지내는 것이었다. 그러나 영국 작가 휴 로프팅의 『둘리틀 박사』에는 쥐에 대한 좀 더 상냥한 반응도 나온다. 둘리틀 박사가 베푸는 수많은 선행에는 '쥐와 생쥐 클럽'을 만든 일도 포함된다. 클럽 구성원들은 감탄스럽고 유쾌한 존재로 그려진다.

쥐는 오랫동안 인간의 먹을거리 노릇을 해왔다. 물론 필요에 의해 어쩔 수 없이 먹는 경우가 대부분이었고 일부 문화권에서는 선택해 먹기도 했다. 중국과 베트남 일부 지역에서는 쥐를 산해진미로 꼽는 경우도 있다. 프랑스에는 포도주 저장실에서 발견된 쥐를 구워 먹는 전통도 있다.

랫 베이팅(rat-baiting, 제한 시간 내에 특정 동물이 얼마나 많은 쥐를 잡는지 겨루는 경기—옮긴이)은 경기용 쥐를 인위적으로 만드는 관행을 낳았고 이렇게 해서 쥐의 사육, 순화 혹은 품종 개량이 탄생했다. 19세기에는 진정한 의미의 순화를 거친 쥐가 존재했다. 이들은 화려한 색깔을 가지고 태어나도록 교배를 거쳤다. 흰색 쥐나 갈색 머리와 흰 몸통의 쥐 등을 인위적으로 만들

100가지 동물로 읽는 세계사

어냈다. 이런 쥐들은 다루기 쉽고 영민하고 귀엽고 다정하다고 전해진다. 다른 사람들이 이 쥐들에게서도 혐오감과 공포감을 느낀다고 해도 이 또한 이들이 지닌 매력의 일부다. 집쥐는 들쥐보다 차분하고 물기도 덜한 편인 데다 비좁은 환경에서도 잘 견디고 번식도 쉽다. 이제 편리한 크기의 쉽게 기를 수 있는 포유류를 얻게 되면서 이러한 쥐들은 19세기 말 들어 실험용으로 선택되었다. 이때부터 쥐는 실험실의 주인공이 되었고 인간 지식의 총량은 쥐 덕분에 어마어마하게 늘어났다. 인간에 대한 지식 중 상당량은 쥐에게서 얻은 것들이다.

쥐는 온갖 질병 관련 유전자를 인간과 공유하고 있다. 쥐는 비만, 암, 심혈관 질환, 다발성 경화증, 신경 질환, 특히 파킨슨병 같은 질병 연구를 비롯해 인간에게 이로운 연구에 이용되었고 오늘날에도 여전히 활용되고 있다.

쥐는 인류가 지능이라는 개념의 의미를 파악하고 심층적으로 이해하는 데도 도움을 주었다. 이때 주로 쓰이는 방법은 미로 찾기다. 미로 찾기에 능숙한 쥐를 같은 종류의 다른 쥐와 교배하면 미로 사용에 능숙한 세대를 만들어낼 수 있고, 이는 지능(최소한 미로 관련 지능)이 유전 가능한 형질이라는 발견으로 이어졌다. 쥐를 이용한 연구를 통해 수여된 노벨상만 30개에 이른다. 쥐에게 감사할 이유는 충분한 셈이다.

쥐는 인간 세계에 상당한 해악을 초래했다. 자연계에도 상당한 파괴를 일으켰다. 인간이 쥐를 들여온 곳에서 생겨난 해악들이다. 우연한 과정이었다. 그래도 쥐는 인간이 가는 곳마다 동행한다.

우리는 쥐를 이 책 앞부분에서도 만났다. 모리셔스섬의 도도 멸종에 역할을 했다는 이야기다(19장 '도도' 편을 보라). 쥐는 다른 많은 섬에서도 유사한 역할을 해왔다. 날지 못해 땅에 둥지를 트는 조류는 멸종 위기로 내몰렸는데, 많은 경우 멸종의 원인은 인간이 섬으로 데려온 쥐였다. 거대 바닷새 서식지로 유명한 섬에서 쥐를 퇴치하려는 세심한 노력이 비싼 값을 치르고 이루어졌다. 2011~2015년에 남대서양의 포클랜드제도에서 온 영국의 방제 팀은 (헬리콥터 세 대를 실은 선박을 이용해) 사우스조지아섬에 쥐약을 쏟아부

인생의 장애물을 없애주다: 힌두
신 가네쉬와 항상 함께 다니는 쥐
(1855년경).

었다. 시도는 성공했다고 발표되었다. 현재 이 지역에는 쥐가 없다. 이곳에
서 매년 둥지를 트는 앨버트로스 네 종과 펭귄 여섯 종을 비롯한 6,500만 마
리의 새들에게는 희소식이다.

　실험실 쥐는 초인지 능력도 소유하고 있는 것으로 나타났다. 초인지 능
력이란 자신의 사고 과정과 이해 수준을 정확히 파악하고 평가하는 역량을
가리킨다. 초인지 능력은 처음에는 인간을 다른 종과 구분해주는 특징으로

100가지 동물로 읽는 세계사

간주되었다. 하지만 늘 그렇듯 이 또한 편견에 찬 가정임이 드러났다. 유인원도 초인지 능력을 소유하고 있다. 최근 실험에서는 쥐도 초인지 능력을 소유한 것으로 밝혀졌다.

쥐들에게 일련의 교육 과정을 거치게 한 후 시험 칠 기회를 주었다. 시험에 통과하면 큰 보상을 주었지만 실패하면 보상이 전혀 없었다. 그러나 시험을 치르기조차 거부하면 약간의 보상을 주었다. 따라서 쥐들은 자신이 시험을 통과하는 데 필요한 능력을 가지고 있는지 여부를 판단해야 했고, 이러한 능력이 있음을 입증했다.

인류는 항상 쥐를 과소평가해온 셈이다.

026

말벌

인류의 변화를 초래한 곤충

━━━━━◆━━━━━━━━━━◆━━━━━

"내가 말벌 같다면 내 침을 조심하는 게 좋을걸요."

└→ 셰익스피어, 〈말괄량이 길들이기〉

이 책을 화면이 아니라 종이 책으로 읽고 있다면 잠시 멈추고 생각해보라. 이 책을 이루고 있는 15만여 단어를 생각해보고 이 모든 일이 말벌 덕분에 가능해졌다는 사실에 마음껏 경탄해도 좋다. 인간의 지식이 폭발적으로 증가한 때는 르네상스 시대였다. 이러한 지식의 폭증에 대해 인류는 말벌에게 고마움을 표할 여지가 없지 않다. 말벌이 인간 문화의 본질을 바꿔놓았기 때문이다.

요즘 말벌은 대부분 소풍이나 야외 식사 때 우리가 마시는 음료에 달라붙는 성가신 존재다. 한번 쏘이면 쉽게 사라지지 않는 무지막지한 통증을 일으키는 변덕쟁이 취급을 받는다. 집 안이나 집 주위에서 말벌 둥지를 발견하는 경우 제일 먼저 해야 할 일은 방제업자를 부르는 것이다. 벌집을 보면서 말벌이 인간 지식의 확산에 끼친 혁명적인 영향을 생각하는 것은 나중으로 미루는 편이 좋겠다.

말벌은 10만 종이 넘으며 그중 많은 종이 독립생활을 한다. 말벌은 크

무수한 셀로 이루어진 완벽한 구조
물: 말벌 둥지를 그린 판화.

고 복잡한 집단을 이루어 살며 매력적으로 진화된 행동을 보인다. 독립생활
을 하는 말벌 중 일부는 모계에서 새끼를 돌보는 편이고, 은닉처를 만들어
알을 낳은 다음 유충이 되면 작은 곤충과 거미를 먹이로 공급한다. 먹잇감
곤충은 침을 쏘아 제압한다. 말벌에게 쏘인 곤충은 죽지 않고 마비만 되어서
부화하는 유충은 살아 있는 먹이를 두고두고 먹는 셈이다. 좀 섬뜩하다.

　　인간과 관련이 가장 큰 말벌은 말벌과에서 온 것들로 군집 생활을 하는
말벌종 전체를 포함한다. 전문적으로 말해 군집 생활을 하는 진(眞)사회성
을 띤다. 앞에서 소개한 대로 노동 분업을 근간으로 하는 공동체에서 살고
있다는 뜻이다. 번식과 새끼 돌보기와 다른 중요한 일을 특정 개체 그리고/

혹은 계급의 개체에게 맡긴다(12장 '꿀벌'과 99장 '개미' 편을 보라).

말벌은 중생대 중기인 쥐라기 이후부터 살아왔기 때문에 계보가 무려 2억 년에 이른다. 말벌의 크기는 세계에서 가장 작은 날벌레인 고작 0.14밀리미터의 요정말벌부터 길이가 5센티미터나 되는 장수말벌까지 다양하다. 말벌 색깔은 검은색과 노란색이 교차하며 이러한 색깔은 "날 공격하지 마, 후회하게 될 거야"라는 위험신호로 널리 인식된다. 말벌과 무관한 많은 종들도 비슷한 색깔을 띠지만 그중 일부는 허세일 뿐 무해하다.

진사회성이 있는 종은 근거지가 필요하다. 근거지는 스스로 만들어야 한다. 자연이 제공하는 임시 거처에서 효과적으로 살기에는 말벌이 필요로 하는 것들이 꽤 전문적이기 때문이다. 포유류 중 진사회성을 띠는 종인 벌거숭이두더지쥐는 굴을 파서 근거지를 만든다. 꿀벌은 앞서 살펴본 대로 밀랍을 만들어 벌집을 짓는다. 흰개미는 흙을 가공하고 재형성해 거대한 구조물을 짓는다. 그렇다면 말벌이 이용하는 것은? 바로 '종이'다.

말벌은 종이를 직접 만든다. 목재 펄프를 씹어 침과 꼼꼼히 섞고 다시 뱉는다. 그런 다음 다소 지저분한 이 반죽을 이용해 자연에서 찾아볼 수 있는 물건 중 가장 기막히게 절묘한 물건을 창조해낸다. 나와 내 앞의 음료 사이에서 얼쩡대며 짜증을 유발하는 흔해 빠진 고약한 생명체가 이런 걸작을 만드는 능력을 지니고 있다. 이들이 짓는 집은 리듬감과 균형미와 정연함을 갖춘 정밀함과 꼼꼼함의 산물이다. 말벌의 둥지는 일련의 셀들로 이루어진다. 각각의 셀 안에 알을 낳아 유충이 나오면 돌보는 직무를 담당하는 일벌들이 다정하게 먹이를 공급한다. 이 일벌들은 멀리까지 나가 광범위한 구역에서 먹이를 찾아온다. 작은 곤충과 벌을 마비시켜 죽인 다음 이 먹이를 불리고 결과물을 품에 안고 둥지로 돌아와 진득하게 만든 먹이를 다음 세대의 자식들에게 먹인다.

말벌의 둥지는 인간 관찰자에게 경외감을 불러일으킬 만큼 경이로운 물건이다. 이 물건은 명백한 '종이'다. 들어보면 너무나 가볍고 기막히게 아름답게 만들어져 있다. 아무리 많은 도구가 있어도 우리는 결코 만들 수 없

| 종이 발명가: 채륜을 기념하는 중국 우표.

는 물건이지만, 말벌은 하나의 과와 종에 속한 생명체로 살아온 지난 수천 년 동안 이러한 집을 부단히 지었다.

결국 한 중국인이 말벌의 둥지를 보면서 이들이 만들어낸 종이가 인간 생활에도 편리한 물건이 되리라고 생각했던 모양이다. 고고학자들이 발견한 종이 비슷한 파편은 기원전 1세기경부터 나온 것들이지만, 종이를 만든 공은 예로부터 1세기 중국 환관 채륜에게 돌아가고 있다. 인간이 가축을 거세해 순종과 충성을 보장했듯이 인간도 거세해 환관으로 만들어 순종과 충성을 확보했다. 채륜 같은 일부 환관은 명예와 부를 얻기도 했다. 후한 왕조의 황제 화제는 신하 채륜의 업적에 기뻐할 이유가 많았다.

　채륜이 종이를 만든 최초의 인물인지는 확실치 않다. 종이는 글을 쓰는 용도로 쓰일 뿐 아니라 충전재와 포장지로도 쓰였기 때문이다. 특히 최고급 청동거울을 포장하는 데 유용했다. 그러나 종이는 인간의 자기표현 매체로 확립되면서 급격히 인기를 끈다. 중국의 위대한 시와 글씨와 그림의 탄생은 종이가 있어 가능해졌다. 종이는 과거에 쓰던 비단보다 값이 훨씬 저렴하면서도 글 쓰는 목적에 훨씬 더 잘 맞았다. 표현력과 전달력이 높아지면서 인간의 사유는 크게 확장되었다.

　종이는 서서히 서양으로 퍼져 나갔다. 소나 양, 염소 가죽으로 만든 양피지에 비해 종이가 가진 이점은 상당했다. 무게가 훨씬 가볍기 때문에 긴 글도 휴대할 수 있었고 비교적 편안하게 읽을 수 있었다. 인간이 소유한 가장 중요한 정보를 저장하고 전달할 수 있는 방편은 종이였다. 물론 종이로 만든 책에는 종교의 주요 경전도 포함되었다. 종이 사용법은 계속 서양으로 퍼져 나갔고, 이슬람교 경전 『코란』의 가르침을 종이 책으로 전달할 수 있게 되었다. 종이는 유럽으로 들어올 때, 동쪽에서 서쪽이 아니라 오히려 서쪽에서 동쪽으로 들어왔다. 무어인들이 종이를 스페인으로 들여온 다음 최초의 유럽 제지소가 13세기 스페인에 지어진 것이다. 두루마리 대신 개별 종이를 책처럼 이어붙이는 방식이 발전하게 되었다.

　목판 인쇄술을 발명한 주인공은 중국이다(세계에서 가장 오래된 목판 인쇄본은 751년경에 통일신라에서 인쇄한 『무구정광대다라니경』이다. 목판 인쇄술 발명국의 지위를 놓고 한국과 중국 사이에 논쟁이 있다—편집자). 낱낱이 독립된 활자 형태인 활자 인쇄술을 발명한 인물은 구텐베르크다(중국에도 훨씬 이전에 유사한 기술이 있었지만 최소한 유럽의 활자 인쇄술을 말한다). 1440년의 일이다. 1455년 『구텐베르크 성경』이라 불리는 인쇄본이 135권 출간되었다.

　종이 책의 인쇄는 결과적으로 폭탄의 뇌관을 건드린 것이나 다름없는 변혁이었다. 문서 형식으로 된 정보는 이제 더 이상 손으로 쓴 양피지를 수도원에 보관해놓는 형식에 국한될 필요가 없었다. 정보는 훨씬 더 많은 사람이 볼 수 있는 것이 되었다. 추정에 따르면, 『구텐베르크 성경』 출간 이후 반세기 동안 약 2,000만 권의 책이 출간되었다.

오늘날 종이 없는 사무실을 표방해도 프린터는 여전히 인쇄된 종이를 빼내느라 윙윙거린다. 이 책을 위해 자료 조사를 하던 나 역시 책으로 가득한 오두막에서 종이 노트에 잉크로 글을 써 자료를 정리했다. 게다가 나는 보통 구독 신문(종이 신문)의 스포츠 면을 읽으며 하루 일과를 시작한다. 전자 통신의 영향은 헤아릴 수 없을 만큼 막대하지만 그럼에도 우리는 여전히 종이가 필요하다. 하다못해 화장실에서 쓸 종이라도 말이다. 화장실에서 종이를 쓴다는 생각은 6세기 중국인이 고안했다. 인터넷의 발명은 만물의 속도를 가속화시킨 정도지만 종이의 발명은 인간을 영원히 바꿔놓았다.

그러니 언제가 됐든 혹시라도 야외에서 즐거운 다과 시간을 갖게 되거든 달려드는 말벌을 향해 신문지를 쳐들지 말고 안경을 올려 한번 쳐다보시라. 우리는 이들에게 많은 것을 빚지고 있다. 이들은 우리를 지금의 모습으로 변모시켜주었다. 이들이 없었다면 『코란』과 『성경』과 셰익스피어의 희곡들과 『율리시스』와 『종의 기원』, 그리고 지금 읽고 있는 이 책을 구경도 못했을 것이다.

027
지렁이

세계의 건설자

"지렁이의 성욕은 빛 공포도 잠시 극복할 만큼 강력하다."

└▸ 찰스 다윈, 『지렁이의 활동과 분변토의 형성』

찰스 다윈은 생애 마지막 몇 년을 지렁이 연구에 바친 후 1881년 『지렁이의 활동과 분변토의 형성』이라는 책을 출간했다. 깜짝 놀랄 만큼 베스트셀러가 된 이 책은 22년 전 출간된 『종의 기원』보다 훨씬 불티나게 팔려 나갔다. 다윈은 "세계사에서 이 낮고 하찮은 동물만큼 중요한 역할을 한 동물이 있을지 의심스럽다"라고 썼다.

토양은 무수한 수의 박테리아와 엄청나게 다채로운 균류가 살고 있는 어마어마하게 복잡한 생태계다. 식물을 자라게 하는 물질인 흙은 그 자체로 살아 있는 생명체이고 이 생명 과정을 주재하는 존재가 바로 지렁이다.

지렁이(earthworm)는 엄밀한 과학 용어는 아니다. 지렁이는 표면의 낙엽층과 표층토와 더 아래 하층토에 살고 있는 환형동물 최대 6,000종을 포괄하는 단어다. 지렁이는 자신이 살고 있는 생태계의 큐레이터이자 관리자라고 할 수 있다. 다시 말해, 자연 만물의 작용을 담당하는 핵심 종이라는 뜻이다. 우리는 거대한 참나무의 웅장한 외양을 보면서 경외감을 느낀다. 어찌

MAN · IS · BVT · A · WORM ·

모든 동물들: 〈인간은 지렁이에 불과하다〉, 영국 풍자만화 잡지 『펀치』에 실린 만화. 지렁이가 인간으로 진화하는 모습을 상상해 그렸다.

보면 당연하다. 반면, 곰곰이 생각을 가다듬어 참나무가 하늘에 닿을 듯 장대한 외양을 갖게 된 것이 박테리아와 균류, 그리고 아주 신중한 지렁이들의 작용 덕분이라는 결론에 이르지는 못한다.

수렵·채집을 하던 인류가 대초원을 돌아다니며 즐겨 먹는 열매와 채소라는 물질은 지렁이의 도움으로 얻은 것들이다. 초식동물을 잡아먹은 인간은 그 동물이 풀과 잎사귀를 먹으며 보낸 수년간의 세월이 쌓은 이득을 흡수한 셈이다. 모든 물질은 지렁이의 작용으로 가능해졌다. '비옥한 초승달 지대'와 그 밖의 다른 지대에서 농사를 짓기 시작한 인간이 작물을 길러낸 토양의 양분은 지렁이들이 제공한 것이다. 농작물이 지렁이의 배설물을 먹고 자랐다고 해도 큰 과장은 아니다. 지구상에서 인간뿐 아니라 온갖 육지 생물은 지렁이가 없었다면 지금과는 모습이 딴판이었을 것이다. 추정컨대, 우리가 먹는 음식의 약 90퍼센트는 지렁이의 도움으로 얻은 것이다. 예외가 있다면 해산물과 수경 재배 작물 정도다.

지렁이는 생태계의 엔지니어다. 이들은 물리·화학·생물학적으로 토양에 영향을 끼친다. 지렁이는 생명 작용을 통해 비교적 큰 유기물질을 양분이 풍부한 부식질로 바꿔놓는다. 지렁이 똥에는 토양의 표층 23센티미터 내에 있는 다른 무엇보다 부식질이 40퍼센트 더 많이 함유되어 있다. 화학적으로 지렁이는 부식질을 식물 뿌리 쪽으로 내려보내 식물이 무기물과 식물성 물질을 흡수하게 해준다. 지렁이 똥은 주변의 흙보다 질소는 다섯 배, 인산염은 일곱 배, 칼륨은 열한 배가 더 풍부하다. 지렁이가 마음씨 좋아서 이런 작용을 해주는 것은 아니다. 이러한 물질은 지렁이가 사는 방식의 부산물이다. 지렁이는 긴 몸의 한쪽 끝에서 흙을 흡수해 통과시킨 다음 다른 쪽 끝으로 내보낸다. 해부학적으로 말해 지렁이는 환상 근육으로 이루어진 긴 소화관인 셈이다.

지렁이는 눈이 없지만 감광 세포가 있다. 낮의 햇빛은 지렁이의 적이고 토양 표면은 햇빛에 취약하므로 빛을 피하는 것이 지렁이의 생존에 중요한 전략이다. 지렁이의 청각도 대단한 것이 못 된다. 다윈의 많은 실험 중에는 지렁이에게 음악을 들려줘 반응 여부를 알아보는 것이 있었다. 아내인 엠마가 피아노를 연주하고 아들 프랭크는 바순을 불었다. 또 다른 아들 버나드는 휘파람을 불고 딸 베시는 소리를 질렀지만 지렁이는 아무 소리에도 관심

100가지 동물로 읽는 세계사

을 보이지 않았다. 애석하게도 지렁이는 삽으로 두 동강을 내도 생존이 가능한 두 마리로 똑같이 나뉘지 않는다. 물론 윌리엄 블레이크가 "잘린 지렁이는 쟁기를 용서한다"라는 말을 쓴 적이 있기는 하다. 잘 모르고 한 말인지 뭔가 좀 당황스러운 묘사다. 지렁이는 우리에게 친숙한 동물 치고는 기막힌 성생활을 한다. 지렁이는 암수 한 몸인데 그렇다고 혼자서 번식하는 것은 아니다. 짝짓기를 한다는 뜻이다. 지렁이는 교미가 끝나면 암수 모두 자리를 떠나 알을 낳는다.

지렁이는 한쪽으로 흙을 흡수해 다른 쪽으로 내보내는 조용하고 겸허한 과제를 수천 년에 걸쳐 수행해오면서 천천히 미묘하게 서식 환경을 창조하고 바꿔왔다. 다윈은 이렇듯 지렁이 행태의 느린 측면에 매료되어 다운하우스(다윈이 『종의 기원』을 쓴 시골의 집—옮긴이)의 정원에 다양한 물건을 놓아 지렁이가 이것들을 매장하는 속도를 측정했다. 지렁이는 아주 여유롭고 꼼꼼하며 철저하다. 스티븐 제이 굴드(16장 '판다' 편을 보라)는 다윈이 지렁이에게 매료된 이유 중 하나로 이들이 엄청나게 긴 시간에 걸쳐 활동한다는 점을 들었다. 지렁이가 무언가를 땅에 묻는 데는 수백 년이 걸린다. 이것은 지렁이가 환경에 작용하는 한 가지 사례에 불과하다. 본질적인 의미에서 다윈이 수행한 지렁이 연구는 '심원한 시간'이라는 엄청난 개념을 표면이나마 살짝 건드린 것이었다. 다시 말해, 여기서 '심원한 시간'의 탐색이란 다윈의 언어로는 '자연선택', 즉 진화가 일어나는 시간을 탐색한 것이다. 지렁이는 오늘날 우리가 막 파악하기에 이른 장대한 시간 개념을 제공한다.

다윈은 그야말로 지렁이에 미쳐 있었다. "이 보잘것없는 동물, 자신이 인류에게 제공하는 이익에 관해 아무것도 모르는 지렁이의 작용이 없다면 우리가 아는 농업은 불가능하지는 않더라도 매우 어려울 것이다"가 다윈의 진단이었다. 땅에 비료를 뿌리는 전통적인 방법은 지렁이의 작용에 의존한다. 동물의 배설물을 깔짚과 섞어 논밭에 뿌리는 퇴비 살포의 효과는 지렁이의 작용이 없으면 불가능하다. 지렁이는 토양 표면에 뿌려진 비료 성분을 더 깊숙이 가지고 내려가 식물이 양분으로 쓸 수 있게 해준다. 전통식으로 관리한 목초지에는 아찔할 정도로 지렁이가 많이 살고 있다. 1헥타르의 땅에 무려 100만 마리의 지렁이가 존재할 수 있고, 이들의 생물량(몸무게를 합친 양)은 이들의 머리 위에서 풀을 뜯는 동물의 생물량보다 크다.

그러나 농업 방식이 바뀌었다. 새로운 농업 방식은 흙을 더 깊게 더 많이 갈아엎는 식인 데다 흙에 화학비료와 살충제와 살진균제까지 쏟아붓는다. 이런 방식으로 논밭을 갈면 지렁이의 굴 시스템은 파괴된다. 쟁기질도 늦여름에 하는 쪽으로 방식을 바꾸는 경우 지렁이의 번식이 방해를 받고, 살진균제는 지렁이의 먹이를 파괴하며, 일부 종은 질산염 사용으로 인한 토양의 산성화를 견뎌내지 못한다.

유명한 한 가지 사례를 보자. 오스트레일리아의 토양에 서식하는 깁슬랜드거대지렁이는 현대식 농업 방식으로 몰살당하는 지경에 이르렀다. 깁슬랜드거대지렁이는 평균 길이 1미터에, 최대 길이는 그것의 세 배나 되는 커다란 지렁이다. 현재 이 지렁이는 보호 종으로 지정되어 있다. 많은 경작지에 지렁이가 부족하다. 영국에서는 옛날 갈매기 떼가 쟁기 뒤를 따라다니며 쟁기질로 땅 위로 드러난 지렁이를 먹는 광경을 심심찮게 볼 수 있었지만 이제는 훨씬 더 보기 힘들어졌다.

현대 경작 방식 때문에 오히려 농업은 곤경에 처한 듯 보인다. 지렁이가 별로 없는 환경에서 농사를 지을 계획이라면 논밭을 갈 때 더 깊숙하게 갈아엎어야 하고 화학비료도 더 많이 써야 할 것이다. 이렇듯 화학물질의 양과 경작 깊이를 점점 늘려가는 방식을 더 이상 실행할 수 없는 시점이 온다는 것을 자각하지 못한 채 현대적인 방식을 고집할 수도 있다. 아니면 더 전통적인 방식으로 회귀해 환경과 맞붙어 싸우지 않고 협조하는 편을 선택할 수도 있다. 물론 이러한 선택으로 말미암아 수확량과 비용과 시장과 이윤이라는 문제가 제기된다.

영국의 비영리단체 버그라이프의 최고 경영자 매트 샤들로는 다음과 같이 말했다.

지렁이가 모자라는 현상은 유기물질 흡수 감소, 토양 구조 약화, 토양 침식과 홍수뿐 아니라 다른 야생동물의 먹이 부족으로 인한 위험이 점증한다는 것을 의미한다. 지렁이가 서식하려면 토양 표면의 유기물이 충분해야 하고 살충제 오염이 적어야 한다. 경작의 문제는 첨단 여부가 아니라 유기물질이 숨어버린다는 점이다. 이러한 경작 과정을 통해 지렁이가 먹이를 찾는 과정에서 건강한 토양의 기본 틀을 만들어내는 공간인 표층토의 유기물이 제거된다.

지렁이는 지난 1만 2,000여 년 동안 인간에게 이로운 작용을 탁월하게 수행해왔다. 물론 그 전 300만 년 동안에도 지렁이는 살고 있었다. 지렁이는 오랫동안 신의 섭리를 보여주는 고전적인 사례로 간주되었다. 지구가 한 종(인간)을 향한 특별한 관심을 염두에 둔 채 설계되었다는 관념의 소산이 지렁이에 대한 인식인 셈이다. 그렇다면 이제 인류는 지렁이가 없는 미래를 보는 것인가? 그러한 미래는 얼마나 잘 돌아갈까? 이번에도 출발점은 하찮아 보이는 문제다. 우리는 이제 깨닫는다. 인류의 현 세대가 내리는 결정이 인간종뿐 아니라 우리가 사는 지구의 역사에도 범상치 않은 영향을 끼칠 것이라는 점을 말이다. 훗날 우리 후손이 조상인 우리에게 어떤 감사를 전하게 될지 궁금해질 뿐이다.

028
뱀

악의 화신이 되다

—◆—————————•—————————◆—

"뱀이 여자에게 말하였다. "너희는 절대로 죽지 않는다.

하나님은 너희가 그 나무 열매를 먹으면 너희의 눈이 밝아지고

하나님처럼 되어서 선과 악을 알게 된다는 것을 아시고 그렇게 말씀하신 것이다."

ㄴ 창세기 3장 4-5절

뱀은 필시 굴을 파는 도마뱀에서 진화했고 지금은 3,700종이 넘는다. 뱀을 보는 인간의 시각은 어찌나 확고하고 강한지 서양 전승에서 뱀은 악한 '동물' 정도가 아니라 '악' 그 자체다. 인간의 눈에 뱀은 어떤 영원성을 표상하는 존재다. 뱀은 인간의 영원한 적으로, 우주의 질서 속에서 뱀의 유일한 기능은 파괴뿐이라고 간주된다. 『성경』의 마지막 책인 요한계시록에서 뱀은 마침내 최후를 맞이한다. "그래서 그 큰 용, 곧 그 옛 뱀은 땅으로 내쫓겼습니다. 그 큰 용은 악마라고도 하고 사탄이라고도 하는데 온 세계를 미혹하던 자입니다. 그 용의 부하들도 그와 함께 땅으로 내쫓겼습니다." 뱀을 없애라. 마침내 영원한 행복이 뒤따를 것이니.

내 어린 시절 집의 벽난로 선반에는 동정녀 마리아 상이 하나 있었다. 고요하고 아름다운 자태로 아기 예수 그리스도를 품에 안고 있는 상이었다. 마리아는 무심한 듯 발밑에 뱀을 밟고 서 있었다. 뱀은 악이었다. 악하다는 의미의 형용사가 아니라 명사인 악 자체, 악의 화신이 뱀이었다. 마리아

100가지 동물로 읽는 세계사

선과 악을 아는 지식: 〈에덴동산과 인간의 타락〉(1615년경), 대 얀 브뤼헐과 페테르 파울 루벤스(뱀은 루벤스가 그렸다).

는 명확히 뱀의 꼬임에 넘어가는 옛 이브가 아니라 뱀을 밟고 선 새로운 이브로 명확히 제시되어 있었다. 나체로 뱀의 아첨에 귀 기울이는 이브와 달리 마리아는 품위 있는 옷을 차려입고 희미한 미소를 띤 채 어떤 물체에서 생명을 끄집어내 으스러뜨리고 있는 것이다. 도덕적으로 완벽한 한 여성이 옳은 방식으로 악을 처치하는 모습이다. 궁극적인 미덕의 이미지가 그 안에 있었다. 뱀을 밟고 서 있는 마리아는 신의 자비와 인류의 선함을 동시에 보여주었다. 뱀아목에 속하고 긴 몸을 가지고 있으며 육식 파충류인 뱀을 죽임으로써 이를 직접 증명해 보였다.

뱀은 숨기 좋은 구조로 되어 있다. 땅 가까이 잔뜩 몸을 낮춘 채 이동하며 도저히 들어갈 수 없을 것 같은 공간에도 몸을 잘 끼워 넣을 뿐 아니라 먹이에게 몰래 다가갈 수 있다. 뱀은 모두 육식동물이다. 뱀을 구성하는 모든 부분이 길다. 신장처럼 두 개가 쌍으로 존재하는 장기도 양 옆에 위치하지 않고 한 줄로 늘어서 있다. 뱀은 하나의 폐로 숨을 쉰다. 대부분의 뱀은 눈꺼풀이 없고 바깥으로 드러난 귀도 없다. 남극대륙을 제외하고 큰 대륙에서는 뱀을 어디서나 찾아볼 수 있다. 뱀이 없는 곳은 섬 지역, 즉 아일랜드, 아이슬란드, 그린란드, 하와이 군도, 뉴질랜드 정도다.

뱀은 크기도 매우 다양하다. 바베이도스실뱀은 길이가 10센티미터에 불과하다. 반면, 그물무늬비단뱀의 길이는 거의 7미터에 육박한다. 화석으로만 알려진 멸종한 종인 티타노보아 케레요넨시스라는 뱀은 길이가 13미터에 달했다. 그린아나콘다는 무게가 97.5킬로그램이나 나간다. 몸을 숨기는 기술은 날카로운 후각과 함께 뱀 대부분의 종이 지닌 장점이다. 뱀은 명멸하듯 재빨리 움직이는 혀를 통해 냄새를 맡는다. 뱀은 몸을 움직이면서 공기의 맛을 보며 혀의 갈퀴를 입속에 있는 수용기에 댄다. 진동에도 매우 예민하며 살무사, 비단뱀, 일부 보아뱀과 같은 종은 적외선 감지도 가능하다.

뱀이 움직이는 모습을 보고 충격을 받는 사람들도 있다. 인간에게 가능한 어떤 움직임과도 다른 새의 비행을 부러운 시선으로 바라보는 것과 달리, 다리가 여덟 개 달린 거미의 움직임(57장 참조)과 뱀의 복잡다단한 움직임은 낯설게만 느껴진다. 어떤 사람들은 이러한 움직임을 두려워하고 혐오한다. 터무니없지만 우리의 인간 중심적 두뇌가 생각하기에 뱀의 움직임은 자연스러워 보이지 않는다. 뱀의 이동 방식은 여러 가지가 있지만 이 방법들을 죄다 쓰는 것은 아니다. 몸을 옆으로 이리저리 파도처럼 움직이며 이동하는 '측면 물결 이동'이 기본적인 방식이다. 이렇게 이동하려면 비늘로 무언가를 움켜쥐고 밀면서 몸을 이동시켜야 한다. 사이드 와인딩(side-winding)은 뱀이 지면과 한 번에 닿는 접촉면이 거의 없는 움직임으로 움켜잡고 밀

만한 것이 없을 때 효력을 낸다. 사이드 와인딩이 불가능할 만큼 좁은 공간에서는 아코디언 운동을 한다. 뭐니 뭐니 해도 뱀의 움직임 중에서 가장 으스스한 것은 직선운동일 것이다. 직선운동을 하는 뱀은 그저 의지만 이용해 앞으로 나아가는 것처럼 보인다. 가까이 가서 아무리 살펴봐도 어떻게 그런 식으로 움직이는지 파악하기 어렵다. 배 쪽의 비늘을 들어 올리는 미묘한 방식으로 자기 몸을 끌고 나가는 것 같다.

뱀의 일부 종은 먹이를 바짝 죄어 죽인다. 보아뱀(보아 콘스트릭토르[Boa constrictor])은 학명으로 불리는 뱀들 중 널리 알려진 종류에 속한다. 거대한 뱀에게 둘둘 말린 채 절망에 빠져 몸부림치는 인간이 보아뱀 하면 떠오르는 전형적인 이미지다. 이러한 뱀들은 실제로 인간을 공격해 죽인다고 알려졌고, 뱀이 이렇게 잡은 인간을 이따금씩 먹는 일도 있다. 아기나 어린아이는 대형 비단뱀의 먹이가 될 수 있다. 거대한 뱀에게 잡아먹힌 성인에 관한 이야기도 없지는 않다. 2017년에 7미터짜리 비단뱀의 배 속에서 성인의 사체가 발견되었다. 이러한 일이 가능한 까닭은 뱀이라면 다 가지고 있는 능력 때문이다. 자기 머리보다 큰 먹이를 삼킬 때 턱의 힘줄을 늘리는 능력이다. 전문용어로 이러한 작용은 탈구가 아니다. 물론 그렇게 보이기는 하지만 말이다.

실제로 인간이 뱀과 관련해 무시할 수 없는 중요한 사항은 일부 뱀들에게 독성(poisonous)이 있다는 것이다. 정확히 말해 일부 뱀은 '물렸을 때 독성이 있다(venomous)'. 영어에서 poison은 먹어야 독성을 발휘하지만, venom은 상처를 통해 주입되었을 때 독성을 발휘한다. 다시 말해, 뱀독을 마신다고 죽지는 않는다. 단, 입속에 상처가 있거나 염증으로 헌 부위가 있다면 문제가 달라진다. 우리는 자연스럽게 뱀을 독성이 있는 뱀과 없는 뱀으로 분류하는 성향이 있다. 과학계의 분류는 이와는 좀 다르다. 뱀 중에 독성이 있는 종은 약 700종이다. 코브라과의 독사에는 코브라와 아시아에 분포하는 우산뱀, 맘바, 바다뱀이 포함된다. 살무사과에는 살무사, 방울뱀, 독이 없는 뱀의 일부 종(특히 나무독뱀)이 있다.

야생동물을 보고 느끼는 인간의 공포를 놀림감으로 삼고 싶은 생각은 추호도 없다. 물론 그것은 이 책에서 다루는 야생동물 관련 장들의 목적도 아니다. 세계보건기구의 추정에 따르면, 매년 10만 명이 뱀에 물려 사망한다. 그러나 독의 목적은 사람을 죽이는 데 있지 않다. 뱀독은 먹이를 꼼짝 못하게 만드는 수단이지 죽이는 도구가 아니다. 뱀독은 대부분 작용 기전이 복잡하다. 신경계를 공격하는 독소를 함유한 것도 있고 혈액을 공격하는 독소를 함유한 것도 있다. 무엇이든 예외 없이 매우 빠르게 퍼지도록 설계되어 있다. 무엇보다 물어버린 동물이 비틀거리며 달아나 다른 곳에서 죽는다면 뱀에게도 별로 반가운 일이 아닐 테니까. 한편, 독에는 자기 방어라는 두 번째 기능도 있다. 한 번만 물어도 인간을 죽일 수 있는 종은 약 250가지다. 이러한 뱀은 위험하다. 위협받을 때 자신을 방어하기 위해 인간을 죽일 수도 있기 때문이다.

인간이 정착지와 영구 공동체를 만들면서 그만큼 거대 포유류에 의한 사망 위협은 줄어들었다. 사자와 늑대는 소음과 냄새와 불, 그리고 대규모 인간 집단에 남아 있기 마련인 보복의 기세 때문에 점점 더 먼 곳으로 쫓겨나 들어오지 못하게 되었다. 그 결과 뱀이 새로 문명화된 인간을 죽이는 가장 요주의 척추동물 킬러로 등극했다. 뱀은 발각되지 않고 쉽게 인간 거주지로 들어올 수 있다. 사자는 초기 수렵·채집인의 거대한 공포 대상이었지만 농업을 시작한 이후로는 뱀이 새로운 공포 대상이 되었다.

인간 내면의 무엇인가가 뱀을 불공정한 것으로 여긴다. 뱀은 정정당당하지 못하다는 것이다. 사람을 죽이는 방법이 은밀하고 교활해 옳지 못하다는 인상을 주는 모양이다. 은밀하고 교활한 방식의 죽음은 우리가 기대하는 바가 아니기 때문이다. 사람을 죽이는 사자를 이상적이라 할 수 없지만 적어도 인간은 사자의 방식을 이해할 수는 있다. 사자는 우리와 똑같은 수준에서 행동하는 듯 보이기 때문이다. 그러나 스르르 미끄러지며 낮은 곳에서 다리도 없이 독을 품고 있는 짐승, 혹은 물리면 독이 퍼지는 짐승인 뱀은 다르다. 신은 도대체 무슨 심산으로 이런 피조물을 존재하도록 허락하신 것일

100가지 동물로 읽는 세계사

까? 신이 그런 일을 했을 리는 없다. 따라서 뱀은 악마의 소행이며 악 자체일 수밖에 없다.

뱀은 물론 종교적 상징일 뿐 아니라 성적 상징이기도 하다. 뱀은 벌거벗은 이브를 지식으로 인도하고 그럼으로써 아담을 의무에서 벗어나도록 유혹한다. 사실 이 이야기는 해석할 여지가 다양하고 프로이트의 신화 역시 그중 한 측면에 불과하다.

해악을 연상시키지 않는 코브라는 캄보디아의 조각상에서 찾아볼 수 있다. 여기서 코브라는 몸의 넓적한 부위인 후드를 펼쳐서 명상 중인 부처에게 그늘을 만들어주고 있다. 코브라는 묘지와 보물과 사원을 지키는 존재로 여겨졌다. 말레이시아의 페낭에는 살아 있는 살무사로 가득한 사원도 있다. 이 사원은 열성적인 관광객들과 독이 없는 뱀들로 그득하다. 힌두교와 불교에서 뱀은 죽음과 부활을 상징한다. 뱀은 허물을 벗고 이전의 자신이라는 껍질을 탈피해 새로운 모습으로 다시 태어나기 때문이다.

그리스신화에서 아폴로의 아들 아스클레피오스는 뱀이 다른 뱀에게 치유의 약초를 가져다주어 그 뱀을 살리는 것을 보았다. 제우스는 아스클레피오스가 생명을 살리는 지혜를 인간에게 주기 전에 벼락을 던져 그를 죽인다. 인간이 영생을 얻어 신과 겨루는 것은 신들의 세계에서 금기 사항이기 때문이다. 아스클레피오스의 도구인 뱀을 휘감은 지팡이는 오늘날에도 의술을 상징한다.

신화에 나오는 용과 거대 바다뱀 또한 뱀과 밀접한 관련이 있다. 용과 바다뱀은 서양 전통에서는 악으로 간주된다. 그러나 중국의 용은 무해한 존재로 여겨지며 오히려 황제의 권력과 위용을 상징한다. 서구 문학에서 뱀은 대체로 악 자체거나 악의 도구다. 『얼룩 끈의 비밀』이라는 작품에서 셜록 홈즈는 뱀을 맞닥뜨린다. 러디어드 키플링의 『정글북』에서 코브라 나그와 그의 아내 나가이나는 몽구스 리키티키타비와 그가 지키는 인간 가족의 적이다. 뱀 같은 음흉함과 악은 『해리 포터』 모험담에서도 하나로 융합되며 해리의 최고 적인 볼드모트 경은 교활하기 이를 데 없는 뱀을 키운다. 『정글북』

209

의 속편 격인 『정글북 두 번째 이야기』에서 거대한 비단뱀 카(Kaa)는 주인공 소년 모글리의 신비롭고 다정한 친구다. 한편, 키플링이 다윈에게 지대한 영향을 받아 쓴 동화 『아빠가 읽어주는 신기한 이야기』에서는 두 가지 색깔로 된 비단구렁이가 코끼리 새끼를 악어에게서 구해준다.

문학사에서 최고의 뱀은 존 밀턴의 서사시 『실낙원』에 나온다. 사탄은 남근을 상징하는 뱀의 형상을 취한다. "그의 형상은 보기 좋고/다정했다." 이는 이브를 유혹해 지식의 나무 열매를 먹이려는 것이다. 사탄은 이브의 "천상의 아름다움"을 칭찬한 다음 그녀에게 나무 열매를 먹인 후 이브와 아담이 "신과 같아질 것"이라고 말한다. 뱀의 형상을 가진 악에 대한 이 생생한 묘사를 보고 윌리엄 블레이크는 밀턴이야말로 "부지불식간에 악의 편"이었다고 말했다. 뱀의 악의로 인해 인간은 에덴동산에서 추방된다. 낙원에서 쫓겨난 인간은 고난에 찬 삶을 살게 된다(시스티나 성당 천장에 그려진 이들의 얼굴에 드러난 끔찍한 후회를 보라). 에덴동산은 수렵·채집 생활의 이상화된 기억을 상징하며, 고난은 농업과 문명이 엘리트 지배층을 제외한 모두에게 요구하는 끝없는 노동을 표상한다. 결국 뱀은 악뿐 아니라 변해 버린 인간의 모습에 대한 절망까지 상징하는 셈이다.

그러는 동안 현실의 뱀은 생명이 넘치는 세계에서 나름의 삶을 계속 살아가고 있다. 이들은 여전히 『성경』의 말씀대로 "주 하나님이 만드신 모든 들짐승 가운데서 가장 간교하다." 몸을 숨기는 데 너무 능숙해 인간을 마주치지 않고도 얼마든지 살아갈 수 있기 때문이다. 이렇게 몸을 숨기며 살아가는 뱀은 가장 무해한 종조차 자신과 마주치는 인간에게 공포를 일으키게 하는 데 실패하는 법이 없다.

모두가 한 마리: 명상 중인 부처 위로 머리가 여럿 달린 코브라가 그늘을 드리우고 있다(태국 농카이 왓 캑 조각 공원).

029

닭

인간의 먹거리로 전락한 새

"아니, 내 귀여운 병아리들과 어미 닭을 단번에 채 갔단 말씀입니까?"

└ 셰익스피어, 〈맥베스〉

나는 인도의 정글에서 붉은들닭(red jungle fowl)을 본 적 있다. "그래서 뭐?"라고 반문하고 싶더라도 잠시 기다려주시라. 깃털이 화려한 것으로 보아 수컷이 분명한 그 붉은들닭은 작은 공터로 건방을 떨며 성큼성큼 걸어갔다. '건방을 떨면서(cockily)'라는 단어에 주목하기를 바란다. 이 새를 알아보지 못할 인간은 지구상에 단 한 명도 없다. 닭(chicken)이다. 일반 수탉을 칭하는 루스터(rooster), 콕(cock)이든 어린 수탉을 칭하는 커크럴(cockrell)이든 암탉(hen)이든 죄다 닭이다. 붉은들닭은 인류가 길렀든 잡아먹었든 모든 집닭의 조상이다.

집에서 닭을 기를까 생각 중이었기 때문에 관련 자료를 찾아 읽어보았는데 읽다 보니 열의가 식는 느낌이었다. 닭을 기르는 일은 생각보다 훨씬 복잡했다. 걱정해야 할 질병도 많았다. 일주일 이상 닭을 살려두는 일 자체가 하루 종일 신경 써야 하는 일 같았다. 이웃이 친절한 조언을 해주었다. "걱정하지 말아요. 지면을 채워야 하니까 책에 그런 내용을 적어놓은 거예

좋은 새: 〈다른 새들이 있는 공원에서 싸우는 수탉과 칠면조〉, 멜키오르 드 혼데쾨터 (18세기).

요. 이따금씩 옥수수만 좀 던져주면 알아서 잘 살 거예요."

실제로 닭은 잘 자랐다. 닭을 키우기는 정말 쉽다. 키우기 쉽다는 바로 그 사실이야말로 닭이 지구상에서 가장 개체 수가 많은 조류가 된 까닭이다. 닭은 크고 먹을 고기가 풍부하며 알까지 낳는 데다 무엇보다 키우기 너무 쉽다.

집닭의 조상인 붉은들닭은 인도에서 아시아 가장 아래쪽 지대에 이르기까지 서식했다. 말레이시아, 인도차이나, 남중국, 필리핀, 인도네시아 전역에 분포해 있었다. 닭 뼈는 7,400년 전부터 중국 북부 허베이성의 무덤에서 발견되었다. 이것이 논란의 여지가 없는 최초의 집닭이다. 허베이성은 붉은들닭이 사는 범위에서 수마일 떨어져 있기 때문이다. 그러나 인간과 닭이 그보다 오래전부터 함께했을 가능성도 있다. 추정에 따르면, 인간과 닭은 허베이성 집닭보다 2,000여 년 전부터 함께했을 수도 있다.

닭을 가축으로 길들이는 과정은 틀림없이 어쩌다 일어났을 것이다. 밀림의 새들이 마을에 들어와 음식 찌꺼기를 먹으려 했을 테고, 당시 사람들이 이런 새 한두 마리를 잡아먹었을 것이다. 그런 다음 이 새들에게 일부러 음식 찌꺼기를 주자 새들은 마을을 떠나지 않았다. 잡아서 날개를 잘라버리면 훨씬 더 가까이 둘 수 있다. 붉은들닭도 날아다니는 재주가 비상하지는 못하다. 땅의 포식자를 피해 낮은 가지로 날아올라 밤을 보내는 정도다. 가장 크고 맛좋은 수탉을 가장 크고 맛좋은 암탉과 교배하면 놀라울 정도로 짧은 기간 안에 들닭이 아닌 집닭을 얻게 된다.

닭이 지구를 정복하는 데는 시간이 좀 걸렸다. 『구약성경』, 『일리아스』, 『오디세이아』에는 닭이 나오지 않는다. 놀랍도록 편리한 이 가정용 단백질 공급원은 서양과 동양으로 퍼져 나가 인간과 더불어 문명의 일원이 되었다. 여행하는 이들의 식량 공급원으로도 이용되었다. 닭은 틀림없이 여러 차례 되풀이해 집닭으로 품종이 개량되었을 것이다.

닭이 사회에서 나름대로 중심 역할을 하게 되기까지는 세월이 더 흘러야 했다. 닭은 먹거리의 중심이라기보다 부수적으로 얻은 뜻밖의 즐거움이었다. 닭은 식품 가치를 인정받기보다 투계(鬪鷄)라는 오락에서 더 높은 평가를 받았다. 투계는 지금도 아시아와 기타 일부 지역에서 계속되고 있다. 나도 마닐라에서 격렬하고 유혈이 낭자한 투계를 본 적이 있다. 상냥함과 다정함이 세상에서 둘째가라면 서러울 두 사람이 닭싸움을 구경하며 거칠게 고함을 질러대는 광경을 보고 깜짝 놀라면서도 재미있다고 생각했다.

요즘 개발도상국에서는 어느 마을에 들러도 닭을 만나볼 수 있다. 이들은 대개 다리가 앙상하고 크기가 작지만 생존력이 강하다. 보호를 제공하는 인간들의 다리 사이를 걸어 다니며 간신히 살아가는 동물이다. 먹이를 조금만 주면 암탉은 달걀을 낳아 거의 하루치의 단백질을 제공한다.

암탉이 제공하는 하루치의 주요 영양소 때문에 암탉을 잡는 것은 쉽게 결정할 일이 아니다. 닭은 예로부터 특별한 음식이었다. 내 기억으로도 어린 시절부터 일요일은 새끼 양 어깨살을 자른 것 같은 시시한 고기 대신 닭 한 마리를 통째로 구워 식탁에 놓고 먹는 날이었다. 죽어서 지글거리며 노릇하게 익은 통닭 한 마리가 우리 가족 모두를 위해 식탁에 올랐다.

그러나 우리가 이렇게 특별한 날에 닭을 탐닉하는 동안 닭이 사는 세상도, 닭과 인간의 관계도 변화를 겪었다. 원래 닭은 바깥에서 길러야 했다. 햇빛을 쐬어야 닭의 건강에 중요한 비타민 D를 얻을 수 있기 때문이다. 비타민 D를 얻는 다른 방법은 전혀 없었다. 그러나 제2차 세계대전 이후 새로운 종류의 사료가 개발되었다. 비타민과 항생제를 잔뜩 집어넣은 사료를 먹이면서 이제 닭을 실내에서 키울 수 있게 된 것이다. 닭이 뛰어노는 공간은 더 이상 필요하지 않게 되었다.

혁명이 일어났다. 농업은 자연환경과 직접 접촉할 필요에서 벗어났다. 요즘 사람들이 소비하는 닭의 75퍼센트는 공장식 축산 농장과 배터리식 닭장에서 나온 것들이다. 달걀의 약 3분의 2도 그러하다. 닭은 원래 5년은 너끈히 산다. 최대 10년을 사는 닭도 있다. 배터리식 닭장의 닭들은 고기용으로만 사육되므로 알에서 부화한 지 6주 이내에 도축된다. 이들은 몹시 비좁은 공간에 살면서 도축될 만한 체중에 도달할 때까지 액체와 고체로 된 사료를 먹는다. 일부 농장에서는 20마리의 닭을 고작 1평방미터 넓이의 공간에 욱여넣는다. 닭 부리 끝은 옆의 닭을 쪼지 못하도록 깎아버린다. 이 닭들은 극도로 온순하게 길러지며 자기가 싼 배설물 위에 앉아 도축될 때까지 살아간다. 도축 전에 폐사되는 비율은 3~5퍼센트다.

이 모든 결과는 생각의 급변에서 비롯되었다. 인간은 이제 닭을 동료 온혈 척추동물로 다루지 않는다. 닭은 이제 한곳에 갇혀 적절한 때 추수하기 전에 화학물질을 잔뜩 주어 기르는 식물 같은 존재가 되었다.

미국 켄터키주 25번 고속도로를 따라가다 보면 켄터키프라이드치킨

(KFC)의 전신인 샌더스 카페에 들를 수 있다. 1932년에 사업가 할랜드 샌더스가 개업한 카페다. 샌더스는 2년 전인 1930년 이곳에서 주유소를 사들이고 그 옆에 카페를 열었다. 1952년에는 유타주에서 첫 프랜차이즈 카페를 팔았다. 당시는 이미 값싼 배터리식 닭장에서 양산한 닭을 쓰는 때였다. 1963년 KFC 체인점은 600곳에 이르렀고, 샌더스는 '대령'이라는 명예로운 타이틀까지 얻었다. 그는 1964년 KFC를 팔았다.

요즘 KFC의 소유주는 '얌! 브랜즈(Yum! Brands)'라는 요식업 프랜차이즈 대기업이다. 이 기업은 피자헛과 타코벨과 윙스트리트도 소유하고 있다. 전 세계 123개국에 2만 2,000개의 KFC 매장이 있다. 11가지 허브와 양념이 들어간 조리법은 일급비밀이다. '손가락까지 빨아 먹을 만큼 맛난 치킨'이라는 샌더스 대령의 슬로건은 트레이드마크가 되었다. 샌더스 대령의 묘지는 루이스빌에 있다. 묘지를 찾는 방문객이 많은데, 이들은 대개 그 유명한 프라이드치킨 통을 묘지에 두고 간다.

미국인의 3분의 1은 매일 패스트푸드를 먹는다. 미국인의 3분의 2는 과체중이고 5분의 2는 비만이다. 몸이 유용하게 처리할 수 있는 양보다 많은 음식을 먹어도 괜찮다는 생각을 오늘날 많은 사람이 받아들이고 있다. 전 세계 패스트푸드 산업은 광고에 미화로 200억 달러(한화로 약 25조원—편집자)를 쏟아붓는다. 과거에 닭은 특별한 때만 먹는 음식이었지만 이제는 주식이다. 과거에 닭은 사치품이었지만 오늘날에는 기본권에 가까운 것으로 간주된다. 과거에 닭은 건강에 유익한 선택지였으나 지금은 세계 여러 나라 사람들이 당면한 건강 위기에 한몫을 한다.

우리는 닭에 지나치게 익숙해진 나머지 이들을 가리키는 올바른 이름조차 가지고 있지 못하다. 소나 인간 자신에게도 마찬가지다. 닭을 뜻하는 치킨(chicken)이라는 단어는 본래 어린 새, 갓 부화한 새를 가리키는 말이었다. 황금빛 솜털로 뒤덮인 작은 새끼를 치킨이라 불렀다. (오리와 거위가 아닌) 수탉은 대개 콕(cock)이라 불렀다. 그러나 콕이라는 단어는 뉘앙스가 남근과 관련된 온갖 함의를 담는 바람에 닭을 가리키는 어휘에서 제외되었다.

북아메리카에서는 수탉을 루스터(rooster)라고 즐겨 부른다. 비록 수탉이나 암탉이나 밤마다 홰(roost)에 올라가 쉬기는 마찬가지지만 말이다. 커크럴(cockrell)은 영국에서 어린 수탉을 가리키는 단어다.

요즘 닭은 신경증의 원형이다. 꼬꼬댁거리며 이리저리 뛰어다니는 무리의 행태 때문에 이러한 연상이 생긴 것이다. 신경증에 걸린 사람은 하늘이 무너지는 느낌을 받는다. 공포에 사로잡히거나 스트레스를 과도하게 받는 인간은 목 잘린 닭처럼 이리저리 뛰어다닌다. 수탉과 관련해 절묘한 표현들도 많다. '지나치게 자신만만하다'는 cocksure, '의기양양하다'는 cock-a-hoop, '기쁨에 들떠 마구 떠들어대다'는 crow with delight라고 표현한다.

수탉일까, 어린 수탉일까?: 소시세키 (1715-1786)의 일본 족자 그림.

예수는 어린 양이자 착한 양치기로 묘사되지만 마태복음 23장 37절에서는 다음과 같이 말한다. "예루살렘아, 예루살렘아, 네게 보낸 예언자들을 죽이고 돌로 치는구나! 암탉이 병아리를 날개 아래 품듯이 내가 몇 번이나 네 자녀들을 모아 품으려 하였더냐! 그러나 너희는 원하지 않았다." 예수를 선한 닭으로 묘사한 생생한 문구다. 이보다 더 생생한 표현을 나는 알지 못한다. 수탉은 『성경』의 복음서에서 중요한 역할을 수행한다. 예수는 제자 베드로가 닭이 울기 전에 스승인 자신을 세 번 부인할 것이라고 예언한다. 그리고 예언은 그대로 이루어진다. 오늘날 수많은 교회의 첨탑에는 수탉 모양의 풍향계가 달려 있다. 농촌 지역 도처에 있는 수탉은 인류에게 무시무시한 경고를 던진다. 예수 그리스도를 부정하면 너 역시 쓰디쓴 울음을 삼켜야 할지니.

이 책을 관통하는 주제는 인간과 함께하는 동물에 대한 인간의 태도 변화다. 인간의 사회와 사유에서 닭만큼 역할이 크게 변화된 동물을 나는 알지 못한다.

030
원숭이

인간과 가장 가까운 사촌지간

· "원숭이 족속, 즉 회색 원숭이들은
정글의 법칙도 무시하고 아무거나 먹고사는 데,
그런 것들과 어울리다니. 정말 수치스럽다."

└ 러디어드 키플링, 『정글북』

원숭이는 인간이 스스로를 특별한 존재로 규정한 이후부터 계속해서 인간을 괴롭혀왔다. 원숭이는 인간에게 우리의 정체성이 무엇이며 어디서 왔는지 어디로 가는지에 관한 사유에 거부할 수 없는 질문을 던진다. 원숭이와 인간의 유사성은 도저히 무시할 수 없다. 따라서 특별한 인간이라는 관념은 검증되어야 한다며 우리의 신경을 부단히 긁는다.

원숭이(monkey)는 정확한 동물학 용어가 아니다. 예로부터 원숭이라는 용어는 인간과 관련 있어 보이는 영장류 전체 종을 가리킬 때 쓰였다. 긴팔원숭이, 고릴라, 오랑우탄, 침팬지 등 유인원에게도 쓰였다. 영화 《돌아온 핑크 팬더》에서 클루조 형사로 분한 피터 셀러스는 침팬지와 함께 다니는 거리의 악사를 만나 언쟁을 벌이던 중 이렇게 말한다. "그거 당신의 원숭이지. 그러니 당신의 돈이란 말이오!"

'원숭이'라는 용어는 수백 년 동안 무작위로 사용되었다. 정확성을 좀더 기하자면 사실 요즘은 그다지 가까운 관계가 아닌 두 집단에 가장 자주

꼼짝 못하게 되다: 〈사슬에 묶인 두 마리 원숭이〉, 대 피터르 브뤼헐(1562년).

적용된다. 즉, 아시아와 아프리카를 중심으로 하는 구세계 원숭이와 신세계 원숭이다. 다시 말해, 마다가스카르여우원숭이(리머라고도 한다)와 아프리카여우원숭이의 일종인 갈라고(혹은 부시베이비), 그밖에 유사한 동물들, 그리고 굳이 따로 분류하고 싶다면 인간이 구세계 원숭이에 속한다고 했을 때 이들을 제외한 나머지 모든 영장류는 신세계 원숭이를 뜻한다.

100가지 동물로 읽는 세계사

구세계 원숭이들은 단일과로서 약 130종이다. 신세계 원숭이도 약 130종이지만 총 다섯 개 과로 나뉜다. 신세계 원숭이의 대부분은 나무에 서식한다. 영장류의 눈은 전방을 주시하게 되어 있고 엄지손가락은 다른 손가락과 마주보게 되어 있어 사물을 움켜쥘 수 있다. 모두 나무 생활에 적응한 결과물이다. 나뭇가지 사이의 거리를 판단하려면 꽤 정밀한 입체 시각이 필요하고, 자신이 위치한 나뭇가지와 목표 지점의 나뭇가지를 손으로 움켜쥘 수 있다면 이동이 유리하기 때문이다. (엄밀히 말해, 긴팔원숭이는 원숭이라기보다는 유인원이라 엄지손가락이 많이 줄어들어 있어 나뭇가지를 움켜쥐는 것이 아니라 갈고리처럼 걸어 이동한다. 양손으로 나뭇가지에 매달려 몸을 앞뒤로 흔들며 그 반동으로 나무에서 나무로 이동하는 것을 '팔그네 이동'이라 하는데, 이는 동물원에서 꽤나 인기 있는 볼거리다.)

신세계 원숭이 중 많은 종에게는 다섯 번째 팔다리라는 것이 있다. 바로 물건을 움켜쥘 수 있는 꼬리다. 꼬리는 전체 몸무게를 받쳐주는 기능을 한다. 거미원숭이도 여기에 속한다. 거미라니 참 어울리는 이름이다. 거미원숭이는 다른 세상에서 온 듯 기이하고 섬뜩하게 움직인다. 팔다리가 여러 개 달린 것 같아 정말 거미를 연상케 한다.

일부 원숭이종은 나무에서 내려와 땅에 거주했다. 인류의 조상이 숲이 말라 대초원이 조성되었을 때 했던 이동을 되풀이한 셈이다. 개코원숭이(비비)는 밤에 잠을 자러 나무로 돌아가고 먹을 수 있는 열매와 꽃을 찾아 나뭇가지 사이로 다니기는 하지만, 낮 시간은 대부분 땅에서 보내며 먹이를 찾고 부단한 싸움과 화해로 이루어진 치열하고 복잡한 사회생활을 이어 간다. 이들은 포식자가 나타나면 나무로 달아난다. 하지만 위험한 존재가 인간이라는 것을 파악하면 나무에 있다가도 재빨리 땅으로 내려온다. 마치 화재 대피 훈련을 하는 것 같다. 인간은 총을 소지하는 경우가 있어 나무에 그대로 있다가는 말 그대로 좋은 표적이 된다는 사실을 습득한 것이다.

원숭이는 다양성이 큰 무리다. 가장 작은 원숭이인 피그미마모셋은 꼬리가 없고 키도 115밀리미터에 지나지 않으며 몸무게가 100그램도 안 된다.

가장 큰 원숭이는 개코원숭이종의 맨드릴인데 무지개 색 엉덩이로 유명하다. 큰 수컷은 길이가 1미터에 달하고 몸무게는 36킬로그램이나 된다. 개코원숭이의 큰 수컷들은 날카롭고 긴 송곳니가 꽤 위협적이다. 나와 두려운 아프리카 모험을 수없이 함께한 친구가 있는데, 그 친구는 평생 가장 공포스러운 순간이 수컷 개코원숭이가 자기 차로 뛰어들었을 때였다고 고백한다.

인간과 원숭이는 유사한 점이 상당히 많다. 그래서 원숭이는 자주 연구 대상이 되었다. 물론 수치상으로는 쥐보다 횟수가 적다. 원숭이는 값이 더 비싸고 구하기 어려운 데다 돌보기도 힘들다. 그러나 원숭이는 (침팬지 같은) 유인원보다 싸고 구하기 쉽고 번식 속도도 빠르다. 번식 속도가 빠르다는 것은 (유전학 같은) 특정 연구에서 유용한 자산이 된다. 원숭이는 간염과 인간 면역결핍바이러스(HIV)를 비롯한 약물 및 질병 연구에 이용되었다. 원숭이는 생리적으로나 심리적으로 인간과 가까운 덕분에 유용한 실험실 동물이 되지만 동일한 형질을 가지고 있기 때문에 수많은 윤리적 쟁점이 제기되기도 한다. 이 문제에 천착한 서구의 광범위한 사유를 요약한 내용은 차라리 모르는 편이 나을 정도다. 자세한 내용을 듣는다면 매우 괴로워지겠지만, 우리는 대부분 입증된 약물이 건강을 호전시킨다고 하면 기꺼이 그 약물을 섭취하지 않는가. 추정에 따르면, 전 세계적으로 과학 연구에 사용되는 비인간 영장류는 20만 마리이며, 대부분은 히말라야원숭이 같은 구세계 원숭이다. 대개 연구용으로 인공 번식을 시키고 일부는 야생에서 잡아 온다.

원숭이는 우주로 간 동물이기도 하다. 히말라야원숭이인 앨버트는 1948년 미국이 쏘아 올린 V2 로켓을 타고 우주로 날아갔다. 로켓은 상공 63킬로미터 지점에 도달했고, 앨버트는 비행 중에 질식사했다. 이듬해 또 다른 히말라야원숭이 앨버트 2세는 우주로 나간 최초의 영장류가 되었다. 상공 100킬로미터 경계선 너머 134킬로미터까지 날아간 것이다. 앨버트 2세는 내려올 때 낙하산이 제대로 펴지지 않아 추락사했다.

서양 문화는 해이함이나 어리석음, 방종처럼 인간이 자신에게서 보고 싶지 않은 성질을 표상할 때 원숭이를 이용한다. 물론 꼭 그런 것만은 아니다. 하누만은 힌두교의 원숭이 신(원숭이 신은 불교와 자이나교에도 등장한다)으로 미덕의 모범이며 강인한 목적의식과 애정, 신의로 유명하다. 하누만은 힌두교의 서사시 『라마야나』에서 중요한 역할을 담당하며 라마신의 든든한 지원군이다. 유명한 이야기에 따르면, 라마는 하누만에게 산에서 어떤 약초를 찾아달라고 부탁한다. 하누만은 산에 도착한 즉시 정확히 어떤 약초를 구해야 하는지 몰라 그냥 산 전체를 이고 돌아온다. 원숭이 신에게 중도 하차란 없다. 하누만은 러디어드 키플링의 『정글북』에 나오는 반다르 로그족과 같이 지도자 없이 떠도는 어리석은 원숭이 무리처럼 서구 문학이 그리는 원숭이와는 아주 다른 존재다.

원숭이와 인간의 유사성은 처음에는 생명의 특이성으로 간주되었다. 필시 창조주가 변덕을 부린 것이거나 신의 특이한 스타일 정도로 치부한 것이다. 그러나 18세기 계몽주의가 퍼져 나가면서 인간은 원숭이를 대할 때 종교를 배제한 채 우리가 수용할 수 있는 틀에 넣어야 했다. 린네(8장 '대왕고래'와 11장 '오리너구리' 편을 보라)는 1735년 위대한 저서 『자연의 체계』 초판을 출간했다. 스웨덴의 읍살라에 있는 그의 정원은 지금도 남아 있다. 그곳에는 아직 원숭이용 오두막 두 채가 그대로 있다. 풀리지 않는 수수께끼 같은 원숭이의 존재 때문에 린네는 분명 할 일이 많았을 것이다.

린네는 망설이지 않고 인간과 원숭이를 영장목으로 분류했다. 가까운 종으로 한데 묶은 것이다. 희한하게도 린네의 연구 결과들은 커다란 논쟁을 불러일으키지 않았다. 오히려 쟁점은 과학계와 세상에 미뤄진 채로 남아 있었다. 린네는 친구에게 보내는 편지에 이렇게 썼다. "인간을 영장류에 속하도록 분류한 것이 크게 만족스럽지는 않지만 인간은 자신을 알지. '인간'이니 '원숭이'니 하는 말에 구애받으면 안 되네. 어떤 이름으로 검증하든 내게는 차이가 없으니. 자네든 세상 사람들이든 자연사의 원리에 맞게 인간과 원숭이 사이에 속(屬) 특유의 차이가 있다면 밝혀주었으면 하네. 나는 정말 아무런 차이도 모르겠거든. 누군가 내게 둘 사이의 차이를 하나라도 말해준다면 얼마나 좋겠나! 내가 인간을 유인원이라고 부르거나 유인원을 인간이라고 부른다면 신학자들 전체가 나에게 등을 돌리고 적이 되겠지."

문제가 폭발한 것은 1859년 『종의 기원』이 출간된 후였다. 다윈은 이 책에서 인간의 계보에 관한 이야기를 세심하게 피했지만 책이 도발적인 질문을 던졌다는 사실만큼은 숨길 수 없었다. 당시에 팽배해 있던 반대 분위기를 엿보려면 훗날 영국의 수상이 된 벤저민 디즈레일리가 한 말을 보면 된다. 요약하면 다음과 같다. "인간은 원숭이인가 아니면 천사인가? 나는 천사라는 쪽을 지지한다."

훨씬 더 유명한 원숭이도 있다. 실제 원숭이라기보다 1925년 테네시주에서 존재하게 된 관념상의 원숭이라고 해야 할까? '스콥스 원숭이 재판'이라는 유명한 사건이다. 당시 존 스콥스 교사는 학생들에게 진화론을 가르쳤다는 혐의로 기소당했다. 뻔한 작전이었다. 미국시민자유연맹(American Civil Liberties Union)이 꾸민 여론 조작용 재판이었던 것이다. 스콥스는 유죄 판결에 벌금형 100달러를 선고받았으나 항소심에서 판결이 뒤집혔다. 스콥스 재판은 무신론 대 기독교 사이의 재판이라기보다 현대 기독교와 근본주의 기독교 사이의 갈등을 보여주는 사건이었다. 그럼에도 불구하고 스콥스가 어긴 것으로 간주된 버틀러법(1925년 테네시주 하원이 제정한 법. 공립학교에서 창조론에 위배되는 내용을 가르치면 안 된다는 내용을 담고 있다―옮긴이)은 1965년까지 효력을 발휘했다.

재판 이후 미국의 근본주의 기독교인들은 자연선택에 의한 진화론을 학교에서 가르치는 정책을 불법화하거나 개정하기 위해 부단히 노력했지만 성과는 신통치 않았다. 1987년 일선 학교에서 '진화론과 창조론 간의 논란이라도 가르치도록' 강제하려는 시도가 실패로 돌아갔다. 2005년 '지적 설계론(생명 과정에 직접 관여하는 초월자가 필요하다는 이론)'을 가르치도록 강제하려는 시도도 실패했다. 요즘 미국 학교에서는 신이 세상과 그 외의 만물을 창조했다고 주장하는 창조론을 국민윤리, 시사, 철학, 비교종교 과목 시간에 가르칠 수 있다. 그러나 과학 과목 시간에는 가르칠 수 없다. 퓨연구소의 조사 결과에 따르면, 미국인의 3분의 1은 인간이 진화한 것이 아니라 아니라 항상 존재해왔다고 믿고 있고, 60퍼센트는 진화론을 받아들이지만 24퍼센트는 지적 설계론을 고집한다. 반면, 유럽인 중에 물타기하지 않은 진화론을 수용하는 사람들의 비율은 80퍼센트에 육박한다.

인간의 진화 과정을 보여주는 가장 유명한 그림 속의 서 있는 원숭이, 아니 기어가는 원숭이는 행렬의 왼쪽 끝에 서 있다. 오른쪽으로 차례대로 손등으로 땅을 짚으며 주먹 보행하는 유인원, 구부정한 자세의 초창기 인류 호미니드(사람과), 마침내 직립보행을 하는 영광스러운 현생 인류 남자가 보인다.

이 대중적 이미지는 〈진보의 행진〉으로 알려진 일련의 그림에서 유래한다. 사실 이 그림의 제목은 〈호모사피엔스를 향한 길〉이고, 1965년 타임라이프사가 발간한 단행본 『초창기 인류』에 들어간 삽화다. 루돌프 잘링거가 그린 생생하고 선명한 이미지는 현생 인류 남자가 될 때까지 거침없이 발전하는 15명의 우리 조상들을 보여준다. 이 책은 다음과 같은 말로 시작된다. "유인원을 닮은 조상에서 사피엔스로 발전해가는 인류의 오랜 행진의 각 단계는 어떠했을까? 장장 네 쪽에 걸쳐 영장류 진화의 이정표가 차례로 펼쳐

자기미화: 인간의 진화를 표현한 대표적인 그림.

진다."

수없이 패러디된 이 유명한 이미지야말로 진화를 둘러싼 오해의 주범이다. (인간 진화의 이미지 네 개가 나온 후 말 탄 인간이 다섯 번째로 나오는 그림이 그려진 티셔츠가 있는데, 제목은 "나는 승마인이다".) 사실 진화는 진보도 아니고 단일한 목표를 향해 앞으로 나아가지도 않는다. 진화는 비금속을 금으로 바꾸듯 결함 있는 존재가 더 나은 인간이 되었다는 식의 발전사가 아니다. 진화란 후손을 낳을 정도로 충분히 오래 살아남는 데 필요한 것을 가지고 있다는 이야기다.

여기서 고전적인 원숭이와 관련해 또 하나의 오해가 생긴다. 미국 배우 스티브 볼드윈이 최근에 한 말이 이러한 오해를 잘 요약해준다. "진화는 사실이 아니다. 인간이 원숭이에서 진화했다면 어떻게 지금도 원숭이가 있느냐?" 하지만 인간은 원숭이에서 진화한 것이 아니다. 원숭이와 인간에게는 공동 조상이 있다. 약 800만 년 전 둘의 계보는 갈라졌고 인간은 다른 진화의 경로를 밟았다. 오늘날 우리 곁에 살고 있는 원숭이는 결함이 있는 인간, 필요한 수준에 도달하지 못한 인간이 아니다. 원숭이는 온전한 생존력을 갖추고 현대를 살아가는, 인간과 전혀 다를 바 없는 존재다.

031
시조새

최초의 날개

"졸른호펜 채석장이 다윈에게 어울리는
진기한 것을 내놓으라는 엄중한 명령을 받았다면,
시조새를 내놓는 것 이상으로 훌륭하게 명령을 수행할 수는 없었겠지요."

└ 고생물학자 휴 팔코너, 찰스 다윈에게 보낸 편지, 1883년

다윈은 '자연선택에 의한 진화' 이론에 제기되는 반론에 맞서는 최선의 방식은 그 반론에 미리 대답하는 것이라고 생각했다. 『종의 기원』에서 다윈은 내내 노심초사하며 다음과 같은 지적을 되풀이한다. "그렇다. … 이런저런 반대가 있으리라는 것을 안다. 하지만 생각해보면 그 반대는 실제로 유지될 수 없다. 왜냐하면…"이라는 패턴이 계속 나온다. 6장은 전체 내용을 아예 이런 문제에 할애한다. '학설을 둘러싼 난제'라는 제목 그대로다. 9장에서 다윈은 가장 큰 반론으로 돌아가 이 장 전체를 '화석 기록의 불완전성' 문제에 할애하며 이렇게 토로한다. "형태들이 저마다 뚜렷하게 다르다는 것, 그리고 이 차이들을 연결해줄 수 있는 잃어버린 고리가 상당히 많다는 것, 이것이 명백히 존재하는 난제다."

다시 말해보자. 잃어버린 고리는 어디에 있었을까? 한 종류의 생명체와 다른 종류의 생명체를 이어주는 중간 생명체는 어디에 있었을까? 다윈의 이론이 옳다면 중간 생명체 역할을 하는 동물이 당연히 존재해야 한다. 그러나

최초의 날개: 날고 있는 시조새 무리.
쥐라기의 독일 지역을 재구성했다.

애석하게도 이러한 동물이 있어야 한다고 해서 반드시 찾을 수 있는 것은
아니다. 화석 기록이란 우연이 도와주지 않으면 쉽게 발견할 수 없는 기적과
도 같다. 동물은 다 죽지만 수백만 마리 중 하나만 화석이 되고 수백만 개의
화석 중에서도 하나만 발견된다.

물론 이런 질문들의 배후에는 유인원과 인간 사이의 이행 고리가 될 만

한 동물을 찾으려는 탐색이 희박한 가능성에도 불구하고 이루어졌다. 가장 위대한 화석을 발견해 진화론을 입증하는 명예를 누리겠다는 야심이 1912년에 벌어진 필트다운 사기 사건의 동기였다. 이 사건이 거짓으로 밝혀진 것은 1953년이었다. 비교적 먼 과거의 인간 두개골을 현대 유인원, 즉 오랑우탄의 턱뼈와 조합해 인간과 유인원 사이의 잃어버린 고리 화석으로 내세운 사기 사건이다. 잃어버린 고리는 소설에서 이런저런 형태로 나타난다. 아마도 최초는 아서 코난 도일 경의 소설 『잃어버린 세계』일 것이다. 여기서 인간과 인간 같은(합리적이지만 짐승과 비슷한) 유인원은 세상을 지배하는 권력을 놓고 싸운다.

잃어버린 고리 역할을 해줄 화석이 없다는 사실은 다윈에게 아주 짜증나는 문제였다. 화석이 부재한 탓에 다윈의 이론을 반대하는 무리들, 그리고 인간이 비인간 동물의 계보에 속한다는 생각을 싫어한 사람들이 화석의 부재를 '전가의 보도'처럼 휘둘러댈 수 있었기 때문이다. 조류가 현대 파충류와 공동의 조상을 가지고 있다고 말하면 그들은 말한다. "절반은 조류이고 절반은 도마뱀인 화석을 보여다오. 그러면 그 말에 귀 기울일 수 있다. 하지만 화석을 보기 전까지 그런 이야기는 믿을 수 없다." 이것이 다윈의 이론에 반론을 제기하는 이들의 논리였다.

『종의 기원』은 1859년에 출간되었다. 그로부터 2년 후 독일 바이에른 지역의 한 의사가 인근 채석장에서 흥미로운 화석 하나를 손에 넣는다. 의사는 진료비 대신 화석을 받은 것으로 추정된다. 당시로부터 약 63년 전 알로이스 제네펠더라는 독일의 연극배우가 돌을 이용해 인쇄물을 찍어내는 기술인 석판 인쇄술을 발명했다. 제네펠더는 자신의 발명품을 사용해 연극 대본을 인쇄했다. 그 역시 바이에른에 위치한 졸른호펜이라는 곳에 살고 있었다. 졸른호펜에서는 세계 최고 품질의 석판 인쇄용 석회석을 구할 수 있다(석판 인쇄를 하면 세밀한 부분까지 자세히 표현할 수 있다). 졸른호펜 채석장은 석판 인쇄용 슬레이트를 채굴하는 곳이었고, 여기서 이따금씩 화석이 나왔다. 석회석의 특징 때문에 여기서 발견된 화석은 거기에 찍힌 생명체의 모습을 신기할 정도로 세밀하게 보여주었다. 뼈뿐만 아니라 연한 조직의 형태까지 화석에 찍힌 경우도 있었다.

그 바이에른 의사의 화석에는 깃털이 찍혀 있었다. 그야말로 아찔할 정도로 세세한 부분까지 깃털 자국이 나 있었다. 그는 화석을 런던의 자연사박물관에 팔고 그 대가로 700파운드를 받았다. 거액은 아니었다.

이 놀라운 암석에 보존된 동물은 날카로운 이빨에 턱이 있고 앞발에는 발톱이 나 있었다. 뼈가 있는 꼬리도 달려 있었다. 녀석은 도마뱀이나 작은 공룡에 가까운 동물이었다. 그런데 놀랍게도 깃털이 있었다. 게다가 그 깃털은 틀림없이 날개로 보이는 것에 붙어 있었다. 그렇다면 이것은 공룡일까, 아니면 새일까?

그렇다.

이것은 시조새였다. 시조새의 학명 아르카이옵테릭스(Archaeopteryx)는 그리스어로 '최초의 날개'라는 뜻이다. 독일인들은 이것을 '우르포겔(urvorgel, 최초의 새, 기원이 되는 새)'이라 불렀다. 의심할 여지가 없었다. 석회석에 찍힌 이 불가능할 정도의 세밀한 증거에서 볼 수 있었던 것은 희미한 깃털의 윤곽 정도가 아니었다. 깃가지와 작은 깃가지, 작은 갈고리 등 깃털의 미세한 부분까지 보였을 뿐 아니라 뼈가 있는 머리, 이빨, 긴 꼬리뼈는 현대 조류에게는 전혀 없는 특징이었다. 절반은 파충류, 절반은 조류라는 반박 불가능한 증거가 나타난 것이다.

화석을 발견한 타이밍도 초자연적이라 할 만큼 기막혔다. 당신의 이론이 사실이라면 이행 형태의 증거는 어디 있는가? 음… 여기 있다.

다윈은 자제력이 어마어마한 인물이었다. 그가 혁명적 이론을 구축한 비결은 자제력이었다. 그는 완전히 준비되지 않은 채로는 나서는 법이 결코 없었고 수년에 걸쳐 입증거리를 마련하기 전에는 무엇이든 공개적으로 천명하지 않았다. 그래서 다윈은 이행의 결정적 증거가 될 시조새의 화석 역시 신중하고 침착한 태도로 맞이했다. "거봐, 내 말이 맞지" 식의 고소해하는 태도는 조금도 없었다. 화석이 발견되면 자신이 의기양양해하리라고 다들 생각할 것임을 미리 알기라도 한 듯 말이다. 다윈이 중시한 것은 진실이지 자신의 위신이나 명망이 아니었다. 다윈의 성정은 그랬다. 다윈이 시조새를 언급하는 것은 적절한 맥락이 나올 때였다. 그것도 주로 『종의 기원』의 후속판에서 언급했다. 언급할 때도 차분하고 정중하게, 자신을 비판하는 사람들에게 맞서려는 목적이 아니라 그들의 오해를 친절하게, 그러나 가차 없이 바로잡으려는 의도인 경우가 대부분이었다.

신이 생각을 바꿔 무신론자들의 손을 들어주기로 작정한 것만 같았다. 최소한 『성경』을 문자 그대로 해석하는 문자주의자에 대한 지지는 거둔 듯 보였다. 거의 기적에 가깝게 시의적절한 때 정확히 다윈과 그의 지지자들이 오랫동안 고대해온 증거가 여기 있었다.

이후로도 또 다른 10개의 시조새 화석이 발견되었다. 1985년 영국의 천문학자 프레드 호일이 주축이 되어 최초의 화석과 베를린 표본이라 알려진 화석이 위조임을 입증하려는 시도가 있었지만 실패했다.

시조새 화석의 발견 이후 깃털 달린 수많은 공룡이 발견되었고, 이제 깃털은 비행을 위해 진화한 것이 아니라는 점이 분명해졌다. 깃털은 파충류의 비늘이 변형된 것이며 몸의 온기를 유지하기 위해 적응한 산물이라고 한다. 나중에 살펴보겠지만(46장 '오리' 편을 보라), 깃털은 세상 무엇보다 가벼운 단열제다. 비행은 이차적 용도였다. 이렇게 특정 부위의 기능이 바뀌는 일은 빈번히 일어난다. 우리의 폐는 부레가 적응을 거쳐 변형된 것이다. 부레는 본디 경골어류가 물속에서 정지 상태로 있도록 해주는 장치다(80장 '금붕어'와 98장 돌고래 '바키타' 편을 보라). 이제 최초의 깃털 달린 동물이 어쩌다 날게 되었는지에 관한 '그럴듯한 이야기'를 선택하는 것은 우리의 몫이다. 다른 증거가 없으니 추정할 수밖에 없다. 깃털 달린 동물이 비행을 하게 된 것은 포식자를 피하기 위해서였을까? 깃털 달린 앞다리를 들고 두 다리로 뛰다가 갑자기 하늘로 날아올라 중력이 낮은 달에서 걷듯 경중경중 뛰는 자신의 모습을 발견하게 된 것일까? 아니면 나무로 기어올라 낙하산을 타듯이 뛰어내려 먼 나무들 사이를 활공하듯 옮겨 다니다가 결국 이동 능력의 범위

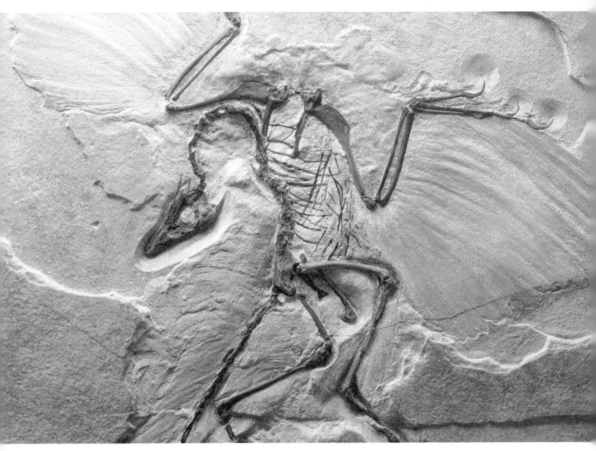

에 동력 비행을 추가한 것일까?

　일각에서는 시조새의 비행이 어느 정도 안전했는지 궁금해한다. 그러나 2018년의 연구는 조류인지 파충류인지 모를 이 동물이 뛰어나지는 못해도 동력 비행을 했다는 사실을 보여주는 듯했다.

　뭐니 뭐니 해도 시조새는 인간 역사상 가장 중요한 사상가의 생각이 옳았음을 만천하에 알린 동물이다. 다윈의 위대한 저서 『종의 기원』이 그의 사상에 다리를 달아주었다면, 시조새는 그의 사상에 날개를 달아주었다.

032
집파리

최고의 비행사

"나도 너와 같은 파리가 아닐까?
아니면, 너도 나와 같은 사람이 아닐까?"
└• 윌리엄 블레이크, 〈파리〉

기막히게 운 좋은 밤 우리는 하늘을 나는 꿈을 꾼다. 무게를 전혀 느끼지 않고 자유롭게 세상을 떠돈다. 중력 따위는 완전히 잊는다. 프로이트는 이런 꿈이 실제로는 성에 관한 것이지 꿈이어서 아쉬운 무언가를 의미하지는 않는다고 주장했다. 우리는 체조, 스키점프, 승마 등 스포츠에서도 하늘을 날고자 한다. 그리고 우리가 가장 좋아하는 날짐승인 앨버트로스, 독수리(10장에서 살펴보았다), 개똥지빠귀, 제왕나비, 왕잠자리 등에게 특별한 경외감을 품고 있다.

하지만 비행에 가장 천부적인 동물은 바로 당신이 먹는 샌드위치에 내려앉는 녀석, 식사를 준비할 때 천장에서 당신을 지켜보는 녀석, 당신이 쓰레기를 버리는 장소 주변에 떼로 몰려다니는 녀석이다. 정확성에서 그리고 비행에서 정지로 이행하는 능력에서 이들보다 뛰어난 곡예사는 절대로 찾을 수 없다.

이 녀석은 바로 집파리다. 인간 거주지로 들어온 파리종은 하나 이상이고, 우리는 이들을 대부분 집파리, 때로는 청파리라고 부른다. 청파리는 더 크고 더 시끄럽고 물론 더 파랗다. 그러나 집파리는 전 세계적으로 단일 종이 지배한다. 학명은 무스카 도메스티카(Musca domestica), 즉 '집파리'라는 뜻이다.

이들은 정말 최고의 비행사다. 언제든 기회가 된다면 집파리를 꼼꼼히 관찰해보라. 비행사의 고글처럼 보이는 커다란 겹눈을 보라. 눈이 가운데로 몰려 있으면 수컷, 떨어져 있으면 암컷이다. 눈 말고도 탁월한 장치가 하나 더 있다. 별도의 홑눈 세 개다. 수정체가 하나뿐인 홑눈이다(홑눈이라 해서 기능이 형편없다고 생각하면 오산이다. 우리 인간도 홑눈이 한 쌍인 동물이다). 파리

호시탐탐: 〈손수건으로 덮어놓은 복숭아〉, 라파엘 필(1774-1825년).

100가지 동물로 읽는 세계사

는 시각 정보를 인간보다 일곱 배 빠르게 처리한다. 한정된 3차원 공간에서 움직일 때 유리하다.

파리의 비행 및 착륙 기어는 둘 다 놀랍다. 각 다리 끝에는 발톱 한 쌍이 있고 그 아래쪽에는 접착성 있는 패드가 둘 있다. 파리가 천장에 착륙할 때 (유리 천장도 이들에게는 전혀 문제되지 않는다) 이들은 선택한 착륙 지점을 향해 곧바로 날아가 반 바퀴 정도 회전해 두 앞다리로 충격을 흡수한 다음 네 뒷다리로 착륙 지점에 딱 달라붙는다. 이 지점부터는 어느 쪽으로든 자유롭게 움직일 수 있다. 이때 세 다리는 항상 표면에 접촉한 채로 두고 나머지 세 개를 움직인다. 접착이 더 필요하면 분자물리학에서 '판데르발스 힘(Van der Waals force)'이라 부르는 현상을 이용한다. 단거리에 작용하는 약한 정전기력이다.

대부분의 곤충은 날개가 네 개인 데 비해 집파리의 날개는 두 개다. 날개가 둘뿐이라는 것은 파리목이 지닌 고유의 장점이다. 이미 12만 종 이상이 기술되어 있고 틀림없이 발견되기를 기다리고 있는 종도 훨씬 더 많을 무수한 곤충의 날개가 둘이다. 모기(23장 참조), 각다귀, 꽃등에도 여기에 포함된다. 꽃등에는 내가 제일 좋아하는 곤충 중 하나다. 요란하지 않은 방식으로 날아가는 자태, 완전무결한 정지 비행, 넋을 빼놓을 정도의 비행 기술을 갖추고 있는 사랑스러운 녀석이다.

파리목의 곤충은 탁월한 적응력을 보유하고 있다. 대부분의 곤충이 지니고 있는 뒷날개는 파리목 곤충에 와서는 '평균곤'이라는 한 쌍의 기관으로 진화했다. 이것이 바로 파리목 곤충들에게 기막힌 비행 조절력을 제공하는 비밀의 열쇠다. 평균곤은 파리가 공중에 떠 있을 때 어떤 자세를 취하고 있는지 정확히 알게 해준다. 조종사라면 누구나 이것이 얼마나 중요한지 설명해줄 수 있다. 집파리는 1분에 1,000회 정도 날개를 파닥일 수 있지만 이들의 날개는 속도보다 정확성을 위해 만들어져 있다. 시속 7킬로미터 정도가 파리의 표준 속도다. 파리는 이동을 잘 하지는 않지만 12킬로미터 정도를 행동반경으로 삼아 37킬로미터까지 날아갔다는 기록도 있다.

파리목에 속하는 여러 곤충 가운데 집파리에게 특별히 이러한 이점이 생긴 이유는 분명하지 않다. 집파리는 액체나 반(半)액체 상태의 먹이로 연명하지만 고형 먹이도 먹기 전에 침을 발라 무르게 만들 수 있다. 먹이가 없어도 이틀에서 사흘을 버틸 수 있고 설탕처럼 좋은 먹이가 있으면 훨씬 더 오래 산다. 수컷은 먹이를 아주 조금만 먹고도 수명을 다 채우지만 암컷은 알을 낳기 위해 단백질을 먹어야 한다. 파리는 유기물을 분해해 (먹을 수 있는 형태로) 인간에게 더 호의적인 다른 동물에게 제공함으로써 생태계에서 나름 중요한 역할을 수행한다. 생태계를 날아다니는 곤충이 풍부하지 않으면 우리가 먹을 것도 귀해진다. 집파리는 다리에 맛을 보는 기관이 있기 때문에 먹이가 될 만한 것 위로 걸어 다니며 먹을 만한지 평가한다. 파리가 다리를 비비는 모습을 자주 볼 수 있는 것도 이런 이유에서다. 다음 먹이가 먹을 만한지 판단하기 위해 미각기관을 청소하는 것이다.

파리의 수명 주기는 보통 4부로 이루어진 곤충 주기와 같지만 주기 자체가 놀랄 만큼 빠르다. 암컷은 한 번에 100여 개씩 평생 최대 500개의 알을 낳는다. 유충인 구더기가 부화하는 데 대개 하루가 걸리고, 구더기는 빛을 피해 며칠 후면 번데기가 되고, 이 상태로 하루가 지나면 성체 파리가 된다. 알에서 성체까지 자라는 데 고작 6일이면 된다. 12일이 더 일반적이기는 하다. 암컷은 24시간 이내에 다시 번식할 수 있는 상태가 된다. 이들은 정말 '파리답게' 무한 증식한다. 성체는 최대 4주까지 살 수 있지만 겨울잠을 자듯 휴면기로 들어가 고난의 시절을 버티기도 한다.

파리목 곤충의 화석은 2억 5,000만 년 전인 페름기 때의 것부터 발견되었다. 파리속 최초의 화석은 7,000만 년 전으로 거슬러 올라간다. 공룡을 멸종시킨 6,500만 년 전의 어마어마한 사건도 버티고 살아남은 것이 파리인 셈이다. 이들은 중앙아시아의 스텝 지대에서 진화했고, 인간과의 진기한 친연성(親緣性) 덕분에 남극대륙을 제외한 모든 대륙을 서식지로 삼았다.

그러나 파리의 생활 방식은 인간에게 위협적인 함의가 있다. 집파리는 대부분 인간과 먹이가 겹친다. 파리는 먹이를 먹거나 마시기 전에 침을 발라

놓는다. 게다가 대부분이 착륙할 때마다 거의 늘 배변을 한다. 이들은 대개
병원균이 풍부한 분변과 썩어가는 음식에서 인간이 먹는 음식 쪽으로 이동
한다. 파리가 이동을 통해 옮기는 질병은 콜레라, 이질, 장티푸스, 나병, 결막
염, 살모넬라 식중독을 비롯해 65가지에 달한다. 이 문제에 대한 최상의 답
은 '경종적 방제'다. 위생 기준을 강화해 집파리를 통한 오염을 미연에 방지
하는 것이다. 음식에 뚜껑을 덮고 부엌을 청결히 유지하며 음식물 쓰레기를
슬기롭게 처리해 파리가 쉽게 번식할 수 있는 환경을 만들지 않는다.

　　인간은 대체로 파리를 보며 죽음을 연상한다. 그 이유 중 하나는 파리
의 죽음은 인간에게는 매우 하찮아 보이기 때문이고, 또 하나는 사람 얼굴

위로 걸어 다니는 파리는 그 사람이 죽었음을 암시하기 때문이다. 미국의 위대한 시인 에밀리 디킨슨은 다음과 같은 시구를 남겼다. "나는 죽어가면서 파리가 윙윙대는 소리를 들었다."

인간이 대체로 온갖 곤충을 못 견뎌 하는 것은 도처에 있는 집파리 탓이 크다. 우리는 혐오하는 곤충과 전쟁을 벌여왔고 지나치게 큰 성공을 거두었다. 이러한 성공은 세상을 바꿔놓고 있는데, 그로 인해 우리가 치러야 하는 대가는 상당하다.

"그 사람은 파리 한 마리도 못 죽여"라는 말은 매우 점잖고 친절한 사람을 가리킬 때 쓴다. 마치 파리를 죽이고 말고가 친절함의 척도라도 되는 양 말이다. 하지만 곤충과 계속 전쟁을 벌이고 싶다면 곤충과 다른 무척추동물(27장 '지렁이', 특히 65장 '뒤영벌' 편을 보라)이 없는 세상에서 살게 될 미래의 대가를 치를 준비가 되어 있어야 한다. 파리를 비롯해 곤충은 지구를 구성하는 일원이므로 이들을 섬멸한다면 우리 또한 위험에 봉착하게 된다.

이제 마무리 말은 일본의 하이쿠 시인 잇사에게 넘기기로 하자.

　　죽이지 마라!
　　파리가 손으로 빈다!
　　발로도 빈다!

033
개

인간 최고의 벗

"내 생명을 원수의 칼에서 건져주십시오.
하나뿐인 나의 목숨을 개의 입에서 빼내어주십시오."

└ 시편 22편 20절

우리는 파리를 집에서 몰아내기 위해 할 수 있는 온갖 일을 벌인다. 이미 살펴본 벼룩, 쥐, 바퀴벌레, 모기도 마찬가지다. 그렇다면 인류가 집 안으로 기꺼이 들인 최초의 동물은 무엇일까? 바로 늑대다. 우리는 집과 생활을 늑대로 채웠다. 단일 종으로는 아마 늑대가 지구상에서 인간의 사랑을 가장 많이 받는 동물일 것이다(21장을 보라).

집개는 죄다 늑대가 조상인 동물이다. 늑대의 학명은 카니스 루푸스(Canis lupus)다. 집개는 대개 카니스 루푸스 파밀리아리스(Canis lupus familiaris), 즉 '친숙한 늑대'라는 의미다. 다소 다른 종류의 늑대다. 우리는 늑대를 껴안고 녀석이 우리를 핥게 내버려두고 아이들이 함께 놀도록 독려한다. 그 결과 집개는 지구상에서 가장 넓은 분포를 보이는 육상 육식동물이 되었다(고기를 먹는다기보다는 분류상 식육목에 포함된다는 뜻이다). 일각에서는 집개를 최초로 길들인 동물로 간주한다. 저기 늑대가 있네. 집에서 한번 길러보자!

신과 개: 〈성 아우구스티누스의 환상〉, 비토레 카르파치오(1502년경).

늦대를 길들여 집개로 만드는 과정은 틀림없이 점진적으로 이루어졌을 것이다. 인간 정착지는 먹이를 구할 기회를 주기 때문에 늑대는 대포나 총기가 나오기 전에는 정착지에 끌렸다. 사냥하기보다는 먹을 것을 찾아 쓰레기를 뒤지는 편이 더 쉽고 공짜 밥을 크게 반대할 일도 없기 때문이다. 인간에게는 늑대가 두 가지 면에서 이로운 동물이었다. 일단 쓰레기를 처치해주었고, 더 중요하게는 그 과정에서 외부의 적을 경고하는 역할을 했다. 공동체에게 대형 포유류나 낯선 집단의 인간이 언제 접근해 오는지 미리 알려주는 기능을 수행한 것이다.

100가지 동물로 읽는 세계사

또한 늑대는 새끼를 낳는다. 인간은 새끼에게 즉시 호감을 느낀다. 늑대는 사회성이 뛰어난 동물이다. 지배 서열이 작동하는 방식을 본능적으로 파악한다는 뜻이다. 인간을 핥고 인간의 등 위에서 굴러다닌다면 이는 대체로 복종하는 자의 위치를 받아들이겠다는 의지의 적극적인 표현이다. 늑대는 아주 탁월한 반려동물이 되었다. 최소한 독립해 무리에서 더 높은 자리로 올라가려는 야심을 습득할 때까지는 말이다. 내가 만난 사람 중에 어렸을 때 아프리카들개 새끼를 키운 경험이 있는 이가 있었다. 아프리카들개는 일반 개와 종이 뚜렷이 다르지만 사회성은 늑대와 매우 유사하다. 녀석은 그가 키워본 동물 중 가장 좋은 반려동물이었다고 한다.

태어난 새끼 늑대는 젊은 늑대로 자란다. 이제 번식을 통제하기까지는 금방이고, 길들이기가 실제로 의미하는 바도 그것이다. 앞에서도 보았지만 동물을 길들이는 과정을 통해 인간이 다루는 모든 종에게 두드러진 변화가 일어난다. 소, 비둘기, 닭은 야생 조상과는 아주 다른 형태로 태어났다. 크기, 외양, 행동 모든 면에서 그러했다. 들소인 오록스를 처음 길들였던 사람들은 내 이웃집 개 바비가 저지(Jersey)종 젖소 떼를 돌보듯 쉽고 편안하게 오록스를 다루지는 못했을 것이다.

1959년 러시아의 과학자 드미트리 벨라예프는 여우를 상대로 오랜 기간 실험에 돌입했다. 캐나다의 모피 농장에서 직접 구매한 은여우들이었다. 그는 가장 성격이 좋은 수컷들을 성격이 가장 좋은 암컷들과 교배시켰다. 그런 다음 짖고 으르렁대며 뒤로 물러나는 녀석을 빼고 호기심 어린 얼굴로 쾌활하게 인간을 향해 다가오는 녀석들만 골라냈다. 이러한 방침을 여러 세대 동안 고수하자 성격이 유순한 여우들이 점점 더 유순한 여우를 낳았다. 인간과 함께 있을 때 더욱 만족을 느끼고 인간에게 더욱 순종하는 여우가 태어난 것이다. 바뀐 것은 행동만이 아니었다. 순종적이고 말 잘 듣는 여우를 부단히 선택해 교배시킨 결과 외양도 변했다. 털 위에 하얀 점이 생겨났고, 꼬리는 곱슬곱슬하게 말렸으며, 귀는 늘어졌고, 두개골은 짧아졌다. 마치 벨라예프가 여우들을 교배했는데 강아지를 닮은 새끼들이 태어나 커서

241

여우가 되지 않고 강아지 같은 외양을 그대로 간직한 것과 같은 변화였다.

개와의 유사성은 불을 보듯 뻔하다. 늑대와 여우는 둘 다 개과 동물이다. 성격이 좋은 늑대를 순화 목적으로 계속 교배하면 결국 성격 좋은 멍멍이가 나오는 것이다. 이것은 정확히 인류가 빚어놓은 변화다. 약 1만 년 전 우리 조상 주위에는 울부짖는 늑대밖에 없었다. 이제는 내 친구 토머스가 우리 집에 올 때면 그의 검은 래브라도 안내견인 매직도 같이 온다. 의무에서 놓여난 개는 나름 집 안을 이리저리 탐색하며 돌아다닌다. 사람들이 쓰다듬고 톡톡 두들겨주기도 하고, 틈틈이 부엌 주변에서 음식도 잔뜩 먹으면서 돌아다닌다. 이제 개는 집에서 함께해도 즐겁고 유쾌한 존재가 되었다.

개를 길들인 목적이 끊임없이 단백질을 찾아 헤매는 사냥꾼을 돕기 위해서였다는 전통적인 가설이 크게 환영받고 있지만, 사실 이러한 목적은 개를 길들인 최초의 목적이라기보다 나중에 진화한 것이다. 절반쯤 길들인 개의 첫 임무는 인간 정착지의 임시 파수꾼 노릇이었다. 처음에는 우연히, 그다음에는 의도적으로 놔둔 음식물 쓰레기 주변을 어슬렁거리도록 개를 독려했을 것이다. 음식을 약간 던져주기만 하면 집을 지키는 개가 생겼다. 덕분에 밤의 위험이 줄어들었을 것이다. 앞에서 본 대로 밤을 무사히 지내는 것은 초창기 인류에게 큰 난제였다. 개들은 늘 인간에게 편안함을 주었다. 내 생각에 안전함과 편안함은 개가 인류에게 제공한 최초이자 가장 오래 지속된 선물이었을 것이다. 이 편안함에는 온기도 포함된다. 잘 길들인 착한 개를 추운 밤 집으로 데리고 들어가면 집이 더 따뜻해짐을 느낄 수 있다. 오스트레일리아 원주민들 사이에 '쓰리 도그 나이트(three-dog night)'라는 말이 있다. 온기를 유지하기 위해 개 세 마리가 필요할 정도로 추운 밤을 뜻한다.

물론 개(심지어 절반 정도 길들인 개)가 명민하고 생산적인 사냥에 도움이 되지 못했다는 말은 아니다. 개는 많은 지역에서 인간보다 사냥을 잘한다. 특히 후각이 뛰어나다. 이들은 인간이라면 있는 줄조차 모르는 동물을 찾아낸다. 단점은 동물을 추적하느라 도리어 쫓아버린다는 점이다. 하지만 다른 사냥꾼을 앞쪽에 배치하는 영리한 전략을 쓰면 개들이 겁먹은 짐승을

100가지 동물로 읽는 세계사

앞에 있는 사냥꾼 쪽으로 직접 몰아줄 수 있다. 이 기술을 배우려면 되도록 안전한 거리에서 사자 무리가 사냥하는 모습을 지켜보면 된다.

개는 세계 각지에서 수천 년 동안 인간 문화의 일부가 되었다. 고대 메소포타미아에서 개는 의술과 치유의 여신 니니시나의 상징이었다. 그리스 신화에서 머리가 셋 달린 개 케르베로스는 하데스의 지하계 문을 지켰다. 개는 파수꾼이었던 만큼 인간의 수렵 생활에서도 중요한 역할을 했다. 개가 인간 생활의 일부였던 또 하나 중요한 원인은 인간이 개를 곁에 두고 싶어 했기 때문이다. 오디세우스가 고향인 이타카를 떠난 지 20년 만에 걸인으로 변장해 고향으로 돌아왔을 때, 그를 알아보고 반겨주는 존재는 그의 개 아르고스뿐이었다. 이러한 충절의 모범을 오디세우스는 아내 페넬로페에게서도 발견한다. 자신의 신앙에 자부심을 느끼는 도미니크수도회 회원들의 '도미니크'라는 이름을 번역하면 '주님의 개'라는 뜻이다.

요컨대, 개는 일관되게 호평을 받는다. 보통 사람들이 비참한 삶을 가리킬 때 쓰는 '개 같은 인생'에 관한 표현이 많은데도 그러하다. "개도 그렇게 대접하지 않는다", "개에게도 그런 건 안 준다"라는 표현이 대표적이다. 개는 수많은 면에서 인간보다 훨씬 더 가치가 떨어진다는 일관된 함의를 지니고 있다.

폼페이는 기원후 79년 베수비오화산 폭발로 파괴된 도시다. 이 끔찍한 사건으로 보존된 놀라운 유적 중에서 아마도 '개 조심'이라는 경고 문구가 가장 유명할 것이다. 이 문구 옆에는 심지어 착해 보이는 개 모자이크가 있다. 내가 가장 좋아하는 미술 작품 속의 개는 카르파치오의 회화 〈성 아우구스티누스의 환상〉에 나온다. 그림 속 성인은 넋을 잃고 황홀한 눈으로 우리 눈에 보이지 않는 무언가를 응시하고 있다. 아마 신을 보고 있을 것이다. 그동안 작고 하얀 개 한 마리가 주인과 똑같이 넋을 잃은 모습으로 주인을 응시하고 있다. 아마도 주인이 자기 신인 줄 아는 모양이다. 아니면 저 늙은이가 언제 정신을 차리고 산책을 데려가줄지 궁금해하고 있는지도 모른다. 내게 잊지 못할 기억을 안겨준 또 다른 그림은 미국의 화가 캐시우스 마르셀

개 조심: 폼페이 비극 시인의 집 현관
바닥에 깔린 모자이크 경고문.

러스 쿨리지가 그린 〈포커 치는 개〉다. L. S. 로리의 그림 속 군중 장면에 등
장하는 수많은 개도 놓치지 말아야 할 풍경이다.

　개는 소설과 영화에도 무수히 등장한다. 『오즈의 마법사』에 나오는 토
토, 『데이비드 코퍼필드』에 나오는 지프, 『해리 포터』 시리즈의 팽, 벨기에

의 만화 시리즈 『땡땡의 모험』에 나오는 밀루, 『피터팬』의 나나, 그리고 내가 제일 좋아하는 도디 스미스의 『101마리 달마시안』에 나오는 점박이 개들 전부. 잭 런던은 진지한 문학적 의도를 가지고 개를 소재로 한 소설을 썼다. 낸시 미트포드의 소설 『사랑을 찾아서』에 나오는 사냥과 낚시를 즐기는 귀족 매튜 삼촌은 런던의 소설을 언급하며 이렇게 말한다. "내 평생 읽은 책이 딱 한 권인데 그게 (잭 런던의) 『늑대개』야. 그 책이 겁나게 좋아서 다른 책은 굳이 읽으려 하지 않았어."

개는 다양한 기능을 위해 사육되었다. 콜리와 목양견은 양치기 개로, 하운드와 포인터는 사냥개로, 리트리버와 스패니얼은 총기 사냥용(아니면 최소한 총에 맞은 동물을 집어 오는 역할)으로, 테리어는 쥐를 잡는 용도로 품종이 개량되었다. 개는 품종 개량한 다른 어떤 동물보다도 (다윈의 표현을 빌자면) 인위적 선택이 세대 간의 외양과 행동을 바꿀 수 있는 특별한 방법임을 잘 보여준다. (다윈은 대단한 개 애호가였다. 그는 열여섯 살 때 아버지에게 심한 꾸중을 들었다. "너는 사냥과 개, 쥐 잡는 일밖에는 관심이 없구나. 너뿐 아니라 가족에게도 망신이나 안기겠지.")

개의 품종 개량은 끝날 줄 몰랐다. 요크셔테리어는 몸무게가 100그램밖에 안 되는 반면 잉글리시 마스티프는 155킬로그램까지 나간다. 그레이트데인은 체고가 106센티미터로 측정되는가 하면 요크셔테리어는 6센티미터에 불과하다. 치와와와 아이리시울프하운드의 키 차이는 약 75센티미터에 이른다. 일부 품종은 특히 귀엽다는 반응을 유발하도록 설계되었다(16장 '판다'와 52장 '바다표범' 편을 보라). 평평하고 둥근 얼굴에 두 눈이 큰 개는 인간의 아기와 비슷해 기르고 싶은 욕망을 불러일으킨다. 하지만 이러한 개량이 개에게 늘 이로운 것은 아니다. 복서, 불도그, 페키니즈, 퍼그 같은 개는 입 부분이 납작해 평생 호흡기 문제를 겪는다. 콧숨을 몰아쉬고 코를 훌쩍이고 코를 고는 것이 이런 종들의 평범한 일상이다. 개에게 해로운 형질 쪽으로 품종을 개량하는 다른 사례도 많다. (원래 오소리 사냥용으로 개량된) 닥스훈트와 (원래 후각 능력이 뛰어난 블러드하운드를 작게 만든) 바셋하운드는 이제 극단적으로 개량되어 몸체 길이가 지나치게 길고 배가 땅에 너무 가깝게 붙을 만큼 키가 작아져 극히 제한된 공간에서만 살 수 있고 척추 문제로 고생이 심하다. 또 한 가지 덧붙일 중요한 사항은 개를 품종 개량하는 세상에서 많은 이들이 과도한 개량에 크게 반대하고 있다는 것이다.

또 한편에서 개가 지닌 반려견의 성격은 점점 더 인간의 높은 평가를 받아왔다. 특히 제2차 세계대전 이후 집 안에서 개를 키우며 개를 '가족의 일원'으로 아끼는 일이 거부감 없이 수용할 만한 일이 되었다. 그 전에는 대체로 개를 밖에서 키웠기 때문에 '개집에 둔다'라는 표현은 '가족 구성원으로 환영하지 않는다'라는 뜻이었다. 개를 바라보는 태도의 변화 때문에 인간에게는 들개 조상에게서 훨씬 더 멀어진 개가 필요하다. 개를 중성화하는 경우도 빈번하다. 온갖 사물의 냄새를 맡고 똥 위에서 뒹굴거나 싸우는 경향을 줄여야 개가 사람들과 가족으로 함께 생활하는 데 좋다. 털갈이를 하는 개들도 환영받지 못하기는 마찬가지다. 특히 사람들에게 알레르기 질환이 증가하면서 개의 털갈이가 문제로 등장했다. 일부 종의 개들을 (털북숭이지만 털이 잘 빠지지 않는) 푸들과 교배하는 일이 많아졌다. (코커스패니얼과 푸들의 교배종인) 코카푸와 (래브라도리트리버와 푸들의 교배종) 래브라두들의 인기가 날로 높아지고 있다.

반려견과 관련된 이 모든 변화는 개발도상국에 사는 개와는 두드러진 대조를 이룬다. 개발도상국에서 개는 그냥 짐승이거나 '공동체의 소유물'이다. 이들은 총 9억여 마리로 추정되는 세계 견종 수의 4분의 3을 차지한다. 선진국의 경우 개의 용도는 점차 더 다양해지고 있다. 시각장애인과 청각장애인과 일반 장애인을 돕는 일, 심리적 도움을 제공하는 일, 약물과 폭발물의 냄새를 맡아 찾아내는 일, 노인과 어린이의 집을 방문하는 일 등을 개가 맡는다.

개는 여러 목적을 가지고 품종을 개량했지만 이들 중 일부는 불필요하게 겹친다. 그러나 우리는 여전히 개를 키우는 새로운 이유를 찾아낸다. 개에게 특수 훈련을 시켜 간질 발작과 당뇨 발생을 예측해 경고하는 일을 맡

100가지 동물로 읽는 세계사

기기도 한다. 개의 후각을 이용해 암을 조기 진단하기도 한다. 실제로 성공 사례들도 있다. 개를 포함한 여가 활동과 스포츠도 새로 등장하고 있다. (반려견과 함께하는 장애물 경기인) 어질리티(agility), (반려견과 하는 공놀이인) 플라이볼, (반려견과 함께하는 원반던지기 경기인) 프리스타일, (반려견과 한 팀이 되어 달리는) 캐니크로스(cannicross), 기본적으로 반려견과 춤추는 도그댄스라는 스포츠까지 종류도 다양하다.

　인간에게 다른 종이 필요하다는 사실을 다른 어떤 동물보다 여실히 입증하는 존재가 바로 개다. 개는 인간 세계 너머로 가서 다른 생명에게서 최상의 것을 얻어내려는 인간의 욕망을 표상한다. 과학계에서 닭살 돋는다고 싫어하는 표현들을 좀 써 볼까? 인간의 내면에는 다른 종의 동물을 사랑하고자 하는 깊은 욕망, (아니 그보다 더 중요한 욕망인) 다른 종의 사랑을 받고 싶어 하는 심원한 욕망이 있는 것 같다. 21세기 선진국에서 개가 누리는 위상을 한마디로 요약하면 이런 것이 아닐까? 개는 사랑이다.

곰

어린이에게 위안을 주는 친구

"오늘 숲으로 가면 분명 깜짝 놀랄 일이 있을 거야."

└ 앤 머레이, 〈테디 베어의 소풍〉

개가 실제 세계에서 가장 사랑받는 동물이라면 곰은 상상의 세계에서 가장 사랑받는 동물이다. 인간은 사랑을 듬뿍 받는 다정한 곰을 둘러싼 환상을 상당히 공유하고 있다. 상상 속의 곰은 실제 곰과는 사뭇 다르다. 실제 곰은 진정한 육식동물인 데다 힘들이지 않고 인간을 죽일 수 있는 맹수다. 상상 속의 곰을 현실의 곰과 혼동하지 않는 것이 좋겠다. 캐나다 브리티시컬럼비아주의 한 가이드가 내게 어떤 고객이 했다는 터무니없는 말을 전해주었다. "곰이 내 코에 묻은 꿀을 핥아 먹으면 좋겠어요."

북아메리카와 남아메리카, 유럽과 아시아에 살고 있는 곰종이 있다. 대개 커다란 몸집에 두툼하고 다부진 다리를 가지고 있다. 곰은 평발로 끈기 있게 걷는다. 우리 인간을 연상시키는 걸음걸이다. 이들은 인간처럼 척행성 보행을 한다. 발바닥과 뒤꿈치를 땅에 붙이고 걸어 다닌다는 뜻이다. 대부분의 포유류가 발톱이나 발굽으로 걷는 제행성 보행이나 발가락으로 걷는 지행성 보행을 하지만 곰은 다르다.

아주 가까이에서: 갈색곰과 새끼들(알래스카의 카트마이 국립공원 보호 지역).

귀여워 차마 쏠 수 없어: 시어도어 루스벨트 대통령이 새끼 곰을 사격하지 않은 일을 풍자한 만화. 클리포드 베리먼(1902).

오늘날 전 세계에 살고 있는 곰은 총 여덟 종이다. 판다는 앞에서 이미 다루었다(16장 참조). 북극곰은 마지막 장을 위해 따로 남겨두려 한다(100장 참조). 나머지 여섯 종은 아메리카흑곰, 아시아흑곰, 태양곰(말레이곰), 느림보곰, 안경곰, 그리고 갈색곰(불곰) 혹은 회색곰 총 여섯 종이다. 북아메리카와 유럽에서 발견되는 갈색곰과 회색곰은 같은 종이다. 이 두 녀석이 우리가 보통 '곰'이라는 단어를 들을 때 떠올리는 종이다. 엄청나게 커다란 머리에 희한하게 생긴 둥근 귀는 마치 나중에 생각나 덧붙인 듯한 모양이다. 곰의 얼굴을 정면에서 보면 터무니없을 정도로 어린이 그림책에 나올 만한 외양을 하고 있다. 그러나 옆모습을 보면 코와 주둥이 부분이 툭 튀어나온 것이 상당히 충격적으로 느껴진다. 이빨 모양이 고기를 찢어발기기에 아주 탁월하게 생겼기 때문이다. 살아 있는 곰은 순식간에 상상 속의 귀여운 곰에서 무자비한 현실의 곰으로 돌변할 수 있다.

곰은 이따금씩 인간을 공격한다. 이들은 우리 안에 '끝장났구나' 하는 절망감으로 인해 더 특별한 형태의 공포를 자극한다. 곰은 인간보다 달리기도 빠르고 나무도 더 잘 탄다. 그러니 곰에게 공격을 받는다면 당신은 이미

100가지 동물로 읽는 세계사

살아남을 가망이 없다.

1990년대의 연구에 따르면, 1년에 평균 두 명 정도가 미국과 캐나다에서 곰에게 죽임을 당했다. 반면, 개에게 물려 죽는 사람의 숫자는 15명이다. 곰에게서 안전을 지키는 최상의 방법은 곰을 놀라게 하는 위험을 감수하지 말고 당신이 주변에 있음을 곰에게 알리는 것이다. 내 가이드는 우거진 수풀 속에서 "이봐, 곰들아!"라고 반복해서 외쳤다.

곰은 어마어마하게 깊은 인상을 남기는 동물이다. 곰을 바로 앞에서 마주보는 것은 압도적인 경험이고 그래서인지 곰은 인간의 상상력에도 깊은 인상을 남겼다. 3만 5,000년 전 인류의 조상인 크로마뇽인이 곰을 숭배했다는 증거가 있다. 곰의 외모와 움직임에는 인간적인 면과 초인적인 면이 둘 다 있고 잡식성도 마찬가지다. 내가 본 유일한 유럽의 곰은 슬로바키아 산비탈에서 빌베리 열매를 잔뜩 먹고 있었다. 일부 문화권에서 곰은 조상의 영혼을 상징한다. 핀란드와 시베리아와 한국에도 비슷한 신앙이 존재한다.

우리는 이름을 지을 때 기꺼이 곰을 참고한다. 곰이라는 뜻이 들어 있는 이름은 비요른, 아서, 버나드, 오베론, 우르술라다. 곰과 자기를 동일시하는 관행은 인류의 역사 내내 내려오는 특성이다. 인간의 내면 어떤 부분은 늘 곰이 되고 싶어 한다. 큰 덩치와 포악성과 매력을 닮고 싶은 것이다. 우르술라는 '작은 곰'이라는 뜻이다.

인류가 곰을 좋아한다고 해서 곰에게 친절을 베풀고 곰을 존중한 것은 아니다. '베어 베이팅(bear baiting)'이라는 잔인한 놀이는 16~19세기에 잉글랜드에서 유명한 스포츠였다. 개들이 묶어놓은 곰을 상대로 곯리고 물어뜯어 고통스럽게 하고, 또 곰에게 또 다른 동물을 붙여 구덩이에서 싸우게 했다. 지금도 몹시 혼란스럽고 소란한 장소나 사건을 가리켜 '곰 구덩이(bear pit)'라고 부른다. 곰에게 춤을 가르치는 관행도 있다. 듣기에는 즐겁고 유쾌할 것 같지만 현실은 전혀 다르다. 어미를 죽이고 새끼 곰을 구해 오면 발톱을 깎거나 아예 제거하고 이빨도 뽑는다. 그런 다음 고리로 코를 뚫는다. 곰을 금속 바닥에 올려놓고 아래서 불을 땐다. 밧줄과 막대기로 코에 걸어놓은 고리와 새끼 곰의 발을 연결시켜놓으면 곰은 발바닥이 뜨거워 발의 위치를 이리저리 바꾸는데 그 모습이 마치 춤을 추는 것 같다. 세계 일부 지역에서는 아직도 여흥으로 곰에게 '춤'을 가르친다. 대개는 불법이다.

웅담은 한의학에서 가치가 크다. 간과 쓸개 질환 치료에 사용되기 때문이다. 곰이 만드는 쓸개즙인 웅담은 우르소데옥시콜산 함량이 높다. 이 소화액은 현재 합성이 가능하지만 천연 웅담 시장은 여전히 규모가 상당하다. 추정에 따르면, 중국과 베트남과 한국과 미얀마의 웅담 농장에서 1만 2,000마리를 대개 끔찍한 환경에서 기른다(한국 정부는 2022년 곰 사육 종식을 선언하고 2026년 1월 1일부터 전면 금지하는 협약을 체결했다—편집자). 웅담의 수입과 수출은 불법이다.

유사 인간인 곰을 둘러싼 판타지는 구전의 역사가 길다. 이러한 곰을 다루는 최초의 이야기를 쓴 인물은 로버트 사우디일 것이다. 그는 1837년 『곰 세 마리』라는 이야기책을 펴냈다. 몇 년 후 골디락스라는 금발머리 소녀의 이름이 제목에 들어갔다. 20세기 초에 시작된 폭발적인 곰 애호의 토양이 마련된 셈이다.

곰 애호는 공교롭게도 어린 시절에 대한 인상을 재고하는 풍조가 널리 퍼진 때와 시기가 일치한다. 어린 시절을 바라보는 인간의 생각이 달라졌다. 이제 어린 시절은 어른 시기를 준비하는 길고 지루한 때가 아니라 특별한 시절, 심지어 축복받은 시절로 추억거리가 되기 시작했다. 1902년 미국 대통령 시어도어 루스벨트에 관한 이야기 하나가 널리 퍼지기 시작했다. 대통령이 곰에게 총 쏘는 것을 거부했다는 사연이다. 루스벨트 대통령은 평생을 못 말리는 사냥 애호가로 살았던 인물로 한창 때 곰 사냥에 열중했다. 물론 그는 야생 지대와 야생동물 보호의 선구자이기도 했다. 그러나 루스벨트는 사냥 중에 개들에게 쫓기다가 궁지에 몰려 곤봉으로 흠씬 두들겨 맞은 아메리카흑곰에게 마지막으로 총을 한 방 쏘라는 요청을 거부했다. 죽어가는 곰을 총으로 쏴서 죽이는 것은 스포츠 정신에 위배되는 일이었기 때문이다. 물론 그는 자신만 아니면 누구든 곰의 고통을 끝내주기를 바랐을 것이다.

이 사건이 『워싱턴포스트』에 만화로 실렸다. 클리포드 베리먼의 만화였다. 베리먼은 루스벨트를 자비로운 사냥꾼으로 그려놓았다. 이후의 버전에서 곰은 더 어리고 작고 귀여운 모습으로 등장해 대통령의 관대함을 강조했다. 그 후 기이한 우연의 일치가 일어났다. 유럽과 미국 두 대륙의 장난감 제조업체들이 각기 따로, 그러나 비슷한 시기에 곰을 아동용 장난감으로 출시한 것이다. 모리스 미첨이라는 미국인은 자신의 곰 인형에 시어도어의 애칭인 '테디'를 가져다가 '테디 베어'라고 이름을 붙였다. 물론 대통령의 전폭적인 허락을 받고서 말이다. 사실 테디 루스벨트가 '테디'라는 애칭을 좋아한 적은 없었다. 독일의 리하르트 슈타이프는 아동용 장난감의 위대한 개척자로 1903년 라이프치히 장난감 박람회에 곰 인형을 선보였다.

테디 베어는 날개 돋친 듯 팔려 나갔다. 이제 테디 베어는 어린 시절을 대하는 인간의 새로운 시각에 없어서는 안 되는 존재가 되었다. 존 월터 브래튼은 1907년 〈테디 베어의 소풍〉이라는 곡을 작곡했고, 1932년 지미 케네디가 여기에 가사를 붙였다. 곰 인형은 인기를 끄는 만큼 변모도 겪었다. 곰의 얼굴은 점점 더 평평해졌고 입과 코 부분은 더 작아지거나 아예 없어졌으며 눈은 더 커졌다. 요컨대, 더 귀여운 모습으로 바뀌었다. 특정한 견종으로 품종 개량하는 사육자처럼, 미키 마우스를 바꾼 월트 디즈니처럼 장난감 제조업자들도 테디 베어의 품종을 개량한 셈이다.

테디 베어 열풍은 동화 속 수많은 사랑스러운 곰 캐릭터에 영감을 제공했다. 그중 가장 유명한 곰은 '곰돌이 푸'일 것이다. 티거의 친구로 앞에서 미리 만난 적 있는 친구다(24장 '호랑이' 편을 보라). A. A. 밀른은 1926년『곰돌이 푸』를, 그로부터 2년 후에는『푸 모퉁이에 있는 집』을 출간한다. 두 책 모두 아이들의 마음을 배경으로 하는 판타지 동화다. 푸는 자신이 '머리가 별로 좋지 않은 곰'이라는 점을 인정하지만 의리 있고 헌신적이며 뭐든 좋은 면만 보려는 단호한 의지가 있다. 푸는 '특별한 능력을 가진 백치'의 전형이다. 호랑이 친구 티거가 숲에 오면서 곤란한 일들이 생기지만, 푸와 친구 피글렛과 (숲의 주인인) 인간 아이 크리스토퍼 로빈은 이런 대화를 나눈다.

"티거는 괜찮아, 정말로." 피글렛이 느릿느릿 말했어.

"물론이야." 크리스토퍼 로빈이 말했지.

"모두들 정말 그래. 그게 내가 생각하는 거야. 하지만 나는 괜찮은 것 같지 않아." 푸가 말했어.

"물론 너도 괜찮아." 크리스토퍼 로빈이 말했지.

곰을 착하고 친절하고 순진한 동물로 그리는 전통, 인간에게 자신에 관한 몇 가지 중요한 진실을 말해줄 능력이 있는 존재로 묘사하는 전통은 마이클 본드의 패딩턴 동화에도 그대로 나타났다. 『내 이름은 패딩턴』은 1958년에 출간되었다. 본드가 BBC 방송국의 카메라맨으로 일할 때였다(본드는 나의 아버지와 함께 많은 프로그램을 만들었다). 이 책의 숨은 주제인 친절, 관용, 예의, 그리고 타인에게서 가장 좋은 모습을 보려는 의지는 영화 《패딩턴》과 《패딩턴 2》에서도 분명하게 표현되었다. 패딩턴은 자신을 입양한 가족과 주변 지역사회 전체를 더 행복하고 너그럽고 다정하게 만드는 자질을 상징한다.

판타지 속의 곰은 수많은 선한 덕목을 표상하지만 이들은 무엇보다 어린 시절 우리의 위안이 되어주었다. 20년 전 암스테르담으로 가족 여행을 떠난 적이 있다. 당시 여섯 살 난 아들을 두고 나갔다가 호텔로 돌아오는 길에 우리는 거리에서 우리 가족이 묵는 객실의 불 켜진 창문을 올려다보았다. 우리 큰아들(그때는 동생이 태어나기 전이었지만)이 식구들이 돌아온다며 창가에 가져다놓은 곰 인형이 보였다. 환영의 표시였다. 곰이 이렇게 인간에게 위안을 주는 동안 현실의 곰은 우리가 상상 속에서 그리는 모습과는 딴판인 삶을 계속 살아가고 있다.

035
낙타

혹이 한 개 또는 두 개?

"낙타의 혹은 동물원에 가면 볼 수 있어.

하지만 그 추한 혹은 우리에게도 생길 수 있어.

우리가 게으름을 부린다면 말이야."

└ 러디어드 키플링, 『아빠가 읽어주는 신기한 이야기』

인간의 조건을 지배하는 특징 하나는 모순된 두 가지 관념을 동시에, 그것도 오랫동안(심지어 사는 내내) 유지하는 능력이 있다는 것이다. 모순을 포용하는 능력이 없다면 삶은 견딜 수 없는 것이 될지도 모른다. 진화도 마찬가지다. 우리는 진화에 대한 모순된 관념을 즐긴다. 진화란 완벽을 추구하고 포착하는 것이라고 생각하는 동시에, 일부 동물은 추하고 기형이며 잘못 잉태된 데다 어찌된 일인지 모르지만 일종의 우주적 오류나 신의 오류를 상징한다고 치부해버리는 것이다. 인간은 이렇듯 상반된 두 가지 견해 모두에서 위안을 얻는다. 둘 다 틀린 생각임에도 불구하고 이러한 태도는 변하지 않는다. 어쩌면 이 책에서도 두 가지 상반된 관념이 무의식적으로 나타나고 있는지도 모르겠다. 그런 생각의 방향이 옳지 않음을 잘 알면서도 나 역시 이러한 모순에서 자유롭지 못하다.

우리가 이 근원적인 모순을 견지하면서 바라보는 동물 하나가 있다. 바로 낙타다. 낙타를 사막의 배, 다시 말해 건조한 지역을 이동하는 데 최적화

이국적 정취: 왕들을 태운 낙타, 〈동방박사들의 경배〉, 안드레아 만테냐(1463-1464).

된 존재인 동시에 또 한편으로는 사공이 많아 배가 산으로 가서 생긴 괴물, 즉 자연이 서투른 솜씨로 아무렇게나 빚어놓은 실패작으로 보는 것이다.

다시 말하는 진실이지만 진화는 완벽함을 추구하지 않는다. 진화가 완벽함을 추구하는 방향으로 진행된다는 생각은 거짓이다. 발바닥을 땅에 붙이고 양발로 걷는 척행식 보행을 하느라 허리 통증에 시달리는 인간이라면

100가지 동물로 읽는 세계사

이 진실을 잘 이해할 수 있다. 어쨌거나 진화는 완벽함을 향하지 않지만 그렇다고 절망적인 생명체를 생산하지도 않는다. 진화는 앞에서 살펴본 대로 후손을 낳을 수 있는 역량을 가진 생명체를 산출하는 일이다. 인간이 암에 면역력을 갖도록 적응하지 못한 원인은 무엇일까? 암에 저항력이 있었다면 완벽한 쪽으로 올바른 걸음을 내딛고 있다고 말할 수 있을 텐데 말이다. 하지만 암은 주로 자식을 출산할 수 있는 나이 이후에 닥치는 병이다. 따라서 암을 이기는 면역력은 자연선택이 고려하는 요인이 아니다. 이것이 진화의 실상이다.

낙타는 걸어 다니는 완벽함 자체는 아니지만 그렇다고 신의 실패작도 아니다. 낙타는 최소한 서양에서는 다소 우스꽝스러운 동물로 인식되었으나 사막에 아주 훌륭하게 적응한 동물이다. 그러니 일단 한 개의 혹(아니 두 개일 수도 있다)부터 이야기를 시작해보자.

현존하는 낙타는 세 가지 종이 있다. 혹이 하나인 단봉낙타는 대부분 서아시아와 아프리카 뿔 지대(아프리카 대륙 동쪽 끝에 코뿔소 뿔처럼 튀어나온 소말리아 반도 인근을 가리킨다—옮긴이)에서 진화해 살고 있다. 혹이 두 개인 쌍봉낙타는 중앙아시아 박트리아가 주 서식지다. 박트리아는 힌두쿠시산맥 북쪽 지대다. 단봉낙타와 쌍봉낙타는 현재 품종 개량이 완전히 이루어진 상태다. 물론 오스트레일리아와 인도와 카자흐스탄의 단봉낙타 중에 야생종 개체군이 일부 있기는 하다. 유일하게 남은 야생종은 야생쌍봉낙타로 개량된 종과는 다른 종으로 알려져 있으며, 고비사막과 타클라마칸사막에서 발견된다. 개체 수는 1,000마리가 약간 넘는 정도로 적색 목록에서 위급(CR) 종으로 분류된다.

남아메리카에도 낙타와 관련된 종들이 있다. 라마, 알파카, 비쿠냐, 구아나코다. 이들은 북아메리카에서 진화했다. 낙타의 조상은 베링육교(빙하기에 약 1,600킬로미터 폭으로 아시아와 북아메리카를 이었던 육지—옮긴이)가 사라지기 전에 이곳을 건너 시베리아로 들어갔고 아시아를 가로질러 퍼져 나갔다.

낙타는 사막 생활에 놀라울 만큼 잘 적응했는데, 혹이 사막 적응의 핵심 역할을 한다. 거대한 지방층인 혹은 필요할 때 수분과 에너지를 공급한다 (속설처럼 혹에 물이 가득 차 있는 것은 아니다). 낙타는 물을 전혀 마시지 않고도 최대 열흘까지 버틸 수 있다. 신선한 녹색 식물을 먹을 수 있다면 더 오래 버틴다. 가죽같이 딱딱하고 질긴 주둥이 덕에 가시 천지인 사막 식물도 불편함 없이 먹을 수 있다. 낙타는 최적이 아닌 사료로도 더 오래 버틸 수 있다. 낙타가 숨을 내쉴 때 발생하는 수증기는 사막의 공기 중으로 흩어지지 않고 몸속에 그대로 머문다. 물이 귀한 사막에 적응한 결과다.

낙타의 발은 넓적하고 발가락은 두 개다. 덕분에 체중을 모래에 골고루 분산시킬 수 있다. 모래사막에는 '페쉬 페쉬(fech fech)'라는 지형이 있다. 표면은 단단하지만 아래에는 아주 푸석한 모래가 숨겨져 있는 지형이다. 사막에서 차량을 운전하는 사람들이 가장 두려워하는 유형의 모래지만 낙타는 아랑곳하지 않는다. 이들은 이런 지형을 아무렇지 않게 걸어 다닌다. 모래폭풍이 일면 콧구멍을 닫아버리면 되고, 투명 눈꺼풀이 한 겹 더 있어 사막에서 눈을 뜨고도 눈을 보호할 수 있다. 눈에는 두꺼운 속눈썹이 달려 있고 귀는 두꺼운 털로 덮여 있어 모래를 잘 막을 수 있다. 체중의 30퍼센트를 잃어도 지장이 없고 물을 200리터 정도 마시면 체중을 회복한다. 게다가 많은 양의 물을 3분 만에 마신다.

낙타는 3,000년 이상 길들여져왔다. 낙타는 사람과 물건을 실어 나르고 고기와 젖 형태로 먹을거리를 제공한다. 가죽은 옷과 침구와 집(텐트와 유목민의 집인 유르트)의 재료가 된다. 낙타는 사람 한 명을 태운 채 하루 동안 130킬로미터의 거리를 이동할 수 있다. 짐을 가득 실은 낙타(270킬로그램까지 실을 수 있으나 보통은 그 절반만 싣는다)는 그 절반 정도의 거리를 이동할 수 있다.

이미 언급한 대로 예언자 무함마드는 메카를 떠난 후 박해를 피해 타우르 동굴에 숨었다. 그는 낙타 세 마리를 타고 당도한 추종자의 도움으로 동굴을 벗어난다. 이들은 메디나로 향한다. 보통 11일 걸리는 여정을 8일 만에 마친 무함마드는 메디나에서 뜨거운 환영을 받는다.

『성경』에는 수많은 낙타가 등장한다. 대개는 족장과 관련 있다. 그중에서 아브라함이 가장 유명하다. 『성경』에 나오는 낙타가 시대착오의 산물이라는 설도 있다. 낙타는 『성경』에 기술된 시기보다 나중에 길들여졌기 때문이라는 것이다.

서양에서 낙타는 어쭙잖고 다루기 힘들며 아주 무례한 동물로 알려져 있다. 러디어드 키플링은 영국군에서 활용하는 짐 운반용 낙타를 위한 행진곡을 썼다.

못해! 안 돼! 싫어! 안 해!
그냥 대열만 따라갈 수밖에!
누군가의 짐이 등에서 떨어지네.
그 짐이 내 것이라면 얼마나 좋을까!

나는 낙타를 직접 본 적이 있기 때문에 이러한 편견에 반박할 수 있다. 승마 기술을 수행하도록 훈련받은 낙타를 타보는 신나는 기회가 있었기 때문이다. 구보 중에 발을 바꾸는 답보 변환 같은 동작도 훈련에 포함되어 있다. 내가 탄 낙타는 쌍봉낙타였기 때문에 나는 두 개의 혹 사이에 올라앉았다. 나를 태운 낙타가 능동적이고 매력적이라는 느낌이 들었다. 낙타에게 보내는 신호와 반응 사이에 약간의 시간 지체는 있었다. 배를 운항하는 것과 비슷한 지체였지만 곧 시차에 적응해 아주 즐겁게 낙타를 탔다. 낙타 주인은 마술(馬術) 쇼나 대회에서 실크해트와 연미복을 착용하고 공연도 했던 사람들인데, 낙타는 함께하기 즐거운 동물이라고 말해주었다. "다만 낙타는 좋아하지 않는 일을 하라고 심하게 몰아붙이면 그 자리에 누워버립니다"라는 말도 덧붙였다.

낙타는 침을 뱉는다는 악명에 시달린다. 그럴 만한 이유가 충분히 있다. 낙타는 불안하거나 스트레스를 받으면 위(胃) 내용물을 토해놓는다. 그것을 보고 침을 뱉는다고 표현하는 것이다. 이것은 공격이 아니라 어디까지나 방어기제다. 이들은 고도로 사회적이고 무리를 지어 사는 포유류이며 거대 포유류 중 앉아서 교미를 할 수 있는 드문 동물이다.

서양 문화에서 낙타는 이국적 취향을 불러일으키는 동물이기도 하다. 낙타 한 마리면 이국적인 이미지가 바로 떠오른다. 마르크스 형제가 1946년에 만든 영화 《카사블랑카의 밤》의 포스터를 보라. 낙타는 영화에 나오는 크리스마스 이야기의 핵심이다. 동방박사, 즉 동방에서 온 현자인 세 왕은 최초의 크리스마스 선물을 들고 그리스도의 탄생을 축하하러 온다. 예로부터 이들은 낙타를 탔다. 동방의 현자가 방문했다는 것은 구세주의 탄생이 특정 지역에 국한된 문제가 아니라 전 세계에 영향을 끼친 사건이고, 여기에는 이국 사람들도 포함된다는 의미를 내포한다. 그리스도의 탄생을 그린 만테냐의 회화에서도 쌍봉낙타를 찾아볼 수 있다.

T. S. 엘리엇의 시 〈동방박사의 여정〉에도 그리스도의 탄생을 보러 오는 낙타 이야기가 나온다.

> 그리고 낙타들은 피부가 벗겨져(galled)
> 발이 쓰리니 걷기를 마다하고(refractory)
> 질척이는 눈 위에 드러누워버렸네.

시에 나오는 'gall'이라는 단어는 낙타에 채운 보조 도구 때문에 피부가 쓸렸다는 뜻이지만 '성격이 나쁘다'라는 의미도 있다. 'refractory'라는 단어는 '완고해 다루기 힘들다'라는 뜻이다. 엘리엇은 크리스마스 이야기를 새롭게 상상해 썼지만 낙타에 관한 고대 서구의 편견은 그대로 차용했다. 이러한 통념은 앤서니 파월의 12권 연작소설 『시간의 음악에 맞춰 춤을』에서도 계속된다. 소설 속의 인물 X 트래프넬은 『낙타를 타고 무덤까지』라는 소설을 쓴다. 작가는 이렇게 설명한다. "나는 그것이 인생임을 즉시 알아차렸다. 어떻게 이보다 잘 묘사할 수 있단 말인가? 제대로 통제할 수 없는 불편한 운송

100가지 동물로 읽는 세계사

수단(낙타)을 타고 계획되지 않았지만 돌이킬 수 없는 바위투성이 길을 따라 황무지를 흔들리며 지나는 것, 투박하지만 거짓 없이 정해진 목적지를 향해 가는 것, 그것이 인생이다."

나무랄 데 없는 비유지만 낙타로서는 참 억울한 노릇이다.

펭귄

우리가 사랑하는 광대

"펭귄을 보고 있으면 화를 내려야 낼 수 없다."

└. 존 러스킨

우리는 독수리에게서는 영광을, 사자에게서는 장엄함을, 곰에게서는 안아주고 싶은 사랑스러움을 발견한다. 이 모든 발견은 다른 어떤 종보다 우리자신, 즉 인간이라는 종에 관해 많은 이야기를 들려준다. 그렇다면 펭귄에게서 우리가 발견하는 것은 무엇일까? 우스꽝스러움, 희극성이다. 이 희극성에는 감동적인 품위와 존귀함, 아무리 힘들어도 늘 무대로 돌아가 청중을 즐겁게 해주는 광대의 품위 같은 것이 있다.

나는 야생동물을 이렇듯 인간의 눈으로 투사해 보는 태도가 늘 불편했다. 1950년대 말 내가 초등학교에 다니던 시절, 모든 것을 요란한 음악으로치장해 우스꽝스럽게 만들어버린 월트디즈니사의 자연 관련 영화를 보면서화가 나 조용히 눈물을 흘린 기억이 난다. 반 친구들이 그런 영화를 보며 바보같이 웃고 있는 모습은 최악이었다. 나는 그런 영화가 흥행하는 것이 괴로웠다. 그들은 동물을 희화화하면서 돈을 버는 셈이었고, 내게는 그것이 신성모독처럼 느껴졌다.

하지만 일부 동물이 인류 대다수에게 웃음을 이끌어낸다는 사실을 피할 수 없다. 펭귄은 이러한 동물 중 상위에 속한다. 펭귄은 전 세계 사람들이 가장 좋아하는 새일까? 그럴 확률이 매우 높다. 펭귄은 만찬용 정장을 입은 어린 신사처럼 생겼다. 작고 통통한 광대처럼 뒤뚱거리며 걸어 다니지만 물속에서는 제트기처럼 날쌔게 헤엄친다. 펭귄은 우스꽝스러우면서도 멋지다. 게다가 인간을 닮았다.

그것이 문제의 핵심이다. 펭귄의 희극적 성격은 우스꽝스러운 새여서가 아니라 우스꽝스러운 사람처럼 보이는 데서, 아니 이들이 인간을 패러디하는 것처럼 보이는 데서 나온다. 까탈을 부리고 품위를 지키는 듯하지만, 바보스러운 걸음걸이에 걷기보다 배를 깔고 활처럼 휘어 미끄러지면서도 앞으로 가려는 부단한 의지, 게다가 늘 진지하기 짝이 없는 표정으로 돌아다니는 모습에 지키려던 품위가 한 방에 날아가는 모습이 왠지 인간을 떠오르게 한다. 펭귄은 자신이 우스꽝스럽게 보인다는 사실을 모르기 때문에 그 희극성이 배가된다. 적어도 겉으로 보기에는 그렇다.

오늘날 지구상에 현존하는 펭귄은 18~20종이다. 과학자마다 분류 방식은 조금씩 다르지만 이들 중 보다 중요한 종이 하나 있다. 황제펭귄이다. 이들은 남극대륙에서 어떻게 저럴 수 있을까 싶을 정도로 금욕주의자들이다. 이들은 시속 200킬로미터의 강풍 속에서 알을 보호하기 위해 옹기종기 모여 딱 붙어 서 있다. 이런 행동을 '허들링(huddling)'이라고 한다. 이들은 먹이도 제대로 먹지 못하고 두 달을 이렇게 보낸다. 파트너가 교대를 해주어 알 품는 일에서 놓여나더라도 바다까지 120킬로미터를 행군한 다음에 먹을 것을 구해야 한다.

희극성과 용맹함 때문에 펭귄은 인간이 좋아할 수밖에 없는 새인 듯 보인다. 두 가지 특성 모두 인간의 해석이지만 말이다. 펭귄은 호기심과 경외감과 웃음을 자아내는 동물이다. 감탄과 강력한 보호 본능까지 자극한다. 런던 동물원은 1865년에 처음으로 펭귄을 들였고, 이 황제펭귄은 즉시 선풍적인 인기를 끌었다. 그 후 다른 펭귄종도 동물원에 들어왔다.

펭귄은 동물원에서 빠뜨릴 수 없는 구경거리가 되었다. 관객을 틀림없이 만족시키는 보증수표였다. 볼 만한 펭귄이 없다면 동물원이라 할 수 없을 정도였다. 대중은 펭귄의 놀라운 변화를 늘 흥미진진하게 지켜보았다. 땅 위에서는 우스꽝스럽게 뒤뚱거리다가도 물속에서는 날쌔게 날갯짓하는 기막힌 대비를 보며 즐거워했다. 어리숙한 클라크 켄트가 공중전화 부스에 들어갔다 나오면 금방 슈퍼맨으로 변신하는 것처럼.

펭귄은 전적으로 남반구에 사는 조류다. 물론 남극대륙에만 사는 것은 아니다. 펭귄종 가운데 절반 정도는 온대 바다를 선호하며 갈라파고스펭귄은 열대종이다. 펭귄은 모두 날지 못한다. 대신에 기가 막히게 헤엄을 잘 친다. 펭귄의 날개는 물속에서 사용하도록 적응되었기 때문에 공중에서 새가 날갯짓하듯 물살을 가르며 헤엄칠 때 쓰인다. 대부분의 종은 물속에서 시속 11킬로미터 정도로 전진하고 필요하면 두 배 가까이 속도를 올릴 수 있다. 주식은 물고기다. 보다 작은 종은 수면 바로 아래에서 2분 이상 잠수하는 일이 거의 없는 데 비해, 황제펭귄은 560여 미터 깊이까지 잠수하고 물속에서 20분 이상 머물 수 있다고 알려져 있다.

펭귄은 조류이기 때문에 공중에서 날아다니도록 진화했지만 비행 장비를 변형시켰고 결국은 물고기처럼 살게 되었다. 물속은 이들이 가장 능숙하게 활개 치는 공간이다. 우스꽝스럽기는커녕 속도와 민첩성에서 기적을 일구는 공간이다. 땅 위를 걸어 다니는 펭귄이 인간의 눈에 우습게 보이듯 펭귄의 눈에는 물속에 있는 인간이 우스워 보일 것이다.

야생동물을 촬영하는 기술이 진보하면서 펭귄은 인간의 의식에 훨씬 더 깊이 각인되었다. 이제 우리는 펭귄이 자기 고향 바다에서 헤엄치는 모습을 볼 수 있다. 얼룩바다표범이나 범고래가 주변에 얼쩡거릴 때 이들이 물속에서 솟구치는 모습도 볼 수 있다. 흡사 샴페인 병을 막고 있던 코르크가 펑 하고 빠져나가는 것만 같다.

무엇보다 황제펭귄들의 비범한 생활상도 알려졌다. 키가 1미터 이상 되는 황제펭귄은 현존하는 펭귄 중 가장 키가 크다(화석 펭귄 중에는 170센티미

100가지 동물로 읽는 세계사

동물원의 영원한 귀염둥이: 런던 동물원의 펭귄들. 1927년 혹서에 지친 펭귄들에게 물을 뿌리고 있다.

터짜리가 있기는 하다). 남극대륙에서는 최악의 겨울을 나기 위해 서로 단단히 껴안고 서서 알을 품고 있는 거대한 수컷 무리를 볼 수 있다. 가장 남쪽에서 번식하는 종인 펭귄이 혹독한 겨우살이를 하고 있다.

미친 듯 부는 남쪽 바람에 머리를 잔뜩 웅크린 채 무리지어 선 펭귄들은 마치 살아 있는 눈사람 같다. 아니, 펭귄이 눈을 맞고 서 있으니 눈펭귄인가. 어린 펭귄들은 무리 가운데 두어 바람을 피하게 해주고 바깥쪽에 서 있는 펭귄들은 서로 자리를 조금씩 바꾼다. 어떻게든 조금이라도 덜 추운 안쪽으로 들어가려 하고, 나머지는 내키지 않아도 가장자리로 밀려난다.

추위를 버티고 선 다음에는 바다로 돌아가는 범상치 않은 여정이 기다린다. 2005년 장편 다큐멘터리 《펭귄: 위대한 모험》이 예상을 뒤엎고 전 세계에서 공전의 히트를 기록했다. 장대한 모험에 어울리지 않는 짧은 다리로 투지 있게 걸어가는 펭귄, 가능하면 배를 땅에 깔고 내리막길에서 슬라이딩하는 이 무모하면서도 용감한 여정을 마다하지 않는 펭귄에게 어떻게 마음을 빼앗기지 않을 수 있겠는가?

2018년 펭귄은 또 한 번 뉴스거리가 되었다. BBC 야생동물 다큐멘터리 《다이너스티, 야생의 지배자들》에서 펭귄이 구조되는 영상이 방영되면서 전 세계에서 화제를 불러일으킨 것이다. 다큐멘터리 해설은 데이비드 애튼버러가 맡았다. 한 무리의 황제펭귄들이 협곡에 갇혔다. 바람에 날려 협곡으로 떨어져 빠져나갈 수 없는 상황이었다. 하늘을 날 수 없는 이들이 탈출할 수 있는 유일한 방법은 협곡을 타고 다시 올라오는 것이었으나 불가능했다.

새들이 죽어가는 모습을 지켜볼 수도 있었을 것이다. 촬영 팀은 절망의 목격자가 될 수도 있었다. 눈물을 흘리는 다큐멘터리 촬영 팀의 일원이 될 수도 있었다. 그곳에 있었다면 나 역시 눈물을 흘렸을 것이다. 눈부시게 아름답고 장엄하지만 참혹하기 이를 데 없는 야생의 세계에 나가 있을 때 으레 그렇듯이 말이다. 애튼버러 자신도 "비극은 생명의 일부다"라고 말하지 않았던가. 그것은 우리 인간도 펭귄만큼이나 잘 알고 있는 사실이다.

그러나 이런 자각을 한다고 해서 꼭 비정하게 행동하게 되는 것은 아니다. 오히려 그 반대다. 물론 야생에서는 개입하지 않는 태도가 중요하다. 아니, 꼭 필요하다. 자연에 개입하지 않는다는 규칙은 특히 야생동물 영상을 만드는 촬영 팀에게는 곱절로 중요한 철칙이다. 수개월을 자연에서 보내면서 회심의 역작을 찍어야 하는 절박함에 시달리는 이들에게는 특히 그러하다. 그러나 이번 카메라 촬영 팀은 협곡에 갇힌 펭귄들의 고통을 보고 무관심의 철칙을 뒤로하고 문제에 개입하는 데 합의했다. 팀원들은 얕은 경사면을 파서 계단을 만들었다. 그런 다음 펭귄이 탈출하는 전 과정을 촬영했다.

이 시점에서 영화는 익살스럽게 속도가 빨라진다. 결국 시청자들은 펭귄들이 (최고의 밥통을 착용한) 행군하는 시계태엽 병사들처럼 경사면을 올라와 추우나 안온한 고향의 품으로 돌아오는 모습을 볼 수 있었다.

이 과감한 개입에 전 세계 사람들은 한마음으로 우레와 같은 갈채를 보냈다. 촬영 팀의 구조 작전은 사냥을 방해한 것도 아니었고 어떤 동물의 끼니를 빼앗은 것도 아니었다. 자연의 균형을 깨지도 않았다. 게다가 이 감동적인 드라마 전체에는 드러나지 않은 무언의 텍스트가 숨어 있었다. 촬영 팀이 구한 것은 다른 어떤 동물도 아닌 무려 '펭귄'이었다는 점이다! 곤경에 처한 동물이 쥐나 민달팽이, 거미, 도시의 비둘기였다면 촬영 팀이 이렇게 강력하게 대응했을까? 이들이 그저 작은 갈색조류거나 뱀이거나 환형동물이어도 구조했을까? 설사 개입하더라도 이토록 많은 사람에게 가슴 벅찬 갈채를 받을 수 있었을까?

인간은 늘 펭귄을 사랑할 준비가 되어 있다. 스위스와 영국의 합작 클레이 애니메이션 《꼬마 펭귄 핑구》는 1990~2000년에는 스위스에서, 2003~2006년에는 영국에서 방영되었다. 어린이 공작용 점토로 기막히게 정교하고 아름답게 제작된 펭귄은 아이들과 부모들이 함께 웃으며 즐기는 인기 만화영화의 주인공이었다. 펭귄 비스킷은 1932년에 최초로 팔린 이후로 영국의 인기 간식이 되었다. 이름과 포장지 그림 덕분에 이 비스킷은 즉시 아이들의 최고 간식이 되었다. 그로부터 3년 후 한 출판사는 명작을 염가로 팔 수 있는 시장이 넓게 열려 있다고 판단했다. 문제는 책을 친근하게 만드는 것이었다. 출판사는 사랑스러운 펭귄 이미지를 표지에 넣어 친근함을 높이는 전략을 성공시켰다. '펭귄 클래식' 문학 전집은 이렇게 태어났다.

인간은 펭귄을 사랑하지만 많은 펭귄종은 여러 가지 복잡한 이유로 위기(EN) 종이 되었다. 이 가슴 아픈 진실을 알고 국제조류보호협회 해양 프로그램의 일환으로 로리 크로포드는 열정을 가득 담아 블로그를 시작했다. "믿기 힘든 일이다. 세계에서 가장 사랑받는 조류 중 하나가 멸종 위협을 받는 상황에 처했다는 것, 그리고 절박한 보호 조치에 자금이 꼭 필요하다는 것 말이다. 그 조류는 펭귄이다. 영화, 만화, 장난감, 비스킷 속에서 사랑받는 스타 펭귄이라는 말이다. 아무도 모르는 무명의 동물이 아니라!"

이 문제와 관련 깊은 나라는 영국이다. 영국은 여전히 해외 영토라 불리는 중요 지역이 전 세계 곳곳에 분포해 있는 나라다. 그중 많은 곳이 적도에서 멀리 떨어진 지역에 있다. 이 지역들은 영국에 역사적으로 전략적으로 중요하다. 포클랜드제도 역시 해외 영토에 포함된다. 이곳은 펭귄에게도 중요하다. 영국 국민들은 펭귄에게 특별한 책임이 있다. 다른 모든 사람들도 마찬가지다. 만물은 늘 그렇듯 서로 연결되어 있기 때문이다.

100가지 동물로 읽는 세계사

037
문어

초인적 지능을 갖춘 외계 생명체

"그의 동행자는 다소 실망스러웠다. 문어를 향한 닥의 열정은
그가 그녀만큼 융통성 있는 사람이 아니라는 증거였다.
문어에게 중심 자리를 빼앗기고 좋아할 여자는 없다."

└ 존 스타인벡, 『달콤한 목요일』

이제야 그들(화성인들)이 제대로 보였다. 그들은 상상할 수 있는 가장
섬뜩하고 기이한 생명체였다. 지름이 1.2미터쯤 되는 거대하고 둥근
몸(아니 머리라고 해야 할까)을 가졌고, 각각의 몸체 앞쪽에 얼굴이 달려
있었다. 얼굴에는 콧구멍이 없었는데 사실 화성인들에게는 후각 자체
가 없는 것 같았다. 검은색 두 눈은 아주 컸고 눈 바로 밑에는 살집이
두둑한 부리 같은 것이 달려 있었다. 어떻게 표현해야 할지 모르겠지
만, 몸통 뒤쪽으로 단단한 고막 같은 것이 하나 붙어 있었는데 해부학
적으로 귀라고 할 수 있겠다. 물론 그 귀는 밀도 높은 지구의 공기 속
에서는 거의 쓸모없을 듯했다. 입 주위에는 채찍같이 생긴 촉수가 여
덟 개씩 두 묶음으로 나뉘어 총 16개가 달려 있었다.

위의 글은 H. G. 웰스의 소설 『우주전쟁』에서 가져온 것이다. 1898년에

문어처럼 생긴 외계인: H. G. 웰스의 『우
주전쟁』 삽화(1906).

출간된 『우주전쟁』은 문어처럼 생긴 화성인들이 지구를 침공한 이야기를
다룬 작품이다. 인간이 아닌 존재, 촉수가 있는 존재가 지능을 가지고 있다
는 무언가 불길하고 끈적거리고 깊은 불안을 자극하는 관념은 지구 외의 다
른 행성이 존재할 가능성이 대두된 이후, 아니 그보다 오래전부터 이미 우리
곁에 있었다. 우리는 늘 공포를 느낄 대상을 본원적으로 필요로 하는 존재라
온갖 종류의 괴물을 소환할 수 있었으니 당연하다.

　　문어는 사람들이 공포와 불안 섞인 판타지의 기반을 찾을 때 가장 좋아
하는 동물로 오래전부터 등극해왔다. 눈에 확연히 보이는 지능은 인간을 닮
았는데, 그렇게 뛰어난 지능이 외계인처럼 완전히 낯선 다리 여덟 개로 사는
방식과 결합되어 있기 때문이다. 노르웨이 민담 속의 크라켄은 오징어보다
문어에 가깝다. 오징어에 관해서도 살펴볼 예정이다(90장 참조). 메두사는

머리칼이 뱀인 괴물 고르곤으로, 분명 문어에서 유래한 환상의 산물이다('문어'에 해당하는 영어 단어 'octopus'의 복수명사를 명확히 해두자. 'octopi'라는 복수형은 틀린 형태다. 라틴어가 아니라 그리스어에서 유래한 'octopus'의 복수명사는 너무 세세하게 따지는 것 같지만 'octopodes'라고 해야 맞다). 하와이의 창조 신화는 문어를 과거의 우주가 남긴 피조물로 그린다. 과거의 우주라니 참 시적인 진실이 담겨 있을 법한 기분 좋아지는 전설이다. 오디세우스는 두 괴물인 스킬라와 카리브디스 사이로 항해해야 했다. 스킬라는 일종의 거대 문어로 다리가 열두 개, 머리가 여섯 개였고 머리마다 긴 뱀 같은 목이 달려 있었다. 스킬라는 오디세우스의 동료 선원 여섯 명을 먹어치웠다.

문어는 오랫동안 인간에게 친숙한 동물이었다. 주로 지중해 연안에서 그랬을 텐데, 이곳에서 문어는 인기 있는 음식이지만 동시에 너무나 낯설게 생겨 사람들의 불안을 자아냈다. 생선과는 영 딴판인 동물이니 그럴 만도 하다. 문어가 이토록 매혹적으로 다가오는 이유는 인간과 달라도 너무 다른 외양을 가진 이 생명체가 인간과 비슷한 지능을 가지고 있기 때문이다. 이들은 관련 동물인 갑오징어와 더불어 모든 무척추동물 중에서 가장 똑똑한 동물로 꼽히며, 척추동물과 견주어도 대개는 더 똑똑한 것으로 추정된다.

동물계는 척추동물과 무척추동물 둘로 나뉘지 않는다. 동물계를 연체동물과 비연체동물로 나누지 않는 것과 같다. 동물계에는 34여 개의 상이한 문(門)이 있다. 그중 하나가 척삭동물문(여기에 척추동물이 포함된다)이고, 또 하나는 곤충과 거미와 게를 모두 포함하는 절지동물문이다. 또 다른 하나는 연체동물문이다. 민달팽이, 달팽이, 굴, 문어가 이에 포함된다.

문어는 300종이 넘는 것으로 추정된다. 웰스의 소설 속 화성인처럼 눈이 두 개에 부리가 달려 있지만 입은 눈 밑이 아니라 여덟 개 다리의 중앙에 위치한다. 다리가 촉수나 팔이나 발보다 더 올바른 표현이다. 몸이 말랑하기 때문에 자유자재로 모양을 바꿀 수 있고 비교적 좁은 공간에도 숨을 수 있다. 시력이 탁월하며 신경계가 고도로 복잡한 데다 모든 무척추동물 중에 뇌와 신체의 질량 비율이 제일 높고 다수의 척추동물보다도 높다. 그러나 문어의 지능은 뇌의 영역에만 해당하지 않는다. 문어의 신경계는 다리에 제한된 자율성을 부여한다. 다시 말해 문어의 지능은 우리가 상상할 수 없는 방식으로 작용한다.

문어는 지구의 바다 어디든 서식하고 있다. 주로 바닥에 살면서 자유롭게 헤엄치고 산호초 사이에도 서식한다. 이들은 대양의 밑바닥을 여유 있게 기어 다니고, 거미(57장 참조)와는 반대로 다리를 제멋대로 펼치며 자유자재로 기분 좋게 이동한다. 이들은 헤엄도 칠 수 있고 숨관으로 물을 내뿜는 제트 추진을 이용해 포식자에게서 신속히 벗어난다.

문어는 크기 편차가 심한 동물이다. 자이언트태평양문어는 15킬로그램의 무게에 다리를 펼친 길이는 4.3미터에 이른다. 훨씬 더 큰 다른 표본도 있다는 주장이 제기되기도 한다. 반면, 별빨판피그미문어(울피문어)는 다리를 다 펼쳐도 2.5센티미터밖에 안 될 만큼 작다.

영국의 텔레비전 SF 드라마 《닥터 후》에는 우드라는 외계인이 나온다. 이들은 기본적으로 정장을 입은 문어다. 주인공인 닥터는 심장이 두 개지만 진짜 문어는 심장이 세 개다. 이들은 다리에 화학수용체도 달려 있다. 이런 까닭에 (32장에서 소개한 집파리처럼, 그러나 완전히 다른 시스템으로) 이들은 촉각을 이용해 맛을 본다.

그리고 문어의 지능은 가짜가 아니라 진짜다. 과거에는 도구 사용이 인간과 다른 동물 전체를 구분하는 특징 중 하나라고 생각했다. 그러나 문어는 도구 사용조차 척추동물에게 국한된 현상이 아니라는 점을 보여준다. 이들이 코코넛 껍질을 이용해 집을 짓는 모습이 관찰되었다. 실험실에서 미로 실험을 시행한 결과, 이들은 장기 기억과 단기 기억이 뛰어난 것으로 밝혀졌다. 또한 논쟁의 여지는 있지만 형태와 무늬를 구분할 줄 알며 관찰 학습도 가능하다. 다시 말해, 과제를 지켜본 후 이를 모방한 다음 숙달까지 한다는 뜻이다. 이들은 개별 인간을 알아본다. 수조 속 문어에게 두 명의 실험실 조수를 보여주었다. 한 사람은 먹이를 주었고 다른 사람은 철사 브러시로 늘 괴롭혔다. 곧 문어는 첫눈에 자신을 괴롭힌 사람을 피해 숨었고 먹이를 준

사람 앞에는 모습을 드러냈다.

문어의 지능을 목격한 단편적인 증거들도 놀라웠다. 수조 속 문어는 수조의 산소 공급 장치를 이용해 병에 물을 뿜는 등 병을 가지고 놀 줄 알았다. 문어는 지루할 때까지 같은 놀이를 10여 차례 반복했다. 문어는 정기적으로 수조 위로 기어 올라가 먹이와 친구를 찾고 번식 행위를 하려고 했다. 문어는 먹이를 찾아 배 위로 기어 올라온다고 알려져 있다. 게다가 이들은 바닷가재를 잡는 통발에도 꽤나 자주 들락거리며 미끼를 훔쳐 간다.

문어의 놀라운 점은 이들이 똑똑하면서도 인간과 다른 방식으로 똑똑하다는 것만이 아니다. 이들의 지능은 인간의 지능과 완전히 분리된 채 독자적으로 진화했다. 지능은 척추동물을 타고 전달되는 것이 아니다. 포유류, 특히 유인원까지 쭉 올라가다가 결국 인간에게서 끝나는 식으로 증가하는 지능만 있는 것이 아니라는 뜻이다. 문어의 지능은 완전히 독립적으로 진화했다. 곤충과 조류와 박쥐는 날 수 있지만(멸종한 익룡도 날 수 있었다) 모두 서로 참고하지 않고 날개를 따로 진화시켰던 것처럼, 척추동물과 연체동물 또한 따로 지능을 진화시킨 것이다.

문어는 이따금씩 진기한 성애적 에너지를 가진 존재로도 등장한다. 이를 가장 잘 드러내는 사례가 가쓰시카 호쿠사이가 1814년에 제작한 채색 목판화 〈어부의 아내가 꾸는 꿈〉이다. 그림 속에서는 거대한 문어가 여인의 온몸을 유린한다. 성애적인 문어는 제임스 본드의 첩보 시리즈물에도 등장한다. 처음에는 이언 플레밍의 단편집 『옥토퍼시와 리빙 데이라이트』에 등장하고, 나중에는 로저 무어가 007로 출연하는 영화 《옥토퍼시》에 나온다.

웰스의 소설에 나오는 화성인이 지구를 침공한 이후 수천 명의 외계인이 같은 계략을 시도했다. 미끌거리는 촉수와 거대하고 영민해 보이는 눈을 가진 외계인이 얼마나 많은지 놀라울 따름이다. 외계인의 지능에 우리는 매료된다. 그리고 문어는 우리가 아는 어떤 존재보다 인간과 동떨어진 형태의 지능을 표상한다.

038
돌고래

미소 천사

"돌고래를 보고 있으면 녀석이 나만큼 똑똑하다는 것을 알게 된다."

↳ 캡틴 비프하트

"지구라는 행성에서 인간은 늘 자신이 돌고래보다 더 똑똑하다고 생각해왔다. 바퀴, 뉴욕, 전쟁 등 자신들이 이룬 것이 아주 많다는 이유에서다. 반면, 돌고래가 이제껏 해놓은 것이라고는 물속에서 즐거운 시간을 누리며 빈둥거린 것뿐이다. 하지만 반대로 돌고래는 늘 자신이 인간보다 훨씬 더 똑똑하다고 생각했다. 자신이 빈둥거린다는 이유에서 말이다." 1979년 처음 출간된 더글러스 애덤스의 『은하수를 여행하는 히치하이커를 위한 안내서』에서 발췌한 구절이다. 이 구절은 인간 문화에서 돌고래를 바라보는 눈이 어떻게 달라졌는지 확실히 드러낸다. 인간은 늘 돌고래를 좋아했고 감탄의 눈으로 바라보았다. 신화에서 돌고래를 혹평하는 증거는 찾기 힘들다. 1960년대 이후 돌고래의 평판은 훨씬 더 높이 치솟았다. 돌고래는 높은 지능과 즐거움과 기쁨이 넘쳐 보이는 태도, 완벽하게 다듬어놓은 듯한 생활 방식의 조합으로 유명해졌다. 일각에서는 돌고래를 인간이 따라야 할 모범으로 여긴다. 인간은 지능을 이용해 돌고래처럼 기쁨과 평화가 넘치는 삶의 방식에 도달해야 한다는 것이다.

돌고래 역시 과학적으로 엄밀한 용어가 아니다. 평상시에도 충분히 작동하는 보통의 분류법과 과학이 목표로 하는 정확하고 명확한 분류법 사이의 충돌은 돌고래 분류에서도 나타난다. 참돌고래과에는 대략 40종이 속해 있다. 여기에는 우리가 통상 고래라고 생각하는 여섯 종이 포함된다. 그중 가장 유명한 고래는 범고래다. 강돌고래도 여섯 종 정도 되고 네댓 개의 상이한 과에 포함된다. 이들에 관해서는 양쯔강돌고래를 다루는 장에서 다시 살펴보겠다. 강돌고래의 흔한 이름은 이들이 살고 있는(혹은 살았던) 강의 이름을 반영한다. 가령 갠지스강돌고래, 양쯔강돌고래(74장 참조) 등이다. 쇠돌고래는 얼굴에 부리가 달린 참돌고래와 달리 주둥이 부분이 뭉툭하며, 참돌고래처럼 화려하게 도약하는 행동도 보이지 않는 별개의 과로 분류된다.

돌고래라는 단어는 대개 30여 개 정도의 바다 포유류를 지칭하며, 이들은 특히 대서양에서 흔히 발견되는 큰돌고래를 의미한다. 주로 이들이 돌고래 쇼를 하는 '돌고래 수족관'에서 훈련을 받고 공연을 한다. 1960년대 중반 아동용 텔레비전 시리즈물《플리퍼》에서 플리퍼는 흔한 큰돌고래로 인간을 연상시키는 방식으로 행동하도록 훈련을 받았다. 이 프로그램은 '수중의 래시'(인기 소설『명견 래시』에 나오는 콜리어종 래시를 돌고래에 비유했다—옮긴이)라고 불렸고 플리퍼의 많은 장면을 담아냈다. 플리퍼의 절반은 물 밖에서 길러져 두 명의 어린 인간 형제들과 열정적으로 소통하며 언제나 얼굴에 미소를 짓고 있는 모습으로 등장했다.

포유류의 옛 조상들은 물을 떠나 육상에 살게 되었지만 이들에게 진화의 패턴은 전혀 없다. 그저 물을 떠날 좋은 기회를 우연히 얻었다는 것이 유일한 공통점이다. 결국 돌고래의 조상, 즉 발굽이 있는 초식 포유류는 거의 5,000만 년 전 다시 물로 돌아가 반수생동물로 살기 시작했다. 고래 및 돌고래와 가장 가까운 육상동물로는 하마 두 종이 있다. 이들은 여전히 반수생이다. 그러나 돌고래는 수생이다.

돌고래는 빠르고 민첩하기 때문에 빠르고 민첩한 먹이도 잘 잡을 수 있다. 원뿔형 이빨로 생선과 오징어도 꽤 잘 잡는다. 이들이 헤엄치는 동작은 위아래로 오가는 형태이고, 이는 일부 대형 포유류들이 달릴 때 사용하는 방식, 즉 척추를 위아래로 구부리는 방식에 잘 반영되어 있다(물고기는 등뼈를 양옆으로 움직여 이동한다). 돌고래는 먹이나 다른 돌고래를 찾아낼 때 수중 음파 탐지기를 이용한다. 멜론이라는 머릿속 지방질 기관을 통해 커다란 흡착음을 내어 그 반향을 듣는 것이다. 이들은 강력한 사회생활을 영위하며, 이는 많은 종에서 고도로 발달된 소통 기술과 우리가 지능이라고 분류하는 것의 발전으로 이어진다.

나는 스리랑카 해변 연안에서 1,000여 마리의 긴부리돌고래에 둘러싸여 한 시간을 보낸 적이 있다. 이들은 끊임없이 물속에서 뛰어올랐다가 공중에서 수평축(가로축)을 중심으로 두세 차례, 심지어 그 이상도 회전하다가 수면을 철썩 치고는 다시 물속으로 뛰어 들어갔다. 당시 나는 이런 장관을 보는 인간이라면 누구나 인간의 조건에서 벗어나 돌고래들과 영원히 놀고 싶어 하리라는 생각이 들었다. 우리는 돌고래에게 공감하는 경향이 강하고, 요즘 버킷 리스트에 일반적으로 오르는 소원 중 하나도 돌고래와 헤엄치는 것이다. 이들의 완벽한 수중 사회에 잠시나마 합류해보고 싶은 것이다. 물론 이것이 돌고래 사회보다는 우리 자신과 우리의 염원에 관해 더 많은 것을 말해주는 감상적인 생각이라는 것을 모르는 바는 아니다.

심해에 사는 대부분의 동물은 우리에게서 멀리 떨어져, 육지에 애착이 강한 우리의 두뇌로는 상상할 수 없는 방식으로 살아간다. 그러나 돌고래는 다르다. 살면서 절반의 시간 정도는 물 밖으로 우리를 만나러 온다. 바다에서 나와 숨을 쉬어야 하기 때문이다. 돌고래는 인간 주거지 주변의 얕은 바다에서도 잘 지낸다. 대형 고래는 쉽게 감당하지 못할 만큼 얕은 곳이다. 돌고래는 파도치는 모양으로 이동하기 때문에 해수면 위로 뛰어오르는 모습이 일정한 패턴으로 나타난다. 대개는 속도를 내어 물 위로 뛰어올라 숨을 돌리려는 이유에서다. 이것이 포퍼싱(porpoising)이라는 이동 방식이다. 포퍼싱을 하는 이유는 에너지를 절약하기 위해서다. 밀도가 높고 물살이 센 물속

보다 밀도가 낮은 물 위의 공기를 가르며 이동하는 것이 에너지 면에서 효율적이라는 뜻이다. 아니면 생동감의 표현일 수도 있다. 물론 둘 다거나.

돌고래가 지능이 높다는 것은 학습 열의를 통해 미루어 짐작할 수 있다. 돌고래는 배를 타고 바다로 나가는 인간을 확인하러 온다. 고대 그리스인은 돌고래를 상서로운 징조로 여겼다. 바다의 신 포세이돈의 아들 타라스는 난파를 당했을 때 돌고래의 구조를 받아 육지로 무사히 귀환할 수 있었다. 육지로 돌아간 타라스는 훗날 이탈리아에 타란토라는 그리스 식민지, 뱃

사람들의 공동체를 건설했다.

돌고래는 뱃머리타기 기술을 습득했다. 선박의 뱃머리에 생기는 물살을 따라 헤엄치는 기술이다. 이렇게 하면 에너지를 적게 써도 속도를 더 낼 수 있게 된다. 이들이 뱃머리타기를 하는 이유는 이런 무임승차가 해가 될 것이 전혀 없기 때문이기도 하지만, 때로는 그저 놀자는 의도가 꽤 분명해 보이기도 한다. 돌고래는 종종 하루 먹을 식량을 구하는 데 필요한 행동 이상을 하는 것 같다. 먹고사는 문제만큼 삶의 질도 중요하다는 믿음을 인간과 공유하고 있는 것 같다. 돌고래는 틀림없이 즐긴다는 개념을 잘 알고 있다. 이들은 인간이 마음을 빼앗기지 않을 수 없는 방식으로 이러한 개념을 표현한다. 돌고래가 바다에서 솟구쳐 오르면 녀석을 바라보는 인간의 마음도 덩달아 솟구쳐 오른다.

인간과 돌고래는 거의 태생적으로 친할 수밖에 없는 것 같다. 헤엄치는 인간이 위기에 빠졌을 때 돌고래가 와서 그를 물 위에 뜨게 해 숨 쉬게 해주었다는 이야기는 많다. 돌고래는 물속에서 헤엄칠 때도 숨을 쉬면서 물 위에서 산소를 구해야 한다는 사실을 인간만큼 잘 알고 있다. 헤엄치는 인간에게 상어가 다가오지 못하게 멀리 쫓아내준 돌고래 이야기도 있다. 게다가 물고기를 잡는 일에서도 인간과 돌고래가 서로에게 이익이 되도록 협력하는 것으로 알려졌다.

할 화이트헤드와 루크 렌델은 탁월한 공저 『고래와 돌고래의 문화생활』에서 한 가지 사례를 소개한다. 카리브해에서 항해 경주를 하던 중에 선원 한 명이 배 밖으로 떨어져 바다에 빠졌다. 경주가 중단되었고 경합을 벌이던 배들이 물에 빠진 선원을 찾았지만 허사였다. 그런데 돌고래 떼가 선원을 찾아내 선원 쪽으로 다가갔다가 다시 멀어지는 행동을 반복했다. 선원은 같은 구역에서 두어 시간째 선헤엄을 치고 있었다. 수색 중이던 한 선박의 선장이 돌고래의 심상치 않은 움직임을 보고 혹시 신호를 보내는 것이 아닌지 의심해, 돌고래가 같은 행동을 반복하는 수역을 수색했고 늦지 않게 선원을 찾아낼 수 있었다. 책의 저자들은 여기서 더 나아가 돌고래에게 옳고 그

문화의 전승: 어미 돌고래가 새끼에게 해
면류 사용법을 가르치고 있다.

름을 구별하는 관념이 있는지 질문을 던진다. "고래와 돌고래가 최선을 다
해 다른 동물을 돕는 것을 보고 있자면 이들에게는 도덕성이 있는 듯 보인
다. 적어도 표면상으로는 그러하다."

돌고래와 인간의 친밀성이 증가하면서 큰 질문들이 대두되고 있다. 오
스트레일리아 연안에서 떨어진 남방큰돌고래 개체군에서 어미 돌고래가 새
끼에게 도구 사용법을 가르치는 모습이 목격되었다. 구체적으로 해저를 파
서 먹이를 찾을 때 해면류 조각을 이용해 예민한 코를 보호하는 법을 가르
친 것이다. 이것은 부정할 수 없는 하나의 형식, 다시 말해 이들에게 문화가
있다는 뜻이다. 문화가 정의상 한 세대에서 다음 세대로 '목적을 가지고' 무
언가를 전달하는 것이라고 할 때, 돌고래에게도 분명 문화가 있다. 또한 돌
고래는 정체성에 대한 명확한 인식이 있다. 큰돌고래는 정체성을 표현하는
수단으로 휘파람을 채택한다. 휘파람은 일종의 이름인 셈이다. 이들은 생애
첫 몇 해 동안 휘파람을 개발해 평생 동안 유지한다. 다른 구성원들은 이 휘
파람소리를 흉내 낸다.

우리가 돌고래의 능력과 복잡한 삶을 겉핥기식으로나마 알게 된 것은 그리 오래된 일이 아니다. 연구가 어려운 이유는 포획한 돌고래와 함께 사는 환경을 만들기 어렵고 비용이 많이 들기 때문이다. 돌고래를 알면 알수록 이들을 포획한다는 사실 자체 때문에 윤리적인 문제가 더욱 커진다. 돌고래는 가르치고 배우고 협동하고 슬퍼할 줄 안다. 우리 인간처럼 이들도 죽음을 이해한다. 일부 돌고래종의 뇌는 몸체에 대한 질량 비율이 인간에 이어 두 번째로 높다. 이들의 복잡한 뇌에서 발견된 일부 부위는 과거에는 인간에게서만 발견된 것이었다.

천사 같은 돌고래는 많은 뉴에이지 문화에서 가장 좋아하는 관념이다. 돌고래가 인간이 파악할 수 있는 수준을 넘어 완벽함에 도달했다는 것이다. 이런 인식의 출발점은 존 릴리라는 비범한 인물의 실험 때문일 가능성이 있다. 릴리는 '격리 수조'를 만들어 그 안에서 모든 감각 자극을 박탈한 채, 때로는 리세르그산디에틸아미드(LSD, 무색·무미·무취한 백색 분말로 환각 증상을 일으키는 마약의 한 종류—옮긴이)를 사용해 인간 뇌의 성질을 알아보고자 했다. 릴리는 돌고래와 소통도 시도했다. 때로는 스스로에게 LSD를 사용하기도 했다. 즐거운 돌고래라는 관념은 인간의 눈에 큰돌고래의 얼굴이 미소를 띤 것처럼 보이고, 이들의 부리가 열려 있는 모습이 행복하게 웃는 것 같다고 인식되기 때문에 강화되었다.

때로 이런 유쾌하고 기발한 생각에 대한 반응은 정반대되는 관념, 즉 디스토피아를 방불케 하는 난폭한 돌고래 사회에 대한 이야기로 반론을 제기하는 것이다. 확실히 성체 수컷 돌고래는 종종 전쟁의 상흔을 입고 돌아다니지만 (적대적인 쪽으로든 옹호하는 쪽으로든) 인간의 환상을 야생동물인 돌고래에게 강요하는 것은 돌고래를 이해하는 데는 별 도움이 되지 않는다. 돌고래에 관해 파고 팔수록 이들의 성질, 지능, 사회가 복잡하다는 것을 알게 된다. 돌고래의 지능은 비교적 최근에 발견되었다. 우리는 더 고등한 동물인 유인원의 지능이 꽤 높다는 사실은 이미 오래전부터 알고 있지 않는가. 그러므로 돌고래의 지능에 대한 발견은 새롭다는 매력이 있을 뿐 탐색해야 할 것은 아직도 많다.

바다에 사는 돌고래는 인간의 활동으로 위협받고 있다. 플라스틱과 화학물질과 소음으로 인한 대양 오염이 위협 요소다. 소음은 이들의 섬세한 수중 음파 탐지 기능을 교란시킨다. 조업용 선박들의 그물에 우연히 걸려 부수적인 수확물로 죽는 일도 다반사다. 돌고래는 헤엄을 잘 치지만 물 밖에서 산소를 호흡하기 때문에 물속에 오래 있으면 익사할 수 있다. 돌고래를 보호하는 방식으로 참치를 잡았다는 표식인 '돌고래 안전' 라벨 붙이기가 1980년대에 등장했지만 돌고래는 여전히 어획용 그물에 걸리고 있다. 이들은 양식장을 보호하려고 펼쳐놓은 그물에 걸려들기도 한다.

돌고래의 지능이나 인간과의 유사성에 대한 인식이 널리 퍼지면서 세계 속에서 인간이 차지하는 지위, 그리고 우리가 세계에서 찾아낸 것들을 마음대로 이용할 권리가 있는지에 대해 다시 한번 생각할 기회가 생겼다. 오늘날 돌고래가 포획되는 광경을 보며 사람들은 분노하고, 돌고래들이 의도치 않게 살육당하는 모습을 보며 뼈저리게 후회한다. 우리가 삶의 방식, 인간이 아닌 동물을 다루는 방식, 나아가 지구라는 행성을 운영하는 방식을 재평가해야 한다면 돌고래가 이러한 평가의 수단이 될 수 있을 것이다. 돌고래는 세계 속 인간의 자리를 더 깊고 넓게 이해하기 위한 관문이다. 이러한 판단에 감정적으로 반응하든 과학적인 엄밀함으로 대응하든 사실은 사실이다. 감정적 반응과 과학적 대응은 방식은 다르지만 둘 다 유효하다.

039

코뿔소

풍요의 뿔

"그러나 당신은 절대로 코뿔소가 되지 못할 거야.
정말 그럴 일은 없어. … 당신에게는 소명 의식이 없으니까."

└ 외젠 이오네스코, 〈코뿔소〉

서식지를 보면 거기서 어떤 종을 보게 될지 감이 온다. 이러한 감은 지식, 경험, 지역 전문가들이 보여준 것들, 야생동물 주변에 있어본 습관에서 오는 것이다. 이런 숲에서는 알락딱새를 볼 수 있지만 저런 숲에서는 볼 수 없음을 아는 것이다. 또 저런 숲이 있는 초원에서는 검은코뿔소를 발견할 것 같다는 느낌이 온다. 그런데 막상 발견하지 못하면 충격을 받는다. 무언가 잘못되었다는 느낌이 든다. 그런 느낌이 드는 이유는 실제로 무언가 잘못되었기 때문이다.

이 책을 읽는 동안 이런저런 동물이 '서식지 파괴' 때문에 개체 수 감소를 겪거나 특정 지역이나 심지어 지구상에서 멸종했다는 이야기를 많이 보았을 것이다(가령 19장 '도도' 편을 보라). 그런 동물은 더 이상 삶을 영위할 수 있는 공간이 없다. 계속해서 팽창하는 인구의 무자비한 압력 때문에 야생동물은 한계 상황에 내몰리고 일부 종은 특수한 보호구역에서만 찾아볼 수 있게 되었다.

코뿔소는 어떨까? 아프리카의 많은 지대에는 코뿔소가 살기에 최적의 서식처가 끝없이 펼쳐져 있다. 코뿔소만 있으면 되는데 막상 코뿔소는 없다. 코뿔소의 생존이라는 쟁점이 터무니없이 모순된 이유가 바로 이것이다. 코뿔소 보호는 최소한 아프리카에서는 가장 쉬운 일이어야 하지만 당혹스럽게도 문제는 간단치 않다. 코뿔소의 개체 수는 계속해서 무서운 속도로 감소하고 있다.

살아 있는 코뿔소는 다섯 종이다. 두 종은 아프리카, 세 종은 아시아에 서식하고 있다. 1만 년 전까지만 해도 털코뿔소를 비롯해 두 종이 유럽에 살고 있었다. 프랑스의 쇼베 동굴 벽에는 코뿔소가 그려져 있다. 아프리카 코뿔소 두 종의 이름은 혼동을 준다. 흰코뿔소와 검은코뿔소인데 사실 둘 다 회색이다. '희다'는 개념은 아프리칸스어의 'wyd('넓다'라는 뜻)'에서 온 것이라는 설이 있다. 흰코뿔소의 넓은 사각형 입이 검은코뿔소의 뾰족한 입과 대조를 이루기 때문이다. 흰 녀석은 회색이 좀 더 짙고, 검은 녀석은 나무와 덤불에서 먹이를 즐겨 찾는다. 두 종 모두 앞니는 전혀 없다. 둘 다 입술로 먹이를 뜯어 먹기 때문에 서로 입 모양이 다르다는 것은 이들의 먹이가 다르고, 따라서 서식처가 다르다는 뜻이다.

아프리카종이 아닌 세 종은 실제로 서식처 파괴로 개체 수가 감소했다. 인도코뿔소가 역사적으로 서식했던 곳은 파키스탄에서 미얀마에 이르는 지역이다. 그러나 인도코뿔소는 현재 소수의 보호구역에서만 발견된다. 특히 아삼주의 카지랑가 국립공원에서 찾아볼 수 있다. 나 역시 이곳에서 코뿔소 11마리가 함께 먹이를 먹는 모습을 보았다. 수마트라코뿔소는 급격히 감소해 2011년에 약 200마리 정도밖에 남지 않았고, 말레이반도와 보르네오섬에서는 멸종되었다. 한편, 자바코뿔소는 다섯 종 중 가장 작은 녀석으로 이제 60마리 정도까지 숫자가 줄었다.

코뿔소(rhinoceros)라는 영어 단어는 그리스어에서 유래했고 '코뿔(nose-horn)'이라는 뜻을 가지고 있다. 영어의 축약형인 'rhino'는 '코'라는 뜻만 있기 때문에 별 매력이 없다. 코뿔소는 대개 선사시대 동물로 간주된다. 내 생

각에는 코뿔소가 사람들이 어린 시
절부터 좋아했던 중생대 공룡 트리
케라톱스와 비슷하게 생겨서인 것
같다. 트리케라톱스는 뿔이 세 개 나
있고 뼈로 이루어진 프릴 같은 판이
목 주위를 두르고 있다. 이에 관해서
는 티라노사우루스와 전쟁을 벌이는
초식공룡의 대표적인 이미지를 이
야기하면서 이미 다루었다(13장을 보
라). 인식이 이렇다 보니 우리는 대개
코뿔소 하면 과거의 모습을 그대로
간직한 동물이라고 생각한다. 거칠
고 힘든 진화 과정에서 큰 변화 없이
살아남은 운 좋은 동물이라고 말이
다. 하지만 잘못된 생각이다. 코뿔소
는 먹는 것, 사회화, 짝짓기, 새끼를

코뿔소 살상을 폭로하다: 영국 일간지
『데일리 미러』 1면, 1961.

기르고 후손을 남기는 일 따위에 거듭 적응해 살아남은, 온전히 생존 가능한
21세기 동물이다. 단, 인간이 살 공간을 주고 총격을 받지 않고도 이런 일들
을 할 수 있는 기회를 주는 한에서 말이다.

　　코뿔소는 1960년대에 야생동물에 대한 인간의 생각이 혁명적인 변화
를 맞이하는 와중에 큰 역할을 해낸 중요한 동물이다. 코뿔소가 심각한 멸
종 위기에 처해 있고 이 모든 것의 원인이 인간이라는 사실이 밝혀졌을 때
내가 받은 충격은 아직도 생생하다. 1961년 환경 운동의 여명기에 있었던
일이다. 지금은 세계자연기금으로 알려진 단체가 갑작스럽게 줄어든 세계
코뿔소 개체 수를 발표했다. 영국에서는 타블로이드 일간지 『데일리 미러』
1면에 이 소식이 실렸다. 잘 찍은 코뿔소 사진 위에 '비운의 동물(DOOMED)'
이라는 거대한 단어가 박혀 있었고, "인간의 어리석음과 탐욕과 방치로 지

구상에서 사라지다"라는 문구가 그 아래 붙어 있었다.

　이러한 인식 변화 전에 코뿔소는 대부분 흉포한 동물로 간주되었다. 인간에게 매우 위험한 존재여서 놈을 공격할 배포가 있는 사냥꾼이라면 누구든 합법적으로 코뿔소를 죽여도 상관없었다. 내가 학교 다니던 어린 시절, 코뿔소 혀를 아침밥으로 먹으려고 코뿔소를 쏘아 죽인 남자의 이야기를 읽은 기억이 난다. 그 남자는 나머지 부위는 하이에나에게 넘겨주었다. 코뿔소 잡는 일을 아주 늠름하고 감탄할 만한 일로 그려놓은 이야기였다.

　요즘에는 코뿔소에 대한 세계자연기금의 발표가 얼마나 엄청난 일인지 설명하기 힘들다. 코뿔소처럼 크고 사납고 거대한 풍채를 가진 녀석이 취약종이라는 생각, 코뿔소 다섯 종 전체가 절멸을 향해 행진하는 이유가 모두 작고 늙은 우리 인간 때문이라는 관념은 받아들이기 불가능해 보인다. 인간은 코뿔소에 대한 생각을 어쩔 수 없이 바꿔야 했고 동시에 우리 자신에 대한 생각도 바꿀 수밖에 없었다. 인간은 이제 코뿔소보다 더 무시무시한 종이다. 『데일리 미러』의 말을 빌리자면 인간의 어리석음과 탐욕과 방치로 코뿔소가 멸종한다는 사실은 이제 공식적인 진실이다. 이는 인간이 예나 지금이나 더 이상 돌이킬 수 없는 방식으로 지구를 변화시키고 있다는 진실을 알리는 초기 경고였다. 코뿔소는 우리의 세계관을 바꿔놓았다.

　사람들의 생각이 바뀌어도 코뿔소에게 큰 도움이 된 것은 아니다. 물론 개체 수 감소율이 둔화되기는 했다. 전체 다섯 종 중 세 종은 위급(CR) 종으로 분류된다. 2018년에 우리의 바뀐 세계관을 부각시킨 충격적인 사건이 벌어졌다. 흰코뿔소는 북부흰코뿔소와 남부흰코뿔소라는 하위종 둘로 나뉜다(하위종은 유전적으로나 형태상으로 다른 하위종과 다르며, 대개 지리적으로 떨어져 있지만 서식 범위가 겹칠 때는 이종교배가 가능하다). 그해 3월 수단에서 유일하게 생존해 있던 북부흰코뿔소 수컷이 케냐의 올페제타 야생동물보호구역에서 암컷 둘을 남기고 죽었다. 이제 오랫동안 예측해오던 코뿔소 멸종의 최초 사건이 닥쳤다는 사실을 피할 수 없게 되었다. 살아남은 암컷 두 마리가 있어도 이제 그 지역에서는 더 이상 코뿔소가 태어날 일은 없을 것이다. 북

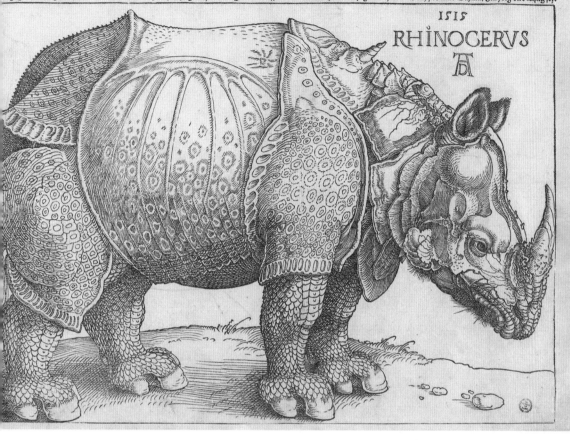

끝없는 매력: 〈코뿔소〉, 알브레히트 뒤러 (1515). 뒤러는 실제 코뿔소를 본 적이 없다.

부흰코뿔소는 절멸했다.

코뿔소는 늘 우리를 매료시켰다. 존재할 법하지 않은 동물이 우리와 함께 살아 있다는 데서 오는 매력인 듯하다. 르네상스 시대의 독일 화가 알브레히트 뒤러는 코뿔소에 대한 다른 사람의 말과 대략적인 스케치만 이용해 인도코뿔소를 그린 것으로 유명하다. 뒤러가 창조한 아름다운 결과물은 인간이 코뿔소에게 바라는 이미지일 수도 있다. 우리는 늘 코뿔소를 바라보며 감탄하고 부러워했다. 코뿔소의 힘과 위압적인 존재감, 무엇보다 이들이 코에 달고 다니는 무기인 뿔을 탐냈다. 탐낼 뿐 아니라 아예 우리 것으로 소유하고자 했다. 뿔에 대한 탐욕이 코뿔소 다섯 종 전체가 위험에 처한 근본적인 이유다. 내가 잠비아 남부 루앙와 국립공원의 완벽한 검은코뿔소 서식처 수 마일을 걸으면서 다시는 코뿔소를 보지 못할 것을 알게 된 이유이기도 하다. 검은코뿔소는 1980년대 말 이 서식처에서 완전히 자취를 감추었다.

예멘과 오만에서 코뿔소 뿔은 단검 손잡이로 애용된다. 코뿔소 뿔로 만든 단검은 위신과 지위의 강력한 상징이다. 코뿔소 뿔은 중국 한의학에서 예로부터 쓰는 약재이기도 하다. 서양에서 생각하듯 최음제는 아니다. 혈액, 열, 경련 관련 질환의 치료제로 쓰인다. 코뿔소 뿔은 생명을 구하는 효험 좋은 약으로 간주된다.

이 두 가지 사실 때문에 세계의 코뿔소 개체 수는 지속적으로 압력을 받았다. 코뿔소 뿔은 늘 야생동물 불법 거래의 최선봉에 서 있었다. 뿔의 가치는 금값을 방불케 한다. 1993년이 되어서야 중국은 '멸종 위기에 처한 야생 동식물종의 국제 거래에 관한 협약(CITES)'의 조인국이 되었다. 이 협약에서는 코뿔소 뿔과 다른 많은 동식물종의 거래가 산 채로든 죽은 채로든 일부든 금지된다. 2018년 10월 중국은 '과학적, 의학적, 문화적 목적'으로 호랑이 뼈와 코뿔소 뿔의 국내 사용을 허용하겠다고 발표했다. 이 발표로 세계 많은 나라는 경악과 실망을 금치 못했고 결정은 결국 미뤄졌다. 중국은 여전히 많은 나라가 걷고 있는 야생동물 보호의 길을 제대로 이해하지 못한 것 같다. 최소한 자신들에게 유리할 때는 말이다. 야생동물과 멸종 가능성에 관한 문제에 관한 한 이렇듯 편의적인 태도가 심각한 문제다.

코뿔소의 상황은 베트남이 코뿔소 뿔의 주요 시장으로 부상하는 21세기 초부터 더욱 복잡해졌다. (최소한 일부) 사람들이 부자가 되면서 여태껏 가질 수 없는 지위의 상징인 코뿔소 뿔은 쉽게 구할 수 있는 물건이 되었다. 이들에게 코뿔소 뿔은 암을 치료하고 숙취를 해소할 때 도움이 되는 바람직한 물건이다. 그러니 코뿔소 가격은 오르고 세계 시장은 과열된다.

코뿔소 뿔은 우리의 머리칼이나 손톱과 똑같은 케라틴질이 주성분이다. 실험상의 발견에 따르면, 코뿔소 뿔에는 약효라 할 만한 성질이 없다. 그러나 뿔의 수요 때문에 코뿔소 밀렵은 여전히 번영을 구가하는 이 산업을 뒷받침하고 있다. 2018년 남아프리카공화국의 밀렵꾼들은 하루 평균 두 마리의 코뿔소를 죽였다. 2009년 남아프리카공화국에서 코뿔소 뿔의 국내 거래는 금지되었지만 2017년 규정이 뒤집어졌다. 남아프리카공화국의 사파리식 농장에서 코뿔소를 기르는 사람들은 코뿔소 뿔 거래가 합법화되면 밀렵도 줄어들어 결국 사라질 것이라고 주장한다. 그러나 그때가 되면 그렇게 주장하는 사람들이 코뿔소 시장을 장악할 것이다.

밀렵꾼들을 저지하려는 괴상한 시도가 있었다. 야생 코뿔소의 뿔 자르기, 살아 있는 코뿔소의 뿔을 분홍색으로 염색하기, 사람들이 흡입하면 구토를 일으키는 이 잡는 물질 바르기 등이다. 이런 조치의 윤리나 실효성을 문제 삼는 이들도 있었다. 코뿔소가 이러한 시술을 시행하는 데 필요한 마취제를 주입하는 동안 죽어버렸기 때문이다.

그야말로 끔찍할 정도로 엉망진창인 상황이다. 코뿔소 뿔에 약효가 전혀 없다는 사실이 중요한 것이 아니다. 거대하고 강력한 동물이 단지 나를 위해 살육되었다는 사실을 알게 됨으로써 생기는 권능감이야말로 이 사업의 가장 강력하고 의미심장한 핵심이다. 이러한 생각과 구매에 드는 어마어마한 비용, 그 정도 값나가는 물건이라면 틀림없이 실제로 효력이 있을 것이라는 환상이 문제다.

그러는 동안 나는 남부 루앙와 국립공원에서 다시는 코뿔소를 볼 수 없는 길을 걸으며 코뿔소를 꿈꾼다. 이들이 그곳에 살았던 시간, 이들이 거기 다시 살게 될지도 모를 시간을 생각한다. 2003년 이 공원에 검은코뿔소 34마리가 다시 돌아왔다는 사실을 알게 되었기 때문이다. 이제 이들의 개체 수는 안정기에 접어들어 늘어나고 있다.

040
나이팅게일

노랫소리에 넋을 잃다

> "이곳에서 나는 그녀의 노래를 들으며 즐거운 한 해를 보냈다.
> 아침에도, 저녁에도, 아니, 하루 온종일,
> 마치 그녀가 노래로 살아가는 것처럼."
>
> └ 존 클레어, 〈나이팅게일의 둥지〉

우리 인간은 인간이 아닌 다른 많은 동물종을 부러워한다. 종을 넘나드는 선망과 시샘은 인간 행동의 많은 측면에 영감을 주었고 힘을 부여했다. 우리는 수컷 사자의 위엄, 말의 속도, 새의 비행을 시샘한다. 코뿔소의 뿔과 백로의 화려한 깃털을 선망한다. 무엇보다 지저귀는 새들의 노래를 시샘한다.

나는 이 인간의 선망과 시샘을 보여주기 위해 나이팅게일을 선택했다. 나이팅게일의 노래야말로 세계 최고로 화려하고 복잡한 소리이기 때문이다. 나이팅게일은 개체 한 마리가 600개가 넘는 음향 단위에서 소리를 선택해 250개 정도의 악구를 레퍼토리로 가지고 있다고 한다. 널리 퍼진 가설에 따르면, 복잡한 레퍼토리를 가지고 있는 새일수록 짝을 끌어들이고 영토를 지킬 확률이 높다. 노래는 이들의 경험과 지식을 입증하기 때문이다. 덕분에 새의 노래는 그 새의 탁월함을 보여주는 정직한 지표가 된다(더 자세한 사항은 79장 '공작' 편을 보라).

이런 환원주의적 관점에는 흥미로운 부분이 있다. 인간도 음악가들을 보며 크게 경탄하지 않는가. 기타 연주가에 대한 농담이 있는 것도 그런 이유다.

질문: 전구를 갈아 끼우는 데 기타 연주가가 몇 명 필요할까?
답변: 둘. 한 명은 전구를 갈아 끼우고, 다른 한 명은 지미 헨드릭스가 전구를 얼마나 잘 갈아 끼웠는지 설명해야 하니까.

인간들 중 최고의 음악가는 엄청난 경탄의 대상이 되고 살아가는 동안 최고의 성(性)적 파트너를 비롯해 최고의 삶을 누린다. 그러나 이들이 음악을 작곡하는 이유, 그것도 탁월하게 만드는 이유는 그 때문이 아니다. 이들이 음악을 만드는 이유는 음악에 빠져 있기 때문이다. 분명 수컷 나이팅게일은 노래를 해야 하기 때문에 노래를 한다. 암컷 나이팅게일은 수컷의 노래를 귀 기울여 들은 다음 자신을 가장 기분 좋게 한 음악가를 짝으로 고른다.

나이팅게일이 지저귀는 소리는 오싹할 만큼 크다. 이들은 밤낮없이 지저귀지만 대부분의 경합은 어둑한 시간대에는 벌어지지 않으므로 나이팅게일은 콘서트홀 전체를 혼자 쓸 수 있다. 나이팅게일 한 마리의 목소리는 고요한 밤에는 1.5킬로미터 밖까지 쉽게 들린다. 노래는 명료하고 열정적인 휘파람소리로 대개는 견딜 수 없을 만큼 높이 올라가 절정으로 치닫는다. 이 소리에 다른 소리, 더 복잡하면서도 선율과는 또 다른 악구, 그리고 깊은 북소리 같은 고동 소리까지 섞여 있다. 노래의 범위는 놀라울 정도로 다양하고 쉬지 않고 지저귀는 공연의 강도는 타의 추종을 불허한다. 공연 수준 자체도 충분히 놀라운데 이런 고난도의 노래를 몇 날 며칠 동안 계속 부르려면 수컷 나이팅게일에게 필요한 스태미나와 음악적 창의력은 장난이 아니다.

인간은 늘 새의 지저귐에 깊은 반응을 보였다. 우리는 새들의 선율 능력을 시샘한 나머지 그것을 훔쳤다. 코뿔소의 뿔과 백로의 깃털(39장 '코뿔소'와 18장 '백로' 편을 보라)을 훔치듯 새들의 노래도 훔친 것이다. 그러나 이번 도둑질은 시샘의 대상인 동물에게 해를 끼치지는 않았다. 우리는 새들의 선율을 훔쳐다가 거기에 '무엇'인가를 보탰다. '무엇'이란 모든 태반 포유류, 즉 캥거루처럼 주머니를 가진 유대류 동물이나 오리너구리처럼 알을 낳는 단공류(單孔類)가 아닌 포유류가 공통으로 가지고 있는 성질, 바로 '리듬'이다. 인간은 어머니의 자궁에서부터 리듬을 습득한다. 아기는 9개월 동안 엄마 심장이 4분의 4박자로 쿵쿵대는 소리에 귀 기울이면서 리듬감을 배운다. 이러한 리듬은 아기가 세상에 태어나 스스로 호흡을 시작할 때 이미 아기의 일부가 되어 있다.

　　리듬에 대한 애착 때문에 인간은 리듬이 있는 구절을 좋아하게 되고 그런 구절에 대한 취향을 발달시켰다. 이렇게 해서 인간은 말을 발전시키듯 시를 지어내기 시작했다. 리듬을 새들의 멜로디에 추가하면서 인간은 음악이

노래는 채색할 수 없다: 『영국의 새』(1862-1873)에 나오는 나이팅게일. 존 굴드 그림.

라고 할 만한 것을 가지게 되었다. 리듬이 있는 단어를 추가해 시 구절을 음악의 리듬과 선율에 입히고 되풀이해 노래를 만든 것이다.

　인간은 목소리로 음악을 만들 수 있었다. 언어가 발달하기 전부터 음악을 만들었을 것이다. 이런 음악은 언어 발달 과정의 일부였을 수도 있다. 시간이 지나면서 우리는 소리를 만드는 다른 방식을 고안해냈다. 악기를 만든 것이다. 인간이 최초로 만든 악기는 피리였다. 새처럼 소리를 내는 도구가 피리였다. 혹시 식품점에서 흔히 보는 내장을 꼬아 (바이올린처럼) 뜯는 악기를 만들거나, 타악기를 변형시켜 여러 음을 내는 실로폰 같은 악기를 만드는 편이 더 쉽지 않았을까 추측할 수도 있다. 그러나 지금껏 발견된 최초의 악기는 슬로베니아에서 발견된 '곰뼈 피리(Divje Babe flute)'로 4만 3,000년 정도 된 것이다. 이 피리가 훨씬 더 오래되었다고 말하는 사람들도 있다. 지금은 멸종된 어린 동굴곰의 대퇴골로 조각한 피리다. 심지어 구멍 두 개가 나 있는 물건이다. 물론 이 구멍이 육식동물의 이빨 자국이며 대칭성을 보이는 것은 순전히 우연이라는 설도 있다. 그러나 우리가 이 피리를 악기로 받아들이지 않는다 해도 다음번 최초의 악기 역시 피리다. 독수리 뼈로 만든 피리가 독일의 울름에서 발견되었는데 3만 5,000년 된 것이다. 좀 더 이후에 만들어진 다른 피리들도 있다. 사실 피리가 아닌 가장 오래된 악기는 세월이 훌쩍 더 지나 5,000년도 채 안 된 것으로 메소포타미아 수메르의 우르 지역에서 발견되었다. 고대 현악기인 수금과 하프, 그리고 피리다.

　어차피 최초의 악기에 관해 소설을 써야 한다면 실제 새의 뼈에서 피리를 만들었다는 생각이 가장 깔끔하다. 게다가 새의 뼈는 내부가 텅 비어 있기 때문에 피리로 만들기가 편하다. 나름 합리적인 추론이 아닌가? 우리 조상들이 피리 만드는 방법을 어떻게 알아냈는지 상상하기란 어렵지 않다. 잠비아에서 바람 부는 날 흑멧돼지 뼈를 살펴본 적이 있다. 뼈들은 벌레들이 갉아먹은 탓에 안쪽이 비어 있었다. 안을 자세히 살펴보려고 뼈를 하나 들어 올리자 구멍으로 바람이 들어와 휘파람소리가 났다. 병이 소리를 내는 것과 같은 이치였다. 뼈가 두 개면 다른 소리 두 개가 났다. 이것이 악기다.

나는 음악을 창조한 것이다. 최소한 인간 역사상 음악이 창조된 순간을 재현해낸 것이다. 물론 아주 우연히 벌어진 일이지만.

아프리카에 살던 초창기 인류는 나이팅게일이 혼자 완창을 하는 소리를 다 듣지는 못했을 것이다. 이들은 덤불때까치, 꾀꼬리, 울새과의 휘글린로빈(지금은 보통 흰머리로빈채팅으로 알려져 있다)의 선율 가득한 휘파람 소리에 반응했을 확률이 더 높다. 나이팅게일은 최고의 가수로서 노래로 인간들을 감동시키고 인간에게 모방과 초월의 욕망을 불러일으킨 모든 명금의 대표로서 여기에 언급되고 있다.

나이팅게일은 수백 년 동안 아름다운 노래로 칭송의 대상이 되었다. 노래의 취지는 암컷 나이팅게일을 매료시키기 위한 것이지만 이들의 노래는 인간에게도 큰 기쁨을 준다. 수컷의 노래는 암컷의 뇌에서 화학반응을 자극시킨다고 한다. 영국의 낭만주의 시인 존 키츠의 〈나이팅게일에게 바치는 노래〉를 보면 그가 이 점을 잘 알고 있는 듯 보인다.

> 가슴이 아리고, 졸린 듯한 마비에 감각이 괴롭다
> 마치 독미나리 즙을 마신 듯…

이 시는 새의 노래와 자연에 대한 다른 많은 시와 마찬가지로 실제 새보다는 시적 정서와 시인의 절묘한 감정에 더 관심을 둔다. 키츠는 날면서 노래하는 새에 관해 쓰지만 실제 나이팅게일은 날면서 노래하지 않는다. 숨어 있을 때만 노래하기 때문이다.

오랫동안 노래의 주인공은 암컷이라고들 생각했다. 사실 노래를 부르는 것은 수컷 나이팅게일뿐이고 암컷의 지저귐은 경고와 연락을 취할 때만 쓰는 신호 정도의 성격을 띤다. 그리스신화에서 필로멜라는 형부에게 강간을 당하고 혀를 잘린 공주였다. 그녀는 나이팅게일로 변해 밤마다 슬픈 노래를 부른다. 대개 암컷 나이팅게일이 가시로 스스로를 찔러가며 애끓는 노래를 부른다고 여겼다. 이런 내용을 다룬 시도 있다. 익명의 작가가 쓴 시에

16세기 존 다울런드가 곡을 붙였다.

> 나의 기쁨은 어둠
> 나이팅게일의 기쁨도 어둠
> 나의 음악은 밤의 음악
> 나이팅게일의 음악도 밤의 음악
> 나의 몸집은 작고 보잘것없네
> 나이팅게일의 몸집도 작고 보잘것없네
> 나는 가시 옆에서 자는 것이 좋아
> 나이팅게일 역시 가시 옆에서 자는 것이 좋아

나이팅게일은 노래하는 유명한 새들 가운데 종달새보다 약간 더 유명하고, 시인들의 사랑도 약간 더 받는다. 두 새는 부르는 노래도 다르고 종류도 확연히 다르지만 화려하고 아름답기는 막상막하다.

약간의 상상력을 발휘해 새의 노래가 왜 그토록 인간의 발전에 중요한지 살펴봐야 한다. 인간이 음악에 쉽게 접근할 수 있게 된 것은 최근 100년 동안의 일에 지나지 않는다. 그 전에 우리는 음악을 직접 쓰거나 우리를 위해 음악을 만들 의지가 있는 사람을 찾아야 했다. 아니면 새의 노랫소리를 듣거나…. 음악을 듣는 방법은 그것이 전부였다. 과거에는 지금보다 새의 노랫소리를 찾아서 듣기가 훨씬 더 쉬웠다. 녹색 자연이 더 많고 주변 소음도 훨씬 적었기 때문이다. 새들의 노랫소리는 쉽게 얻을 수 있는 아름다움을 찾는 옛 인류의 필요를 채워주었다. 그러나 인간의 삶이 도시화될수록 우리는 음악을 되찾을 방법이 필요했다. 이 점에 관해서는 카나리아를 다룬 81장에서 더 살펴볼 것이다.

요즘 세상은 음악으로 가득 차 있다. 녹음을 통해 끊임없이 재생되는 음향이 요즘의 음악이다. 우리는 술집에서, 식당에서, 찻집에서, 상점에서, 공공장소에서 음악을 듣는다. 도시와 숲에서 헤드폰을 통해 스스로에게 음악을 들려주기도 한다. 새소리가 크게 들리는 장소에서도 이어폰을 낀 채 자연에서 들려오는 모든 소리를 차단하고 달리거나 걷는 사람들이 자주 보인다. 우리는 새들에게서 음악을 훔쳤다. 그 후 더 이상 새가 필요하지 않게 되었는지도 모른다. 우리가 창조하는 세상은 확실히 새들의 노랫소리가 필요하지 않다는 전제 위에 있는 듯하다.

041
돼지

집세를 내주는 고마운 신사

"너희의 진주를 돼지 앞에 던지지 말라."

┗ 마태복음 7장 6절

아름답게 지저귀는 새를 싫어하는 사람은 없다. 바퀴벌레를 좋아하는 사람은 없다. 그러나 돼지는 호불호가 명확히 갈리는 동물이다. 돼지는 세계에서 가장 많은 사람이 가장 좋아하는 음식이다. 반면, 돼지는 세계의 주요 두 종교(유대교, 이슬람교)를 신봉하는 사람들에게 공포나 혐오를 일으킨다. "돼지야"라고 불리는 건 심한 모욕이다. 또 한편으로 돼지는 문학과 영화와 텔레비전에서 사랑받는 캐릭터이기도 하다.

돼지는 멧돼지라고 불리는 종을 길들인 것이다. 야생 암돼지도 포함된다. 멧돼지와 집돼지 둘 다 대개는 하나의 멧돼지종으로 분류한다. 이들의 자연 서식 범위는 유라시아와 인도, 일본까지 이른다. 돼지는 물이 풍부하고 먹을 것이 많은 곳이면 어디서나 살 수 있다. 돼지는 하루에 최소 13리터의 물을 마셔야 한다. 추정컨대, 이 종은 한 번은 아시아, 또 한 번은 유럽에서 가축으로 길들여졌을 것이다. 돼지는 긴 주둥이가 특징이며 특수한 전비골이 주둥이와 코의 지지대 노릇을 한다. 돼지 코는 무척 예민하고 고도로 효과적인 발굴 도구다. 멧돼지는 머리가 좋고 사회성이 높은데 집돼지에게서도 같은 특징을 찾아볼 수 있다. 물론 이러한 특징을 표현할 수 있는 쾌적한 환경에서 그렇다는 말이다. 돼지와 더불어 일하는 사람들은 대부분 돼지에게 애정이 많다. 나의 아버지 또한 돼지를 지극히 사랑하셨다. 아버지는 돼지를 치면서 긴긴 겨울을 보내셨다.

우리 조상은 아마 멧돼지 떼를 관리했을 것이다. 이들을 쫓고 이들에게 먹이를 주고 이들을 인간이라는 존재에 익숙하게 만들고 개체들을 선별해 죽이거나 살려두었을 것이다. 1만 2,000년 전부터다. 돼지는 5,000~7,000년 전에는 이미 완전히 가축화되었을 것이다. 인간 공동체에 들어와 인간이 번식을 통제하게 된 것이다. 돼지는 기르기가 비교적 쉽다. 물론 잘 기르기는 훨씬 더 어렵다. 돼지는 잡식성이고 돼지에게 음식물 쓰레기나 찌꺼기를 먹이는 전통은 수백 년, 수천 년 전까지 거슬러 올라간다. 중국과 인도의 일부 지역(특히 고아 지방), 그리고 한국의 일부 지역에 돼지우리 변소라는 전통이 있었다(제주의 옛 화장실을 '돼지가 있는 변소'라는 의미에서 '돗통시'라고 불렀다—옮긴이). 물론 대부분의 지역에서는 이미 사라졌다. 돼지우리 변소는 사람이 변을 볼 수 있는 작은 공간을 두고 그 아래에 돼지우리를 만들어놓은 구조다. 돼지는 지역 주민들이 내놓는 변을 먹는다. 위생과 영양 두 가지 문제를 해결하는 나름의 깔끔한 해결책이었던 셈이다. 물론 돼지 분변을 치워야 하는 (덜 심각한) 문제가 여전히 남지만 돼지 분변은 탁월한 비료가 된다.

돼지는 가족의 생계에 중요한 보조물이었다. 가족이 키우는 돼지 한 마리면 대개는 남은 음식을 먹여 최소한만 돌봐주다가 적당한 때 잡아 잔치를 벌이고 동시에 약간의 현금도 융통해 쓸 수 있다. 아일랜드에서는 예로부터 집에서 기르는 돼지를 '집세를 내주는 고마운 신사'라고 부른다. 돼지는 먹을거리를 많이 주기 때문에도 귀하게 여겨진다. "돼지는 울음소리 빼고 모조리 먹을 수 있다"라는 옛 속담도 있다. 머리고기를 누르고 굳혀 만든 편육을 서양에서는 '헤드치즈' 혹은 '브런(brawn)'이라 부른다.

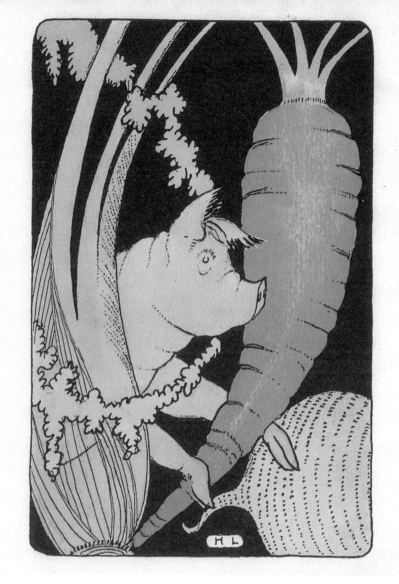

둘리틀 박사의 친구: 휴 로프팅의 『겁겁의 책:
음식 백과사전』 삽화(1932년).

우리는 예로부터 돼지 하면 더러운 습관과 괴물 같은 식욕을 연상한다.
'더러운 돼지', '탐욕스러운 돼지', '맥도날드 가서 돼지처럼 먹자' 등의 표현
을 보면 알 수 있다. 1960년대는 경찰을 돼지라 부르는 것이 유행했다. 얼
마 후 뉴욕 경찰국과 마이애미 경찰국 사이의 미식축구 경기를 참관한 적이
있다. 이 경기를 그들은 '피그 보울(Pig Bowl)'이라 불렀다. 그때 들은 바로는

'Pig'는 자부심(Pride), 정직(Integrity), 용기(Guts)를 뜻하는 단어의 첫 글자를 모아 만든 축약어였다.

욕먹는 돼지의 습관 중 상당수는 결국 이 가축을 기르는 환경 자체가 열악한 데서 기인한다. 좁은 공간에 가둬놓고 기르는 돼지는 자신이 내놓은 배설물 속에서 뒹굴 수밖에 없다. 그리고 인간이 남긴 음식 찌꺼기가 주어졌을 때 이 원치 않는 음식을 먹어야지 그렇지 않으면 굶어 죽을 수밖에 없다. '돼지먹이(pigswill)'라는 말 자체가 정말 끔찍한 상태의 음식을 의미한다. 가축화되어 털이 없어진 동물(멧돼지는 모두 털이 있다)은 열과 파리와 추위로부터 몸을 보호하기 위해 진흙 속을 뒹굴 수밖에 없다. 게다가 돼지는 땀을 흘리지 못한다. "돼지처럼 땀을 흘린다"는 말은 환상에 불과하며, 이 역시 돼지가 바람직하지 못한 습관이 하도 많아 땀도 더 많이 흘릴 것이라는 억측에서 나온 편견일 뿐이다. 돼지는 자기 새끼를 잡아먹는다는 악명에도 시달린다. 제임스 조이스의 모더니즘 대작 소설 『율리시스』의 주인공 스티븐 디덜러스는 "아일랜드는 자기 새끼를 잡아먹는 늙은 돼지다"라고 말한다. 동족을 잡아먹는 행동은 이례적인 일일 뿐이며, 돼지가 이따금 보이는 일탈 행동조차 답답하고 좁은 공간에 홀로 갇힐 때 발생하는 스트레스가 원인이다.

멧돼지종을 관찰하면 돼지가 영위하는 생활의 전혀 다른 일면을 보게 된다. 같은 과에 속하는 아프리카산 흑멧돼지는 늘씬하고 민첩하며 가족에게 헌신한다. 이들은 속도 전환이 빠르지만 지구력이 약해 피할 일이 있으면 구멍을 파고 그 속에 숨는다. 멧돼지는 뒤로도 갈 수 있다. 방해를 받으면 기다리면서 무슨 일이 벌어질지 지켜보는 대신 총알처럼 튀어 나가며 사납게 생긴 엄니로 길을 개척한다. 영국 서식스주의 넵 캐슬 사유지에서 자유롭게 돌아다니는 집돼지들을 본 적이 있다. 음식을 찾아 땅을 파는 돼지의 습성은 땅 표면이 파이지 않는 환경과는 사뭇 다른 역동적 환경을 조성한다.

멧돼지는 18세기에 영국에서 멸종해가고 있었지만 식당가에서 '멧돼지' 고기 열풍이 불면서 멧돼지를 생포한 후 파는 거래가 생겨났다. 강하고 유능한 짐승인 멧돼지는 포획을 피해 야생으로 나가 야생의 습성대로 살아가기도 했다. 과거에 멸종한 영국 동물의 귀환이라며 반기는 이들도 있는가 하면, 멧돼지를 공동체의 끔찍한 부담으로 여기며 우려하는 사람들도 있다. 어떤 식으로 보든 멧돼지는 토양을 헤집어놓아 새로운 서식처를 조성함으로써 자신이 사는 생태 환경을 변모시키고 있다.

멧돼지는 양극화된 견해의 주인공이다. 그러나 돼지는 자신을 바라보는 관점을 양분시키는 데 일가견이 있다. 중국 점성술에서 볼 때 십이간지 중 돼지띠로 태어난 사람은 스타일이 좋고 완벽주의자 성향이 있으며 근면하고 관대하고 너그럽고 친절하다. 그러나 이슬람교와 유대교는 돼지를 금지한다. 사실 금지 이상이다. 돼지는 혐오와 멸시의 대상이며 저주받아 마땅한 존재로 취급된다.『코란』은 돼지를 금한다는 말을 최소한 네 번은 언급한다. 무엇보다 돼지는 '금기'의 표상 자체다.『성경』역시 돼지고기 섭취를 금하며 정통 유대교는 돼지를 건드리지도 않는다. 기독교 근본주의자들은『성경』을 문자 그대로 따르지만 대개 이런 금지는 무시한다. 이들은『성경』의 지시 사항을 적당히 골라 입맛에 맞게 어기거나 지키는 식을 선호한다. 레위기와 다른『성경』말씀에 나오는 동성애 금지는 존중하지만 베이컨 샌드위치는 괜찮다는 식이다.

돼지고기를 보며 사람들이 느끼는 강렬한 감정은 그저 놀라울 뿐이다. 1857년 인도인들이 영국의 식민지 통치자에게 저항한 인도 반란 사건으로 알려진 인도 민족 항쟁의 주된 요인은 돼지였다. (인도 출신 용병인) 세포이에게 지급되는 탄환에 돼지나 소 지방으로 기름칠을 했다는 소문이 돈 것이다. 당시 총기 기술로는 탄환을 써서 총을 발포하려면 탄환을 입에 물어야했다. 돼지고기가 금지되어 있는 무슬림들에게 이것은 끔찍한 일이었고 소고기가 금지된 힌두교도들에게도 마찬가지였다. 인도인들은 힌두교두 아니면 무슬림이다. 이것이 갈등 관계에 있는 두 종교인들 사이에 쉽지 않은 연대의 요인을 제공했다. 이 문제는 다른 종교에 대한 멸시를 대표하는 사건으로 비쳤을 것이다. 이렇게 해서 결국 성공하지 못할 반란이 시작되었다.

돼지를 금지하는 원인으로 짐작되는 것은 돼지고기가 미생물이 자라는

효율적인 모델: 돼지우리 변소, 중국 한 왕
조(2세기 후반).

환경에서 빨리 '상한다'는 것이다. 돼지고기는 먹는 사람에게 회충의 유충을
옮겨 선모충병을 일으킨다. 설사, 경련성 복통, 근육통, 열을 증상으로 동반
하는 질환이다. 돼지고기를 날로 먹거나 제대로 익히지 않은 채 먹으면 이런
질환에 걸린다. 제대로 가열하면 기생충은 죽는다. 돼지에게 제대로 익히지
않은 고기를 먹이지 않는 것이 특히 중요하다. 훈제, 염장, 전자레인지에 익
히는 것은 기생충을 죽일 정도로 치명적이지 못하다.

　　돼지고기가 다른 종류의 고기보다 인간에게 더 위험한 이유 중 하나는
인간(그리고 다른 영장류들)과 돼지 간에 특별한 유사성이 있기 때문이다. 장
기 위치와 지방 분포와 털을 비롯한 구조와 생리 기능의 유사성이 돼지와
인간 사이에 존재한다. 이것은 직접적인 연관성의 문제가 아니라 수렴 진화
(계통분류학적으로 서로 다른 생물종이 각기 살아온 서식처 환경에 적응한 결과, 자
연선택의 결과와 유사한 형태를 나타내는 현상—옮긴이)라는 우연의 일치 문제

다. 다시 말해, 다른 경로를 통해 같은 문제에 같은 해결책을 찾아 쓴 것이다(37장의 '문어' 편에서 본 지능의 진화와 유사하다). 과학자들이 인간과 관련된 이식 문제를 연구할 때 '이식 연구 모델'로 돼지의 유용성이 매우 커지는 이유가 여기에 있다.

그러나 인간과 돼지의 유사성은 생각 이상으로 깊다. 인간과 돼지 유전체의 비교 연구를 통해 유전자 수준에서 둘이 놀라운 유사성을 띠는 것으로 드러났다. 특정 양의 DNA를 두 종이 모두 보유하고 있다. 8,000만 년 전의 조상이 같기 때문이다. 다시 말해, 돼지가 인간에게 해로운 이유는 우리와 멀기 때문이 아니라 오히려 너무 가깝기 때문이다.

돼지에 대한 부정적 선입견에도 불구하고 인간이 돼지에게 가지고 있는 애정 또한 크다. 돼지는 대개 소설이나 창작물에서 인간을 우스꽝스레 모방한 존재로 그려진다. 『곰돌이 푸』의 피글렛은 자신의 소심함에 부단히 맞설 만큼 용감하다. 『둘리틀 박사』에 나오는 돼지 겁겁은 쾌활한 친구다. 『꼬마 돼지 베이브』에 나오는 베이브는 목양견처럼 일하는 돼지다. 윌버는 『샬롯의 거미줄』의 주인공 돼지다. 페파 피그와 가장 당당한 미스 피기는 텔레비전 스타다. 미스 피기는 노래 실력을 신통하게 만들어줄 체격은 없어도 주연인 여가수 역을 맡아 나름 사랑스러운 캐릭터가 된다.

허구 세상에서 가장 유명한 돼지는 조지 오웰의 『동물농장』에 등장하는 돼지다. 이 소설은 소련의 전체주의를 풍자하는 우화인 동시에 모든 유토피아에 대한 우화다. 지혜로운 돼지인 메이저 영감은 동물주의라는 철학을 만든다. 동물주의는 농장 내 모든 동물의 자유와 평등을 설파하는 철학이다. 스노볼과 나폴레옹이라는 돼지는 이 철학을 더욱 밀고 나간다. 스노볼은 살해되고 나폴레옹은 공포정치를 확립하며 인간과 협상을 재개해 동물들 중 오직 돼지만 옷을 입도록 허용한다. 이 소설은 여태껏 쓰인 최고의 마지막 문장들 중 하나를 자랑한다. "창밖의 동물들은 돼지를 보았다가 인간을 보았다가 다시 인간을 보았다가 돼지를 번갈아 쳐다보았다. 그러나 이미 어느 쪽이 인간이고 어느 쪽이 돼지인지 분간할 수 없었다."

042
침팬지

또 하나의 인간?

> "침팬지, 고릴라, 오랑우탄은 수십만 년 동안 숲에서 살았다.
> 이들은 환상적인 삶을 누렸고 과잉 인구 문제를 겪은 적도, 숲을 파괴한 적도 없다.
> 환경과 조화를 이루며 사는 문제에 관한 한
> 침팬지가 어떤 면에서는 인간보다 더 크게 성공했다."
>
> └→ 제인 구달

런던 동물원에서 개최한 침팬지 다과회를 보러 간 적이 있다. 침팬지들은 옷을 차려입고 머그잔에 찻주전자에 접시와 음식과 과일 주스까지 차려놓고 있었다. 인간을 패러디한 원숭이들이 인간의 행동을 흉내 내면서 상황을 엉망으로 만들고 스스로도 망가졌다. 보는 사람들은 깔깔 웃어댔다. 이 광경이 우습지 않은 것은 나뿐이었을까?

침팬지를 마지막으로 본 해가 정확히 언제인지는 잊었지만 1960년이라 생각하고 싶다. 1960년은 제인 구달이라는 영국 여성이 대학 비서로 훈련을 받고 일하다가 훗날 야생 침팬지를 관찰하기 위해 탄자니아로 건너간 해다. 그녀가 학자로 50년 넘는 세월 동안 발견한 지식 덕분에 침팬지를 보는 우리의 관점과 이해는 완전히 달라졌다. 그뿐 아니라 인간이 되기 위해 무엇이 필요한지를 보는 시각 자체도 근본적으로 달라졌다. 인간과 동물계 다른 구성원 사이의 차이와 불연속성에 대한 개념 역시 완전히 달라졌다.

이 책의 앞부분에서 우리는 인간이 다른 동물종들과 '같다'는 사실을 여

인류를 다시 정의하다: 동물행동학의 선구자 제인 구달이 탄자니아에서 연구하는 모습.

러 차례 살펴보았다. 그러나 침팬지로 오면 이야기가 달라진다. 인간은 침팬지와 같은 정도가 아니라 아예 침팬지다. 아무튼 심하게 가깝다. 인간과 침팬지는 DNA의 95~98퍼센트를 공유하고 있으며 걸리는 질병도 같다. 그 정도로 가까운 동물들은 보통 같은 '속'으로 분류된다. 많은 경우 우리도 침팬지에 대해 그렇게 해야 하며 실제로 침팬지는 오늘날 우리가 분류하듯 '침팬지속 유인원(Pan troglodytes)'이 아니라 '사람속 유인원(Homo troglodytes)'으로 인정해야 한다는 주장도 있다. 침팬지는 고릴라와의 공통 조상에게서 700만 년 전에 갈라져 나왔고, 인간에게서는 400만~600만 년 전에 갈라져 나왔다. 다시 말해, 침팬지는 고릴라보다 인간과 친연성이 더 크다는 뜻이다. 재레드 다이아몬드가 1991년에 출간한 저서 『제3의 침팬지』의 부제는 '인간 동물의 진화와 미래'다. 그 결론에 도달하기 위해 다이아몬드는 침팬지와 보노보(피그미침팬지), 그리고 우리 인간을 같은 목록에 올려놓았다. 인간의 속성과 침팬지의 속성을 확연히 구분할 수 있는 사람이라면 아마 '바늘 끝에서 천사와 춤도 출' 수 있을 것이다.

침팬지는 다재다능한 종으로 대초원, 열대우림 깊숙한 곳, 산지의 숲, 습지림, 건조림 등 온갖 장소에서 살아갈 수 있다. 이들은 잡식성이지만 주요 식사는 늘 과일과 열매다. 견과류와 잎사귀와 뿌리가 나머지 대부분을 구성하며 약 2퍼센트의 식사만 고기와 곤충류로 채운다. 침팬지는 집중적으로 활발하게 사회생활을 영위한다. "침팬지 한 마리는 침팬지가 아니다"라는 말이 있을 정도다. 침팬지는 다른 침팬지들과 맺는 관계망으로 자신을 규정한다는 말이다.

어떤 사회를 어떻게 연구하든 인간을 연구하든 동물을 연구하든 이들을 살피는 연구에는 불가피하게 가치 판단이 개입되며 인간이 살아가는 방식과 즉각적인 비교가 이루어지는 경향이 있다. 침팬지 사회를 살펴볼 때 우리는 그들에게서 인간인 우리 자신의 미덕 혹은 단점을 읽어낸다. 침팬지 사회는 극심한 서열 사회이므로 누가 누구에게 굽히느냐가 늘 의제의 중심이다. 어떤 사람들은 침팬지 사회에서 사납고 타협 없이 단호한 생활 방식을 읽어낸다. 대부분의 연구를 로테르담 동물원의 영장류 집단에 기반을 둔 네덜란드의 영장류학자 프란스 드 발은 서열만 볼 것이 아니라 화해를 고려하는 것이 중요하다고 주장했다. 그는 『영장류의 평화 만들기』라는 책을 썼다. 책의 제목은 분명 우리로 하여금 싸우고 화해하는 구조 속에서 우리 자신을 고려해볼 것을 요청한다. (얼마나 많은 인간 아이들이 화해의 과정에서 잉태되었는지 자못 궁금하다.)

침팬지는 '분열융합 사회(fission-fusion society)'라는 구성체에서 살아간다. 더 큰 집단 내에 일시적 소집단이 있는 구조다. 어미와 새끼 간의 유대는 강력하고 길다. 가까운 관계가 최대 7년간 지속된다. 수컷은 어미와 둘 중 하나가 죽을 때까지 친밀한 관계를 유지한다. 암컷은 자기 가족 집단에서 나오지만 수컷은 뒤에 남는다. 침팬지를 심층 연구한 사람들은 대규모 집단 내의 각 개체를 잘 안다. 그래서 침팬지들이 복잡한 정치적 각성에 따라 대개 일시적이고 편의주의적인 연합을 만든다고 전한다. 이런 사회에서 핵심은 소통이다. 얼굴 표정과 자세와 발성이 모두 중요하다. 가장 중요한 의사소통 법인 발성은 대개 '팬트 후트(pant hoot)'라는 소리다. 침팬지들끼리 서로를 부를 때 쓰는 가장 대표적인 인사법이고 흥분했을 때 사용한다. 침팬지 개체를 구분할 때 '팬트 후트'로 구분한다는 이야기도 있다. 일종의 서명 역할을 하는 것 같다. '팬트 후트'는 과거에 영국의 축구 경기에서 자주 모방의 대상이 되었고, 대개 유색인 축구 선수들을 경멸하는 데 쓰였다. 오늘날에도 일부 축구 문화에서 찾아볼 수 있다.

구달은 인류학자 루이스 리키의 지원으로 곰베스트림 국립공원에 도착했다. 리키는 인류학 연구로 평판이 높은 학자다. 리키와 아내 메리는 인간이 아프리카에서 진화했다는 이론을 확립해놓았다(1장에 나온 탄자니아의 라에톨리협곡의 유명한 발자국을 바로 이들 연구 팀이 발견했다). 구달은 정식 과학 교육을 받은 적이 전혀 없기 때문에 상황에 맞춰 자기만의 방법을 즉석에서 고안해 써야 했다. 가령, 연구 대상인 동물 개체에게 숫자(옐로스톤 국립공원에서 연구한 학자들은 위대한 늑대에게 '21번'이라는 숫자를 붙였다)가 아니라 이름을 붙이는 것 같은 방법을 고안했다.

구달의 초기 관찰 연구는 새로운 성과를 전혀 내놓지 못했다. 그러나 그녀는 집중력과 지칠 줄 모르는 정신력을 갖춘 매우 정밀한 관찰자였고, 결국 침팬지 사회에서 자신을 중립적 존재로 각인시키는 데 성공했다. 말 그대로 침팬지 사회에 자연스레 녹아들었다. 엄청난 친밀성(연구자의 일방적인 노력으로 이루어진 친밀성)은 발전을 거듭했고, 구달은 과거에는 한 번도 보지 못했던 침팬지의 행동들을 발견하기 시작했다. 구달이 데이비드 그레이비어드라 이름 붙인 침팬지는 충격적인 사실을 세 가지나 연속으로 보여주었다. 짧은 기간에 일어난 일이었다. 첫째, 구달은 데이비드가 사체를 뜯어먹는 것을 보았다. 과거에 침팬지는 고기를 먹는 모습을 보인 적이 한 번도 없었다. 둘째, 구달은 데이비드가 손가락을 집어넣기에는 너무 좁은 구멍에 긴 풀줄기를 넣어 흰개미를 꺼내 먹는 모습을 보았다. 당시에는 지구상에서 도구를 이용하는 동물은 인간뿐이라고 알려져 있었다. 셋째, 구달은 데이비드가 흰개미를 잡기 전에 잎사귀가 달린 작은 가지에서 잎사귀를 떼어내는 모습을 보았다. 침팬지는 도구를 사용할 뿐 아니라 만들어 쓰기까지 한 것이다. 구달은 이 소식을 전했고, 리키는 다음과 같은 전보를 친 것으로 유명하다. "우리는 이제 인간을 재정의하든 도구를 재정의하든 해야 한다. 그렇지 않으면 침팬지를 인간으로 받아들여야 한다."

구달은 영국으로 돌아와 다른 과학자들이 자신의 주장을 '일회성 사실이거나 추정'에 불과하며 '과학에 진정 기여한 바가 하나도 없다'며 거부하는 꼴을 당해야 했다. 그러나 인간 지식에 혁명적으로 기여하는 주장은 늘 배척당하기 마련이다. 구달은 곰베스트림 국립공원으로 다시 돌아가 연구를 계속했고, 그곳에서 발견한 사실들은 차차 정설로 자리 잡았다. 내셔널지오그래픽 사는 구달의 연구 현장을 영상으로 찍었다. 1965년 《미스 구달과 야생 침팬지》라는 영화가 나왔고, 2,500만 명의 미국인이 이 영화를 시청했다. 영화는 곧 세계적인 히트작이 되었다.

구달의 연구가 지속될수록 침팬지가 이따금씩 적극적으로 먹이를 사냥한다는 사실도 분명해졌다. 이들이 사냥하는 동물은 붉은콜로부스 원숭이다. 물론 비비(개코원숭이)나 부시베이비, 다이커 영양(아프리카산 작은 영양), 부시벅(남아프리카산 대형 영양), 흑멧돼지를 사냥하는 모습도 보이기는 했지만. 침팬지들은 이빨로 막대기를 날카롭게 벼려 창처럼 만든 다음 구멍에 숨은 부시베이비를 찌를 때 사용한다.

침팬지가 만든 사회의 성격에서 예상할 수 있듯이 사냥은 협업이다. 사냥 시 뚜렷이 다른 네 가지 역할을 관찰할 수 있었다. 사냥감을 모는 역할, 막는 역할(나무 가장 아래쪽에서 탈출 경로를 차단하는 역할), 추격하는 역할, 마지막으로 매복했다가 기습하는 역할이다. 침팬지가 붉은콜로부스 사냥에 성공하는 영상은 우리 인간이 보기에는 괴롭다. 침팬지가 지난 수백 년 동안 순수한 채식주의자로 알려졌기 때문만이 아니라 원숭이를 사냥하는 모습이

장인의 솜씨: 도구를 사용해 곤충을 꺼내 먹는 침팬지.

마치 동족을 잡아먹는 것처럼 비치기 때문이다. 침팬지과 전체와 붉은콜로 부스는 멀지만 관계가 없지 않다.

　포획한 침팬지에게서 알아낸 것도 꽤 많다. 인간의 고유성을 증명하는 수단이 언어라는 관념 또한 침팬지에 의해 의문에 부쳐졌다. 처음에는 워쇼라는 침팬지가 영어 수어를 배웠다. 녀석은 최소한 340개의 수어 어휘를 습득했고, 그중 일부를 입양한 아들 루이스에게 가르쳤다. 워쇼는 백조를 보자마자 '물'을 뜻하는 수어를 구사한 다음 '새'라는 수어를 구사했다. 워쇼의 물 컵에 인형을 넣어주자 녀석은 거의 문장에 가깝게 낱말들을 조합해냈다. '컵 속의 아기'라는 표현이었다. 또 한번은 워쇼가 수어로 이렇게 말했다. "너 나나가." 워쇼에게 "좋아, 하지만 옷 입어"라고 수어로 대답했다. 그러자 녀석은 즉시 재킷을 입었다. 워쇼의 담당 교사 중 한 명이 유산을 겪고 수업에 얼마간 나오지 못했다. 다시 돌아온 선생은 워쇼에게 수어로 소식을 알렸다. "우리 아기가 죽었어." 그러자 워쇼는 '울다'라는 뜻의 수어를 했다. 그런 다음 선생의 얼굴에서 눈물 자국을 손으로 짚었다. 이것은 종을 가로질러 일어난 기적 같은 공감이다. 침팬지는 울지 않기 때문이다.

이 사건의 가치와 의미는 영원히 논란의 대상이며, 여기서 이끌어내는 모든 결론은 불가피하게 의구심의 대상이 될 것이다. 한 가지만은 확실하다. 침팬지의 능력은 우리가 기대했던 것 이상이다. 이 때문에 침팬지를 연구에 이용하는 문제를 생각하면 마음이 상당히 불편해진다. 오스트레일리아와 뉴질랜드, 네덜란드, 스웨덴, 영국에서는 침팬지를 대상으로 하는 연구를 금지한다. 미국 여키스 국립영장류연구소의 소장 스튜어트 졸라는 『내셔널 지오그래픽』 지와의 인터뷰에서 이렇게 말했다. "어떤 종이든 인도적으로 대우해야 할 우리의 의무 사이에 특별한 구분을 짓는 것은 적절치 않습니다. 실험 대상이 쥐든 원숭이든 침팬지든 상관없어요. 우리가 아무리 바란다고 해도 침팬지는 인간이 아닙니다."

하지만 침팬지는 인간이 아닐지언정 쥐와는 지극히 다르다. 인간에 더 가깝다는 뜻이다. 우리는 대부분 본능적으로 대상을 이항 대립식으로 분류하기보다 서열을 매기고 보는 버릇이 있다. 특정 대상이 인간이어서 이렇게 대하고 인간이 아니어서 저렇게 대하는 식으로 대상을 분류하지 않는 것이다. 우리는 관심사에서 단계적 차이를 보는 경향이 있다. 그렇기 때문에 인간은 침팬지보다 더 높은 수준의 관심을 요하는 존재로, 침팬지는 원숭이보다, 원숭이는 쥐보다 높은 수준의 관심을 요하는 존재로 여긴다. 동물의 분류도 마찬가지다. 우리는 동물계를 한편에는 인간, 다른 한편에는 나머지 전체를 놓는 식으로 분류할 수 있다는 식의 구분을 본능적으로 거부한다.

게다가 침팬지를 통해 알게 된 훨씬 더 많은 사실로 인해 고유성에 대한 관념이 흔들리고 있다. 코트디부아르의 타이포레스트 국립공원에 사는 침팬지들은 돌을 사용해 견과류를 깬다. 반면, 곰베스트림 국립공원의 침팬지들은 견과류와 돌이 다 있어도 그렇게 하지 않는다. 이러한 차이가 유전적 충동(혹은 본능)의 문제가 아니라 문화 교환의 문제라는 것을 보여준다.

침팬지는 웃는다. 아니 더 정확히 말해 인간의 웃음과 유사한 반응을 보이는 듯하다. 놀이로 싸운다거나 추격한다거나 간지럼을 태우면 인간과 함께 있을 때든 자기들끼리 있을 때든 웃음과 비슷한 반응을 보인다.

종교는 어떨까? 과연 종교는 인간과 나머지 동물을 구별해주는 최후의 보루일까? 구달은 수십 년 동안 침팬지들과 시간을 보내면서 이들이 비범하게 행동하는 것을 목격한 적이 있다. 구달은 폭포에 다가가는 수컷 침팬지를 다음과 같이 묘사했다.

> 녀석이 폭포 쪽으로 가까이 다가갈수록, 떨어지는 물소리의 포효가 커질수록 걸음 속도는 더 빨라지고 털은 완벽하게 쭈뼛 선다. 녀석은 물에 당도하자마자 폭포의 아래쪽 가까이서 장엄한 몸짓을 수행한다. 똑바로 서서 리드미컬하게 이 발 저 발을 흔들며, 얕지만 세차게 흐르는 물속에서 발을 구르고 큰 돌을 집어던진다. 때로는 높은 곳에 걸려 있는 얇은 덩굴식물을 타고 올라가 떨어지는 물살의 포말 속으로 뛰어들기도 한다. 이러한 '폭포 춤사위'는 10~15분가량 지속된다.

결론은 독자의 몫이라 말하고 싶다. 하지만 결론이 무엇이든 남는 사실은 명확하다. 침팬지에게는 우리가 여태껏 생각했던 것 이상의 무언가가 존재하며, 이들은 우리가 쉽게 생각하는 것보다 훨씬 더 우리 인간과 가깝다는 것이다. 우리는 우리를 다른 동물들과 이어주는 '잃어버린 연결고리'를 찾을 필요가 전혀 없다. 그 잃어버린 고리들은 소통하고 생각을 교환하고 창조하고 돌보고 협조하고 웃고 심지어 기도하며 우리 앞에 버젓이 존재하고 있기 때문이다.

앨버트로스

거대한 바람을 타고 활공하다

◆━━━━━━◆━━━━━━◆

"이윽고 앨버트로스가

안개 속을 날아왔소.

그 새가 한 성도의 영혼이라도 되는 듯

우리는 신의 이름으로 그 새를 맞이했소."

└ㆍ 새뮤얼 테일러 콜리지, 〈늙은 선원의 노래〉

우리는 앨버트로스(국내 학계에서는 '알바트로스'라는 이름을 흔히 사용하지만 여기서는 외래어 표기법에 따라 '앨버트로스'로 표기했다—편집자)와 닮은 점이 없다. 하지만 앨버트로스를 닮고 싶어 한다. 앨버트로스라는 새가 인간을 그토록 지배해온 이유는 이 욕망 때문이다. 비행을 향한 갈망. 앨버트로스에 얽힌 이야기는 비행을 향한 인간의 선망에 관한 이야기다.

앨버트로스는 하늘을 날 수 있다. 녀석은 다른 어떤 새와도 비교가 불가능한 활공의 달인이다. 활공이란 동력 없이 높이 날아오르는 기술이다. 프로펠러의 힘, 날개를 퍼덕이는 힘이 없어도 날아오르는 능력이 활공이다. 앨버트로스는 하루 1,000킬로미터를 활공하면서 그 큰 날개를 거의 퍼덕거리지 않는다. 하늘을 유영하는 앨버트로스의 활짝 편 날개 길이는 총 3.5미터에 이른다.

앨버트로스의 날개 관절에는 잠금장치 같은 메커니즘이 있어 우리가 소파에 누워 있는 것처럼 쉽게 바람 위에 몸을 맡긴 채 편히 비행할 수 있다.

활공하는 앨버트로스의 심장 박동 수는 쉬고 있을 때보다 딱히 높지 않다. 이들은 주로 두 가지 기술을 이용한다. '동적 활공'과 '경사 활공'이다.

동적 활공은 높은 곳까지 오르기 위해 바람 쪽으로 방향을 틀어 그 속으로 들어가는 것이다. 날아오를 수 있게 양력이 생기는 것은 날개 표면 위로 흐르는 공기가 있기 때문이다. 일단 이렇게 상승한다. 그러나 상승할 때 속도가 줄기 때문에 다시 내려온다. 내려오면서 얻은 가속도를 이용해 다시 바람 속으로 들어가 일정 높이까지 다시 올라간다. 이렇게 큰 노력을 들이지 않고 상승과 하락을 반복해 리듬을 만들면 동력을 쓰는 수평 직진 비행보다 훨씬 더 경제적이고 효율적인 비행을 할 수 있다.

경사 활공은 경사면을 맞고 튕겨 나온 바람을 이용해 위쪽으로 올라가는 활공법이다. 보통 절벽 면, 혹은 앨버트로스의 경우 거대한 파도의 벽면에 작용하는 바람을 이용한다. 대부분의 앨버트로스종이 많은 시간을 보내는 남쪽 바다에는 거대한 파도가 많이 일기 때문이다. 활공하는 앨버트로스는 활공비가 22 대 1이다. 다시 말해, 1미터를 내려올 때 22미터를 수평으로 날아간다는 뜻이다. 어마어마한 효율성이다.

앨버트로스는 대개 22종이 있다고 여겨진다. 이런 바닷새들은 번식할 때만 육지에 내려앉는다. 이들은 번식지나 서로에게 충성도가 높다. 육지에서는 육중하고 화려한 체구가 한계로 작용해 이들이 우스꽝스럽게 보일 수 있다. 착륙을 잘한다고 해서 이륙까지 잘하는 것은 아니다. 둘 다 숙달하기 힘든 기술이다. 내려올 때 속도가 줄어드는 실속 속도가 높아 올라가거나 내려올 때 활주로가 필요하기 때문이다.

앨버트로스는 다른 바닷새들과는 깜짝 놀랄 정도로 다르다. 무모할 만큼 길게 뻗은 날개의 실루엣 때문이다. 다른 동물과 두드러지게 차이가 나는 동물은 거의 예외 없이 인간의 주의를 끌게 마련이고, 우리는 이런 동물을 둘러싼 신화를 금세 만들어낸다. 뱃사람들, 특히 남쪽 바다에 당도했던 이들은 앨버트로스를 보고 가만히 있을 수 없었다. 그래서 앨버트로스는 익사한 선원들의 영혼이라는 상상이 생겨났다. 하와이에서 앨버트로스는 현 세대

불길한 사건: 늙은 선원이 앨버트로스를 활로 쏜다.
새뮤얼 테일러 콜리지의 서사시 『늙은 선원의 노래』
를 위해 귀스타브 도레가 그린 삽화(1870년).

의 조상이 현현한 화신으로 간주되었다. 마오리족은 앨버트로스의 날개 뼈
로 피리를 만들었다(새 뼈로 만든 피리에 대한 자세한 정보는 40장 '나이팅게일'
편을 보라). 앨버트로스의 몸체가 긴 덕분에 이들은 아마 그때까지 만든 피리
중 최상의 뼈 피리를 만들 수 있었을 것이다.

앨버트로스를 죽이기를 두려워하는 금기도 존재했다. 물론 이러한 금
기가 보편적인 현상은 아니었다. 뱃사람들은 앨버트로스를 늘 잡아먹어도
부작용이 크다고 느끼거나 두려워하지 않았다. 그러나 앨버트로스의 특별

100가지 동물로 읽는 세계사

한 성질에 대한 통념, 그리고 이들을 올바르게 존중하고 숭배해야 한다는 통념이 없지는 않았다. 이러한 통념은 영국 낭만주의 시대의 시인 새뮤얼 테일러 콜리지가 1798년에 발표한 서사시 『늙은 선원의 노래』에 아찔할 만큼 탁월하게 표현되어 있다.

비범한 이 시의 화자인 늙은 선원은 자신이 저지른 끔찍한 일 이후에 닥친 재앙들을 이야기한다.

> 나는 끔찍한 일을 저질렀소
> 그 화가 선원들에게 미칠 거요
> 모두들 내가 순풍을 불게 하는 새를
> 죽였다고 말했으니

앨버트로스는 미로처럼 뻗어 있는 빙산들에서 빠져나오도록 배를 인도했지만, 그 후 늙은 선원이 쏜 석궁에 맞아 죽고 온갖 끔찍한 사건이 벌어지기 시작했다. 최악은 늙은 선원이 나머지 선원들과 죽지도 못한 채 끔찍한 삶을 지속해야 한다는 것이다.

이 시를 통해 영어권 세계에서는 앨버트로스가 영광스러운 지위를 부여받았다. 앨버트로스 털목도리를 목에 두르는 것이 왜 나쁜 일인지 이해하자고 굳이 콜리지의 시를 읽을 필요는 없다. 앨버트로스에게 특별한 면이 있기에 관대하게 다룰 가치가 있다고 생각해 앨버트로스를 보호해야 하는 것도 아니다. 무엇보다 앨버트로스는 특별한 이유가 없다 해도 함부로 폐기 처분해서는 안 되는 새다.

C. S. 루이스의 『나니아 연대기』 시리즈 제3권 『새벽 출정호의 항해』에도 앨버트로스를 만나는 이야기가 나온다. 더 상냥한 버전의 이야기다. 앨버트로스는 배와 선원들을 '꿈이 이루어지는 섬'의 어둠과 공포에서 이끌고 나온다. 앨버트로스는 큰 돛대 위를 선회하며 루시에게 속삭인다. "용기를 내, 사랑하는 아이야." 그러자 루시는 앨버트로스가 아슬란임을 알아차린다. 아

슬란은 보통 큰 사자로 나타나지만(1장 '사자' 편을 보라) 이번에는 앨버트로스로 변한 것이다. 따라서 연간 10만 마리씩 앨버트로스가 지구상에서 사라지고 있다는 것, 그리고 앨버트로스가 번식하는 머나먼 섬들에 심각한 문제가 생겼다는 소식이 널리 퍼지면서 무언가 해야 한다는 자각이 보통 때보다 더 크게 일어났다.

앨버트로스는 수명이 긴 조류다. 장수는 앨버트로스가 살아가는 전략이다. 이들은 까불거리는 참새는 이해할 수 없을 만큼 한가한 속도로 움직인다. 앨버트로스 한 쌍은 대략 2년에 한 번씩 새끼 한 마리를 기르는 반면, 작은 새들 한 쌍은 1년에 10여 마리의 새끼를 낳아 기른다. 앨버트로스가 살아가는 속도는 수명이 길지 않고는 효력이 없다. 자신의 수명보다 빨리 죽는 일이 계속되면 앨버트로스가 살아가는 방식과 개체 수는 유지할 수 없다.

앨버트로스의 장수를 위한 싸움은 예나 지금이나 두 가지 전선에서 벌어지고 있다. 첫 번째 전선은 연승어업(한 가닥의 기다란 줄에 일정한 간격으로 가짓줄을 달고, 가짓줄 끝에 낚시를 단 어구를 사용해 고기를 낚아 올리는 어업 방식—옮긴이)을 하는 어장이다. 앨버트로스는 연승어장의 낚싯줄에 매단 미끼를 훔치러 왔다가 낚싯바늘에 걸려 익사한다. 익사하는 수는 엄청나다. 번식지로 쓰이는 섬들도 위기 상황에 빠진다. 19세기와 20세기 초 포경선에 의해 섬에 우연히 유입된 쥐들이 어마어마하게 불어나 앨버트로스의 알과 새끼를 먹어치웠기 때문이다.

'앨버트로스와 바다제비 보전에 관한 협약'이 2004년 13개국의 인준을 거쳐 효력을 발휘하기 시작했다. 참가국은 영국, 오스트레일리아, 뉴질랜드, 남아프리카공화국, 브라질이다. 문제는 집행이다. 이미 어렵고 위험한 어업에 종사하는 사람들이 이윤이 전혀 나지 않는 일에 여분의 노고를 들이도록 만들기가 쉽지 않다. 그러나 보전 계획은 성공한 것으로 추정된다. 불법 조업을 하는 어선들처럼 문제가 완전히 해결된 것은 아니지만.

2005년 국제조류보호협회와 왕립애조보호협회(RSPB)가 앨버트로스 대책 본부를 꾸려 바닷새 보전에 힘쓰고 있다. 이들의 연구는 연승어업으로

100가지 동물로 읽는 세계사

인한 바닷새 사망의 90퍼센트는 쉽게 예방할 수 있다는 사실을 보여주었다. 미끼를 단 낚싯바늘을 물속에 집어넣고, 밤에 미끼를 달고, 미끼 도구를 파란색으로 염색하고, 새들을 겁줄 만한 장치를 줄 위쪽으로 날리면 바닷새가 어선의 어업망에 걸려 죽는 일을 미연에 방지할 수 있다.

2018년 무렵 남대서양 사우스조지아섬에 살던 설치류가 싹 다 사라졌다. 250년 만에 최초로 쥐 없는 섬이 된 것이다(25장 '쥐' 편을 보라). 이 섬은 제철이 되면 1만 5,000쌍의 검은눈썹앨버트로스, 1만 2,000쌍의 회색머리앨버트로스, 그리고 1,700쌍의 나그네앨버트로스가 날아든다. 청소 과정만 7년, 비용은 1,000만 달러가 소요되었다. 청소는 정부의 주관이 아니라 민간 기금의 조성으로 대부분 이루어졌다. 인간은 정말 앨버트로스의 생존을 바라는 모양이다. 동일한 묘책을 쓰기 위해 기획한 프로그램이 다른 섬에도 여럿 있다.

2017년에 방영된 텔레비전 시리즈 《블루 플래닛 II》는 앨버트로스가 새끼에게 플라스틱을 먹이는 장면으로 세계적인 관심을 끌었다. 바다에서 플라스틱 폐기물 문제는 많은 형태의 해양 생명체에게 큰 위협이 되고 있으며, 이 프로그램은 이후 전 세계로 우려가 퍼져 나가는 촉진제 역할을 했다. 쓰레기가 나쁘다는 것을 받아들이는 데 생각의 큰 도약은 필요 없다. 인류의 폐기물이 원래 생긴 곳으로부터 수천 마일 떨어진 곳에서 다시 나타나고 있는 것은 심히 우려되는 사실이다. 플라스틱을 먹는 앨버트로스의 생생한 이미지가 엄청난 각성을 일으켰다.

앨버트로스는 인간이 좋아하고 숭배하며 선망해 마지않던 새다. 하지만 이해 충돌이 생기면 우리의 애정은 맥을 못 추었고, 결국 앨버트로스는 인간의 애정과 숭배 덕을 별로 보지 못했다. 하지만 이 책에 나오는 다른 많은 동물과 마찬가지로 우리는 이번에도 이들에 대한 시각을 바꿨다. 여전히 앨버트로스를 좋아하지만 이제 그 이유는 조금 달라졌다. 과거에 우리는 앨버트로스가 땅에서 멀리 떨어진 저 높은 곳에서 영광스러운 삶을 누리고 인간의 손길이 가장 닿지 않은 저 먼 바다, 대지에 발을 붙이고 사는 인류에게 가장 두려운 장소인 바다와 친연성이 있다는 사실 때문에 이들을 선망했다. 그러나 이제 우리는 강인함과 힘과 능력을 갖춘 앨버트로스조차 다른 만물과 다를 바 없이 인간의 통제하에 있음을 알게 되었고, 그 이유로 이들을 소중히 여긴다. 앨버트로스의 생존을 원한다면 우리는 원하는 만큼 행동해야 한다. 이것은 이 책에서 100번째 동물을 만날 때까지 이런저런 다양한 형태로 되풀이할 이야기다.

044
여행비둘기

억 단위로 존재했던 새

"해가 지기 전 나는 루이빌에 당도했다.
하덴스버그에서 55마일(약 88킬로미터) 떨어진 곳이다.
비둘기는 숫자가 하나도 줄지 않은 채 그곳을 지나고 있었다.
사흘 내내 계속 날고 있는 모양이었다."

└• 존 제임스 오듀본

오늘날 우리는 인간이 아닌 많은 동물종의 취약성을 사실 그대로 받아들이고 있다. 절멸 위험에 놓인 동물에 대한 우려는 21세기를 사는 인류가 세상을 바라보는 견해에 자연히 녹아들어 있다. 고래와 호랑이와 앨버트로스가 계속 존재하기를 바란다면 이들을 돌보기 위한 능동적인 조치를 취해야 한다는 생각이 널리 수용되고 있다. 보호 조치를 하지 않을 경우 이들은 지구상에서 자취를 감출 것이다. 우리는 이들을 잃게 될 것이다. 별로 논란의 여지도 없는 사실이다. 보전 조치를 얼마나 해야 하는지에 관해서는 의견 충돌과 갈등이 많지만 인간이 종의 절

마사가 보낸 메시지: 최후의 여행비둘기 마사, 1914년 29세로 신시내티 동물원에서 죽음을 맞이했다.

멸을 초래할 수 있다는 기본 전제만큼은 어느 정도 세계적인 합의가 이루어
졌다.

　　우리는 인위적 절멸을 이야기한다. 인간이 야기하는 절멸은 더 이상 피
할 수 있는 문제가 아니다. 절멸의 가능성은 막연히 두려워하며 이야기하는
수준을 넘어섰다. 이미 눈앞에서 벌어지는 실상이 되었기 때문이다. 인류가
이렇듯 앎의 도약을 이루는 데 지대한 영향을 끼친 종이 하나 있다. 다른 어
떤 종보다 이 종에게 감사해야 한다. 바로 여행비둘기다. 이미 절멸한 조류
지만 말이다.

　　우리 인간은 1만 2,000년 전부터 농업을 하는 종이 되었고 18세기 말
에는 산업을 하는 종이 되었지만 뇌는 여전히 수렵·채집에서 벗어나지 못했
다. 우리는 아직도 자연에서 얻을 수 있는 자원이 무한하다고 여기고 자연

하늘을 새까맣게 뒤덮은 여행비둘기 떼:
〈떨어지는 나뭇가지〉, 월튼 포드(2002).

과 우리의 관계가 적대적이라고 믿는다. 우리가 원하는 것을 자연에서 구해 먹을 수 있고 언제나 그것은 다시 채워질 것이라고 자신하는 한편, 최상의 용기를 발휘해 자연이 들이대는 터무니없는 역경과 영원히 싸워야 한다고 생각하는 것이다.

그러나 여행비둘기로 인해 이제 우리는 옛 조상에게 물려받은 세계관을 조정할 필요가 생겼다. 여행비둘기는 북아메리카에서 개체 수가 가장 많은 조류였다. 아마 지구상에 존재한 조류 중에서 가장 많은 종이었을 것이다. 그런데 불과 50여 년 동안 우리는 그토록 많던 여행비둘기를 절멸의 늪으로 몰아넣었다.

여행비둘기에 대한 옛 전언들을 보고 있자면 깜짝 놀라 어안이 벙벙해진다. 1866년 캐나다 온타리오주 남부에 있던 여행비둘기 떼의 규모는 너비 1.5킬로미터에 길이가 480킬로미터에 달했다. 이들이 지나가는 데만 14시간이 걸렸고 추정할 수 있는 한에서 새 떼의 개체 수는 35억 마리에 달했다. 이들이 번식 장소를 정해 비행을 멈추고 나무에 앉자 나뭇가지들은 이들이 만든 둥지 무게를 못 이기고 뚝뚝 부러져나갔다.

이 정도 규모라면 사람들이 자연에 고갈 같은 것은 없으리라 생각한 것도 무리가 아니다. 35억 마리라는 어마어마한 천문학적 숫자는 우리의 이해 수준을 훌쩍 넘어선다. 인간의 두뇌는 이 정도의 숫자를 처리하지 못한다. 천문학적 거리와 심원한 시간을 연상케 하는 숫자다. 이 정도 규모의 새 떼는 현실적으로 가늠하는 것 자체가 불가능하므로 그 수는 우리에게 더 이상 무의미하다.

그러나 이것이 여행비둘기들이 살아가는 방식이었다. 거대한 개체 수는 우연이나 사고의 결과가 결코 아니었다. 무리로 사는 것은 이들의 근원적 생존 전략이었다. 이들은 떠돌이 생활을 했다. 거대한 먹이 자원이 있는 곳을 찾아 여기저기 옮겨 다니면서 제철이면 도토리와 너도밤나무 열매, 베리류, 곤충, 그리고 가능할 때는 작물을 먹기도 한다. 여행비둘기(passenger pigeon)의 이름은 '돌아다니다'라는 뜻의 프랑스어 동사인 'passager'에서 유래했다.

이들은 어마어마한 떼로 불쑥 나타나 먹이를 먹고 또 다른 곳으로 간다. 2,200제곱킬로미터에 걸쳐 둥지를 튼 여행비둘기 군체에 대한 기록이 있다. 1억 3,600만 마리가 그 무리에서 번식하고 있었다. 수컷이 특히 잘생겼다. 위쪽은 어두운 회색빛이 도는 청색이고 아래쪽은 구릿빛이다. 암컷도 같은 색채가 배합되었는데 약간 더 흐릿하다.

이들은 북아메리카의 로키산맥 동쪽에서 그레이트플레인스 지대를 지나 대서양 연안 전역에 살고 있었다. 아마 북아메리카 전체 조류의 25퍼센트는 여행비둘기였을 것이다. 거대한 개체 수 덕분에 어느 정도 취약성에서

100가지 동물로 읽는 세계사

벗어날 수 있었다. 어떤 포식자도 이들에게 큰 영향을 끼치지 못했다. 이런 전략을 '포식자 포만'이라 한다. 어마어마하게 많은 수 때문에 소수의 포식자들이 벌이는 미미한 공격으로는 별 타격을 입지 않는 생존 전략이다. 세렝게티 국립공원의 영양 떼, 거대한 떼로 이따금씩 폭증하는 매미, 그리고 불규칙적이고 예측 불가능한 시기에 여러 그루가 동시간대에 협력이라도 하듯 도토리를 엄청난 양으로 산출하는 참나무에서도 찾아볼 수 있는 전략이다. 이러한 전략은 수천 년 동안 북아메리카에서 여행비둘기들에게 잘 통했다.

그러나 다양한 비둘기 살육 수단을 가진 인간의 수가 늘어나면서 상황이 돌변했다. 이들은 작물을 보호한다는 명목하에 살육되었다. 고기를 얻기 위해서도 살육되었다. 이들을 번성시켜주었던 전략이 도리어 몰락을 초래한 꼴이 되었다. 이들은 풍성함 탓에 하늘 아래에서 점점 더 번성하는 인간의 가장 손쉬운 표적이 되었다. 여행비둘기를 잡기 위해 명사수가 될 필요는 없었다. 별로 겨냥하지 않고 아무데나 총알을 한 발만 쏘아도 여섯 마리를 한꺼번에 떨어뜨릴 수 있었기 때문이다. 쌍총신 총 한 발로 61마리를 죽인 기록도 있다. 통에 가득 넘쳐나는 물고기를 창으로 찔러 잡는 것과 비슷하다고나 할까?

비둘기가 너무 많아 장대를 들고 공중에 이리저리 휘두르기만 해도 낮게 나는 새 떼를 우수수 떨어뜨릴 수 있을 정도였다. 여행비둘기 사냥은 하나의 산업이 되었다. 새들을 총으로 쏘고, 그물로 잡고, 둥지를 태워 떨어뜨리고, 유황을 태워 질식시키고, 갈퀴와 쇠스랑으로 공격하고, 감자를 던져 잡고, 위스키에 적신 옥수수를 먹여 취하게 해서 잡았다. 줄을 비둘기에 매달아 다른 비둘기를 유인하기도 했다. 때로는 유인용 비둘기들의 눈을 꿰매어 앞을 보지 못하게 해 다른 새들에게 위험 신호를 보내지 못하게 하는 일까지 서슴지 않았다. 이들을 가리켜 후림비둘기(stool pigeon)라고 했다. 이말은 훗날 미국 영어에서 '끄나풀, 정보원, 미끼'라는 뜻을 갖게 되었다. 여행비둘기 포획은 중요한 사업이었다. 비둘기는 노예들의 먹을거리로 널리 쓰였기 때문이다.

돌이켜보면서 새삼 놀라운 사실은 이런 살육을 중단하려는 노력이 전무했다는 것이다. 심지어 여행비둘기 개체 수가 급격히 줄고 있다는 사실이 명백해졌을 때도 대량 살육은 멈추지 않고 계속되었다. 인간들은 자신이 절멸을 초래할 수 있다는 생각을 받아들이지 못했다. 자연에 대한 우리 행동에 책임을 져야 한다는 관념은 충격적일 정도로 낯설고 새로운 것이었고 대부분의 사람들에게 무의미할 만큼 수용 불가능했다.

여행비둘기의 절멸에 대한 우려가 본격적으로 나왔을 때는 이미 너무 늦었다. 공화당 국회의원이었던 존 F. 레이시는 1900년 미국 최초의 야생동물 보호법이라고 할 만한 법안을 내놓았다. 불법으로 죽인 야생동물을 주들 사이에 교역 대상으로 사고파는 것을 금지하는 법이었다.

그러나 이즈음에는 이미 거대한 여행비둘기 무리가 사라져버렸고 남은 무리도 급속히 자취를 감추고 있었다. 마지막 남은 소수의 여행비둘기는 대량으로 번식하지 못했던 것으로 보인다. 이들의 생존 방식은 다수로 이루어진 무리에 속해 지내는 생활에 전적으로 의지하는 형태였기 때문에 소수의 일원으로 사는 것은 아무런 효력이 없었다. 게다가 문제는 사냥만이 아니었다. 물론 사냥이 멸종의 중요한 원인이기는 했지만. 서식지 파괴도 엄청났다. 여행비둘기에게 먹이와 쉼터와 둥지 지을 자리를 제공했던 삼림지대가 농지 공급을 늘리기 위해 파괴되었다.

이것은 전쟁이었고 문제는 숫자였다. 여행비둘기의 엄청난 풍성함은 과거지사가 되었다. 여행비둘기의 멸종 당시 가공할 인구 과잉은 미래의 일이었다. 그러나 상황은 달라졌다. 오늘날 불가능한 숫자와 유례없는 생물량에 관한 모든 신기록은 인간의 것이다. 지구는 이제 온전히 인간의 행성이 되었고 인간은 지구를 이용해 못할 짓이 없다. 우리가 이 진실을 두고 어떻게 행동해야 하는지는 논란의 영역으로 남아 있다.

최후의 여행비둘기는 1914년 신시내티 동물원에서 죽었다. 마사라는 이름의 비둘기였다.

인간이라는 종의 위력을 드러내는 사건들은 인간의 역사 속에 다양하게 존재한다. 불 통제, 화약 발명, 핵 사용, 백신 발명, 인간을 달로 보낸 일 등. 그러나 어떤 목록을 작성하든 우리는 거기에 여행비둘기의 절멸을 포함시켜야 한다. 지구상에 가장 많이 존재했던 종을 절멸로 몰아넣는 종이 못할 짓이 무엇이 있겠는가?

045
체체파리

빈곤을 지속시키는 원인

"신들에게 우리는 개구쟁이 앞의 파리와 같다.

신들은 장난삼아 우리를 죽인다."

└• 셰익스피어, 〈리어 왕〉

체체파리 성체는 사흘마다 한 번씩 피를 양분으로 섭취해야 한다. 이들은 전적으로 척추동물의 피를 먹고 살며 녀석의 먹이에는 인간과 가축이 포함된다. 모기(23장 참조)와 마찬가지로 체체파리는 자신이 물어뜯는 모든 동물에게 위험한 다수의 질병을 옮기는 병원균의 매개체다. 이들이 인간에게 옮기는 질병에는 치료받지 못할 경우 예외 없이 치명적인 수면병이 포함된다. 그래서 체체파리는 인간종에게 공포와 혐오를 일으키는 동물이다.

한편, 체체파리는 지극한 모성을 보여주는데 이는 곤충에게는 드문 일이다. 이들은 대개 아프리카 대륙의 사하라사막 이남에 여전히 남아 있는 광활한 야생 지대에서 산다. 이러한 지대의 국립공원에서 체체파리를 발견할 가능성이 가장 높다. 이 거대한 국립공원들은 전 세계인의 사랑을 받고 있고 해당 개발도상국에게 엄청난 관광 수입을 안겨준다. 현지 주민들로서는 체체파리에게 고마워할 노릇이다.

체체파리는 집파리와 관련이 있다. 둘 다 '유판류아집단(calyptrate)'이다. 하지만 체체파리는 쉬고 있는 모습이 집파리와는 확연히 다르다. 날개를 마치 가위가 접히듯 완전히 포개기 때문이다. 두 번째 차이점은 알아보기 더 어렵지만 경험하기는 꽤 쉽다. 날카롭고 앞을 향해 있는 주둥이 끝에 둥그런 공처럼 생긴 것이 달려 있다. 이들을 먹고 살게 해주는 장치다. 이 주둥이를 대상물의 살 속에 끼워 넣은 다음 피를 빼는 것이다. 날카롭고 단단하며 깨끗하게 문다. 모기가 무는 것보다 더 아프지만 0.5초면 끝난다. 대부분의 사람들은 모기의 침 속에 함유된 항응고 물질이 일으키는 고통스러운 가려움을 전혀 느끼지 않는다.

체체파리에 '체체(tsetse)'라는 이름이 붙은 것은 아프리카 보츠와나의 반투족 언어 때문이다. 아프리카인들은 철자대로 '체체'라고 발음하지만 유럽 혈통의 아프리카인들은 '체시(tetsy)'라고 발음하는 경향이 있다. 대부분의 곤충과 달리 체체파리 암컷은 한 번에 알을 하나씩만 낳은 다음 몸속에 품고 다닌다. 어미 몸 안에서 알은 유충으로 부화하고 자란다. 어미는 유충기 3단계 내내 유충을 품고 다니며 자신이 분비하는 우유 같은 물질로 양분을 공급한다. 그런 다음 마침내 유충을 내놓는다. '낳는다'라는 표현이 더 어울린다. 유충은 나오는 즉시 땅에 자신을 파묻고 번데기가 된 다음 얼마 지나지 않아 성체가 되어 나타난다. 모기와 달리 체체파리는 암컷과 수컷 모두 피를 빤다. 인간을 무는 것은 주로 수컷이다. 암컷은 더 큰 사냥감을 즐겨 노린다.

암컷과 수컷 모두 편모충의 일종인 트리파노소마를 가지고 다닌다. 인간에게 수면병을 일으키고 가축에게도 여러 질환을 일으키는 기생충이다. 가령 소에게는 나가나병을, 말에게는 고열과 무기력증과 체액 증가를 일으킨다. 체체파리가 널리 퍼져 있다는 사실, 그리고 이들이 옮기는 질병이 치명적이라는 사실 때문에 아프리카 많은 지역의 농부들이 예로부터 짐 끄는 가축을 키워 이용할 수 없었다. 작물을 재배하면서 가축을 기르는 혼합 영농법은 아주 오랜 세월 동안 아프리카에서는 불가능했다. 이곳에서 유일한 선택지는 사람의 힘으로 땅을 경작하는 것뿐이었다. 괭이는 동물이 끄는 쟁기

| 아름다운 적응: 체체파리는 그 자체로 걸작이다.

에 비해 훨씬 효과가 떨어지는 도구다. 체체파리는 설령 수면병을 일으키지 않는다 해도 아프리카의 많은 농촌 지역에서 빈곤을 지속시키는 원인이 되었다. 체체파리가 발생하는 아프리카 37개국 대부분은 가난하고 부채에 시달리고 있다.

인간이 걸리는 수면병의 진단과 치료는 복잡하기 때문에 훈련받은 전문 인력이 필요하다. 수면병은 1970년대 현대적 치료가 효과를 내면서 감소하는 추세다. 2009년 수면병 환자 숫자는 50년 만에 최초로 1만 명 아래로 떨어진 것으로 보고되었다. 세계보건기구의 수치에 따르면 2016년 총 환자 수는 2,804명이었다.

체체파리 개체군이 엄청나게 증가한 것은 1887년의 일이었다. 당시 이탈리아의 식민 지배자들이 우역에 감염된 소를 들여왔다. 우역은 아시아의 풍토병이다. 아프리카 소는 우역을 겪어본 적이 전혀 없었기 때문에 내성을 갖지 못하고 많은 수가 죽어갔다. 추정에 따르면, 550만 마리의 소가 죽었고 설상가상으로 가뭄까지 겹쳤다. 엄청난 기아가 발생한 데다 이미 생겨난 절망적인 조건에 천연두와 콜레라와 장티푸스까지 덮쳐 상황은 더욱 악화되었다. 이 끔찍한 시기에 영국의 식민 지배자들은 케냐를 장악했고 독일은 지금의 탄자니아 지역을 장악했다.

소들이 없어지면서 광활한 초원의 풀을 뜯어먹을 동물이 전혀 남지 않았다. 초원은 덤불숲이 되었고 훗날 나무가 우거진 수풀이 되었다. 체체파리가 번식하기에 최적의 환경이 조성된 것이다. 일단 체체파리가 자리를 잡자 소들은 계속해서 사라졌지만 토종에 내성이 강한 방목 동물들은 살아남았다. 이런 식으로 영향을 받은 지역에는 마사이마라, 세렝게티 국립공원, 오카방고 삼각주와 크루거 국립공원이 있다. 세계에서 가장 유명한 네 곳의 국립공원이다.

아프리카의 거대한 대지 풍광은 인간이 최초로 직립보행을 한 이후로 변한 것이 없다고들 말한다. 정말 그런 것처럼 느껴지기도 한다. 그러나 사실 이 지역의 풍광은 전과 달라졌다. 인간의 손이 거친 풍광뿐 아니라 인간이 기르는 소의 입과 발굽도 변했다. 이 지역의 현재 풍광은 비교적 최근에 인간이 이곳에 없었던 상황을 반영한다. 그렇다면 세계에서 가장 큰 보물 중 일부는 체체파리 덕분에 우리가 얻게 된 것들인 셈이다. 체체파리는 세계 최상의 '야생지 관리자'로 불려왔다. 잠비아에서 최초로 야생동물 관광을 시작했던 노먼 카는 이렇게 말하곤 했다. "체체파리에게 감사하지요. 이들이 없었다면 우리는 죄다 소나 키우는 농부였을 테니까요."

046
오리

꼬리는 온통 위로 쳐들고!

"왜 오리지? 왜 닭은 안 되는 거야?"

└→ 치코 마르크스, 《코코넛 대소동》

인류가 가축으로 길들인 동물 중 일부는 인류의 발전에서 주요한 역할을 수행했다. 이 책에서 이미 만난 동물들 중에는 개와 닭과 소가 단연 두각을 드러냈고, 곧 말도 살펴볼 예정이다. 다른 종들은 비교적 역할이 크지 않았지만 한 종만큼은 중요성이 여전히 크다. 바로 오리다. 오리는 인류에게 언제나 받아들일 수 있는 덤 같은 존재였다. 최소한 유럽과 북아메리카에서 그랬다. 한편, 아시아에서는 오리가 훨씬 더 큰 역할을 수행했다.

오리(duck) 역시 정확한 생물학 용어는 아니다. 오리는 물새과의 구성원이며 여기에는 백조와 거위가 포함된다. 이들은 모두 물에 사는 새로서 더 작은 것을 오리라고 부른다. 그렇다고 이런 분류에 일관성이 있는 것도 아니다. 야생오리인 황오리와 이집트기러기는 꽤 가까운 관계인 데다 크기도 비슷하다. 훨씬 더 느슨하게 무관한 많은 물새들, 이를테면 논병아리, 아비새, 물떼새(쇠물닭, 검둥오리)를 오리라 부르기도 한다.

야생오리는 전 세계에서 발견되며 남극 근처인 아남극 지대에서도 발견될 정도로 서식 범위가 넓다. 쥐(25장)와 앨버트로스(43장) 둘 다 서식하는 환경으로 앞에서 이미 언급했던 사우스조지아섬에도 둥지를 튼다. 야생오리에는 사우스조지아고방오리도 포함된다. 녀석은 다른 곳에서는 발견되지 않는다.

우리가 오리라 부르는 대부분의 종은 수면성 오리(오리족) 혹은 잠수성 오리(흰죽지족)로 나뉜다. 둘 다 물 위를 헤엄치다가 먹이를 구하기 위해 머리를 물속으로 수그린다. 그래서 이름도 고개를 '수그리다'라는 뜻의 영어 단어 'duck'이다. 다만 수면성 오리는 물속으로 머리만 집어넣고 꼬리는 물 밖으로 내밀고 있어 시야에서 사라지지 않는다.

> 고인 물을 따라
> 크게 자란 골풀을 헤치고
> 오리들이 물을 첨벙거린다
> 꼬리는 온통 위로 쳐들고!

케네스 그레이엄의 동화 『버드나무에 부는 바람』에 나오는 물쥐 시인 래티가 쓴 시다. 수면성 오리가 첨벙거리는 행동을 대충 묘사했지만 고칠 필요 없이 완벽한 표현이다.

잠수성 오리는 당연히 온몸을 물속에 담근다. 따라서 이들은 수면성 오리보다 수심이 더 깊은 곳에서 먹이를 잡을 수 있다. 이런 이유로 적어도 먹이를 먹을 때 청둥오리 같은 수면성 오리는 물가 가까이에서, 댕기흰죽지 같은 잠수성 오리는 물 한가운데서 찾아볼 수 있다. 우리가 보통 오리라고 부르는 다른 무리에는 비오리도 포함된다. 녀석들은 톱니 모양의 부리를 이용해 물고기를 잡는다(흰비오리, 쇠비오리, 비오리가 여기에 포함된다). 또 붉은꼬리물오리와 흰뺨유구오리 같은 세운꼬리오리들도 있다.

충격적인 사실을 또 하나 들자면 오리라고 해서 다 꽥꽥거리지는 않는다는 것이다. 사실 우리가 생각하듯 꽥꽥 소리를 내는 오리는 암컷 청둥오리뿐이다. 수컷은 귀에 거슬리는 완전히 다른 소리를 낸다. 홍머리오리는 오리들 중에서 가장 예쁜 소리를 낸다. 이들은 감미로운 휘파람 같은 소리로 대화를 나눈다. 프랑스인들은 이들이 휘파람 소리를 낸다고 해서 '시플러

과연 지혜로운 일일까, 제미마?: 베아트릭스 포터의 『제미마 퍼들덕 이야기』 삽화(1908년 출간).

(siffleur)'라고 부른다.

　야생오리는 엽총이 발명된 이후 사냥꾼의 단골 표적이 되었다. 환경 운동 여명기의 중요한 환경보호 운동가 중 한 명인 피터 스콧이 처음에 애정을 쏟은 오리 관련 분야는 보호가 아니라 사냥이었다(스콧에 대한 자세한 이야기는 69장을 보라). 스콧은 환경보호 운동가로 직업을 바꾼 이후 지금의 '야생조류및습지재단'을 설립했다. 환경 운동을 다룬 그의 텔레비전 프로그램 〈룩!〉(Look!)은 1955년부터 1969년까지 방영되면서 다른 누구보다 나를 환경보전의 명분으로 이끌었다. "누구나 대의명분 하나쯤은 있어야 한다. 그것이 비록 망할 오리라 할지라도"라고 그는 말했다. 최소한 내가 들은 말은 그랬다. 그가 생전에 정말 그랬는지 아내 필리파는 확인해줄 수 없었지만, 위대한 일을 성취한 인간이 하는 자기 비하 치고는 독특하면서도 꽤 적절하게 들린다. 그는 둘째 딸의 이름을 '다필라(Dafila)'라고 지었다. 더 이상 쓰이지 않는 속명이지만 특히 사랑스러운 고방오리를 부르는 이름이다. 다필라는 오리를 비롯한 야생동물을 그리는 화가가 되었다.

　인류는 최소한 4,000년 동안 야생오리를 가축으로 길들였다. 훨씬 더 오랜 기간이었을 수도 있다. 가축화 과정은 최소한 세 차례에 걸쳐, 혹은 더 빈번히 이루어졌다. 이집트와 아시아에서 그러했다. 아시아의 경우 오리를 처음 가축으로 만든 곳은 지금의 말레이시아 지역이다. 남아메리카에서도 오리를 가축화했다.

　실상은 이렇다. 물새과에 속하는 종은 대략 150종이지만 그중 오직 두 종만 가축으로 길들여졌다. 머스코비오리는 멕시코와 중앙아메리카와 남아메리카의 토종이고 비교적 이국적인 종으로 남았다. 다른 모든 집오리의 조상은 청둥오리다. 청둥오리는 세계 대부분의 사람들이 잘 알고 있는 동물이다. 수컷은 환한 녹색 머리를 하고 있고 암컷은 날개가 차분한 갈색에 형광색 푸른빛이 반짝이듯 약간 섞여 있다(수컷도 형광 푸른색이 있다). 이들의 자연 서식 범위는 북아메리카와 유럽과 아시아지만 다른 많은 나라에도 도입되었다.

약간 익살스러운 분위기: 〈오리〉, 임이(1840-1895년)의 족자 그림.

이들은 물이 있는 대부분의 장소에서 흔히 찾아볼 수 있다. 서식 조건과 먹이도 크게 까다롭지 않다. 가축으로 선택되는 동물이 갖춘 유용한 특징을 오리도 가지고 있는 셈이다. 이들은 꼬리를 물 위로 쳐든 수면성 오리이고, 물속의 먹이를 잡을 때는 부리를 체처럼 이용해 물에서 영양가 있는 것들만 걸러서 먹고 물은 뱉는다. 8장에서 고래가 먹이를 먹는 방식과 비슷하다. 물론 먹이는 크릴새우가 아니라 풀, 벌레, 곤충, 작은 물고기와 연체동물이다. 육지에 있는 식물성 먹이도 먹는다.

고대 이집트인은 야생오리를 그물로 잡아 사육했다. 고대 로마인도 오리를 길렀다. 중국의 명나라 시절(1368-1644년)에 중국인은 베이징오리를 개발했다. 오리에게 억지로 곡물 사료를 먹여 살을 찌운 뒤 '베이징카오야'라는 요리 재료로 쓴 것이다. 가축화 과정에서 오리의 성질이 달라졌다. 가축화 과정은 예외 없이 그렇기는 하다. 야생오리는 본질적으로 일부일처제(가끔 바람을 피우기도 한다)인 반면에 집오리는 거리낌 없이 일부다처제다. 야생 청둥오리 수컷은 영토를 공격적으로 방어하지만 집오리는 훨씬 덜 까탈스럽다.

집오리의 많은 번식종은 청둥오리 조상에서 발전되었는데 많은 수가 평범한 흰색이다. 앞에서 언급했지만(22장 '비둘기' 편을 보라) 흰색은 먹잇감이 되는 종에게는 불리한 색이다. 배경과 대비되어 눈에 잘 띄기 때문이다. 집오리는 풀어놓으면 야생 청둥오리들과 행복하게 교미한다. 따라서 사람들이 사는 주변에서 집오리와 야생오리의 잡종을 흔히 볼 수 있다. 대개 수컷은 목 부분이 두드러지게 흰색을 띠고, 비카오리로도 알려져 있다.

닭은 기르기가 비교적 쉽고 비용도 싼 반면에, 오리는 기르기가 더 어렵고 비용도 더 든다. 그래서 최소한 유럽에서 오리는 예로부터 부자들이 먹는 음식 대접을 받았다. 서민의 음식이라기보다 최고급 요리로 여긴 셈이다. 가슴살과 허벅지살이 가장 많이 먹는 부위이고, 오리에 오렌지를 곁들이면 전형적인 서양식 요리가 된다.

아시아의 더 따뜻한 기후대에 오면 상황은 달라진다. 아시아에서는 오리를 논에서 기른다. 오리를 기르면서 쌀을 재배하는 혼합식 영농 방법은 600년 이상 전으로 거슬러 올라간다. 오리는 논을 청소하고 잡초를 뽑고 해충을 제거하고 비료를 공급한다. 물론 적당한 때가 되면 잡아먹힐 수도 있다. 게다가 암컷은 거의 매일 알을 낳아준다. 이런 유형의 오리 영농은 1960년대 산업화에 따른 화학비료 사용으로 유행이 지난 구식이 되었지만, 이러한 새 비료로 생태계에 돌아오는 대가가 상당한 것으로 밝혀지면서 다시 유행하고 있다. 러너오리 등 다양한 사육종은 오리 영농에 안성맞춤이다. 이들은 선택한 논까지 팔팔하게 행진해 가서 거기에 머문다. 날지 못하게 품종을 개량했기 때문이다. 이 종들은 선진국에서도 매우 인기가 높아졌는데 걸음걸이와 대체적인 분위기가 인간에게 즐거움을 주기 때문이다. 집오리를 기르는 경우도 크게 늘었다. 실제적인 영양상의 이유보다는 이들이 살아 있는 동안 주는 즐거움 때문이다.

오리털도 활용 대상이다. 방수성이 있는 바깥쪽 큰 깃털 바로 아래의 털을 다운(down)이라고 하는데 천연 소재 중 단열성이 가장 뛰어나다. 다운은 '로프트(loft)'를 가지고 있다. 로프트란 압축된 상태에서 부풀어 올라 공기를 가두는 기능을 말한다. 오리는 얼어붙은 물 위에도 편안하게 앉아 있을 수 있다. 겉의 깃털이 몸을 건조하게 유지해주고 그 아래의 다운 깃털이 온기를 지켜주기 때문이다. 단, 완전히 말라 있을 때만 효력을 낸다. 솜털오리는 둥지를 지을 때 자신의 다운을 둥지에 덧댄다. 인간은 이 털을 모은다. 이런 이유로 오늘날에도 솜이불을 '아이더다운(eiderdown)'이라 부른다. 그러나 우리가 오늘날 쓰는 다운의 대부분은 집오리에게서 나온 것이며 오리고기 거래의 부산물이다. 그중 70퍼센트가 중국에서 들어온다.

우리는 오리의 희극성을 예로부터 즐겨 보았다. 뒤뚱거리며 걷는 걸음걸이는 뚱뚱한 인간을 닮았고, 자기에 대한 과한 몰입, 꽥꽥대는 소리도 비슷하다. 영국의 심리학자 리처드 와이즈먼은 오리가 인간의 유머에 가장 잘 어울리는 동물이라는 논지를 조사했다. 코미디언 형제 마르크스 가문의 그루초 마르크스의 대표적인 걸음걸이를 오리걸음이라 했다. 오리를 다룬 이 장의 서두 인용문도 치코가 'viaduct'라는 단어를 오해하면서 나온 대사다 (고가교 또는 구름다리를 뜻하는 'viaduct'를 'why a duck'으로 오인한 것이다―옮긴이). 와이즈먼은 "동물 관련 농담을 하고 싶다면 오리를 이용하라"라고 조언했다. 그리고 이용 대금은 오리 부리에 달아놓으시라('put it on my bill.' 동음이의어 'bill[청구서 또는 부리]'을 이용한 오리 관련 농담―옮긴이).

농담의 주인공인 오리의 전통은 길다. 그중 도널드 덕이 단연 유명하다. 도널드 덕은 1934년 월트디즈니사의 캐릭터로 일을 시작했다. 러시아 작곡가 프로코피에프의 음악 동화 〈피터와 늑대〉에서 오리의 꽥꽥대는 소리는 오보에가 맡는다. 오리는 늑대에게 통째로 삼켜진 다음 뱃속에서 계속 꽥꽥댄다. 희극과 가장 거리가 먼 오리 이야기는 베아트릭스 포터의 『제미마 퍼들덕 이야기』일 것이다. 이 동화에서 보닛 모자와 숄을 두르고 나오는 어리숙한 오리 제미마는 냉소적이며 꼬임에 능한 여우에게 홀려 곤경에 처하지만 양치기 개 켑의 도움으로 탈출한다.

오리는 크리켓 게임에도 곧잘 등장한다. 타자가 점수를 하나도 내지 못하고 아웃되는 것을 '덕(duck)'이라고 한다. 이유인즉슨 오리 알이 '0'같이 생겨서 무득점을 연상시킨다는 것이다. 달걀도 생긴 모양은 같지만 분명 오리의 희극성과 관련된 것 같다. 오스트레일리아의 채널9에서 방영하는 크리켓 경기 중계방송을 보면 타자가 점수를 못 내고 아웃될 때마다 아예 코믹만화 캐릭터인 오리 대들스가 등장한다. 오리 알에 대한 동일한 통념은 테니스에서는 더 간접적으로 쓰인다. 테니스에서는 0점을 '러브(love)'라고 한다. 대개 이 말은 '알'을 뜻하는 프랑스어 'l'oeuf'에서 비롯되었다는 가설이 대체로 인정받고 있다.

캥거루

대안적 삶의 방식

"스키피, 스키피,

스키피, 부시 캥거루 스키피!

스키피, 스키피,

스키피, 우리의 진실한 친구!"

└• 에릭 저프

찰스 다윈에게는 시인 기질이 좀 있었다. 그의 연구 방식은 어마어마한 상상의 도약을 수년 동안의 끝없는 연구로 뒷받침하는 것이었다. 처음에 상상한 통찰을 증거로 뒷받침하는 식이었다. 그는 또한 모든 것을 요약할 만한 개념을 찾아내는 재주도 있었다. 다음은 1836년 다윈이 오스트레일리아에 대해 노트에 쓴 내용이다.

> 이전에 잠깐 나는 햇볕이 드는 강둑에 누워 이 나라 동물들의 기이한 특징을 세계 나머지 지역의 동물들과 비교하며 생각에 잠겼다. 자신의 이성 말고는 아무것도 믿지 않는 사람이라면 이렇게 외칠 것이다. "확실히 전혀 다른 두 창조주가 작업을 한 것 같다. 하지만 두 신의 목표는 같았고 완성품은 매번 완벽하다."

오스트레일리아 본토와 태즈메이니아섬과 뉴기니섬을 합친 오스트레일리아 대륙은 다른 모든 대륙과 멀리 떨어져 있는 지구상에서 가장 고립된 대륙이다. 이러한 고립은 오스트레일리아 동물들이 고유한 특징을 띠게 된 원인이다. 오스트레일리아 대륙은 가장 고립되어 있을 뿐 아니라 가장 오래된 대륙이며, 이곳에서 생명체들이 수백만 년 동안 외부의 영향을 전혀 받지 않고 삶을 영위해왔다. 이것은 다윈의 사유에 조용히 영향을 끼친 요인 중 또 한 가지였다. 만일 창조주가 둘이라는 가설을 거부한다면 어떤 결론이 남는가?

오스트레일리아 토종인 대부분의 포유류, 다시 말해 인간이 오스트레일리아로 들여오지 않은 포유류는 유대동물(marsupial)이다. 아주 작고 거의 유충 같은 새끼로 태어나 어미의 주머니 속에서 젖을 먹고 자라는 동물이 유대류다. (나머지 포유류는 11장에서 본 오리너구리처럼 알을 낳는 단공류를 제외하고는 태반 포유류다.) 캥거루는 전형적인 유대동물이다. 붉은캥거루는 가장 큰 종으로 큰 수컷은 일어선 키가 1.95미터에 달하지만, 어미는 고작 33일 정도 임신한 다음 새끼를 낳는다. 세상에 갓 나온 새끼는 앞다리는 기능하지만 뒷다리는 흔적처럼 작은 일부만 있다. 일단 '육아낭'이라는 어미의 주머니에 당도한 새끼는 그다음 8개월 동안 주머니 속에 살면서 더 많은 시간을 보내고 주머니를 떠난 다음에도 4개월 더 어미젖을 먹는다.

오스트레일리아에는 토종 태반 포유류도 있다. 박쥐는 1,500만 년 동안, 설치류는 약 500만 년 동안 그곳에서 살았다. 아마 원치 않지만 부지불식간에 떨어진 초목을 뗏목처럼 타고 오스트레일리아까지 왔을 것이다. 그러나 대부분의 오스트레일리아 포유류, 그리고 더 오래전에 정착한 포유류는 유대류다. (인간은 들개나 붉은여우, 토끼, 말, 물소, 단봉낙타와 여러 종의 사슴을 비롯한 태반 포유류를 오스트레일리아에 들여왔다.)

캥거루는 유럽인들에게 알려지는 즉시 그들의 상상력을 사로잡았다. 영국인들은 쿡 선장이 1770년에 오스트레일리아를 '발견했다'고 믿고 싶겠지만, 이곳에는 이미 6만 5,000년 전부터 인간이 살고 있었다. 쿡 선장은 심지어 이곳에 발을 들인 최초의 유럽인도 아니다. 스페인, 포르투갈, 네덜란드 선박들이 먼저 오스트레일리아에 당도했고, 처음 이곳은 유럽인들에게 뉴홀랜드로 알려졌다. 네덜란드의 항해사 프랑수아 펠사르트는 1629년에 이미 왈라비(wallaby, 캥거루과 동물로 몸집이 작은 편이다—편집자)에 대해 묘사했다.

그러나 유럽인들의 의식 속에 캥거루라는 동물을 심은 사람은 쿡 선장이었다. 쿡 선장의 배인 인데버호가 거대한 산호초 지대(그레이트배리어리프) 때문에 손상을 입은 후 수리를 위해 오늘날로 치면 퀸즐랜드 북부의 쿡타운 해변에 배를 정박했을 때 표본으로 캥거루를 잡은 것이다. 당시 배에 타고 있던 박물학자 조지프 뱅크스 경은 쿡과 함께 이 사건을 기록했다. 뱅크스의 기록은 다음과 같다. "이 동물은 유럽의 어떤 동물과도 비교할 수 없을 듯하다. 내가 본 어떤 동물과도 전혀 닮지 않았다." 그는 캥거루의 '우수한 육

나름대로 정확한 그림: 〈뉴홀랜드의 콩고로〉, 조지 스텁스(1772년).

질'도 칭송했다. '캥거루'라는 이름을 채택한 인물도 뱅크스다. 원주민 언어 중 하나에서 변화를 거친 말이다(뱅크스가 이 동물의 이름을 물었을 때 원주민이 그들의 언어로 '모른다'라는 뜻으로 '캥거루'라고 대답했다는 속설이다. 하지만 이 것은 말 그대로 속설이지 사실은 아니다). 캥거루의 두개골과 가죽 각각 두 점이 인데버호를 타고 런던에 당도했다. 이곳에서 캥거루가 사슴 같은 외모를 하고 개구리같이 뛴다는 설명은 냉소적인 반응만 얻었다.

뱅크스는 말 그림을 잘 그리기로 유명한 화가 조지 스텁스에게 캥거루 가죽을 보여주고 모습을 설명한 다음 캥거루를 그리도록 설득했다. 이것이 유럽 최초의, 그리고 이후 20년 동안 유일한 캥거루 이미지다. 꽤 정확한 그림이다. 물론 귀가 너무 크고 발은 잘못 그렸지만 말이다. 애초부터 캥거루는 사람들을 어리둥절하게 만드는 수수께끼 같은 존재였다. 린네의 분류에 애초부터 맞지 않았다. 프랑스의 박물학자 조르주 뷔퐁은 캥거루를 자신의 『박물지』에 포함시키기를 거부했다. 캥거루는 과학자들보다 대중에게 인기가 더 많았다. 살아 있는 캥거루가 런던에 처음 온 것은 1791년이었다. 단돈 1실링(2020년 가치로 환산하면 4파운드)이면 가서 캥거루를 구경하며 감탄할 수 있었다. 스코틀랜드의 전기 작가 제임스 보즈웰은 새뮤얼 존슨 박사가 캥거루를 흉내 낸 일을 기록해놓았다. "존슨 박사처럼 덩치가 크고 진중하게 생긴 사람이 캥거루의 모양과 움직임을 흉내 내는 것만큼 우스꽝스러운 모습도 없을 것 같다. 그는 똑바로 서서 더듬이를 내놓듯 두 손을 뻗고, 커다란 갈색 코트 뒷자락을 그러모아 캥거루 주머니처럼 만들고는 방안을 두세 차례 경중경중 뛰어다녔다."

캥거루는 네 종이 있다. 동부회색캥거루, 서부회색캥거루, 안티로핀캥거루, 붉은캥거루다. 캥거루과에서 구성원 수가 가장 많은 종을 모아보자면 그러하다. 모두 평원에 사는 초식동물이며 포식자를 피하는 데 숨기보다는 속도 전략을 이용한다.

캥거루가 처음 유럽에 알려진 이후 이들의 기이함, 그리고 오스트레일리아에 서식하는 모든 동물의 기이함은 으레 원시성과 결부되었다. 유럽인은 이들이 진화의 경쟁에서 뒤처진 동물이라고 생각했다. 나 역시 정확히 이렇게 생각하며 자랐다. 열 살 때 오스트레일리아 포유류에 관한 학교 과제를 했는데, 그때 읽은 책에 유대류는 거의 퇴화된 형태의 예외적 생명체로서 경이로운 인간을 탄생시킨 태반 포유류와 다르다고 적혀 있었다.

하지만 아홉 달 가까이 아기를 배 속에 품는 여성의 입으로 우리 태반 포유류가 새끼를 낳는 방식이 정말 그렇게 의심할 바 없이 캥거루의 방식보다 우월하다고 주장하는 소리는 들어본 적이 없다. 캥거루가 움직이는 방식을 살핀 후속 연구들이 보여주는 바에 따르면, 캥거루는 열등하기는커녕 여태껏 발견된 동물 중 가장 정교한 육상 이동 방식을 가지고 있다.

초식동물인 캥거루는 5족 보행 방식으로 이동한다. 꼬리와 뒷다리와 앞다리를 모두 사용해 이동하는 것이다. 이들이 서서 껑충 뛸 때는 놀랄 만큼 효율적이다. 지구상에서 껑충 뛸 수 있는 거대 포유류는 캥거루가 유일하다. 붉은캥거루는 시속 20~26킬로미터로 이동한다. 최고 속도는 시속 70킬로미터에 이른다. 게다가 시속 40킬로미터의 속도를 유지하며 2킬로미터나 이동할 수 있다.

캥거루가 이 정도로 속도를 낼 수 있는 이유는 크고 유연한 뒷다리 힘줄 덕분이다. 이 힘줄은 에너지 저장 원리에 따라 작용한다. 힘줄을 잔뜩 늘여 에너지를 저장하는 것이다. 다시 말해, 캥거루는 껑충거리면서 달리는 작용에서 무상으로 에너지를 얻는다. 근육뿐만 아니라 튀어 오를 때도 동력을 얻는 셈이다. 따라서 움직일 때, 특히 가속할 때 캥거루는 인간이나 말에 비해 노력을 훨씬 덜 들인다. 각각의 도약은 호흡과 동시에 이루어져 효율성이 더욱 커진다.

바로 다음 장인 48장에서도 유대류를 살펴볼 테지만 대개 유대류 동물은 태반 포유류 중 사자, 호랑이, 치타, 표범 같은 대형 고양이과 동물이나 늑대, 여우, 승냥이 같은 개과 동물보다 무섭지 않다. 초식동물이니 포식자도 아니고 이들을 잡아먹을 포식자도 별로 없다. 빠른 속도는 캥거루에게 분명 도움이 되지만 '그렇게까지' 빠를 필요는 없다는 뜻이다. 그러나 오스트

100가지 동물로 읽는 세계사

레일리아는 거대하면서도 건조한 대륙이므로 중심부의 건조 지대에 있는 먹이 자원 간의 거리가 상당히 멀다. 캥거루는 먹이를 먹을 장소 사이의 이동 거리를 단축하는 방안을 기막히게 효율적으로 진화시킨 것이다.

캥거루가 사는 서식지의 고립성과 이들의 독특한 성질 덕분에 지구상 다른 어떤 종보다 한 나라를 대표할 자격을 갖게 되었다. 오스트레일리아 국장(國章)에는 캥거루가 그려져 있다(에뮤라는 새도 함께 그려져 있다). 화폐에도 캥거루가 새겨져 있다. 캥거루는 오스트레일리아 럭비 팀의 별명이기도 하다. 크리켓 경기를 보러 가는 사람들, 특히 오스트레일리아를 식민지로 지배했던 영국을 상대로 하는 경기를 보러 가는 관중들은 금빛 캥거루가 그려진 녹색 깃발과 함께 공기 주입형 캥거루 인형을 들고 간다. 오스트레일리아의 고유 토착어로 '들판에 캥거루를 풀어놓은'이라는 표현은 약간 정신이 나갔거나 미친 짓, 어리석은 짓을 하는 사람을 가리킬 때 쓴다.

캥거루는 오스트레일리아에 인간이 정착해 발전을 거듭하면서 덩달아 번성했다. 양과 소를 위한 방목지 때문에 숲을 개간하면서 캥거루 서식지가 조성되었고, 가축을 먹일 인공 물웅덩이를 도입하는 작업 역시 캥거루를 돕는 일이었다. 이들은 소와 양과 다른 반추동물과 달리 위가 하나밖에 없지만 한번 삼킨 먹이를 다시 게워내 씹을 수 있다. 이런 행동은 소의 되새김질 과정과는 달리 비교적 힘들기 때문에 빈번하지는 않는다.

캥거루가 풀을 뜯는 행위에 관한 놀라운 발견이 있었다. 소(7장 참조)와 달리 캥거루는 메탄가스를 방출하지 않는다. 이들은 메탄가스를 보유하고 있다가 에너지로 바꾸어 쓴다. 동일한 능력을 소에게 전달할 수 있다면 기후변화 속도는 둔화될 것이다. 따라서 이 특징은 연구 대상이 되었다.

과거보다 덜하기는 하지만 오스트레일리아인이 예로부터 예민하게 여기는 사안이 있다. 이른바 '문화적 열등감'이라고들 한다. 자신의 교양 부족, 본질적 원시성을 불편해하도록 만드는 교묘한 기술 같은 것이다. 캥거루는 이를 반박하는 완벽한 반증으로 볼 수 있다. 우리가 원시 동물이라고 생각했던 녀석이 실은 지구상에서 가장 정교한 포유류니까 말이다.

048
태즈메이니아주머니늑대

잃어버린 늑대, 잃어버린 호랑이

"그것이 사실일까?
태즈메이니아주머니늑대가 살아 있는 것이 목격되었다는 것이?
그것도 태즈메이니아가 아니라 오스트레일리아 본토에서?
정말 사실이면 좋겠다."
└ 리처드 도킨스, 2017년

문어의 지능은 우리 척추동물과는 완전히 분리된 채 발달했다(37장을 보라). 마찬가지로 앞에서 이미 언급한 대로 곤충과 조류와 박쥐와 멸종한 익룡 모두 완전히 다른 진화상의 경로를 따라 날게 되었다. 다시 한번 요약해보자. 동일한 문제에 대한 동일한 해결책이 완전히 다른 경로로 나왔다. 수렴진화 혹은 수렴이다.

오스트레일리아의 포유류는 이러한 수렴진화(convergent evolution)를 연구할 매혹적인 방법을 제공한다. 오래전에 정착한 오스트레일리아 포유류는 모두 유대류이며, 이들은 자기만의 방식으로 우리 태반 포유류와는 분리된 채 완전히 새로운 방사진화를 이룩했다. 우리는 이미 캥거루가 영양과 아주 다른 모습을 하고 있는데도 초원에서 영양의 역할을 대신하고 있다는 사실을 살펴보았다(47장을 보라). 그러나 일부 유대동물의 문제 해결 방식은 태반동물과 놀랄 만큼 유사하다. 두더지와 주머니두더지, 토끼와 토끼귀반디쿠트, 하늘다람쥐와 주머니하늘다람쥐, 그라운드호그와 웜뱃, 생쥐와 주머니쥐가 그러하다.

그다음은 육식동물이다. 4만 년도 더 전에 멸종한 대형 고양이과 포식자가 오스트레일리아에 살고 있었다. 몸무게가 최대 130킬로그램까지 나가는 녀석이었다. 강력한 턱에 고기를 찢고 뼈를 부러뜨리기에 알맞은 이빨을 가지고 있었고 대개 주머니사자라 불린다. 늑대와 꽤 유사한, 개를 닮은 포식자도 있었는데 이들이 태즈메이니아늑대 혹은 태즈메이니아호랑이다. 1936년에 멸종했다. 보호법이 도입되고 나서 59일 만이었다.

요즘에는 이들을 캐스케이드 라거 맥주병 라벨에서 가장 자주 볼 수 있다. 태즈메이니아에서 제조한 맥주다. 1845~1863년에 세 권으로 발간된 존 굴드의『오스트레일리아의 포유류』에서 가져온 생생한 그림을 보여준다. 그림 속 녀석은 팔팔하면서도 턱이 가느다란 동물로 개는 아니지만 개처럼 보인다. 등에 줄무늬가 있어 왜 태즈메이니아호랑이라는 엉뚱한 이름이 붙었는지 알 수 있다.

영국의 동물행동학자이자 진화생물학자 리처드 도킨스는『조상 이야

유대류 늑대: 태즈메이니아주머니늑대, 존 굴드의
『오스트레일리아의 포유류』(1845-1863년 출간).

기』에 다음과 같이 썼다. "내 세대의 동물학자들은 … 기말시험의 일부로 100개의 동물 표본 이름을 맞춰야 했다. 곧 소문이 돌았다. 혹시 '개' 두개골이 나오면 개라 하지 말고 '(태즈메이니아)주머니늑대속'의 동물이라고 해야 한다는 것이다. 개의 두개골처럼 빤한 문제가 나올 리 없으니 무언가 꿍꿍이가 있는 문제라는 것이다. 그 후 어느 해 시험관이 결국 꼬고 또 꼬아 실제 개 두개골을 시험에 냈다.

수렴진화로 인해 유대동물과 태반 포유류는 6,500만 년 전에 갈라졌는데도 불구하고 놀라운 유사성을 보일 수 있다. 대개 유대동물과 태반 포유류의 최근 공통 조상은 공룡을 멸종시킨 유성 충돌 직후에 살았다는 추정이 일반적이다. 태즈메이니아주머니늑대 자체는 약 400만 년 전에 진화했을 것으로 추정되며, 오스트레일리아 본토와 뉴기니섬과 태즈메이니아섬을 비롯해 오스트레일리아 전역에서 발견되었다. 하지만 유럽인들이 오스트레일리아에 당도할 무렵(쿡 선장은 1770년에 도착했다) 태즈메이니아주머니늑대는 태즈메이니아를 제외한 거의 모든 지역에서 완전히 절멸 단계에 들어서 있었다.

절멸의 이유는 분명치 않으나 인간의 정착 때문일 가능성이 있다. 유럽인들이 도착하기 전, 전 세계의 원주민들이 아메리카 대륙, 사하라사막 이남의 아프리카, 오스트레일리아에서 자연과 완벽하게 조화를 이루며 살았다는 것은 듣기에도 기분 좋고 널리 알려진 신화다. 애석하게도 이런 신화는 신화일 뿐 사실이 아니다. 불이나 벼랑 끝으로 몰기를 포함하는 인간의 수렵 방식뿐 아니라 종과 지형의 균형에 대한 인간의 개입과 그로 인한 변화 모두가 결국 모든 종이 살아남지 못하는 조건을 조성하는 데 기여했기 때문이다. 오스트레일리아는 이미 지난 4만 년 동안 대규모 육상 척추동물의 90퍼센트를 잃었다. 오스트레일리아에 인간이 거주하기 시작한 것은 대략 4~6만 년 전으로 추정된다. 절멸기와 정착기가 비슷한 것은 우연이 아니다.

하지만 태즈메이니아주머니늑대는 태즈메이니아에서만큼은 버티고 살아 있었다. 그러나 이들이 실제로 무엇을 했는지 알려진 바는 거의 없다.

허가된 죽음: 1860년대 말에 잡힌 태즈메이니아주머니늑대와 위버 씨의 스튜디오 사진.

크기는 늑대와 비슷했지만 아무도 이들이 추격 포식자인지 매복 포식자인지 확신하지 못한다. 아마 야행성 동물이었거나 최소한 (황혼기나 여명기에 주로 활동하는) 박명박모성 동물이었을 수 있다. 주된 먹이도 추정만 해볼 뿐이다. 작은 먹이만 잡았다는 추정도 있지만 무리로 다니면서 꽤 큰 포유류를 잡았다는 설도 있다. 표적이 된 종에는 오스트레일리아의 기적 같은 대체 생명체 전체가 모두 들어간 듯하다. 캥거루, 왈라비, 웜뱃, 쥐캥거루, 주머니쥐 등이다. 아마 일부 조류도 포함되었을 수 있다. 날지 못하는 태즈메이니아에뮤도 포함된다. 에뮤도 태즈메이니아주머니늑대가 아닌 인간의 사냥으로

1850년 즈음 멸종되었다.

태즈메이니아주머니늑대는 소규모 가족 집단으로 사냥했을 가능성이 있다. 사냥이 어느 정도로 협조적이었는지 개개인이 다른 역할을 어떻게 맡았는지는 알려져 있지 않다. 이들은 활동적이고 사회적인 동물이었던 것으로 보이며 보통 지능이 높았을 것으로 추정되지만 얼마나 뛰어났는지는 알려진 바가 전혀 없다. 우리가 실제로 아는 것은 극소수의 해부 구조뿐이다. 가령, 수컷과 암컷 둘 다 주머니가 있었다는 것, 수컷은 주머니를 일종의 음낭 덮개로 사용했다는 것 정도다.

19세기와 20세기 초 태즈메이니아주머니늑대에 관한 분명한 사실 하나는 인간이 이들을 싫어했다는 것이다. 결국 인간은 이들을 제거했다. 의도적인 절멸 정책을 확립했고 정책은 효력이 있었다. 1886년 태즈메이니아 정부는 주머니늑대 한 마리를 죽일 때마다 1파운드(2020년 기준으로 128파운드), 새끼를 죽이면 (절반 액수인) 10실링을 주었다. 총 2,184마리 분의 포상금이 지급되었다. 물론 사람들은 요구 조건보다 훨씬 더 많은 주머니늑대를 쏘아 죽였을 것이다.

종래의 관점은 절멸의 이유에 총도 있지만 다른 원인들도 일조했다는 것이다. 다른 원인에는 들개와의 경쟁, 디스템퍼(개과 동물에 감염되고 치사율이 높은 바이러스성 전염병—옮긴이) 같은 전염병이 포함된다. 물론 농지가 조성되면서 서식지가 급격히 변한 것도 원인이었다. 이 때문에 주머니늑대의 먹이 종이 감소한 것이다. 태즈메이니아주머니늑대는 총에 맞아 멸종했지만 인간에게 밀려나기도 했다.

1901년 최후의 태즈메이니아주머니늑대를 보호하는 법을 도입하자는 이야기가 나왔지만 말로만 그쳤다. 마지막이라고 알려진 태즈메이니아주머니늑대는 1930년 총에 맞아 죽었다. 벤저민으로 기억되는 한 녀석은 야생지에서 덫에 걸려 태즈메이니아 호바트 동물원에서 길렀고, 3년 후 1936년 혹독히 추운 날 밤 덮개도 없이 밖에 놔둔 바람에 추위로 죽었다. 동물원 당국의 대응은 30파운드를 할당해 벤저민을 대신할 녀석을 들이는 것이었다. 그

돈은 쓰이지 못했다. 유튜브에서 우리 안에 있는 벤저민의 영상을 볼 수 있다. 획획 움직이지만 생김새는 개와 비슷하고 개가 그러하듯 혼자 있는 모습이 무언가 불완전해 보인다. 그냥 줄무늬가 있는 불행한 개처럼 보인다.

태즈메이니아주머니늑대를 잃은 이후 다시 찾으려는 노력은 상당했다. 1960년의 태즈메이니아 탐험을 통해 배설물과 발자국을 발견했고 소리도 들었다는 말이 들렸다. 그러나 카메라 달린 덫까지 준비했던 1972년의 탐사에서는 아무것도 발견하지 못했고, 결국 1982년 태즈메이니아주머니늑대는 IUCN의 절멸 판정을 받는다.

그때 이후 말 그대로 녀석을 보았다는 확인되지 않은 신고가 수백 건이 있었다. 주로 오스트레일리아 본토에서였다. 온라인에서 불안정하게 흔들리는 알쏭달쏭한 영상을 찾아볼 수 있으니 판단은 각자 몫이다. 확실한 한 가지는 사람들이 이 동물을 간절히 보고 싶어 한다는 것이다. 2009년 태즈메이니아주머니늑대의 유전체 배열 순서가 밝혀졌고, 가깝지는 않지만 관련이 없지 않은 태즈메이니아데빌(태즈메이니아섬에 살고 있는 유대류 육식동물. 외형은 작은 곰과 비슷하다—옮긴이)를 이용해 태즈메이니아주머니늑대를 복제하자는 이야기도 나왔다. 태즈메이니아주머니늑대는 맥주 상표에, 태즈메이니아 국장에, 자동차 번호판에, 그리고 많은 사람의 회한 속에 살아 있다.

진화의 역사에는 다섯 차례의 대량 절멸 사건이 있었다. 그중 가장 유명한 것은 공룡의 멸종을 불러온 백악기로 세 번째 절멸이다. 다른 것들을 역순으로 말하자면 페름기 말기, 오르도비스기-실루리아기, 오르도비스기의 대량 절멸이다. 우리가 여섯 번째 대량 절멸의 한가운데 있다는 것은 널리 받아들여지고 있는 사실이다. 태즈메이니아주머니늑대가 그 과정의 일부였다. 주머니사자 같은 다른 동물들은 앞서 절멸했다. 양쯔강돌고래 같은 또 다른 동물들도 뒤를 따랐다. 양쯔강돌고래는 74장에서 만나볼 것이다.

악어

공룡도 물어뜯는 동물

"작은 악어 한 마리가

반짝반짝 빛나는 꼬리로

나일강 물을 퍼서

황금빛 비늘마다 뿌려요!"

└ 루이스 캐럴, 『이상한 나라의 앨리스』

태즈메이니아주머니늑대는 절멸을 표상한다. 반대로 악어는 오랜 생존을 표상한다. 악어는 인류보다 나이가 많다. 이들은 공룡과 함께 진화했지만 공룡과 달리 유성 충돌뿐 아니라 6,500만 년 전 백악기 제3기 '대량 절멸'에도 살아남았다. 악어는 단순히 오래 산 정도가 아니라 '심원한 시간'만큼 오래 살았다. 인간에게 이들은 항상 시간을 초월한 위협을 표상했다. 우리 인간에게는 낯선 시간대에서 작용하는 위협인 셈이다. 나는 여러 차례 잠비아의 루앙과강이 내려다보이는 곳에 가서 앉아 100여 마리, 그보다 더 많은 악어가 모여 있는 광경을 볼 때마다 이런 생각을 했다. '백악기에도 이런 모습이었겠군.'

악어가 대형 포유류를 죽이는 모습도 두세 차례 본 적이 있다. 악어의 속도는 멈춤과 뒤틀림 둘밖에 없는 것 같다. 늪지에 가면 눈이 달린 통나무 같은 것이 가득 떠다니는데 갑자기 물이 퍽 하고 튀면 푸쿠 영양은 불안하게 물을 마시다가 악어에게 붙잡혀 더 이상 불안해할 일이 없어진다. 잡아먹혔으니까(아기 코끼리의 비슷한 경험은 54장을 보라).

악어는 열대지방의 모든 대륙에서 발견된다. 악어목 동물에는 세 가지 다른 악어과 동물이 포함된다. 가비알은 얇고 긴 주둥이를 하고 있어 셋 중 구별이 가장 쉽다. 나머지 두 악어 중 앨리게이터와 크로커다일 사이의 차이는 더 복잡 미묘하지만, 입을 다물었을 때 위아래 양쪽 턱에 이빨이 보이면 크로커다일이라고 확신해도 좋다. 크로커다일은 보통 14종이 있는 것으로 추정된다.

악어가 오래 살아남은 이유 중 하나는 광범위한 먹이를 잡아먹을 능력이 있기 때문이다. 어류, 연체동물, 갑각류, 조류가 먹이에 포함된다. 악어는 반수생동물이지만 육지에 사는 포유류를 먹이로 삼는 데도 능하다. 이는 주로 대부분의 포유류종이 물가에 와서 물을 마시기 때문이다. 특히 주목할 만한 경우는 강을 꼭 건너야 하는 포유류다. 세계 최고의 장관을 연출하는 동물의 이동으로 가장 유명한 것 중 하나가 케냐의 마라강을 매년 건너는 누 떼다. 누 떼는 강을 건너는 데 성공하지만 소수의 누는 늘 뒤처진다.

마라강 악어는 엄청나게 몸집을 키울 기회가 있다. 1년에 한 번 정도만 포식하기에 가능한 일이다. 식사량은 그야말로 어마어마하다. 악어는 생존 리듬이 여느 동물과 완전히 다르다. 열을 몸속에서 발생시키지 않고 외부에서 빌려오는 외온성 동물의 신진대사는 느리기 때문에 이런 생활 방식이 가능하다. 악어는 냉혈동물은 아니다. 햇볕을 받으면 대개 혈액 온도가 우리의 체온 이상까지 올라간다. 중요한 것은 열 자체가 아니라 열의 원천이다. 악어는 태양에서 열을 가져오므로 에너지를 다급히 필요로 하지 않는다. 악어는 기다릴 줄 안다. 기다려도 되기 때문이다. 인간은 결코 공감하지 못할 방식의 삶이다.

악어는 포유류의 일부 종을 잡아먹는다. 여기에는 인간도 포함된다. 인간 또한 먹고살기 위해 물을 찾아 마셔야 하고 물고기도 잡아야 한다. 그러려면 일찍이 물가로 갈 수밖에 없었을 것이다. 일부 지역에서 이는 잠복해 있다가 물에 들어오는 포유류를 공격하는 데 전문가인 악어와 함께 살아야

1년에 한 번의 폭식: 케냐의 마라강
에서 누를 사냥하는 나일악어.

한다는 뜻이다. 인간에게 가장 치명적인 악어는 덩치가 가장 큰 두 종이다. 아프리카의 나일악어와 오스트레일리아 북부의 바다악어. 악어에 의한 연간 사망자 숫자를 정확하게 제시하기는 불가능하다. 보고되는 것이 거의 없기 때문이지만 몇백 명에 이르리라 추정한다. 우리 인간의 탄생지는 초원이고 초원에서는 수렵과 채집에 분명 꽤 많은 양의 낚시도 포함되었을 테고 매일 물을 마시기도 했을 것이다. 확실히 악어는 사자와 더불어 일찍부터 우리 조상들을 효과적으로 잡아먹은 포식자였을 테다. 우리가 악어에게 근원적인 공포 반응을 보이는 것은 분명 그 때문이리라.

악어는 인간을 죽이지만 뱀(28장 참조)처럼 악어도 우리가 쉽게 다가갈 수 있는 동물이 아니다. 어떤 면에서 인간은 사자에게 먹히는 데 큰 거부감이 없다. 같은 포유류인 데다 심지어 사냥꾼이라는 동류의식까지 있다. 그러나 악어는 글쎄, 표정을 읽을 수 없는 얼굴에 몇 날 며칠이고 꿈쩍하지 않고 도사리고 있는 생활 방식, 그리고 폭발적인 스피드까지 인간이 이해할 수 있는 범위를 넘어서는 동물이다.

악어는 먹이를 문다. 지구상에 살았던 동물 중 '물기'에서는 가장 탁월하다고 할 수 있다. 만약 악어에게 격언이 있다면 이런 것이리라. "나는 문다. 고로 존재한다." 악어는 일단 먹을거리를 잡으면 결코 놓지 않는다. 무는 힘을 치악력이라 한다. 악어의 치악력을 측정한 적이 있다. 스테이크 조각을 씹는 인간의 힘은 0.1톤포스(890N)다. 하이에나의 치악력은 0.5톤포스(4450N)이고 사자는 여기에 약간 미치지 못할 것이다. 중간 크기에서 대형 크기의 바다악어가 보유한 치악력은 1.7톤포스(1만 6,400N)로 측정된다. 크기가 6미터짜리인 악어(나일악어와 바다악어 둘 다 그 정도 크기까지 자랄 수 있다)의 무는 힘은 무려 약 3.5톤포스(3만 4,250N)다.

이 정도의 힘을 발휘하는 것은 턱 근육 덕분이다. 악어의 턱은 바위처럼 단단하고 그 힘이 무척 세다. 그러나 악어가 턱을 벌릴 때 쓰는 근육은 다물 때 쓰는 근육에 비해 힘이 상대적으로 약하다. 그래서 악어를 이송할 때는 자전거 튜브로 급조해 만든 고무 밴드 두어 개로 턱 주변을 묶어놓는 것만으로도 안전하다(대개는 악어 농장에서 이런 방법을 쓴다. 이곳에서는 제품 원단에 쓰이는 악어가죽을 공급하기 위해 악어를 기른다). 애초에 턱에 끈을 묶는 일이 어려울 뿐이다.

악어는 고도로 숙련된 매복 포식자로 야간 시력을 포함해 시력도 좋고 후각과 청각도 뛰어나다. 이 모든 감각은 물속과 바깥 어디서든 잘 작동한다. 고도로 사회적인 동물인 악어는 다수가 모여 살며 그저 함께 있는 것을 즐기는 듯 보인다. 무엇보다 신진대사가 느리니 다음 먹이를 찾을 때 큰 경쟁이 없어서 그런 것 같다. 나일악어는 대개 하마와 강에서 공존한다. 하마

god of gangga

Gunga

가 나이가 들거나 자기들끼리 싸우다가 부상을 입고 물속에서 죽을 때, 그리고 건기가 끝날 무렵 사냥감이 고갈되어 얼마 남지 않게 될 때, 악어는 떼거리를 짓고 시간을 들여 하마를 잡아먹는다. 악어의 치악력은 고기를 자르기보다는 잡고 있기 위해 사용된다. 이들은 육식동물(그리고 앞에서 본 것처럼 유대목 동물)처럼 고기를 찢기에 알맞은 이빨이 없다. 그래서 입으로 먹이를 물면 고기를 비틀어 떼어내려고 몸 전체를 틀어 복부로 360도 회전한다. 악어는 입속에 밸브처럼 덮개가 있어 물속에서 먹이를 물어도 물이 목구멍으로 들어가지 않는다. 최대 75년을 사는 동안 64개의 이빨을 55차례나 갈아 치운다.

악어는 어미가 새끼를 돌본다. 어미는 입으로 부드럽게 새끼를 잡아 보살피고 때로는 먹이를 준다. 악어는 목소리를 내는 동물이다. 최대 20가지 소리가 기록되었고 각각 의미가 다르다. 그러니 초기 언어 수준의 소통 수단을 가지고 있는 셈이다.

악어는 수백 년 동안 경외감을 자극해온 동물이기 때문에 당연히 인간의 종교 생활에 도입되었다. 소베크는 고대 이집트의 악어 신으로 때로는 악어의 머리를 한 인간으로 나타난다. 그의 많은 속성 중에는 나일강의 위험으로부터 인간을 보호하는 역할이 있다. 힌두교 신전에서 물의 신 바루나는 몸의 절반이 악어인 동물을 타고 다니고, 배우자인 바루니는 아예 악어를 타고 다닌다. 강가는 강이자 신이며 대개 악어를 타고 다니는 것으로 묘사된다.

악어가 인간을 잡아먹을 때 위선의 눈물을 흘린다는 생각은 9세기 비잔틴제국의 군주 포티오스 1세의 저서 『비블리오테카』(포티오스 1세가 읽은 다수의 책에 대한 서평을 적은 책. 비잔틴제국 최초의 백과사전으로 여겨진다—옮긴이)에 기원한다. 14세기 『존 맨더빌 경의 여행』에도 같은 내용이 나온다. "이 큰 뱀(악어)들은 사람을 죽이고 울면서 먹는다." 셰익스피어는 이 이미지를 좋아해 네 번이나 사용했다. 셰익스피어의 비극 〈오셀로〉의 주인공 오셀

| 신의 동행자: 악어를 타고 있는 강가(19세기, 화가 미상).

로는 이렇게 말한다.

> 대지가 여자들의 눈물로 가득 찬다면
> 그 눈물방울 하나하나가 악어가 될 것이오.

러디어드 키플링도 악어를 다루었다. 『정글북 두 번째 이야기』에서는 자칼과 대머리황새, 그리고 거대한 악어가 삶과 죽음, 즉 이들의 먹고 사는 일에 관해 이야기한다. 키플링의 『아빠가 읽어주는 신기한 이야기』 중 가장 유명한 이야기인 「아기 코끼리」에서 악어는 아기 코끼리를 유혹해 물속으로 끌어들인 다음 코를 꽉 문다. 아기 코끼리가 두 가지 색깔의 바위비단뱀에게 구출될 때 악어가 꽉 문 코가 늘어나 지금의 코가 되었다고 한다.

문학에서 가장 당혹스러운 악어는 J. M. 배리의 『피터 팬』에 등장한다. 이 동화에서 악어는 후크 선장의 손을 먹어치운 후 그 맛을 잊지 못해 영원히 후크 선장을 쫓아다닌다. 게다가 '똑딱똑딱' 시계 소리를 크게 내면서 다닌다. 손목시계까지 삼켜버렸기 때문이다. 이는 프로이트 이론이 가미된 부분이다. (결국 후크 선장을 잡아먹어) 거세를 담당하는 악어는 우리에게 시간의 흐름을 경고한다(시간은 결국 우리 모두를 허약하게 만들고 죽음으로 끌어들인다). 그만큼 악어에 대한 우리의 공포는 영혼 깊숙이 내재되어 있다.

050

말

인간에게 초인적인 힘을 부여한 존재

"말을 다오, 말을! 말을 준다면 내 왕국을 주리라."
└ • 셰익스피어, 〈리처드 3세〉

인간은 말을 먹고, 말을 타고, 말을 모는 법을 배웠다. 말은 문명 진보의 추진력이었다. 인간의 역사는 20세기 초까지만 해도 길들인 말의 역사다. 인간의 역사는 인간이 도구로 쓴 물질, 즉 돌, 철, 청동으로 측정하기보다 말의 용도로 측정하는 편이 낫다는 말까지 있을 정도다. 말을 사용한 출발점부터 따져(물론 많은 범주가 겹치고 일부는 지금도 계속되고 있지만) 용도를 언급하자면 식용, 효용과 지위의 상징, 목축, 전차, 기병대, 농업, 운송, 레저 순으로 시대를 나눌 수 있다.

말은 인류에게 중요성이 매우 컸기 때문에 말과 관련된 어휘들이 화석처럼 영어 표현 곳곳에 숨어 있다. 이를테면 이런 식이다. "기초 작업을 하고 나서(do the groundwork) 한숨을 돌릴 것이다(take a breather). 나이가 너무 많지 않고(too long in the tooth, 말이 늙을수록 잇몸이 줄어들어 이가 길어 보이는 데서 '늙은'이라는 뜻이 되었다—옮긴이) 불안해하지(get the wind up) 않으면 그의 기량을 시험해볼 것이고(put someone through his paces, 말의 이런저런 보행 속

진격: 〈알프스를 넘는 나폴레옹〉, 자크 루이 다비드
(1801년), 이 말은 나폴레옹의 애마 마렝고인 듯하다.

도를 본다는 의미에서 유래한다―옮긴이), 그러면 목적을 완전히 달성한 셈이
다(home and dry). 확신컨대, 그는 작정하기만 하면(get the bit between his teeth
―말의 이빨 사이에 재갈을 물리고 당기면 달리기 시작한다는 데서 '어떤 일에 몰두
하다, 작정하다, 달려들다'라는 뜻이 되었다―옮긴이) 활기가 넘칠 것이다(full of
beans, 말이 콩을 잔뜩 먹어 영양 상태가 좋아 잘 달릴 수 있게 되었다는 데서 유래한

100가지 동물로 읽는 세계사

다―옮긴이). 그밖에 예를 좀 더 들 수 있지만 다 끝난 일을 두고 헛수고해봐야 소용없다(flog a dead horse, 죽은 말을 때려봤자 소용없다는 뜻이다―옮긴이)."

희한하게도 말은 에오히푸스에서 유래했다. 래브라도 견종 크기 정도에 발가락이 많은 짐승이다. 겉보기에 말과는 전혀 딴판이다. 그러나 이들의 혈통을 타고 말이 나온 것은 사실이다(과거에 진화의 고전적 모범으로 간주되었던 과정이다. 물론 인간 진화에 관한 통념일 뿐 틀렸지만 기분은 좋아지는 이야기다. 진화는 완벽을 향해 진행된다는 것, 개와 비슷한 동물이 근사한 말이 된다는 개념이니 말이다). 캥거루와 일부 영양 종처럼 말도 넓은 초원에서 풀을 뜯어먹고 속도 변환에 능숙한 동물로 진화했다.

말은 어떤 척추동물보다 눈이 큰 종에 속한다. 머리를 숙이고 풀을 뜯는 동안에도 눈은 얼굴에서 높이 위치해 사방을 다 볼 수 있어야 하기 때문이다. 귀도 높이 달려 있어 청각 역시 예민하다. 말은 바람이 불면 평상시보다 더 경계가 심해지고 겁을 많이 낸다. 바람 자체가 두렵기 때문이 아니라 바람 탓에 청각이 약화되어 주변 경계가 어려워지기 때문이다. 말은 다리가 긴 쪽으로 진화했다. 발톱(말굽)도 하나여서 달릴 때 매우 효과적이다. 이륙 속도도 좋고 효율적으로 땅을 디디면서 건조한 지대에서 살아도 먹이가 있는 지역으로 쉽게 이동할 수 있다(동일한 형질이 캥거루에서는 다른 형태로 진화했다. 47장을 보라).

6,000여 년 전 카자흐스탄에서 처음으로 말을 가축으로 길들였다. 카자흐스탄의 보타이 문화는 말과 개만 길들이고 다른 모든 종은 무시했다. 그보다 훨씬 오래전 말은 잡아먹는 음식이었다. 인간이 처음 말에 접근한 목적은 잡아먹기 위함이었을 가능성이 높다.

말이 처음 운송 수단이 된 것은 언제였을까? 말이 운송 수단이 되면서 모든 것이 바뀌었다. 말의 두개골에 난 마모 자국을 보면 말을 조종하고 제어하기 위해 입에 굴레를 씌우고 재갈을 물렸음을 추측할 수 있다. 보타이 유적에서 이러한 마구가 발견되었다. 약 5,500년 전이다. 보타이 무덤에서 발견된 말뼈들은 훨씬 더 오래되었는데 이는 인간과 말 사이의 가까운 관계, 심지어 추측건대 말을 매우 소중하게 여기고 지위까지 부여하는 관행이 있었음을 암시한다.

학자들은 말을 최초로 이용한 이유가 타기 위한 것이었는지 탈것을 끌기 위한 것이었는지를 놓고 논쟁을 벌인다. 정답은 탈것을 끄는 용도가 먼저였다는 쪽인 듯하다. 전차 유적이 말을 타는 장비 유물보다 앞선 시대의 것으로 밝혀졌기 때문이다. 나는 학자는 아니지만 말을 타는 사람이라 매번 타는 쪽이 먼저였다는 쪽에 찬성표를 던진다. 말 등에 올라탈 때 장비는 굳이 필요하지 않다. 말이 작다면 올라타기가 어렵지도 않다. 큰 말은 오늘날 인위적으로 만든 종이다. 옛날에는 말이 그다지 크지 않았다는 뜻이다. 반쯤 길들인 말들 가까이에서 살고 있다면, 고기를 얻기 위해 말들 주변에 간 적이 많다면, 그리고 당신이 젊고 활기차다면 말 등에 올라타는 것은 그리 어렵지 않다. 내리는 것도 마찬가지다. 금세 배울 수 있다. 하지만 하루아침에 되는 일은 아니다. 말 머리를 돌려 조종하거나 통제력을 발휘하고, 그래서 재갈을 고안해내는 것은 딱히 혁명적인 돌파구는 아니었다. 다리를 뻗어 원하는 방향으로 말을 밀어붙이는 것도 본능적으로 할 수 있는 행동이다. 말 타는 행위는 분명 아주 자연스럽게 발달했을 것이다.

말을 길들이는 과정과 오늘날까지 승마 및 주행을 위해 말을 채비시키는 모든 일이 가능한 것은 말의 사회성 덕분이다. 말은 무리지어 살며 서로 소통하기를 좋아한다. 소통은 신체 언어를 사용하고 접촉과 소리를 통해 이루어진다. 말은 서열을 중시하기 때문에 말을 길들이는 것은 인간이 지배적 위치를 차지할 수 있느냐가 관건이다. 지배권은 고함을 지르거나 괴롭히는 방식으로 얻을 수도 있지만 품위 있게 배려하면서 얻을 수도 있다. 말이 마지못해 따르는 리더가 되고 싶은지, 아니면 자발적으로 따르고 싶은 리더가 되고 싶은지는 말 타는 사람의 선택에 달려 있다.

일단 말을 통제할 수 있게 되자 인간은 막강한 힘을 얻게 되었다. 인간과 말의 걸음 속도는 시속 6.5킬로미터 정도로 비슷하다. 그러나 말의 속보는 경제적인 데다 오랫동안 유지할 수 있다. 시속 13킬로미터를 이동하기란 말에게는 전혀 어려운 일이 아니다. 건강하게 훈련받은 말은 먹이와 마실 물과 적절한 휴식만 제공하면 하루에 160킬로미터도 이동할 수 있다. 사람이 질 수 있는 짐은 23킬로그램 정도지만 말은 90킬로그램을 지고 갈 수 있다. 바퀴 달린 탈것을 끄는 말은 적정 속도로 가면서 자기 체중의 두 배 이상을 끌 수 있다. 거의 1톤에 달하는 하중이다.

말은 엄청난 거리를 이동할 수 있게 해주고 짐 끄는 능력을 제공해 인간이 감당할 수 있는 일의 범위를 급격히 확대해주었다. 이제 인간은 식량을 찾아 더 먼 곳까지 다닐 수 있게 되었다. 동물 떼를 절벽이나 덫 쪽으로 몰고 가는 유서 깊은 방법을 쓸 수 있는 범위도 확장되었다. 말을 타고 소나 다른 동물의 무리를 몰 때 효과가 훨씬 극대화되기 때문이다. 말 덕분에 인간은 멀리 있는 다른 인간들과 접촉할 수 있게 되었다. 말 덕분에 교역뿐 아니라 전쟁의 가능성도 급격히 커졌다. 말 덕분에 전쟁을 수행하는 속도와 기동성, 여기에 수반되는 공포가 증가하면서 전쟁은 그야말로 혁명적인 변화를 겪는다.

수 세기 동안 말은 전차를 끄는 용도로 전쟁에 동원되었다. 런던의 웨스트민스터 다리에는 보디세아(혹은 부디카) 동상이 세워져 있다. 고대 브리튼의 여왕인 보디세아는 로마 점령군에 맞서 브리튼인의 봉기를 이끈 인물이다. 보디세아가 타고 서 있는 것은 전차다. 앞발을 극적으로 높이 쳐든 말 두 마리가 전차를 끌고 두 딸은 전차에 타고 있다. 사람들은 여러 가지 용도로 익숙하게 말을 탔지만 전투에 나설 때는 말을 직접 타는 대신에 전차를 선호했다. 고대 그리스의 저술가이자 소크라테스의 제자였던 크세노폰이 기원전 360년에 쓴 『기마술』에 관련된 이야기가 전부 나온다. 크세노폰은 이 책에서 전차나 사람이 탄 말뿐 아니라 말을 돌보는 일과 말의 심리까지 다룬다. 오늘날에도 유용한 정보가 들어 있는 책이다.

전차를 선호한 이유는 간단하다. 등자(안장에 달린 발 받침대)가 약 2,000년 전인 중국의 초기 한나라 시대까지 발명되지 않았기 때문이다. 등자는 5세기 무렵 중국 전역에 전파되었고 6~7세기에는 유럽에도 들어갔다.

옛날 전통대로 말을 타려면 무엇보다 등자 없이 말 타는 기술부터 배워야 한다(미국에서는 도구의 도움을 크게 받지 않고 말을 탄다 해서 영국식 안장이라 한다). 꼭 필요한 기술이지만 등자 없이 말을 타면 확실히 안정성이 떨어진다. 말의 속도와 방향이 갑자기 바뀔 경우 말 탄 이의 체중을 받쳐줄 도구가 없기 때문이다. 이런 상황에서 전투에 나가면 안전을 보장할 수 없고 말에서 떨어질 수도 있다. 설상가상으로 상대편 병사를 공격할 수도 없다. 권투선수들이 입을 모아 말하듯 두 발을 바닥에 단단히 버티고 서 있지 않으면 의미 있는 일격을 가할 수 없는 법이다.

등자를 만들지 못하는 것은 그냥 바보 같은 실수가 아니었다. 말 탄 이의 체중을 말 등 부위에 넓게 분산시켜주는 안장틀이 없으면 등자도 쓰지 못한다. 비교적 좁은 말 등 위에 체중을 싣고 앉아 움직이면 멍이 들고 피부 마찰 때문에 금세 말이 협조하지 않는 상황이 온다. 안장틀은 비교적 복잡한 물건으로 전쟁의 성격을 바꿔놓은 혁신적인 발명품이다. 그 덕분에 말 탄 전사라는 엘리트 계급이 새로 생겨났고 유럽에서는 이들을 '기사'라고 칭했다. 영국에서는 오늘날에도 높은 성취를 이룬 사람들에게 기사 작위를 수여한다. 훌륭한 업적을 이룬 사람과 말의 힘을 쓸 줄 아는 전사를 동급으로 대우한다는 뜻이다.

말 탄 전투병이 다른 전투병보다 우월하다는 개념이 영국군 기병대에 여전히 남아 있다. 물론 기병대는 이름뿐이지 지금은 말 대신 탱크를 이용한다. 말을 타고 수행하는 전쟁의 관습은 오늘날에도 승마 규칙으로 남아 있다. 가령, 말을 탈 때는 항상 말의 왼쪽에서 타야 한다고 배운다. 그렇게 하는 이유가 말에 올라타다가 왼편에 찬 검이 걸리지 않게 하려는 것이라는 사실을 설령 모르더라도 말이다.

말을 길들인 이유는 전쟁처럼 화려한 용도 말고도 또 있다. 말은 1,000여 년 전부터 농업에 쓰였다. 크고 강하지만 고분고분한 성질을 지닌 말로 품종을 개량해 쟁기와 수레를 끌게 한 것이다. 말은 황소보다 빠른 데다 누워서 쉴 필요도, 여물을 되새김질할 필요도 없었다. 그 후 말은 수송에

활기찬 고대의 아침: 파르테논 신전 프
리즈 부조(기원전 490-432년).

도 이용되었다. 사람과 물건을 수송하고 (우편마차로) 정보도 실어 날랐다.
말 덕분에 물자와 인간은 아주 짧은 시간에 엄청난 거리까지 이동할 수 있
게 되었다. 말을 교통수단으로 활용하려면 바퀴 달린 수레나 마차가 달릴 수
있게 노면이 평평하고 매끄러운 도로가 필요했다. 인간의 소통은 혁신적으
로 바뀌었다. 18세기와 19세기 인공 수로인 운하가 건설되었을 때 말 한 마
리가 운하의 바지선으로 실어 나른 짐의 무게는 30톤에 달했다. 이는 수레
로 실어 나른 것보다 10배나 많은 양이었다.

　　19세기 말이 되어도 인간의 문명은 여전히 말 중심이었다. 개인용 마
차, 임대 마차, 전세 마차, 공용 승합 마차 등 도시를 움직이는 동력은 말이
었다. 말이 다니는 도로를 청소하는 일꾼을 따로 고용하기도 했다. 도로에

널린 말의 배설물을 치워 사람들이 길을 건널 수 있게 하려는 것이었다. 인류의 전쟁과 농업과 교류와 교육 등 모든 문화가 말의 동력으로 가능했다. 말은 세계 자체였다. 말과 인간 사이의 공생 관계 덕분에 세상이 돌아갔다.

그런 다음 드디어 인간은 내연기관을 발명했다.

내연기관의 발전으로 혁신을 이룬 공은 단 한 사람만의 것이 아니다. 더 새로운 장치, 더 나은 아이디어가 연쇄적으로 나오면서 새 동력 기관은 점점 더 발전에 발전을 거듭했다. 발전 과정의 끝으로 갈수록 자동차의 역사에서 우리가 기리는 이름이 등장한다. 고틀리프 다임러, 카를 벤츠, 루돌프 디젤 등이다. 1903년 프랑스에서 생산된 자동차는 3만 대 이상이었다. 인간 문명을 추진해오던 6,000년 말의 역사가 대단원의 막을 내린 것이다. 오늘날 물품과 사람과 정보는 이전과 비교할 수 없을 만큼 신속하고 편리하게 이동한다. 전장에 나갈 때도 무수히 총알을 맞아도 죽지 않는 자주포를 가지고 전투를 치른다. 그런데도 엔진의 동력을 측정할 때 쓰는 단위는 여전히 말의 힘을 가리키는 '마력'이다. 말은 이제 더 이상 우리 삶의 동력이 아닌데 말이다.

그런데도 말이 멸종하지 않은 이유는 무엇일까? 왜 여전히 우리 곁에 여전히 살아서 존재하는 것일까? 말은 더 이상 효용이 없다. 최소한 선진국에서는 그러하다. 그렇다면 왜 우리는 아직도 상당한 비용을 들이고 큰 불편을 감수하면서도 말을 유지하고 보전하는 것일까?

그것은 우리가 말을 좋아하기 때문인 것 같다. 요즘은 스포츠용으로 말을 보전한다. 그중 일부는 승마, 장애물 넘기, 혹은 크로스컨트리처럼 군사적인 말 훈련을 기반으로 한 것들이다. 인간이 최초로 말을 길들인 뒤부터 말들을 경쟁시키는 것은 분명 우리 삶의 일부이며 우리는 여전히 여기서 즐거움을 느낀다. 미국의 승마 전통은 소를 키우는 대규모 목장을 기반으로 한 스포츠를 낳기도 했다(길들이지 않은 말이나 소를 타고 굴복시키거나 버티는 로데오를 가리킨다—옮긴이). 꼭 경쟁을 벌이지 않아도 사람들은 말을 타고 말을 기른다. 말과 함께하는 삶을 좋아하고 즐기기 때문이다. 말 주위에는 몇 세대 전에 우리가 저버린 야생의 삶에 대한 노스탤지어가 맴돈다. 인간이 길들인 모든 동물 가운데 야생성을 적극적으로 북돋는 유일한 종이 말이라는 사실은 변함없다. 속도와 민첩성과 뛰어난 활동성은 말과 함께하는 삶이 주는 재미에서 빠질 수 없는 요소다.

덕분에 말을 훈련시키는 방식도 180도 바뀌었다. 이제 말은 어떤 용도로 쓰기 위해서가 아니라 곁에 두고 싶어 기르는 존재가 되었기에 말을 노예처럼 부리고 폭력적으로 다루면 비난을 받는다. 말을 인간의 노예가 아니라 파트너로 여기고, 채찍질이 아니라 타는 사람의 체중을 이동시켜 설득하고 달래는 방식으로 길들여야 한다는 주장이 여러 곳에서 힘을 얻고 있다. 말을 부드럽게 다루는 다양한 기술을 대개 '자연 인마술'이라 한다. 몬티 로버츠와 팻 파렐리 같은 인물은 자연 인마술의 선구자다.

2013년 영국과 아일랜드공화국에서 충격적인 사건이 벌어졌다. 시중에 유통되던 냉동 고기 중 말고기를 소고기로 속여서 판 것이 들통 난 것이다. 사람들은 이 사건을 보며 식인을 강요당하는 듯한 어마어마한 충격과 공포를 느꼈다. 이 사건은 우리가 말을 향해 여전히 품고 있는 깊고 강렬한 애착을 드러냈다. 여러 나라에서 수용 가능한 관행도 또 다른 나라에서는 이렇게 혐오의 대상이 된다.

역사 속에서 혹은 허구 속에서 경탄의 대상이 되지 않는 말을 찾기란 매우 어렵다. 알렉산드로스대제에게는 부케팔로스라는 애마가 있었다. 물론 알렉산드로스대제 말고는 아무도 길들일 수 없는 말이었다. 로버트 리 장군에게는 트래블러라는 애마가, 나폴레옹 보나파르트에게는 마렝고라는 애마가 있었다. 나폴레옹이 애마를 탄 모습은 역사상 말을 그린 가장 유명한 초상화라 할 수 있는 다비드의 회화에 남아 있다. 웰링턴 공작은 코펜하겐이라는 애마가 있었다. 고귀한 말은 소설에도 넘쳐난다. 동명 소설 속의 블랙뷰티, 『반지의 제왕』에 나오는 간달프의 섀도우팩스, 『걸리버 여행기』에 나오는 후이넘, 『나니아 연대기』의 브리와 플레지 모두 고결함을 상징하는 말들이다.

인간의 역사는 곧 말의 역사다. 오늘날 우리는 더 이상 말을 필요로 하지 않지만 여전히 말을 곁에 두고 살아간다. 현대인은 길든 인간이지만 우리에게는 길들지 않았던 조상이 있었고, 많은 사람이 우리 조상들의 삶은 말이 존재한 덕분에 비교할 수 없을 만큼 풍요롭고 자연과 닮은 모습을 유지했다고 믿는다. 이제 그만 글을 끝내야겠다, 나가서 말을 타야하므로.

051
올빼미

어둠과 죽음을 상징하는 새

"나는 승냥이의 형제요, 올빼미의 벗이다."
└→ 욥기 30장 29절

우주에서 본 지구라는 행성. '한밤중에' 우주에서 본 지구 사진을 인터넷에서 찾아볼 수 있다. 이 사진은 1972년 아폴로 17호 미션에서 촬영했던 그 유명한 '푸른 구슬' 사진보다 훨씬 더 놀랍다. 낮에 촬영한 '푸른 구슬' 사진 속의 지구는 순수하고 연약하며 소중하게 여겨야 할 존재로 보인다.

밤에 본 지구는 완전히 다른 행성처럼 보인다. 한밤의 지구는 연약하지 않다. 우세 종인 인간이 완전히 정복한 행성이다. 충격적인 것은 어둠이 아니라 빛이다. 도시와 도시가 거미줄처럼 서로 연결되어 있다. 이들 도시 전체가 우주를 향해 빛을 쏟아내고 어둠 속으로 신호를 보낸다. 여기 우리가 있다! 우리가 해냈다! 우리가 이 행성을 지배하고 있다!

인류는 어둠과의 오랜 전쟁에서 승리했다. 사자와 함께 걷던 시절부터 인류 역사 내내 우리를 따라다녔던 두려움은 이제 사라졌다. 물론 아직도 많은 사람이 밤에 대한 본원적 공포를 가지고 있다. 하지만 문명 세계의 현대인은 어둠이 두려울 때마다 손을 뻗어 스위치를 켜기만 하면 된다.

빛. 창세기에서 하나님이 첫 번째로 만드신 빛은 지혜와 지식의 상징이다. 요한복음 1장의 말씀처럼 "하나님은 어둠 속에서 비치는 빛이었고 어둠은 그를 깨닫지 못했다." 이제 빛은 지구를 정복했다. 빛은 지나치게 많아 때로 빛 공해를 일으킬 정도다. 밤에 우주에서 지구를 보고 있노라면 인류세가 확립되었다는 사실은 의문의 여지가 없어 보인다.

우주에서 본 한밤의 지구 사진은 자신이 낙관론자인지 비관론자인지 알아보는 성격 테스트를 연상시킨다. 나는 저 행성 어디에 있고 싶은가? 찬란한 빛을 누리고 싶은가? 아니면, 어둠과 신비의 공간이 매력적으로 보이는가? 아니면, 두 곳 모두에 끌리는가?

지구상에서 어둠의 장소를 찾을 수 있다면 잠시 멈추고 귀를 기울여보라. 그럴 만한 가치는 충분하다. 주위가 깜깜할 때는 소리가 들리기 마련이다. 어느 공포영화에서나 들을 수 있는 소리, 관객에게 밤과 공포, 매복한 적, 묘지, 배회하는 괴물이 있다고 말해주는 소리다. 그런 다음 어둠 속에서 메아리치는 또 하나의 소리가 있다. 바로 올빼미의 울음소리다. 올빼미는 어둠에 대한 인간의 증오와 영혼 깊은 곳의 공포, 어둠과 악을 동일시하는 인간의 사고방식을 상징한다.

올빼미(owl, 'owl'은 우리말로 올빼미와 부엉이 모두를 가리킨다. 이 책에서는 올빼미로 번역했다—옮긴이)는 지구상에 200여 종이 있으며 남극을 제외한 모든 대륙에서 발견된다. 대부분 야행성이고 새벽녘과 황혼녘에도 볼 수 있다. 인간과 달리 올빼미는 어둠이 편한 동물이라서 사악하다는 특성이 부여된다. 일부 문화권에서 올빼미는 지혜의 상징, 낮에 활동하는 우리 같은 동물은 꿰뚫어볼 수 없는 어둠의 비밀을 알고 있는 존재로 높이 평가된다.

올빼미는 매와 독수리처럼 갈고리를 닮은 발톱과 부리가 있지만 이들 맹금류와 밀접한 관련은 없다. 발톱과 부리는(발톱은 살상용이고 부리는 고기를 찢는 데 쓴다) 수렴진화의 또 다른 예다. 올빼미는 똑바로 서서 넓은 얼굴에 달린 두 눈으로 시야를 확보한다. 따라서 올빼미 얼굴은 인간과 좀 비슷한 구석이 있고 이러한 유사성은 늘 우리의 관심을 끈다. 올빼미는 얼굴의

100가지 동물로 읽는 세계사

어두운 면: 〈마녀의 현장〉, 고
야(1746-1828년).

다른 부위와 어울리지 않게 눈이 크다. 다른 많은 새들과 마찬가지로 눈은
눈구멍에 고정되어 있지만, 우리에게 친숙한 대부분의 새들은 머리 양편에
눈이 붙어 있어 시야각이 360도에 가까운 반면, 올빼미는 두 눈으로 보는 시
야각이 좁다. 좁은 시야각 너머를 보려면 머리를 돌려야 한다. 올빼미의 고
개는 유연한 편이라 270도 범위까지 돌릴 수 있다. 인간이 귀 뒤로 두 손을
대고 모으듯 올빼미는 우묵하게 넓은 얼굴을 잔뜩 모은 채 소리에 집중한

다. 이런 모습 때문에 더욱 인간 같은 외양을 띤다.

올빼미는 종류에 따라 크기 차이가 많이 난다. 가장 작은 쇠참새올빼미는 길이 13센티미터에 무게는 28그램 정도이며, 수리부엉이 암컷(대부분의 올빼미는 수컷보다 암컷이 크다)은 길이 70센티미터에 무게는 4킬로그램 정도다. 대부분의 올빼미종은 귀의 위치가 비대칭이다. 덕분에 소리가 두 귀에 도달하는 시간에 미세한 차이가 나서 눈으로 볼 수 없는 것도 어디 있는지 정확히 파악할 수 있다. 어두울 때 무척 유용한 능력이다.

하지만 올빼미의 진화에서 가장 중요한 형질은 침묵이다. 나는 헛간에서 올빼미를 놀라게 한 적이 몇 번 있었다. 그때마다 올빼미는 내 머리 위 손

닿을 거리에서 날아가면서도 소리를 전혀 내지 않았다. 훨씬 작은 새라도 윙하고 지나가는 소리가 들리는 데 비해 올빼미는 지나가는 소리조차 내지 않는다. 날개의 깃털이 복잡해 고요한 비행이 가능하기 때문이다. 올빼미의 먹잇감은 천적이 오는 소리를 듣지 못하기 때문에 올빼미로서는 안성맞춤이다. 더구나 비행 중인 올빼미가 자신이 내는 소리에 방해받지 않고 먹잇감이 내는 소리에만 집중할 수 있기 때문에 이러한 고요는 꼭 필요하다. 덕분에 올빼미는 먹이 사냥에 정확성을 기하게 되고 어둠 속에서도 얼마든지 먹고 살 수 있다. 아프리카가 서식처인 거대한 고기잡이올빼미처럼 물고기를 주로 잡는 올빼미는 소음기가 장착되어 있지 않다. 필요 없기 때문이다. 물속에 있는 물고기는 어차피 소리를 들을 수 없고 올빼미도 물고기 소리를 들을 수 없다. 이 경우 올빼미는 순전히 눈으로만 사냥한다.

올빼미는 주로 밤에 활동하지만 다른 동물들처럼 서로 의사소통을 할 필요가 있다. 눈으로는 의사소통을 할 수 없어 소리로 한다. 올빼미의 울음소리가 멀리까지 퍼져 나가는 것은 이런 이유에서다. 올빼미의 울음소리가 들리는 묘지 장면은 공포영화에 단골로 등장하는 클리셰다. 하지만 실제로도 올빼미가 존재감을 드러내는 때는 밤이다. 올빼미 근처에 사는 사람은 이들의 존재를 자주 느낀다. 올빼미는 서로 의사소통하기 위해 소리를 내고(난 여기 있는데, 넌 어디야?) 자기 영역을 알리고 주장하고 유지하기 위해서도 소리를 낸다. 유럽의 올빼미는 대부분 텃세를 부리는 뜻으로 그 유명한 '투-후' 소리를 낸다. '투-윗'은 대개 다른 올빼미를 부를 때 내는 소리다. 그래서 올빼미는 '투-윗 투-후'라고 연달아 소리 내지 않는다. '투-윗'과 '투-후' 소리는 따로 낸다.

대부분의 문명에서 올빼미는 나쁜 징조, 그것도 최악의 징조를 알리는 새다. 아즈텍인과 마야인은 올빼미를 죽음과 파괴의 새로 보았다. 잠비아에서는 올빼미가 오두막 꼭대기에서 우는 것을 보면 그 오두막을 허물어버린다. 그러지 않으면 누군가 그 오두막에서 죽게 된다고 생각하기 때문이다. 더 북쪽에 사는 키쿠유족은 올빼미를 죽음의 새이자 불운을 가져오는 새로

본다. 오비디우스는 필생의 대작 『변신 이야기』에서 하데스의 과수원 관리자인 아스칼라포스의 변신을 두고 다음과 같이 썼다. "그래서 그는 가장 사악한 새, 슬픔의 전령, 게으른 올빼미, 인류에게 슬픈 징조가 되었다." 대(大)플리니우스는 올빼미를 가리켜 "밤의 가장 사악한 괴물 … 나타나면 악을 예언할 뿐이다"라고 적었다. 셰익스피어는 올빼미를 상징으로 즐겨 사용했다. 〈맥베스〉의 마녀들은 독약을 만들 때 올빼미의 날개를 넣는다. 헨리 6세는 살해되기 직전에 글로스터 공작 리처드에게 이렇게 말한다. "당신이 태어났을 때 올빼미가 비명을 질렀지. 사악한 징조요."

조금 다른 견해도 있다. 일본에서는 올빼미를 행운의 상징으로 보고, 인도의 일부 지역에서는 멍청한 동물로 보기도 한다. 지혜의 여신 아테나의 상징은 올빼미이고, 오늘날에도 금눈쇠올빼미의 학명은 아테네 녹투아(Athene noctua)다. 아마도 요지는 이런 것이 아닐까 싶다. 어둠을 편안히 여기고 인간의 얼굴과 비슷한 구석이 있는 올빼미는 단순한 인간의 지혜를 넘어 어둠뿐 아니라 죽음에 관해서도 무언가 알고 있을지 모른다는 것 말이다.

올빼미의 모습 자체는 악하다는 평가를 받지 않는다. 다만 올빼미가 예견하는 것, 올빼미가 표상하는 무엇인가가 우리를 심란하게 할 뿐이다. 올빼미는 공포요 어둠이요 죽음이다. 올빼미는 인류의 가장 오래된 두려움이다. 인류의 가장 오랜 조상이 대초원을 걸었던 이후 느껴왔던 공포를 상징하는 존재인 것이다. 이 두려움과 맞서기 위해 인류는 지구를 빛 천지의 세상으로 만들었다. 이제 지구라는 행성에서 진정한 어둠은 찾기 어렵다. 올빼미 역시 찾기 쉽지 않다. 인간은 어둠을 추방했다. 하지만 두려움만은 추방할 수 없다. 두려움은 음악과 사랑처럼 인간의 조건 중 하나이므로.

052
물범

연민과 공포를 상징하는 동물

"물결과 물결이 만나는 곳이 네 부드러운 베개가 되리니.

아, 작고 지친 지느러미발을 편안히 접으렴!

폭풍우도 너를 깨우지 않고 상어도 너를 쫓지 않으리.

부드럽게 굽이치는 바다의 팔에 안겨 잠들렴!"

└─▸ 러디어드 키플링, 〈물범의 자장가〉

영원히 남을 이미지 하나가 있다. 솜털이 하얀 아기 물범(seal, 'seal'은 해양 포유류인 기각류의 통칭으로 이 책에서는 '물범'으로 번역했다—옮긴이), 그 위로 우뚝 서 있는 사람을 당황한 채 올려다보는 귀여운 얼굴, 하카픽이라는 물범잡이 곤봉을 휘두르는 인간, 최고의 야구 선수나 크리켓 선수가 공을 바라보듯 냉담한 집중력이 가득한 얼굴을 담아낸 사진이다. 켄트 개빈이 1968년에 찍은 사진으로 39장에서 언급한 코뿔소 사진처럼 영국 일간지 『데일리 미러』의 1면을 장식했다. 제목은 '물범 가죽의 가격'이다.

　인간과 동물 간의 폭력적인 관계는 우리가 꼭 보지 않아도 되는 경우에 한해 널리 용인되고 있다. 현대의 도축장은 가장 뻔한 예일 뿐이다. 의사소통 수단이 증가하고 여행이 자유로워지고 더 많은 장비를 갖추게 된 1960년대에 인간은 아침 식탁에 앉아 물범 사냥 사진을 볼 수 있게 되었다. 밤이면 카페에서 음악이 흐르고 세상에는 혁명의 기운이 가득 넘치던 이 특별한 시절에 세상은 더 나은 삶의 방식을 찾으려 애쓰는 사람들로 가득했다. 물범

물범의 구세주: 러디어드 키플링의 『정글
북』(1894년)에 나오는 '하얀 물범' 삽화.

사진은 세상을 향한 외침이었다. 오늘날 우리는 이 시절보다 더 잘할 수 있
지 않은가?

물범은 수백 년 동안 사냥의 대상이었고 지금도 마찬가지다. 고기, 모

100가지 동물로 읽는 세계사

피, 가죽, 그리고 사체에서 얻을 수 있는 기름 때문이다. 기름은 비누를 만들고 가죽 제품을 처리하고 무엇보다도 빛을 밝히는 데 쓰였다. 앞 장에서 이미 인간에게 빛이 얼마나 중요한지 (인공조명 아래에서) 살펴보았다.

식육목에 속하는 기각류로 알려진 하위 집단에 속한 물범은 33종으로 간주된다. 엄니로 캐낸 어패류를 바닥에서 먹는 바다코끼리과, 바깥쪽으로 보이는 귀가 있고 뒤쪽 지느러미발을 뒤집어 육지에서 비교적 민첩하게 이동할 수 있는 바다사자과, 바깥쪽으로 보이는 귀가 없고 육지에 있을 때는 몸을 끌 듯 움직이는 물범과가 여기에 속한다. 기각류의 크기는 길이 1미터에 무게 45킬로그램의 바이칼물범부터 길이 5미터에 무게 3,200킬로그램의 남방코끼리물범까지 다양하다.

물범은 대부분 물고기를 먹지만 얼룩무늬물범(표범물개)은 펭귄이나 다른 종의 물범을 주로 먹는다. 물범이 아주 오랫동안 심해까지 잠수가 가능한 것은 완전히 오그라들어도 멀쩡한 폐, 지방조직의 단열층, 그리고 때로는 모피까지 갖추고 있기 때문이다. 따뜻한 환경에 적응할 수 있는 종도 있지만 본질적으로 물범은 추운 곳에서 사는 동물이다. 사람들이 지중해 휴양지에서 일광욕을 하듯 물범들이 해변으로 나와 햇볕을 쬐고 있는 서식지 풍경을 볼 수 있지만, 사실 그곳의 온도는 옷을 제대로 갖추어 입지 않으면 얼어 죽을 만큼 춥다.

인간은 대부분 물범을 좋아하고 적어도 구경하는 것만큼은 꽤 좋아한다. 그래서 많은 해변 휴양지에 물범 관람 코스를 마련해놓는다. 영국의 노퍽주에서는 하루에도 수백 명이 블레이크니에 있는 물범 서식지로 가기 위해 배를 타고 출발한다. 물범은 고대 로마 시대에도 키웠다. 대(大) 플리니우스는 물개 훈련이 가능하다고 말했다. 로마 시민들은 물범들이 지느러미발로 경례하고 특정 명령에 따라 소리 내는 모습을 구경할 수 있었다. 사람들은 서커스 동물 쇼 중에서도 물범을 구경했다. 수천 명의 즐거움을 위해 북극곰 앞에 물범을 풀어놓았다는 기록도 있다. 이들 물범은 대부분 지중해몽크물범이었을 것으로 추정되며 현재 적색 목록에서 위기(EN) 종으로 구분되어 있다.

물범이 훈련이 가능한 것은 그들의 사교적 성향과 지배 서열에서 우위에 있는 인간을 즐겁게 해주려는 욕구의 결과다. 이들은 최소한 2,000년 동안 인간을 즐겁게 해주는 훈련을 받아왔다. 이러한 일이 하도 많아 물범은 타인의 요구에 무심코 반응하는 인간을 상징하기에 이르렀다. 클린트 이스트우드의 영화《더티 해리 5-추적자》에 나오는 한 등장인물은 마약에 중독된 가수에게 일을 시키기가 얼마나 쉬운지 물범에 빗대어 말한다. "걱정 마. 조니는 잘 훈련된 물범 같은 놈이야. 물고기만 던져주면 공연을 할 거야."

최근 몇 년 동안 서커스와 대중 공연의 물범 출연을 두고 윤리적 우려가 증가하고 있다. 하지만 이 정도의 우려는 세계를 충격에 빠뜨린 『데일리 미러』지의 1면 사진 이후 캐나다에서 물범 사냥을 두고 일어난 우려에 비하면 아무것도 아니다. 사냥의 주된 표적인 하프물범의 총 개체 수는 1960년에 200만 마리로 줄어들었고, 1952년부터 1970년까지 연간 29만 마리가 죽임을 당한 것으로 추정된다.

폴 매카트니와 린다 매카트니, 브리지트 바르도를 비롯한 여러 유명 인사들이 물범 사냥 반대의 목소리를 냈다. 물범 무역의 당사자인 정부의 대응도 있었다. 캐나다 정부는 1971년에 쿼터제를 도입했고, 나중에는 '하얀 모피 하프물범' 살육을 불법으로 정했다. 하프물범은 태어나 두 주까지 털이 하얗다. 하프물범이 귀엽게 보일 때는 죽일 수 없다는 뜻이다. 1983년 유럽연합은 하프물범의 하얀 모피 거래를 금지했다. 미국은 해양 포유류 사냥을 모조리 금지하는 법안을 통과시켰고 원주민의 사냥에만 일부 예외 조항을 두었다.

캐나다, 그린란드, 나미비아, 노르웨이, 러시아에서는 오늘날에도 물범 사냥이 계속되고 있다. 2005년 하프물범의 개체 수는 550만 마리로 추정되었다. 현재 하프물범이 멸종될 것 같다는 근거로 사냥을 반대하기는 불가능하다. 하지만 사냥을 반대하는 열정적이고 헌신적인 운동은 여전히 벌어지고 있다. 사람들이 사냥을 반대하는 이유는 물범 한 종을 잃을 수 있기 때문이라기보다 물범 사냥 사업의 잔혹함을 알고 혐오하기 때문이다.

2005년 세계자연기금은 물범 사냥 반대 운동을 다음과 같이 보고했다. "물범 사냥의 감시는 주로 감정과, 경험 많은 관찰자조차 확실히 해석하기 어려운 시각적 이미지에 기반을 둔 것으로 보인다. 물범의 두개골을 하카픽 (hakapik, 노르웨이에서 물범 사냥에 쓰는 도구—편집자)으로 가격하는 것은 잔인해 보이지만 신속하게 죽이는 방법이라면 오히려 인도적이다."

이 모든 논쟁은 인도적 행위를 어떻게 정의하느냐에 달려 있다. 1978년 저명한 해양 보호 운동가 자크 쿠스토는 다음과 같이 말했다. "하프물범 문제는 전적으로 감정적이다. 우리는 논리적이어야 한다. 우선은 멸종 위기에 처한 종을 활동 목표로 삼아야 한다. 하프물범의 곤경에 마음이 움직인 사람들은 돼지의 곤경에도 마음이 움직일 수 있다. 돼지가 도살되는 방식도 끔찍하다."

여기서 발생하는 논점은 두 가지다. 첫 번째는 어떤 종이든 멸종에서 구한다는 생각에는 감정적 차원이 있다는 점이다. 두 번째는 감정적 반응이라 해도 무조건 무효한 것만은 아니라는 점이다. 결혼을 해본 사람이라면 당연히 지적할 수 있는 내용이다.

보전과 복지에는 차이가 있다. 앞에서 당나귀 학대를 막는 복지 기금을 모으는 데 성공한 단체의 사례를 살펴보았다(20장 참조). 열대우림 보전 기금을 모으려고 애쓰는 사람들은 이런 성공을 보며 곤혹스러워할 수 있다. 굶주리는 아이들의 동영상을 보여주며 기부자들을 모을 수 있듯 곤봉으로 도살되는 물범 사진도 같은 효과를 낼 수 있다. 생생한 사진 한 장으로 호소하며 모금하기가 생물 다양성과 탄소 격리를 논하며 모금하기보다 훨씬 쉽다. 국제동물복지기금 같은 단체는 인간이 아닌 동물을 비인도적으로 취급하는 경우를 방지하기 위해 기부금을 모은다. 물범은 이러한 보전과 복지의 구분을 확연히 드러낸다. 보전 분야에서 동물 복지가 나쁘다고 말하는 사람은 거의 없다. 동물 복지 분야에서 보전을 반대하는 사람도 극히 드물다. 그러나 두 분야는 동일하지 않다.

카리브해몽크물범은 사냥으로 멸종되었다. 1494년 크리스토퍼 콜럼버스도 이 물범을 사냥했다. 이들은 19세기 중반에 멸종된 것으로 간주되었지만 1896년 유카탄반도에서 작은 서식지가 발견되었다. 곧바로 또 사냥이 시작되었다. 마지막 개체가 발견된 것은 1952년이다. 바다사자(강치)는 1974년에 발견된 것이 마지막이다.

하프물범은 다르다. 살육이 지속되고 있음에도 개체 수가 아직 많다. 이들이 앞으로 만날 위험은 하카픽을 가진 사람이 아닐 것이다. 그 위험은 기후변화이며 극지방 얼음이 녹으면서 이들이 직면하는 문제들이다. 앞으로도 계속 우리가 마주하게 될 주제다.

바우어새

예술하는 새

"화가의 언어가 아니라 자연의 언어에 귀 기울여야 한다."

└ 빈센트 반 고흐

고흐의 말은 맞다. 하지만 자연의 언어가 화가의 그림처럼 예술인가? 수많은 학자들이 진지하게, 혹은 농담 삼아 매일같이 논쟁을 벌이는 주제다. 아름다울 것, 공들여 만든 물건일 것. 이런 것이 다른 예술보다 수준 높은 형태의 예술이겠다. 하지만 존 케이지의 연주곡 〈4분 33초〉(미국의 아방가르드 작곡가 존 케이지가 1952년 작곡한 피아노를 위한 작품. 전체 3악장이 침묵으로 채워진다—옮긴이)와 마르셀 뒤샹의 〈샘〉(기성품 변기를 전시장에 가져다놓아 파란을 일으킨 반문명, 반전통 예술운동의 대표적 작품—옮긴이)을 생각해보라.

아니면 소리 없는 음악 작품과 미술관에 갖다놓은 변기에서 한 걸음 더 나아가 바우어새에게 관심을 기울여보자. 예술이라는 것이 누군가에게 영향을 끼치도록 의도하고 작품을 창조하는 행위라면, 특히 창작자가 아닌 다른 이의 마음을 움직이기 위해 아름다운 무언가를 일부러 만드는 것이라면 바우어새야말로 예술가다.

바우어새는 20종(28종으로 보기도 한다)이 있으며 오스트레일리아와 뉴

예술가를 빼닮다: 〈새틴바우어새〉, 엘리자베스 굴드
(1804-1841년). 존 굴드의 『오스트레일리아의 새』 삽화.

100가지 동물로 읽는 세계사

기니에 서식한다. 바우어새는 열대우림, 유칼립투스 산림지대, 아카시아와 관목이 우거진 곳 등 다양한 서식지에서 찾아볼 수 있다. 세 종을 제외한 모든 바우어새는 바우어(bower, 정자)를 짓는다. 바우어란 암컷을 즐겁게 하는 것 말고는 아무 기능이 없는 구조물이다. 바우어를 짓는 목적은 암컷의 눈길을 끌어 찾아오게 만든 다음 자신이 짝짓기를 할 만한 가치가 있음을 과시하는 데 있다. 일이 잘되면 짝짓기가 성사된다. 그런 다음 암컷은 다른 곳으로 날아가 둥지를 짓고 새끼를 키우는 모든 일을 혼자 다 한다.

따라서 수컷이 하는 일은 창조다. 다른 일은 전혀 하지 않는다. 수컷은 바우어를 만들고 아름답게 장식한다. 바우어는 크게 두 종류가 있다. 하나는 메이폴형 바우어로 똑바로 서 있는 원뿔형 구조물이고 보통 어린 나뭇가지로 이루어져 있다. 진입로형 바우어를 만드는 종도 있다. 교회당 앞 제단 공간처럼 지면에서 수직으로 나뭇가지를 두 줄로 세워놓고 위쪽을 둥글게 이어놓은 형태다. 이런 구조는 둥지에는 사용되지 않는다. 둥지 용도로 쓸모가 없기 때문이다. 이런 모양은 전적으로 미적인 즐거움과 관련이 있다. 바우어새의 구조물은 바우어가 제공하는 것을 기반으로 짝을 선택하는 암컷의 즐거움을 위한 것이며, (추측건대) 창조적 예술가인 수컷의 고뇌와 황홀감을 상징한다.

건물 모양만 봐도 바우어는 충분히 주목할 만하지만 물론 이것이 전부는 아니다. 밀폐된 좁은 공간의 내부 장식은 한층 더 비범하다. 수컷은 아무렇게 집어 오지 않고 신중하게 선택한 물건들을 모아 아주 정교하게 배열한다. 모으는 물건은 수백 가지다. 바우어 짓기는 생존과 번식을 제외하면 수컷이 해야 하는 유일한 일이다. 이 공간을 장식하는 데 수컷이 선택하는 물건의 종류는 끝이 없다. 조개껍질, 나뭇잎, 꽃, 깃털, 돌, 열매, 애벌레 배설물, 곰팡이를 비롯해 플라스틱 조각, 동전, 못, 소총 탄피, 유리 조각까지 수많은 인공물도 포함된다. 장난감 병사와 플라스틱 코끼리 같은 특이한 장식품이 사용된 경우도 있다. 수컷 바우어새는 딱정벌레를 죽여 사체를 장식용으로 쓰기도 한다. 과학자이자 작가인 재레드 다이아몬드의 말에 따르면 바우어새는 "가장 흥미로운 측면에서 인간을 닮은 새"다.

녀석은 바우어 관리에 온갖 정성을 쏟아붓는다. 새로운 물건을 가져와 빛바랜 물건과 바꿔놓기도 한다. 도난이나 파손도 일어난다. 피해를 당하기도 하고 가해를 행하기도 한다. 수컷은 일상적으로 서로의 바우어를 습격해 그곳에 쓰레기를 조금씩 버리고 눈에 띄는 물건을 훔쳐 간다. 이런 식으로 아름다운 바우어를 유지하는 일은 말 그대로 누가 우위인지 있는 그대로 보여준다.

이런 구조물은 어떻게 생겨났을까? 수컷은 왜 이런 구조물을 만들기 시작했을까? 암컷이 이런 구조물을 매력적이라고 생각하는 이유는 무엇일까? 많은 논쟁을 불러일으키는 주제다. 흥미로운 견해 중 하나는 바우어는 에워싸인 공간이라 강제 교미가 불가능하다는 점이다. 바우어 안에 있는 암컷은 강간당할 염려가 없다. 다시 말해, 자신이 원하는 선택을 할 수 있다. 방문한 암컷에게 수컷이 격렬한 행동, 여차하면 난폭하게 보일 수 있는 행동, 위협적인 행동을 하는 모습이 발견되기도 하지만 웬만해서는 이런 행동을 원하지 않는다. 수컷은 스스로를 절제하고 점잖게 행동하려 애쓴다. 운이 따라주고 암컷이 합리적인 판단만 내린다면 수컷의 바우어로 들어온 암컷은 그곳에 머물 것이다.

암컷은 시간을 두고 여러 바우어를 가본 다음 선택한다. 여러 연구에 따르면, 바우어는 암컷의 취향에 맞춰 장식되어 있다고 한다. 다른 개체가 무엇을 원하는지 아는 것은 수컷 바우어새에게 필수적이고 꽤 발달된 능력이다. 여러 암컷이 동일한 수컷을 선택하는 경우도 종종 있다. 최고의 바우어를 소유한 이런 수컷은 다른 경쟁자들에게 좌절을 안겨준다. 경쟁자들은 다음을 기약한다. 여기서 나이와 경험이 중요하다.

단순히 물건 수집만이 문제가 아니다. 배열이 중요하다. 수컷은 매일 물건을 손질하고 적절하게 전시되었는지 살피는 데 몇 시간씩 할애한다. 바우어새가 자리를 비울 때 실험자가 물건의 배치를 바꿔놓자 돌아온 새는 자신이 원하는 방식으로 바우어를 복원했다. 무작위나 우연의 효과는 바우어새의 취향이 아니다. 이들은 의식적으로 판단하고 목적을 고려하는 예술가다. 자신의 작품을 장악하고 제대로 통제하려 애쓴다.

일부 종들이 작품을 통제하기 위해 쓰는 방법 중 하나로 원근 착시가 있다. 조약돌을 비롯해 물건들을 배열할 때 가장 큰 것은 앞에, 가장 작은 것은 뒤쪽에 놓아 바우어가 거대하게 보이게 하는 효과를 낸다. 인간이 개입해 착시 효과를 망치려고 조약돌을 옮겨놓아도 새는 돌아오자마자 원 상태로 다시 배치한다. 관찰자들이 확인한 바에 따르면 크기 대비가 가장 큰 건축물, 즉 제일 뚜렷하고 극적인 원근법을 갖춘 공간에 암컷이 가장 크게 매료되었다. 암컷은 원근 착시를 이용한 바우어에 더 오래 머물며 이런 바우어를 만든 수컷은 짝짓기 성공률이 더 높다.

일부 종은 특정 색상을 선호한다. 새틴바우어새는 자신과 같은 파란색을 좋아한다. 덕분에 수컷이 더 파랗고 근사하게 보인다. 바우어새는 자외선을 반사하는 물건을 선호하는 경향이 있다. 다른 많은 종의 새처럼(인간과는 달리) 빛의 스펙트럼 중 자외선 부분을 볼 수 있기 때문이다. 그래서 흔한 앵무새종인 붉은장미앵무의 꽁지깃과 특정한 형태의 플라스틱 뚜껑은 바우어새가 특히 탐내는 물건이다.

예술적 기교에 많은 시간을 할애하는 이런 체제를 유지할 수 있는 이유는 바우어새가 살고 있는 환경이 풍요롭기 때문이다. 수컷의 도움 없이 암컷 혼자 새끼를 키우는 일이 비교적 간단하지 않았다면 이런 체제는 유지될 수 없다. 생존과 번식 이상의 일을 고려할 기회가 있는 종에게는 예기치 못한 희한한 일들이 벌어진다. 바우어새는 참새, 까마귀, 개똥지빠귀, 박새 등의 참새목 중에서는 놀라울 정도로 오래 산다. 오래 사는 동안 수컷은 암컷이 원하는 것이 무엇인지, 그리고 암컷이 원하는 것을 어떻게 가장 잘 제공할 수 있는지에 관한 경험과 지식을 얻는다. 암컷을 구하지 못한 척박한 젊은 시절을 보낸 후 모든 것이 순조롭게 진행된다면 온전히 성숙한 뒤에는 성공을 거둘 수 있다.

다윈은 바우어새에 큰 관심을 가지고 1871년 저서인 『인간의 유래와 성 선택』에서 바우어새에 관해 상세히 기술했다. 79장 '공작' 편에서 다윈의 결론 몇 가지를 살펴볼 것이다.

바우어새의 창조는 예술과 인간의 독창성에 관한 온갖 종류의 질문을 제기한다. 새는 미적 감각이 있는가? 새가 하는 행동은 예술인가? 두 질문에 대한 상식적인 대답은 '그렇다'지만, 인간의 고유성에 대한 오랜 통념을 지키기 위해 예술의 정의를 왜곡하려는 사람들도 있다. 종달새와 나이팅게일이 노래를 부르며(40장 참조) 음악을 만들어낸다면 바우어새는 시각 예술을 창조한다. 언제나 수컷은 창조하고 암컷은 평가한다. 그 평가에 따라 암컷은 어느 새를 제 자식의 아버지로 삼을지 선택한다.

데이비드 로텐버그는 『자연의 예술가들』에서 이렇게 말했다. "생물학자들은 바우어새가 독특하다고 말한다. 인간을 제외하면, 본래 기능에 필요 이상으로 공을 들여 예술 말고는 달리 이름 붙일 수 없는 아름다운 구조물을 만들어내는 종은 바우어새밖에 없을 것이다."

054
코끼리

시작의 제왕

"자연의 위대한 걸작 코끼리,
유일하게 무해한 위대한 존재…"

└ 존 던, 〈코끼리〉

아프리카의 대초원을 걷다가 예기치 않게 사자의 자존심을 건드리는 상황에 맞닥뜨리고 싶은 사람은 없다. 사자는 두려운 존재다. 사자는 우리를 해치지 못해 안달 난 동물이기 때문이다. 코끼리는 전혀 다르다. 코끼리는 존중만 해준다면 아무 문제도 일으키지 않는다. 코끼리는 편의만 봐주면 된다. 그것이 전부다. 코끼리가 길을 가로막으면 다른 길을 찾거나 코끼리가 지나갈 때까지 기다리면 된다. 코끼리의 의견을 따르기만 하면 끝이다. 인간이 아닌 동물을 존중하다니 21세기에 웬 말인가 싶지만 우리 조상들의 생존에서 다른 동물을 존중하는 행동은 필수였다. 코끼리가 두려움의 대상이 아니라 마땅히 존중해야 하는 대상이라는 관념은 현대인의 생각에도 남아 있다.

코끼리는 아시아코끼리, 아프리카코끼리(사바나코끼리), 둥근귀코끼리 세 종이 있다고 알려져 있다. 세 종 모두 코를 손처럼 사용한다. 아프리카에 있는 아프리카코끼리와 둥근귀코끼리의 코끝에는 손가락처럼 생긴 것이 두 개가 나와 있고, 아시아코끼리의 코에는 한 개만 나와 있다. 코끼리의 코는 윗입술과 코가 합쳐진 것이다. 뼈는 없고 15만 개의 근육 다발이 있다. 숨 쉬고 냄새 맡고 만지고 소리 내는 데 사용된다. 후각 능력 때문에 특별히 키우는 사냥개인 블러드하운드보다 코끼리의 후각이 네 배는 더 좋다고 알려져 있다. 커다란 코끼리 수컷은 코로 350킬로그램의 무게를 들어 올릴 수 있으며 자신의 눈도 아주 섬세하게 닦을 수 있다. 안에 있는 땅콩을 깨뜨리지 않고 겉껍질을 깔 수도 있다. 코에는 물 8.5리터가 들어간다.

아시아코끼리의 큰 귀와 아프리카코끼리의 무지막지하게 큰 귀는 체온 조절용이다. 귀를 펄럭이면서 몸속을 돌아다니는 혈액을 식힌다. 앞니는 무기와 도구로 사용할 수 있는 엄니로 자란다. (대부분의 암컷 아시아코끼리는 엄니가 없다.) 코끼리의 엄니를 보면 한쪽(대부분 오른쪽) 엄니가 다른 쪽보다 더 닳아 있는 것을 볼 수 있다. 굳이 말하자면 코끼리는 오른손잡이거나 왼손잡이다. 아프리카코끼리 수컷은 지구상에서 가장 큰 육상동물이다. 어깨까지의 높이는 3미터, 무게는 6톤에 이른다. 코끼리는 덩치가 워낙 커서 운동 능력이 제한된다. 이들은 단 1초도 지면에서 떨어질 수 없다. 코끼리는 펄쩍 뛸 수도 없고 멈춰 있는 상태에서는 발을 움직여댈 수도 없다. 빨리 걷거나 전력 질주를 할 수도 없다. 그렇다고 필요할 때 신속히 움직이지 못한다는 뜻은 아니다. 코끼리는 코미디언 그루초 마르크스가 성큼성큼 힘차게 걷듯 걸어 시속 25킬로미터에 도달할 수 있다.

코끼리와 인간의 관계는 농업이 발명되면서 바뀌었다. 고정된 장소에서 농사를 짓게 되면서 인간은 코끼리가 주위에 있어도 다른 곳으로 옮겨가기가 더 이상 쉽지 않게 되었다. 코끼리에 의한 농작물 피해는 적어도 1만 년 동안 계속되었고 오늘날에도 여전히 골칫거리다.

코끼리는 거대하고 무거워 완전히 가축화시킨 동물이라고는 할 수 없지만, 길들인 코끼리는 무거운 짐을 나르는 일과 전쟁에 사용되었다. 길들인 코끼리는 6,000년 전 인더스 계곡에서 처음 일하기 시작했다. 다른 형태의 운송 수단에 비해 코끼리가 유리한 곳도 아직 존재한다. 차량이 절대로 다닐 수 없는 가파르고 지반이 연약한 곳에서도 코끼리는 이동할 수 있다. 전쟁을

100가지 동물로 읽는 세계사

웃고 있는 코끼리: 런던 동물원에 있는 코끼리 점보의 포스터(1865년경).

벌일 때는 코끼리에게 갑옷을 입혔고 상아에 철이나 놋쇠를 붙였다. 코끼리는 적을 찌르거나 자기 등 위쪽으로 사람을 집어던져 죽이도록 훈련을 받았다. 2,000년 전 인도의 고대 서사시 『마하바라타』에는 전쟁 코끼리에 대한 언급이 있다. 이들 코끼리는 무엇보다도 공포를 안겨주는 무기였다. 전쟁에서 적을 놀라게 하는 것도 전략의 하나였던 시절에 가장 효과가 좋았다. 하지만 이에 대한 대응책 때문에 결국 코끼리는 강력한 무기라기보다 골칫거리가 되어버렸다. 코끼리가 가던 방향을 바꾸도록 조종하는 일은 지독하게도 힘들다.

카르타고의 장군 한니발은 코끼리에 얽힌 이야기로 유명하다. 그는 3만 8,000명의 보병과 8,000명의 기병에 38마리의 코끼리까지 몰고 알프스를 넘어 로마제국과 전쟁을 벌였다. 그는 이탈리아의 포(Po)강까지 코끼리를 끌고 갔지만 많은 코끼리가 그곳에서 병에 걸려 죽었다. 이때 한니발은 한쪽 눈을 잃었고 마지막까지 살아남은 코끼리를 타고 카푸아로 가서 승리를 거두었다.

인간은 언제나 코끼리에 매료되었다. 고대의 이집트, 중국, 그리스, 로마에서는 코끼리를 키우기도 했다. 대(大) 플리니우스는 코끼리를 극찬한 기록을 남겼다. "코끼리는 육지에서 사는 동물 중에서 가장 크고 지능 면에서 인간과 가장 가깝다. 코끼리는 자신이 자란 곳의 언어를 이해하고 명령에 복종하고 지시 사항을 기억하며 사랑과 존중을 갈구한다. 사실 코끼리는 인간에게도 드물게 나타나는 정직, 분별, 정의 같은 자질뿐 아니라 해와 달과 별을 경외하는 자질까지 보인다."

인간의 몸에 코끼리 머리를 한 가네쉬는 아마 힌두교 신전에서 가장 사랑받는 신으로 시작의 제왕이고 장애물의 제거자다. 부처가 모범적인 인간으로 환생한 코끼리였다는 이야기도 있다. 다시 말하지만 코끼리와 인간의 관계는 애정과 존경심이 결합한 형태다. 코끼리는 우리가 존경하는 동물이며 닮고 싶은 동물이기도 하다. 크기와 힘뿐 아니라 진중한 태도와 지혜도 갖추고 있기 때문이다.

코끼리는 동물원에서 없어서는 안 될 동물이었다. 인간이 아닌 생명체에 대한 모든 경이로움을 요약한 존재가 코끼리였다. 코끼리를 바라본다는 것은 인간보다 훨씬 거대한 힘을 느끼며 인간이 그다지 중요한 존재가 아니라는 느낌을 체험하는 일이기도 하다. 그러나 종국에 가서는 이렇게 거대한 동물도 지배종인 인간이 원하는 것을 해야 한다. 점보는 1865년 런던 동물원에 들여온 코끼리 중 가장 유명했고, 나중에 바넘앤드베일리 서커스단에 팔렸다. 카스토르와 폴룩스라는 이름의 두 코끼리는 파리 동물원에서 자라다가 1870년 파리 공방전 중에 죽어 사람들에게 잡아먹혔다. 동물원 코끼리를 둘러싸고 윤리적 우려도 늘고 있다. 동물원에 사는 코끼리들은 이른바 전형적인 행동을 보이는 것으로 알려져 있다. 미친 듯이 몸을 흔들어대고 강박적으로 걸음을 옮기며 아무 의미 없이 안절부절못하는 행동을 보인다. 이 모두가 지루함, 스트레스, 고립에 대한 반응이다.

인간은 적어도 3,500년 동안 코끼리의 상아를 거래해왔다. 상아 무역은 중요성이 어마어마해 나라 이름에 아예 상아가 들어간 경우도 있다(코트디부아르는 '상아의 해안'이라는 뜻이다). 상아는 노예제도와 밀접한 관련이 있는 많은 지역에서 주요 교역품이었다. 노예들이 상아를 옮겼기 때문이다. 북아프리카의 코끼리는 1,000년 전에 사냥을 당했다. 19세기에 상아는 칼 손잡이, 스누커와 당구에 쓰는 공, 피아노 건반 등 대체로 가정에서 쓰는 물건에 널리 사용되었다. 전통적으로 일본에서 상아는 사회 지도층이 쓰는 도장의 재료가 된다. 1970년대 일본의 부가 쌓이면서 너도나도 상아 도장을 가지고 싶어 했다. 전 세계 상아 무역에서 일본이 차지하는 비중은 40퍼센트에 이르렀다.

인도의 코끼리 개체 수 감소는 서식지 감소로 어느 정도 설명할 수 있다. 하지만 아프리카에서는 이런 요인으로 설명할 수 있는 부분이 적다. 결국 1990년 '멸종 위기에 처한 야생 동식물종의 국제 거래에 관한 협약(CITES)'은 상아 무역을 불법으로 지정했다. 이후 상아 무역의 역사는 정치 공작과 부패로 뒤덮여 복잡해진다. 짐바브웨, 남아프리카공화국, 보츠와나를 필두로 많은 아프리카 국가에서 상아 무역의 합법화를 지속적으로 주장해왔으며, 다양한 법 개정과 철회, 복잡한 협정과 반협정이 되풀이되었다.

2008년 합법적 판매에 대한 합의가 이루어지면서 비축되어 있던 많은 양의 상아가 판매되었다. 대부분의 수입국은 중국과 일본이었다. 일부 관련자들은 아주 빠르게 부자가 되었다. 상아 무역이 완전히 금지되어 있고 금지 조치가 온전히 효력을 발휘하고 있는 한편에는 팔 만한 상아를 가진 사람들과 그것을 살 돈이 있는 사람들이 있다고 해야 현 상황을 제대로 설명할 수 있을 듯싶다. 사람들은 합법적으로 죽인 코끼리로 돈을 벌 수 있어야 한다고 주장한다. 하지만 상아 무역의 80퍼센트는 불법적으로 죽인 코끼리에서 나온다. 상아 무역을 잘 규제하면 된다고 주장하는 이들도 있고, 상아 무역이 오히려 수요를 일으켜 시장을 과열시킨다고 말하는 이들도 있다. 상아 가격은 계속 오르고 있다.

상아 무역 문제를 두고 논쟁은 크게 양극화되었다. 짐바브웨의 입장은 야생동물은 무엇이든 지속 가능하게 활용해야 한다는 것이다. 이는 국가의 권리이며 다른 이야기는 죄다 부당한 강제라는 입장이다. 반론도 만만치 않다. 현재 이루어지고 있는 상아 무역은 지속 가능성이 없고 윤리적이지도 않다는 것이다.

코끼리의 삶이 지닌 특징이 밝혀지면서 문제는 더욱 복잡해졌다. 주로 신시아 모스의 업적 덕분이다. 모스는 코끼리가 지배적인 암컷, 즉 가모장이 이끄는 소규모 가족 집단을 중심으로 집중적인 군거 생활을 영위한다는 사실을 밝혀냈다. 모스는 코끼리들의 유대를 강화시켜주는 강력한 정서적 유대감뿐 아니라 정신의 복잡성을 드러냈다. 모스가 밝혀낸 여러 가지 놀라운 사실 중 하나는 인간만이 이해할 수 있다고 생각했던 죽음에 대한 개념을 코끼리가 이해하는 듯 보인다는 점이다. 신시아 모스가 기술한 사건은 다음과 같다. "해질 무렵 코끼리들은 암컷 코끼리를 나뭇가지와 흙으로 묻다시피 했다. 코끼리들은 그날 밤 내내 그곳에서 기도하듯 서 있었고 새벽이 다가오자 마지못해 떠나갔다."

나는 잠비아에 갔을 때 아기 코끼리가 악어에게 잡혀가는 충격적인 장면을 목격했다. 어미 코끼리(나는 그 암컷이 어미였다고 생각한다)가 괴로워하는 모습은 차마 보기 힘들 정도였다. 어미는 무리 주위를 빙빙 돌며 엄청난 비명을 질러댔다.

인구가 늘면서 코끼리와의 갈등과 서식지 파괴 문제도 증가하고 있다. 이 문제는 전기를 통하게 하거나 매운 고추를 묻힌 울타리로 해결할 수 있다. 고추가 들어 있는 공을 쏴서 코끼리를 물러나게 할 수도 있다. 덜 대립적인 방식은 사람들에게 고추 농사를 짓도록 장려하는 것이다. 고추는 코끼리가 절대로 덤벼들지 않는 작물 중 하나이기 때문이다.

인간과 코끼리 사이의 갈등 문제는 아시아에서 더욱 심각하다. 인도야생동물재단은 남아 있는 서식지 두 곳 사이에 코끼리들이 다닐 수 있는 길을 건설하고 있다. 이 길(코끼리들의 전통적인 이주 경로인 경우가 많다) 근처에 사는 사람들은 코끼리가 없는 더 안전한 곳으로 이주하라는 권유를 자주 받는다. 나는 그런 지역 중 한 곳에서 집 안에 있다가 코끼리가 집을 부수는 봉변을 당한 한 여성을 만난 적이 있다. "저는 그저 입을 꾹 다물고 조용히 있었죠."

코끼리는 덩치가 아주 크기에 먹이와 공간도 많이 필요하다. 동시에 코끼리는 사람들에게 귀중한 재산이기도 하다. 그렇기 때문에 코끼리의 개체 수가 급격히 줄고 있는 상황에서도 어느 정도 개체 수를 유지하고 있다는 것은 놀라운 사실이다. 1930년대 아프리카코끼리의 개체 수는 500만 마리에서 1,000만 마리 정도였고 오늘날에는 50만 마리도 안 된다. 아시아코끼리는 100년 전에는 20만 마리 정도가 있었지만 오늘날에는 4만 마리도 채 되지 않는다.

세상에 아직 코끼리가 남아 있는 이유는 사람들이 코끼리를 좋아하기 때문이다. 사람들은 돈을 내고 코끼리를 보러 온다. 특히 아프리카에서 이런 현상이 두드러진다. 코끼리 관광은 지역 경제와 국가 경제에 중요한 몫을 담당한다. 인도에서는 코끼리가 종교 생활의 일부를 이룬다. 사고로 코끼리를

공포의 무기: 기원전 202년 〈자마전
투〉, 줄리오 로마노(1492-1546년).

친 열차 기관사들은 지원과 상담을 받는다. 신을 죽였다는 심적 부담이 이만
저만이 아니기 때문이다.

　우리 조상들에게 존경을 요구했던 코끼리는 이제 인간의 변덕에 미래
를 맡기고 있는 실정이다. 사실상 지구상의 다른 모든 종도 같은 운명이다.
하지만 코끼리의 경우는 더욱 극적으로, 그리고 대체로 더 크게 자신의 운
명을 인간에게 맡기고 있는 셈이다.

　코끼리가 뭐든 절대로 잊어버리는 법이 없다는 관념은 우리에게 참 소

100가지 동물로 읽는 세계사

중하다. 생을 느리고 사려 깊게 관조하는 듯한 코끼리의 모습에서 비롯된 생각인 듯하다. 실제로 코끼리가 뛰어난 장기 기억 능력을 가지고 있다는 것을 암시하는 증거는 상당히 많다. 서로 낯선 상대라고 생각했던 코끼리 두 마리가 미국의 어느 코끼리 보호소에서 만났다. 둘은 너무나 기쁜 듯 인사를 나누었다. 알고 보니 두 마리는 23년 전 몇 달 동안 같은 서커스단에 있었던 것으로 밝혀졌다. 어느 코끼리는 4년 동안 만나지 못했던 코끼리 연구가 이아인 더글러스 해밀턴을 즐겁게 맞이하기도 했다. 기억력은 생존에 실질적인 이점이 된다. 탄자니아에서는 가뭄이 들었을 때 나이든 우두머리 코끼리(암컷 가장)가 무리를 이끌고 멀리 있는 비옥한 곳으로 갔지만 젊은 암컷 우두머리 코끼리는 이런 행동을 하지 않았다는 기록이 있다.

055

피라냐

걸신들린 물고기

"피라냐가 요즘 몹시 굶주려 있었소.
사람도 저기에 빠지면 30초 만에 뼈만 남지."
└ 영화《007 두 번 산다》, 블로펠드의 대사

영국의 타블로이드 신문 『더 선』은 과장 없는 기사로 명성을 얻은 적이 단한 번도 없다. 내가 피라냐를 다룬 이 장을 위해 자료 조사를 시작한 날, 『더선』지에 '동커스터 호수에서 발견된 식인 피라냐의 미스테리'라는 제목의 기사가 실렸다. 이 단순한 제목만 보아도 떠오르는 장면이 있다. 요크셔에 있는 이 마을의 건실하고 순박한 주민들이 평소에 즐겨 찾는 호수 주변을 자랑스럽게 걷고 있다. 귀엽고 순진무구한 아이가 노를 젓는다. 아이 주변으로 물이 부글부글 끓어오른다. 아이는 비명을 지른다. 놀란 부모는 아이를 구하기 위해 물속으로 뛰어든다. 지독하게 굶주려 있는, 지구상에서 가장 위험한 물고기가 들어 있는 물속에서 광란의 도가니가 펼쳐진다.

　제임스 본드 영화 《007 두 번 산다》에서는 흰색 페르시아 고양이를 쓰다듬는 악당 블로펠드가 발 스위치를 눌러 애완용으로 키우는 피라냐가 있는 물속에 부하 헬가 브란트를 빠뜨려 산 채로 먹히게 만든다("우리 조직은 실패를 용납하지 않아.") 이것은 우리 모두에게 무척이나 익숙한 이미지, 즉 걸신들려 뭐든 게걸스럽게 먹어치우는 물고기의 이미지다. 같은 제목의 본드 소설에서는 이런 죽음에 대한 생생한 묘사가 나온다. "작은 물고기 떼가 그를 물어뜯기 위해 경쟁을 벌이고 있다. 무엇보다 살이 드러난 손과 얼굴이 대상이다. … 그는 딱 한 번 고개를 내밀고 끔찍한 외마디 비명을 질렀고, 본드는 물고기가 그의 얼굴에 가득 덮여 있는 모습을 보았다. … 제임스 본드는 얼굴에 흐르는 식은땀을 닦았다. 피라냐다!"

이 모든 이야기는 스릴감이 넘치지만 피라냐는 실제로 그렇게 행동하지 않는다. 피라냐 떼가 무수한 머리를 들이대고 엄청나게 많은 이빨을 드러내며 떼거지로 사냥한다는 전설은 야생 세계에 대한 인간의 아주 오랜 두려움을 반영한다. 우리가 알 수 없는 일, 낯선 환경에 감히 발을 들여놓을 때 일어날지도 모르는 일에 대한 공포를 보여주는 것이다. 하지만 실제로는 피라냐가 득실거리는 강물로 걸어 들어간다 해도 운이 나쁠 경우에만 발가락을 물리는 정도의 고통을 당하게 될 것이다.

피라냐는 남아메리카의 강, 호수, 범람원에서 발견되는 민물고기다. 피라냐(piranha)라는 이름은 60개 다른 종으로 이루어진 네 개 속의 어류에 쓰인다. 그중에는 식물을 먹고 인간과 섬뜩할 정도로 비슷한 이빨을 가진 파쿠도 포함되어 있다. 하지만 나머지(비공식적으로 우리가 진짜 피라냐라고 생각하는 것들)에는 아주 특화된 이빨이 달려 있다. 위아래 턱에 납작하고 칼날처럼 생긴 이빨이 한 줄로 나 있어 위아래가 단단하게 맞물린다. 이런 구조는 먹잇감에게 빠르게 상처를 입히고 먹이를 물어뜯는 데 효과적이다. 피라냐의 무는 힘은 모든 조기어류(상어는 조기어류가 아니다. 14장 참조) 중에서 체중 대비 가장 강하다. 블랙피라냐의 무는 힘은 체중 대비 그 어떤 척추동물보다 강한 것으로 측정되었다. 피라냐에게 깊은 인상을 받는 것은 당연한 일이지만 여태껏 알려진 사실 때문은 아닌 셈이다.

대부분의 피라냐는 아마존이나 오리노코 같은 강 유역에 국한되어 서식한다. 가장 큰 것은 일반적으로 피라냐로 알려진 붉은배피라냐로서 길이가 최대 50센티미터에 이른다. 피라냐의 모든 종은 잡식성 어류로 과일, 씨

완전 무장: 〈덴티쿨라타 피라냐〉, W. H. 리자스. 로버트 숌버크의 『기아나 어류의 자연사』(1850년경)에 나온 제임스 스튜워트의 삽화를 따라 그렸다.

앗, 잎과 같은 식물성 물질도 섭취한다. 또한 포유류, 조류, 파충류, 곤충류, 갑각류도 먹지만 주된 먹이는 어류다. 어류를 먹는 비율이 80퍼센트 정도인 종도 있지만 비율이 그렇게 편중되어 있지 않은 종도 있다. 피라냐는 기회가 생기면 열렬히 청소 동물 역할을 한다.

피라냐의 이빨은 나무를 다듬고 머리카락을 자르고 입화살의 화살촉을 깎는 등 여러 용도로 사용되었다. 피라냐는 유용한 식량이지만 지역민에게 큰 인기가 있는 편은 아니다. 미끼를 훔치고 낚시 도구를 망가뜨리고 잡아놓은 물고기를 먹어치우며 잡혔을 때는 잡은 사람을 물어뜯기 때문이다.

피라냐의 매력은 이들이 떼로 서식한다는 점이다. 함께 먹이를 잡기 위해 떼로 모이는 덕분에 작지만 다수의 물고기들이 거대한 대상을 궁지에 몰아넣는다. 큰 괴물 한 놈이 아니라 괴물 하나처럼 행동하려는 욕망과 능력을 갖춘 작은 생물 떼에게 죽는다는 개념은 정말 특별하고 흥미롭다.

사람이 피라냐에게 죽은 경우도 있다. 이런 사고는 피라냐가 굶주림, 서식지 파괴, 인간의 활동 등으로 스트레스를 받을 때 발생한다. 물속에서 첨벙거리는 행동이 피라냐를 불러 모으는데, 그 탓에 피라냐의 공격에 가장 빈번히 피해를 입는 것은 아이들이다.

브라질 팔마스에 있는 어느 호수에서는 6개월 동안 190건이나 되는 피라냐 공격 사건이 일어났다. 모두 피라냐에게 발을 한 번 물린 것이다. 꽤 아프기는 하지만 죽을 만큼 위험하지는 않다. 피라냐는 본디 만족을 모르는 물고기도 아니고 물속에서 피 냄새를 맡자마자 광란의 도가니에 빠지지도 않는다. 피라냐는 피에 별로 관심이 없다. 먹이를 먹겠다고 떼로 몰려다니지도 않는다. 관찰 결과 피라냐가 떼를 짓는 주요 목적은 가마우지, 카이만악어, 강돌고래 같은 포식자를 피하기 위해서라는 사실이 밝혀졌다(74장 참조).

피라냐 신화는 시어도어 루스벨트(34장 '곰' 편을 보라)로 거슬러 올라갈 수 있다. 1913년 아마존으로 장거리 여행을 떠날 당시 그는 미국의 전직 대통령이었다. 이 여행은 물론 사냥을 하기 위함이었고 탐험도 목적에 포함되어 있었다. 가는 곳마다 사람들은 당연히 그를 즐겁게 해주고 그에게 깊은 인상을 남겨주고 싶어 했다. 루스벨트가 기뻐하기를 바랐던 사람들이 '탐욕스러운 피라냐'라는 신화를 만들어냈다.

사람들은 상당히 노력을 기울였다. 그가 방문하기 몇 주 전에 강을 100미터 길이의 그물로 막고 피라냐로 가득 채웠던 것이다. 이들은 계속해서 피라냐를 잡아 그물로 막은 구역에 던져 넣었다. 당연히 먹이도 주지 않았다. 루스벨트가 도착했을 때 강에는 자연 상태에서는 절대 볼 수 없는 밀도로 피라냐가 가득 차 있었다. 모두 엄청난 스트레스를 받고 있었고 몹시 굶주려 있었다. 지역 주민들은 루스벨트를 맞이하며 온갖 조언을 했다. 무엇을 하든지 간에 발이나 손가락을 절대 물속에 넣으면 안 된다고. 루스벨트가 별로 믿는 것 같지 않자 주민들은 늙고 병든 불쌍한 암소 한 마리를 물속에 집어넣었다. 피라냐는 실제로 암소를 물어뜯어 갈가리 찢어놓았다. 루스벨트는 이들의 속임수에 넘어갔다. 완전히 걸려든 것이다. 루스벨트는 1914년에 출간된 그의 책 『브라질 숲을 누비며』에서 이때의 경험을 남겨놓았다. "짧은 주둥이, 적의에 차서 응시하는 눈, 크게 벌린 턱에 잔인무도한 이빨이 잔뜩 달린 녀석의 머리는 사악함과 흉포함을 그대로 상징하고 있었다. 이 물고기의 행동은 생김새와 정확히 일치한다. … 피라냐는 세상에서 가장 사나

깜빡 속다: 1913년 루스벨트-론던 과학 탐험대의 브라질 방문 중에 사진을 찍은 시어도어 루스벨트.

100가지 동물로 읽는 세계사

운 물고기다. … 경솔하게 물속에 집어넣은 손을 물어뜯고 수영하는 사람을 불구로 만들어버릴 것이다. … 다친 사람이나 짐승이라면 무엇이든 살아 있는 채로 찢어버리고 삼켜버린다. 물에 퍼진 피로 말미암아 광포해지기 때문이다."

흉폭하고 무자비한 인류의 적에 대한 많은 이야기는 오랜 세월에 걸쳐 전해졌다. 거대한 바다뱀이나 설인(雪人) 같은 이야기는 증거가 없거나 부족하다는 이유로 폐기되었다. 하지만 이런 이야기 중 일부는 온갖 진실이 밝혀졌음에도 불구하고 계속 이어진다. 영화 《리버티 밸런스를 쏜 사나이》의 마지막 대사는 다음과 같다. "여기는 서부입니다. 전설은 전설 그대로 남아야 합니다."

우리는 100년 넘는 세월 동안 피라냐의 전설을 이야기해왔다. 우리는 진실을 원하지 않는다. 부글부글 끓어오르는 물, 떼를 지어 달려드는 물고기들, 먹이를 둘러싸고 벌이는 엄청난 경쟁이라는 전설이 필요하고, 칼날 같은 이빨이 희생자의 사타구니로 먼저 향한다는 통념을 다들 필요로 하는 것 같다. 우리에게는 자연이 인류와 전쟁을 벌이고 있다는 환상이 필요하다. 그런 환상이 어느 때보다 절실한 것 같다. 이러한 환상이야말로 진실이라는 공포에서 우리를 보호해주기 때문이다. 물론 우리를 둘러싼 상황은 정확히 그 반대다. 자연과 벌이는 전쟁은 많은 곳에서 이미 끝난 것이나 다름없다. 승리는 인간의 것이다.

056

박새

인간을 사랑하는 새

"새들에게 먹이를 주세요, 한 봉지에 2펜스…"
└→ 셔먼 형제, 영화 《메리 포핀스》(1964년) 삽입곡

박새는 박새과에 속하는 새다. 영어로 팃(tit), 팃마우스(titmouse), 치커디
(chickadee)라 부르는 새는 모두 박새과에 속한다. 이 작은 새들은 마치 물구
나무라도 선 것처럼 이례적인 방식으로 살아간다. 어쨌거나 우리는 대개 박
새를 그렇게 본다. 박새는 우리가 다른 동물에게 기대하는 바와는 정반대의
것을 기대하게 되는 전도된 형태의 동물이다. 박새는 다른 동물과 달리 인간
이 주는 음식을 먹고, 인간이 거의 만질 수 있을 정도로 가까이 다가온다. 이
러한 특성은 두 가지 측면에서 놀랍다. 첫째, 작은 새들은 대체로 인간을 피
해 멀리 날아가버린다. 그런데 박새는 정반대다. 둘째, 예로부터 우리 인간
은 무엇이든 자신이 다 차지하기를 바라는 종이다. 그런 인간이 박새에게는
기꺼이 먹이를 내어준다.

　이 책에서는 각 장마다 개별종과 자연에 대한 인간의 태도 변화를 기술
한다. 박새는 거의 어디에서나 찾아볼 수 있는 인간의 욕망을 보여준다. 인
간이 아닌 생물에게 다가가 도움을 주고, 한술 더 떠서 그 생물이 우리에게

다가와 반응하게 만들고자 하는 욕망이다.

우리 인간은 늘 새에게 먹이를 주었다. 곡식을 흘리거나 버린 음식을 새들이 먹을 수 있게 내버려두었다는 뜻이 아니라 의도적으로 먹이를 주었다는 말이다. 나는 아프리카 사바나에서 빵 부스러기를 새에게 던져주며 와서 집어먹는지 살펴보았다. 단지 재미삼아 한 일이다. 인간의 오랜 조상이 똑같은 행동을 하지 않았다고 보기란 불가능하다. 앞에서 언급했듯이 이렇게 일부러 먹이를 준 행동이 닭과 비둘기 사육의 전조였을 가능성이 크다 (각각 29장과 22장을 보라).

하지만 오늘날 (그리고 이전에도) 일부러 먹이를 주는 행위에 대한 보람은 추상적인 것, 즉 즐거움이다. 새를 가까이서 보는 즐거움, 새의 움직임을 지켜보는 즐거움, 먹이를 놓고 새들이 협력하고 다투는 모습을 바라보는 즐거움, 새가 고마워한다고 착각하는 즐거움 말이다.

먹이를 얻기 위해 정원으로 날아오는 새는 여럿 있지만 그중에서도 박새의 수가 가장 많고 가장 큰 만족감을 준다. 박새는 모두 꽤 비슷한 모습으로 땅딸막한 몸통에 짧고 튼튼한 부리를 가지고 있다. 크기는 작은 것에서 아주 작은 것까지 다양하며 10~20센티미터 사이다. 미국과 영국을 비롯해 유럽과 아시아 전역을 거쳐 일본까지 북반구 전역에서 찾아볼 수 있고 아프리카 희망봉에서도 발견된다. 박새는 인간 환경에 잘 적응한 대부분의 종처럼 생활 습관과 먹이를 먹는 면에서 인간과 함께 생활하는 데 익숙하다. 다만, 박새는 도시의 청소부라기보다 정원 이용자에 가깝다. 정원은 이들에게 산림지대 가장자리의 서식지를 대신한다. 대체로 박새는 날씨가 따뜻하면 무척추동물을 먹고 추우면 씨앗을 먹는다. 이러한 적응력은 1년 내내 같은 장소에 머무를 수 있음을 의미한다. 곤충만 먹는 새들은 겨울이 오면 북쪽에서 남쪽으로, 추운 곳에서 따뜻한 곳으로 이동해야 한다. 박새는 사는 곳이 아니라 식습관을 바꾸면서 있던 자리에 그대로 머물러왔다.

박새는 타고난 문제 해결사이기도 하다. 뛰어난 머리로 새로운 먹이 공급원을 이용하는 일에 항상 열심이다. 연구자들은 박새에게 일련의 동작을

수지맞은 푸른박새: 〈딸기 잔치〉, 엘로이
즈 해리엇 스태나드(1900년경).

수행하도록 요구하는 교묘한 과제를 만들어보았다. 예컨대, 막대기 여러 개
를 치우면 맛있는 먹이 한 조각이 부리가 닿는 곳에 떨어지는 실험이었다.
박새는 예상치 못할 만큼 높은 수준으로 작업을 계속 수행해냈다.

　　최근까지 영국에서는 포일 뚜껑이 달린 병 우유가 가정으로 매일 배달
되었다. 박새는 이 뚜껑에 구멍을 뚫어 그 밑에 있는 크림을 마시는 방법을
터득했다. 이 행동은 전국적으로 빠르게 퍼져 나가 박새가 탁월한 학습 능력
뿐 아니라 인간과 함께 사는 능력도 보여주었다. 이런 행동은 50년 동안 널

100가지 동물로 읽는 세계사

리 퍼졌다가 1980년대에 사라졌다. 사람들이 건강에 더욱 신경을 쓰게 되면서 더 이상 전지우유를 배달해 먹지 않았기 때문이다. 지방이 많고 열량이 풍부한 우유 위에 뜬 크림은 그야말로 박새가 원하는 것이었다. 다만, 우유 단백질은 박새에게 좋지 않다. 심지어 소화도 시키지 못한다.

박새는 원래 숲에 사는 새이고 울음소리도 큰 편이지만 정작 숲에서는 잘 보이지 않는다. 정원의 먹이통은 이들을 나타나게 만드는 마법과도 같다. 자신들에게 제공되는 맛난 먹을거리에 다가가기 위해 사람들의 눈앞에서 뛰어다니고 놀라운 곡예를 선보이는 존재가 박새다. 이 관계에는 진기한 친밀감이 있다. 박새는 친절하게 먹이를 주는 사람에게만 모습을 내보인다.

박새는 어떤 서식지에서든 비슷한 행동을 한다. 겨울에는 시끄럽게 무리를 형성하고 번식기에는 큰 소리로 지저귀며 두 마리씩 갈라진다. 자연환경에서 각 종은 각기 다른 방식으로 먹이를 찾는다. 예를 들어, 유럽의 박새는 작고 민첩한 푸른박새보다 나무줄기에 더 가까이 다가간다. 일반적으로 푸른박새는 가장 바깥쪽 나뭇가지 끝에서 더 자주 발견된다. 종마다 약간씩 다른 생태계의 자리를 나란히 이용하면서 평화롭게 공존하는 셈이다. 이들은 정원에서 사람이 주는 먹이에 다가갈 때만 서로 경쟁한다. 이런 경우 작은 새는 더 큰 새의 판단을 따라야 한다. 먹이를 주는 사람은 여러 종 사이의 경쟁뿐 아니라 같은 종 내 개체들 사이의 경쟁도 볼 수 있다.

우리는 즐거움을 얻고자 새에게 먹이를 준다는 생각을 오랫동안 견지해왔다. 낭만주의 사상가 헨리 데이비드 소로는 1854년에 쓴 고전 『월든-숲속의 생활』에서 이를 권장했다. "이런 의미에서 많은 생물에게 단 하나의 생필품이 있으니 바로 먹이다." 그러니 왜 도와주지 않는단 말인가? 이들이 존재하는 데서 오는 즐거움을 누리고 이들을 돕는 즐거움을 왜 마다하겠는가?

1889~1890년 유럽에 닥친 혹독한 겨울 동안 신문에서는 새들에게 빵과 음식 부스러기를 주라고 촉구했다. 1910년 영국 잡지 『펀치』에서는 새에게 먹이를 주는 행동이 '국민적 오락'이라고 적었다. 1926년에는 야생 조류에게 주는 먹이를 판매하기 시작했다. 오늘날 야생 조류를 위한 먹이는 명실

상부한 국제 산업이다. 모 영국 회사가 파는 여러 먹이 중에는 산딸기가 들어간 지방 사료, 애벌레가 들어간 건조 사료나 땅콩버터, 해바라기 막대, 울새용 혼합물, 오리와 백조에게 뿌려주는 먹이, 눈송이와 눈사람과 하트와 크리스마스트리 모양의 새 케이크 등도 있었다.

영국에서는 성인의 절반이 새에게 먹이를 주는 것으로 추정된다. 미국에서 이 수치는 3분의 1, 즉 5,500만 명에 달하며 이들은 연간 30억 달러를 지출한다. 새에게 먹이를 주는 것은 미국에서 정원 가꾸기 다음으로 가장 인기 있는 취미다. 인간은 종 전체의 차원에서는 무시무시한 속도로 자연을 파괴하고 있다. 반면, 개인 차원에서는 자연을 아무리 가져도 부족하다는 듯 보고 또 보며 가지고 또 가지려 한다.

인간의 이런 모습을 가장 잘 보여주는 대상이 박새다. 박새는 북아메리카에서 '치커디-디'처럼 들리는 소리를 내는 새다. 이 새는 우리가 애써 번 돈을 자연에 쓰고 싶은 충동을 다른 어떤 집단보다 더 많이 불러일으킨다. 예로부터 우리의 욕망과는 정반대되는 욕구를 가졌다고 간주되어온 야생동물을 직접 소비하고 싶은 욕망이다. 소로가 자연을 돌보자고 말했던 때로부터 거의 2세기가 지난 지금 우리 인간은 야생동물을 소중히 여겨야 한다는 긴박한 필요를 느낀다. 이들을 책임져야 하고, 인간과 인간 아닌 동물이 사는 데 두루 적합한 지역 환경을 만들기 위해 나서야 한다는 필요다. 새가 먹을 모이 판은 사람이 있는 곳이든 없는 곳이든 어디서나 찾아볼 수 있다. 1914년에 있었던 크리스마스 휴전과 약간 비슷할 수도 있겠다. 영국군과 독일군 병사들은 크

│ 천재 새: 우윳병 뚜껑을 뚫고 크림을 먹는 푸른박새.

리스마스가 되자 서로 죽이려는 시도를 중지하고 비공식적으로 휴전했다.

새들에게 먹이를 주고 싶은 충동 중심부에는 미국의 저명한 과학자이자 과학 저술가 에드워드 윌슨이 바이오필리아(녹색갈증)라 칭한 것이 자리하고 있다. 자연이 우리를 잡아당기고 부른다는 느낌, 인간이 아닌 생명체를 향해 느낄 수밖에 없는 애정, 우리 주위에 인간이 아닌 생명체가 없으면 인간은 불완전하다는 느낌이 바이오필리아다. 개를 쓰다듬어주고 가르랑대는 고양이를 긁어줘본 사람, 장미 향기를 맡아본 사람이라면 누구나 이 말을 정확히 알 것이다. 박새가 나무에서 내려와 우리가 제공한 것을 먹는 모습을 보는 즐거움이야말로 바이오필리아가 해소되었음을 뜻한다.

이 모든 것은 야생 세계에 대한 인간의 근본적인 선의, 아니 그 이상으로 근본적인 필요를 드러내는 것 같다. 박새 서너 마리가 매달려 있는 먹이통을 볼 때면 나는 신기하게도 인정할 수밖에 없다는 느낌이 든다. 어쩌면 인간이 이 행성을 잘못 다스리고 있다는 느낌 말이다. 어쩌면 우리가 삶에서 원하는 바는 더 많은 자연일지도 모른다.

거미

비단에 담긴 어휘

"집 짓는 거미야, 가까이 오지 마라.
다리 긴 왕거미는 저리 가거라!"

└ 셰익스피어, 〈한여름 밤의 꿈〉

우리는 터무니없을 정도로 심하게 상어를 겁낸다. 물론 상어 몇 종은 사람을 실제로 죽일 수 있다(14장 참조). 피라냐에 대한 우리의 두려움은 이들의 살인 가능성에 대한 과장된 관념에 바탕을 두고 있다. 하지만 피라냐 역시 분명 인간에게 고통을 줄 수 있고 때로는 인간을 죽이기도 했다(55장 '피라냐' 참조). 뱀 역시 우리에게는 두려운 존재이고 실제로 인간을 죽일 수 있는 종도 일부 있다. 28장에서는 뱀에게 물려 죽은 경우를 살펴보기도 했다.

우리는 극소수의 거미만이 사람을 죽일 수 있고, 고통을 줄 수 있는 종도 비교적 적다는 사실을 알고 있다. 5만여 거미종 중에 두려워할 만한 종은 (아주 정확하지는 않아도) 손가락으로 꼽을 정도에 불과하다. 하지만 수많은 사람이 거미를 두려워한다. 두려움을 언급하지 않고서는 인간과 거미의 관계를 생각할 수 없을 정도다.

거미는 곤충과 함께 절지동물문에 속한다. 또한 이보다 하위분류인 거미강에 속하는데 거미강에는 전갈과 태양거미와 낙타거미가 있다. 이들은 거미와 겉모습이 비슷하지만 거미라 할 수는 없다. '진짜' 거미는 거미목에 속하는 동물을 말한다. 다리는 여덟 개이고 몸은 두 부분으로 나뉜다. 몸이 세 부분으로 나뉘는 곤충과는 다르다. 몸의 앞부분은 단순히 머리 이상으로 두흉부라 하는데 곤충 몸의 머리와 가슴이 하나로 결합된 형태다.

거미에는 독을 주입하는 송곳니가 있고 방적돌기도 있다. 방적돌기에서는 적어도 열 가지 다른 목적으로 사용되는 일곱 가지 다른 종류의 거미줄을 만들어낼 수 있다. 우리(어쨌든 우리 중 일부)가 거미 때문에 마음이 불안해진다는 사실을 별로 개의치 않는다면 거미줄을 만드는 거미의 삶에 경의를 표하게 될 것이다. 거미줄의 다양한 용도는 다음과 같다.

* 거미줄 그물 치기
* 벌루닝(ballooning, 거미가 자신이 분비한 거미줄 가닥에 매달려 공기의 흐름을 타고 멀리 이동하는 기술—옮긴이)
* 임시 발판으로 쓰기
* 그물 줄 잡기
* 알주머니 보호하기
* 먹이 감싸기
* 접착제로 쓰기
* 실을 한데 잇기

거미가 거미줄을 사용하는 목적은 다음과 같다.

* 먹이 잡기
* 먹이 고정시키기
* 안전한 번식 공간 만들기
* 벌루닝 – 작은 거미는 긴 실을 뿜어낸 다음 바람을 잡는다. 처음에는 공기 속의 전하를 잡아 공중에 떠올라 다음 기회를 포착해 이동

베 짜기: 〈거미로 변한 아라크네〉, 귀스타브
도레(1861년). 단테의 『신곡: 지옥』 삽화.

한다.

✳ 먹이 – 거미줄은 단백질로 구성되어 있고, 일부 종은 다른 거미가
만든 거미줄을 먹는다. 거미줄로 그물을 짜는 모든 거미는 에너지
효율과 경제성 때문에 필요할 때 자신의 거미줄을 먹는다. 다시 흡
수한다고 하는 편이 적당하겠다.

✳ 둥지 안쪽 보강과 알 감싸기

100가지 동물로 읽는 세계사

* 길 안내 – 이동할 때 거미줄을 따라간다.
* 추락 시 안전망 – 거미는 위협받을 때 자신의 거미줄로 떨어져 목숨을 구한다.
* 경계경보 – 다가오는 포식자를 진동으로 느낀다.
* 쉼터 조성
* 짝짓기를 대비해 암컷 잡아두기
* 짝짓기 선물 포장
* 짝짓기 – 페로몬이 함유된 거미줄은 이성을 유인하는 데 사용할 수 있다.

모든 거미가 앞에서 망라한 기술을 다 사용하는 것은 아니지만 이 기술들이야말로 거미줄의 놀라운 기능을 말해준다. 물거미는 거미줄로 공기주머니를 만들고 여기에 기포를 채워 넣어 물속에서 새끼를 키우는 데 사용한다. 볼라스거미는 먹이를 잡기 위해 거미줄을 올가미처럼 사용한다. 다른 종들은 거미줄 그물을 가지고 다니며 움직이는 먹이를 잡는 데 사용한다. 거미줄은 먹이가 닿을 때 크기가 10배까지 늘어날 정도로 탄력성이 크다. 문짝거미는 뚜껑이 있는 긴 거미줄 터널을 만들고 그곳에서 나와 먹이를 잡는다. 무중력 상태에서도 거미줄을 칠 수 있는지 알아보기 위해 1973년 두 마리의 거미가 스카이랩 3호를 타고 우주로 나갔다. 이들은 처음에는 어려워했지만 금방 적응했다. 포샤 거미속에 속한 거미가 사냥하는 기술을 보면 이들의 지능을 확인할 수 있다. 먹잇감을 측면으로 우회 공격해 잡기도 하고 낯선 먹이종을 만나도 배우고 적응하는 능력을 보인다.

알려진 거미 중 포식자가 아닌 종은 하나뿐이다. 러디어드 키플링의 『정글북』을 좋아하는 독자라면 금방 알아보는 '바게에라 키플링'이다. 이 거미는 아카시아나무를 먹고 산다. 거미의 크기는 몸길이가 0.4밀리미터인 콜롬비아의 파투디구아부터, 몸길이가 9센티미터이고 다리 길이만 25센티미터인 타란툴라 일부 종에 이르기까지 다양하다(2003년 이라크 전쟁 당시 인터넷에서 큰 화제를 모았던 낙타거미는 진짜 거미가 아니라 낙타거미목에 속하는 절지동물이며, 녀석의 다리 길이는 15센티미터까지 이른다. 이들이 미군을 공격한다는 식의 허무맹랑한 주장은 사진의 과장과 원근법 왜곡에 근거한다).

20세기 동안 거미에 물려 사망한 사례에 관한 믿을 만한 보고는 100건 정도 있었다. 갈색은둔거미와 과부거미(물론 그 유명한 검은과부거미)는 자신을 방어할 때와 갇혀 있을 때만 사람을 문다. 악명 높은 오스트레일리아의 깔대기그물거미는 지난 50년 동안 13명의 목숨을 앗아갔다. 역시 유명한 오스트레일리아의 붉은등거미는 1950년대 해독제가 개발된 이래 단 한 건의 사망 사고만 일으켰다. 하지만 일단 물리면 지독하게 아프고 이들은 인간이 사는 곳을 선호하기 때문에 조심해야 한다.

거미 독에 대한 연구는 계속 이루어졌고 이와 관련해 기존의 살충제보다 덜 해로운 살충제를 만드는 시도도 있었다. 거미 독은 부정맥, 알츠하이머, 뇌졸중, 발기부전의 치료제로 쓰일 가능성을 기대하며 연구 대상이 되고 있다.

거미는 인간의 삶에서 일부를 이룬다. 어떤 종은 우리가 사는 집으로 들어오고, 일단 들어오면 그곳을 자기 집으로 만든다. 널리 퍼진 속설에 따르면, 거미는 수도관을 타고 들어와 욕조와 세면대 구멍으로 나온다고 한다. 물론 실제로는 그렇지 않다. 물로 가득 찬 U자형 배수 트랩은 그런 접근을 불가능하게 만드는 장치다. 이런 속설은 거미가 우리 집에 늘 있는 존재라는 사실을 외면하고 싶어 고안되었을 것이다. 거미는 때로는 우연히, 때로는 마실 것을 찾으러 우리가 씻는 곳으로 들어간다. 한번 욕조에 들어가면 미끄러운 옆면을 기어오르지 못한다. 너그러운 사람이라면 거미가 다시 올라가 평소에 살던 집 안의 비밀 장소로 돌아가도록 화장지를 사다리처럼 놓아줄 수도 있다.

거미의 거미줄 제작 기술은 비합리적인 공포를 불러일으킬 만큼 인간을 매료시키기도 했다. 고대 수메르에서 직조의 여신 웃투는 거미로 묘사되었다. 그리스신화의 아라크네는 어리석게도 아테나 여신(금눈쇠올빼미의 학

풀숲에 앉은 리틀 미스 머펫, 『전래동요 그림책』(1900년경) 삽화.

명인 아테네 녹투아로 유명하다, 51장 참조)을 상대로 직조 경쟁을 벌였고 이기기까지 하는 어리석음을 저질렀다. 분개한 아테나는 아라크네가 만든 직물을 찢어버렸다. 아라크네는 스스로 목을 맸지만 아테나는 그녀를 거미로 만들어 되살렸는데 이것이 최초의 거미다.

거미줄은 모든 것이 인연으로 이어진다는 전통적 불교 개념의 기초다.

각각의 거미줄이 만나는 모든 지점(가로줄과 세로줄이 만나는 곳)에는 보석이 있고, 각각의 보석에는 다른 모든 보석이 투영되어 있다는 것이다. 생명의 그물이라는 개념은 서양의 사고에서는 좀 더 비공식적으로 존재한다. 거대한 그물을 이루는 각각의 거미줄은 하나의 종을 대표하므로 줄 하나만 없애도 전체 구조가 약화된다는 개념이다. 우리는 인터넷에서 무언가 찾을 때마다 거미줄(web) 개념을 사용한다. 'www'라는 세 개의 간단한 철자는 '월드 와이드 웹(World Wide Web)'의 약자다.

거미는 인내심을 나타내기도 한다. 거미줄은 미래의 보상을 가져다주는 장기 계획을 상징한다. 영국에서 거미줄은 14세기 스코틀랜드의 영웅 로버트 1세와 관련이 있다. 그는 아일랜드의 오두막(동굴이라고 하는 사람도 있다)에 피신해 있는 동안 거미가 이쪽저쪽으로 움직이려다 실패하는 모습을 보았다. 거미는 일곱 번째 시도 끝에 마침내 성공을 거두었다. 이를 보고 영감을 받은 로버트 1세는 패배를 받아들이지 않고 스코틀랜드로 돌아가 다시 한번 잉글랜드와 전쟁을 벌였고 1314년 배넉번전투에서 잉글랜드 군대를 스코틀랜드에서 몰아냈다.

『샬롯의 거미줄』(41장 '돼지' 편을 보라)은 소설에 착한 거미가 나오는 드문 예다. 샬롯은 거미에게 영감을 받아 돼지 윌버를 구해준다. 소설 속의 다른 거미들은 대부분 직접적으로 공포를 나타낸다. 『해리 포터』 시리즈의 아라고그, 『반지의 제왕』의 쉴로브 등이 좋은 예다. 거미는 《타란튤라》(1955년), 《스파이더의 저주》(1975년), 《아라크네의 비밀》(1990년) 같은 공포 영화의 주요 소재이기도 하다.

거미 공포증은 여전히 수수께끼로 남아 있다. 공포증이 왜 생겼는지에 관해서는 논쟁이 많다. 주요 이론은 두 가지다. 첫 번째는 이 공포가 과장되고 왜곡된 생존 메커니즘, 즉 위험한 생물을 회피하려는 경향을 나타낸다는 것이다. 두 번째는 공포의 기원이 순전히 문화적이라는 것이다. (비교적 경미한) 거미 공포증으로 고통당하는 입장에서 말하자면 나는 이 두 가지 이론을 모두 거부하는 편이다. 내가 느끼는 거미 공포증은 어디서 배운 것이 아니다. 나의 어머니는 생쥐(93장 참조) 공포증이 있었다. 사실 거미에 대한 두려움은 별 쓸모없는 생존 메커니즘이다. 실제로 거미는 인간에게 별다른 피해를 주지 않기 때문이다. 나는 공포증의 기원을 움직임에서 찾는 편이다. 거미의 움직임에서 비합리적인 공포를 느끼는 것이다. 뱀을 무서워하는 사람도 마찬가지가 아닌가 싶다. 실제로 쥐도 그렇다. 이들은 정상적인 삶의 패턴을 깨는 방식으로 움직이거나 적어도 그렇게 움직이는 것처럼 보인다. 이러한 움직임에는 무언가 '잘못된' 것이 있다. 패턴을 깨는 무언가는 위험할 수 있는 가능성이 항상 존재한다. 어떤 말(馬)이든 자세히 살펴보라(50장 참조). 말은 바람에 날리는 비닐봉지에도 겁을 먹곤 한다. 비닐봉지가 날아다니는 것은 정상적인 상황이 아니고 이는 위험할 수 있기 때문이다. 내가 느끼는 거미 공포증은 뇌에 각인된 회로의 오류 때문이 아닐까 싶다. 이상하고 부자연스럽게 보이는 움직임을 위험으로 잘못 인식한 결과다. 다시 말해, 이 공포는 실제로는 엉뚱한 방향으로 새버린 생존 메커니즘이지만 진짜 위험보다는 질서를 깨는 움직임에 대한 반응으로 나타난다.

058

누에

천사의 옷

"성전에서 정화된 신성한 누에들이 명주실을 뽑아냈으며…"

└ 셰익스피어, 〈오셀로〉

14세의 서릉씨는 황후, 즉 황제의 아내였다. 황후가 어느 날 나무 아래에서 차를 마시고 있는데 무언가 잔에 떨어졌다. 가까이 들여다보니 고치, 즉 자기가 만든 실 뭉치에 싸여 있는 번데기였다. 고치가 뜨거운 차 속에서 실을 풀기 시작하자 호기심이 생긴 황후는 얼른 손가락으로 그 과정을 도와주었다. 고치를 구성하고 있는 비단 한 가닥을 풀어준 것이다. 거대한 비단 산업은 이렇게 시작되었다. 비단 산업 덕분에 권력자들이 탄생하고 파멸하고 무역도 생겨났다. 또한 동서양 문명의 만남을 일으킨 가장 큰 요인이 되었다. 이 무역은 내가 이 글을 쓰고 있는 도구가 생겨나도록 하는 데도 큰 역할을 담당했다. 컴퓨터 발명으로 이어진 일련의 과정은 비단 산업 덕분에 시작되었기 때문이다.

황후의 이야기는 황제의 경우와 마찬가지로 신화성을 띤다. 이 이야기는 서릉씨가 누에고치에서 실을 뽑는 발견으로 어떻게 여신의 반열에 올랐는지 말해준다. 비단 생산은 5,000년 전 중국에서 처음 시작되었다. 이후로 비단 산업의 역사와 산업 강국의 복잡한 변화 과정을 거친 중국은 오늘날 세계를 주도하는 비단 생산국의 자리를 다시 차지하게 된다.

누에는 누에나방의 애벌레다. 이 종은 너무나 철저히 길들여져 성충도 날지 못하고, 짝짓기를 하고 알을 낳기 위해서는 인간의 도움이 필요할 정도다. 이 누에나방은 야생에 사는 멧누에나방에서 유래했다. 두 종은 기회만 갖춰지면 교배도 가능하다. 양잠과 품종 개량을 통해 고치가 커졌고, 누에의 성장 속도도 빨라졌으며, 밀집된 환경에 대한 내성도 높아졌다. 누에(애벌레) 한 마리당 비단 생산량은 5,000년 동안 10배나 증가했다. 양잠한 종은 색소가 없어지도록 길러졌다. 포식자를 두려워하지 않기 때문에 피할 전략도 없다. 이 종은 인간의 품종 개량(다윈의 용어로는 '인위적 선택')으로 만들어진 것으로 인간 없이는 살 수 없다. 누에에게 인간은 신이다.

미국 신문 편집자의 아내 호레이스 그릴리 부인과 풀러 양이 주고받았다는 이야기가 있다. 그릴리 부인은 아동용 장갑을 보고 풀러 양에게 이렇게 말했다. "짐승의 가죽이네요!" 풀러 양은 그릴리 부인이 무엇을 좋아하는지 물었다. "물론 비단이죠!" 그러자 풀러 양이 대답했다. "벌레의 내장이네요!"

해부학적으로 완벽한 답은 아니더라도 비단이 벌레의 내장이라는 것은 꽤 타당한 주장이다. (벌레의 배설물이라고 하는 편이 더 정확하다.) 비단 생산을 자세히 들여다보면, 절묘하게 광택이 나는 매끈한 천에 대한 사랑이 솟아날 만한 종류의 일은 아니라는 것을 알 수 있다. 누에나방의 알은 14일 뒤 부화하고 애벌레는 무언가를 먹어야 한다. 애벌레는 대개 먹는 것밖에 하는 일이 없는 기계나 마찬가지다. 다른 것을 먹을 수도 있지만 주로 흰 뽕나무 잎을 먹는다. 허물을 네 번 벗으면 마지막 단계에 도달한다. 최대 크기가 된 각각의 애벌레는 자신이 토해낸 실로 고치를 짜기 시작하고 고치 안에 들어가 번데기로 변태한다. 번데기는 결국 성체 나방으로 변태하고, 그 과정에서 자신이 분비한 효소로 고치의 일부를 파괴한다. 비단 생산(양잠)을 하려면 당연히 많은 수의 성충이 필요하고, 그래서 이들은 알을 낳아 더 많은 누에나방을 양산해낸다. 손상된 고치도 완전히 못 쓰는 것은 아니다. 여러 용도

에서는 비단의 재료가 나뭇잎이라는 주장이 제기되기도 했다. 이보다 더 차분하고 정확하게 비단에 관한 지식을 『박물지』에 적어놓은 것은 대(大)플리니우스 때나 되어서다. 대(大) 플리니우스는 금욕적인 사람인지라 비단에 관해서는 다른 문제보다 다소 격앙된 어조로 책망했다. "남자들조차 가볍다는 이유로 여름에 비단옷 입는 것을 부끄러워하지 않는다. 예로부터 가죽 흉갑을 입어온 우리가 지금은 해괴한 습관이 들어 토가까지 지나치게 무겁다고 생각하는 지경에 이르렀다. 그런데도 우리는 아시리아의 비단옷을 여성들에게 맡겨두고 있다, 아직까지!"

비단길은 2세기경에 열렸고 최대 500명으로 이루어진 대상에 의해 운영되었다. 이들 대상은 움직이는 마을과 같았다. 비단길을 다 합치면 하나의 길로 이어지지만 처음부터 끝까지 다 가본 사람은 거의 없었다. 비단길은 하나의 교역 중심지에서 다른 교역 중심지로 이어진 길이었다. 몸에 휘감기고 광택이 나는 비단이라는 옷감에 대한 공통된 욕망을 매개로 여러 문화권을 연결한 것이다. 중세 시대에 들어 비단길은 쇠퇴했다. 바닷길은 여전히 위험하지만 육지를 가로지르는 기나긴 여정보다 낫다고 생각했기 때문이다. 바다의 이점은 여러 가지가 있지만, 적어도 잠재적으로 위험한 사람들을 마주치는 경우가 많지 않다는 점만큼은 분명했다.

비단은 십자군이 유럽으로 귀향하면서 제2의 물결이 일어났다. 이탈리아는 자체적으로 비단 산업을 확립해 유럽의 나머지 지역에 비단을 파는 주요 수출국이 되었고, 프랑스가 그 뒤를 따랐다. 19세기 중반 산업혁명과 함께 교역의 속도는 열기를 더했고 이제 프랑스가 비단 무역의 중심지가 되었다. 비단은 벌레에서 실의 형태로 곧바로 나오는 것이기 때문에 새로운 방적 기술과는 관련이 없었지만 직기가 점점 복잡해지면서 산업의 성격도 바뀌었다. 자카드 직기는 천공카드 시스템으로 작동되었는데, 이는 특정 작업을 수행하도록 직기를 프로그래밍 할 수 있다는 뜻이다. 이것이 바로 컴퓨터의

▌ 비단의 탄생: 에드워드 워너의 『중국의 신화와 전설』(1922년 출간) 삽화.

비단의 탄생: 에드워드 워너의 『중국의
신화와 전설』(1922년 출간) 삽화.

직접적인 효시다. 이런 설계의 직기는 1970년대까지도 사용되었다.

　방직 기계가 아무리 훌륭하다 해도 누에는 여전히 동물계의 구성원이
다. 인위적인 선택으로 아무리 퇴화되었어도 그 사실은 변함없다. 그래서 누
에를 죽인 전염병 때문에 프랑스는 비단 사업에서 패권을 상실하기도 했다.

　제2차 세계대전 동안 국제무역이 어려워지면서 비단 무역이 중단되었
고, 낙하산과 스타킹을 만드는 합성섬유 개발이 가속화되었다. 비단은 더 이

상 필수 소재로 여겨지지 않고 다시 사치품이 되었다. 일본은 20세기 초 비단 생산에서 세계를 지배했지만 이후 중국이 1위 자리를 되찾았다.

비단을 얻으려면 곤충을 대규모로 죽여야 한다. 예쁜 실크 스카프는 수천 마리의 곤충을 죽인 결과물이다. 이에 대한 윤리적 우려가 늘 있었다. 인도의 독립운동을 주도하다가 마침내 1947년 영국으로부터 독립하는 데 일조한 마하트마 간디는 비단 사용을 계속 반대하면서 대안으로 목화를 장려했다. 요즘에는 농약과 제초제를 과도하게 사용하고 물 부족 현상을 초래하는 목화 경작에 대한 우려도 있다.

오늘날에는 대체로 합성섬유보다 천연 소재가 우수하다고 본다. 어떤 인공 직물도 아름다움, 실용성, 가벼움, 따뜻함에서 비단과 비교되지 않는다. 자연의 우월성을 강조하는 것은 우리가 자연과 밀접한 관계를 맺고 있음을 다시 한번 선언하는 것과 같다. 이를 통해 우리가 자연과 완전히 갈라서기를 주저하고 있음을 선포하는 것이다.

매

왕에게 어울리는 새

"소용돌이처럼 점점 넓게 원을 그리며 날아오른 매는

매 부리는 소리를 듣지 못한다.

만물이 흩어져 중심을 잡지 못한다.

혼란만이 풀려나 세상을 뒤덮는다."

└─ 윌리엄 버틀러 예이츠, 〈재림〉

순전히 재미삼아 (그리고 오락이나 스포츠를 위해) 다른 종의 동물을 죽이는 동물이 인간뿐이라는 주장은 틀리지 않았나 싶다. 닭장에 침입한 여우는 여건이 된다는 이유만으로 물고 나갈 수 있는 것보다 더 많은 닭을 죽이기도 한다. 나는 자존심을 지키려 하는 사자를 목격한 적이 있다. 전날 밤 포식한 상태라 거의 움직일 수도 없던 녀석은 버펄로 500마리를 보고 그중 세 마리를 죽였다. 예상치 않았고 별로 원하지도 않았던 이런 '노다지'에 대한 사자의 반응은 재미를 위한 것일 뿐 다른 목적은 없다. 어린 사자 한 마리는 버펄로 배 속에 든 새끼를 끄집어내 개박하가 든 장난감을 가지고 노는 고양이처럼 춤추듯 흔들어댔다. 버펄로냐 사자냐에 따라 그것은 끔찍한 참사일 수도 있고 재미일 수도 있다.

　　철학자 루트비히 비트겐슈타인은 다음과 같은 유명한 말을 남겼다. "사

| 아롱진 새벽에 이끌린 매: 〈백송고리〉, 존 제임스 오듀본의 『북미의 새』(1827-1838년) 삽화.

자가 말할 수 있다 해도 우리는 그 말을 이해할 수 없다." 이 말은 자료에 근거하지 않은 추측이므로 나도 비트겐슈타인처럼 마음대로 추측해본다면, 나는 사자와 꽤 괜찮은 대화를 나눌 수 있으리라 생각한다. 자긍심 있는 삶에 대한 깊은 이해, 식생활과 성생활의 즐거움, 사냥을 통해 얻는 깊은 만족감, 협동 사냥에서 얻는 더 깊은 만족감과 동지애, 모두의 유익을 위해 하나가 되어 행동하기 등에 대해 이야기할 수 있을 것이다. 버펄로 세 마리를 죽인 행위는 즐거움을 위해 사냥하는 하나의 사례였다. 여기서 먹이라는 보상은 어느 정도 부차적이다.

따라서 다른 동물을 재미삼아 죽이는 동물은 인간만이 아니다. 그럼에도 불구하고 재미를 위한 살생은 인류의 역사에서 중요한 역할을 해온 관행이다. 먹을 것도 아니면서 사냥하는 행위는 번식 없는 짝짓기와 비슷하다. 우리 인간은 자신을 위해, 자신의 즐거움과 만족을 위해 사냥과 짝짓기 둘다를 추구한다. 나는 인간종을 포함해 그 어떤 종도 성관계를 제안하고 수행하는 동안 앞으로 태어날 자손을 염두에 두고 있다고는 생각지 않는다. 동물을 사냥할 때도 사냥을 먼저 생각하고 영양적인 측면은 차후 문제로 고려한다고 보는 편이 맞을 것이다.

인간은 4,000년 동안 매를 이용해 사냥을 해왔다. 이 관습은 메소포타미아에서 발전했고 서아시아 전역으로 빠르게 퍼져 나갔다. 매를 이용한 매사냥은 어렵다. 새를 훈련시키는 일, 즉 사냥에 적합한 상태로 키워서 건강하게 유지하고 사냥 의지를 부여하려면 시간과 인내와 지식이 필요하다. 맹금류를 이용해 먹을거리를 사냥하는 일은 작고 불확실한 보상을 위해 많은 노력을 기울여야 한다는 뜻이다. 하지만 불가능한 일은 아니다. 서아시아와 북아프리카의 매사냥꾼이 매를 이용해 예로부터 잡았던 사냥감은 방울깃작은느시와 맥퀸느시처럼 육중한 새들이다. 베두인 부족이 스포츠나 사회적 지위보다 더 실용적인 이유로 매를 훈련시켰다는 증거가 있다.

나는 훈련된 맹금류를 장갑 낀 손으로 잡고 있다가 날려 보낸 뒤 다시 불러들였다. 마치 이 새를 오랫동안 잡고 있었던 것 같은 특별한 느낌이 들었다. 내 왼쪽으로 불과 몇 센티미터 떨어진 곳에 녀석의 갈고리 같은 부리가 있었다. 잠시 후 이 새가 나 자신이라는 느낌이 들었다. 내가 날카로운 날개를 가진 흉포한 새가 되어 하늘로 높이 솟아오른 후 먹이를 향해 달려들어 죽이는 느낌이었다. 요컨대, 나는 매를 이용해 사냥하는 동안만큼은 전지전능한 신과 아주 조금이나마 비슷하다는 느낌을 받았다. 이런 느낌이 매사냥의 요체이자 모든 형태의 스포츠 사냥을 규정하는 요체이리라.

매사냥은 기원후 400년경 유럽에 전해졌다. 9세기에 모아민이 아랍어로 쓴 매사냥에 대한 전문적인 글이 13세기 라틴어로 번역되었다. 매사냥은 주로 부유한 사람의 스포츠였다. 매사냥꾼을 고용해 새를 훈련시키고 돌보는 고된 일을 맡길 수 있어야 매사냥이 가능했기 때문이다. 하지만 덜 부유한 사람들이 더 낮고 은밀한 수준에서 비슷한 활동을 했다는 증거도 있다. 매사냥을 즐겼던 존 왕은 가난한 사람들이 새를 이용해 사냥하는 일을 금지했다. 이는 자신의 사냥감을 늘리기 위해서였다.

매사냥은 앨프레드 대왕부터 조지 3세에 이르기까지 잉글랜드의 왕들이 모두 좋아하는 스포츠라고 주장한다. 대부분 다른 왕들이 한 일을 하지 않았던 제임스 1세를 제외하고 왕들은 다 비슷했다. 제임스 1세는 가마우지와 물수리를 훈련시켜 물고기를 잡는 데 매료되었다.

잉글랜드 왕실의 전통이 보여주듯 사회적 지위는 언제나 매사냥의 중요한 측면이었다. 손 위에 얹고 다니는 새가 좋을수록 훌륭한 사람이다. 1486년에 출간된 『세인트 올번스의 책』에 있는 유명한 표에는 이것이 명시되어 있다. 표에는 사회적 지위에 따라 상이한 맹금류를 할당한 내용이 들어있다. 하지만 다소 가공된 이야기다. 왕이 독수리를 가지고 매사냥을 한다는 생각은 두 가지 면에서 터무니없기 때문이다. 첫째, 독수리는 너무 무거워몇 분 이상 손으로 들고 있는 것 자체가 불가능하다. 둘째, 독수리는 사냥을 하지 않는다. 독수리는 썩은 고기를 찾아다니기 때문이다. 하지만 매사냥이 사회적 위신의 미묘한 차이를 보여준다는 생각만큼은 틀림없는 사실이다.

매사냥에는 여러 종의 맹금류가 사용되었다. 매사냥이라는 말은 정확

423

하지 않은 용어다. 실제로 매사냥에는 매보다 더 많은 종이 사용되기 때문이다. 매속에는 약 40여 종이 있다. 발톱으로 인한 아주 조금의 불편함도 없이 사람의 맨주먹 위에 앉을 수 있는 아주 작은 쇠황조롱이가 있는가 하면, 세이커매와 래너매처럼 건장한 새도 있다. 더 유명한 새인 송골매는 크기도 가장 크고 날아다니는 모든 새 중에 가장 빠르다는 영광도 가지고 있다. 송골매는 시속 320킬로미터 이상의 속도로 빠르게 하강할 수 있다. 송골매의 기본 사냥 기술은 날고 있는 새를 향해 고공 낙하하는 것이다. 이 경우 날던 새는 송골매에 부딪힌 충격으로 대개는 죽는다.

따라서 이런 새를 보는 것, 이런 새와 동일시하는 것, 그리고 다시 돌아오는 이런 새를 소유하는 것이 진정 가슴 뛰는 일임을 쉽게 알 수 있다. 특히 사냥감이 클 경우에 더욱 그렇다. 영국에서는 왜가리와 두루미를 향해 매를 날렸다. 당신의 매(당신의 소유물, 당신 손 위에 앉아 있다가 사냥하러 날아가는 새)는 키가 1.5미터인 새를 떨어뜨리고, 여기에 더해 연회에서 돋보이는 중심 장식이 되어준다. 이 정도면 전능한 신까지는 아니더라도 왕이 된 느낌 정도는 분명히 들 것이다.

영어에는 매사냥 용어 몇 개가 화석처럼 남아 쓰이고 있다. '속이다'라는 뜻의 'hoodwinked'는 안대 쓴 매를 묘사한다. 안대는 매에게 밤이라는 확신을 주어 잠자게 만든다. 지친 매를 배불리 먹여놓으면 먹잇감을 쫓아 날지 않는다. '유혹하다'라는 뜻의 'lure'는 매를 날게 하고 공격하게 만드는 모조새 같은 훈련 장비를 뜻한다. 누군가의 '손아귀에 잡혀 있다'는 뜻의 'under one's thumb'라는 표현은 매가 날아가지 못하게 매의 다리에 매는 가죽끈 젓갖을 단단히 붙잡고 있다는 데서 유래한다.

고대 영어로 쓰인 시 〈말돈전투〉는 어느 지도자가 사랑하는 매를 날려보내면서 전투에 완전히 헌신하고 있음을 표현하는 장면으로 시작된다. 임무에 단호히 임하기에 앞서 스포츠나 재미, 기쁨을 포기하는 것이다. 셰익스피어는 매사냥을 즐겨 언급했다. 햄릿은 이렇게 말한다.

나는 북북서풍이 불 때만 미치광이 짓을 하지.
남풍이 불면 매와 왜가리쯤은 구별할 수 있어.

여기서 왜가리는 어린 왜가리를 말하며 매사냥의 주요 표적이다.
아내 데스데모나에게 배신당했다고 생각한 오셀로는 절망에 빠져 다음
과 같이 말한다.

그녀가 길들일 수 없는 매라면,
비록 매의 발목에 매는 끈이 내 심장의 끈이라 할지라도
휘파람을 불어 그녀를 날려 보내고 바람을 타고 날아다니며
마음껏 먹이를 찾게 할 것이다.

신이 된 느낌: 「매사냥과 숭배에 관한
논문」의 세밀화(프랑스, 15세기).

매사냥의 이미지는 오셀로가 지닌 고통의 깊이를 드러내기 위해 선택된 것이다. 오늘날 이 직유법은 반대로 작용한다. 데스데모나를 향한 오셀로의 사랑에 매를 비유할 정도라면 그 매가 얼마나 큰 사랑을 받았는지도 알수 있다.

　　매는 예로부터 인간이 사랑하고 존중하는 새다. 그 새를 소유하고 있지 않아도 그렇다. 유기염화물 살충제(DDT와 같은 종류. 10장과 다른 여러 장을 보라)의 사용량이 최고조에 달했을 때 가장 큰 피해를 본 것은 맹금류였다. 독극물은 곤충을 없애기 위해 만든 것이고 실제로 곤충을 박멸했다. 곤충을 먹은 새, 그리고 곤충을 먹은 동물을 잡아먹은 새도 체내 순환계에 독이 쌓이면서 고통당했고 알껍데기가 얇아져 부화할 수 없는 피해를 입었다. 농업용 살충제의 해독성은 1962년에 출간된 위대한 책 『침묵의 봄』(23장 '모기' 편과 그 밖의 장을 보라)에서 중요하게 다루고 있다. 일단 이러한 화학물질이 서서히 마지못해 금지되면서 맹금류는 많은 곳에서 성공적으로 복귀했다. 이제 송골매는 도시 비둘기를 주요 먹잇감으로 삼는 도시의 새가 되었다.

　　매사냥은 현대의 취미, 어쩌면 집착으로 이어지고 있다. 매사냥을 하는 사람은 많지 않지만 그들 모두는 깊이 몰입한다. 서아시아의 부유층이 매사냥에 특히 열정적이다. 대부분의 나라에서 매사냥에 쓰는 새는 인공적으로 번식시켜 키운 것이어야 한다. 둥지에서 새끼를 가져오는 것은 불법이다. 모든 목적의 매사냥에서 가장 인기 있는 새는 해리스매라고 알려진 미국종 붉은허벅지말똥가리다. 이들은 야생에서는 서로 협력해 사냥하는 새인데 분명 바로 그 때문에 인간과 잘 어울리고 협동한다. 이런 특성 덕에 '매사냥의 래브라도'라고 불릴 정도다. 영국의 지방 서커스에서 맹금류를 날려 보내는 공연도 어느 정도는 법적으로 허용되어 있다. 동물원과 맹금류 사육원에서는 사람들에게 매를 날려 보내며 하루를 보낼 수 있는 체험을 제공한다. 요금만 내면 하루쯤은 왕이 된 기분을 맛볼 수 있다.

060

꿩

죽기 위해 사는 새

"그는 대학살이 일어날 것이라는 생각에
기쁨에 겨워 잠시 목이 멜 지경이었다.
이윽고 그는 말에서 뛰어내려 소매를 걷어 올리고 조준을 시작했다."
└─ 귀스타브 플로베르, 「구호수도사 성 쥘리앵의 전설」

17세기 중반부터 매는 더 이상 사랑받는 최고의 벗이 아니라 사나운 적이 되기 시작했다. 한때 인간이 기르고 소중히 여기던 동물들이 이제는 기회만 되면 죽임을 당했다. 맹금류의 씨를 말려버리려는 시도가 본격적으로 이루어졌고 꽤 성공했다.

이런 일이 일어난 이유는 산탄총의 발명이었다. 산탄총 덕분에 멀리 떨어진 맹금류를 죽일 수 있게 되었고, 심지어 그런 일이 장려되었다. 이제 다른 새의 도움 없이 새를 죽일 수 있게 되었다. 총을 쓰면 새를 잡기가 더 쉽고 비용도 덜 드는 데다 훨씬 더 많은 새를 잡을 수 있었다. 많은 지역에서 산탄총의 주된 표적은 꿩이었다. 그래서 이제 맹금류는 인간과 먹잇감을 공유하는 잠재적 경쟁자가 되었고 맹금류를 잡자는 오랜 캠페인이 시작되었다. 이런 캠페인은 많은 곳에서 여전히 진행되고 있다.

꿩과에는 50여 종이 있지만 우리가 남달리 좋아하는 것은 한 종이라 이들을 사육해 야생에 방대한 규모로 풀어놓는다. 이 종을 대체로 꿩이라 부른다. 죽음의 표적이 될 수 있다는 특성 때문에 이토록 번성한 새는 없다. 야생의 자연환경에서라면 영국보다는 흑해에서 살아야 할 이 아시아 새는 연간약 4,000만 마리씩 영국에서 방사된다. 꿩은 1773년 미국으로 유입되었고 미국인들도 꿩 죽이는 일을 즐긴 덕분에 소중히 길러졌다.

영국의 사냥 잡지 『더 필드』의 웹사이트에서 "꿩의 역사는 2,000년 전에 시작되었다"라고 선언했다. 이는 꿩이 영국에 도입되기 전 수백만 년 동안의 진화와 존재를 완전히 지워버린 선언이었다. 대체로 꿩은 장식적 특성과 영양적 특성을 이유로 로마인이 유럽에 들여온 것으로 추정된다. 꿩은 노르만족도 소중히 여겼다. 노르만족은 하찮은 사람들에게 죽지 않도록 꿩을 보호했다. 1170년 토머스 베켓 대주교는 캔터베리대성당에서 무참히 살해당하기 전날 밤 만찬으로 꿩을 먹었다.

하지만 산탄총의 발명으로 먼 곳에서 새를 향해 치명적인 탄환을 한꺼번에 많이 발사할 수 있게 되었다. 초창기의 산탄총은 사용하기 어려웠다. 새를 잡는 전용 총인 파울러는 길이가 무려 2미터나 되었다. 하지만 기술이 발전하면서 총신은 짧아졌고 18세기 초에는 날고 있는 새를 잡는 것이 가능해졌다. 이제 새 사냥이 사냥꾼의 기술과 침착함을 보는 기준이 되었다. 18세기 후반이 되면서 1미터 길이도 안 되는 총신으로도 사격이 가능해졌고, 일부 총은 총신이 더욱 짧아져 숲이 우거진 곳에서도 사격할 수 있도록

즐거운 스포츠: 〈꿩 사육장의 사격 사냥〉, 앙주 루이 자네(19세기).

설계되었다. 총열이 나란히 있는 쌍열 산탄총이 개발되면서 모든 사냥꾼에게 기회도 두 번, 잡는 새의 양도 두 배가 되었다. 헨리 녹이 특허를 낸 약실은 1787년에 도입되었다. 덕분에 화약을 덜 사용하고 방아쇠와 총구 사이가 훨씬 더 짧아졌다. 산탄총은 새들에게 무기를 쓰도록 설계된 저렴하고 접근하기 쉬운 무기가 되어갔다.

매사냥과 마찬가지로 총을 드는 일 역시 전능한 신과 비슷해진 것 같은 느낌을 주는 측면이 있다. 마주치는 것이 무엇이든 삶과 죽음을 좌우하는 힘이 내게 있는 것이다. 총을 사용하려면 약간의 기술이 필요하다. 물론 실수를 해도 큰 상관은 없다. 나는 트랙터가 끄는 스테이션왜건을 타고 전국을 여행한 적이 있다. 차가 심하게 흔들려 멀미가 났다. "이런 차를 타고 어떻게 총을 쏴서 표적을 명중시킬 수 있죠?"라고 나는 물었다. 그러자 이런 대답이 돌아왔다. "처음부터 제대로 명중시킬 수 있는 사람은 거의 없어요."

꿩 사냥은 18세기와 19세기 영국의 인클로저 법령(영주나 대지주가 목양업이나 대규모 농업을 위해 미개간지, 공동 방목장 등의 공유지를 사유지로 만드는 것을 허락한 법—옮긴이)으로 점점 더 열기를 더해갔다. 덕분에 지주들은 자신이 소유한 숲에 사람들을 들이지 않으면서 인공 사료로 꿩을 기르는 데 숲을 이용할 수 있게 되었다. 그런 다음 적당한 시기에 꿩을 죽이는 것이다.

꿩은 사냥꾼이 간절히 죽이고 싶어 하는 다른 표적 조류 모두를 대변한다. 유럽 대륙에서는 영국이라는 섬나라의 꿩에 대한 유별난 집착이 큰 웃음거리로 전락하는 경우가 종종 있다. 유럽에서 사냥꾼들은 토착 동물을 죽이기를 선호하지 사냥용으로 사육한 종을 풀어놓지 않기 때문이다. 영국 농촌 곳곳의 도로는 죽은 꿩들로 덮여 있다. 방사된 어린 꿩들이 생존 방법을 거의 알지 못해 지나가는 차량에 치여 죽는 것이 다반사다.

꿩은 성적 이형성이 강하다. 수컷과 암컷이 아주 다른 특징을 보인다는 뜻이다. 꿩은 잡식성으로 곡물과 씨앗, 곤충, 그 밖의 무척추동물을 먹고, 가능하면 작은 포유류, 파충류, 양서류를 잡아먹기도 한다. 이들은 정말 어쩔 수 없을 때만 마지못해 날고 대부분은 땅에서 사는 새다. 친척 관계인 붉은

429

숲의 왕: 토비아스 스트라노버
(1684-1756년) 계 일원의 그림.

들닭처럼 땅에서 먹이를 먹고 밤에는 횃대 같은 곳에 앉아 잠을 잔다. 근육이 발달했고 무게가 많이 나가(살이 많다는 뜻이다) 달리기는 잘하지만 비행은 서툴다.

꿩은 잡아먹히는 것을 피하기 위해 이중 전략을 취하고 있다. 먼저는 죽은 듯이 누워서 위험이 지나가기를 바란다. 그러다가 포식자가 가까워졌을 때 갑자기 움직이면서 깜짝 놀라게 만든다. 큰 소리를 내면서 공중으로 뛰어오르는데 이는 중요한 순간에 포식자를 얼어붙게 하려는 계산된 행동이다. 그래서 19세기 프랑스인들은 몰이꾼에게 꿩이 가득한 시골길을 걷다가 초목이 있는 곳에서 휘파람을 불고 고함을 질러 큰 소리를 내게 한 다음 사격하는 방법을 생각해냈다. 꿩이 땅에 붙어 있으려는 생각을 버리고 공중으로 뛰어오르는 순간 대기하고 있던 총의 표적이 된다.

미국에서 꿩 사냥은 대초원에서 특히 인기가 많다. 이곳에서 꿩은 야생 초원과 농지에 살고 있다. 사우스다코타에서는 매년 20만 명의 사냥꾼이 100만 마리 이상의 꿩을 사냥하는 것으로 추정된다.

100가지 동물로 읽는 세계사

이론상 새는 식탁에 오르기 위해 총을 맞지만 현실은 다르다. 사냥당한 새들은 많은 수가 내버려진 채 그냥 썩는다. 영국에서는 거의 매년 이런 사체 쌓인 곳이 발견되면서 사회문제가 되고 있다. 사냥꾼들은 사냥한 새들이 시장에 내놓기에는 심하게 손상되어 어쩔 수 없다는 핑계를 늘 들이댄다. "나는 하루 500마리의 새를 쏘았다." 어느 열성 사냥꾼은 사격 웹사이트에 이렇게 적었다. 분명 그 새들을 다 먹었으리라고 믿는다. 산탄총으로 꿩을 죽이기가 그다지 어렵지 않다는 사실에 유념해야 한다. 날아다니는 꿩은 크고 느리게 움직이는 표적이며 피하는 기술도 전혀 없다. 꿩이 총을 향해 곧장 날아들 때면 예측 사격(사수와 90도 각도로 움직이는 표적을 쏘는 것)의 문제도 고려할 필요가 없다. 더구나 산탄총은 총알이 퍼지듯이 날아간다. 확률이 사냥꾼 편이라는 말도 아깝다. 승리의 신은 100퍼센트 사냥꾼 편이다.

환경보호 운동가들은 외래종이 환경에 미치는 영향을 계속 우려하고 있다. 섬에 사는 쥐나 다른 동물과 관련해 이 문제를 살펴보았다(25장 '쥐'와 43장 '앨버트로스' 편을 보라). 외래종은 토착종의 멸종을 초래할 가능성이 높다. 따라서 영국처럼 작은 섬나라에 매년 4,000만 마리의 꿩을 풀어놓으면 토착종, 특히 양서류와 파충류에게 영향을 미친다는 우려는 불가피하다.

영국 왕 조지 5세가 1913년 엿새 동안 꿩 1,000마리를 총으로 쏴 죽인 기록이 있다. 어떤 친구와 대결했는데 승리는 친구의 것이었다. 결국 꿩 사냥의 즐거움은 분명 숫자에 있는 것이다. 운 좋은 날은 잡은 꿩이 가방에 두둑한 날이다.

그래서 19세기 내내 꿩 사냥용 총을 소유한 지주들은 맹금류를 상대로 용서받지 못할 전쟁을 벌였다. 20세기 초까지 영국에서는 참매, 벌매, 개구리매, 흰꼬리수리, 물수리 등 다섯 종의 주행성 맹금류가 멸종 위기에 처했으며, 이밖에도 몬터규개구리매, 검독수리, 새호리기, 잿빛개구리매, 붉은솔개 등 다섯 종이 100쌍 미만으로 줄어들었다.

두 차례의 세계대전 당시 탄환의 수요가 사람들이 쓰는 무기 쪽으로 쏠리면서 맹금류가 살육당하는 속도가 늦춰졌고 어느 정도 회복 탄력성이 생겼다. 1954년 영국 정부는 새매 외의 맹금류 살상을 금지하는 조류보호법을 통과시켰다. 9년 후에는 새매도 보호 대상에 들어가게 되었다.

맹금류는 여전히 사냥 산업으로 불법 살육을 당하고 있다. 잉글랜드와 웨일스를 총괄하는 환경식품농무부가 조사한 바에 따르면, 잉글랜드의 고원지대에는 300쌍의 개구리매가 번식할 만한 서식처가 있다고 한다. 2013년에는 이들이 단 한 쌍도 새끼를 낳지 못했다. 잿빛개구리매는 들꿩들이 선호하는 황무지에 둥지를 튼다. 그런데 들꿩 사냥 산업은 자기 이익을 보호하는 데 열심이다. 잿빛개구리매에는 인공위성 추적 장치가 부착되어 있다. 그러나 이 장치는 잿빛개구리매가 들꿩 사냥용 관리지 위로 날아갈 때 늘 작동을 멈춘다. 사냥꾼들이 잿빛개구리매를 총으로 쏜 다음 장치를 망가뜨렸다는 사실은 증명하기 힘들지만 빤한 일이다.

다시 말해, 사람들이 꿩과 그 밖의 새들을 사냥할 수 있도록 수많은 지역과 수많은 야생동물이 교묘히 조작되고 있다. 사람들이 새 살상을 크게 즐기고 있다는 것이 진실이다. 사냥을 위해서라면 큰돈도 아끼지 않고 지불한다. 예를 들어, 영국에서는 꿩 한 마리당 50파운드(한화로 약 7만 5,000원—편집자), 들꿩은 훨씬 더 많은 돈을 내야 사냥할 수 있다. 가방을 두둑하게 채우는 것이 사냥의 관건이므로 이 액수는 더욱 올라간다. 전 세계에서 새들이 사람들의 즐거움을 채우기 위해 총에 맞고 있다. 이 오락을 추구하려고 우리는 드넓은 지역을 사냥권으로 조성해놓았다. 무엇보다 이는 엘리트 계층을 위한 업종이다. 이러한 행위가 피해를 주고 있다고 주장하는 사람들은 내 개인적 경험에 따르면 박해와 비방을 다반사로 겪는다.

061
따개비

달라붙는 힘

"사랑하는 따개비에서 (제 생각에) 정말 이상한 점을 발견했습니다.
제 만족을 위해서라도 찾아뵙고 알려드려야겠습니다."

└・ 찰스 다윈, '리처드 오웬에게 쓴 편지'

따개비는 이 책에서 가장 놀라운 동물이라고 할 수 있다. 따개비가 놀라운 이유는 바위에 나란히 붙어 있는 삿갓조개와 무관한 동물일 뿐 아니라 때마침 해변을 지나가는 나비와 더 밀접한 연관이 있기 때문이다. 또한 따개비는 18세기와 19세기 초 영국 해군의 전력을 강화시켜 대영제국 확립의 길을 열어준 중요한 계기가 되었다는 점, 그리고 다윈의 잔인하면서도 아름다운 발견에 일익을 담당해 인간 사유의 혁명에 결정적 역할을 담당했다는 점에서 경이로운 생명체다.

따개비는 삿갓조개 같은 연체동물이 아니며 해변에서 발견되는 조개껍질의 이전 주인들과도 다르다. 따개비는 절지동물이다. 곤충, 거미, 갑각류(게와 바다가재)와 같은 종류다. 이렇게 따개비는 린네가 잘못 분류한 생물의 비교적 드문 예다. 조르주 퀴비에도 따개비를 잘못 분류했다. 과학자들은 19세기 중반에 와서야 따개비가 유생 단계를 거친다(실제로는 유생 단계를 두 번 거친다)는 사실을 알게 되었고, 이에 따라 새롭게 분류할 필요성이 대두되

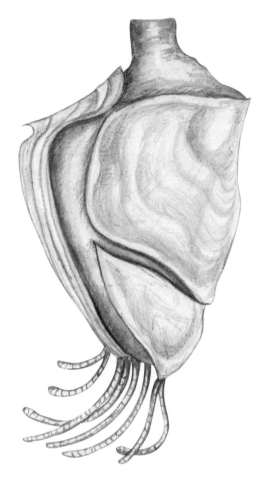

동그랗게 말린 발: 브리태니커 백과사전의 거위목따개비 삽화.

었다. 이 일을 할 적임자는 이러한 문제가 생기기를 기다리고 있었다.

성체가 된 따개비가 다른 어떤 동물보다 잘하는 일은 달라붙는 것이다. 따개비는 바위에 달라붙고 해양 구조물에 달라붙고 배의 밑바닥에 달라붙고 커다란 고래에도 달라붙는다. 사람들은 밀물과 썰물이 오가는 조간대에 따개비를 가장 흔히 본다. 조간대는 따개비가 하루 두 번 물에 푹 잠겨 물이 가져다주는 풍부한 먹이를 기다리는 시간이다. 일단 물에 잠기면 발을 사용해 바다에서 작은 영양소를 모은다. 따개비는 엄밀히 말해 발을 동그랗게 마는 동물인 만각류로 1,500여 종이 있다.

따개비 중 어떤 종은 거위 목처럼 보이는 우아한 촉수를 내놓고 앉아 있기도 한다. 이렇듯 거위와 닮았다는 점 때문에 거위가 따개비에서 부화한다는 터무니없는 생각이 생겨났다. 흰뺨기러기를 따개비거위라고 부르는 것은 이런 이유에서다. 이는 거위가 사실상 수중동물이라는 사실을 뜻하는 것이라 여러모로 편리한 점이 있었다. 덕분에 사순절이나 그 밖의 금식 기간에도 거위를 먹을 수 있었던 것이다(91장 '비버' 편을 보라).

하지만 대체로 따개비는 인간이 바다에 진출한 이후로 끊임없는 골칫거리였고, 이는 오늘날에도 마찬가지다. 이렇게 작은 생물이 인류의 엄청난 업적에 사소한 불편함 이상을 줄 수 있다는 상상은 하기 힘들 것이다. 하지만 따개비는 다르다. 따개비가 두껍게 달라붙은 배는 최대 40퍼센트까지 성능이 떨어진다. 유체역학상의 문제다. 물은 선체 표면을 따라 부드럽고 막힘 없이 흘러야 하는데 따개비가 달라붙어 물의 흐름을 복잡하고 거칠게 만든다. 바닥 전체에 따개비가 붙어 있는 것보다 차라리 핸드브레이크를 당겨놓은 상태로 운항하는 편이 낫다 싶을 정도다.

항해하는 배에 따개비가 많이 붙어 있으면 바람을 이용할 때 효율성이 떨어지고 속도도 느려지며 방향 조종도 어려워진다. 연료와 프로펠러로 배를 구동하는 경우 동일한 속도를 내는 데 최대 40퍼센트의 연료가 더 필요하다. 이뿐 아니라 모든 선주는 정기적으로 배를 뭍에 대고 배에 달라붙은 따개비(이렇게 붙어 있는 것을 '생물부착'이라 한다)를 제거해야 한다.

따개비를 어떻게 다루어야 하는지는 수백 년 동안 중요한 문제였다. 마침내 18세기 영국인들이 답을 생각해냈다. 배의 바닥을 구리로 덮어놓는 것이었다. 구리 금속은 바닷물과 반응해 따개비가 싫어하는 막을 만들어낸다. 그래서 구리로 바닥을 덮은 영국 배는 다른 나라의 배보다 성능이 우수했다. 오늘날에도 영국에서 '구리로 바닥을 덮은 보증(a copper-bottomed guarantee)'이라는 표현이 '전적으로 믿을 수 있는 보증'이라는 의미로 사용되고 있다.

따개비는 강철로 만든 선박에도 아무 문제 없이 달라붙었다. 구리는 강철을 부식시키기 때문에 강철로 만든 선박에 구리 바닥을 붙일 수도 없었다. 사람들은 완벽한 따개비 방지용 페인트를 끊임없이 연구해왔다. 구리, 비소, 수은, 스트리크닌, 시안화물, 주석 등이 함유된 페인트가 개발되었다. 이들 페인트는 여러모로 효과적이었지만 바다를 지속적으로 오염시켰다. '생물부착'에 맞서 더 많은 연료를 사용해야 했고, 이는 탄소 배출량을 증가시키는 결과를 낳았다. 선박이 멈춰 있는 시간이 길수록 따개비는 더 달라붙는다. 해군은 상업용 화물선에 비해 정박 기간이 더 길다. 따개비로 인한 유지 보수와 연료 사용량의 증가로 미 해군은 연간 5억 달러의 비용을 지출하는 것으로 추산된다.

위대한 식물학자 조지프 후커는 찰스 다윈과 좋은 친구 사이였다. 이들은 평생 동안 편지를 주고받았으며, 주고받은 생각과 지식은 두 사람 모두의 경력에서 중요한 기여를 했다. 서로 알게 된 지 얼마 되지 않은 시절에 두 사람은 반짝이는 아이디어로 가득한 새 책에 관해 논의하고 있었다. 후커는 무엇이든 신중하게 고민하는 편이었다. "나는 무엇이든 그렇게 당연히 받아들이지 않습니다. 자신만의 방식으로 주제를 다루는 사람에게서 나온 결과도 그렇고, 구체적인 동식물을 연구하는 학자가 된다는 것이 무엇인지 제대로 모르는 사람에게서 나온 결과라면 더더욱 그렇지요."

다윈의 심장을 찌르는 문장이었다. "많은 종을 상세히 기술해본 적 없는 사람은 누구든 종의 문제를 검토할 권리가 없다는 당신의 말은 (내게) 얼마나 고통스러운 진실인지요."

후커는 다윈의 이러한 반응이 괴로웠다. 절대로 다윈을 겨냥해 한 말이 아니었기 때문이다. 하지만 다윈은 개인적으로 그렇게 받아들였다. 전문가가 아니라면 입 다물고 있으라는 암묵적인 지시로 받아들인 것이다. 다윈은 수년 동안 어떤 위대한 개념을 연구해오고 있었다. 하지만 이제 자신이 연구한 바를 어떻게 발표하든 과학계에서 진지하게 받아줄 이가 하나도 없을 것이라는 사실을 깨달았다. 많은 종을 상세하게 묘사한 적이 없기 때문이다. 그는 아마추어 신사였고, 『비글호 항해기』라는 베스트셀러를 쓴 모험가에 불과했다. 그는 학문을 업으로 삼는 학자가 아니었다. 결국 다윈은 학자가 되기로 결심했다. 생물 분류에 관한 진지하고 강도 높은 연구를 수행하기로 마음먹은 것이다. 다윈이 택한 동물은 따개비였다.

이후 그는 병상에 있는 2년을 포함해 8년 동안 따개비 연구에 전념했다. 원래 이 정도로 깊이 연구할 계획은 아니었다. 처음에는 학계에서 과학적 신뢰를 얻는 데 필요한 몇 종만 다루려 했다. 하지만 다윈은 역시 다윈이었다. 일단 작업에 착수한 이상 그는 머리끝에서 발끝까지 전체를 올바르게 살펴봐야 했다. 그는 곧 따개비 연구에만 전념했다. 따개비가 집 안 전체를 장악했다. 다윈의 자녀 중 한 명이 다른 집에 놀러가 이렇게 물었다고 한다.

100가지 동물로 읽는 세계사

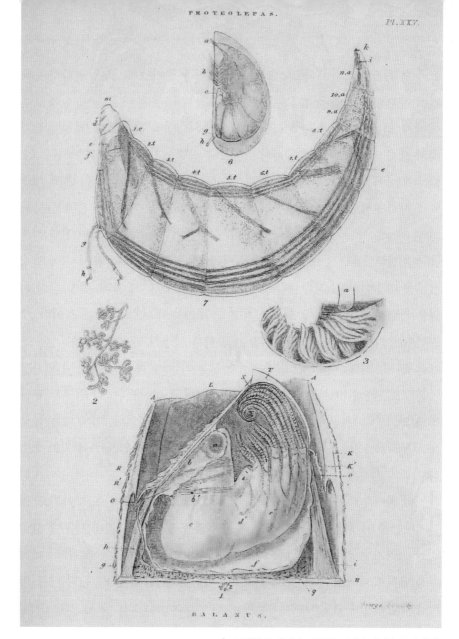

| 사랑받은 따개비: 다윈의 따개비 관련 논문의 삽화.

"너희 아빠 따개비는 어디 있니?" 집 안이 온통 따개비인 것을 보고 자란 아이는 다른 집도 다 그렇다고 생각한 것이다.

다윈은 따개비에 대한 인간의 지식에 혁명을 일으킨 일련의 논문을 발표했다. 꼼꼼하고 상세하고 정밀하고 정확한 논문이었다. 그는 '사랑하는 따개비'에 대한 논문들을 썼고, 유사한 두 표본이 사실은 다른 종이며 함께 번식할 수 없음을 보여주는 작지만 결정적인 차이점을 관찰했다. 적절한 상황에서 한 종의 생물들이 효율적인 방향으로 발전해가는 방식도 관찰했다. 오늘날에는 이를 '적응방산'이라 한다. 그는 따개비의 머리 부분이 게의 머리와 유사하면서도 '멋지게 변형되었다'라는 사실을 발견하고는 기뻐했다. 게의 난관(알을 낳는 기관)은 따개비에 이르러 '분비선으로 변형되어 접착 성분을 분비한다.' 유생은 어딘가에 붙어 사는 성체 생활을 시작하면서 이 접착 성분을 이용해 바위(혹은 배나 고래)에 달라붙는다. 다시 말해, 특정 종의 기관은 관련 종에서 다른 종으로 옮겨 가면서 기능이 바뀔 수 있는 것이다. 자연선택에 의한 진화 가설에 들어맞는 또 하나 핵심적 진실이다.

토마스 헉슬리는 다윈의 따개비 논문을 가리켜 "우리 시대에 나온 가장 아름답고 완전한 해부학 및 동물학 논문"이라고 격찬했다. 이 연구가 끝날 무렵(1854년) 다윈은 더 이상 유능한 아마추어가 아니었다. 이제 그는 불굴의 전문가가 되었다. 따개비를 연구하는 과정을 통해 다윈은 종과 진화에 대한 이해와 지식을 대폭 넓히기에 이르렀다.

따개비에 대한 다윈의 애정은 궁극적으로는 고통스러운 것이기도 했다. "나만큼 따개비가 지긋지긋한 사람도 없을 것이다. 따개비 때문에 엉금엉금 기어가는 선원도 나만큼 따개비에 넌더리를 내지 않을 것이다." 이제 다음 단계로 나아갈 때가 왔다. 1855년 다윈은 4년 뒤 출간할 『종의 기원』의 저술 작업에 착수했다.

062

머릿니

인간을 서식지로 삼은 동물

"선생님, 이와 벼룩 중에서
우선순위를 정하는 것은 의미가 없습니다."

└─→ 새뮤얼 존슨

인간은 자기가 생태계의 일부라는 생각을 정말 싫어한다. 사자(1장 참조), 상어(14장 참조), 악어(49장 참조), 피라냐(55장 참조)와 관련해 이미 살펴보았듯이, 인간은 자신이 먹이가 될 수 있다는 생각을 아주 불편해한다. 하물며 인간이 서식지가 될 수 있다는 생각은 훨씬 더 분개할 일이다. 머릿니에게 인간은 신의 형상대로 만들어진 창조의 최고봉이 아니다. 그저 살고 먹고 교미하고 번식할 수 있는 서식지에 불과하다.

인간의 몸은 수많은 기생충의 숙주가 될 수 있다. 이들 중 일부는 가끔씩 먹이를 먹으려고 들른다기보다 아예 영구적으로 자리를 잡고 우리와 함께 살고 있다. 우리 속눈썹에 서식하는 진드기인 작은 모낭충(머릿말 참조), 그리고 최대 30미터 길이까지 자랄 수 있는 회충이 있다. 이러한 사실 때문에 인간이 고유하다는 '진리'는 손상을 입는다. 다른 동물이 인간에게 붙어 기생할 수 있다면 인간이 어떻게 천사가 될 수 있겠는가? 대부분의 포유류와 모든 조류에게 영향을 끼치는 여러 종의 이가 있다. 머릿니는 특히 인간에게 기생하기 위해 진화해왔다. 침팬지에게 붙어 사는 아주 가까운 종도 있지만 인간의 이는 완전히 다르다. 이러한 사실은 학명에도 현학적으로 나타난다. 머릿니와 몸니는 아종이다. 몸니에는 페디쿨루스 후마누스 후마누스(Pediculus humanus humanus), 머릿니에는 페디쿨루스 후마누스 카피티스(Pediculus humanus capitis)라는 학명이 붙는다.

여러 해 전 내가 살던 히피 학생들의 공동체에서 머릿니가 발생했을 때 퍼진 공포(그리고 유머)가 기억난다. 이가 발생한 사건은 우리의 가치와 자존감에 의문과 도전을 제기하는 것만 같았다. 우리 중 한 사람이 자기 몸의 이와 평화롭게 공존하며 살아가는 불교 신자가 되기로 결정했다는 사실도 별반 도움이 되지는 않았다. 어차피 이는 계속해서 우리를 감염시키고 있으니 우리 역시 똑같이 해야 한다는 논리였다(방법은 묻지 말아주시길).

머릿니는 짜증을 유발하고 간지럽게 하지만 무해하며 건강보다는 자존심에 더 손상을 입힌다. 잠재적 위험이라고는 물린 곳을 너무 긁어 감염이 일어나는 경우뿐이다. 머릿니를 다루는 문제가 의학보다는 미용에 관한 것임을 보여주는 대목이다. 머릿니는 곤충이다. 최대 3밀리미터 길이의 날개 없는 동물로서 알에서 사체가 될 때까지 인간의 머리 위에서 평생을 보낸다. 이들은 알을 낳고 그 알을 모발 한 가닥의 밑 부분에 붙여놓는다(이들은 동료 절지동물인 따개비처럼 접착 물질을 활용한다). 이 알들이 부화해 유충(nymph, '님프'라는 말은 부적절하게도 '유충'과 '요정'이라는 두 가지 뜻을 가지고 있다)이 생겨난다. 이들은 성체와 많은 면에서 비슷하지만 성적으로 성숙해지기 전까지 몇 번의 탈피 과정을 겪는다. 그 과정에서 성체처럼 인간의 두피를 깨물어 피를 빤다.

머릿니는 움직이는 데 능숙한 편이 아니다. 머릿니는 (손가락이나 빗으로) 머리를 긁고 빗는 행동을 잘하고 빠르고 활동적인 동물에 머물도록 설계된 동물이다. 하지만 이는 사람에게서 사람으로 옮겨 갈 수 있다. 대부분은 머리끼리 접촉할 때 머리카락을 타고 기어오르는 방법을 사용한다. 이는 뛰어오를 수도 없다. 그래서 이가 옮겨 가려면 두 개의 머리가 사이좋게 가

머릿니에 대처하는 방법: 가발을 쓴 루이 14세, 샤를 르브룅(17세기).

까이 붙어 있어야 한다.

　몸니는 머릿니와 같은 방식으로 옮겨 가지 않는다. 몸니는 인간이 접촉할 가능성이 높은 장소, 즉 옷이나 침구에 머무르기를 좋아한다. 이들은 옷 솔기가 피부에 닿는 곳, 즉 어깨, 목, 허리, 사타구니 등을 가장 많이 문다. 이들은 사람들이 많고 환경이 비위생적인 곳에 가장 잘 나타난다. 그래서 난민 캠프와 노숙자 보호소에서 문제가 된다. 이가 좋아하는 대피소를 관리하는 것이 이들을 처리하는 가장 좋은 방법이다. 옷을 뜨거운 물에 빨고 열기로 말리는 방법 말이다. 머릿니와 달리 몸니는 발진티푸스, 프랑스열병, 재귀열 같은 질병을 옮길 수 있다. 벼룩(6장 '벼룩' 편을 보라)보다는 몸니가 전염병을 옮기는 진짜 이유였다는 학설도 있었다. 이는 우리가 3만~10만 년 전 옷을 입기 시작했을 때부터 우리 곁에 있었을 것이다. 그래서 옷에 숨어 있는 종과 머리에서 내내 사는 종으로 갈라진 것이다.

거의 모든 부모들이 잘 알 듯 머릿니는 잘 자란다. 중산층 가정에서도 머릿니가 널리 퍼진 탓에 불결한 집에 사는 비위생적인 사람들에게만 머릿니가 있다는 생각은 낭설이 되었다. 머릿니는 틈새에 잘 적응한 곤충이다. 서캐가 무엇으로 이루어졌는지는 분명하지 않다. 서캐는 때로는 알로, 때로는 유충이 나온 알로, 때로는 유충 그 자체로 이루어져 있다. 머릿니는 무엇보다 십대 이전의 어린이에게 생기는 문제다. 미국에서는 연간 600만~1,200만 명이 머릿니 처치를 받는 것으로 추정된다. 영국에서는 전체 어린이의 3분의 2 정도가 초등학교를 졸업하기 전에 머릿니 처치를 받는다. 머릿니는 일반적으로 살충제로 제거하지만 이런 행동은 필연적으로 내성이 증가하는 변종을 낳게 된다. 머릿니의 임무는 인간과 함께 살면서 끊임없는 잔소리를 해대는 것이 아닌가 싶을 정도다. 좋든 싫든 간에 '너도 동물계의 일원이다'라는 잔소리 말이다.

머릿니는 짜증나고 굴욕적이며 제거하기도 아주 어렵다. 그 결과 머릿니는 거의 200년 동안 서구인이 자신을 남들 앞에 어떻게 내보일까 하는 방식에 영향을 끼쳤다. 머릿니를 없애는 가장 효과적인 방법은 머리카락을 없애는 것이다. 머리카락이 없다면 인간에게 붙어 있을 도리가 없고 피를 지속적으로 빨아먹지도 못할 테니 말이다. 결국 사람들은 머리를 밀고 가발을 쓰기 시작했다.

가발 착용의 초기 선구자 중에 꽉 끼는 빨간 머리 가발을 쓴 잉글랜드의 엘리자베스 1세도 있었지만, 가발의 역사에서 가장 중요한 인물은 루이 13세일 것이다. 그는 젊은 나이에 대머리가 되자 가발을 착용하기 시작했

100가지 동물로 읽는 세계사

다. 그의 아들이자 계승자였던 루이 14세는 이 개념을 한 차원 더 끌어올렸다. 그가 선례를 보이면서 가발은 거대해지고 엄청나게 사치스러워졌다. 그는 베르사유궁전에 40명의 가발 제작자를 두었다고 한다. 가발 유행은 프랑스에서 망명하던 찰스 2세가 돌아올 때 잉글랜드로 들어왔다. 거대한 가발은 무겁고 불편하고 비쌌지만 사회적 지위의 상징이었다. 이 책에서 여러 차례 살펴보았듯, 그리고 바로 얼마 전에 58장의 '누에' 편과 59장의 '매' 편에서도 살펴보았듯 사람

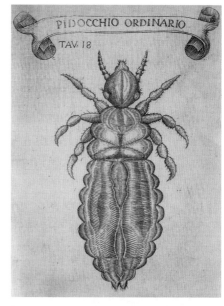

머리 긁기: 프란체스코 레디의 『곤충의 발생에 관한 실험』(1668년)에 나오는 머릿니 판화.

들은 지위와 위신 문제라면 아주 많은 것을 감수하는 경향이 있다.

영국에서 가발은 어느 정도의 사회적 지위를 바라는 모든 사람에게 거의 의무처럼 자리를 잡았다. 사람 머리카락으로 만든 가발이 최상품이었지만 물론 가장 비쌌다. 값싼 것으로라도 자신의 높은 신분을 드러내고 싶은 사람들은 말이나 염소 털로 만든 가발을 썼다.

새뮤얼 피프스는 옷을 차려입을 때 남의 눈을 의식하지 않고 자기 마음대로 입었다. 언젠가 그는 일기에 이렇게 적었다. "나는 스완 마을로 갔다. 그곳에서 내 오랜 가발 제작자인 저비스를 불렀다. 그가 가발을 가져왔지만 서캐가 득실거려 차마 보기 힘들었다(그는 전에도 같은 잘못을 저질렀다). 그에게 다시 가발 청소를 시켰다." 영국에서 가발을 쓰는 유행은 한 입법 천재의 일격으로 막을 내렸다. 1795년 머리카락과 가발에 쓰이는 분가루(오렌지 꽃, 오리스 뿌리, 혹은 라벤더 향이 나는 고운 가루)에 세금을 부과한 것이다. 가발과 분가루 뿌린 머리의 인기가 순식간에 식었다.

이 무렵 가발은 혁명 이후의 프랑스와 미국에서 거의 사용되지 않았다. 조지 워싱턴은 한 번도 가발을 쓰지 않았다. 세심하게 정돈한 긴 머리가 가발처럼 보이기는 했지만. 이후 네 명의 대통령 존 애덤스, 토머스 제퍼슨, 제임스 매디슨, 제임스 먼로는 모두 가발을 쓴 초상화를 남겼다. 하지만 다음 대통령부터는 가발을 쓰지 않았다.

영국 법정에서 판사와 변호사는 지금도 가발을 착용하고 있다. 영화 《위드네일과 나》에는 한 등장인물이 법정을 묘사하는 장면이 있다. 법정에는 방울 달린 망토 같은 괴상한 옷을 입은 석탄 배달부 피고와 가발을 쓴 판사가 있다. "그 가발은 길고 하얀 모자에 더 가까웠지. 판사가 석탄 배달부를 쳐다보며 이렇게 말해. '옷이 그게 뭡니까? 이곳은 신성한 법정입니다. 옷을 제대로 갖춰 입고 와야죠.' 그러자 석탄 배달부가 판사를 쳐다보며 대꾸하지. '재판장님 모습은 정상이라고 생각하세요?'"

따라서 영국 판사와 문제가 생긴다면 꼭 물어볼 것이 있다. 가발을 쓰고 있으면 머릿니 문제 해결에 도움이 되느냐고 말이다. 판사가 가발을 쓴 이유가 애초에 머릿니 때문이었으니까. 인간의 지위나 명망에 전혀 개의치 않는 머릿니는 인간의 피를 한입 먹고 자신이 선택한 머리털을 꼭 붙잡는다. 인간은 판사, 왕, 위대한 작가, 시사평론가일 수 있다. 하지만 머릿니에게 인간은 이용할 수 있는 서식지일 뿐이다.

063
까마귀

불구대천의 원수

"까마귀가 어머니의 귀에 대고 울자
귀는 누렇게 시들어 뭉툭한 잔해만 남았다."

└• 테드 휴즈, 〈까마귀〉

우리는 대부분 인간이 아닌 동물에게서 지능을 발견하면 그 지능을 존중한
다. 그래서인지 실험실 쥐나 비둘기보다는 실험실 침팬지의 갇힌 삶에 더 고
통을 느낀다. 영국에서는 문어가 지능을 갖추고 있다고 생각해(37장 '문어' 편
을 보라) 다른 무척추동물보다 더 배려할 것을 명시한 법률을 만들었다. 그
뿐 아니라 우리는 똑똑한 돌고래가 만드는 이상적인 수중 공동체에 대한 꿈
을 우려른다(38장 '돌고래' 편을 보라). 까마귀도 이들 종 못지않게 지능을 갖
춘 동물이다. 그러나 까마귀는 늘 해충 취급을 받고 총에 맞아 죽는다. 이런
일에 반론도 거의 제기되지 않는다. 2019년 잉글랜드에서는 눈에 띄는 까마
귀를 죽일 보편적 권리가 중단되자 분노와 경악이 일었다.

　　까마귀과에는 약 120종이 있고, 까마귀속에는 46종이 있다. 까마귀과
에는 까마귀, 떼까마귀, 큰까마귀, 갈까마귀, 어치, 까치, 나무까치, 노랑부리
(붉은부리)까마귀, 잣까마귀 등이 속한다. 이들은 참새목이고, 그래서 노래
하는 새인 명금이나 정원에서 먹이 주는 사람들을 찾아오는 많은 새들과 친

영리한 까마귀: 『이솝우화』(1890년대 출간)에 나오는 리처드 하이웨이의 삽화.

척 관계지만, 이들 대부분의 새보다 더 크고 활발한 편이며 다리도 강하고 부리도 대체로 단단하다. 까마귀는 당당하고 대담하게 굴고 자주 시끄러운 편이라 사람들의 이목을 끈다.

까마귀는 똑똑하고 잡식성이며 이러한 특성 덕분에 많은 종이 인간의 거주지에 적응할 수 있었다. 인간과 상관없이 자기 방식대로 사는 동물이라도 인간은 그런 동물이 가까이 살 때 마냥 편안하지는 않다. 인간이 임시 거주지에 있는 한 까마귀는 확실히 그렇게 불편한 동물이었다. 사람이 배출한 온갖 종류의 음식물 쓰레기는 까마귀의 먹이로 안성맞춤이다. 21세기의 까마귀는 음식물이 버려지는 맥도널드 같은 곳에서 열심히 먹이를 찾는다. 빵, 감자튀김, 햄버거는 모두 까마귀가 보기에 좋은 먹이다. 까마귀는 썩은 고기를 잘 먹는 편이며 단백질의 원천을 제공하는 종을 별로 가리지 않는다. 인간이 남긴 고기, 죽은 가축, 인간의 시체가 예로부터 까마귀의 식단에 올랐다. 까마귀가 특히 전쟁터와 관련이 있다는 사실도 바로 이런 특성 때문이다. 죽은 자들이 있는 광경은 관련자들에게는 명예와 승리, 재난과 불명예, 혹은 영광을 상징한다. 그러나 까마귀에게는 이 모든 것이 단백질의 원천일 뿐이다. 그래서 까마귀는 죽음과 공포를 연상시키는 검은 새다.

까마귀는 부리가 단단하지만 신선한 사체에서는 그 부리로 많은 것을 얻지 못한다. 하지만 죽은 동물을 발견하면 먹기 적당해지는 시기가 오기 전에 우선 죽은(혹은 죽어가고 있거나 무력한) 포유류의 취약한 부분부터 공략한

100가지 동물로 읽는 세계사

다. 바로 눈이다. 많은 나라에서 야생에 방치된 인간의 시체는 눈이 없어진 채로 발견된다. 연약한 가축의 경우도 마찬가지다. 까마귀는 때때로 살아 있는 어린 양의 눈을 쪼아 먹기도 하는데, 이는 (자신이 먹으려고 동물을 키운) 사람들에게 공포와 고통을 불러일으킨다. 물론 경제적 손실도 문제다.

이솝우화에는 까마귀가 여러 차례 등장한다. 때로 까마귀는 어리석다. 여우가 부리에 치즈 조각을 물고 다니는 까마귀에게 모든 새들의 여왕이라고 아첨하며 노래를 청한다. 까마귀가 부리를 열어 깍깍대는 소리를 내자 치즈가 떨어져 여우의 아침식사가 된다. 그러니 아첨꾼의 말을 들어서는 안 된다는 것이 이 우화의 교훈인 셈이다. 이솝의 다른 이야기에 나오는 까마귀는 불길한 새인 큰까마귀처럼 존중받고 싶어 했다. 그래서 까마귀는 지나가는 사람들 앞에 자리를 잡고 목이 터져라 울었다. 몇몇 사람들은 불안해했지만 현명한 사람들은 그냥 늙은 까마귀일 뿐이라고 말하며 아무런 신경도 쓰지 않았다. 그러니 자신이 아닌 다른 존재인 척 해서는 안 된다. 그래 봤자 바보만 된다.

한편, 이솝 이야기에 나오는 까마귀 중에는 똑똑한 녀석도 있다. 물을 마시고 싶은 까마귀가 물병을 발견했다. 하지만 물병 속의 물에 부리가 닿지 않았다. 까마귀는 조약돌 여러 개를 물병 속에 넣어 부리가 닿을 정도로 물이 차오르게 만들었다. 현명하고 신중하게 해결책을 찾는 교훈이 담긴 이야기다. 나는 까마귀의 한 종인 어치가 실제로 이 이야기를 재현하는 모습을 목격한 적이 있다. 캠브리지 대학의 니콜라 클레이턴 교수(아르헨티나 탱고의 대가이기도 하다)는 까마귀의 지능을 알아보는 일련의 실험을 하고 있었다. 클레이턴 교수는 까마귀가 물을 갈구할 정도로 목마르게 만들지는 않았다. 실험상 윤리 문제를 굳이 일으킬 필요는 없었다. 그 대신 촉촉한 명나방의 애벌레를 부리가 닿지 않도록 좁은 그릇 속의 물 위에 띄웠다. 어치들은 정확히 이솝의 까마귀가 썼던 방식으로 문제를 해결했다. 조약돌을 사용해 애벌레를 부리가 닿는 곳까지 띄운 것이다. 가벼운 스티로폼으로 만든 가짜 조약돌을 주자 어치들은 경멸이라도 하듯 거부했다. 쓰려는 시도조차 하지 않은 것이다. 클레이턴 교수는 침팬지가 할 수 있는 일이라면 까마귀도 할 수 있다고 말한다. 까마귀의 두뇌 용적비는 침팬지나 돌고래와 같은 정도다.

여러 연구에도 불구하고 까마귀의 지능이 어느 정도인지는 아직 밝혀지지 않았다. 어치는 거울에 비친 자신을 알아보는 것으로 알려진 유일한 조류종이다. 많은 까마귀종이 도구를 사용하고 심지어는 만들기까지 한다. 누벨칼레도니까마귀는 갈고리를 만들어 좁은 틈새에서 곤충의 애벌레를 꺼내 먹는다. 도구를 사용해 부리가 닿지 않는 곳에 있는 다른 도구를 꺼내기도 하고, 그 결과 곤충을 잡는다. 일화로 남은 일부 증거는 훨씬 더 인상적이다. 뿔까마귀가 연못의 물 위에 빵 조각을 뿌려놓고는 기다리고 있다가 그것을 먹으러 온 물고기를 잡는 모습도 목격되었다. 일본의 까마귀는 차가 지나가면서 깨트리도록 도로 위에 일부러 견과류를 올려놓기도 했다. 이 까마귀들은 횡단보도를 이용해 더욱 정교하게 이 방법을 썼다. 횡단보도 정지선 앞에 자동차가 멈추기를 기다렸다가 깨진 견과류를 주운 것이다.

많은 까마귀종들은 복잡한 사회생활을 본격적으로 영위하고 있으며 (38장 '돌고래'와 54장 '코끼리' 편에서 이미 보았듯) 이는 종종 지능으로 이어진다. 생태학의 선구자 콘라트 로렌츠는 갈까마귀 사이의 복잡한 계층 구조뿐 아니라 한 쌍 사이의 긴밀한 유대 관계도 관찰했다. 또한 그는 쌍으로 맺어진 까마귀 개체는 지위가 동등하며, 지위가 더 높은 새와 짝이 된 암컷은 상대방과 같은 지위를 얻게 된다는 사실도 언급했다. 어린 새들은 어른 새들과 오랜 기간을 함께 보낸다. 학습 행동은 까마귀들이 사는 방식에서 중요한 부분이다.

까마귀는 기억력이 뛰어나다. 집단 내에서 개체를 인식하고 그들의 사회적 지위를 파악한다. 짝이 죽은 뒤 까마귀가 슬퍼한다는 증거도 일부 발견된 적이 있다. 큰까마귀가 싸움에서 진 개체를 위로하는 모습도 목격되었다.

하지만 까마귀는 공감을 얻기 힘든 동물이다. 영화 《해리 포터와 아즈카반의 죄수》에는 처형 장소에 까마귀가 등장한다. 노아는 방주에서 까마귀 한 마리를 내보냈지만 돌아오지 않았고 물이 말랐다는 사실도 전해주지 않았다. 이 까마귀는 충성스러운 비둘기와는 달리 시민의식이 없는 이기적인 존재로 간주된다(아마도 이 까마귀는 홍수로 익사한 동물을 먹고 있었을 것이다). 인도의 고대 서사시 『마하바라타』에서는 죽음의 전령을 까마귀에 비유한다. 소름끼치는 연극 〈맥베스〉에서도 가장 소름끼치는 대사는 이것이다. "저 까마귀까지 덩컨 왕이 내 성벽 아래로 죽으러 들어온다고 목이 쉬도록 울어대는구나." 덩컨 왕은 그날 밤 맥베스에게 살해당한다.

까마귀에 대한 불미스러운 평판은 21세기에도 계속된다. 영국에서는 까마귀종, 그중에서도 까치가 명금을 없애버린 원인으로 비난받고 있다. 사실 기회만 주어진다면 많은 까마귀종이 작은 새의 둥지를 공격할 것이다. 크고 눈에 잘 띄는 까치는 전통적으로 불운을 가져다주는 새다. 적어도 외따로 있을 때는 그렇다. "까치 떼. 한 마리는 슬픔, 두 마리는 기쁨"이라는 동요처럼 말이다. 까치는 다른 까마귀들처럼 짝을 지어 다니며 일반적으로 두 마리씩 보이므로 이 미신은 조작된 것이다.

하지만 까마귀는 영국의 명금이 줄어든 데 책임이 있다는 비난을 계속해서 받고 있다. 그래서 마음이 가장 여리다는 사람들마저 까마귀 죽이는 일

유인원 못지않게 영리함: 도구를 사용하는 누벨칼레도니까마귀.

을 지지한다. 까마귀가 작은 새들을 잡아먹는 행동에 관한 연구가 많이 이루어졌고, 까마귀 때문에 생기는 위협은 무시할 정도로 미미하다는 결론이 일관되게 나왔다. 미국의 한 연구도 이런 결론을 내렸다. 23종의 명금에 관한 영국의 어느 연구에서도 까마귀는 아무런 위협이 되지 않는다고 결론지었다. 국제 조류를 다루는 과학저널 『이비스』의 한 리뷰에서는, 까마귀와 먹이종 사이의 326개 상호작용을 보고한 42개 연구를 살펴본 결과 "81퍼센트의 사례에서 까마귀는 잠재적 피식자에게 눈에 띄는 영향을 미치지 않았다"라는 결론에 도달했다. 이 리뷰는 때로 까마귀가 명금에게 적극적인 도움을 주었다는 내용도 덧붙였다.

명금이 모든 개발도상국에서 빠른 속도로 감소하고 있다는 사실은 분명하다. 서식지 파괴와 제초제 및 살충제의 강도 높은 사용이 명백하고 주된 이유지만, 앞서 살펴본 것처럼 인간이 아닌 동물에 대한 진실은 아무리 밝혀져도 흡족한 느낌을 주는 신화 앞에서는 힘을 쓰지 못한다. 까마귀는 무해할 뿐 아니라 심지어 이롭다는 사실을 증명할 수 있다. 하지만 무의미한 일이다. 더 깊은 차원에서 우리는 까마귀가 악하다고 믿고 그렇게 알고 있다.

2019년 영국의 타블로이드 신문 『데일리 메일』은 까마귀 사냥 허가 중지를 보도하면서 다음과 같은 제목을 붙였다. "까마귀가 어린 양을 괴롭히고 죽이도록 허용하는 야만적이고 잔인한 법." 까마귀는 눈에 보이는 적이고 인간이 영위하는 삶을 위협하는 존재로 인식된다. 이러한 범죄에 대해 까마귀들이 자비를 기대하기란 불가능하다.

064
박쥐

어둠과 죽음

"저녁 무렵 날갯짓하는 박쥐는
믿음 없는 머리에서 나온 것이다."

└• 윌리엄 블레이크, 〈순수의 전조〉

만약 어떤 동물이 〈맥베스〉에 나오는 마녀의 솥에 들어가는 재료로 등장한다면, 짓궂은 의심이나 두려움과 관련 있다고 봐도 좋다. 물론 합리적인 의심과 두려움은 아니다.

박쥐의 털과 개의 혓바닥,
살무사의 갈라진 혀, 뱀도마뱀의 독침…

박쥐로 분장한 인간은 세상에서 가장 유명한 두 개의 이미지를 나타낸다. 배트맨과 드라큘라 백작이다. 둘 다 어둠과 죽음을 연상시킨다. 하지만 중국에서 박쥐는 복과 행운의 상징이며, 비단옷에 그려진 박쥐의 이미지는 전혀 불길해 보이지 않는다. 서양에서 울새나 고양이나 제비가 그렇듯 즐거운 이미지다.

박쥐는 인간과 반드시 마주치게 되어 있다. 수도 많은 데다 종도 엄청나게 다양하기 때문이다. 게다가 박쥐는 적응력도 뛰어나다. 심지어 런던에서도 박쥐를 본 적이 있다. 녀석은 눈부신 빛에 이끌린 곤충을 잡기 위해 가로등 주변을 돌고 있었다. 대체로 박쥐는 낮에 머물 안전하고 조용한 곳을 찾아다니므로 사람이 살지 않는 폐가를 선택한다.

박쥐는 우리와 같은 포유류지만 우리와는 달리 밤의 동물이다. 박쥐는 인간으로서는 상상조차 하기 어려운 감각을 갖추고 있다. 우리가 런던의 리버풀 스트리트 역을 가로질러 걸을 수 있는 것처럼 박쥐는 칠흑같이 깜깜한 동굴 속에서도 쉽게 길을 찾을 수 있다. 그리고 인간과 달리 날 수 있다.

활공할 수 있는 척추동물은 날치, 날개구리, 뱀과 도마뱀, 날다람쥐, 날원숭이, 주머니하늘다람쥐 등 상당히 많다. 이 경우 이들의 이름에 붙은 '날(flying)'이라는 말은 오해의 소지가 있다. 이들은 동력 비행을 할 수 없다. 이륙한 뒤에는 속도가 떨어지기 때문에 중력에 의존해 대기 속도를 유지한다. 이러한 형태의 활공은 우아하게 떨어지는 것이나 다름없다. 우리가 살펴본 것처럼 전체 동물계에서 네 개의 동물군만 동력 비행을 진화시켰다. 곤충, 새, 멸종한 익룡(프테로닥틸루스 포함), 그리고 박쥐다.

밤을 사랑하는 동물: 짧은코과일박쥐, 웰즐리 앨범(작자 미상, 1798-1805년).

모든 포유류 중 5분의 1 정도가 박쥐다. 약 1,400종이 있는 박쥐는 설치목 다음으로 가장 많은 포유류목이다. 이 중 다른 포유류의 피를 먹는 종은 단 세 종이지만 우리는 박쥐 전체를 흡혈과 연관 짓는다. 전통적으로 박쥐는 두 종류로 분류된다. 하나는 과일박쥐를 포함하고 반향정위를 사용하지 않는(루세트박쥐는 예외다) 큰박쥐 종류이고, 다른 하나는 대부분이 곤충을 먹고(전부가 그런 것은 아니다. 아래 참조) 반향정위를 사용하는 나머지 종류다. 최근 몇 년 동안 이러한 분류에 이의 제기가 있었지만 당분간은 이 분류를 사용할 것으로 보인다. 박쥐의 크기는 범위가 상당히 넓다. 뒤영벌박쥐라는 어울리지 않은 이름이 붙은 키티돼지코박쥐의 무게는 2.6그램에 불과하며 몸길이도 2.5센티미터를 넘지 않는다. 황금볏과일박쥐는 무게가 1.8킬로그램에 날개폭도 1.7미터에 달한다.

박쥐는 밤을 좋아한다. 박쥐는 날 수 있을 뿐 아니라 한술 더 떠 밤에도 날아다닌다. 박쥐는 우리가 결코 열망할 수 없는 세상의 공간에서도 편안히 지낸다. 밤공기는 박쥐의 것이다. 낮의 공기가 새들의 것이듯 말이다. 밤보다 어스름한 빛을 좋아해 새벽과 황혼에 가장 활동적인 박쥐도 있다. 아프리카의 맹금류인 박쥐매는 새벽과 황혼녘 딱 30분 동안만 먹이를 잡는다. 곤충이 떼 지어 다니고 박쥐가 주위를 날아다니는 때는 눈에 의지하는 박쥐매가 먹이를 잡을 수 있는 시간이다. 짧지만 요란한 이 광란의 시간을 온전히 활용해야 한다. 이 짧은 시간대는 박쥐와 박쥐매 둘 다에게 생과 사를 결정하는 시간이다.

박쥐가 지닌 불길함 중에서 으뜸은 물론 어둠이다. 올빼미에서 이미 보았듯이 우리는 어둠 속에서 사는 동물을 공포, 그리고 (무엇보다) 죽음과 연관시킨다. 다음으로 불길한 것은 녀석의 날개, 즉 손을 연상시키는 역겨운 뼈대 위에 펼쳐진 피부다. 사람들이 이 피부에 왜 불길함을 느끼는지는 확실하지 않다. 인간도 깃털이나 털이 아니라 피부로 덮여 있고 이를 노출하고 있는데 말이다. 자기 집에 박쥐가 들어온 사람들을 돕는 환경보호 운동가들이 전하는 이야기에 따르면, 불안해하던 집 주인들은 막상 털북숭이 몸통과 포유류 특유의 빛나는 눈을 보면 안심할 뿐 아니라 감동까지 받는다. 마음이 한 번에 돌아서는 것이다.

하지만 거미와 뱀(57장과 28장 참조)의 경우처럼 박쥐가 움직이는 방식이 왠지 불안감을 자극했을 수도 있다. 박쥐는 새처럼 힘이 센 날짐승도 아니고 장거리 비행에 효율적이지도 않지만 방향을 쉽게 바꿀 수 있다. 기괴할 정도다. 박쥐가 인공조명에 잠깐 관심을 보이며 공기역학적으로는 도저히 불가능한 방식으로 공중에서 방향을 획획 바꿀 때면 좀 으스스한 느낌이 들기도 한다.

작은 박쥐는 어둠 속에서 길을 찾을 때 반향정위(反響定位)를 사용한다. 동물이 소리나 초음파를 내어 돌아오는 메아리 소리로 상대와 자기의 위치를 확인하는 방법이다. 박쥐는 자기 청력의 가청주파수를 넘어선 소리를 내기 때문에 자신들이 내는 소리로 인해 귀가 먹지 않는다. 박쥐는 다만 돌아오는 소리를 들을 수 있을 뿐이다. 도플러 효과를 활용하기 때문에 가능한 일이다. 도플러 효과란 소리를 내는 물체와 듣는 이가 상대적으로 어떻게 움직이는지에 따라 들리는 소리의 진동수가 변하는 현상이다. 듣는 이가 음원에서 멀어질 때 변화하는 주파수 차이를 이용해 음원의 위치를 추적하는 데 활용할 수 있는 변화다(역으로 자동차 경주 대회에서 음원인 자동차가 멀어질 때도 마찬가지다).

박쥐의 반향정위 능력은 1920년 해밀턴 하트리지가 제기했고, 1938년 도널드 그리핀이 확실히 입증했다. 당시 개발 중인 레이더는 음파보다는 전파의 반사에 기반을 두고 있었다. 그래서 장치의 이름을 '전파 탐지 및 거리 측정(Radio Detection and Ranging)'의 앞 글자를 가져와 레이더라고 붙였다. 반향정위의 발견과 레이더의 발견 중 어떤 쪽이 영향을 받았는지 또는 주었는지는 분명하지 않다. 어느 쪽이든 박쥐는 수백만 년 전에 먼저 등장해 반향정위를 활용하고 있었다.

어떤 박쥐는 열매를 주로 먹지만 대부분은 곤충이 주식이다. 또 다른 종류를 먹고 사는 박쥐도 있다. 물 위를 낮게 덮쳐 물고기를 잡는 종도 있고 작은 포유류나 조류, 양서류를 잡는 종도 있다. 그리고 세 가지 종은 피를 마신다. 항상은 아니지만 자주 마신다. 흡혈박쥐는 몸집이 상당히 작다. 몸길이는 9센티미터에 날개폭은 19센티미터다. 어쨌든 전 세계에서 공포를 불러일으키는 존재에 어울리는 크기는 아니다.

흔한 뱀파이어들은 살금살금 민첩하게 움직이며 밤이면 큰 포유류를 물고 피를 핥는다. 요즘은 말이나 소 같은 가축의 피를 자주 취할 것이다. 이들 박쥐는 트리파노소마증과 광견병을 퍼뜨릴 수 있기 때문에 결코 반가운 손님이 아니다. 때때로 잠들어 있는 사람의 드러난 살을 물기도 한다. 이들은 상호 이타주의를 추구한다. 밤에 피 사냥에 실패한 박쥐는 서식지에 있는 동료 박쥐(반드시 가까운 친인척일 필요는 없다)에게서 따뜻한 식사를 얻어먹는다. 뱀파이어의 관대하고 문명화되어 있고 진정으로 이타적인 가정생활에 감탄하지 않을 수 없다.

중국인들은 박쥐에게 경탄하는 데 아무 거리낌이 없다. 전통적으로 중국인들은 동음이의어를 이용한 말장난을 즐긴다. 발음이 완전히 같아도 성조(음표와 비슷하다)에 따라 의미가 달라지는 몇몇 글자가 있다. '푸'라는 발음은 박쥐(蝠)와 복(福) 두 가지 의미를 다 가질 수 있다. 따라서 박쥐는 수(壽), 부(富), 강녕(康寧), 유호덕(攸好德), 고종명(考終命)이라는 오복을 나타낸다. 박쥐는 비슷한 크기의 다른 포유류보다 더 오래 사는 것으로 유명해 중국인들에게 장수를 상징하기도 한다.

이는 서양 문화에서 박쥐가 죽음을 상징하고 있다는 점과 모순된다. 1897년에 출판된 브램 스토커의 소설 『드라큘라』는 박쥐처럼 생긴 트란실바니아 백작, 그리고 인간의 신선한 피에 대한 그의 갈망을 그려내 박쥐에 대한 서양인의 인상을 굳힌 작품이다. (드라큘라 백작 이전의 예로 1845~1847년 값싼 잡지에 연재되던 통속소설 중 하나인 『바니 더 뱀파이어』에 나온 다른 이름의 흡혈귀도 있다.) 십대 시절에 『드라큘라』를 읽으며 오싹한 전율을 느꼈던 기억이 난다. 백작이 창문을 통해 성에서 나와 벽을 타고 내려가는 모습(머리가 아래를 향하고 있었다)을 소설의 화자인 조너선 하커가 목격하는

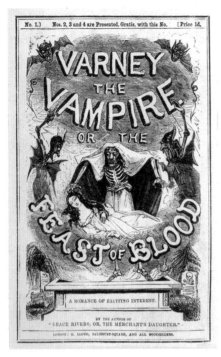

통속소설: 『바니 더 뱀파이어』의 속표지.

장면이었다.

이 소설이 엄청난 성공을 거두면서 서양인들의 마음속 빈자리가 채워진 듯했다. 항상 두려워했지만 결코 알지 못했던 괴물이 마침내 영생의 육신을 갖춘 채 우리 앞에 선 것이다. 어둠과 죽음에 대한 공포에 기이한 성적 신경증과 흥분이 더해지면서 뱀파이어 영화 산업이 생겨났다.

배트맨은 죽음으로 인해 악몽에 시달리는 또 하나의 인물이다. 배트맨은 1939년 만화책 형태로 처음 등장했다. 부유한 바람둥이이자 자선가인 브루스 웨인은 어렸을 때 부모가 살해당하는 현장을 목격하면서 씻을 수 없는 상처를 입는다. 그래서 그는 정의를 위해 싸우기로 결심하고 박쥐 슈트를 입은 또 다른 자아를 만들어낸다. 초능력이 없는 그는 자신의 두뇌와 훈련, 결의에 의지해야 한다. 〈배트맨〉 영화 시리즈는 분위기 면에서, 그리고 어느 정도는 윤리적인 면에서 점점 더 어두워지고 있다. 배트맨이나 브루스 웨인 둘 다 세상과 불화하고 있는 셈이다.

어둠을 받아들이기 위해 우리는 박쥐, 그리고 인간 형태의 박쥐가 필요한 것은 아닌가 싶다. 섹시하고 우스꽝스럽지만 위로가 되고 영감을 주는 형태로 말이다. 드라큘라와 배트맨 둘 다 죽음을 정복했지만 죽음을 상징하는 인물이다. 하나는 악을 행하고 다른 하나는 선을 행한다. 박쥐는 밤을 상징하는 동시에 밤을 탐색할 수 있는 능력도 상징한다. 빛을 사랑하는 인간에게는 영원히 적대적인 시간과 장소도 이들에게는 편안한 자기 집과 같다.

이것이 바로 박쥐가 살아가는 방식이다. 인간의 두려움 따위는 아랑곳하지 않는 삶. 하지만 박쥐를 크게 괴롭히는 것은 곤충의 개체 수가 크게 감소하고 있다는 사실이다. 우리 인간들이 곤충의 서식지를 파괴하고 화학물질을 사용해 이들의 개체 수를 점점 더 효율적인 방식으로 파괴하고 있기 때문에 벌어지는 재앙이다.

뒤영벌

최고의 공급자

* * *

"곤충을 없애면 만물이 무너질 것이다.

대재앙이 닥칠 것이다."

└→ 에드워드 윌슨

뒤영벌(bumblebee, 호박벌로도 번역할 수 있다. 뒤영벌속에 호박벌이 포함된다—옮긴이)은 식물의 수분을 돕는 다양한 종의 동물 전체를 대표한다. 수분을 돕는다는 것은 점착력이 강한 꽃가루를 꽃에서 꽃으로 옮기는 수분 과정을 가능하게 한다는 뜻이다. 인간은 음식을 먹기 시작한 이후로 야생의 꽃가루 매개자들에게 빚을 지고 있고, 그 빚은 오늘날까지 계속되고 있다. 우리가 먹는 음식의 3분의 1은 꽃가루 매개자들 덕분에 생산된 것이므로 이들에게 고마워해야 한다. 꽃가루를 옮기는 곤충의 중요성에 관해서는 지루하게 느껴질 정도로 많은 수치가 있다. 2015년 생물다양성과학기구(IPBES)는 다음과 같이 발표했다. "생태계 부가 서비스의 연간 시장 가치가 전 세계적으로 2,370~5,770억 달러로 추산된다."

양식 꿀벌이 맡은 수분 역할에 관해서는 이미 앞에서 이야기했다(12장 참조). 이제는 야생의 꽃가루 매개자들이 맡고 있는 훨씬 더 중요한 역할과 이들을 쇠퇴시키고 멸종시킴으로써 우리가 스스로에게 입히고 있는 엄청난 폐해를 살펴볼 차례다.

뒤영벌은 눈에 매우 잘 띄는 생물로 따뜻한 시기에 북반구에서 활동한다. 뉴질랜드와 오스트레일리아의 태즈메이니아주에도 (사료 작물로 가져온 토끼풀을 수분하기 위해) 반입되었다. 뒤영벌은 몸집이 크고 느리게 움직이고 시끄러운 소리를 내고 색상은 밝다. 뒤영벌을 알아보지 못하는 게 오히려 불가능하다. 뒤영벌속에는 250종 이상의 뒤영벌이 있다. 꿀벌만큼이나 사회적인 동물이지만 규모는 훨씬 작다. 이들은 집단으로 겨울을 나지 않으며 수정을 거친 여왕이 단독으로 겨울을 난다. 그래서 겨울 저장소가 필요하지 않고 꿀을 만들지도 않는다. 대신 여왕벌은 겨울잠을 자고 봄에 나타나 약 50마리 개체군으로 이루어진 집단을 형성하기 시작한다.

뒤영벌은 몸에 털이 있어 이른 봄 쌀쌀한 날씨에 일찍부터 활동하기에 유리하다. 주로 검은색과 노란색, 혹은 검은색과 주황색으로 이루어진 몸통 색은 자신이 위험한 존재라는 것을 외부에 알리는 역할을 한다(위험한 동물들은 서로 닮는 경향이 있어 보편적인 경고를 내보낸다. 이것을 '뮐러 의태 현상'이라 한다). 뒤영벌은 꿀벌처럼 침에 미늘이 달려 있지 않아 여러 차례 침을 쏠 수 있다. 하지만 우리 대부분이 알고 있듯 뒤영벌은 공격적이지 않으며 경고

분주한 벌: 흰꼬리뒤영벌 둥지, 밥 뱀튼.

만으로도 충분할 것이라는 강한 믿음을 가지고 있는 듯하다. 이들은 특히 벌집을 방어하기 위해 침을 사용하지만 말벌 종족들과는 달리 너무 바빠 불필요한 공격을 할 여유가 없다. 이들은 당면한 과제에 임하려는 분주한 욕구로 인해 같은 공간에 사는 인간들에게 애정과 경탄을 불러일으킨다.

다른 이야기로 넘어가기 전에 한 가지 짚고 넘어갈 것이 있다. 바로 뒤영벌의 비행이다. 과학적으로 볼 때 뒤영벌은 날 수 없다는 유명한 전설이 있다. 지식을 쫓는 인간의 노력이 허영에 불과하다는 이야기를 할 때 주로 언급된다. 뒤영벌의 비행조차 설명하지 못하는 인간의 지식을 조롱하는 것이다. 이 전설의 기원은 논란이 분분하다. 어느 공기역학 공학자가 만찬 중에 곤충학자와 대화를 나누다가 메뉴판 뒷면에 계산을 하면서 뒤영벌의 날개로는 비행이 불가능하다는 사실을 '입증'했다는 것이다. 그러나 전설은 전설일 뿐 사실 과학은 뒤영벌의 비행을 아주 상세히 설명할 수 있다. 그 공학자는 대충 계산하느라 날개 위에서 소용돌이를 일으켜 양력을 제공하는 기류 분리인 실속 현상을 놓쳤을 수 있다. 더 간단히 말하자면 뒤영벌은 날개가 고정된 항공기보다는 헬리콥터에 더 가까운 방법으로 비행할 수 있다.

수분 없이는 열매나 씨앗을 생산하지 못하는 작물이 있다. 예컨대 오크라, 키위, 감자, 양파, 캐슈, 셀러리, 스타프루트, 브라질너트, 그리고 사탕무, 겨자, 유채, 브로콜리, 양배추 등의 모든 종류의 비트, 그 밖의 모든 배추속 식물, 완두, 모든 종류의 콩, 고추, 파파야, 캐러웨이, 멜론, 오렌지, 레몬, 그리고 귤속에 속한 그 밖의 모든 과일, 코코넛, 커피, 담배, 오이, 호박, 당근, 딸기, 면화, 해바라기, 아마, 리치, 사과, 망고, 자주개자리, 아보카도, 살구, 버찌, 아몬드, 석류, 배, 라즈베리, 가지, 토끼풀, 블루베리, 토마토, 포도 등이다. 이것 말고도 또 있다.

미국 코넬 대학의 한 연구는 다음과 같은 결론을 내렸다. "곤충의 수분이 없으면 전 세계 작물 중 3분의 1가량은 꽃이 피어도 금방 시들어버려 열매를 맺지 못한다. 자연에서 서식하는 벌은 중요한 여러 작물의 수분에 결정적인 역할을 한다."

12장 '꿀벌' 편에서 보았
듯이 인간은 야생 곤충과 그
밖에 다른 꽃가루 운반자들의
무료 수분 서비스 손실을, 인
위적인 꿀벌 관리를 통한 수
분으로 메꾸려고 시도했다.
그러나 이것은 완전한 답이
못 된다. 아르헨티나 국립 대
학교에서 전 세계 대륙 600개
의 밭에서 40종의 작물을 조
사한 결과, 야생 꽃가루 매개
체가 양식 꿀벌보다 두 배의
효과를 낸다는 결론에 이르
렀다.

어질러진 복도: 베아트릭스 포터의 『티틀마우스 아줌
마』(1910년 초판) 삽화.

더 큰 문제가 있다. 단일
종에 기대어 수분을 할수록 위험이 커진다는 사실이다. 한 번의 재앙으로 단
일 종이 초토화될 수 있다. 영국에서 이미 목격한 바다. 네덜란드느릅나무병
이 영국의 어느 느릅나무종을 휩쓸었을 때의 일이다. 그 묘목은 생울타리로
쓰이는데 느릅나무가 자라는 대로 내버려두고 자르지 않으면 높이가 3미터
정도 될 때 병에 걸려 죽는다. 그러나 영국은 한 종 이상의 나무가 있고 느릅
나무에 영향을 끼치는 문제들이 다른 종에는 영향을 끼치지 않아 황무지로
전락하지 않았다. 대단하지는 않아도 영국 시골 지역의 생물 다양성이 황폐
화를 막아준 것이다.

이렇게 꿀벌들이 문제에 직면하기 시작하는데 수분을 꿀벌에만 의존
할 경우 우리는 곤경에 처하게 될 것이다. 이미 살펴보았듯이 꿀벌은 벌 떼
폐사 장애로 어려움을 겪고 있다. 캘리포니아에 있는 아몬드를 수분하려면
100만 개 이상의 벌집이 필요하고, 그러려면 아몬드 재배업자들은 엄청난

비용을 치러야 한다. 중국의 쓰촨성에서는 노동자들이 닭털과 담배 필터를 사용해 손으로 과일나무에 인공수분을 하고 있다.

뉴질랜드 캔터베리 대학교의 제이슨 틸리아나키스는 앞에서 언급한 야생 꽃가루 매개자에 대한 연구를 다음과 같이 요약했다. "이 연구를 통해 생물 다양성이 식량 생산에 직접 측정 가능한 가치가 있으며, 일부 종을 관리한다 해도 우리에게 꼭 필요한 생물 다양성을 보장할 수 없음을 알 수 있다."

뒤영벌은 다양한 야생 꽃가루 매개자들의 대변자다. 이들은 자기 방식대로 살아감으로써 이 세상을 있는 그대로의 모습으로 유지해줄 뿐 아니라 우리가 먹을 식량을 재배할 수 있게 해준다. 야생식물은 뒤영벌뿐 아니라 야생 꽃가루 매개 동물의 수분 서비스도 필요로 한다. 수분 서비스를 제공하는 동물로는 사냥벌, 재니등에, 나비와 나방, 꽃가루딱정벌레, 깔따구, 총채벌레, 검정파리, 꽃등에, 초파리, 바퀴벌레, 개미, 편형충, 모기, 박쥐, 새, 원숭이, 설치류, 심지어는 일부 도마뱀도 있다.

인간이 매일의 영양과 생존을 위해 (엄청난 수의) 야생동물에 의존하고 있다는 생각을 우리는 쉽게 받아들이지 못한다. 예로부터 인간은 인간이 아닌 대부분의 종을 우리와 직접 경쟁하는 경쟁자로 보았고, 수천 년 동안 이러한 생각을 바탕으로 지구를 관리해왔기 때문이다. 우리는 뒤영벌(그리고 다른 꽃가루 매개자들)이 살고 번성하고 더 많은 개체를 낳을 수 있는 거대한 서식지를 파괴했다. 우리는 자연 서식지를 잘게 쪼개놓았고, 꽃가루를 매개하는 곤충을 이렇게 쪼개놓은 구획에 몰아넣었다. 또한 곤충을 독살하는 데도 비상한 노력을 기울였다. DDT가 금지된 이후에도(10장 '독수리' 편과 23장 '모기' 편 등을 보라) 다른 종류의 살충제에 의존했다. 최근까지 사용된 살충제에 네오니코티노이드(Neonicotinoid)가 있는데 부가가치 작물을 재배하는 데 가장 놀랍고 효과적인 방안으로 여겨진다.

내 생각에 곤충에 대해 생각할 때 우리가 가진 문제 중 하나가 두루뭉술한 단어 '벌레(bug)'인 듯하다. '벌레'는 곤충, 그리고 실질적으로 작은 형태의 모든 무척추동물을 가리키는 통칭이 되어버렸다. 아주 오래된 이 단어는 미국에서도 포괄적인 의미로 사용된다. 곤충은 죄다 벌레이며, 우리는 방충망과 살충 스프레이로 이들을 막는다. 벌레는 정의상 늘 혐오스럽고 고약하기 때문이다. 컴퓨터 프로그램의 '버그(bug)'도 같은 뜻이다. 전염병이 벌레 때문에 생긴다고 생각하고, 짜증나는 사람을 가리켜 벌레 같다고 말한다. 곤충은 다 벌레다. 고로 곤충은 다 나쁘다.

이러한 관념이 우리의 더 큰 실수라는 사실이 점점 더 입증되고 있다.

하지만 이제 대중은 이 문제에 관심이 생겼다. 수분을 해주는 곤충이 없으면 황폐한 세상이 될 것이라는 사실은 알아내기 어렵지 않다. 직관적으로 얼마든지 알 수 있는 사실이다. 야생벌 개체 수의 감소 문제로 벌 떼 폐사 장애를 알리려는 노력이 이루어졌고 벌에 대한 새로운 자각도 생겨났다. 벌이 감소하는 상황을 해결하기 위해 행동에 나서야 한다는 새로운 인식이 일어나고 있다.

환경보호 단체들은 야생화가 서식하는 초원을 장려하는 프로젝트를 수립했다. 벌 친화형 정원, 즉 꿀이 풍부한 식물을 심고 살충제는 사용하지 않는 정원을 만들자는 캠페인도 있다. 농부들은 밭 경계 지역에 꽃을 그대로 두는 대가로 돈을 받는다. 벌이 다니는 길을 만드는 전략도 있다. 야생식물의 개화를 위해 도로변을 관리해 벌의 서식지를 되살리려는 것이다. 영국에서 기획한 꿀벌 친화적 생태 통로 B라인은 곤충들이 돌아다닐 수 있도록 남은 벌 서식지를 결합하는 것을 목표로 한다. 우리는 뒤영벌(그리고 다른 모든 야생 꽃가루 매개자들)이 주위에 있으면 단순히 좋을 뿐 아니라, 인류가 지속적으로 생존하려면 이들의 존재가 꼭 필요하다는 사실을 깨닫기 시작했다.

영광스러운 물고기

"참 좋은 날이야! 아침에는 연어를 두 조각이나 먹고,

오후에는 재무장관 자리를 제안 받으니 말이야."

└ 로버트 셀프의 『네빌 체임벌린 전기』에서

연어는 기막힌 맛과 용감한 삶의 방식(찬란한 도약이 동반된 위대한 여정)이 결합된 어류인 덕분에 다른 어류가 누릴 수 없는 영예를 누린다. 북아메리카와 유럽에서 소비하는 연어 대부분이 폭포를 거슬러 오르기는커녕 본 적도 없다는 사실조차 연어가 영광스러운 물고기라는 우리 생각에는 아무런 영향을 미치지 않는다.

　나는 폭포 앞에 앉아 연어가 뛰어오르는 모습을 지켜보았다. 보는 사람들 모두 공감할 수밖에 없는 광경이다. 도약 하나하나가 성공하는 모습을 보고 있자면 축구 경기에서 가장 멋진 골을 보았을 때처럼 자신도 모르게 환호성이 터져 나온다. 물고기와 동질감을 느낀다. 더욱이 우리는 먹는 것으로 정의되는 존재이니 연어를 맛보며 연어의 영광을 함께 누릴 수 있다.

　연어는 정확한 명칭이 아니다. 영리 목적에서 중요한 아홉 종의 연어는

┃ 물고기 영웅: 낚싯줄에 걸린 대서양연어의 도약, W. 블랙우드 로(1950년).

편의상 대서양연어와 태평양연어로 분류된다. 연어속에 속하지 않고 가까운 관계도 아닌데 오스트레일리아연어, 인도연어, 하와이연어처럼 연어라는 이름이 붙은 다른 어류종도 있다. 앞에서 보았듯이(14장 '상어' 편을 보라) 영국의 피시앤드칩스 가게에서 '락새먼(rock salmon)'이라는 이름으로 파는 별미는 사실 상어종에 속한 돔발상어다.

진정한 연어는 용감한 이주가 특징인 생활 방식을 영위한다는 생각이 인간의 상상력을 사로잡는다. 자신만의 이동 방법을 찾거나 호수로 들어가 이동하지 않는 생활 쪽으로 진화한 연어도 있기는 하다. 이동한다는 것은 이동 수단과 상관없이 어느 종에게나 위험 부담이 큰 전략이다. 민간전승에 따르면, 늘 연어는 자신이 태어난 곳으로 되돌아간다고 하는데 오늘날의 연구는 이것이 대체로 사실임을 밝혀냈다. 아이다호의 왕연어와 홍연어는 태평양에서 1,450킬로미터를 거슬러 돌아오는 여정에 오르고, 그중에는 2,100미터의 오르막길이 포함되어 있다.

이러한 여정은 참여한 물고기 대부분의 산란과 죽음으로 끝난다. 이런 여정을 이용할 수 있는 모든 종은 먹이 잔치를 벌인다. 연어를 먹잇감으로 삼는 종으로는 곰과 독수리 등이 잘 알려져 있고 여기에는 인간도 포함된다. 야생 연어는 자신이 돌아오는 곳의 생태계에서 핵심 종이다. 이들의 이동으로 바다의 단백질이 숲으로 옮겨진다.

대부분의 연어종은 소하성 어류, 즉 강을 거슬러 올라가는 어종이다. 담수에서 염수로 옮겨 갔다가 다시 돌아오는 것이다. 감조하천과 강어귀의 담수를 거치는 여정은 연어의 적응에 도움이 된다. 이들은 알에서 부화해 치어가 되고 줄무늬가 생기는 치어 단계를 거쳐 은백색을 띠는 스몰트(2년생 연어) 단계에 이른다. 이 단계에서 연어는 짠 바닷물에 적응할 수 있도록 몸의 화학적 성질이 바뀌며, 성적으로 성숙해지기까지 종에 따라 1년부터 5년까지 소요된다. 송곳니 같은 이빨이 생기거나 턱이 굽는 종도 있고, 번식할 수 있을 만큼 성숙해지면 기괴한 괴물처럼 되는 경우도 있다.

배를 타본 적이 있는 사람들이라면 몸 상태가 좋을 때 물살을 거슬러 출발하고, 피곤할 때는 물살을 따라 돌아오는 것이 대부분의 상황에서 가장 좋은 계획이라는 사실을 안다. 연어는 수백 킬로미터나 되는 상류를 향해 가는 동안 급류와 폭포를 타고 건넌다. 이는 확실히 우수한 물고기를 선별하는 진지한 시험대다. 오직 최고만이 산란지까지 갈 수 있는 것이다. 이 모든 여정 덕분에 연어는 오늘날 지구에서 가장 멋진 동물 중 하나가 되었다. 이들은 인간의 상상력을 사로잡았다. 그럴 수 있는 동물이 거의 없기 때문이다. 게다가 연어는 맛도 기막히지 않은가. 식품 과학은 연어 섭취에 영양상 큰 이점이 있다는 사실을 밝혀냈다. 연어는 오메가3 지방산을 함유한 기름진 고단백 생선이다. 이렇게 지방산이 많은 음식은 심장병의 위험성을 낮추므로 소고기를 과식해 생기는 두려움을 완화시킨다(7장 '소' 편을 보라).

또한 연어는 취미 낚시꾼들을 흥분시킨다. 이들은 낚싯대로 무장한 채 야생 연어와 치르는 전투를 지극히 흡족해한다. 죽은 연어를 치켜들고 의기양양하게 카메라에 들이대는 낚시꾼의 전형적인 사진은 그가 웃음을 참을 수 없을 만큼 기분이 좋다는 것을 잘 보여준다. 형언할 수 없이 충만한 행복감이 목 뒤를 타고 짜릿하게 전해진다. 사람들은 이러한 즐거움을 위해 기꺼이 돈을 지불하며, 많은 강가에서 이곳에 지분이 있는 소유주들은 어업으로 벌어들이는 돈보다 훨씬 더 많은 수입을 취미 낚시 사업으로 벌어들인다. 미국 오대호에 연어를 들여온 이유는 오로지 취미 낚시를 위해서다.

연어 낚시는 인간이 자연을 소유하는 하나의 방식이다. 자연과 대결해 승리한 다음 노획물을 상으로 들고 등장하려는 아주 오랜 욕망 말이다. 연어 낚시는 인간이라는 종의 위신을 과시할 뿐만 아니라 관련된 개별 인간의 명성 또한 뽐내는 과정이다. 이토록 큰 보상은 대부분 보통 사람의 손아귀에 닿지 않는 곳에 있다. 이러한 보상은 육체적 성취만이 아니라 경제적 성취도 대변한다.

대구를 다루면서(17장 참조) 살펴보았듯이, 영리를 목적으로 하는 어업의 문제점은, 지속 가능한 어획이 다수 사람들 전체에게는 이익이 될지 몰라도 어장에 나가 있는 개인에게는 이익이 되지 않는다는 데 있다. 이 단순한

낚시꾼 화가의 초상화: 안내인과 함께 연어 낚시를 하는 에드윈 랜시어 경. 존 프레더릭 루이스(1804-1876년)의 그림.

사실 때문에 세계 곳곳의 어장에서는 남획이 일상으로 일어난다. 전 세계 어업의 75퍼센트는 지속 가능한 수준에서 간신히 이루어지거나 지속 가능하지 않은 방식으로 이루어지고 있다.

1만 2,000년 전 인류가 '비옥한 초승달 지대'에서 처음 마주쳤던 상황의 축약판이 재연되는 듯하다. 음식에 더 쉽게 접근하려면 잡아먹던 동물을 길들여야 하는 상황의 재판인 셈이다. 야생 물고기를 잡아먹지 못한다면 양식장을 만들고, 그곳에서 기른 물고기를 대신 먹을 수 있다. 오늘날 우리가 섭취하는 해양 어류(연어 포함)의 절반 정도는 양식 어장에서 나오는 것으로 추정되며, 그중 62퍼센트는 중국산이다. 이들 양식장은 그물을 매달아놓거나 콘크리트 수조 형태로 되어 있다.

이런 양식장도 해양오염, 남획, 증가하는 인구에게 제공하는 식량 등 여러 문제를 장기적으로 해결할 수 있는 방책은 아니다. 연어와 같은 육식성 어류는 보통 먹이사슬 아래쪽에 있는 다른 물고기를 먹는다. 야생에서 물고

100가지 동물로 읽는 세계사

기를 잡아 양식장 연어에게 먹여야 하는 것이다. 500그램의 연어를 키우려면 작은 물고기 2킬로그램이 필요하다. 양식 물고기에게 콩과 같은 식물성 재료도 먹여왔지만, 이 역시 대부분 이미 환경 비용을 크게 들여 재배한 것이다. 요컨대, 연어의 먹이와 그 결과로 식탁 위에 오른 음식 사이에 균형이 잘 맞지 않는다. 연어를 식탁에 올리기 위해 들여야 하는 노력이 지나치게 크다는 뜻이다.

양식 어류는 되도록 많은 물고기를 넣을 수 있도록 조성한 좁은 공간에서 기르기 때문에 스트레스가 많은 환경에 살기 마련이고, 질병이나 바닷물이 같은 기생충에 취약하다. 양식장 관리인은 살충제와 항생제로 물고기를 치료한다고 대답한다. 이러한 약물로 말미암아 생기는 문제는 소에 관해 다룬 7장을 비롯해 이 책 여러 장에서 찾아볼 수 있다. 물고기의 배설물과 이들이 남긴 먹이 때문에 생긴 오염 문제도 있다. 윤리적인 우려도 존재한다. 양계장의 닭(29장 참조)처럼 이들 물고기는 기르는 동물이 아니라 수확하는 식물 취급을 받고 있다. 우리가 보는 접시 위의 연어(식탁에 오르는 모든 대서양연어의 99퍼센트는 양식이다)는 영광의 길을 거슬러 오르고 폭포를 뛰어넘는 우리 상상 속의 자유로운 야생 연어가 아니라, 통근 열차에 탄 사람들처럼 빽빽하게 갇혀 평생을 지내며 매순간 자기 배설물 속을 헤엄치는 무리의 일원이다.

067
오릭스

불가능한 순수

"당신 말대로 질(jill)은 유니콘과 사랑에 빠졌어요.

질은 생각했어요. 유니콘은 지금껏 자기가 만난 동물 중

가장 빛나고 가장 섬세하고 가장 우아하다고요.

그리 틀린 생각은 아니었어요."

└ C. S. 루이스, 『나니아 연대기-마지막 전투』

아주 선명한 두 가지 시각적 기억에서 출발하겠다.

첫 번째 기억은 나미비아다. 나는 사막 한가운데 있다. 모래나 자갈이 아닌 것을 본 지 한 시간 정도 지났다. 비스듬히 길게 이어져 있는 하얀 모래 언덕 꼭대기 바로 아래, 머리에 뿔 하나가 솟아오른 하얀 말 한 마리가 눈에 들어왔다. … 한참이나 그 동물은 내 눈에 실제로 유니콘이었다. 자동차가 다시 움직여 가까이 다가가면서 원근감이 달라져 뿔 하나가 두 개가 될 때 까지는. 사실 이 동물은 오릭스다. 오릭스는 힙포트라구스족 중 하나, 즉 말을 닮은 영양이다.

두 번째 기억은 블랙 유머의 감각을 지닌 미국의 만화가 찰스 애덤스의 만화다. 애덤스의 작품은 《아담스 패밀리》라는 텔레비전 시리즈와 영화에 영감을 주었다. 나는 이 만화를 어렸을 때(아마 열두 살이었을 것이다) 본 뒤로 한 번도 잊은 적이 없다. 평생 이 만화가 나를 쫓아다녔다고 해도 과언이 아 니다. 유니콘 두 마리가 빗속에 같이 서 있다. 홍수로 불어난 물이 발굽 부근

100가지 동물로 읽는 세계사

까지 차오르고 있다. 멀리서는 노아의 방주가 서서히 멀어져 간다.

유니콘 신화는 오릭스에서 나왔을 가능성이 높다. 유니콘은 그리스신화의 일부가 아니었고 완벽하게 실재하는 동물로 여겨졌다. 기원전 5세기 페르시아의 왕 다리우스 2세를 방문했던 의사 크테시아스는 '치명적인 약물의 해독제' 재료로 뿔을 쓰는 동물에 관한 기록을 남겼다. 뿔이 하나만 달린 동물이었다. 아리스토텔레스는 여기서 더 나아갔다. "발굽이 단단하고 뿔이 두 개 달린 동물은 본 적이 없고, 인도 당나귀와 오릭스처럼 발굽이 단단하고 뿔이 하나 달린 동물만 몇 종류가 있을 뿐이다." 아리스토텔레스가 말한 인도 당나귀는 아라비아오릭스이고 다른 하나는 긴칼뿔오릭스가 아닐까 싶다. 오릭스는 모두 네 종이 있으며 위의 두 종 외에 남아프리카오릭스(겜스복)와 동아프리카오릭스가 있다. 아라비아오릭스는 IUCN이 야생절멸(EW) 종에서 취약(VU) 종으로 등급을 내린 유일한 동물이라는 놀라운 성과를 이

유니콘과 흡사한 동물: 〈질주하는 오릭스〉, 마크 애들링턴(2010년).

루었다. 위급(CR) 종과 위기(EN) 종을 뛰어넘어 네 단계나 등급이 내려간 것이다. 노아의 방주가 녀석을 위해 돌아온 것이 아닌가 싶을 정도다.

오릭스는 사막이나 초원에서 서식하는 영양이다. 걸음새는 보기 좋은 말 같지만 어떤 면에서는 가볍고 약간 비현실적으로 보인다. 한때 이들은 아프리카와 서아시아의 건조한 반(半)사막 지대에 퍼져 있었고, 오랫동안 물 없이 이동하고 다른 포유류 대부분이 죽을 정도의 기온에서도 견딜 수 있도록 적응했다. 이들이 체온 조절을 위해 이용하는 기관은 혈관이다. 과열에 가장 취약한 뇌까지 열기가 도달하기 전에 혈액을 식히는 혈관이 있다. 서 있을 때 어깨까지의 높이는 1미터 정도이며, 겜스복 같은 특정 종은 30센티미터 정도 더 큰 편이다. 모두 높이 쳐든 머리와 길고 뾰족한 두 개의 뿔을 과시하며 우뚝 서 있는 경향이 있다. 뿔이 두 개라는 점을 강조해야 할 것 같다. 뿔이 약한 편이라 잘 부러지는 바람에 (비대칭적이기는 해도) 뿔이 하나만 남아 있는 오릭스도 드문 편은 아니다. 아마도 이 뿔이 거래된다는 점(그리고 유니콘 뿔이 해독제로 쓰인다는 생각) 때문에 신화 속 유니콘의 위상이 높아진 듯하다.

유니콘은 거의 불가능할 정도의 순수함과 품위를 겸비한 희귀한 생명체, 다시 말해 인간과 천국 사이에 있는 다른 세상의 생명체로 간주되었다. 유니콘은 대부분의 인간들이 부릴 수 없는 존재지만 처녀는 유니콘을 길들일 수 있다. 따라서 유니콘을 무릎에 올려놓은 동정녀 마리아의 이미지는 영원한 처녀성의 원칙이자 시각적 증거를 상징한다. 더 나아가 유니콘은 순결한 사랑과 충실한 결혼을 표상했다. 유니콘은 독이든 물을 음용수로 바꿀 수 있고 질병을 치료할 수도 있다. 유니콘의 뿔은 상당히 높은 가격으로 구할 수 있었다. 외뿔고래와 (틀림없이) 오릭스의 뿔 덕분에 수요를 감당할 수 있었을 것이다.

『성경』에서 히브리어로 '렘(re'em)'이라 불리는 동물이 여덟 번 등장하는데 여러 이름으로 번역된다. 대체로 들소나 오릭스를 가리키는 것으로 여겨진다. 『킹 제임스 성경』에서는 유니콘이라는 번역어를 매우 선호한다.

순수의 화신: 〈처녀와 유니콘〉, 도메니키노 (1602년경).

"사자의 입에서, 유니콘의 뿔에서 저를 살려내소서…"(시편 22편 21절).

　　유니콘은 판타지 소설에도 빠지지 않는 요소다. 유니콘은 『거울나라의 앨리스』에도 등장해 마을을 빙빙 돌며 사자와 싸운다. 월트디즈니사의 1940년 영화 《판타지아》에서는 즐겁게 뛰놀고 있는 파스텔 색조의 귀여운 유니콘 무리가 등장한다. 주얼이라는 이름의 유니콘은 『나니아 연대기』의 마지막 편 「마지막 전투」에 나오는 티리언 왕의 멋진 친구다. 해리포터 시리즈의 첫 번째 책인 『해리포터와 마법사의 돌』에서는 사악한 볼드모트 경이 유니콘의 피를 마시면서 생명을 이어간다. "유니콘의 피를 마시면 죽음을 눈앞에 둔 사람도 살아날 수 있지. 하지만 끔찍한 대가를 치러야 해. 순수한 존재를 해친 죄로, 그 피가 입술에 닿는 순간부터 불완전하고 저주받은 삶을 살게 되지." 이는 무지개로 둘러싸인 친근한 유니콘의 이미지와는 거리가 멀다. 현대인의 장난감이 되어버린, 분홍색으로 반짝이는 소녀 취향의 유니콘과는 다르다.

대중소설에서 실제 오릭스에 가장 가까운 것은 휴 로프팅의 『둘리틀 박사 이야기』와 후속작인 두 권의 책에서 볼 수 있다. 이 책에서 유니콘은 몸 양쪽 끝에 머리가 두 개 달린 '푸시미풀유(pushmi-pullyu)'로 나온다. 이 동물은 1967년 렉스 해리슨이 주연을 맡은 영화에서 머리가 둘인 라마로 등장했지만, 로프팅이 분명하게 묘사한 것은 머리가 둘인 오릭스였다. 다시 말하지만, 유니콘은 희귀하고 정교하고 민감한 마법 생명체의 일종이다.

인간은 항상 오릭스를 좋아했다. 고기를 손쉽게 얻기 힘든 지역에서는 사냥이나 영양 섭취라는 목적으로 남김없이 죽어갔지만 말이다. 오릭스종의 전체 개체 수가 줄어들었고 그중 아라비아오릭스는 사냥으로 멸종되었다. 하지만 몇몇 개체는 사육되고 있다. 1962년 포획 번식 프로그램이 시작되었다. 이 프로그램은 이들 종의 자연 서식지와 유사한 기후가 있는 피닉스 동물원에 근거지를 두고 있다. 이 프로그램에는 동물보전협회(지금은 국제동식물협회로 이름이 바뀌었다)와 세계자연기금이 관여했다. 아홉 마리로 시작해 240마리까지 성공적으로 번식한 뒤 여러 마리가 다른 동물원에 보내졌고 그곳에서도 번식했다. 많은 수가 야생으로 방사되어 이제는 오만, 이스라엘, 사우디아라비아에서 오릭스를 찾아볼 수 있다. 사우디아라비아에서 오릭스는 2,000제곱킬로미터에 달하는 마하자트 아스사이드 보호구역에서 볼 수 있다.

오릭스의 부활은 인간이 아닌 종을 향해 인류가 취하는 올바른 행동의 모범 사례로 평가할 만하다. (아프리카의 코뿔소종[39장 참조]을 제외하고) 동물원에서 개체 수를 유지하기보다 서식지를 돌보고 박해를 막는 것이 대부분 종의 미래를 보장하는 최선의 방법이라는 점이 오늘날 인정받고 있다. 2007년 오만의 아라비아오릭스 보호구역은 석유 탐사를 위해 개방되었다. 그로 인해 오릭스의 개체 수는 450마리에서 몇 마리 정도로 급격히 줄어들었다. 결국 아라비아오릭스 보호구역은 유네스코 세계문화유산의 지위를 박탈당하는 드문 사례가 되었다.

2000년 북아프리카의 긴칼뿔오릭스는 야생절멸(EW) 종으로 선포되었다. 지금은 사육 중인 개체들만 텍사스에 1만 1,000마리, 페르시아만 주변 국가에 4,000마리 이상이 있는 것으로 추정된다. 울타리를 친 보호구역에서 다양한 반(半)야생 개체 수를 확보하려는 계획도 있다. 그러므로 이제 다시 한번 인간이 늘 좋아했고 갇힌 환경에 적응력도 뛰어난 오릭스의 경우에는 계속 꿈꾸게 된다. 최소한 일부 동물에 한에서는 돌이킬 수 없을 만큼 일이 잘못되지 않았기 때문에 위험해지거나 절멸되기 전의 상태로 돌아갈 수 있으리라는 꿈 말이다.

068

양

양들은 편안히 풀을 뜯고

"어린 양 예수 기리자 천사들 외치니
대속의 제물 되셨다 화답을 드리네."
└ 아이작 와츠, 〈기쁨의 찬송 부르자〉

양은 인류 문명에서 신만큼 중요한 동물이다. 양과 신을 동일시할 만큼 말이다. 전통적인 기독교 이미지에서 예수는 선한 목자(그리고 우리는 그의 양 떼다)일 뿐 아니라 하나님의 어린 양이다. 양은 우리 모두를 죽음에서 구해주는 필수 희생물이다.

양은 우리가 먹기 위해 길들인 최초의 대형 포유류다. 그럴 만한 이유가 있었다. 양은 기르기가 쉽다. 어쨌든 상대적으로는 그렇다. 들소 무리나 멧돼지 떼보다는 양 떼가 덜 위험하다. 양은 갇혀 있다는 사실을 순순히 받아들이고 다른 동물보다 훨씬 적게 먹어도 살 수 있다. 소 한 마리가 풀을 뜯는 곳이면 양은 여섯 마리를 기를 수 있다.

양은 무리와 리더십을 잘 알고 무엇보다 중요한 요소인 복종을 잘 이해한다. 또한 양은 함께 방향을 바꾸고 움직이면서 다수의 안전을 추구하는 피식자 동물이다. 덕분에 양을 움직이게 하고 통제하기가 상당히 쉽다. 나는 들판에서 100미터나 떨어진 곳까지 나온 양 50마리를 직접 몰아보았다. 개

100가지 동물로 읽는 세계사

나 다른 인위적 도움을 받지 않고 혼자서 양들을 부드럽게 설득해 나온 곳으로 되돌려 보냈다. 양 떼의 움직임을 예상하고 무리가 갈라지지 않도록 확인해가면서 성공적으로 이끌었다.

양은 적어도 1만 3,000년 전 메소포타미아에서 처음 길들인 것으로 추정된다. 야생 양은 여섯 종이 있고, 그중에서 오비스 오리엔탈리스(Ovis orientalis)는 오비스 아리에스(Ovis aries)로 분류되는 가축화된 양의 조상이다. 양은 인간에게 양털을 통해 옷과 온기를 제공했고 고기와 양젖의 형태로 음식을 제공했다. 양젖은 고기보다 오래 보관할 수 있게 치즈로 만들어 휴대할 수 있었다. 양떼를 키우는 순간 인류는 문명과 아주 가까운 것을 가지게 되었다. 생존에 필요한 많은 것을 이제 부담스럽거나 공격적이지 않은 형태로 가까이에 두고 편리하게 쓸 수 있게 된 것이다.

양은 『성경』에서 많이 언급되는데, 그중 가장 유명한 구절은 시편 23편이다. "주님은 나의 목자시니 내게 부족함 없어라. 나를 푸른 풀밭에 누이시며 쉴 만한 물가로 인도하신다." 평화로운 삶에 대한 목가적 관념을 불러일

하나님의 어린 양: 어린 양 그리스도를 묘사한 스테인드글라스(헝가리 부다페스트의 마차시 성당).

477

으키는 구절이다. 이러한 삶을 영위하는 곳에서 편안한 죽음은 더 이상 큰 고난이 아니다.

고대 그리스인은 대단한 목자였다. 『오디세이아』에서 오디세우스와 부하들은 양들 아래에 숨어 키클롭스(외눈박이 거인족) 폴리페모스에게서 탈출했다. 눈이 먼 폴리페모스는 손으로 만져보고서 양들만 풀어줬다고 확신했지만 뒤늦게야 자신이 속아 넘어갔다는 사실을 알게 된다. 로마인들은 양을 몹시 좋아해 제국으로 데려갔다. 나중에 유럽 식민지 개척자들은 새로운 세계에서 양을 키우기 위해 역시 신대륙으로 데려갔다. 덕분에 남아메리카의 중남부, 오스트레일리아와 뉴질랜드가 양으로 가득 차게 되었다. 양을 기르는 다른 주요 지역으로는 중국, 인도, 미국, 남아프리카, 터키 등이 있다.

『성경』은 양과 염소를 구별하는 문제, 즉 축산에 필수적인 기술도 언급하고 있다. 다부지고 털이 짧은 품종의 양은 염소와 아주 비슷해 보일 수 있다. 하지만 이들은 아주 먼 친척 관계이고, 이들의 결합으로 뜻밖에 생겨나는 자손은 불임이 된다. 염소의 수염과 양의 갈라진 윗입술을 보라(77장 '염소' 편을 보라).

다양한 형태의 목초지와 기후, 그리고 다른 우선순위(고기, 양모, 양젖)에 맞춰 개량된 수백 가지 품종의 양이 있다. 여러 품종이 인기를 잃었지만 일부 품종은 열혈 애호가들이 계속 키우고 있다. 사람들은 이런저런 품종이 "대왕판다보다 희귀하다"라고 주장하겠지만 이런 비교는 무의미하다. 가축으로 기르는 양은 야생동물이 아니고 품종은 자연 종과 다르다. 그 희귀하다는 '야곱의 양'도 메리노양과 문제없이 교배가 가능하다. 품종이 희귀하다는 것은 종의 절멸과는 차원이 다른 문제라는 뜻이다.

양은 염소처럼 나무줄기를 먹지는 않지만 거친 목초지에서도 잘 자란다. 양은 반추동물이 전형적으로 하는 방법으로 거친 목초도 소화시킬 수 있다. 미리 씹고 발효시킨 식물 덩어리를 끄집어내 다시 씹으면서 더 많은 양분을 섭취하는 식이다. 비교적 조금만 먹어도 에너지를 많이 낼 수 있는 이런 기술은 반추동물이라면 가지고 있는 큰 장점이다. 덕분에 이들은 거친 야

숭배받는 짐승: 〈신비로운 어린 양 숭배〉,
후베르트 판 에이크와 얀 판 에이크 형제
(벨기에 겐트의 성바프 대성당, 1432).

생의 땅에서 생존하는 능력이 뛰어나 식용으로 사육하는 모든 포유류 가축 중 가장 유용한 동물이 되었다. 반추동물은 비슷한 크기의 말을 키울 때보다 목초지와 겨울용 사료가 덜 필요하다. 게다가 양은 집을 따로 만들어주지 않아도 잘 지낸다는 점에서 훨씬 더 편리하다. 혹독한 날씨조차 잘 견딘다. 소와는 달리 세계 여러 지역에서 곡물이나 콩 형태의 인공 사료조차 먹일 필요가 없다.

목동의 삶이 힘들지 않다고 주장하려는 것은 아니다. 오늘날 목동들은 입을 모아 말한다. 양은 날 때부터 한 가지 야망을 가지고 살아가는데 그게 바로 죽는 것이라고. 그만큼 양들은 질병과 기생충에 취약하다. 가장 놀라운 사실은 양에 구더기가 생기기 쉽다는 점이다. 두텁고 근사한 양털에 파리가

479

알을 낳으면 구더기가 파고들며 양을 산 채로 잡아먹게 된다. 경험상 이것은 해결하기 힘든 문제다. 가장 좋은 방법은 예방으로 독성이 강한 세양액에 양을 담그는 것이다. 세양액에 든 독은 수로로 흘러들어가 하류를 오염시킨다. 몸속의 기생충을 처리할 때도 독한 구충제가 필요하며 기생충은 배설물을 통해 생태계에 유입된다.

양은 소심하고 남의 인도를 쉽게 받으며 자기 의지를 내세우지 않는 사람들의 표상이 되었다. 온순하고 수줍음 타는 사람들을 양 같다고 하지 않는가. 잠이 오지 않을 때 전통적으로 쓰는 방법은 '양 한마리, 양 두 마리…' 양 숫자 세기다. 숫자를 세다 보면 이름 없고 온순한 동물이 머리로 들어와 달래주며 어느새 스르르 잠들게 한다. 하지만 숫양은 더 강력한 함의를 가진다. 숫양이 상징 동물인 로스앤젤레스램스 팀은 미국의 내셔널풋볼리그에서 뛰고 있으며, 점성술에서는 양자리에 태어난 사람이 용감하고 단호하고 정직하며 열성적이라고 생각한다. 중국의 별자리에서 양띠 해(숫양이나 염소의 해로 해석되기도 한다)에 태어난 사람은 온화하고 상냥하며 마음이 넓다고 본다.

목자라고 불리는 사람들 중에는 아브라함, 이삭, 야곱, 모세, 다윗 왕, 무함마드(마호메트)처럼 인류 역사상 가장 유명한 이들도 포함되어 있다. "목자가 아닌 예언자는 없다"라고 무함마드는 말했다. 양은 히브리, 아랍, 그리스, 로마 문화에서 중요한 희생 제물이었다. 그래서 (십자가에서 희생된) 예수가 하나님의 어린 양으로 여겨진다. 양고기는 기독교인이 즐기는 전통적인 부활절 음식이다. 정통파 유대인은 유월절에 양고기를 먹는다. 전래동요에는 그 어느 동물보다 양이 많이 등장하는데, 이는 양이 먼 옛날부터 중요한 동물이었음을 암시한다. 〈메리에게는 어린 양이 있네〉, 〈리틀 보핍〉, 〈검은 양 바바〉 등 많은 동요가 있다. 그리고 늑대 옷을 입은 양은 오늘날에도 많이 쓰이는 상투적 이미지다.

과거에 (그리고 일부 지역에서는 오늘날까지도) 양의 주된 문제는 야생동물에 의한 포식이다. 목자는 양떼에게 눈을 떼지 않고 적절한 때에 사람들

100가지 동물로 읽는 세계사

이 있는 곳으로 다시 몰아갈 뿐 아니라 때로는 아주 불안한 일, 즉 포식자들을 쫓아내는 일도 해야 했다. 그래서 인간을 보호하기 위해 사나운 대형견을 품종 개량해 키웠는데, 그중 가장 유명한 개가 저먼셰퍼드다.

양은 옛날부터 인류 문명에 기여했을 뿐 아니라 현대 과학의 가장 놀라운 발전상에도 등장한다. 1995년 메건과 모레이라는 양 두 마리가 분화된 세포에서 복제되었고, 1년 뒤 유명한 양 돌리가 성체 체세포에서 복제되어 태어났다.

사람들이 양과 목자에게서 느끼는 낭만적인 감정은 논리에 어긋날 수 있다. 영국 고지대의 사람들은 양을 많이 키우면서 정부에서 많은 보조금을 받는다. 이러한 정책을 경제적으로 정당화할 여지가 거의 없는데도 보조금이 지급되지 않는다는 생각은 사람들의 분노 어린 저항을 받는다. 실상은 이렇다. 고지대에서 다수의 양을 키우면 그곳의 두터운 늪지대가 파괴되고, 따라서 강우량이 많을 때 물을 담아둘 수 있는 능력도 급격히 감소한다. 물이 언덕 아래로 곧장 흘러내려 하류에서 홍수가 일어나고, 대규모 토공 작업으로 이를 수리하거나 예방하려면 큰 비용이 든다. 정부는 사실상 목동들에게 홍수를 일으키라고 돈을 지불하고 있는 셈이다. 정부는 합리적이거나 논리적인 조치를 취하지 않고 있지만 고지대의 목동들이 잘못하고 있다고 영국인들에게 말해보라. 씨알도 먹히지 않을 것이다. 양은 아주 심오한 층위에서 우리에게 중요하다.

"위협받고 파괴당하는 자연 세계를 구하는 가장 효과적인 방법은
아름다움과 생생한 현실감을 지닌 자연과 다시 사랑에 빠지는 것이다."

└ 피터 스콧 경

환경 운동의 출발점은 대체로 1962년 『침묵의 봄』이 출간된 시기로 잡는다. 사실 나는 이때가 정확히 맞는지 확신이 없다. 환경을 보호하기 위해 무엇인가 해야 할 필요가 있다는 인식과 이를 하려는 진정한 시도의 조합이라고 환경 운동을 정의한다면, 이 두 가지가 시작된 시기를 1950년으로 앞당겨도 될 것이다. 이해는 피터 스콧(46장 '오리' 편을 보라)이 잉글랜드 서부 글로스터셔주 슬림브릿지에 있는 세번(Severn) 야생 조류 재단에서 하와이기러기(또는 '네네'로 불림)를 키우기 시작한 때다. 어쩌면 더 이른 시기였는지도 모른다. 스콧은 야생 조류(사냥 허가가 난 오리와 거위 등의 엽조)의 필요성을 연구하기 위해 세운 슬림브릿지의 이 재단을 1946년 대중에게 공개했다. 당시로서는 이례적인 일이었다. 덕분에 여러 개체들이 점점 더 자연 생태계를 박탈당하고 있다는 점, 그리고 슬림브릿지 같은 곳이 사람과 야생동물을 다시 연결해줄 수 있다는 점을 사람들이 획기적으로 일찍 간파할 수 있게 되었다. 인간과 야생동물의 단절은 결국에는 보전뿐 아니라 인간의 생명에도

심각한 피해를 주는 것으로 드러났다.

섬은 기묘한 곳(4장 '흉내지빠귀'와 19장 '도도' 편을 보라)으로 진기한 동물이 자주 진화하는 곳이다. 종 분화(새로운 종이 만들어지는 과정)는 두 가지 다른 방식으로 발생하는 경향이 있다. 같은 장소에서 상이한 개체군이 서로 다른 생태적 지위를 차지해 다른 방식으로 삶을 영위하기 시작하는 방식, 그리고 동일한 종의 개체군이 서로 분리되는 방식 두 가지다. 각각을 동소적 종 분화와 이소적 종 분화라고 한다. 하와이기러기는 섬에 제한된 대부분의 종과 마찬가지로 이소적 종 분화의 예로서 다른 종과 격리를 통해 분화된 경우다.

하와이기러기는 캐나다기러기와 연관이 있지만 아주 다른 생활 방식을 선택했다. 네네는 물을 별로 좋아하지 않는 물새다. 네네는 주로 하와이의 용암 평원에서 먹이를 구하고, 그밖에 관목지, 풀밭, 해안사구뿐 아니라 목초지와 골프장 같은 인공 서식지까지 가리지 않는다. 심지어 네네는 물갈퀴도 없다. 바위가 많은 지형에 적응한 것이다. 기러기로는 이례적으로 뭍에서

선각자: 야생조류및습지재단 창설자 피터 스콧 경과 영국에서 최초로 자란 하와이기러기.

짝짓기를 한다.

네네는 1778년 하와이에 도착한 쿡 선장의 항해를 통해 유럽인들에게 처음 알려졌고, 그곳에 약 2,500마리가 있었던 것으로 추정된다. 추정치는 다양한 편이지만 20세기 중반에는 겨우 수십 마리만 남게 되었다. 하와이는 멸종 위험 지대 중 한 곳이고 뉴질랜드도 마찬가지다. 두 곳 모두 섬 특유의 크고 다양한 개체군이 있었고 대부분은 날지 못했다. 이들은 인간과 인간이 데려온 동물에 잘 적응하지 못했다. 하지만 절멸 속도가 빨라진 것은 고립된 두 장소에 유럽의 식민지 개척자들이 들어오고 나서다. 1778년 이전에 사라진 하와이종 중에는 모아날로가 있다. 수면성오리(청둥오리와 비슷하다. 46장 참조)에서 진화한 네 그룹의 거대한 새들로서 서 있으면 키가 최대 1.2미터, 무게는 최대 7.2킬로그램에 달했다. 이들은 준(準)화석, 즉 이들 군도의 여러 섬에서 발견된 오래된 뼈를 통해 알려졌다.

하와이는 미국 대륙의 0.25퍼센트에 불과한 면적이지만 절멸 위기(EN) 종 중 25퍼센트 이상이 이곳에서 산다. 하와이는 미국의 다른 어떤 주보다 많은 종을 이미 잃었고 위기(EN)에 처한 종도 많다. 이것이 하와이섬의 본질이다. 하와이기러기도 확실히 멸종할 것처럼 보였다. 1950년 스콧이 하와이기러기 한 쌍을 가져와 슬림브릿지에서 키우기 시작했을 때 하와이의 섬 세 곳에 남은 야생 하와이기러기 32마리에 불과했다.

비범한 인물이었던 스콧은 남극 탐험가 로버트 팔콘 스콧 대령의 아들이다. 그의 아버지는 1910~1913년에 남극 탐험에 나섰다가 성공하지 못하고 사망했다. 그 탐험은 이후로 영국인들의 마음속에서 떠나지 않았다. 1913년 시신과 함께 발견된 편지에서 스콧 대령은 아내 캐슬린에게 이렇게 적었다. "가능하면 아이가 박물학에 관심을 갖게 해주시오. 그것이 운동 경기보다 낫소. 일부 학교에서 박물학을 권장한다오."

아들 피터가 박물학 분야에서 처음으로 가진 관심은 사냥이었다. 그는 열성적인 물새 사냥꾼이 되었다. 스케치와 그림에도 재능이 많았다. 날고 있는 기러기와 오리를 그린 초기 그림 중 일부는 응접실에 걸기 좋은 전형적

성공 사례: 〈마우나로아의 하와이기러기〉,
피터 스콧 경.

인 그림으로 남았다. 나 역시 열 살 때 그의 그림 한 점을 받은 적이 있다. 결국 적지 않은 사냥꾼들처럼 스콧도 총 쏘는 일을 그만두고 자연보호 운동가가 되었을 뿐 아니라 나아가 훌륭한 운동가가 되었다. 데이비드 애튼버러 경은 그를 '자연보호의 수호성인'이라 불렀다. 그가 설립한 야생조류및습지재단은 많은 활동을 펼치고 있으며 영국과 북아일랜드에 아홉 곳의 보호구역을 두고 있다. 그중에는 런던의 중앙, 템스강 가까이에 위치한 놀랍고도 아름다운 보호구역인 런던습지센터도 있다.

하와이기러기의 구조 활동은 전형적으로 이득이 되는 일이었다. 슬림브릿지에 하와이기러기가 들어오면서 개체군의 수와 회복 탄력성도 늘어났다. 하지만 하와이기러기를 들여온 일만으로는 성공이라고 할 수 없었다. 개체 수가 증가했음에도 이 새들에게는 여전히 몽구스(몽구스의 복수형은 'mongooses'지만 'mongeese'라고 하는 것이 더 낫다)라는 포유류 문제가 남아 있었다. 유럽의 식민지 개척자들은 뱀을 없앨 목적으로 많은 섬에 몽구스를 들여왔다. 하지만 몽구스는 뱀이 아닌 다른 것들도 많이 잡아먹었고, 땅속에 둥지를 튼 새의 알과 새끼는 녀석의 먹이로 아주 적당했다. 하와이 섬들에서 몽구스를 없애는 캠페인을 벌이고 나서야 하와이기러기의 개체 수가 안정되며 독립적으로 살아갈 수 있게 되었다.

하와이기러기를 살리는 데 얽힌 이야기를 들으면 다소 불합리하고 구식이라는 느낌이 든다. 실질적인 보전 활동이 시작된 초창기에는 서식지 파괴와 포식자 유입의 문제를 충분히 인식하지 못한 것이 사실이다. 우리가 지구의 자원을 고갈시키고 있다는 생각을 그냥 수용하기에는 아무래도 지나치게 버거웠을 것이다. 당시에는 지구상에 남은 것이 많다는 생각이 널리 퍼져 있었다. 어쨌거나 인간이 존재해온 수백만 년 동안 이들이 늘 있었는데 왜 갑자기 상황이 변한단 말인가? 가장 괴로운 진실을 정면으로 응시하고 받아들이려면 사고방식에 어마어마한 변화가 필요했다.

동물원의 도움을 받아 이루어지는 포획 번식은 보전의 핵심 부분으로 간주되었다. 하와이기러기나 아라비아오릭스(67장 참조)의 경우처럼 개체를 다시 도입할 수 있는 보험 격으로 개체군을 확보하는 것이다. 멸종 위기에 처한 종들을 다시 살려 서식하게 할 곳이 전혀 남아 있지 않은 상황은 상상하기 어려웠다. 가령, 고릴라를 구한다는 개념을 받아들일 수 있지만 열대우림을 구한다는 개념을 이해하기란 훨씬 더 어려웠다. 이렇듯 추상적인 개념 때문에 기금을 모으는 일이 훨씬 더 힘들었다.

한 종을 구한다는 개념은 생물 다양성과 연결된다. 생명은 다른 종들을 아주 많이 만들어냄으로써 작동하며, 생물 다양성의 파괴는 지구 생명의 복원성을 약화시킨다. 하지만 생물 다양성의 중요성은 잘못된 관념을 키웠다. 보전에서 가장 중요한 임무가 모든 종에서 형식상 어느 정도의 개체 수를 유지하는 것이라는 생각이다. 그밖에 자연 상실에 대한 더 끔찍한 다른 관념들 역시 환경 운동의 성장과 함께 발전했다.

스콧은 세계자연기금의 창립 회원이 되었다. 그는 판다 로고를 디자인

했는데, 판다는 서식지 확보의 필요성(16장 '판다' 편을 보라), 그리고 서식지 확보가 인류가 스스로를 구할 수 있는 유일한 방법임을 보여주는 종이다. 스콧은 또한 절멸 위기 종의 적색 목록을 공동으로 설계했다. 이 목록은 현재 IUCN이 운영하고 있으며 이 책에서도 각 장마다 언급하고 있다. 그는 작위를 받아 피터 스콧 경이 되었고 1989년 80세에 우리 곁을 떠났다.

에어컨 속에서 사는 유인원

"경제적 이득을 위해 열대우림을 파괴하는 것은
식사를 위해 르네상스 그림을 태우는 것과 같다."

└→ 에드워드 윌슨

1984년 열대우림은 경이와 위기라는 두 가지 모습으로 세상에 등장했다. 열대우림의 파괴는 주요 관심사이자 걱정거리가 되었다. 열대우림을 구해야 한다는 생각이 주류로 떠오른 것이다. 1년 전만 해도 전문가들 외에 열대우림이 무엇인지, 혹은 왜 중요한지 아는 사람이 거의 없었다는 점을 감안한다면 이러한 변화는 급진적인 진보였다. 열대우림에 대한 관심이 커지면서 열대우림을 대표하고 상징하는 단일 종이 필요해졌다. 오랑우탄은 현재 전 세계 두 섬에서만 발견되지만 열대우림을 대표하는 역할을 수행하기 위해 가장 빈번히 호출되는 동물이다(하지만 96장 '재규어' 편도 참조하라).

　데이비드 애튼버러 경은 자연 다큐멘터리 시리즈 《살아 있는 지구》에서 지구상의 서식지를 한 곳 한 곳 정성들여 보여주면서 세계인들이 열대우림에 눈을 뜨게 해주었다. 네 번째 에피소드 〈정글〉은 아주 강렬한 영상물로 남아 있다. 애튼버러 경은 황홀한 다양성, 믿기 힘든 전문성, 그리고 아찔한 위장의 세계를 소개한다. 그는 텔레비전 방송계를 발칵 뒤집어놓은 이 프로그램을 통해 자신이 지구의 가장 풍요로운 서식지 한가운데 서 있음을 시청자들에게 인상 깊게 보여준다. 그리고 마지막 에피소드에서는 이 서식지가 인간의 압력 때문에 최대의 위협을 받고 있다는 사실을 계속 노출시킨다. 그는 다음과 같이 말하며 시리즈를 마무리한다. "오늘 우리 인류는 어마어마하게 강력한 종입니다. 그렇더라도 우리는 내일 분명 훨씬 더 강력해질 것입니다. 게다가 지구에서 인간의 수가 계속 증가하면서 우리의 힘을 이용해야 한다는 강박은 더욱 커질 것입니다. 분명 우리는 이 세상을 황폐화시킬 수 있습니다. … 우리가 아는 한 지구는 우주에서 생명체가 존재하는 유일한 행성입니다. 지구가 계속 생존하느냐의 여부는 이제 우리 손에 달려 있습니다."

오랑우탄은 열대우림의 상징이 되었다. 물론 이는 인간과 비슷한 특성 때문이고(오랑우탄은 우리 중 하나, 즉 대형 유인원류 중 하나다) 특이하고 낯선 특성 때문이기도 하다. 오랑우탄은 침팬지나 고릴라보다 동물원에서 훨씬 더 희귀한 편이다. 또한 오랑우탄의 표정은 수수께끼 같은 데가 있다. 오랑우탄은 고릴라나 침팬지보다 사회성이 덜하기 때문에 얼굴로 의사소통을 할 필요가 많지 않다. 그런 이유로 우리를 응시하는 오랑우탄의 평온한 황금빛 눈에 무엇이든 투사해볼 수 있다. 비난, 책망, 고통, 끈기, 인내, 무엇보다 우리 중 하나인 오랑우탄에게 우리의 보살핌이 필요하다는 사실을 읽어낼 수 있다.

오랑우탄에는 세 가지 종이 있고 모두 열대우림에서만 산다. 보르네오오랑우탄, 수마트라오랑우탄, 타파눌리오랑우탄이다. 보르네오오랑우탄은 보르네오에 있다. 보르네오섬의 일부에 브루나이가 있고, 섬의 나머지 부분은 말레이시아와 인도네시아의 영토다. 수마트라오랑우탄과 타파눌리오랑우탄은 모두 인도네시아의 수마트라섬에서 찾아볼 수 있다. 하지만 생물지리학적인 우연으로 타파눌리오랑우탄은 수마트라섬보다는 브루나이의 섬과 더 밀접한 관련이 있다. 오랑우탄은 17세기부터 서양에 알려졌다. '오랑우탄'이라는 말은 그곳의 현지어(말레이인도네시아어)에서 유래한 것으로 '숲의 사람들'이라는 뜻이다. (숲을 뜻하는 정확한 말은 '후탄[hutan]'이고, '후탄'은 말레이시아 보르네오섬에 있는 훌륭한 자연보호 비정부기구의 이름이기도 하다. 자세한 내용은 이 책의 에필로그를 참조하라.)

네덜란드 과학자 야코부스 본티우스는 1631년에 오랑우탄에 관해 기록했다. 그의 말에 따르면 사람들은 오랑우탄이 말할 수 있다고 믿으면서도 '억지로 말해야 한다는 느낌을 주지 않기 위해' 말을 시키지 않는 편을 선호했다. 또한 오랑우탄과 렘브란트 사이에는 수수께끼처럼 기이한 연결 고리가 있다. 렘브란트는 이제껏 화랑에 걸린 회화 작품에서 가장 소름끼치는 작품 중 하나인 〈니콜라스 튈프 박사의 해부학 강의〉를 그렸다. 튈프 박사는 오랑우탄도 해부해 그 연구 결과를 '인도의 사티로스'라는 제목으로 그의 책 『의학적 관찰』에 기록했다.

또 다른 네덜란드 과학자(네덜란드인은 오랑우탄 서식지의 핵심부 대부분을 식민지화했다) 페트루스 캄페르는 18세기에 오랑우탄을 최초로 정확히 묘사했고, 린네는 『자연의 체계』 1760년 판에서 오랑우탄을 사람속으로 분류했다. 이 생명체는 앨프리드 러셀 월리스가 1869년에 출간한 위대한 저서의 속표지를 장식했다. 월리스는 과학자이자 탐험가였고 자연선택의 원리를 찰스 다윈과 함께 발견한 인물이다. (월리스는 다윈이 여러 해 동안 자신의 발견에 기대어 진화론을 발전시켰음에도 불구하고 다윈이 자연선택의 원리를 최초로 발견한 과학자라는 사실을 너그럽게 인정했다. 발견의 우위를 다른 사람에게 양보하는 일은 과학사에서는 전무후무한 일이다.) 오랑우탄이 들어간 이 책의 제목은 『말레이제도: 오랑우탄의 나라와 낙원의 새』다.

다윈도 오랑우탄을 만났다. 야생 서식지에서는 아니고 1838년 런던의 리젠츠파크에 있는 동물원에서였다. 레이디 제인(보통은 제니라고 불렀다)이라는 오랑우탄과 만난 것이다. 제니는 관람객들을 즐겁게 하려고 사람 옷을 입고 있었고 차를 마시는 법도 배웠다. 인간과 닮은 오랑우탄의 특성을 강조하고 과장한 것이다. 다윈은 제니와 함께 보낸 시간에 관한 긴 메모를 남겼

| 다윈의 친구: 런던 동물원의 오랑우탄 제니.

100가지 동물로 읽는 세계사

고, 이는 이른바 '종간 변이 노트'에 등장한다. 다윈의 메모가 담긴 모든 노트 중에 가장 중요한 노트다. 오랑우탄과 인간이 친족이라는 사실은 다윈이 보기에 너무 당연해 보였고 타협할 수 없는 진실 같았다. 그는 제니가 "어린아이 같다"고 한 번 이상 기록했고 이런 내용도 남겼다. "동물원에 있는 오랑우탄을 가서 보라. 무언가 잔뜩 표현하는 듯한 칭얼거림을 듣고, 사람들이 말을 건넬 때 다 알아듣는 것 같은 표정을 보며 오랑우탄이 얼마나 지능이 뛰어난지 알아야 한다."

월리스는 1855년 야생 서식지에서 오랑우탄을 보았고 사실 꽤 많은 수를 총으로 사살했다. 그가 살아 있는 오랑우탄과 맺은 가장 가까운 관계는, 그가 쏜 총에 어미를 잃은 후 3개월 동안 그의 보살핌을 받으며 살아남은 아기 오랑우탄이었다.

당시에는 인간이 아닌 대형 유인원류를 흔히 오랑 혹은 오랑우탄이라 불렀다. 1859년 『종의 기원』이 출간된 뒤 찰스 라이엘(『지질학의 원리』의 저자. 그가 말한 '심원한 시간'은 다윈의 [그리고 월리스의] 이론에 필수 개념이었다)은 이 책을 받아들이는 유일한 방법은 "우리 모두 오랑이 되는 것"뿐이라고 선언했다. 우리가 인간이 아닌 동물의 후손이라는 사실을 받아들여야 한다는 것이다.

하지만 월리스처럼 오랑우탄 역시 이 거대 담론에서 간과되었고 기억 속에 절반쯤 묻혔다. 오랑우탄은 인간이 아닌 대형 유인원류 중 고릴라와 침팬지 다음 세 번째 위치에 올라섰다. 제인 구달(42장 '침팬지' 편을 보라)과 다이앤 포시(3장 '고릴라' 편을 보라)는 비교적 유명한 편이다. 두 사람 모두 루이스 리키에게 큰 도움을 받아 자신이 선택한 주제를 연구한 뛰어난 영장류 학자들이다. 이들은 '리키의 천사들'이라는 별명을 얻었다. 사실 리키의 천사는 둘이 아니라 셋이었다. 잊힌 천사는 리키의 도움을 받아 오랑우탄을 연구한 리투아니아계 캐나다인 비루테 갈디카스다.

예상하겠지만 갈디카스의 연구는 오랑우탄이 꽤 복잡한 존재라는 것을 보여준다. 오랑우탄은 대형 유인원류 중에서 나무에서 생활하는 시간이 가

장 긴 동물이다. 이들은 지상으로 내려오는 일이 거의 없다. 대부분 과일을 먹고 살며 혼자서도 잘 지내고 어울려서도 지낸다. 암컷은 최대 3년까지 자식과 장기간의 관계를 유지하는데 이 기간에 교육을 한다. 성숙기의 수컷은 양쪽 볼에 '플랜지(flange)'라는 지방 덩어리가 두드러지게 커진다. 오랑우탄은 매일 저녁 나뭇가지와 나뭇잎으로 둥지를 만든다. 오랑우탄이 둥지를 만드는 모습을 직접 본 적이 있다. 오랫동안 익숙하게 해온 일을 하는 듯 열중하면서도 약간 멍한 표정을 짓고 있었다. 새끼는 어머니에게 둥지 만드는 기술을 배운다. 둥지는 정교한 구조물로서 지붕, 내부 매트리스, 베개, 담요 등 모든 것이 식물로 구성된다.

오랑우탄이 곤충에게 접근하거나 씨앗을 빼내기 위해 도구를 사용하고 변형하는 모습이 관찰되었다. 모든 개체가 같은 방식으로 행동하지는 않는다. 도구 사용에 지리적 차이가 있다는 사실은 이러한 행동이 문화를 나타낸다는 사실을 암시한다. 개체 수가 많으면 당연히 문화도 더 발전해 있다. 애틀랜타 동물원의 오랑우탄들이 터치스크린 컴퓨터로 게임을 한다는 기록이 있다. 라이프치히 동물원의 연구는 오랑우탄이 '계산에 입각한 상호주의' 원리를 습득했다는 사실을 보여준다. 다시 말해 선물 교환의 이득을 따질 수 있다는 뜻이다. 인간이 아닌 동물 중에서는 최초로 관찰된 행동이다.

세 가지 종의 오랑우탄은 모두 적색 목록에서 위급(CR) 종으로 분류되어 있다. 보르네오오랑우탄은 60년 동안 60퍼센트가, 수마트라오랑우탄은 75년 동안 80퍼센트가 줄어들었다. 타파눌리오랑우탄은 약 800마리가 남아 있다. 이들은 위급(CR) 종이며 모든 대형 유인원류 중에서 가장 취약한 상태에 있다. 인간은 고기를 얻거나 불법적인 애완동물로 팔려는 목적으로 이들을 밀렵했다. 클린트 이스트우드는 클라이드라는 이름의 오랑우탄이 등장하는 영화 두 편을 만들었는데 비평가들에게는 좋은 평가를 받지 못했지만 흥행에는 성공했다. 하지만 이 책에서 되풀이해 보았듯이 오랑우탄이 직면한 가장 큰 문제는 서식지 파괴다. 수마트라와 보르네오 모두 기름야자를 재배하기에 최적의 장소이고, 기름야자는 수천 가지 용도로 쓰인다. 기름야자에서 짜낸 팜유로 만든 제품에는 빵, 과자, 마가린, 비누, 아이스크림, 피자, 라면, 샴푸, 초콜릿, 세제, 립스틱, 바이오디젤 등이 있다. 지구상의 모든 사람들이 매년 8킬로그램의 팜유를 소비하는 것으로 추정된다.

기름야자 재배 공간을 확보하려는 목적에 방대한 열대우림 지역이 줄어들고 있다. 일부 기업은 다른 기업에 비해 적정 수준에서 기름야자를 키우고, 자연보호 단체들 역시 기름야자 산업 전체와 싸우겠다는 가망 없는 입장을 취하는 대신 이들 기업과 협력해야 할 필요를 모르지 않는다. 요지는 이상(理想)을 따라 이길 수 없는 전쟁을 치르느니 우리가 떠나온 숲과 그곳에 사는 오랑우탄을 돌보자는 것이다.

오랑우탄은 열대우림에서만 살 수 있다. 그런 의미에서 이들은 연약하고 섬세한 덫에 갇혀 있는 셈이다. 열대우림이 남아 있어야 오랑우탄도 생존할 가능성이 높기 때문이다. 그 덕분에 좋은 점도 있다. 열대우림이 우리 인간의 문제라는 사실에 더욱 집중할 수 있기 때문이다. 열대우림은 탄소를 대기 중에 방출하지 않고 저장하는 역할을 하며, 그 때문에 가장 효율적인 지구의 냉각 시스템 기능을 하고 있다. 우리 모두 알아야 할 중요한 진실이지만 열대우림이 에어컨이라는 사실에 열의를 가지고 옹호하기란 쉽지 않은 일이다. 하지만 우리에게는 그 열의를 일깨워주는 오랑우탄이 있다.

앵무새

희극의 뮤즈

"당신의 앵무새가 동네에 소문을 내도 부끄럽지 않도록 살라."

└• 윌 로저스

앵무새는 사람이 의자에 앉듯 횃대에 똑바로 앉는다. 부인할 수 없을 만큼 인간과 비슷하게 고개를 갸우뚱하고 눈에 비치는 지성의 빛은 명백하기 그지없다. 앵무새는 대지족(카멜레온과 딱따구리처럼 두 개의 발가락이 앞을 향하고 두 개는 뒤를 향한 발 형태)을 손처럼 사용해 아이스크림콘을 든 아이처럼 견과류를 먹는다. 아! 그리고 앵무새는 말을 한다. 인간의 언어로 말을 한다. 앵무새는 우리 자신을 떠올리게 하는 새다. 광대 같은 형형색색의 옷을 입고 매력적인 척하는 인간, 아무리 진지하게 이야기해도 영원히 익살스러울 수밖에 없는 운명을 타고난 존재가 앵무새다.

예쁜 폴리! 은화 여덟 닢!(소설 『보물섬』에 나오는 해적 존 실버의 앵무새가 늘 하는 소리—옮긴이) 키스해줘요! 앵무새는 우리가 하는 이야기에서 가장 재미있고 결정적인 구절을 되풀이하며 떠들어댄다. 완전히 실화라고 주장하는 최근 한 이야기에는 앵무새를 키우는 부부가 등장한다. 이 앵무새는 텔레비전에서 게리라는 이름이 들릴 때마다 키스할 때 나는 소리를 냈다. 사람들의 관심이 쏠리자 앵무새는 아내의 억양을 정확히 흉내 내면서 말했다. "사랑해요, 게리." 게리는 남편이 아닌 제3자의 이름이었다. 마침내 아내는 불륜을 실토했다. 이번에도 익살스럽기 짝이 없는 상황에서 앵무새가 결정적인 정보를 알려준 셈이다.

앵무새는 인간의 이야기에서 너무나 익숙해져 당연한 일부가 되었다. 앵무새는 이솝우화에 등장해 재미있다기보다는 지혜로운 이야기를 전한다. 앵무새는 자신이 왜 그토록 사랑받는 존재가 되었는지 질문을 받자, 전에 있던 곳에서 자기는 아주 흔한 존재지만 이곳에서는 귀한 존재이기 때문에 사랑받는 것 같다며 지혜롭게 대답한다.

앵무목이라는 큰 집단에는 400여 종의 앵무새가 있고, 이는 뉴질랜드 앵무상과, 관앵무상과, 참앵무상과로 나눌 수 있다. 모두 갈고리 같은 부리와 대지족이 특징이다. 무게 10그램에 길이 8센티미터인 담황색 꼬리를 가진 피그미앵무새부터 길이 1미터인 히아신스금강앵무, 무게가 거의 4킬로그램인 뉴질랜드의 날지 못하는 앵무새 카카포(올빼미앵무)까지 종류가 다양하다.

앵무새는 전 세계 대부분의 열대지방과 아열대지방에서 발견되지만 일부 종은 온대기후 지방에 서식한다. 일부 종은 더 추운 곳에 우연히 유입되었고 영국에서는 에든버러 북쪽에서도 발견된다. 이에 관해서는 잠시 후에 살펴보자.

앵무새를 규정하는 것은 부리다. 부리가 아주 크고 강하다. 위턱뼈는 두개골과 붙어 있지 않고 독립적으로 움직이면서 앵무새가 상당히 강한 힘으로 물 수 있도록 해준다. 히아신스금강앵무는 큰 개만큼이나 무는 힘이 세다. 부리에는 촉각 수용체가 있어 부리에 닿는 먹이를 자유롭게 조작할 수 있다. 씨앗을 먹는 대부분의 앵무새는 튼튼한 혀가 있어 부리의 이러한 능력을 뒷받침한다.

앵무새의 또 한 가지 중요한 생리적 특성은 두뇌 용적비다. 앵무새의 두뇌 용적비는 까마귀, 돌고래, 인간을 제외한 대형 유인원류와 비슷하다.

MACROCERCUS ARARAUNA.

Blue & Yellow Maccaw

⅖ Nat. Size.

리키의 천사들(70장 '오랑우탄' 편을 보라) 급의 꼼꼼한 연구자가 앵무새를 대상으로 광범위하게 현장 연구를 할 수만 있다면 아주 흥미롭겠지만 실현 가능성은 전혀 없다. 첫 번째 문제는 앵무새 중 많은 수가 숲 위쪽을 좋아한다는 것이다. 숲 위쪽은 여러 면에서 바다 밑바닥보다 관찰하기가 어렵다. 두 번째 문제는 개별 새를 표시하는 전통적인 방법이 앵무새에게는 효과가 없다는 것이다. 발목에 고리를 달거나 날개에 꼬리표를 붙여도 앵무새는 강한 부리로 솜씨 좋게 제거해버린다. 따라서 앵무새의 지능에 관해 우리가 알고 있는 대부분의 내용은 길들인 새에게서 얻은 것이다.

회색앵무는 단어에 의미를 연결시킬 줄 아는 것으로 관찰되었다. 가장 유명한 개체인 알렉스는 아이린 페퍼버그 박사에게 언어 교육을 받았다(언어 말고 교육할 것이 달리 뭐가 있겠는가). 알렉스는 단어를 사용해 사물을 식별하고 묘사하고 숫자도 셀 수 있었다. "빨간색 사각형은 몇 개인가?" 같은 복잡한 질문에도 80퍼센트 이상의 정확도로 대답했다. 은키시라는 이름의 또 다른 앵무새는 단어를 1,000개 정도 알고 있는 것으로 알려졌다. 케아앵무종은 도구를 자유자재로 사용하는 모습이 관찰되었고 심지어 퍼즐을 풀 수도 있다.

동물이 지능을 갖춘 이 놀라운 사례들을 보면서 우리는 다시 한번 인류와 나머지 동물계 사이에 놓인 불모지로 들어가게 된다. 우리가 영원히 불안함과 호기심을 느끼며 과장하는, 또 한편으로는 콧방귀를 뀌는 영역이다. 영어에서 앵무새에 해당하는 'parrot'이라는 단어는 동사로도 사용되는데 '제대로 이해하지 못한 내용을 따라만 한다'라는 뜻으로 쓰인다. 내가 학창 시절 물리학 시험에서 뉴턴의 운동 법칙을 앵무새처럼 흉내 냈던 것처럼 말이다. 하지만 앵무새는 단순히 모르는 것을 흉내 내는 것 이상의 일을 해낼 수 있는 동물이다.

대부분의 앵무새종은 일부일처제이고 암수 한 쌍의 관계는 이들의 삶

▌ 사실적 묘사: 청금강앵무, 에드워드 리어의 석판화(1832년).

에서 중요한 요소다. 앵무새 한 쌍은 서로의 깃털을 손질해주는 모습으로 유명하며 거의 항구적인 관계를 맺는다. 이런 습성이 이들의 지능과 결합되면 앵무새는 매우 불쌍한 애완동물이 된다. 짝을 빼앗긴 앵무새는 대신 주인이나 사육사에게 집중하는데 이들조차 없어지면 극심한 고통을 느끼며 비명을 지른다. 앵무새는 살면서 많은 자극이 필요하다. 지루함을 느끼는 앵무새는 쇠약해지고 자신의 깃털을 뽑는 등 전형적인 자해 행동을 보인다. 이런 이유로 대단히 인기가 많은 애완용 앵무새는 대체로 비극적인 삶을 살고 이 사람 저 사람을 전전하다가 결국 자선단체에 넘겨진다.

그럼에도 불구하고 반려동물로 인기 있다는 점이 앵무새의 쇠퇴에 일조했다. 서식지 파괴도 주요 요인이었지만(많은 앵무새들이 열대우림에 거주한다) 애완동물 거래, 그리고 최근에는 불법 애완동물 거래로 많은 종이 위험에 처했다. 아니, 순식간에 위험에 처한 것보다 상황이 더 나빠졌다고 보아야 한다. 앵무새는 기르기 어려운 편이고 조건이 맞지 않으면 '앵무병'을 앓는다. 이 병은 많은 종의 새에게 영향을 주고 대개 치명적이다. 1960년대 축구광들이 자기 팀에게 실망했을 때, 특히 '맥이 탁 풀릴 정도로 실망했을 때' 쓰는 '앵무새처럼 아프다'라는 말은 아마 이 병의 유행 때문에 나온 것 같다. 코믹한 효과를 의도하고 '고무 부리가 달린 앵무새처럼 아프다'라는 더 상세한 표현을 쓰기도 했다.

앵무새는 여전히 많은 관심을 받는 애완동물이다. 1996년 테네리페섬의 로로 공원(앵무새 공원)의 전직 책임자 토니 실바는 히아신스금강앵무를 미국에 밀반입한 혐의로 유죄 판결을 받고 징역 82개월과 벌금 10만 달러를 선고받았다. 2016년 싱가포르의 『더 스트레이츠 타임스』지는 히아신스금강앵무가 2만 8,000파운드에 판매된다고 보도했다.

앵무새는 소설에도 끊임없이 등장한다. 아마도 로버트 루이스 스티븐슨의 해적 소설 『보물섬』에서 키다리 존 실버의 어깨에 앉은 앵무새가 가장 유명할 것이다. 역사상 실제 해적은 앵무새와 아무런 관련이 없다. 앵무새가 어떻게 희극의 뮤즈가 되었는지는 영국의 텔레비전 프로그램 《몬티 파이튼의 비행 서커스》의 〈죽은 앵무새 이야기〉에서 가장 잘 볼 수 있다. 여기서 존 클리스는 자신이 구입한 앵무새가 죽었다고 불평하는 애완동물 가게 고객 프랄린 역을 맡았다.

나는 늘 『둘리틀 박사』에 나오는 앵무새 폴리네시아를 좋아했다. 이 앵무새는 인간이 아닌 동물의 언어를 둘리틀 박사에게 가르쳐준다. "얼마 지나지 않아 둘리틀 박사는 앵무새의 도움을 받아 동물들의 언어를 아주 잘 알게 되어 그들과 직접 이야기도 하고 그들이 하는 말을 모조리 이해할 수 있게 되었다."

하지만 문학에서 가장 위대한 앵무새는 귀스타브 플로베르의 단편소설 「순박한 마음」에 나온다. 이 소설에서 하녀인 펠리시테는 주인이 기르던 앵무새를 성령과 혼동한다. 이 위대한 소설은 펠리시테가 죽어가는 장면으로 끝난다. "마지막 숨을 내쉴 때 펠리시테는 반쯤 열린 하늘에서 머리 위를 맴도는 거대한 앵무새 한 마리를 본 것 같다고 생각했다." 희극과 언어는 인간의 인생에서 가장 중요한 두 가지 요소다. 인간은 앵무새를 통해 희극과 언어 두 요소를 되풀이해 융합한다.

우리는 야생 앵무새의 삶에도 일부는 밝고 일부는 뚜렷이 어두운 희극성을 부여했다. 오늘날의 공원, 특히 잉글랜드 남동부의 공원에는 목도리앵무가 가득하다. 싫증내는 주인에게서 탈출하거나 풀려난 애완용 앵무새의 후손들이다. 이 개체들의 기원에 얽힌 두 가지 속설이 있다. 첫 번째는 캐서린 헵번과 험프리 보가트가 출연한 1951년 영화 《아프리카의 여왕》을 촬영하는 도중에 앵무새들이 탈출했다는 설이다. 일부 장면(대부분의 촬영은 작은 배 위에서 이루어졌다)은 템스강 유역 런던 서부에 있는 아일즈워스 스튜디오에서 촬영이 이루어졌다.

더 기발한 두 번째 속설은 이 새가 위대한 혁명적 기타 연주가 지미 헨드릭스가 키우다가 풀어준 두 마리 새의 후손이라는 것이다(40장 '나이팅게일' 편을 보라). 이 설에 관한 자세한 설명을 덧붙이자면, 당시 그는 LSD로 환각 상태였다고 한다. 재미는 없지만 가능한 가설은 이 앵무새들이 환각 상

사랑받아 오히려 멸종 위기에 처한 새: 스픽스마코앵무. 애완동물 거래에서 인기가 가장 많다.

태든 아니든 애완용 앵무새를 다수 방생한 결과물이라는 것이다. 지난 50년 동안 개체 수는 증가하고 번성했다. 이들은 일부 사람들이 좋아하는 런던의 명물이 되기는 했지만 이런 결과에 분개하는 이들도 있었다. 생태적 이유보다는 사회적으로 용인할 수 있는 외래종 혐오증 때문이었을 것이다.

하지만 앵무새와 다양한 앵무 종들은 대부분 애정과 웃음을 불러일으킨다. 브라질 바이아 지역에만 사는(혹은 살았던) 스픽스마코앵무가 멸종 위기에 처한 이유 중 하나가 인간의 이런 애정 때문이다. 이들은 바이아 지역에만 나는 실버트럼펫나무(타베부이아 아우레아, Tabebuia aurea)만 먹고 산다. 따라서 이들은 서식지 파괴로 고통당하고 이 지역에서만 살 수 있기 때문에 다른 종의 나무로 옮겨 갈 수도 없었다. 게다가 희귀해질수록 애완동물 시장에서 인기도 커져 고통은 배가되었다.

1990년이 되자 야생 개체 수는 수컷 한 마리로 줄어들었다. 이 수컷은 파란 날개를 가진 금강앵무 암컷과 짝짓기를 했지만 번식에 실패했다. 포획된 스픽스마코앵무도 있었고 지금도 있기는 하다. 1995년에는 스픽스마코앵무 암컷이 제 짝이 아닌 수컷과 함께 같은 장소에 방사되었다. 수컷은 자신이 선택한 짝과 함께 있기만을 고집했고, 결국 암컷은 송전선으로 날아가

100가지 동물로 읽는 세계사

다가 죽고 말았다.

2013년 스픽스마코앵무는 야생절멸(EW) 종으로 선포되었다. 2018년에 160마리의 스픽스마코앵무가 포획되었고, 그중 146마리는 독일에서 진행된 프로젝트에 속한 종이었다. 2021년에 또 한 번의 재도입 프로그램이 예정되어 있다. 이들은 아마 과거의 앵무새는 아닐 것이다.

"넌 포테이토를 좋아하고, 난 포타토를 좋아하지."

└ 조지 거슈윈, 아이라 거슈윈, 영화《쉘 위 댄스》의 주제가 〈다 그만두자〉

콜로라도감자잎벌레는 가지과, 특히 가지속의 속씨식물을 주로 먹는 곤충으로 멕시코에서 진화했다. 이 말은 콜로라도감자잎벌레가 부리까마중과 그 밖의 까마중(가지과에 속하는 다양한 한해살이풀)에서 주로 발견된다는 뜻이다. 그러나 이들은 같은 가지속의 다른 식물에서도 문제없이 잘 서식한다.

감자의 학명은 솔라눔 투베로숨, 가지의 학명은 솔라눔 멜론게나, 토마토의 학명은 솔라눔 리코페리시쿰이다. 모두 가지속에 속하며 라틴어 '솔라눔(solanum)'은 가지를 뜻한다. 인간은 최선을 다해 콜로라도감자잎벌레에게 최적의 세계를 만들어준 것만 같다. 이 벌레는 열줄창명, 열줄감자벌레, 감자벌레 등으로 알려져 있기도 하다. 성충은 길이가 약 10밀리미터이고 밝은 노란색에 굵은 갈색 줄무늬가 있다.

이들은 가지속 식물의 잎을 먹도록 진화했다. 가지속 식물의 잎을 먹는 것이 이들이 하는 일이다. 지금은 콜로라도감자잎벌레가 처음 진화했을 때보다 주위에 이런 식물들이 더 많이 있다. 우리 인간이 가지속 식물로 지구의 방대한 지역을 뒤덮었기 때문이다. 이 벌레의 입장에서 보자면 온 세상이 아이스크림으로 변한 것과 같다. 도대체 어떤 은혜로운 신 같은 존재가 콜로라도감자잎벌레에게 이렇게 완벽한 세상을 만들어주었을까?

콜로라도감자잎벌레는 1811년에 처음 발견되었고 1824년에 공식적으로 기록되었다. 1840년에 감자를 숙주식물로 받아들였고, 빠르게 감자에 가장 치명적인 고엽제 노릇을 하는 데 이르렀다. 이들의 성충과 유충 모두가 잎을 먹는다. 덩이줄기가 형성되기 전에 이들이 나타나면 농작물을 완전히 망칠 수 있다. 성충 한 마리는 하루 10제곱센티미터의 잎을 먹을 수 있다. 농작물에 피해가 가려면 개체 수가 많이 필요한데 이들은 빨리 번식해 개체 수를 늘리는 데 일가견이 있다. 1859년 네브래스카주 오마하 서쪽에서 발견된 이 벌레는 연간 140킬로미터 속도로 사방으로 퍼져 나갔고, 1874년에는 대서양 연안에 도달했다. 이제는 캘리포니아, 네바다, 하와이, 알래스카를 제외한 미국의 모든 주에서 찾아볼 수 있다. 1975년 독일, 벨기에, 프랑스, 네덜란드 모두가 미국에서 감자 수입을 금지했지만, 그럼에도 불구하고 이 벌레만큼은 유럽에 도달했다. 그 또한 거의 순식간에 벌어진 일이다.

왕성한 식욕: 콜로라도감자잎벌레, 스티브 로버츠의 그림.

1877년 리버풀 부두에서 발견되었지만 정착하지는 않았다. 이후 추가로 발견되었고 영국에서 퇴치된 햇수만 163번으로 추정된다. 가장 최근에 퇴치한 것은 1976년의 일이다.

나는 인간의 작물을 먹는 무척추동물의 대표 격으로 콜로라도감자잎벌레를 선택했다. 인류가 이상적인 조건을 만들어놓고는 근절하기 위해 막대한 노력을 기울이는 수많은 경쟁자들 중에서 녀석을 선택한 것이다. 경쟁자들에는 목화잎벌레, 거짓쌀도둑거저리(밀 해충), 열대거세미나방(옥수수 해충), 벼멸구가 있다. 그중에서 내가 콜로라도감자잎벌레를 선택한 이유는 녀석이 특정 연령대 영국인들의 마음에 깊이 각인되어 있기 때문이다. 영국 내 모든 우체국에는 녀석에 대한 경고문이 붙어 있었다. 밝고 아름다운 벌레 사진 옆에 이 끔찍한 생물을 볼 경우 취해야 하는 과감한 조치가 적혀 있었다. 이 벌레에 대한 공포는 오늘날까지 영국인의 의사결정을 좌지우지하며, 영국인들이 침략에 대해 오랫동안 가지고 있는 공포 중 하나다. 영국에서 콜로라도감자잎벌레를 없애기 위한 조치에 들인 비용이 적절한 방제 비용을 훨씬 웃도는 것으로 추정된다. 그러나 영국인들이 예로부터 두려워하는 것은 벌레가 아니라 바로 외국인이다.

콜로라도감자잎벌레는 제1차 세계대전 동안 보르도에 있는 미군 기지 주변에 자리를 잡았다. 제2차 세계대전 초기에는 스페인, 벨기에, 네덜란드에 이 벌레가 흔했다. 제2차 세계대전 이후로 증가하기 시작한 이 딱정벌레는 오늘날 유럽 본토 대부분에서 발견된다. 냉전 기간 동안 동독의 감자밭 절반이 영향을 받았으며, 미국에서 온 비행기가 시골 지역에 이 벌레를 일부러 떨어뜨렸다는 의심도 있었다. 물론 국가 차원의 정치적 편집증에서 나온 그럴듯한 이야기지만, 사실 녀석들은 조건만 맞으면 스스로 알아서 번성할 수 있는 완벽한 능력을 갖추고 있다.

인간은 반격에 돌입했고 결과는 박멸이었다. 이러한 박멸은 꼭 이 콜로라도감자잎벌레에게만 해당하는 것은 아니었다. 작물을 먹는 종에 대한 방제의 진보는 대부분 이 딱정벌레를 상대로 처음 시도되었다. 구리 기반의 살충제 패리스그린이 1860년 감자 작물에 최초로 사용되었다. 최초인 경우는 더 있다. 콜로라도감자잎벌레는 최초의 수동식 압축 분무기, 최초의 바퀴식 분무기, 최초의 견인 작동 분무기, 최초의 엔진 작동 분무기, 최초의 공기 분사 분무기, 최초의 항공 분무기의 표적이 되었다. 그런데 이 모든 노력에도 불구하고 콜로라도감자잎벌레는 여전히 살아 있다. (인간이 해충이라 부르는) 모든 경쟁 종 중 화학적 방제에 가장 회복력이 큰 종이 바로 콜로라도감자잎벌레다.

모기를 다루는 23장에서 이미 다룬 문제 하나를 다시 생각해보자. 살충제는 취약한 개체를 죽이지만 면역된 개체는 살아남아 번식을 거쳐 다음 세대에 면역력을 물려준다. 콜로라도감자잎벌레는 1년에 세 세대가 생겨나면서 56가지 상이한 화학 살충제에 대한 면역력을 키워나갔다. 처음에는 효과가 있었던 화학물질도 다음 세대에는 실패했다. 콜로라도감자잎벌레는 1952년에는 DDT, 1958년에는 디엘드린에 면역력을 키웠다.

갓 태어난 유충을 표적으로 삼는 박테리아 살충제 등 다른 방제법도 시도했다. 식물 자체에도 살충제를 뿌렸지만 식물에 영향을 끼친다는 단점이 있었다.

콜로라도감자잎벌레를 제거하는 가장 효과적이고 간단한 해결책은 윤작이다. 이전 해에 감자를 심지 않은 밭에서 감자를 재배하는 경우 이 딱정벌레를 앞지르게 되어 96퍼센트까지 문제를 해결할 수 있다. 콜로라도감자잎벌레는 성충으로 땅속에서 겨울을 나며, 처음 나타날 때는 날지 못한다. 비행에 쓰는 근육을 재생해야 하고 무언가 먹기 전까지는 알을 낳을 수 없다. 그러므로 새로운 작물을 예전 경작지에서 200~400미터 떨어진 곳에 심는 경우 이 딱정벌레를 거의 모두 없앨 수 있다. 성충이 나온 뒤 곧바로 날지 못한다는 사실을 이용해 땅속에 피트폴 트랩을 설치해 잡을 수도 있다. 화염 방사기도 사용된다. 또 다른 해결책으로는 유전자 변형 감자가 있다. 이러한 변종은 다국적 기업 몬산토에서 도입했지만 이윤상의 이유로 2001년 상업화가 철회되었다.

모두에게 경고하다: 제2차 세계대전 당시 정보부의 전시 캠페인 포스터(도러시 피츄의 그림).

콜로라도감자잎벌레는 가지와 토마토 작물에도 영향을 주지만 정작 이름을 날린 것은 감자에 해를 끼쳤기 때문이다. 우리와 먹을거리를 놓고 경쟁하는 동물들을 우리는 해충, 벌레, 병충해, 재앙, 전염병이라고 명명한다. 인간을 기쁘게 하는 것이 세상의 의무라도 되는 듯 우리가 휘두르는 언어적 횡포다. 우리는 이런 곤충뿐 아니라 다른 것들까지 파괴하는 무기를 이용해 이 동물들과 전쟁을 벌였고, 이는 오늘날까지 다양한 형태로 지속되고 있다. 이제 데이비드 애튼버러 경과 함께 이 장을 마무리하자. 애튼버러 경은 지구의 무척추동물을 다룬 2005년 텔레비전 시리즈 《살아 있는 곤충의 세계》를 다음과 같은 말로 마무리한다.

인류와 나머지 척추동물이 하룻밤 사이에 사라진다 해도 나머지 세계는 꽤 잘 지낼 것입니다. 하지만 무척추동물이 사라진다면 이 땅의 생태계는 무너지고 말 테지요. 토양은 비옥함을 잃고 많은 식물의 수분이 더 이상 이루어지지 않을 것입니다. 양서류와 조류, 포유류를 비롯한 수많은 동물들은 먹을 게 하나도 없을 것입니다. 들판과 목초지는 배설물과 썩은 고기로 뒤덮이겠지요. 작은 무척추동물은 우리가 땅에 발을 디딜 때마다 바로 몇 센티미터 근처에 있습니다. 하지만 우리는 대체로 이들을 무시하지요. 이들을 기억하는 것이 온당한 처사입니다.

메뚜기

모습을 바꾸는 전염병 유발자

"풀무치가 남긴 것은 메뚜기가 갉아 먹고"

└ 요엘 1장 4절

인간은 예로부터 변신의 귀재에 얽힌 이야기를 꾸며냈다. 보통은 눈 깜짝할 사이에 인자함에서 통제 불가능한 적대감을 지닌 존재로 모습을 바꿀 수 있는 자들이다. 우선 늑대인간과 호랑이인간이라는 오래된 신화가 있다. 『지킬 박사와 하이드 씨』 같은 최근의 소설도 있고, 《인크레더블 헐크》 같은 최신 영화도 있다. 모두가 우리 자신에 대한 이야기, 즉 문명화된 인간이었다가 원초적인 분노를 터뜨리는 존재로 바뀌는 능력을 이야기한다. 인류의 위대한 업적에도 불구하고 우리는 늘 동물일 수밖에 없음을 상기시키는 이야기들이다.

변신의 귀재는 곤충들 중에도 있다. 대부분은 단독으로 돌아다니는 개체로 발견된다. 전문가를 제외한 누가 보더라도 더듬이가 짧은 메뚜기(grasshopper)와 구별조차 안 되는 형태와 행동을 보이는 녀석들이다. 이들은 숫자가 적을 때는 인류에게 아무런 위협이 되지 않는다. 하지만 특정 상황이 되면 변한다. 모습도 변하고 색깔도 변하고 행동도 변한다. 매력적인 메뚜기에서 『성경』에 나오는 메뚜기(locust, 영어로 메뚜기를 일컫는 총칭은 'grasshopper'지만, 떼 지어 다니며 농작물에 큰 피해를 주는 단계에 이른 메뚜기를 'locust'라고 한다. 우리말로는 황충, 누리, 풀무치라고 부른다―옮긴이) 떼로 바뀐다. 그렇게 형성된 메뚜기 떼는 궤멸성을 띠며 방제 자체가 거의 불가능해진다. 메뚜기가 메뚜기 떼가 되는 과정은 과밀에서 시작된다. 자신들과 같은 종류가 많이 존재한다는 사실은 이들의 뇌를 세로토닌으로 채운다. 이들은 훨씬 더 많이 먹고 훨씬 더 쉽게 번식하며 이례적으로 서로 함께하고자 한다. 전문용어를 사용하자면 발생에서 급증을 거쳐 무리나 떼가 된다.

이 책에는 별로 하는 일 없이 인간에게 공포를 안기는 야생동물이 등장한다. 피라냐(55장 참조)와 상어(14장 참조)가 그렇다. 하지만 메뚜기의 경우는 다르다. 메뚜기 떼는 수천 제곱킬로미터에 걸쳐 수십억 마리의 메뚜기로 이루어져 있을 때도 있다. 1제곱킬로미터에 8,000만 마리가 있는 경우도 있다. 메뚜기 각각은 하루에 자신의 몸무게만큼 식물을 먹어치울 수 있다. 인간이 재배한 농작물이 초토화되는 것은 시간문제다.

이들이 떼를 짓는 것은 바람이나 날씨의 변화와 관련 있으며 이는 과밀에 대한 반응이다. 메뚜기 떼는 예로부터 북아메리카와 남아메리카, 아시아와 오스트레일리아, 아프리카와 서아시아의 지역에서 보고되었다. 중국에서는 2,000년 동안 173건의 메뚜기 떼 발생 기록이 있다.

서구인들의 뇌리에 남아 있는 가장 유명한 메뚜기 관련 재앙은 『성경』의 출애굽기에 기록된 재앙이다. 이스라엘의 하나님은 이집트에 열 가지 재앙을 내리는데, 그중 여덟 번째 재앙이 메뚜기 떼의 습격이었다. "네가 나의 백성을 내보내기를 거절하면, 나는 내일 너의 영토 안으로 메뚜기 떼가 들어가게 할 것이다. 그것들이 땅의 표면을 덮어서 땅이 보이지 않게 될 것이며, 우박의 피해를 입지 않고 남아 있는 것들을 먹어치우되 들에서 자라는 나무들까지 모두 먹어치울 것이다"(출애굽기 10장 4-6절).

어쩌면 『성경』에서 언급되는 바람에 메뚜기 떼에게 거리감이 생겨 이들이 당면한 현실이 아니라 신화처럼 느껴질지도 모르겠다. 하지만 메뚜기

떼는 신화가 아니다. 메뚜기 떼라는 재난은 인간이 농업을 시작한 이래로 세계의 역사에 간간이 끼어들었다. 게다가 이들의 방문은 신의 진노처럼 느껴졌을 것이다. 메뚜기 떼의 이미지는 거의 5,000년 전인 고대 이집트의 무덤에서도 찾아볼 수 있다. 출애굽기의 메뚜기 떼를 1,000년 앞서는 것이다. 아리스토텔레스는 메뚜기를 연구했고 정확히 관찰했다. 세례 요한은 메뚜기와 들꿀을 먹었다고 『성경』에 적혀 있다. 세례자가 메뚜기와 들꿀을 먹었다는 이야기는 메뚜기가 상징하는 세상의 고난과, 꿀이 상징하는 다가올 구원의 약속을 받아들인다는 뜻으로 해석되었다. 토라는 신자들에게 허다한 음식을 금하지만 일부 메뚜기는 허용한다. 전염병 시기에 이용할 수 있는 유일한 음식이 메뚜기였기 때문인 것이 분명하다. 『코란』에는 예언자 무함마드가 군대를 이끌고 습격하는 중에 메뚜기를 먹었다고 적혀 있다.

기원후 311년 중국 북서부 지방에서 메뚜기 떼가 생겨났고 뒤이어 전염병(6장 '벼룩' 편을 보라)이 발생했다. 쥐가 땅에 떨어진 수백만 마리의 메뚜기를 먹으러 왔을 가능성이 높고, 메뚜기 떼를 따라온 벼룩이 질병을 옮긴 것이다. 메뚜기와 흑사병이라는 쌍둥이 재난은 이 지역 인구의 98퍼센트를 휩쓸었다.

메뚜기 떼는 인류 역사 전반에 걸쳐 기록되어 있고 오늘날에도 계속되고 있다. 1747년 메뚜기 떼가 시리아의 다마스쿠스를 덮쳤다. 알마드 알부다이리라는 이발사는 이렇게 적었다. "이들은 검은 구름처럼 다가왔다. 나무와 농작물 등 모든 것을 뒤덮었다. 전능하신 신께서 우리를 구원하시기를."

배회하는 메뚜기 떼는 1966년과 1969년 사이에 아프리카를 휩쓸었다. 2003년에는 서아프리카에 메뚜기 떼가 나타났고 유례없는 폭우가 뒤따랐다. 메뚜기 떼는 이집트와 요르단까지 도달했고 50년 만에 처음으로 이스라엘에도 닿았다. 2013년에는 마다가스카르의 절반을 뒤덮었다. 1954년 아프리카 북서부에서 온 메뚜기 떼가 영국에 도달했다. 1988년 서아프리카에서

| 셀 수 없이 많음: 〈메뚜기 떼〉, 독일 과학 교재 『브렘의 동물 생활』의 석판화(1860년대).

온 메뚜기 떼는 카리브해까지 도달했다. 2019년 케냐에서도 메뚜기 떼가 형
성되었다.

메뚜기가 일단 무리를 형성하면 대처하기가 매우 어렵다. 답은(답이 존
재한다면) 무리를 짓기 전에 잡는 것이다. 다시 말해, 모니터링과 조기 탐지
가 중요하다. 그러자면 조직과 재정과 정치적 안정이 필요하다. 결국, 가난
한 나라에 살수록 메뚜기에 대한 취약성도 커진다. 물론 메뚜기 떼는 가난한
지역에서 생겨나 더 부유한 이웃 지역으로 옮겨 갈 수 있다. 자급자족하는
농부들이 가장 취약하다. 전 세계 인구의 10분의 1이 메뚜기의 위협 아래 살
고 있는 것으로 추정된다.

20세기 초 사람들은 메뚜기 떼를 해결하기 위해 선제적인 방법을 쓰기
시작했다. 메뚜기가 알을 낳는 토양을 갈아엎고, 롤러로 땅을 평평하게 만들
고, 화학 처리를 한 도랑에 빠져죽게 하고, 화염 방사기를 사용하는 작업이

100가지 동물로 읽는 세계사

포함된다. 1950년대 디엘드린이 널리 사용되고 효과를 보기도 했지만, 이로 인해 어떤 이득과 비교도 안 될 엄청난 환경문제가 야기되면서 현재는 사용이 금지되었다.

이쯤에서 메뚜기를 주기매미와 혼동해서는 안 된다는 점을 지적해야겠다. 주기매미는 막연히 메뚜기 떼라고 불리는데 실제로 대규모로 나타난다는 이유에서다. 주기매미는 긴 휴면기 이후 대량으로 부화한다. 종 하나가 대략 17년마다 나타난다. 몹시 시끄럽기는 하지만 인간의 농작물에는 위협이 되지 않는다. 밥 딜런의 노래 〈메뚜기의 날〉에 나오는 곤충이 실은 주기매미다. "그리고 메뚜기들이 노래를 불렀어. 나를 위해 노래를 불렀지."

메뚜기의 역사에는 설명할 수 없는 진기한 사건이 하나 있다. 바로 로키산메뚜기의 멸종이다. 이들은 1875년 미국 서부를 강타했던 이른바 앨버트 메뚜기 재앙의 원인이 된 종이다. 당시 그 지역의 판사이자 기상학자였던 앨버트 차일드의 추정에 따르면, 메뚜기 떼가 51만 제곱킬로미터를 뒤덮었고 개체 수는 3조 5,000억 마리, 무게는 2,750만 톤에 달했다. 마지막 로키산메뚜기는 1902년 캐나다에서 살아 있는 개체로 발견되었다. 아마도 농업이 이들의 번식지를 파괴했을 것이다.

074
양쯔강돌고래
비운의 공주

"세상에서 가장 크고 가장 길고 가장 시끄럽고
가장 지저분한 도로 한가운데
물에 빠져 죽은 공주가 환생하여 살고 있었다."

└─ 더글러스 애덤스, 『마지막 기회라니?』

옛날 옛적에 공주가 살았다. 물론 아름다웠다. 그냥 좀 예쁜 소녀였을 수도 있다. 뭐, 그게 중요한 것은 아니다. 중요한 건 딸을 팔아치우려는 사악한 의붓아버지가 있었다는 것이다. 의붓아버지는 딸을 배에 태우고 시장으로 가는 도중 갑자기 욕정에 휩싸여 딸에게 덤벼들었다. 소녀는 정조를 지키기 위해 강물로 뛰어들어 죽었다. 그러나 소녀는 돌고래로, 여신으로, 불멸의 존재로 환생했고, 양쯔강에서 영원히 헤엄치게 되면서 권선징악의 결말을 맞는다.

소녀의 이야기는 바로 양쯔강돌고래(바이지)에 얽힌 이야기다. 바다가 아닌 강에 사는 돌고래라니 정말 파격적이지 않은가! 세계 4대강에서 네 종이 진화했는데, 가까운 공통 조상 없이 완전히 독립적으로 진화했다. 양쯔강돌고래는 수렴진화의 대표적인 사례다(41장 '돼지', 48장 '태즈메이니아주머니늑대', 51장 '올빼미' 편을 보라). 이들 돌고래는 갠지스강, 아마존강, 라플라타강, 양쯔강에서 진화해 살았다. 2006년 바이지는 '사실상 멸종한 종'으로 선포되었다. 1950년대 카리브해몽크물범, 1970년대 바다사자(강치)가 멸종되고 30여 년 만에 최초로 또 한 종의 거대 동물이 멸종된 것이다.

'거대 동물(Megafauna)'은 큰 동물을 모두 포괄하는 용어다. 일반적으로 큰 포유류로 쉽게 눈에 띄는 종류의 동물이다. 인간이 진화한 이후 이미 많은 종이 사라졌다. 우리는 여섯 번째 대멸종 시대의 한가운데 있다(48장 '태즈메이니아주머니늑대' 편을 보라).

최근 몇 년 동안 무척추동물 여러 종이 사라졌고 척삭동물문 중에서도 많은 수가 사라졌다. 이들 중 많은 숫자는 섬에 사는 종이다. 섬에 사는 종의 특이성과 취약성은 앞서 이미 살펴보았다(4장 '흉내지빠귀', 19장 '도도', 97장 '분홍비둘기' 편을 보라). 하지만 이들 중 많은 종은 우리가 쉽게 알아보는 동물이 아니다. 우리가 거대 동물의 멸종에 관해 주로 이야기하는 이유는 이들을 본 적이 있고 이들을 그리워하기 때문이다. 존재한 줄 알아야 그리워할 수도 있는 법이다.

양쯔강돌고래는 그다지 거대하지는 않고 딱 적당한 크기의 고래였다. 암컷의 길이는 최대 2.5미터이고 수컷은 약간 더 작았다. 몸의 위쪽은 옅은 청회색을 띠고 기다란 코가 약간 위를 향했으며 깃발처럼 생긴 삼각형 등지느러미는 몸 아래쪽에 있었다. 위험에서 도망칠 때는 최고 속도가 시속 60킬로미터에 이르지만 보통 때는 그 절반의 속도로 헤엄쳤다. 이들은 매우 사회적이라 무리를 지어 헤엄쳤으며 열심히 의사소통을 하고 분명하게 감정을 표현했다.

강에서 살 때 문제점은 물속이 아주 탁한 공간이라는 것이다. 하지만 양쯔강돌고래는 다른 강돌고래들처럼 매우 우수한 음파 탐지기를 개발했다. 박쥐가 깊은 동굴 어두운 곳을 자유롭게 날아다니는 것과 똑같은 방식으로 탁한 양쯔강 물속을 돌아다니는 방법을 알아낸 것이다(64장 '박쥐' 편을 보라). 양쯔강돌고래는 자신이 사는 환경을 제대로 이해하고 있었고, 덕분에 길이가 1,780킬로미터에 달하는 양쯔강 중하류와 하천 유역의 호수와 강에서도 살 수 있었다. 문제는 전 세계 인구의 12퍼센트가 양쯔강 유역에서 생

다른 시대: 양쯔강돌고래, 엘제 보스텔만
그림(20세기).

계를 꾸리며 살고 있었다는 점이다.

양쯔강돌고래가 멸종한 원인은 무엇이었을까? 사실상 원인을 하나로
귀결 지을 수는 없다. 1958~1962년에 벌어진 대약진운동은 엄청난 속도로
중국을 산업화하려는 마오쩌둥의 시도였다. 운동은 기대만큼 잘 진행되지
않았다. 이 계획을 촉진시키기 위해 50만 명이 목숨을 잃고 3년간의 기근이
이어졌으며, 그 후 문화대혁명(1966~1976년)이 일어났다. 기근의 원인을 제
공한 사람들은 처벌을 받았다. 말 그대로 대혼란기였다.

돌고래는 먹고살기 절박해진 사람들의 식량이 되어 죽어갔다. 어부들
은 더 넓고 큰 그물을 사용하기 시작했고, 돌고래들은 다른 물고기과 함께
그물에 잡혀 익사했다. 불법이지만 널리 퍼져 있던 전기 충격 낚시는 무차별
적으로 물고기를 죽였다. 돌고래가 희생되는 일이 다반사였다. 무엇보다도

최후에 남은 양쯔강돌고래들, 제러미 색
스턴 그림.

1994년에 건설하기 시작한 대규모의 장강삼협 수력발전 댐으로 서식지가
파괴되었다. 이 지역의 도로는 열악했지만 양쯔강은 믿을 만한 도로 역할을
했고 강을 이용하는 교통량이 점점 더 많아졌다. 자연히 선박과 고래의 충돌
이 잦아졌다. 돌고래가 몇 분마다 숨을 쉬기 위해 수면으로 올라오다가 배의
프로펠러에 부딪혀 죽은 것이다.

배의 통행이 용이하도록 준설이 이루어졌고 콘크리트로 둑을 보강하면
서 강은 생명을 유지하기에 적합하지 않은 장소가 되었다. 강을 따라 늘어선
공장들은 정화를 거치지 않은 오염 물질을 강으로 그대로 흘려보냈다.

강에 서식하는 다른 종들도 영향을 받았다. 양쯔강의 어류 개체는 지난
2,000~3,000년 동안 존재해온 수치의 1,000분의 1로 감소했다고 추정된다.
어류는 돌고래의 먹이다. 게다가 아직 다루지 않은 주요 멸종의 원인 하나가

더 있다. 바로 소음 공해다.

주위가 온통 울부짖음과 비명을 방불케 하는 소음의 현장이라면 어떻게 환경을 제대로 이해할 수 있단 말인가? 현대 공상과학 소설의 고전 『은하수를 여행하는 히치하이커를 위한 안내서』의 저자 더글러스 애덤스도 멸종 위기에 처한 종을 찾기 위해 마크 카워다인과 함께 『마지막 기회라니?』라는 책을 썼다. 1990년에 출간된 멸종 위기 동물 추적기다. 두 사람은 돌고래의 관점에서 강물 소리를 녹음하고 싶었지만 수중 마이크를 가져오지 못했다. 결국 이들은 콘돔을 사용해 즉석에서 수중 마이크를 만들었고(책에는 마이크를 고정시키는 문제를 두고 씨름한 눈부신 여담도 수록되어 있다) 마침내 녹음에 성공했다. 애덤스는 놀랍게도 이 소리가 배의 '무겁고 쿵쿵거리는 반향음'이 아니라 '비명처럼 지속적으로 들리는 순수한 백색소음'이라는 사실을 발견했다.

최후의 양쯔강돌고래들은 지옥에서 사는 것과 다름없었다. 2,000년 전 약 5,000마리의 양쯔강돌고래가 살고 있었던 것으로 추정된다. 1970년 양쯔강돌고래 포획은 불법이 되었고, 1978년 양쯔강에 양쯔강돌고래연구소가 세워졌다. 보장 개체군을 위한 보호구역이 마련되었지만 돌고래를 일부러 잡기도 쉽지 않았다. 수많은 돌고래가 우연히 잡혀 죽었다는 사실을 생각하면 일부러 잡으려 해도 잘 되지 않았다니 아이러니가 아닐 수 없다. 문제는 돌고래가 포획 과정에서 죽었다는 것이다. 간신히 생포한 소수의 돌고래도 보호구역에서 몇 달 이상 살지 못했다. 보호구역 정책으로 상황이 오히려 악화되었다. 2001년 실행 계획이 수립되었을 때는 이미 너무 늦었다는 사실이 드러났다. 2006년 6주간의 탐사가 진행되었지만 돌고래는 찾을 수 없었고 양쯔강돌고래는 2007년 '사실상 멸종' 판정이 났다. 사실상 멸종이라는 말은 살아남은 개체가 있다 해도 그 수가 번식하고 복귀할 만큼 충분치 않다는 뜻이다.

이듬해 외양이 매우 닮았고 살아 있는 양쯔강돌고래가 거의 확실한 동물을 포착한 영상이 나왔다. 그 사건은 흥분되기는 해도 위로가 되지는 못

100가지 동물로 읽는 세계사

했다. 발견된 동물은 환경보호론자들이 말하는 이른바 '살아 있지만 죽은 존재'일 가능성이 더 컸다. 절멸 종의 마지막 일원인 셈이다. 2016년 열혈 아마추어 탐사대가 다시 양쯔강돌고래를 찾아 나섰다. 원정대 대장인 송치는 양쯔강돌고래를 발견했다고 주장하면서 "다른 어떤 생물도 … 그렇게 뛰어오를 수는 없다"라고 말했다. 하지만 한두 마리가 남아 있다고 해도 지속 가능한 개체 수에 이르지는 못한다. 설령 한 마리가 남아 있다 해도 양쯔강 자체가 생존 가능한 개체 수를 유지해줄 만한 환경을 갖추고 있는지도 의문이다. 이미 절멸 한계선을 넘어선 종들도 있다. 이제 우리는 위험에 처한 개체군과 종의 감소에 대한 이야기에 익숙해질 대로 익숙해졌다. 틀림없이 앞으로 나올 거대 동물의 멸종 소식에도 금세 익숙해질 것이다. 사태를 막으려면 지구라는 행성을 다루는 방식에 상당한 변화가 필요하다.

075
두루미

천상의 새

"나는 너의 날개에 평화를 적을 거야.
그러면 너는 온 세상을 날아다니겠지."

└• 사사키 사다코

두루미는 '천상의 새'라는 별명으로 불린다. 이들은 사람처럼 우뚝 서고 발레리나처럼 춤을 추며 나팔 소리 같은 소리로 서로를 부른다. 또한 크고 넓은 날개를 펼쳐 길고 느릿한 박자로 천사처럼 날아다닌다. 어느 곳에 등장하든 두루미는 이 거칠고 비천한 세상에게 분에 넘치도록 섬세하고 귀하게 보인다. 이들은 땅에 내려앉을 때도 예상치 못할 정도로 사뿐히 앉는다. 자석의 음극과 양극이 서로를 밀어내듯 땅의 표면이 이들을 밀어내기라도 하는 것 같다.

전 세계에 존재하는 두루미는 15종이다. 남극과 (뚜렷한 이유 없이) 남아메리카를 제외하고는 모든 대륙에서 발견된다. 이들과 함께 사는 모든 곳에서 두루미는 전승과 전설의 일부가 되었다. 이들은 도무지 못 본 척하고 지나칠 수 없는 새인 데다 무언가 깊은 층위에서 인간의 마음을 움직이기 때문이다.

두루미는 네 가지 속으로 이루어져 있다. 일부 종은 이동하지만, 이동하지 않는 종도 있다. 일부 종 가운데 또 일부 개체군은 이동하지만, 이동하지 않는 개체군도 있다. 날아다니는 새들 중 세계에서 가장 키가 큰 새가 두루미에 속해 있다. 그중 가장 작은 두루미인 쇠재두루미는 키가 90센티미터이고, 큰두루미는 175센티미터까지 자라기도 한다. 모든 두루미는 다리와 목이 길고 몸이 날씬하다. 하늘을 날 때 목을 안으로 집어넣는 왜가리(백로도 여기 속한다. 18장 참조)와 달리 두루미는 목을 앞으로 길게 뻗는다. 번식기가 아닐 때면 무리 지어 있는 것을 좋아한다. 언젠가 스페인에서 검은목두루미 4만 마리가 모여 있는 모습을 본 적이 있다.

두루미는 주로 무척추동물, 씨앗, 잎, 때로는 작은 척추동물까지 작은 것들을 먹고 사는 큰 새다. 두루미는 열심히 짝을 이루려 한다. 일단 짝을 맺고 나면 대부분 여생 내내 일부일처제를 유지한다. 일부 개체는 두세 살부터 일찍 짝을 이루지만 번식은 몇 년 뒤에 시작한다. 이렇게 초기에 짝을 맺은 쌍은 번식을 시도하다가 실패하기도 한다. 이런 상황에서 가끔씩 이혼도 한다. 일단 성공적으로 새끼를 기르기 시작한 쌍은 이혼이 훨씬 더 드물다.

대부분의 두루미는 춤을 춘다. 내가 상상으로 해석한 것이 아니다. 투박하지만 본 대로 말한 것이다. 이들은 날개를 펴고 뛰어오른다. 느릿느릿 중력을 거스르듯 우아하게 뛰어오른다. 이들의 춤은 구애와 번식을 위한 것이며 무리를 결속시키는 기능도 수행한다. 때로 옥수수 밭을 지나는 돌풍처럼 두루미 떼가 파도를 일으키면서 춤추는 모습을 볼 수 있다. 한 새가 몇 차례 스텝을 밟아 춤추고 다른 새가 이어받으면 옆에 있는 또 다른 새들도 같은 행동을 따라 하기 때문에 생기는 파도다. 구애의 춤은 더 길게 이어지고 정교하다. 춤은 한 쌍의 두루미를 유지시켜주는 행동상의 의례 중 하나다. 이들의 춤은 일체감을 위한 것이자 함께 있음을 축하하는 것이다.

이러니 인간의 상상력이 두루미에게 뻗치지 않을 도리가 없다. 예로부터 일본 홋카이도의 아이누 여성들은 두루미처럼 분장하고 춤을 춘다. 홋카이도의 눈밭에서 춤추는 일본의 두루미는 전 세계적으로 유명한 이미지가

되었다. 위대한 산스크리트 시인 발미키는 목욕을 하려고 맑은 개울에 갔다가 두 마리 학이 짝짓기 하는 모습을 보았다. 그런데 수컷 새가 화살에 맞아 죽었고 암컷도 그 충격으로 죽고 말았다. 발미키는 화살을 쏜 사냥꾼을 호되게 나무랐는데, 이때 그가 선택한 단어들이 '송(頌, 셰익스피어가 사용한 '각운을 쓰지 않은 시'에 견줄 수 있다)'이라는 시 형식이 되었다. 발미키는 이러한 형식을 활용해 위대한 서사시 『라마야나』를 썼다(30장 '원숭이'와 84장 '사슴' 편을 보라).

두루미를 뜻하는 그리스어 단어는 제라노스(geranos)다. 한편, 두루미와 비슷한 이름을 가진 식물인 쥐손이풀속의 학명이 제라늄(Geranium)이다. (제라늄은 영국에서 항아리나 창가 화단에 주로 키우는 관상용 식물로 알려졌지만

| 추앙받는 새: 일본의 여섯 폭 병풍(20세기).

잘못 쓰인 이름이다. 이 화초는 식물학 분류상 펠라고늄[Pelargonium]으로 불러야
한다.) 2,600년 정도 된 어느 이야기에 따르면, 이비쿠스라는 시인이 도적들
의 습격을 받아 죽을 위기에 내몰렸다. 이비쿠스는 지나가던 두루미 떼를 불
렀고 두루미 떼는 도적들을 따라 극장(예상대로 야외극장이었다)까지 들어가
이들을 에워쌌다. 압도당한 도둑은 자신의 잘못을 고백했다. 대(大)플리니
우스는 두루미들이 잠잘 때 항상 한 마리씩 불침번을 서서 무리를 지킨다는
내용을 보고했다. 불침번 두루미는 발에 돌 하나를 올려둔다. 졸다가 돌이
떨어지면 퍼뜩 정신을 차리기 위해서다. 아리스토텔레스는 두루미의 이동
을 묘사했다.

서양이 동양 미술에서 (가쓰시카 호쿠사이의 그림 〈가나가와 해변의 높은 파도 아래〉 다음으로) 좋아하는 그림은 아마 청나라 심전의 1759년 작 〈송매쌍학도〉일 것이다. 야생 세계를 향한 향수 덕분에 이 그림에서 당대의 강렬한 느낌이 물씬 풍긴다.

두루미는 영국의 습지에 흔했지만 500년 전 멸종했다. 중세 잔치의 식탁에 지나치게 많이 올랐기 때문이다. 하지만 1970년대 이들은 꽤 자연발생적으로 회귀했다. 잉글랜드 남동부 해안 지역인 노퍽 브로즈의 호시미어 습지 지역에 내려앉은 것이다. 이들은 이곳에 머물며 번식하면서 아주 서서히 증가하기 시작했다. 최근 몇 년 동안에는 노퍽 지방의 반대편인 잉글랜드 남서부의 서머셋 레벨에 두루미를 다시 도입하는 프로젝트가 진행되었다. 두루미는 이곳에 남았고 번식하기 시작했다.

관두루미는 두 종이 있으며 모두 아프리카에서 발견된다. 회색관두루미는 잠비아에서 찾아볼 수 있다. 이들의 울음소리는 "님벨라 오와!"처럼 들린다고 한다. '무서워'라는 뜻의 냔자어다. 영국인들이 도착해 영어가 부족들에게 두루 쓰이는 공용어가 되자 두루미의 울음소리는 "올완! 올완!", 즉 '모두 하나'라는 말처럼 들리게 되었다. 모든 동물은 두려움을 공유하며 삶의 취약성을 다 같이 이해하고 있다는 뜻으로 들린다. 사자와 함께 대초원을 처음으로 걸었던 우리 조상들(1장 참조)은 확실히 '모두 하나'라는 말을 이해했을 것이다. 두루미는 문명과 농업이 시작되기 이전 인간으로 산다는 것이 어떤 의미였는지를 상기시켜준다.

북아메리카의 미국흰두루미는 멸종 위기에 처해 있다. 서식지 파괴와 무분별한 사냥 때문에 이들의 개체 수는 철새 무리 15마리와 정착 무리 13마리로 줄었다. 정착 무리 개체군은 1940년 허리케인으로 사라지다시피 했다. 1941년에는 21마리의 야생 두루미와 포획된 두 마리가 남아 있었다.

(인간의 눈을 즐겁게 하는) 이 새가 처한 곤경은 1950년대 후반과 1960년

| 당당한 자태: 유럽두루미, 에드워드 리어 그림. 존 굴드의 『유럽의 새』 삽화(1832-1837년).

100가지 동물로 읽는 세계사

COMMON CRANE.
Grus cinerea (*Bechst.*)

대에 환경보전 운동을 집결시키는 거점 중 하나가 되었다. 야생동물 개체군을 견고하고 지속 가능한 수준으로 되돌리기 위한 여러 방법이 논의되었고 실험도 많이 이루어졌다. 당시에 보전은 새로운 개념이었고 종을 보전하기 위해 애쓰는 사람들이 일하는 방식은 맹목적이었다. 포획해 사육한 새들은 인간과 너무 오랜 시간을 보낸 탓에 같은 종과 짝짓기를 할 수 없는 경우마저 생겼다. 미국흰두루미 둥지에서 알을 꺼내다가 캐나다두루미 둥지에 기르라고 갖다놓기도 했다. 효과는 없었다. 재도입 프로젝트는 대부분 높은 사망률과 낮은 번식률을 보였다.

사냥은 예나 지금이나 문제지만 최소한 1973년에 불법화되었고 때로 여러 법률이 시행되었다. 하지만 주된 개선점은 서식지 보호였다. 이주하는 개체군에게 비결은 번식지와 월동지를 보호하는 것이다. 이주 경로의 경유지를 보호하는 일 또한 못지않게 중요하다. 이러한 장소들을 보호하는 정책이 강화되면서 미국흰두루미의 개체 수는 서서히 증가했다. 2017년에는 텍사스 연안의 애런사스에서 550마리 이상이 월동하는 모습이 발견되었다. 인간은 세상에 아직 두루미가 존재하기를 원하는 것 같다. 그래서 두루미는 보전 역사에서 중요한 존재가 되었다.

종이접기를 잘하려면 차분하면서도 자신감 있게 손을 놀려야 한다. 종이접기의 고전 중 하나가 학 접기다. 종이학 1,000개를 만들면 소원이 이루어진다고 한다. 사사키 사다코는 이러한 생각이 마음에 들어 죽기 전에 소원을 이루어준다는 종이학을 접었다. 학을 접을 때 이미 자신이 살날이 얼마 남지 않았다는 사실을 알고 있었다. 사다코는 1945년 히로시마에 핵폭탄이 떨어질 때 피폭되어 열두 살 나이에 백혈병으로 사망했다. 오늘날 종이학은 히로시마의 상징으로 쓰이고 있다. 죽음과 파괴의 상징이 아니라 희망의 상징이다.

076
매머드

사라진 코끼리

"지구상의 생명체는 끔찍한 사건들로 자주 괴롭힘을 당했다.
수많은 동물이 이러한 재난의 희생자였다."
└• 조르주 퀴비에

매머드는 인류 역사의 중심에 있다. 먼저 이들은 인류를 살아 있게 해주었고, 불과 몇천 년 후에는 우리가 생명의 가능성을 이해하는 방식을 바꿔놓았다. 이들은 인류의 지속적 존재라는 문제를 제기하는 데 중요한 역할을 담당했을 뿐 아니라 우리의 사유 방식의 발전에도 근원적인 역할을 수행했다. 우리는 매머드의 이빨을 통해 현생 인류가 가지고 있던 삶의 관심사를 처음 알게 되었다.

매머드는 (인간을 제외한) 선사시대의 모든 생명체 중에서 가장 많이 연구된 동물이다. 매머드의 사체는 화석으로 남았을 뿐 아니라 얼어붙은 채로도 발견되었기 때문이다. 덕분에 이들의 뼈와 이빨을 비롯해 위장의 내용물과 배설물도 연구할 수 있었다.

게다가 매머드는 예술에 관해서도 가르쳐주었다. 시각 예술의 재료와 소재를 둘 다 제공해준 것이다. 매머드는 선사시대 미술에서 말과 들소 다음으로 인기 있는 소재였고, 이들의 엄니는 상을 조각하는 데도 쓰였다. 매머

100가지 동물로 읽는 세계사

드 엄니에 새겨진 매머드 그림도 발견되었다.

일반적으로 알려진 매머드는 10종이다. 털매머드는 알래스카와 시베리아에서 얼어붙은 채 발견된 개체 중 단연코 가장 유명하고 연구도 가장 많이 이루어졌다. 구대륙과 신대륙 본토의 개체군은 약 1만 년 전에 멸종되었지만 세인트폴섬에서는 약 5,600년 전까지, 브란겔섬에서는 약 4,000년 전까지 살아남았다. 두 곳 모두 북극에 위치한다. 지질학적 관점에서 보면, 우리 인류는 정말 간발의 차이로 이들을 놓친 셈이다. '심원한 시간'의 측면에서 보면 21세기 인류가 정말 아깝게 이들과 시기를 비껴갔다는 말이다. 그에 비하면, 공룡이 사라진 것은 무려 6,500만 년 전이다. 현생 인류는 매머드와 함께 살았던 것이다.

매머드는 오늘날의 코끼리와 거의 비슷한 크기로 서 있을 때 어깨까지의 높이는 3.4미터에 무게는 6톤이었다. 이들은 코끼리와 비슷하게 살았을 가능성이 크다. 매우 사회적이었고, 모계가 이끄는 번식 무리에 속해 있었으며, 수컷은 대부분 무리에서 떨어져 살았을 것이다. 이들은 초식동물로서 대부분 북극 주변 넓은 고리 모양의 지대에서 살았던 털매머드종은 풀과 사초를 주로 먹었다. 지나칠 정도로 구부러진 엄니는 최상의 도구가 되지 못한다. 현대의 코끼리는 땅을 파는 등 많은 일을 수행할 때 엄니를 쓴다. 매머드에게 엄니의 가장 중요한 용도는 과시와 무기였을 것이다. 어깨뼈가 부러진 채 발견된 매머드들도 있는데 이들은 상대의 머리를 옆에서 세게 칠 때 생긴 상처의 희생자였을 확률이 높다.

인간은 3만~4만 년 전 아프리카에서 유럽으로 이동해 매머드와 만났다. 인간은 일반적으로 호모속의 다른 종으로 간주되는 네안데르탈인도 만났는데, 네안데르탈인은 매머드와 공존하는 데 익숙했다. 매머드는 두 호모종에게 식량과 주거지라는 두 가지 이득을 제공했다. 매머드 뼈로 지은 주거지가 70여 곳 이상 발견되었다. 사용된 뼈들을 보면 시간 차이가 많이 나는

경외의 대상: 프랑스 페슈메를 동굴에 그려진 매머드(기원전 1만 5000년경).

경우가 있는데, 이는 이들 뼈 중 상당수가 금방 죽은 매머드보다는 오래전에 죽은 매머드에게서 가져온 것임을 암시한다. 매머드의 가죽도 이런 주거지에 사용했을 가능성이 있지만 보존이 잘되는 뼈만 오늘날까지 남았다.

매머드는 먹을거리로도 사용되었다. 도살 흔적이 명백한 뼈들도 발견되었다. 포유류 고기라는 음식이 인간의 발달에 얼마나 중요했는지, 주식이었는지 별식이었는지에 관해서는 추정해볼 뿐 달리 할 수 있는 일이 없다. 어쨌거나 산처럼 거대한 단백질 덩어리는 분명 우리 조상들에게는 경이로웠을 것이다. (다른 인간과 동물들 같은) 경쟁자들이 보지 못하게 고기를 따로 둘 수만 있다면 원하는 만큼 저장할 수 있는 빙하기 조건에서는 더더욱 그러했을 것이다. 매머드의 엄니는 단검과 창을 만들 때도 사용되었다. 매머드 사냥이 활발하게 진행되었을 가능성이 높다. 함정처럼 보이는 곳에 빠진 매

10만 년 전 플라이스토세 후기(빙하기) 유럽의 털 매머드와 코뿔소, 찰스 R. 나이트의 그림.

머드를 그린 동굴벽화도 있다. 어깨뼈에 창끝이 발견된 매머드도 있다. 지형이 허락하는 곳에서는 절벽 끝으로 동물을 몰고 가는 고대인의 몰이법도 실행되었을 것이 틀림없다.

　세계의 기후 온난화는 다양한 종의 매머드 멸종에 중요하게 기여했을 확률이 높다. 21세기 인류에게는 그리 낯선 이야기도 아니다. 인류가 매머드의 멸종에 어느 정도 기여했는지는 추정만 할 수 있을 뿐이다. 중요한 것은 큰 포유류가 작은 포유류보다 취약하다는 사실이다. 수도 더 적고 번식 속도도 현저히 느리기 때문이다.

　유럽인은 17세기에 매머드의 존재를 알았지만 어떻게 대해야 하는지는 전혀 몰랐다. 아마 현생 코끼리의 유골로 보았을 수 있고, 베헤모스 같은 전설의 생물로 보았을지도 모르겠다. 1728년 한스 슬론(대영박물관의 실제 설립자이고 그를 기려 런던의 슬론 광장이 생겼다)은 시베리아에서 발견된 표본으로 매머드의 이빨을 조사한 결과, 이들이 코끼리 종류에 속한다고 주장했다. 그는 이 동물이 노아의 홍수로 모두 물에 빠져 죽었으며, 따라서 시베리아는 한때 열대지방이었다고 추정했다. 다른 사람들은 슬론의 생각을 절반 정도만 받아들였다. 홍수에 빠져 죽은 동물인 것은 맞지만 시베리아가 열대지방이었던 것이 아니라 이들이 시베리아까지 떠내려갔다고 보았다. (오늘날 우리가 당연히 알고 있는 사실을 한데 모아놓은 과거 사람들의 성실성과 호기심에 존경을 표할 시점이 지금이 아닌가 싶다. 나는 정말 궁금하다. 우리의 먼 후손들이 [존재할 수 있다면] 21세기 인류가 세상을 이해했던 방식을 어떻게 생각할지…)

조르주 퀴비에는 1769년에 태어나 1832년에 사망했다. 박물학자였던 퀴비에는 계몽주의자의 일원이기도 했다. 그는 화석을 연구하는 학문인 고생물학의 창시자로 알려져 있다. 그의 업적은 비교해부학 분야에서 두드러진다. 그는 화석을 당시에 존재하는 종의 뼈와 비교했고, 이를 통해 린네의 연구를 확장했다(8장 '대왕고래', 11장 '오리너구리', 13장 '티라노사우루스', 30장 '원숭이', 70장 '오랑우탄' 편을 보라). 1796년에는 살아 있는 코끼리와 화석 코끼리에 관한 논문을 썼고, 매머드는 "살아 있는 코끼리와는 다르며", "멸종했다"고 말했다. 대담한 가설이었다. 동시에 위험한 주장이었다. 멸종은 불가능하다는 인식이 널리 퍼져 있었기 때문이다(19장 '도도' 편을 보라). 신이 일부러 종을 창조한 것이라면 멸종을 허락하지 않을 것이라는 인식 말이다. 18세기의 또 다른 박물학자 뷔퐁 백작은 퀴비에의 견해에 반대하면서 매머드는 틀림없이 열대지방 어딘가에 여전히 살고 있다고 말했다. 이에 퀴비에는 기본 상식으로 대응했다. 좋다. 그럼 어디에 있단 말인가? 매머드가 여전히 살아 있다면 눈에 띄지 않을 리 없다는 것이 그의 반론이었다. 못 보고 지나치기에 불가능한 동물이기 때문이다.

퀴비에는 종간 돌연변이 관점의 진화론을 받아들이지 않았다. 이 문제에 관한 초창기 관념이 제기되고 있었고, 그중에서 장바티스트 라마르크의

100가지 동물로 읽는 세계사

연구가 가장 선구적이었다(종간 돌연변이 주제에 관한 그의 탁월한 개념은 일부 틀린 지점이 있지만, 오늘날 그 부분만 부각되어 조롱받는 것은 부당하다). 하지만 퀴비에는 멸종이 일어난다는 점, 그리고 일련의 재난이 지구 생명체의 구성에 영향을 끼친다는 점을 확신했다.

절멸 혹은 멸종이라는 개념은 오늘날 지구상에서 가장 중대한 주제까지는 아니어도 중요한 주제에 속한다. 인간종의 멸종 가능성도 포함되기 때문이다. 인간이 멸종할 수 있는 가능성에 대한 생각은 매머드에게서 비롯되었다. 2015년 털매머드의 유전체 염기 서열 조립 프로젝트가 완료되었다. 이 종을 다시 만들 수 있는지 여부에 관한 추정이 있기는 하지만 복원 기술은 아직 없다. 게다가 멸종 문제와 관련해 더 시급한 과제가 인류를 기다리고 있을지도 모른다.

077
염소

악의 전달자

"염소의 욕정은 신이 내린 너그러운 포상이다."
  └▸ 윌리엄 블레이크, 『지옥의 잠언』

염소는 인류가 가장 초창기 시절부터 길들인 동물 중 하나다. 1만 년이 넘는 세월 동안 염소는 인류에게 고기와 젖과 가죽과 털을 제공했다. 인간은 염소 젖으로 치즈를 만들었고 배설물을 연료로 사용했다. 염소는 인간이 인간답게 살 수 있도록 도와준 동물이다. 그러나 우리는 신을 섬기지 않는 사람을 염소와 동일시하고 고결한 사람은 양과 동일시한다. 이 핵심적 진리가 『성경』에 명시되어 있다. 이후로 우리는 이러한 관념을 더 멀리까지 확장시켰다. (악 자체인) 사탄에게 아예 염소의 뿔과 수염을 붙여버린 것이다. 고대 신화에서 자연의 신인 판(pan)은 하반신이 염소다. 파우누스와 사티로스도 마찬가지다. 이들은 모두 우리가 통제하고자 하는 자연의 힘, 대개는 실패하지만 굴하지 않고 밟고 서려는 자연의 힘을 표상한다. 무엇보다도 전설 속의 염소는 성(性)을 상징한다.

아르메니아나 서아시아의 산간 지역에 가만히 앉아 있으면 돌이 달그락거리는 소리를 종종 듣게 된다. 보이지는 않지만 이것이 베조아르라는 야

100가지 동물로 읽는 세계사

생 염소의 위장에서 들리는 위석(胃石) 소리임을 알 수 있다. 염소는 영양 섭취가 힘든 것이 분명한 척박한 산악 지대에서도 살아남는 민첩하고 겁 없는 등반의 전문가로서 가축화된 염소의 조상이다. 염소는 300여 품종이 있다고 알려져 있다. 2011년 유엔식량농업기구(FAO)는 전 세계의 염소 개체 수를 9억 2,400만 마리로 추산했다.

염소에 대한 가장 중요한 사실은 이들이 양이 아니라는 점이다(68장 참조). 염소와 양의 차이점은 수천 년 동안 인류의 뇌리를 압도적으로 사로잡은 문제다. 주로 풀을 뜯는 동물인 양은 풀을 주면 잘 먹는다. 염소는 이것저것 먹어보는 동물로 좀 더 키 큰 초목을 먹는다. 주로 덤불과 나무 끝부분을 먹으려 한다. 두 종은 비슷하게 생겼다(어떤 품종의 양은 얼핏 보면 염소와 구별이 안 될 정도다). 하지만 둘은 생활 방식의 차이 때문에 관리를 전혀 다르게 해야 한다. 한눈에 알아볼 수 있는 차이점도 있다. 염소의 꼬리는 위로 올라가 있고 양의 꼬리는 아래로 내려가 있다.

염소는 무엇이든 먹는 탐욕스러운 동물로 유명하다. 좀 과장되기는 했지만 염소는 음식에 관한 한 대담하고 실험적이라 종이, 판지, 깡통에 붙은 종이 라벨까지 식물에서 나온 것이라면 무엇이든 먹어보려 한다. 또한 다른 동물에게는 독성이 있는 식물도 아무런 해를 입지 않고 먹을 수 있다. 하지만 이들도 오염된 음식과 물에 관해서는 까다롭기 때문에 축산에서 문제가 생긴다. 축산업에서는 여러 동물을 함께 가둬놓아야 하는데 이런 경우 오염이 불가피하기 때문이다.

염소는 자유롭게 방목할 때 더 잘 지내지만 이 또한 문제를 일으킨다. 염소는 먹이를 구할 때 어느 정도 민첩성과 진취성이 필요한 동물이다. 게다가 뛰어난 등반가로서 나무에 오를 수 있는 유일한 반추동물이다. 목초지에 있는 양은 필요한 먹이를 찾기 위해 머리를 숙이기만 하면 되지만 염소는 주변 환경에 신경을 더 많이 쓴다. 염소는 무리를 짓는 성향이 양보다 약하고 다루거나 통제하기도 어렵다. 어느 정도 사회적이지만 고분고분하게 순종하는 무리의 구성원이라기보다 개별적으로 반응하는 경향이 있다. 이런

뿌리 깊은 기질적 차이는 양을 착한 동물로, 염소를 문제나 일으키려고 태어
난 동물로 보는 데 일조했다.

　　염소는 가둬놓기 어렵다. 어떤 울타리든 위로 넘어가고 아래로 통과하
고 사이로 지나가는 데 능숙하며 호기심 많고 돌아다니기 좋아하는 성격 때
문에 어디든 벗어나려 한다. 염소가 사악한 동물로 여겨진 것은 이런 이유
때문일까? 마태복음에서 예수는 다음과 같이 말한다. "양은 그의 오른쪽에,

염소는 그의 왼쪽에 세울 것이다. … 그때에 임금은 왼쪽에 있는 사람들에게
도 말할 것이다. '저주받은 자들아, 내게서 떠나서 악마와 그 졸개들을 가두
려고 준비한 영원한 불 속으로 들어가라.'"

양과 염소는 모두 음식과 관련이 있고 따라서 희생과도 관련이 있다.
미래의 호의를 바라거나 과거의 호의에 감사하며 신에게 값진 무언가를 바치는 일과 관련이 있다는 뜻이다. 희생 제물로 쓰이는 가장 좋은 사례로 속죄의 염소(희생양)를 들 수 있다. 제사에 대해 기록하고 있는 레위기는 금지된 것과 허용된 것을 논한다. 염소 두 마리가 있을 때 한 마리는 제물로 바쳐서 먹고 다른 한 마리는 공동체의 죄를 짊어지라는 의미로 풀어준다. 양보다 염소를 풀어주기가 더 쉽다. 양은 안전한 무리를 떠나려는 경향이 염소보다 훨씬 더 적기 때문이다. "아사셀의 몫으로 뽑힌 숫염소는 산 채로 주 앞에 세워 두었다가 속죄제물을 삼아 빈들에 있는 아사셀에게 보내야 한다"(레위기 16장 10절). 레위기의 이 구절은 십자가에 못 박힌 그리스도의 죽음을 형상화한 것으로 해석된다. 예수는 세상의 죄를 없애기 위해 죽은 것이다.

라파엘전파(19세기 중엽 영국에서 일어난 미술 운동. '자연에서 겸허하게 배우는 예술'을 표방하며 라파엘로 이전 이탈리아 화가들의 작품에서 영감을 찾았다 —옮긴이)의 화가 윌리엄 홀먼 헌트는 신앙의 위기를 겪는 동안 당시의 이스라엘을 여행하며 〈속죄의 염소〉라는 그림을 그렸다. 이 작품은 사람들의 의견을 양분시킨 것으로 유명하다. 화가 자신에게 이 그림은 구원을 다룬 매우 내밀하고 개인적인 작업이었지만, 그림을 본 많은 사람에게는 불가해한 염소가 그려진 파격적인 풍경화에 불과했다.

그리스신화에서 몸의 절반이 염소인 판이라는 신은 억제되지 않은 자연을 상징하며, 그 이유로 존경받는 동시에 욕을 먹는다. 판(Pan)에서 '공황'이라는 의미의 패닉(panic)이라는 단어가 나왔다. 판과 함께하는 모든 일은 짜릿하고 위험한 것으로 인식되었다. 판은 사원이 아니라 동굴, 토굴, 숲과 같이 문 밖 거친 장소에서 숭배받는 유일한 신이다. 염소 다리가 있는 사티로스처럼 판도 성적 방종으로 유명하다. 판은 음탕한 마음을 품고 시링크스 여신을 쫓아갔지만 시링크스는 갈대로 변했다. 갈대에 이는 바람 소리에 위로를 받은 판은 상으로 팬파이프를 만들었다. 그는 달의 여신 셀레네를 유혹하는 데는 성공했다. 예로부터 판은 대체로 신뢰할 수 없는 존재로 그려진다. 염소와 결합하거나 아프로디테에게 추근대는 존재인 것이다. 플루타르코스에 따르면 판은 죽을 수 있는 유일한 신이다. G. K. 체스터턴은 이렇게 말했다. "판은 그리스도의 탄생으로 죽음을 맞이했다." 그러므로 그리스도의 탄생은 자연의 정복과 분명 연관이 있다. 문명, 즉 종교와 도덕이라는 문명의 힘이 내면의 염소를 정복한 것이다.

염소는 고전 세계에서 비극과 관련된다. 비극이라는 단어는 원래 '염소의 노래'라는 뜻이다(비극을 뜻하는 'tragedy'는 그리스어 'tragodia'가 어원이다. 트라고디아는 'tragos[숫염소]'와 'oide[노래]'가 합쳐진 단어다—옮긴이). 합창과 춤 공연을 가장 잘한 이들에게 염소를 상으로 주었기 때문일 수도 있고, 아니면 염소가 희생되기 전에 춤을 추었기 때문일 수도 있다.

염소는 성 문제에서 자제할 줄 모른다. 수컷과 암컷 모두 뿔이 있고 양의 뿔보다 두드러져 보인다. 뿔은 음란한 성질의 증거로 보일 수 있다. 염소는 성욕과 동일시되면서 자연히 악마와도 동일시되었다. 알브레히트 뒤러의 유명한 동판화 〈기사, 죽음 그리고 악마〉는 죽음과 악마를 여러 형태의 염소로 보여준다. 염소의 뿔과 수염이 달린 죽음은 모래시계를 흔들고 있고, 악마는 자기 파괴적 광기에 붙들린 염소의 머리를 하고 있다. 바포메트라는 사악한 신은 우리 모두에게 익숙한 사탄의 전통적 이미지와 매우 유사하게 의인화된 염소의 형태로 표현된다. 십자군의 비밀결사인 템플기사단은 바포메트를 숭배한 죄로 기소되었고(날조된 것으로 추정된다), 그 탓에 조직은 박해를 받고 세력을 잃게 되었다. 이들이 행했다는 흑미사에는 염소 형태의 사탄을 숭배하는 예식이 있다. 생명을

음탕한 욕망: 에로스의 도움을 받아 샌들로 판을 내리치려는 아프로디테. 델로스의 대리석 조각(기원전 1세기).

긍정하는 오각별을 뒤집으면 염소 머리와 닮은 모습이 나온다고 한다.

하지만 염소가 악을 연상시키는 특성을 갖고 있다고 해서 이들을 가축으로 기르지 못한 것은 아니었다. 염소가 주는 이점이 많았기 때문이다. 염소 가죽으로는 액체를 가장 효과적으로 담는 저장 용기를 만들 수 있었고, 그 덕에 인간이 건조지역을 이동하는 거리가 크게 늘어났다. 이는 인간을 취하게 만드는 액체인 술을 꽤 멀리까지 운반할 수 있게 되었다는 의미이기도 하다.

최근에는 염소 치즈가 유행하기 시작했지만 원래 염소는 주로 가난을 연상시킨다. 가령, 옥스팜 같은 여러 자선단체들은 빈곤한 지역사회를 위해 염소 구입 자금을 후원해줄 것을 기부자들에게 독려한다. 어떤 사람이 이에 대해 더 알아보려고 자선단체에 전화를 걸었다.

"그런데 염소는 뭘 먹죠?"

"염소의 장점이 바로 그겁니다. 어떤 환경에서든 먹고 살거든요."

"그러면 주변 환경은 어떻게 되는 건가요?"

자선단체에서는 아무런 대답도 하지 못했다. 아마 대답할 말이 없을 것이다. 과도한 방목 때문에 전 지구적으로 환경 파괴가 심각한 것은 사실이다. 하지만 그 죄를 모조리 염소에게 뒤집어씌우는 처사는 부당하다. 환경 파괴는 방목 가축 전체 때문이지 염소만의 잘못이 아니기 때문이다. 염소는 오히려 사막화 과정이 어느 정도 진전되었을 때 투입되는 경향이 있다. 황폐한 목초지에서 살아갈 수 있는 동물로 염소 말고는 달리 선택의 여지가 많지 않기 때문이다. 염소는 이미 황폐화된 지역에 가하는 최후의 일격이다. 어차피 죽을 땅을 단박에 죽이는 자비로운 존재인 셈이다.

사막화는 장기적이고 역사적인 과정이다. 사막화는 카르타고, 그리스, 로마라는 여러 제국이 몰락한 원인으로 언급된다. 메소포타미아, 지중해, 중국의 황투고원에 살았던 예전의 사람들에게 큰 혼란을 일으킨 주요 원인으로도 제시된다. 동서로 6,000킬로미터에 걸쳐 펼쳐진 사하라사막은 1900년 이후 남쪽으로 250킬로미터가 더 확장되었다. 가뭄, 기후변화, 경작 때문이

100가지 동물로 읽는 세계사

기도 하지만 주요 원인은 지나친 방목이다. 염소는 자신이 서식하는 환경에서 알아서 먹이를 조달한다. 이들이 더 이상 먹이를 조달할 수 없게 될 때, 염소와 인간과 다른 모든 것을 포함한 미래 세대에게 무언가 남겨놓은 것이 있어야 할 것이다. 이는 아주 중요한 문제다.

078
로아사상충

악마의 사도

"병들고 암에 걸린 모든 것,

크고 작은 모든 악,

더럽고 위험한 모든 것,

주 하나님이 이 모두를 만드셨네."

└→ 에릭 아이들, 《몬티 파이튼의 계약 의무 앨범》에서

자연을 바라보는 아주 견고하고 효과적이고 유용한 두 가지 방법이 있다. 첫째, 자연은 상냥하고 관대하고 친절하고 아름다움과 경이로 가득하고 영원토록 우리를 지탱해줄 수 있다고 믿는 것이다. 둘째, 자연은 증오에 차 있고 적대적이고 잔인하며 우리와 끊임없이 전쟁을 벌이고 있다고 믿는 것이다. 우리는 두 가지 관념을 동시에 가지고 있고, 두 관념 역시 우리를 잘 지탱해주고 있다. 우리는 두 관념 사이의 모순을 문제시하지 않는다. 어떤 의미에서 둘 다 옳을 수 있다. 물론 둘 다 틀릴 수도 있다.

　찰스 다윈은 자웅동체인 해파리를 연구하던 중 이들이 타가수정을 한다는 사실을 입증하려 노력했다. 암수한몸인 해파리 단일 개체가 자가수정을 하는 경우 종의 활력이 사라져 종 보전이 어렵다고 보았기 때문이다. 그는 절친한 친구이자 대변자인 토머스 헉슬리와 편지를 주고받으면서 정자가 물에 휩쓸려 암컷의 입으로 들어가는 것은 아닌가 생각한다고 말했다. 헉슬리의 대답은 다음과 같았다. "그 과정이 외설적인 걸 보니 어느 정도는 그

럴듯하군요. 해파리를 보니 자연은 어떻게 보아도 저속하군요." 헉슬리의 다소 과장되고 코믹한 대답 때문에 즐거워진 다윈은 또 한 명의 절친한 벗 식물학자 조지프 후커(61장 '따개비' 편을 보라)에게 이 말을 전했다. 그리고 나서 그의 가장 유명한 문장 중 하나를 편지에 추가했다. "악마의 사도쯤은 되어야 이렇게 굼뜨고 헤프고 서툴고 저속하고 끔찍하게 잔혹한 자연의 소행을 책으로 쓸 수 있지 않겠는가!"

훗날 다윈은 자신의 시골집 다운하우스에 있는 아름다운 정원도 전쟁터에 지나지 않다고 적었다. 에이드리언 데스먼드와 제임스 무어가 쓴 뛰어난 『다윈 평전』에도 인용되어 있는 내용이다. "밝은 풍광이나 생명으로 빛나는 열대우림의 만족스러운 얼굴을 볼 때면 자연이 전쟁터라는 말에 의구심이 들 수도 있다. … 그럼에도 불구하고 자연이 모조리 전쟁 중이라는 이론은 전적으로 사실이다. 이 투쟁은 알과 씨앗에서, 묘목에서, 유충과 새끼에서 매우 빈번히 벌어지지만 각 개체의 일생에서도 언젠가는 반드시 벌어진다."

이제 데이비드 애튼버러가 한 말을 따라 자연의 교전 상태에 관한 개념을 좀 더 발전시켜보자.

제 대답은 이렇습니다. 창조론자는 신이 모든 개별 종을 각각 따로 창조했다고 말하면서 항상 벌새, 난초, 해바라기와 같이 아름다운 것을 예로 들지요. 하지만 제 생각은 다릅니다. 저는 서아프리카의 강둑에 앉아 있는 소년의 눈에 구멍을 뚫어 소년을 장님으로 만들어버리는 기생충을 생각합니다. 그리고 창조론자에게 묻지요. 당신들이 믿는 하나님, 언제나 자비롭고 인간 개개인 모두에게 역사하신다는 하나님, 바로 그런 하나님이 무고한 어린아이의 눈에서만 살 수 있는 벌레를 창조하셨다고 말하고 있는 건가요? 왠지 이 벌레를 만든 하나님은 자비가 충만한 하나님과는 다른 분인 것 같기 때문입니다.

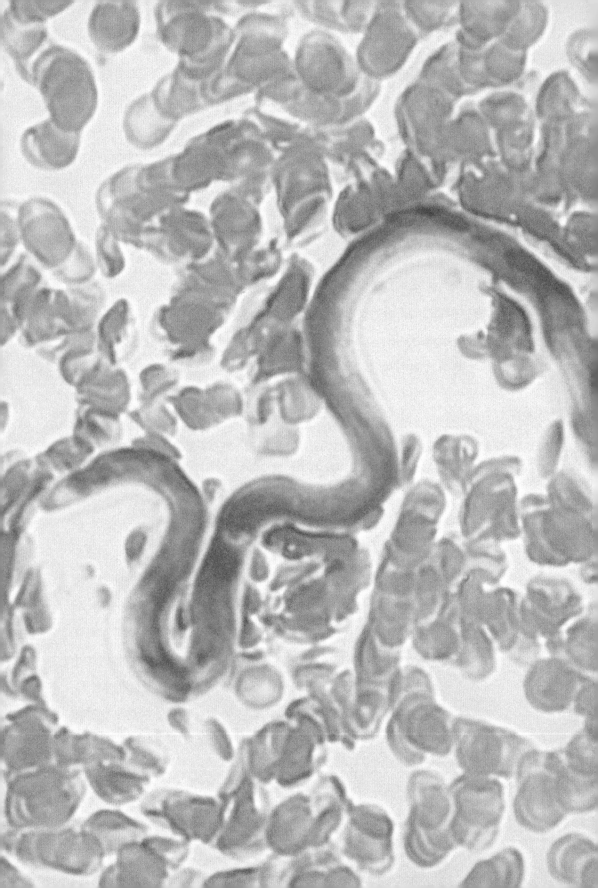

이제 우리는 길고 인용문 가득한 구절을 지나 드디어 이 장의 본론인 로아사상충을 만나게 되었다. 언어학적으로 흥미롭게도 로아사상충(loa loa worm, 'loa'는 콩고 한 지방의 언어로 '벌레'라는 뜻이다—옮긴이)이라는 이름을 이루는 각 단어는 모두 같은 뜻이다. 그래서 나는 이 생물을 '벌레 벌레 벌레'라고 부른다. 로아사상충은 서아프리카 열대우림에서 발견되는 선형동물, 혹은 선충이다. 선형동물문에는 이미 2만 8,000종이 정리되어 있고 그중 1만 6,000종이 기생충이다. 현재 지구상에 살고 있는 모든 개별 동물 중 80퍼센트가 선형동물로 추정된다. 1세제곱미터의 흙에서 100만 마리를 찾을 수 있다. 애튼버러가 말한 벌레가 바로 로아사상충이다. 로아사상충은 인간을 최종 숙주로 이용하도록 진화해왔다. 녀석은 인간의 몸에서 성숙기에 도달하고 새끼(이러한 사상충 유충을 미크로필라리아[microfilariae]라고 한다)를 낳는다.

인간이 숙주가 되는 과정은 사슴파리나 노랑파리가 감염된 인간을 물면서 시작된다(순환 과정에서 시작이라는 말을 할 수 있다면 말이다). 인간에게 감염된 파리가 이번에는 또 다른 인간을 문다. 이 벌레는 새로 들어간 인간의 몸속에서 성체가 되며 숙주에게 큰 고통을 안겨준다. 인간에게 유입된 유충은 성체가 되고 암컷은 사상충 유충을 낳는다. 암컷은 몇 년 동안이나 이러한 활동을 할 수 있다. 긴 게임에 익숙한 장수 종이기 때문이다. 유충은 혈액, 척수액, 소변, 가래에서 자생할 수 있다. 유충이 성체가 되기까지는 5개월이 걸리며 인간의 몸속에서만 성장할 수 있다. 이것은 관절에 고통스러운 부종(칼라바르 부종)을 일으키며, 눈에 도달하면 고통스러운 염증을 유발하고 때로는 실명까지 일으킨다. 음경, 고환, 유두, 콧등, 신장, 심장에서도 발견된다. 인간의 몸 전체가 제집처럼 편안한 녀석들이다.

눈 속의 벌레는 국소마취제의 도움을 받아 겸자로 제거할 수 있지만 까다로운 시술이다. 겸자를 신속히 쓰지 않으면 벌레가 손이 닿지 않는 곳으로

혈액 속 생명체: 혈액 표본 속의 로아사상충.

도망치기 때문이다. 감염된 환자는 구충제를 써서 치료할 수 있지만 신경학적 손상을 일으킬 수도 있다. 이 감염 질환은 로아사상충증이라 하며 '소외 질환(에이즈, 말라리아, 열대 질환 등 주로 빈곤 지역에서 나타나 국제사회의 관심을 못 받고, 글로벌 제약사들이 경제성이 없다는 이유로 치료제 개발을 회피하는 질환을 말한다―옮긴이)'으로 분류되기도 한다. 방역도 백신도 없다.

로아사상충을 이 책에 포함시킨 의도는 자연의 인정사정없는 적의를 보여주려는 것이 아니라, 자연을 마냥 아름답게만 보는 견해의 한계를 보여주려는 것이다. 로아사상충과 인간이 맺고 있는 아주 내밀하고 공격적인 관계에는 우리를 괴롭히는 무언가가 있다. 우리는 자연의 이런 공격에 면역되어 있다고 생각하고 싶어 한다. 하지만 서아프리카의 숲에 산다면 그렇지 않다는 사실을 직접 체험할 수 있다.

자연의 영원한 친절함과 관대함은 세상의 야생지보다는 거실에서 가장 잘 볼 수 있다. C. F. 알렉산더 부인은 『어린이를 위한 찬송가』를 출간했고 1900년에 69판까지 찍었다. 이 책에는 영어권에서 잘 알려진 구절이 들어 있다.

밝고 아름다운 만물,
크고 작은 모든 생물,

찬송가 작사가: C. F. 알렉산더 부인(1818-1895년), 〈밝고 아름다운 만물〉 작사.

지혜롭고 경이로운 만물,

주 하나님이 모두 만드셨네.

로아사상충은 이러한 시각에 균형을 맞추기 위해 존재한다. 자연이 마냥 자비롭지 않다는 사실을 보여주려는 것이다. 하지만 자연이 적의를 품고 있지 않다는 점 또한 사실이다. 우리는 자연에 대해 적대 관계와 상호 보완이라는 모순된 두 가지 관점을 동시에 가지고 있다. 인간은 스스로를 유일무이한 존재, 자연의 외부에 있는 존재라고 생각하기 때문이다. 인간 또한 수많은 종 가운데 하나이며 동물계의 다른 모든 동물처럼 매일같이 생존 경쟁에 참여하고 있다는 생각을 우리는 좋아하지 않는다. 자연은 돌고래와 학보다 인간을 딱히 더 적대시하지 않을뿐더러 메뚜기나 로아사상충보다 인간에게 더 특별한 혜택을 주기 위해 존재하는 것도 아니다. 로아사상충은 인간의 몸속에서만 살 수 있다. 선택의 여지도 없고 다른 행동도 할 수 없다. 로아사상충이 보기에 인간은 자연의 압도적인 관대함을 상징한다. 그러나 인간에게 로아사상충은 자연의 압도적인 적의를 상징한다. 이 두 가지 관점은 모두 틀렸다.

자연은 동시에 두 가지 것, 즉 좋은 것과 나쁜 것이 아니다. 자연은 그냥 모든 것이다. 나는 표범의 아름다움을 만끽하고 있다가 체체파리에게 물렸다. 그것이 인생이고 자연이다.

공작

아름다움의 기원

공작은 왕권의 상징이고 신성의 상징이다. 수세기에 걸쳐 공작은 아름다움의 이상을 표현해왔다. 한계를 넘어선 아름다움, 인류의 상상을 넘어선 아름다움이라는 이상을 표상하는 것이 공작이다. 일부 사람들에게 공작의 깃털이 폭발할 듯 펼쳐지는 장관(미 자체를 위한 미, 무용의 아름다움, 아름다움 자체 말고는 아무런 의미 없는 아름다움)은 신이 존재한다는 증거였다. 찰스 다윈은 어느 유명한 편지에서 이렇게 적었다. "공작 꼬리의 깃털을 볼 때마다 속이 불편해진다네."

공작을 뜻하는 영어 단어 '피콕(peacock)'은 수컷만을 가리키기 때문에 '피파울(peafowl)'이라고 하는 것이 더 정확한 명칭이다. 암컷은 '피헨(peahen)'이라고 한다. 암컷에게는 수컷의 꼬리에서 볼 수 있는 찬란한 무늬가 없지만, 공작 개체 수의 절반인 암컷이 더 흥미롭다고 말하는 경우도 있다. 다윈의 생각은 확실히 그러했다.

일반적으로 알려진 공작은 세 종이다. 인도공작(청공작), 말레이공작(초록공작, 자바공작이라고도 한다), 그리고 콩고공작이다. 공작은 몸이 무거운 잡식성의 새로 주로 땅에서 생활한다. 바닥에서 먹이를 찾고 밤에는 낮은 가지에 올라가 앉는다. 주로 식물을 먹지만 가능한 상황에서는 큰 무척추동물과 작은 척추동물을 먹기도 한다. 닭의 조상인 붉은들닭(29장 '닭' 편을 보라)과 꿩(60장 '꿩' 편을 보라)에서 이미 살펴보았듯 익숙한 패턴이다. 붉은들닭도 꿩도 성적 이형성이 매우 크다(수컷과 암컷 간에 차이가 심하다는 뜻이다). 이 장에서 우리가 공작이 아닌 다른 종에 대해 이야기하고 있었다면 그 차이도 꽤 볼 만하겠지만 적어도 공작만큼은 아니다.

수컷 공작과 암컷 공작은 모두 덩치가 크다. 꽁지의 깃털만 없다 친다

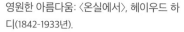

영원한 아름다움: 〈온실에서〉, 헤이우드 하디(1842-1933년).

면 암컷도 수컷만큼 크다. 하지만 사람이든 공작이든 깃털을 잊을 가능성은 제로다. 수컷 공작의 깃털은 자연에서 볼 수 있는 비범한 경이 중 하나이기 때문이다. 나는 인도의 한 덤불에서 개똥지빠귀만 한 것으로 생각되는 새소리를 듣고 그 주변을 돌며 살핀 적이 있었다. 얼마 지나지 않아 거대한 꼬리를 가진 공작이 날개를 크게 푸드덕거리며 덤불을 헤집고 나타났다. 공작이 날아서 지나가는 데 10분 정도 걸린 것 같았다. 공작에게 비행은 힘든 일이지만 날개가 없는 적을 만나는 경우에는 거의 최선의 탈출 방법이다.

깃털 자체는 색채 면에서 물리학의 경이에 가깝다. 깃털의 색깔은 색소가 아니라 굴절된 빛에서 나온다. 이는 프리즘과 빗방울의 원리로 물리학적으로는 훨씬 더 복잡하지만 구조색(입자의 형태나 배열 등 표면의 미세구조로 인해 빛이 반사, 산란, 굴절되면서 만들어지는 색—옮긴이)에 근거한다. 무지개색은 빛의 각도에 따라 변한다. 공작의 꼬리는 검은색이었다가도 눈 깜짝할 사이에 공작이 가지고 있는 색깔로는 도저히 낼 수 없는 온갖 색채의 음영이 나타난다.

이런 이유로 이 비범한 새가 신화에 여러 차례 거듭 등장한 것은 우연이 아니다. 공작이라는 새 자체는 우리가 수천 년 동안 여러 문명 속에서 지어낸 수많은 놀라운 괴물들보다 훨씬 더 세상에 없을 것 같은 존재로 보인다. 용과 그리핀(사자의 몸체에 독수리의 머리와 날개가 있는 상상의 동물—옮긴이)도 공작만큼 이국적이지는 않다. 힌두교의 네 신, 특히 전쟁의 신 카르티케야는 공작과 관련 있지만 정반대로 친절하고 자비로운 락슈미와도 관련 있다. 힌두교에서 찾아볼 수 있는 뜻밖의 역설 중 하나다. 불교에도 등장하는 공작은 상서로운 존재다. 17세기 인도 무굴제국의 황제 샤자한은 보석으로 장식한 자리, 즉 공작 왕좌를 만들게 했다. 이란의 마지막 샤도 공작 왕좌에 앉았다. 자신을 공작과 연관시키는 것은 일종의 성명 같은 것이었다.

그리스신화에서 아르고스는 눈이 100개나 달린 영웅이다. 그는 헤라의 명령으로 소로 변신한 헤라의 여사제 이오를 감시하다가 제우스가 보낸 헤르메스에게 살해당한다. 그러자 헤라는 아르고스의 눈들을 공작의 꼬리 깃

100가지 동물로 읽는 세계사

털에 붙였다. 또한 그리스인들은 공작의 살이 썩지 않는다는 생각을 마음에 들어 했고, 덕분에 이 새는 불멸의 상징이 되었다. 기독교에서는 두 가지 관념을 모두 받아들였다. 썩지 않는 이 새는 다시 불멸을 의미하게 되었고, 또한 어디에나 눈이 있어 모든 것을 보는 신의 상징이기도 하다. 아슈케나즈 유대인(유럽에 거주하던 유대인 그룹)에게 공작은 기쁨과 창의력의 상징이다. 공작은 등장하는 곳마다 인간에게 영감을 주었고, 인간은 공작의 비범하면서도 무용한 아름다움에 열렬히 반응하며 여러 이야기와 이미지를 만들어 냈다. 공작은 페테르 파울 루벤스와 대(大) 얀 브뤼헐이 그린 에덴동산 그림에도 등장한다. 공작은 이브가 아담에게 사과를 준 것을 본 증인이다. 여기서도 공작은 모든 것을 지켜보고 있다.

공작은 꽤 튼튼한 편이라 유럽과 북아메리카 일부 지역의 춥고 습한 겨울철에도 생존할 수 있다. 따라서 시골집 소유주에게 공작이 훌륭한 장식물이 된 것은 놀라운 사실이 아니다. 공작은 아주 쉽게 구할 수 있고, 성체의 가격은 미화 35달러에서 275달러에 이른다. 당연히 공작은 우리에서 탈출했고 지역에서 소규모 야생 개체군을 형성했다. 예전에 내가 살던 곳에는 수컷 공작들뿐 아니라 암컷들도 새끼를 데리고 정기적으로 찾아오곤 했다. 이들 공작은 한동안 번성하다가 죽었다. 한동안 잘 지내다가 자취를 감춘 것이다. 영국에서 공작이 지속적으로 자급자족하는 집단으로 자리를 잡은 사례는 없다.

19세기에는 생명을 새롭게 이해하는 탐구 작업이 속도를 내기 시작했다. 하지만 다윈의 자연선택 원리는 공작의 꼬리를 설명하지 못했다. 공작의 꼬리는 생존에 도움이 되기는커녕 오히려 방해물이었다. 명백한 사실이었다. 자연선택 가설이라는 거대 이론은 우리 영장류 모두가 가지고 있는 마주 보는 엄지손가락을 설명할 수 있었다. 박쥐의 날개와 고래의 지느러미, 말의 발굽, 그리고 왜 이것들이 모두 같은 구조에 기반을 두고 있는지도 설명할 수 있었다. 하지만 자연선택은 아름다움은 설명하지 못했다. 이제 답은 단순히 창조주가 스스로 즐기기 위함이라는 식, 이른바 예술을 위한 예술이 될 수는 없었다. 공작의 깃털이 지금의 모습으로 진화한 데는 이유가 있어야 했다. 하지만 다윈은 답을 알아낼 수 없었다.

다윈은 물방울로 바위를 뚫듯 강인한 정신력으로 풀리지 않는 이 문제를 집요하게 파고들었다. 『인간의 유래와 성 선택』에서 그는 다음과 같이 썼다. "성과 관련된 투쟁은 두 종류다. 하나는 같은 성의 개체들, 주로 수컷들 사이에서 경쟁자를 쫓아내거나 죽이기 위해 일어나는 투쟁으로 여기서 암컷은 수동적이다. 다른 하나는 같은 성의 개체들 간의 투쟁처럼 다른 성의 개체를 흥분시키거나 매혹시키기 위해 벌이는 투쟁이다. 이 경우에 암컷은 대개 수동적이지 않으며 가장 마음에 드는 상대를 선택한다."

다시 한번 다윈은 정중하고 절제된 방식으로 19세기의 자기 방어적 세계관에 수류탄을 집어던졌다. 공작이 아름다운 꼬리를 가지고 있는 이유는 암컷이 그것을 원하기 때문이라는 것이다. 자연에서 암컷의 선택은 활발하게 이루어질 뿐 아니라 실제로 수컷의 외모와 생활 방식을 좌우한다. 수컷은 암컷이 가지고 있는 아름다움(혹은 성적 매력)에 대한 생각을 따르든지, 아니면 자손을 남길 희망을 아예 포기해야 한다. 암컷이 수컷을 지배한다. 암컷은 자연을 형성하는 힘을 가진 존재다.

빅토리아시대의 과학계가 이러한 생각을 받아들이지 않은 것은 당연하다. 다윈은 인간과 원숭이의 조상이 같다고 말했을 때도 충분히 선을 넘었다. 그런데 암컷이 수컷에게 권력을 행사한다니 이번에는 완전히 도가 지나쳤다고 보았다.

종 내에서 짝짓기 경쟁이 진화의 원동력이며 암컷의 선택이 그 결정적 요소라는 사실을 받아들이기까지 오랜 시간이 걸렸다. 오늘날에는 이른바 레퍼토리 가수들(수컷이 개체들 사이에서 정교한 노래를 아주 다양하게 부르는 새들)이 뽑아내는 최고의 노랫소리를 들을 때면, 가장 정교하고 아름다운 노래를 부르는 수컷이 암컷에게 더 매력적으로 보일 것이라고 대개 생각하기

신들의 영광: 전쟁의 신 카르티케야(싱가포르 스리 마리암만 힌두 사원).

마련이다(40장 '나이팅게일' 편을 보라). 음악을 만드는 것은 수컷이지만 어떤 음악이 최고인지 결정하는 것은 암컷이다.

공작의 깃털을 설명하는 다른 이론도 많다. 이스라엘의 진화생물학자 아모츠 자하비는 핸디캡 이론을 제시했다. 긴 꼬리는 수컷의 삶을 훨씬 더 힘들게 만들기 때문에 오히려 생존이라는 과제에서 수컷의 강인함과 적합성을 정직하게 보여주는 신호라는 것이다. 즉, 꼬리는 좋은 유전자를 의미한다. 그렇다고 해도 이 이론은 꼬리가 크고 아름다우며 구조색으로 가득할 필요가 왜 굳이 있는지는 설명하지 못한다. 포식자들을 위협하기 위해 꼬리를 활짝 펼친다는 이론도 제시되었다. 이를 경계 동작이라 한다. 하지만 암컷만 경계 동작을 하지 못한다는 사실은 불공평한 데다가 설명도 불가능해 보인다. 영국 잉글랜드 베드퍼드셔주 휩스네이드 동물원에서 매리언 페트리 연구원은 다양한 공작 개체군을 대상으로 연구하다가 깃털에 있는 눈(目) 무늬 수가 짝짓기 성공에 결정적이라는 사실을 발견했다. 한 수컷의 꼬리에서 눈 무늬를 떼어내자 암컷을 차지하는 성공률이 감소한 것이다.

다윈의 가설은 최소한 틀린 쪽보다는 옳은 쪽에 가까워 보인다. 아름다움도 진화의 일부인 셈이다. 많은 사람은 진화가 지닌 맹목적인 힘의 개념 앞에서 곤란해 한다. 이러한 관점이 잔인하고 영혼 없이 기능한다는 사실이 두려운 것이다. 하지만 이러한 관점은 아름다움에 대한 적극적인 탐색을 담고 있기도 하다. 가능할 것 같지 않은 사랑스러움을 표현한 시각적 이미지, 찬란하고 경이로운 음악을 향한 탐색이다. 이러한 아름다움은 암컷이 내리는 결정으로 귀결된다. 우리는 이 점을 직시해야 한다. 마침내 다윈이 속 불편해지는 일 없이 공작의 꼬리를 볼 수 있게 되었듯이 말이다.

금붕어

황금의 풍요

"주황색 금붕어로 변한다고 해도 나는 상관없다."

└ 앙리 마티스

물고기를 보는 것은 근사한 일이다. 물고기 구경은 인간이 원하는 일이다. 물고기는 식용으로만 존재하지 않는다. 물고기는 우리의 눈을 즐겁게 하며 더 깊은 차원에서는 뇌를 즐겁게 하기 위해 존재한다. 플리머스 대학교와 엑서터 대학교의 연구에 따르면, 수족관의 물고기를 들여다보면 심장 박동 수가 감소하고 혈압이 낮아진다고 한다. 물고기를 응시하면 마음을 달래는 최면술 같은 느낌을 받는다. 이는 측정 가능한 생리학적 장점이다. 물고기를 보는 것은 직관적으로 다양하게 추구할 수 있는 명상 체험이며 다른 체험보다 더 효율적이다.

　야외의 물에서 물고기를 보는 것은 멋진 일이지만 그렇게 하기는 꽤 어렵다. 물고기는 보기가 쉽지 않은데 대부분의 경우 눈에 띄지 않는 것이 생존에 가장 이롭기 때문이다. 집단 속이나 서식하는 환경에서 눈에 잘 띄는 물고기는 왜가리와 꼬치고기에게 손쉬운 표적이 된다. 강과 호수에 사는 대부분의 물고기가 한낮의 물 색깔과 비슷한 은회색인 이유는 포식자를 피하기 위해서다.

물고기는 인류가 포획할 수 있게 된 이래 인간의 식단에서 중요한 역할을 담당해왔다(17장 '대구'와 66장 '연어' 편을 보라). 죽은 물고기는 영양 공급원으로 그리 오래 보관할 수 없다. 하지만 접근이 비교적 용이한 곳에 물고기를 잠시 살려둘 수 있다면 훨씬 더 편리한 생활이 가능해진다. 그래서 민물낚시로 물고기를 잡아 일부만 먹고 나머지는 다시 건지기 쉬운 연못에 던져 넣는다. 아마 사람이 직접 파서 만든 인공 연못일 것이다. 이곳에서 물고기는 적어도 잠시 동안 살아남게 되고 사람들은 배가 고파질 때 다시 물고기를 건져 먹을 수 있다. 물고기를 접한 모든 문명은 이런 시스템을 고안해냈다. 물고기를 번식 가능할 만큼 좋은 상태로 보관할 수만 있다면 양식을 지속적으로 공급받게 된다.

중국인은 당나라 시대(기원후 618-907년)에 이런 시스템을 확립했다. 잉어를 잡아 식용으로 기른 것이다. 잉어는 은회색이지만 때때로 빨간색, 주황색, 노란색의 돌연변이를 일으킨다. 이런 색깔의 물고기는 보기에도 좋고 무리 가운데 단연 돋보였다. 그래서 (특히 두 마리 이상의 돌연변이가 있을 때) 이 매력적인 변종을 몇 마리 더 번식시켜볼 수 있었다. 관상용 연못을 만드는 것이 유행하고, 사람들은 별다른 이유 없이 고요하게 명상의 즐거움을 누리기 위해 밝은 색상의 물고기를 쳐다보게 되었다. 한 걸음 더 나아가 연못에서 한두 마리를 꺼내 집 안으로 가지고 들어와 멋진 도자기에 넣는 것도 다반사로 자리 잡았다. 도자기에 물고기를 계속 넣어두지는 않았다. 즐거움과 편안함을 주는 물고기를 보면서 주인과 손님이 좀 더 친밀한 기쁨을 누릴 수 있도록 잠시 둘 뿐이었다.

송나라 시대(960-1279년)에 이르러 금붕어를 골라 기르는 일은 하나의 풍속으로 확고히 자리 잡았다. 이러한 물고기를 그린 화려한 옛 족자 그림을 찾아볼 수 있다. 1162년에 황후는 붉은색 물고기와 황금색 물고기를 둔 연못을 만들었다. 황족 외의 사람들은 황실의 색깔인 노란색 금붕어를 키우는 일이 금지되었다. 노란색 금붕어가 번식시키기에 더 용이하지만 지금까

갇혀 있는 아름다움: 〈금붕어 어항〉, 찰스 에드워드 페루지니(1870년경).

지도 주황색보다 노란색 금붕어가 더 귀하다.

명나라 시대(1368-1644년)에 들어와 물고기 품종 개량이 더욱 정교하게 이루어지면서 희귀한 물고기를 만드는 일이 도가 지나치게 심해졌다. 사람들은 돌연변이를 얻기 위해 물고기를 길렀고, 모양이 너무 이상해 연못에서 살 수 없는 물고기가 나올 정도였다. 화려한 꼬리를 가진 물고기는 집 안으로 옮겨져 도자기 그릇에 담겼다. 이들은 보기에 아름다웠을 뿐 아니라 집 안에 복(福)을 가져다준다고 여겨졌다. 물고기를 나타내는 한자 어(漁)는 풍요를 나타내는 한자 여(餘)와 중국어로 음이 같다(성조만 다르다). 어찌 금붕어를 집에 두지 않을 수 있겠는가?

17세기 초 일본에 금붕어가 유입되었고, 일본에 온 포르투갈 여행자들이 고향으로 금붕어를 가져갔다. 금붕어는 포르투갈에서 유럽 전역으로 퍼져 나갔다. 결혼 1주년을 맞아 행복한 결혼생활을 약속하며 아내에게 금붕어를 선물하는 일이 관례가 되었다. 그러나 금붕어가 더욱 인기를 끌고 널리 퍼지면서 희소성이 사라지고 관례도 없어졌다.

19세기에 수족관이 발달하면서 집에서 물고기를 기르는 일이 훨씬 더 간단해졌다. 수족관은 필립 고스가 발명했다. 포획한 물고기를 실험하고 싶었던 해양생물학자 잔느 빌르프흐 프워의 초기 작업을 발전시킨 것이었다. 고스는 식물이 물에 산소를 공급하기 때문에 식물을 적절하게 넣어두고 잘 관리한 수족관에서 물고기가 오래 산다는 사실을 알아냈다. 1851년 런던에서 열린 세계 박람회에 정교하고 호화로운 수족관이 전시되었고 빅토리아 시대의 가정집에 수족관 열풍이 일어났다. 1853년 고스는 런던 동물원에 수족관을 설치했고, 1854년에는 물고기 사육사를 위한 최초의 매뉴얼 『수족관: 심해의 신비를 열다』를 저술했다. 1908년에는 흐르는 물로 작동시키는 기계식 공기 펌프가 개발되었다. 전기를 사용할 수 있게 되면서 수족관 관련 일들이 훨씬 더 간단해졌다.

금붕어는 이제 세계에서 가장 연구하기 쉬운 생물일 것이다. 금붕어는 사색형 색각을 지녔는데, 이는 자외선을 볼 수 있다는 뜻이다. 이들은 세 가지 색으로만 볼 수 있는 인간보다 더 강렬한 색채의 세상에서 살고 있다. 사람들 각각을 구별할 수 있어 평소에 먹이를 주는 사람에게 다가온다. 금붕어는 서로 모여서 살고 무리 짓는 것을 좋아한다. 다른 개체가 가까이 있어도 매우 관대하며 고의로 서로에게 해를 입히는 경우는 거의 없다. 금붕어는 재주를 부리도록 훈련받았으며 기억력도 좋다. 적어도 3개월 동안은 무언가를 기억한다는 사실이 실험으로 입증되었다. 따라서 금붕어의 주의 지속 시간이 1분밖에 되지 않는다는 생각은 속설에 불과하다.

또 다른 속설은 금붕어의 수명이 짧다는 것이다. 적절한 환경에서는 포획된 상태로 15년 동안 생존할 수 있지만 이런 조건을 제공하기가 쉽지 않다. 물고기 한 마리당 77리터의 물을 제공해야 한다. 물고기가 성체가 되어

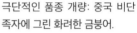

극단적인 품종 개량: 중국 비단 족자에 그린 화려한 금붕어.

번식하려면 깨끗하고 산소가 풍부한 물이 필요하고 영양 상태가 좋아야 한다. 윗부분이 좁은 전통적인 금붕어 어항은 산소가 물에 녹아들어가기에 가장 불리한 구조로 잘못된 모양의 대표적인 예다. 대부분의 애완용 금붕어가 일찍 죽는 것이 당연하다.

전문가들은 툭눈금붕어, 수포안금붕어, 딱부리금붕어, 부채꼬리금붕어, 사자머리금붕어, 진주린금붕어, 화방금붕어, 나비꼬리금붕어 등 멋진 품종을 만들어냈다. 인간은 인공 번식을 시도할 때 극단적인 경향이 많다.

유원지에서는 물이 가득 찬 비닐봉지 안에서 헤엄치고 있는 금붕어 한 마리를 경품으로 주곤 했다. 많은 수의 불운한 물고기들이 저렴하고 화려하고 작다는 이유로 사람들에게 마구 뿌려진 것이다. 오늘날에는 이러한 관행에 제한을 두고 있기 때문에 예전보다는 이런 일이 적지만, 영국에서는 물고기를 받는 사람이 16세 이상이거나 성인을 동반한 경우라면 합법이다. 비닐봉지에 담긴 금붕어는 우리 인간이 다른 생명체를 어떻게 다루는지 드러내는 상징으로 보일 수 있다. 우리는 다른 생명체를 그다지 중요하지 않은 존재로 다루고 있다. 금붕어는 이러한 인간의 태도를 보여주는 표상일지도 모른다.

081
카나리아

도시의 노래

- - - ◆ - - -

"새장에 갇힌 울새 한 마리가
천국을 송두리째 분노에 빠트린다."

└ 윌리엄 블레이크, 〈순수의 전조〉

우리는 다른 선택지가 없어 도시를 짓기 시작했다. 많은 사람이 한데 모여야
문명의 가능성이 확장될 수 있었기 때문이다. 결국 도시 건설은 인간의 편의
를 위해 이루어진 일이었다. 다른 종은 별로 중요하지 않았다. 하지만 인간
벌집을 만드는 데 성공하자마자 우리는 잃어버린 것들을 그리워하기 시작
했다. 무엇보다 그리운 것은 귀에 들리는 소리였다. 도시 생활이 무언가 잘
못된 것 같은 느낌이 드는 이유는 귀에 들려오는 소리가 적절치 않았기 때
문이다.

자동차가 발명되기 전에도 도시는 이미 시끄러운 장소였다. 도시는 사
람들의 고함소리, 아이들이 뛰노는 소리, 아기 울음소리, 수레나 마차가 움
직이는 소리, 장사꾼들이 외치는 소리로 가득했다. 폐소공포증을 일으킬 것
같은 단일 문화 속에서 북적이며 사는 수많은 단일 종의 숨 가쁜 소리로 가
득 찬 곳이 도시였다. 우리는 도시에서 벗어나기를 갈망했다. 그리고 그 기
회를 새의 노래에서 발견했다. 야생 조류의 노랫소리는 흔히 들을 수 있는

것이 아니었다. 사람들로 꽉 들어찬 도시에 새들을 위한 공간이 많지 않았기 때문이다. 사람들은 자연으로 나가 야생 조류를 잡아 왔다. 노래할 수 있는 새를 골랐고, 이들이 지저귀는 노래는 어두운 도시 생활을 밝혀주었다.

이 장의 제목을 카나리아로 붙인 것은 카나리아가 새장 속에서 노래하는 새의 전형이기 때문이다. 카나리아는 창살 너머의 콜로라투라 가수와 같다. 카나리아를 우리 인간의 집 안으로 들인 것은 비교적 최근으로 500년 정도밖에 되지 않았다. 하지만 이 장에서는 우리가 노래를 듣기 위해 새장에 가둔 다른 새들도 모두 살펴보아야 한다. 대(大) 플리니우스는 다음과 같이 썼다. "마르쿠스 라에니우스 스트라보 기사는 온갖 종류의 새가 들어 있는 커다란 새장을 최초로 브룬디시움(이탈리아 남동부의 항구 도시 브린디시의 옛 이름—옮긴이)에 들여온 사람이다. 그 때문에 우리는 대자연이 하늘에 할당한 동물을 가두기 시작했다."

노래하는 새를 기르는 것은 도시의 역사만큼 오래되었을 가능성이 높으며, 서양뿐 아니라 많은 문명에서 새를 기른 것이 분명해 보인다. 새를 기르는 중국의 전통은 금붕어를 기르는 것만큼 유서가 깊다(80장 참조). 1519년 에르난 코르테스는 아즈텍제국의 수도 테노치티틀란에 도착했을 때 목테수마 황제의 커다란 새장을 발견했다. 황금으로 가득한 새장 속에서 새들은 아주 호화롭게 지내고 있었다. 코르테스는 그 황금 대부분을 훔쳤다.

새장 속의 새들은 바빌로니아인, 힌두인, 폴리네시아인, 바이킹을 비롯한 여러 문화권의 선원들과 함께 항해에도 나섰다. 새의 존재와 노랫소리는 육지에서 벗어나 바다를 떠도는 사람들에게 위로를 주었다. 선원들은 새들을 풀어주기도 했는데, 새들이 특정 방향으로 날아가 돌아오지 않으면 이들이 택한 경로를 따라가 운 좋게 육지를 발견할 수도 있었다. 새들이 배에 다시 돌아와 내려앉으면 새가 날아오를 수 있는 높이에서조차 땅이 전혀 보이지 않는다고 생각하는 편이 안전했다.

| 사람들을 기쁘게 하는 존재: 〈노란 카나리아〉, 조지프 카로(1821-1905년).

J. Caraud. 1875

하지만 새장 속의 새를 소중히 여긴 이유는 뭐니 뭐니 해도 이들이 도시 생활에 윤기를 더해주었기 때문이다. 누구나 이 역할에 수긍했다는 말은 아니다. 조르조 바사리는 16세기에 쓴 저서 『르네상스 미술가 평전』에서 레오나르도 다빈치에 관해 다음과 같은 내용을 남겼다. "그는 말을 무척 좋아했고 다른 동물도 다 좋아했다. 길을 지나다가 새를 팔고 있는 상인을 보면 손수 새장에서 새를 꺼내 들고 값을 치른 다음 공중으로 날려 보내 새들에게 잃어버린 자유를 돌려주었다."

그렇다고 다빈치가 새를 날려 보내면서 면밀히 살펴보지 않았다는 뜻은 아니다. 그는 새가 날아가는 방식에 관해 메모를 남겼다. 다사다난한 인생에서 그는 무엇보다 비행에 매료되었기 때문이다. 그는 자기 자신에게 이런 메모를 남겼다. "너는 새의 날개, 그리고 날개를 움직이게 해주는 가슴근육을 해부해볼 것이다. 인간도 해부해볼 것이다. …"

모차르트는 찌르레기를 길렀다. 자신의 음악 한 소절을 노래한 새를 구입한 것이었다. 판매용으로 나온 이 새는 모차르트의 제자에게 들은 소절을 따라 불렀고 마침 모차르트의 시선에 들어왔다. 모차르트의 작품 〈음악적 농담〉의 주제 선율은 (실제로 찌르레기가 작곡한 것은 아니지만) 찌르레기의 노랫소리를 가져다 쓴 것으로 알려져 있다. 모차르트는 찌르레기가 죽자 장례식을 성대하게 치러주었다고 한다. 정작 본인은 죽은 후에 장례식은커녕 묻힌 장소조차 제대로 알려지지 않았으니 아이러니가 아닐 수 없다.

원래 전 세계 여러 도시에서 아름답게 노래를 불렀던 새들은 대부분 야생의 자연에서 잡힌 것들이었다. 새를 잡기는 비교적 쉬웠다. 문제는 잡은 새를 살려두는 것이었다. 1622년 자연 연구가 조반니 피에트로 올리나의 책 『우첼리에라』가 출판되었다. 우첼리에라는 '새장'이라는 뜻이다. 새장에 가둔 새를 돌보는 방법에 관한 실용적이고 건전한 조언이 가득 들어 있는 책이다. 새들에게 필요한 환경 조건과 좋아하는 먹이, 특히 노래를 부르게 하려면 주어야 할 먹이 등에 관해 썼다. 나이팅게일을 다룬 부분에서는 다음과 같은 권고 사항이 나온다. "한쪽에는 파스타 조각을 … 작은 상자나 서랍에 놓고, 다른 한쪽에는 배춧잎 같은 식물의 속잎을 … 작고 네모난 돌판 위에 펼쳐 놓아야 한다." 19세기 러시아 작가 이반 투르게네프(『아버지와 아들』, 『사냥꾼의 수기』 등을 썼다)는 나이팅게일을 키우는 가장 좋은 방법에 대해 유익한 글을 썼다.

14세기 포르투갈 선원들은 아프리카 해안을 따라 위치한 대서양 섬들에 서식하는 새들의 노랫소리가 진기하다고 보고했다. 새들은 아소르스제도, 마데이라제도, 카나리아제도에서 발견되었고, 그중 주요 섬은 그란카나리아섬이었다. 이 이름은 '개의 섬'이라는 뜻이다. 결국 예쁜 노랫소리를 내는 노랗고 어여쁜 새들에게 개 이름을 붙인 셈이다. 사람들은 새장 새의 수요가 있는 시장에 내놓기 위해 카나리아를 유럽에 들여왔고, 이 사업은 카나리아의 외양과 노랫소리, 그리고 새장 새에게 바람직한 활동성 덕분에 금세 성공을 거두었다.

원래 그란카나리아섬의 상인들은 독점권을 유지하기 위해 수컷(수컷만 노래한다)만 팔려고 했지만 짝짓기가 쉽지 않아 암컷을 밖으로 내보내게 되었다. 카나리아는 엄청난 인기를 끌었고 울음소리뿐 아니라 색깔과 모습 때문에도 다들 길렀다. 오늘날에는 노랫소리에 따라 스페니쉬팀브라도, 저먼 롤러, 아메리카싱어, 러시아싱어, 페르시아싱어 같은 여러 품종을 찾아볼 수 있다. 『둘리틀 박사의 캐러밴』에서 둘리틀 박사는 〈카나리아 오페라〉라는 작품을 무대에 올린다. 여기서 세상에서 가장 위대한 가수인 초록 카나리아 피피넬라가 주연을 맡았고, 오페라는 음악가 파가니니에게 칭찬을 받는다.

오스트리아인들이 카나리아를 탄광에 처음 가지고 들어가기 시작한 것은 1690년이다. 카나리아는 신진대사가 예민해 광부들이 감당할 수 있는 것보다 훨씬 낮은 밀도의 일산화탄소와 메탄에도 고통스러워하는 모습을 보였기 때문이다. 괴로워하면서 죽어가거나 죽은 새들은 광부들에게는 탄광 밖으로 나가야 한다는 조기 경보 역할을 했다. 이러한 관행은 거의 3세기 동안 널리 퍼졌다. 영국에서 카나리아를 탄광에 데리고 들어간 마지막 해는 1986년이다. 그 후로 탄광의 카나리아는 '생명의 위대한 은유'가 되었다. 인

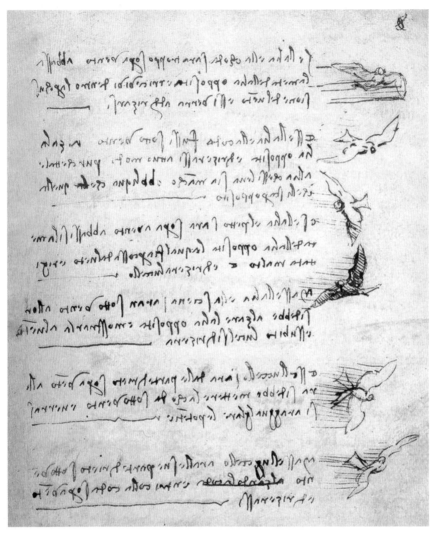

자유 비행: '새의 비행'에 관해 적은 노트, 레오나르도 다빈치(1505년).

위적인 원인 때문에 멸종으로 치닫고 있는 세계의 다양한 종을 이제 탄광 카나리아에 비유하게 된 것이다. 탄광 카나리아는 인간이 스스로를 위험에 빠뜨리면서까지 도외시하는 지구의 상태를 알리는 조기 경보인 셈이다.

카나리아는 완전히 길들여 과학 실험에도 사용했다. 뇌에서 뉴런이 어

100가지 동물로 읽는 세계사

떻게 발달하는지, 새가 어떻게 소리 내고 노래하는지, 척추동물의 뇌가 어떤 방식으로 학습하는지를 실험할 때 카나리아를 실험 대상으로 삼았다.

16~17세기에 저지대 국가(유럽의 스헬데강, 라인강, 뫼즈강의 낮은 삼각주 지대 주변에 위치한 국가들을 가리킨다. 오늘날의 벨기에, 네덜란드, 룩셈부르크, 프랑스 북부 지역 일부와 독일 서부 지역 일부가 포함된다—옮긴이)에 있던 사람들은 종교 박해를 피해 잉글랜드 동부 지역으로 왔다. 이들은 베틀과 직조 기술, 그리고 일하는 동안 함께 지내던 새들을 이주한 땅으로 들여왔다. 노리치는 직조 무역의 중심지가 되었고, 카나리아 번식의 중심지로도 자리 잡았다. 크레스트 노리치와 노리치 플레인헤드라는 두 종의 지역 품종이 인정받았다. 이 도시는 한창 때 매주 2,000마리의 새를 뉴욕으로 수출했다. 오늘날에도 노란색 유니폼을 입고 경기하는 이곳의 축구팀 노리치 시티는 배지에 카나리아가 있으며 카나리아라는 별명으로도 불린다. 나는 잉글랜드 동부 지역의 라이벌 축구팀 입스위치 타운의 한 팬이 자기 축구팀을 향한 충성심에 저촉된다는 이유로 카나리아제도로 휴가 가기를 거부했다는 이야기도 들은 적이 있다.

이제 새장에서 새를 기르는 관습은 적어도 서양에서는 줄어들었다. 인도네시아는 새장에서 노래하는 새의 거래가 활발하고 최고의 가수 새를 뽑는 전국 대회도 있다. 이런 관행은 야생 개체들의 지속 불가능한 약탈로 이어졌다. 덕분에 야생종, 특히 아시아의 야생종은 새장 속에 가둬놓고 노래를 부르게 하려고 잡은 새들의 불법 거래로 고통당하고 있다.

도시는 예전보다 더 많은 엔진이 끊임없이 포효하는 탓에 어느 때보다 시끄럽다. 하지만 오늘날 우리는 녹음한 음악으로 도시의 기계 소리에 반격을 가한다.

오늘날 우리에게 새의 노랫소리는 더 이상 필요하지 않다. 적어도 우리는 필요하지 않다고 생각한다.

순록

선물을 싣고 먼 길을 떠나다

"독수리보다 빠르게 순록들이 산타클로스의 길을 달렸지.
산타클로스는 휘파람과 고함으로 순록의 이름을 하나씩 불렀어."

└ 클레멘트 클라크 무어, 〈성 니콜라스의 방문〉

전 세계 모든 나라와 모든 연령대가 가장 잘 알아볼 수 있는 이미지는 무엇일까? 십자가에 못 박힌 그리스도, 부처, 그다음으로 아마 순록일 것이다. 물론 순록은 중력을 거스르는 썰매, 그리고 흰 수염을 기르고 빨간 옷을 입은 사람과 함께 나온다. 선물을 가득 담은 채 산타클로스가 몰고 순록 무리가 끄는 썰매는 전 세계인이 보편적으로 인정하는 위대한 원형 이미지다. 이 이미지가 퍼진 지 고작 200년 정도밖에 되지 않았다는 사실을 생각하면 놀라운 일이다.

이전까지 순록에 관심이 있는 이들은 비교적 소수로 북극 주변에 사는 원주민뿐이었다. 순록의 본성과 그에 관련된 사람들을 이해하려면 북극성 바로 아래에서 세상을 내려다보면 도움이 된다. 우리는 메르카토르도법으로 세계를 이해하는 데 익숙해져 있다. 이 방법을 쓰면 북극권의 동쪽과 서쪽 사이의 거리가 매우 먼 것처럼 보인다. 하지만 위에서 내려다보면 비교적 작은 원 모양의 얼어붙은 땅과 바다가 보인다. 시베리아, 알래스카, 캐나다,

러시아 북부와 스칸디나비아 북부의 일부가 이곳에 위치해 있다. 거의 다 같은 지역권이다.

　북극권을 특별한 곳으로 만든 것은 한 종의 사슴인 순록이다. 미국에서는 '카리부(caribou)', 영국에서는 '레인디어(reindeer)'라고 부르는 종이다. 이들은 서로 다른 개체군과 아종으로 나눌 수 있음에도 동일하게 란지퍼 타란두스(Rangifer tarandus)라는 학명을 가지고 있다. 모든 사슴종 가운데 몸 크기에 비해 뿔이 가장 큰 이들은 외양이 인상적이다. 암컷도 대부분 수컷처럼 뿔이 달려 있다.

　순록은 북극의 가장 중대한 문제인 추위에 훌륭하게 적응했다. 이들은 놀랄 만큼 적은 에너지를 소비하면서 따뜻함을 유지하는 순환계를 갖추고 있다. 진화의 여러 경이 중 하나다. 그러나 순록의 효율적인 순환계는 치타의 속도나 앨버트로스의 솟아오르는 비행 능력만큼 큰 주목을 받지는 못한다. 체내에 숨겨진 메커니즘은 인간의 마음을 사로잡는 멋진 그림을 만들어내지 못하기 때문이다. 이러한 메커니즘을 역류 열교환 방식이라고 한다. 덕분에 순록은 극한의 조건에서도 온기를 유지할 수 있다. 엄혹한 북극권의 환경에서 살기 위해 진화한 것이다.

　순록은 이동에 매우 능하다. 봄에는 북쪽으로 이동해 새로 해빙된 목초지를 개척하고, 목초지의 풀을 다 먹으면 다시 남쪽으로 내려간다. 일부 개체군은 1년에 4,800킬로미터까지 이동할 수 있다. 순록은 탄자니아 세렝게티에 있는 더 유명한 누를 제치고 모든 육상 포유류 중 이동거리가 가장 긴 동물이다. 순록의 발굽은 넓은 초승달 모양이어서 눈 위나 해빙 뒤의 부드러운 땅, 북극의 짧은 여름 늪지대를 지날 때 체중을 분산시켜준다. 이들은 움직일 때 다리 힘줄에서 날카로운 딸깍 소리가 계속 난다. 이 소리에는 사회적 기능이 있다고 알려져 있다. 딸깍 소리가 좋을수록 만만찮은 순록으로 본다. 또 다른 용도도 있을 수 있다. 딸깍 소리로 순록은 동료가 있음을 인지하고 위치도 정확히 알 수 있다. 화이트아웃(눈이나 모래 등으로 인한 기상 악화로 시야가 심하게 제한되는 현상—옮긴이)이 발생했을 때도 마찬가지다. 순록

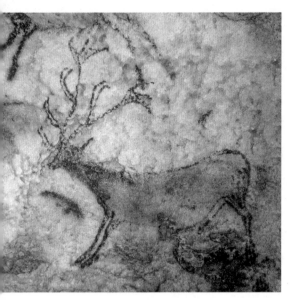

루돌프는 아니다: 프랑스 라스코 동굴의 순록
(1만 7,300여 년 전).

의 눈 또한 극한의 날씨에 적응했다. 순록은 태양 스펙트럼 끝의 자외선을 우리보다 더 깊이 볼 수 있어 순백의 풍경도 훨씬 더 잘 인식한다.

순록 덕분에 북쪽 위도에서도 인간이 살 수 있게 되었다. 토지의 부족한 식물 자원을 인간이 이용할 수 있는 단백질로 전환하는 유일한 방법이 순록이었다. 북극권 모든 나라의 최북단에 여전히 살고 있는 원주민은 순록과 깊은 관계를 맺고 있다. 1년 열두 달 내내 순록에 의지해 사는 부족도 있다. 순록은 생명 그 자체다. 이누이트족의 속담에 "순록은 늑대에게 먹히지만 늑대 덕에 강해진다"라는 속담이 있다.

역사를 통틀어 순록 무리는 감시와 관리와 활용의 대상이었다. 음식뿐 아니라 의복과 쉼터와 순록의 젖을 얻기 위해서였다. 일부 문화권에서는 순록을 꽤 잘 길들였다. 순록은 길들인 유일한 사슴종으로 이동과 운송 수단으로 활용되었다. 시베리아의 순록 중 일부는 직접 탈 수 있을 정도로 크지만 오늘날 이들의 주요 임무는 관광객이 가득 올라탄 썰매를 끄는 일이다. 지구 최북단 지역의 이동 및 운송 수단의 셈법과 경제는 복잡하다. 사람은 도보로 7~10킬로미터를 이동할 수 있지만 20마리의 순록이 끄는 썰매는 하루에 20~25킬로미터를 이동할 수 있다. 하지만 개썰매는 짐을 싣고도 70~80킬로미터를 이동할 수 있고, 짐이 없으면 놀랍게도 150~180킬로미터도 주파한다. 그러자면 대가를 치러야 한다. 개썰매를 쓰려면 5~7마리의 개 무리가 필요하며, 이들을 계속 움직이게 하려면 한 마리당 2킬로그램의 신선한 고기를 먹여야 한다. 그러니 빠른 개썰매보다 다소 느려도 순록 썰매를 이용하게 된다.

오늘날에도 인간이 기르는 순록 무리는 많다. 현대의 순록 목축업자들은 순록을 길러 고기로 파는 생활 방식을 유지하기 위해 디젤 구동 발전기와 디젤 동력 설상차를 사용한다. 순록 고기는 스칸디나비아 국가들에서 인기가 높다. 순록 고기를 다져 만든 미트볼 통조림과 순록 소시지를 슈퍼마켓에서 구입할 수 있다. 순록의 뿔은 한의학에서 약재로 쓰인다.

세계인의 상상력을 사로잡은 것은 순록 하면 떠오르는 이미지다. 세상에 널리 퍼진 대부분의 이미지와 관념은 오랜 세월에 걸쳐 누적되면서 미묘한 변화를 겪으며 발전했지만, 순록의 이미지만큼은 시작된 정확한 날짜를 꼽을 수 있다. 산타클로스와 순록이 끄는 썰매에 대한 첫 번째 기록은 1823년에 등장했다. 〈성 니콜라우스의 방문〉이라는 시는 "크리스마스 전날 밤"이라는 첫 행 구절로 더 자주 기억된다. 클레멘트 클라크 무어가 쓴 것으로 알려진(논란의 여지는 있다) 이 시는 12월 23일 뉴욕주 북부에 위치한 《트로이 센티넬》지에 익명으로 게재되었다. 미국인이 쓴 시 중에서 가장 유명하다는 주장도 있다. 이 시는 산타클로스로 널리 알려지기 전 전신 격인 성 니콜라우스의 크리스마스이브 방문을 상세히 그리고 있다.

그때 놀란 내 눈에 들어온 것은
작은 썰매와 여덟 마리 작은 순록이었네.

시에는 순록의 이름도 나와 있다. 대셔, 댄서, 프랜서, 빅슨, 코밋, 큐피드, 던더, 블릭섬이다. 마지막 이름 두 개의 철자는 다른 것도 있다. 무어가 물건을 사러 다니면서 이 시를 썼다는 이야기가 있다. 썰매를 타고 있을 때 말이다.

하지만 루돌프는 시에 나오지 않는다. 루돌프는 로버트 루이스 메이가 나중에 창작한 것이다. 1939년 그는 색칠용 그림책에 넣을 몇 구절을 써달라는 의뢰를 받았다. 시카고에 살고 있던 메이는 미시간 호수에서 안개가 걷힐 때 "유레카"를 외치는 순간을 맞이했고, 그 시를 안개 낀 크리스마스이브에 맞추었다. 1949년 메이의 처남인 조니 마크스가 그 시를 노래에 맞게 각색했고, 노래하는 카우보이로 유명한 진 오트리가 노래를 녹음했다. 이 노래는 첫 해에만 250만 장, 전체 총 2,500만 장의 판매고를 기록했다.

> 루돌프 코가 밝으니
> 썰매를 끌어주렴.

날아다니는 순록이 끄는 썰매는 어린 시절, 순수함, 아이들의 천진난만함, 모두가 크리스마스 선물을 받을 것이라는 확신 등 우리가 원하는 모든 것의 상징이 되었다.

실제 인간과 순록의 삶은 더 고달프다. 최근 몇 년 동안 전 세계 순록의 개체 수는 계속해서 감소하고 있다. 순록의 수는 자연스럽게 변하는 경향이 있지만 현재의 급감은 놀라울 정도로 장기화되고 있다. 미국해양대기청이 2018년 발표한 보고서가 밝힌 감소세다. 이 보고서의 대표 작성자 돈 러셀은 이렇게 말했다. "순록의 수는 우려될 만큼 감소했다. … 10년 뒤에 돌아왔을 때 숫자가 더 줄어든다면 전례 없는 감소일 것이다."

과학이 울리는 경종에 주목하라. 감소의 원인은 다양하지만 서식지 파괴가 제일 큰 원인은 아니다. 과도한 사냥이 하나의 원인일 수도 있다. 앞에서 이미 사람들이 너무 늦은 때까지도 지구의 자원은 무한하다고 생각하는 경향이 있음을 살펴보았다(특히 44장 '여행비둘기'와 17장 '대구' 편을 보라).

하지만 순록의 개체 수가 감소한 주된 이유는 기후변화임이 거의 확실하다. 따뜻한 여름이 북극 주변에 사는 사람들에게 이롭다고 생각할지도 모르겠다. 하지만 더위가 더해지면 가뭄이 발생하고, 파리와 기생충도 더 많이 생기며, 추위에 적응한 동물들은 더위로 인한 스트레스로 질병에 취약해진다. 눈 대신 비가 내려서 생기는 문제도 있다. 비가 내리면 얼음판이 얇아져

달려라, 달려: 클레멘트 클라크 무어의 〈성 니콜라우스의 방문〉 삽화(1823년 초판 출간).

이동이 어려워지고(순록은 이동하는 동물이다) 먹이를 찾기도 어려워진다.

추위와 연관된 동물들이 이제 열로 고통당하고 있다. 인간이 만들어낸 열, 지구온난화의 주범인 열이다. 무엇보다 우리가 1년 중 축제라고 생각하는 크리스마스에 떠오르는 동물이 고통스러운 시간을 보내고 있다. 그런 의미에서 순록은 '탄광 카나리아'의 또 하나의 사례다. 또 하나의 마지막 경고인 셈이다.

083
칠면조

잔치를 시작합시다

"그러므로 묵은 누룩, 곧 악의와 악독이라는 누룩을 넣은 빵으로 절기를 지키지 말고,
성실과 진실을 누룩으로 삼아 누룩 없이 빚은 빵으로 지킵시다."

⌐ 고린도전서 5장 8절

잔치에 대한 생각은 인간의 삶에 매우 깊숙이 스며들어 있다. 잔치는 필시 우리가 살아 있는 인간이라는 사실을 궁극적으로 축하하는 일이다. 문화권에 따라 더하고 덜한 차이는 있지만 잔치는 모든 문화의 일부다. 잔치 음식이란 단순히 영양원을 제공하는 음식도, 쾌락의 원천이 되는 음식도 아니다. 잔치는 과도한 소비를 통해 집단이 기쁨을 공유하고 있음을 표시하는 것이다. 잔치 전통은 인류가 수렵·채집을 하던 시절로 거슬러 올라간다. 채집한 것이 주식이지만 가끔씩 사냥에 성공하면 다 같이 크게 기뻐하며 축하하던 시절이다. 더운 기후에서 고기를 보관하기란 극히 어려웠기 때문에 달리 잔치를 벌이는 것 말고는 선택의 여지가 없었다. 모두가 음식을 대접받고 함께 나누고 누리는 순간, 고된 생활 속에서도 문득 모든 것이 넉넉해지고 모두가 차고 넘치게 가질 수 있는 흔치 않은 순간이 잔치였다.

잔치는 모든 날이 똑같지 않다는 사실을 강조한다. 특별한 날이 따로 있는 것이다. 교회는 소를 가지고 축제일(절기)을 기념한다(7장 참조). 잔치

(feast)와 다소 비슷한 단어로 축제(festival)가 있다. 우리는 축제 행사를 한다. 이런 축제 행사는 우리 조상들이 알기는 해도 어쩌다 한 번씩 느끼는 해방감, 즉 배고픔과 불확실성에서 해방되는 대단히 즐거운 순간과 관련이 있다. 우리는 이런 해방의 기억들을 가져다가 대담하게도 주기적이고 예측할 수 있는 것으로 만들었다. 어쩌면 문명의 승리는 우리가 잔치를 벌일 때를 선택하게 된 것, 잔치가 다가온다는 사실을 미리 알게 된 데서 시작했는지도 모른다. 잔치에는 중앙에 놓을 핵심 물건이 필요하다. 동물을 잡아 올려 놓고 그것을 중심으로 잔치를 벌이는 것이 서양 문화의 전통이 되었다. 인간이 잡아 식탁에 올린 동물이 기쁨과 즐거움을 가능하게 하는 축제의 핵심이 된 것이다. 탕자의 귀환을 축하하기 위해 살찐 송아지는 죽어야 했다. 오늘날 대부분의 사람들은 직접 동물을 잡지는 않지만, 동물을 잡아 그것을 중심으로 잔치를 벌이는 전통은 계속되고 있다.

크리스마스와 북아메리카의 추수감사절이라는 큰 잔치에는 칠면조가 필요하다. 소나 양이나 염소의 일부가 아니라 동물 한 마리 전체를 식탁에 모인 사람들 앞에서 잘라야 한다. 미리 잘라서 요리하는 법은 없다. 잡아서 요리한 새의 극적인 등장(식감과 맛을 미리 보여주는 시각, 청각, 후각적 요소가 동원된다)이 잔치에서 빠질 수 없다. 고기를 자르는 과정은 사적인 공간인 부엌이 아니라 손님들이 모여 기다리고 있는 식탁 위에서 이루어진다. 식탁 위의 짐승은 우리를 위해, 우리가 잔치를 벌이도록 제물로 바쳐진 것이다. 이 핵심적 진실에 대해서는 한 점의 의혹도 있을 수 없다.

칠면조는 중앙아메리카와 북아메리카의 토착종이다. 칠면조의 종은 두 가지다. 하나는 유카탄반도의 구슬칠면조이고, 다른 하나는 그냥 칠면조라고 불리며 어쩌다 야생으로 돌아가면 들칠면조 혹은 야생칠면조라고도 불리는 종이다. (오스트레일리아의 숲칠면조는 이름과는 달리 무덤새과이고, 칠면조 두 종 중 어느 것과도 밀접한 관련이 없다는 점을 분명히 덧붙인다.) 칠면조는 이 책에서 만난 닭이나 꿩, 공작 같은 많은 새들과 마찬가지로 땅에 사는 잡식 동물로서 힘이 세고 근육이 잘 발달한 보행 동물이다(다리 근육을 특히 바람

야생 칠면조: 윌리엄 리자르의 판
화. 제임스 오듀본의 『북미의 새』
(1827-1838년) 삽화.

직한 육질로 만든다). 이들은 포식자에게서 벗어나거나 밤에 안전한 보금자리
를 찾기 위해서만 마지못해 난다.

칠면조는 명백히 가축화의 대상이었다. 칠면조를 처음 가축으로 길들
인 시기는 기원전 800년으로 알려졌지만, 멕시코의 아즈텍인들과 오늘날
미국 지역의 아메리카 원주민들은 그보다 훨씬 먼저 최소한 두 번은 칠면조
를 가축으로 만들었을 확률이 높다. 칠면조는 고기뿐 아니라 깃털을 얻기 위
해서도 사육되었다. 칠면조 깃털로 만든 의식용 예복도 발견되었다. 칠면조

를 먹은 최초의 유럽인은 16세기 스페인 정복자들이었다. 연대기 작가들은 옛 아즈텍 문명의 수도 테노치티틀란의 시장에서 칠면조를 보았다고 적었다. 칠면조는 거기서 유럽으로 옮겨져 사육되었다. 영국 항해사 윌리엄 스트릭랜드는 1520년대 칠면조를 영국으로 들여왔다. 1500년 그는 '자존심 강한 수컷 칠면조(a turkey-cock in his pride proper)'를 새긴 가문의 문장을 채택했다. 여기서 'proper'라는 단어는 색깔이 생생하다는 뜻이다.

칠면조를 영어로 '터키(turkey)'라 부르는 이유에 관해서는 두 가지 설이 있다. 첫 번째는 이들이 터키를 통해 유럽으로 들어온 두 종의 아프리카 새인 뿔닭과 비슷하다는 것이다. 그래서 우리가 살펴본 것처럼 터키파울(turkey-fowl) 또는 터키콕(turkey-cock)이라 불렸다는 설이다. 두 번째는 칠면조가 서아시아를 경유해 이번에도 또 터키를 통해 수입되어 유럽에 처음 도착했기 때문이라는 것이다. 하지만 어느 쪽이든 칠면조는 터키가 아니라 북아메리카 출신이다.

오포드의 제2대 백작인 호레이시오 월폴은 칠면조를 무척 좋아해 노퍽의 사유지 내 월터턴 주변의 숲에 들여놓았다. 덕분에 노퍽은 잉글랜드 칠면조 축산의 중심지로 자리 잡게 되었고, 노퍽블랙과 노퍽브론즈 품종이 있는 이곳은 지금도 최고급 칠면조를 길러내고 있다. 나는 한 칠면조 농장을 가본 적이 있다. 칠면조 수백 마리가 자유롭게 돌아다니고 있었고 열의 가득한 목양견 콜리들이 칠면조를 몰고 다니고 있었다. 스릴 넘치고 인상적인 곳이었다. 구경하던 나는 어느 시점에서인가 좀 더 큰 칠면조 한 마리를 팔에 안고 녀석이 뛰어내리지 않도록 손으로 다리를 단단하게(하지만 지나치지는 않게) 붙잡았다. 칠면조의 무게감과 생동감 역시 인상적이었다.

칠면조가 크리스마스 잔치에 빠지지 않는 음식이 되기까지는 시간이 걸렸다. 1573년에 토머스 터서라는 축산업자가 크리스마스에 칠면조를 음식으로 내놓아야 할 필요에 관해 글을 썼지만, 칠면조는 여러 해 동안 이국적인 동물로 간주되었다. 모든 사람이 감당할 여력이 있는 먹을거리는 아니었다.

신선도 유지: 노퍽 거리에서 판매하는
칠면조(1931년경).

　　그러나 17세기부터 크리스마스에 칠면조를 살 여유가 있는 사람들은
대체로 칠면조를 요리했다. 칠면조는 노퍽에서 런던까지 도보로 이동했다.
칠면조 발에 신발 같은 것을 신긴 채 시골길을 따라 장장 240킬로미터 이상
을 걸어야 했다. 관계자 모두에게 시간도 많이 걸리고 고단한 여정이었지만
덕분에 살아 있는 싱싱한 칠면조를 시장에 내놓을 수 있었다. 살아 있는 새
가 죽은 새보다 신선하게 유지되기 때문에 고생할 만한 가치가 있었다. 덜
부유한 사람들은 크리스마스 잔치 음식으로 소고기나 거위고기를 사서 기
분을 냈다. 찰스 디킨스의 1843년 작 『크리스마스 캐럴』에서 밥 크래칫은
가족들과 함께 거위를 먹었다.

　　20세기 중반이 되자 집약적 축산, 싸고 구하기 쉬워진 사료, 좁은 사육
장에서 새를 기르는 관행 도입, 그리고 냉장고의 발전으로 상황이 바뀌었
다. 많은 지역에서 칠면조와 크리스마스는 뗄 수 없이 밀접한 관련을 맺게 되었
다. 오늘날에는 모든 형태의 육류 생산에서 항생제의 선제적 사용에 대한 우

려와 함께 칠면조를 과밀한 상태에서 키우는 축산 방식에 대한 윤리적 우려가 있다.

북아메리카의 추수감사절 축제는 유럽인들에게 이해하기에 다소 어려운 면이 항상 있다. 영국에서는 보통 추수감사절 축제라고 하면 학교와 교회, 그리고 〈저 밭에 농부 나가〉 같은 기독교 찬송가를 연상한다. 종교성이 짙다는 의미다. 하지만 북아메리카의 추수감사절은 단순히 종교성을 넘어 신대륙에서 살아남았다는 사실을 기뻐하는 즐거움의 축제다. 심지어 도시민들에게도 추수감사절과 그 밖의 수확 축제들은 기쁨이 넘치는 진정한 잔치다. 이 기념행사는 그 역사가 캐나다에서는 1578년, 미국에서는 1619년으로 거슬러 올라간다. 미국에서 추수감사절은 오늘날의 미국에 정착한 최초의 유럽인인 영국의 청교도 필그림 파더스(1620년에 미국의 뉴잉글랜드에 처음 이주한 102명의 청교도. 영국의 종교적 탄압을 피하여 범선 메이플라워호를 타고 갔다—옮긴이)와 그들이 첫 수확물을 성공적으로 거두었을 때 느꼈던 감사를 연상시킨다. 힘든 일이 다 끝났음을 의미할 뿐 아니라 겨울을 넘기며 생존할 수 있다는 확신을 얻게 되었음을 기념하는 것이다. 추수감사절의 감사는 옥수수 밭을 본 적조차 없는 미국인들의 가정에서도 진심 어린 축제다. 이 축제는 의미가 깊고, 따라서 전통이 요구하는 것 또한 엄격하다. 이 정도의 축제를 기념하려면 식탁에 올릴 수 있는 가장 거대한 조류 정도는 잡아먹어야 하는 것이다. 바로 칠면조다.

칠면조 축산업자들은 사람들이 연중 내내 칠면조를 먹길 바란다. 그들의 사업이 축제 때에만 잘되는 등 심하게 계절을 타는 것이 마땅치 않기 때문이다. 칠면조 고기는 맛뿐 아니라 지방 함량이 낮다는 이유로도 찬사를 받아왔고, 크리스마스가 아닌 때에도 칠면조 전체나 가슴살 등 부분육을 구할 수 있다. 하지만 1년 중 특별하지 않은 평범한 시기, 기념할 것 없는 때에 칠면조를 먹는 것은 왠지 부적절하다는 정서가 널리 퍼져 있다. 1년 중 엉뚱한 시기에 칠면조를 먹는다는 생각은 신성모독에 가깝다. 크리스마스의 힘을 약화시키고 이 축제의 시기를 특별하게 만드는 일들을 퇴색시키려는 행동으로 생각하기 때문이다.

칠면조의 죽음은 축하의 탄생을 상징한다. 21세기가 되어도 인류는 먼 옛날의 조상들처럼 잔치를 벌이고 싶은 욕망을 강렬히 느낀다. 그리고 잔치를 벌일 때 적어도 서양에서는 칠면조를 찾는다.

084
사슴

최고의 사냥감

"로빈 후드, 로빈 후드, 말 타고 협곡을 지나네.
로빈 후드, 로빈 후드, 부하들과 함께."

└ 칼 시그먼

사냥과 채집은 수많은 세월 동안 초창기 인류를 지탱해주었지만 문명이 발전하면서 우리는 점점 이러한 활동에서 멀어졌다. 농작물과 가축은 부자들에게 영양 측면에서 필요한 것을 모조리 제공했다. 이 시점에 이르자 무슨 일을 해야 할지 누구에게나 분명해졌다. 부와 권력을 지닌 자라면 당연히 해야 할 일이 분명해진 것이다. 그것은 물론 사냥이었다. 사냥꾼이 잡을 수 있는 짐승 중에서 단연 으뜸은 사슴이었다. 그것도 사냥꾼의 남성다움과 고귀함을 보여주며 위풍당당하게 왕관을 쓴 수사슴을 잡는 것이 중요했다. 문명의 진보는 결국 사냥의 이야기다. 필요가 아니라 재미를 위한 사냥, 사교 생활, 운동과 과시용 사냥, 부와 사회적 지위를 드러내기 위한 사냥 말이다. 인간이 생존하기 위해 했던 원시적인 사냥이 이제는 그가 얼마나 진정한 문명인인지를 보여주는 도구가 되었다.

다른 사냥감도 있었지만 사냥의 중심에는 사슴 있었다. 14세기의 위대한 서사시 『가웨인 경과 녹기사』에는 최초이자 가장 영광스러운 사냥 이야기가 등장한다. 이 사냥에서 사슴은 위대한 상급이다. 톰 레러의 노래 가사에 나오듯 사슴을 추적해 죽인다는 생각은 그 후에도 계속해서 남았다(22장 '비둘기'와 98장 '바키타' 편을 보라).

사슴 사냥을 하러 갔죠.
밝고 상쾌한 아침
법이 허락하는 선에서 최대한 사냥감을 쐈죠.
관리인 둘, 사냥꾼 일곱, 소 한 마리.

사슴은 항상 인간을 위한 사냥감이었다. 약 1만 7,000년이 된 프랑스의 라스코 동굴벽화에는 90마리의 수사슴이 그려져 있다. 중국에서 호모에렉투스(곧선사람)는 꽃사슴을 잡아먹었다. 초기 인류는 오늘날의 독일 땅에서 말사슴을 사냥했다. 순록은 크로마뇽인의 주식이었다. 사슴은 여러 가지 이유로 가치를 인정받았다. 고기 맛이 좋고 양도 아주 많기 때문이다. 성체가 된 말사슴이나 북아메리카의 엘크(북아메리카의 큰 사슴 무스가 아니다)와 아시아의 삼바사슴처럼 비슷한 크기의 종에게서는 고기를 대량으로 얻을 수 있다. 사슴의 가죽으로는 훌륭한 옷을 지을 수 있고, 뿔로는 질이 아주 좋은 칼 손잡이를 만들 수 있다.

전 세계적으로 90종 이상의 사슴이 있으며 남극과 오스트레일리아를 제외한 모든 대륙에서 발견된다(나중에는 오스트레일리아와 뉴질랜드에도 사슴이 들어오기는 했다). 하지만 아프리카에는 오직 한 종만 있다. 바로 아프리카 북서부의 아틀라스산맥에서 서식하는 바버리붉은사슴으로 말사슴의 아종이다. 아프리카의 다른 지역은 영양이 지배한다. 두 종의 가장 분명한 차이는 사슴은 매년 뿔이 빠지고 다시 자라는 반면에 영양은 1년 내내 뿔이 유지된다는 점이다.

고라니를 제외한 모든 사슴의 수컷에는 뿔이 있다. 고라니 수컷은 싸울 때 꽤 긴 송곳니를 쓴다. 종에 따라 뿔의 크기는 다양하다. 무스(유럽에서는

100가지 동물로 읽는 세계사

고결한 짐승: 〈협곡의 군주〉, 에드윈 랜시어(1851년경).

엘크라고 부른다)는 서 있을 때 어깨까지의 높이가 최대 2.6미터에 이르지만, 북방푸두는 성체도 32센티미터밖에 안 될 만큼 작다.

사슴은 초식동물로 나무와 덤불의 잎을 주로 먹지만 풀, 지의류, 이끼, 그리고 일부 곰팡이도 먹는다. 사슴은 얼어붙은 툰드라지대(82장 '순록' 편에서 이미 살펴보았다)에서 열대우림에 이르기까지 많은 서식지에 적응해왔다. 일반화하자면 가장 일반적인 사슴 서식지는 풀을 뜯어먹을 수 있고 넓은 빈터가 있는 개방된 숲일 것이다. 더 최근에는 서식지로 적합할 것 같지 않은 장소에도 적응했다. 영국에서는 사슴이 낮에 삼림지대에 숨어 있다가 밤에 농작물을 급습한다. 많은 지역에서 사슴은 비교적 다수를 이루며 살고 있다. 대체로 주요 포식자가 적거나 없기 때문이다. 사람들이 많이 모여 사는 중심지 인근의 대부분 지역에는 늑대가 많지 않다.

인도의 고대 종교 문헌 『리그베다』에는 사슴이 등장하고 『성경』에도 마찬가지다. 황금사슴은 힌두교 서사시 『라마야나』에서 중요한 역할을 담당한다. 시타 공주는 이 아름다운 동물에 매료되었고, 라마는 공주를 위해 사슴을 잡으러 떠난다. 그가 없는 동안 시타 공주가 납치되고 사슴은 악마의 본색을 드러낸다. 사슴은 전 세계 신화에서 쉴 새 없이 등장한다. 부처는 사슴으로 변하기도 했다. 켈트족의 신화에서는 사슴이 '요정 소(fairy cattle)'로 간주되기도 한다. 사슴은 성 아에기디우스(7세기 프랑스에서 살았던 그리스 아테네 출신의 은둔자. 성 자일즈라고도 한다—옮긴이)의 유일한 동반자였다. 그리스신화에 나오는 처녀 사냥꾼 아르테미스(로마신화의 디아나)는 목욕하는 모습을 악타이온에게 들켰고, 그 결과 악타이온은 사슴으로 변한다. 헤라클레스의 12가지 노역 중 하나는 케리네이아의 암사슴을 포획하는 것이었다. 이 암사슴은 아르테미스가 아끼는 신성한 동물이었다.

상류층을 위한 여가 활동으로서 사냥은 많은 문명에서 거의 동시에 생겨난 것으로 보인다. 문명이 발전해 부유한 사람들이 여가를 가질 수 있게 된 시점, 그리고 그 여가로 인류 발전의 초창기 시절에 대한 향수를 표현할 수 있는 기회가 생긴 시점에 여가 활동으로 사냥이 생긴 것이다. 과거에 사냥은 인류의 생존 수단 중 하나였다. 사냥을 다시 활성화한다고 해서 그리 깊은 곳까지 들어갈 필요는 없다.

여기서 잠시 사슴을 완전히 길들이지 못한 이유를 질문해볼 만하다. 사슴은 오랫동안 크고 멋진 주택의 장식물로 드넓은 공원식 정원에 놓아서 길렀다. 정원이 완전한 모습을 갖추려면 호수가 있어야 했고, 초식동물이 뜯어먹을 수 있는 나뭇잎이 달린 값비싼 나무들이 지평선 끝까지 펼쳐져 있어야 했으며, 사슴이 뛰어 놀며 바로 그 나뭇잎을 뜯어먹어야 했다. 하지만 순록을 제외하고 사슴은 소처럼 온전히 가축이 된 적이 단 한 번도 없다. 대단히 민첩하고 도약 능력이 뛰어난 사슴을 가두어 키우는 데는 한계가 있다. 엄청난 뿔도 위험하지만 (성적으로 흥분한) 발정기 때 고집불통인 수컷의 행동 또한 위험할 수 있다. 물론 이것은 극복할 수 없는 문제는 아니었다. 야생 오록스도 거대하고 포악했지만 오늘날 보는 바와 같이 온순한 소로 만족스럽게 길들이지 않았는가(7장 '소' 편을 보라).

결국 대답은 인류가 사슴을 길들이는 일에 그다지 애쓰지 않았다는 것이다. 사슴에서 고기가 많이 나온다지만 소에서는 더 많이 나온다. 사슴이 꽤 크다지만 소와 말이 더 크고, 짐 끄는 일도 소와 말이 더 낫다. 결국 길들이기 위해 수고를 들일 가치가 있는 동물은 한정될 수밖에 없고, 우리가 현재 길들인 동물들은 수천 년 동안 선별적으로 번식시켜 품종을 개량한 결과물이다. 만일 필요하다면 앞으로 몇천 년 동안 다양한 품종의 가축 사슴을 만들어낼 수 있다는 점은 의심의 여지가 없다. 하지만 우리는 그럴 생각이 별로 없고, 사슴을 차라리 야생동물로 생각하는 편을 항상 선호했다. 고귀한 인간이 사냥할 가치가 있는 고귀한 동물로 남겨두는 것이다.

유럽 문화에서 사냥을 고귀한 활동으로 보는 관행은 6~8세기까지 프랑크인(오늘날의 프랑스에 중심을 둔 민족)의 메로빙거왕조와 카롤링거왕조의 왕들이 발전시켰다. 768년부터 프랑크 왕국의 왕인 샤를마뉴는 더 흥미로운 일이 없을 때는 사냥에 열성을 기울였다.

사냥은 중심 활동이 되었고 집착이라고 할 만한 것이 되었다. 오늘날 사냥꾼의 수호성인이라는 성 위베르의 전설은 사냥에 지나치게 매료되어 성금요일에 교회에 가지 않고 사냥을 다니던 사냥꾼 이야기다. 그는 뿔 사이에 십자가가 있는 수사슴과 마주친 후로 남은 생애를 교회에 바친다. 과도한 사냥에 대한 인상적인 이야기는 귀스타브 플로베르의 「구호 수도사 성 쥘리앙의 전설」에서도 전해진다. 쥘리앙은 사냥에서 광란의 살육을 벌이다가 수사슴의 저주를 받고 결국 부모 살해라는 큰 죄를 저지른다. (이 이야기는 앵무새 이야기가 수록된 「순박한 마음」과 함께 플로베르의 단편집 『세 가지 이야기』에 수록되어 있다. 71장 '앵무새' 편을 보라).

프랑크인의 사냥 전통은 1066년 노르만 정복으로 잉글랜드까지 전해졌고 잉글랜드의 많은 지역이 사냥터가 되었다. 12세기에 이르자 잉글랜드 남부 전체의 3분의 1이 왕실 소유의 숲이 되었다. 지역 주민들은 산림법에

사슴고기 잔치: 〈셔우드숲에서 사자왕 리처드와 잔치를 벌이는 로빈 후드와 그의 부하들〉, 대니얼 매클리스(일명 앨프레드 크로키스, 1839년).

따라 숲속 동물을 죽이지 못했고 개를 키우거나 무기를 소유하지도 못하게 되었다. 오늘날의 에식스와 헌팅던셔 지역은 모두 왕실의 숲이었다.

사냥은 살육이었던 만큼 의식이기도 했다. 따라서 효율적인 방식만큼이나 올바른 방식으로 사냥하는 것이 중요했다. 사냥은 당시 사회 질서와의 깊은 교감이었다. 자신이 사냥꾼이자 중요 인물임을 입증하는 행위였다. 사냥에는 승마술이나 장궁, 단창, 장창의 사용 같은 전쟁 기술이 포함되었고 꽤 위험했다. 1100년 사냥 중에 어디선가 날아든 화살에 희생된 잉글랜드의 윌리엄 2세를 비롯해 많은 왕족들이 사냥을 하다가 목숨을 잃었다. (톰 레러

100가지 동물로 읽는 세계사

는 고대 전통에 대해 이렇게 노래했다. "당신은 매력적인 모습으로 거기 서서, 무언가 움직이기만 하면 활을 쏘지.")

이 모든 것은 영국인들, 즉 비밀 유지를 무엇보다 중시하는 민족의 가장 중요한 전설로 이어졌다. 셔우드숲에 살면서 밤마다 왕의 사슴을 잡아먹은 로빈 후드의 이야기다. 런던과 요크를 잇는 길은 셔우드숲을 지나는데, 이곳에서 로빈과 그의 부하들은 부자들의 재산을 빼앗아 가난한 사람들을 돕는 데 썼다. 이 이야기는 늘 로빈의 무법자 신분을 강조한다. 무법자는 법의 보호를 넘어선 존재이며 그를 죽여도 무방할 뿐 아니라 옳은 일로 간주된다. 무법자를 돕는 것은 범죄였다. 영국에서는 1938년까지 무법자 신분이 존재했다.

사슴 사냥은 오늘날까지 이어지고 있다. 2006년 미국어류야생관리국은 사슴 사냥 면허를 내주고 받은 금액이 연간 7억 달러에 달하며, 사슴 사냥 산업은 연간 118억 달러의 가치가 있다고 밝혔다. 19세기 영국에서는 '운송을 거친 사슴(carted deer)'을 사냥하는 것이 관례였다. 사슴을 적당한 곳으로 옮겨 풀어놓고 말 탄 사람과 개가 쫓게 하는 방식이다. 잉글랜드와 웨일스에서는 2005년 개와 함께하는 사냥을 금지했다. '사슴 스토킹(Deer stalking, 소총을 사용하는 사슴 사냥을 영국에서 부르는 명칭)'은 영국, 특히 스코틀랜드에서 오락 목적으로 행해지고 있다. 이곳에서는 그동안 사슴 수가 대폭 늘어날 수 있었다. 사슴은 천적이 없었고 사냥꾼들은 적절한 표적(가지 많은 커다란 뿔이 달린 수사슴 성체)을 만들어낼 돈을 가지고 있었기 때문이다. 그 결과 수세기 동안 조선용 목재에 쓰느라 베어버려 나무가 거의 없어진 스코틀랜드 언덕은 이번에는 사슴이 싹을 먹어치우는 바람에 대부분의 지역에서 나무가 다시 자라지 못했다. 거대한 칼레도니아숲을 복원하려는 프로젝트들은 사슴을 막는 일, 즉 사슴을 막는 울타리에 달려 있다.

사슴 사냥은 여전히 인간의 삶에서 일부를 이루지만 이제 보편적으로 존경받는 관행은 아니다. 1942년 월트디즈니사의 애니메이션 영화 《밤비》에서는 밤비의 엄마가 사냥꾼에게 죽는다. 영화사에서 가장 슬픈 장면이라고 종종 회자되는 장면이다. 영화에서 밤비는 마침내 숲의 새로운 왕자로 등장한다. 사슴을 다룬 수많은 이야기처럼 '밤비'는 사냥꾼보다 사슴을 소중하게 여기며 이상화된 자연세계를 묘사한다. 여기서 유일한 흠은 인간이다. 이러한 주제 의식은 미래지향적으로 보일 수 있다. 부유하고 힘 있고 중무장한 사람들의 독점적인 보전 구역으로 자연이 존재하기보다 자연 자체와 모든 인류를 위해 존재하는 미래를 바라보는 것이다.

토끼

영리하게 살아가는 동물

"어느 날 아침 엄마 토끼가 말했어요.
'얘들아, 들판에서 놀든 오솔길에 내려가서 놀든 다 괜찮지만
맥그리거 씨네 정원에는 절대 들어가면 안 된다.
너희 아빠가 거기서 사고를 당했단다.
맥그리거 부인이 아빠를 파이에 집어넣었거든.'"

└ 베아트릭스 포터, 『피터 래빗 이야기』

연약함과 순진무구함, 단백질과 따뜻한 옷. 토끼는 인간의 필요를 채운다. 영적 필요와 육체적 필요 둘 다를 지난 수백 년에 걸쳐 채워준 것이 토끼다. 우리는 늘 토끼와 산토끼를 혼동하지만 산토끼는 살아남기 위해 토끼와는 다른 전략을 이용하는 동물이다(영어권에서는 토끼에 해당하는 'rabbit'과 'hare'를 구별해 쓴다. 'rabbit'은 굴을 파고 사는 토끼 혹은 이들의 후손인 집토끼를 의미하고, 'hare'는 야생에서 살면서 굴을 파지 않는 토끼를 의미한다. 이 책에서는 각각 '토끼'와 '산토끼'로 번역해 구별했다—옮긴이). 부활절 토끼는 산토끼이고, 만화 주인공 벅스 버니도 산토끼다.

　토끼와 산토끼는 여러 종이 있으며 모두 토끼목(우리는 영장목에 속한다), 토끼과에 속한다. 산토끼는 태어날 때부터 눈도 잘 보이고 달리기도 잘하는 새끼를 개방된 곳에서 낳는 반면, 토끼는 눈도 안 보이고 털도 없는 작은 핏덩이를 어두운 굴속 깊은 곳에서 낳는다. 산토끼는 잡히지 않기 위해 신속하게 방향을 바꾸며 멀리 달리는 능력이 뛰어난 반면, 토끼는 가장 가까

운 굴로 달아난다. 토끼는 이런 특징 때문에 키우고 다루고 길들이기 쉽다.

유럽의 토끼(굴토끼라고도 한다)는 남극을 제외한 모든 대륙에 유입되었다. 사람들이 토끼를 좋아하는 데다가 토끼는 매우 편리한 단백질 공급원이기 때문이다. 대(大) 플리니우스는 토끼 키우는 법, 전문용어로 말하자면 토끼 사육에 관해 썼다. 로마인들은 스페인에서 이 동물을 발견했고 이들의 편리함을 알아보고 키우기 시작했으며 로마로 데려갔다. 토끼는 돌보는 데 손이 많이 가지 않는 동물이다.

토끼도 소나 양처럼 풀을 인간이 쉽게 먹을 수 있는 단백질로 바꾸는 능력이 뛰어나다. 토끼는 되새김질을 하지만 발굽이 갈라지지 않았다는 이유로 유대교에서는 부정한 동물로 여긴다. 그러나 정확하지 않은 정보다. 토끼가 씹는 것은 풀이 아니라 자신의 배설물이다. 되새김질을 하는 동물들은 일단 먹이를 대충 먹은 뒤 다시 게워내 씹으며 영양소를 얻는다. 한편, 토끼는 두 가지 종류의 배설물을 내보낸다. 굴 밖에서는 단단한 배설물을 흩뿌려 놓지만 굴 안에서는 부드러운 배설물을 내보낸 뒤 다시 씹는다. 다시 말해, 부분적으로 소화된 음식을 다시 먹으면서 두 배의 영양적 가치를 얻는다. 되새김질처럼 이 방법도 간단하고 효과도 좋은 전략이다.

토끼를 필요한 수만큼 유지하는 가장 쉬운 방법은 쾌적한 풀밭을 튼튼한 벽으로 에워싼 다음 그 안에 토끼를 넣고 기르는 것이다. 이러한 형태의 관리 방식은 수백 년 동안 이어졌고, 잉글랜드의 많은 지역과 건물에 토끼 사육장이라는 뜻을 지닌 '워런(warren)'이라는 단어가 그토록 많은 것은 바로 이 때문이다. 난점은 토끼가 땅을 잘 파기 때문에 벽 밑을 파서 나가버릴 때가 있다는 것이다. 토끼는 인간과 관계를 맺은 세월 내내 늘 그래 왔다.

걱정할 필요는 없다. 답은 간단하다. 구멍을 막은 뒤 남아 있는 토끼들에게 가장 잘하는 일을 시키면 된다. 번식이다. 암컷 토끼는 빠르면 3개월

경솔한 토끼: 〈피터 래빗〉, 베아트릭스 포터(1902년). 『피터 래빗 이야기』는 이 그림이 그려지기 1년 전에 출간되었다.

만에 성적으로 성숙해지고 1년 중 아무 때나 새끼를 낳을 수 있으며 임신 기간(새끼는 반쯤만 형태를 갖추어 태어난다)은 28~35일 정도로 짧다. 네 마리에서 12마리까지 새끼를 낳고 바로 다음 날부터 다시 새끼를 가질 수 있다. 1년에 거의 60마리의 새끼를 낳을 수 있는 셈이다. 따라서 안전하게 벽으로 둘러싸인 공간에서 먹이만 충분히 제공하면 토끼 수가 줄어들 일은 없다.

토끼는 1066년 노르만인들이 잉글랜드를 정복한 이후 영국으로 데리고 왔다. 로마인들이 유입했을 가능성도 없지는 않다. 토끼는 오스트레일리아를 비롯해 다른 여러 지역에도 유입되었다. 토끼의 적응력과 빠른 번식 능력은 인간에게 대체로 골칫거리였다. 가축들에게서 목초지를 빼앗고 벽이나 건물, 도로를 파서 손상시키기 때문이다. 토끼 굴은 들판을 빨리 달리는 말에게 위험 요소다.

결국 토끼는 인간의 삶에서 소중하고 가치 있는 부속물에서 말살해야하는 적으로 바뀌는 경우가 종종 있었다. 우리는 독가스, 총, 울타리, 덫, 사냥 등의 방법으로 토끼와 전쟁을 벌였다. 토끼 굴을 폭파할 때도 있다. 다쳤지만 살아남은 토끼는 한 번의 타격, 즉 머리 뒷부분을 때리는 '래빗 펀치'로 죽이는 것이 전통적인 방법이다. 하지만 이러한 방법들은 효과가 없을 때가 많다. 토끼가 살기 적합한 땅이라면 아무리 토끼를 없애도 그 빈자리에 근처에 서식하는 다른 토끼가 들어와 번식하기 때문이다.

하지만 1950년대 토끼는 오스트레일리아와 칠레와 프랑스에서 의도적으로 도입한 자연 질환인 점액종 때문에 영국에서도 거의 멸종되었다. 이 병이 퍼져 영국까지 오자 병에 걸린 토끼를 야생 토끼 굴에 의도적으로 넣은 것이다. 현재 이러한 행동은 불법이다. 영국의 토끼 개체 수는 급감했다. 전체 개체 수의 99퍼센트가 죽은 것으로 추정된다. 내가 어릴 적만 해도 야생토끼를 거의 찾아볼 수 없었다. 하지만 개체 수는 곧 회복되었다. 앞에서도보았지만 토끼는 번식에 대단히 뛰어난 동물이다.

토끼일까, 산토끼일까? 미국 멧토끼는 산토끼의 일종이다. 부활절 때 달걀을 주면서 그리스도의 부활로 받은 새로운 생명을 축하할 수 있게 해주

이런, 세상에!: 〈하얀 토끼〉, 『이상한 나라의 앨리스』
(1889년)에 들어간 존 테니얼 경의 삽화. 거트루드
톰슨의 수채화 채색.

는 유쾌한 동물 '부활절 토끼'에 대한 생각도 산토끼에서 유래했다. 농작물
이 낮은 높이로 자라 있는 이른 봄에는 산토끼가 눈에 아주 잘 띈다. 산토끼
를 쫓는 사람들은 댕기물떼새 둥지를 발견하곤 했다. 댕기물떼새도 산토끼
처럼 넓은 벌판을 좋아해 땅 위에 둥지를 틀기 때문이다. 이들의 눈에 둥지
속의 알은 토끼의 알이 분명해 보였다. 이들은 알을 상서로운 동물이 준 기
적의 선물로 여겼다. 특히 대(大) 플리니우스는 산토끼가 자웅동체라 처녀
성을 잃지 않고 새끼를 낳을 수 있다고 믿었다. 그래서 산토끼는 순결과 성
모 마리아를 상징하기도 했다.

토끼와 산토끼는 이런 이유로 교회와 관련 있다. 산토끼 세 마리가 그려진 유명한 문장을 잉글랜드의 많은 교회, 특히 데번주의 교회에서 찾아볼 수 있다. 문장의 문양은 유럽에서 중국까지 비단길을 타고 내내 되풀이된다 (58장 '누에' 편을 보라). 문양을 보면 각각 두 개의 귀를 가진 것으로 보이는 (그것이 옳고 정상적인 토끼이므로) 세 마리의 산토끼를 원 모양으로 배치했는데, 총 세 개의 귀를 산토끼들이 공유하는 기발한 디자인을 보여주고 있다.

아프리카에서는 덤불멧토끼가 많은 사랑을 받는 민담에서 '칼룰루'라는 이름으로 통합되기도 했다. 칼룰루는 꾀바른 토끼다. 작고 약하지만 뛰어난 지략과 속임수로 여러 적, 특히 하이에나를 매번 앞지르는 능력자다. 이 이야기는 노예선을 타고 대서양을 건너 아메리카라는 새로운 땅에 걸맞게 등장 동물이 바뀌어 전해지고 또 전해졌다. 이 이야기는 조엘 챈들러 해리스가 수집해 1881년에 출간한 『리머스 삼촌』 시리즈의 첫 번째 책에서 정교하게 재현되었다. 브레어 폭스라는 여우를 계속 앞지르는 토끼 브레어 래빗의 모험을 다룬 이야기다. 이야기는 흑인 사투리로 쓰였고, 후에 이러한 사투리는 잘난 척하는 말투로 여겨지기도 했다. 브레어 래빗이 브레어 폭스에게 잡혔을 때 말하는 장면이 가장 유명하다. "녀석이 말했어. '브레어 폭스, 형씨가 내게 뭘 하든 난 신경 안 써. 그러니 저 덤불에만 던지지 마쇼. 차라리 나를 구워 먹으셔, 브레어 폭스. 제발 저 덤불에 던지지만 마쇼.' 브레어 폭스는 옳거니 하며 브레어 래빗을 덤불로 던졌지. 그러자 브레어 래빗은 큰 소리로 여우를 놀리며 깡충깡충 뛰어 달아났다고 한다. '브레어 폭스, 이 몸은 저 덤불에서 나고 자랐지롱.'"

약자가 속임수를 써서 목숨을 건지는 이러한 이야기가 노예로 살아가는 사람들과 더 관련성이 있다는 사실은 어렵지 않게 알 수 있다. 꾀바른 토끼에 대한 동일한 생각을 레온 슐레징거 프로덕션(이후 워너브라더스 카툰)이 1930년대에 만든 애니메이션 캐릭터 벅스 버니에서도 찾아볼 수 있다. (브롱크스 억양을 쓰는) 미국인 벅스 버니는 멧토끼로서 앞에서도 살펴보았듯이 산토끼에 속한다.

100가지 동물로 읽는 세계사

토끼는 아동용 도서에도 여러 번 등장했다. 관리하기 쉽다는 이유로 토끼는 이상적인 반려동물로 간주되어 예상치 못할 만큼 특이한 각양각색의 품종으로 개량되었다. 현재 인정되는 품종은 300개 이상이다. 루이스 캐럴의 『이상한 나라의 앨리스』(19장 '도도'와 67장 '오릭스' 편을 보라)에서 앨리스는 회중시계를 들여다보는 하얀 토끼를 쫓는다. 나중에는 엉망진창 다과회에서 '3월 토끼'를 만난다. 3월 토끼는 구애의 달 동안 과도한 도약과 추격, 그리고 복싱을 해대는 통에 미쳤다고 여겨진다('3월 토끼'라는 이름은 토끼가 3월에 발정한다는 민간 속설에서 유래한다. 연구 결과 토끼가 꼭 3월에만 발정하는 것은 아니라고 한다―옮긴이).

토끼는 베아트릭스 포터의 소설에도 여러 번 등장한다. 가장 유명한 토끼인 피터 래빗은 엄마의 말을 무시하고 맥그리거 씨네 정원에 들어갔다가 사정없이 쫓기고, 그 와중에 파란색 재킷과 신발을 잃어버린다. 엄마 말을 듣지 않으면 무슨 일이 일어나는지 교훈을 주는 이야기다. 피터는 사기나 치는 토끼가 아니다. 아마도 소설에서 가장 놀라운 토끼는 서사시 『아이네이스』에 필적하는 리처드 애덤스의 판타지 모험소설 『워터십 다운』에 나오는 토끼가 아닌가 싶다. 이 소설에서 살 곳을 잃고 새로운 보금자리를 찾기 위해 다른 곳으로 찾아가는 토끼들의 모험담이 펼쳐진다.

토끼는 생존 지혜(피터의 경우에는 엄마의 지혜)만 가지고 여러 적에게 둘러싸여 살아가는 먹잇감처럼 보인다. 인간이 왜 토끼에게 공감할 수 있는지 이해하기란 어렵지 않다. 사자를 다룬 1장으로 돌아가기만 하면 된다. 한때는 우리 인간도 더 크고 빠르고 강한 동물들에게 항상 둘러싸여 있는 먹잇감이었다. 우리도 숨는 법을 배우고 지혜를 사용해야 했다. 우리의 성공은 진화의 역사에서 가장 위험한 성공이다. 한편, 토끼(그리고 산토끼)는 계속 우리 곁에 살고 (그리고 번식하고) 있으며, 인간이 만들어낸 풍광 속에서 버티고 번식할(계속해서 번식할) 방안을 찾고 있다.

086
참새

흔하디흔한 존재

─────◆ · ─────────── · ◆─────

"만물의 하나님처럼 공평한 눈으로 보는 자,

스러지는 영웅이나 떨어지는 참새나."

↳ 알렉산더 포프, 『인간론』

어디에나 풍부하게 널려 있는 존재, 인간 옆에서 살아가면서도 인간을 거스르는 일은 거의 없고 오히려 쾌활함으로 인간에게 약간 삐딱한 애정 같은 것을 불러일으키는 존재가 있다. 참새다. 참새는 완전히 평범하다는 것 말고는 어떤 척도 할 줄 모르는 겸허함 때문에 경탄을 일으키는 작은 생명체다. 이렇게 참새는 자신의 장소와 삶을 인류와 가장 잘 공유할 수 있는 새가 되었고, 아마도 예나 지금이나 세상에서 가장 잘 눈에 띄는 새일 것이다.

참새는 영구 주거지 비슷한 것이 존재하는 세월만큼 인간 옆에서 살아왔다. 먹다 남긴 음식과 아무도 신경 쓰지 않는 사소한 것들을 먹고도 잘 살아가기 때문이다. 농업의 발명으로 참새는 낱알을 풍부하게 얻을 수 있게 되었다. 인간의 주거지에 둥지를 만들 수도 있었다. 초가지붕에서 내는 조용한 지저귐은 다른 무엇보다 귀중한 자산이었다. 18세기 일본의 시인 마쓰오 바쇼는 다음과 같은 시를 썼다.

처마에 앉은 참새

천장에 사는 쥐

천상의 음악.

여기서 말하는 참새는 구세계 참새로 알려진 참새과에 속한다. 참새과
에는 여덟 개 속에 43종이 있지만 우리는 주로 두 종류를 이야기한다. 바로
집참새와 나무참새다(참새에는 대표적으로 집참새와 나무참새가 있다. 나무참새
는 흔히 참새로 번역되지만, 여기서는 참새의 총칭과 구별하기 위해 나무참새로 번
역했다―옮긴이). 이들의 서식지는 유럽과 아시아 대부분에 걸쳐 있다. 아메
리카와 오스트레일리아에도 유입되었고 아프리카에서도 발견된다. 참새와
공간을 공유하지 않은 인구 중심지는 거의 없다.

참새는 인간을 잘 아는 전문가가 되었고, 맨 처음부터 다양하고 풍부한
틈새를 차지할 만반의 채비를 하고 있었다. 참새는 사회성이 뛰어난 새다.
힘을 합쳐 둥지를 틀고 번식기가 아닌 때는 커다란 무리를 형성한다. 여럿이
함께 모여 있을 때 분명 즐거워한다. 이들은 당연히 곡물을 먹지만 무척추동
물도 잡아먹는다. 참새는 해부학적으로 핀치(되새)와 구별되는데 혀에 특수
한 뼈가 있어 곡물 낟알을 두었다가 부수어 먹을 수 있기 때문이다. 이들은
잡식성 동물이며 먹이에 까다롭지 않다는 점은 이 책의 다른 종에서도 살펴
보았듯 인류의 자원을 이용할 때 유용한 특성이 된다.

유럽 대부분의 지역에서는 집참새라고 하면 도시를 떠올리고, 나무참
새라고 하면 시골을 떠올린다. 하지만 실제로 아시아의 많은 지역, 특히 중
국에서는 나무참새가 전통적인 집참새의 틈새를 채우고 있다. 내가 홍콩에
살았을 때도 집 주위에 나무참새가 있었다.

참새가 도시에서 살아갈 수 있는 이유 중 하나는 말(馬) 덕분이다. 말은
힘을 얻기 위해 먹이가 필요하고 말의 먹이는 대개 곡식 형태를 띤다. 따라
서 곡식의 저장과 유출은 참새들의 입장에서는 무궁무진한 기회가 된다. 곡
식 자원은 말이 먹고 배설한 뒤에도 계속해서 이용이 가능하다. 말은 (소나

양처럼 되새김질을 하지 못하기 때문에) 소화를 대충하는 편이라 배설물에 남아 있는 영양분이 많다. 따라서 참새에게는 풍부한 식량 자원이 된다. 수천 년 동안 말이 끄는 운송 수단이 있던 도시에 참새가 여기저기서 지저귄 것은 당연한 수순이었다.

이렇게 참새는 인간이 아닌 생명체가 불가피하게 편재할 수 있음을 생생히 보여주는 사례가 되었다. 참새처럼 흔한 존재, 자기 자신 말고는 아무 데도 쓸모없지만 바로 그 때문에 어쩔 수 없이 존중하고 경탄하게 되는 존재 말이다. 마태복음에서 예수는 제자들에게 말씀을 전하기 위해 해야 할 일, 즉 매우 어렵고 위험해 보이는 일에 대해 말한 다음 이렇게 위로한다. "참새 두 마리가 한 닢에 팔리지 않느냐? 그러나 그 가운데 한 마리도 너희 아버지의 허락 없이는 땅에 떨어지지 않는다. … 그러니 두려워하지 마라. 너희는 수많은 참새보다 더 귀하다." 하나님은 너무나 위대하고 어디에나 있는 것이 분명하기에 참새 하나하나까지 돌볼 시간이 있다. 기독교의 신이 모든 것을 손수 한다는 것을 보여주는 경탄스러운 이미지에 참새가 사용된 것이다.

참새는 또한 사랑과 정욕의 이미지로도 여겨졌고 그리스신화에 나오는 사랑의 신 아프로디테와도 관련이 있다. 제프리 초서는 유명한 『캔터베리 이야기』에 등장하는 사악한 소환리를 가리켜 "성질은 불같았고 참새처럼 음탕하다"라고 묘사한다.

베다 베네라빌리스(성 비드)는 8세기 작품인 『영국민의 교회사』에서 보잘것없는 참새라는 개념이 덧없고 보잘것없는 인간 생활의 본질을 형상화한 것이라고 간주한다. "왕이시여, 이 땅에서 인간의 현재 삶은 참새 한 마리가 홀로 날아가는 것과 같으니, 그곳에서 여러분은 대장 및 대신들과 함께 앉습니다." 게르치노라는 이름으로 알려진 17세기 화가의 그림 〈성모와 참새〉에는 성모 마리아와 아이가 나온다. 참새가 성모의 손가락에 앉아 있고

▍ 참새 한 마리조차: 〈성모와 참새〉, 게르치노(1619년경).

601

아이는 홀린 듯 바라보고 있는 모습이다. 참새 한 마리조차(그렇다, 참새 한 마리조차) 아이와 같은 사람의 눈에는 중요한 존재인 것이다.

"참새조차도…"라고 시작되는 덧없고 하찮은 존재라는 주제는 〈햄릿〉에서 계속된다. 왕자 햄릿이 운명의 본질을 논하는 부분이다.

> 참새 한 마리가 떨어지는 데도 특별한 신의 섭리가 있는 법.
> 죽음이 지금 온다면 장차 오지 않을 것이고
> 장차 오지 않는다면 지금 올 것이며
> 지금 오지 않더라도 언젠가는 오고 말 것이니
> 대비만이 우리가 할 일의 전부다.

인생은 참새와 인간을 비롯한 모두에게 덧없다. 무엇이든 대비하는 것이 최선이다.

100가지 동물로 읽는 세계사

참새와 셰익스피어와의 조합을 통해 이번에는 새와 셰익스피어를 사랑했던 비범한 뉴요커 유진 쉬펠린을 만나보자. 아마추어 조류학자였던 쉬펠린은 1871년 미국기후순응학회를 창립했다. 이 학회는 토종이 아닌 새를 미국으로 들여와 정착시키고 번식시킬 수 있는지 살펴보는 일에 전념했다. 또한 쉬펠린은 '셰익스피어의 친구들'이라는 단체도 설립했다. 이 두 가지 열정은 이후에 생겨난 근거 없는 믿음들과 뒤섞였고, 결국 셰익스피어가 언급했던 모든 종류의 새들을 미국에 들여오는 것이 그의 야심이었다는 식의 이야기가 만들어졌다. 별나지만 유쾌한 이야기여서 오늘날 이를 사실로 받아들이고 있다.

1850년 뉴욕시의 나무들마다 린덴나방의 애벌레가 들끓었고, 1852년 쉬펠린은 집참새 몇 마리를 들여왔다. 이들이 린덴나방의 애벌레를 잡아먹어 매디슨 스퀘어에 있는 자기 가족 집의 나무를 보호해주기를 바란 것이다. 비슷한 시기에 같은 이유로 다른 유입이 이루어졌다. 생물 방제를 시도하는 여러 방식에서 자주 나타나듯 통제력은 이 프로젝트에 결여된 가장 중요한 요소였다. 참새는 "현명하게는 아니지만 지나치게 잘해냈다"(셰익스피어의 희곡 〈오셀로〉의 한 구절이다). 한때 미국에서는 5억 4,000만 마리의 참새가 있는 것으로 추정되었으나 2017년에는 7,700만 마리까지 줄어들었다. (1890년 쉬펠린은 뉴욕 센트럴파크에 유럽찌르레기를 풀어주었다. 유럽찌르레기는 한때 미국에서 2억 마리가 있는 것으로 추정되었고 지금은 8,500만 마리가 있다. 그는 오색방울새, 푸른머리되새, 종달새, 나이팅게일의 방생에도 기여했는데 이들의 방생은 그다지 성공을 거두지는 못했다.)

참새는 농업에 해로운 동물로 간주되었고 그 결과 살상당했다. 곡식을 훔치고 옥수수 이삭이 달린 줄기를 꺾었기 때문이다. 과거에 참새는 대체로 먹을거리로 간주되기도 했고 일부 지역에서는 지금도 그러하다. 그러나 참새는 인간 삶의 일부로 널리 용인되고 있다. 물론 어디서나 그런 것은 아니다. 1958년 마오쩌둥 주석은 대약진운동의 일환으로 '제사해(除四害)운동'을 지시했다. '자본주의의 공공 동물'로 규정된 네 종을 죽이는 것이 국민의 의무가 되었다. 네 종은 쥐, 파리, 모기, 참새였다. 사람들은 참새가 지쳐 공중에서 떨어질 때까지 솥과 냄비를 두드리면서 둥지에서 이들을 쫓아냈다. 둥지를 파헤치고 알을 깨뜨렸으며 새끼는 죽였다. 참새의 개체 수는 전국적으로 거의 멸종 수준까지 떨어졌다.

이와 동시에 메뚜기와 다른 해충이 들끓었고 쌀 생산량은 급격히 떨어졌다. 이는 우연이 아니었다. 산림 파괴와 무분별한 화학물질 사용을 포함한 대약진운동의 생태학적 무분별의 일환으로 이 모든 일이 벌어졌고, 이는 1,500~4,500만 명을 죽게 만든 대기근을 초래했다(74장 '양쯔강돌고래' 편을 보라). 참새 박멸 정책은 1960년 중국의 조류학자 정쥐신의 권고 이후로 철회되었다.

하지만 최근 몇 년 동안 전 세계 많은 지역에서 참새의 개체 수가 급감했다. 의도적인 박멸 운동이 없었는데도 말이다. 영국에서 집참새의 개체 수는 1977년 이후 71퍼센트가 감소했다. 농촌에서 감소한 원인은 농경 방식의 변화 때문이다. 예전에는 그루터기 밭이 겨울에 남아 많은 종에게 식량과 안식처를 제공했지만 오늘날의 밭은 수확이 끝나자마자 쟁기질을 한다.

도시와 교외 지역에서 참새가 감소한 이유는 명확하지 않다. 가능한 원인으로는 먹이 감소, 오염 증가, 서식지 손실, 질병 확산, 심지어 고양이의 포식 증가 등이 있다. 연구에 따르면, 도시 빈곤 지역에서는 덜 급격한 감소세를 보이는데 이런 곳에는 공터가 많고 화학물질을 과도하게 처리한 정원이 적다. 주택 개선이 적다는 것은 예로부터 둥지로 이용할 수 있는 곳이 더 많다는 뜻이다. 영국조류연구재단이 2003~2004년에 수행한 연구에 따르면, 정원과 시민 농장은 도시에 있는 참새의 생존에 중요하다. 야생의 요소를 잃지 않은 정원은 중요한 자원이다. 한편 평범함의 궁극적인 상징이었던 참새는 '영국 보전우려목록'에 올라 있고 IUCN의 적색 목록에도 올랐다.

087
나비

내 영혼을 사로잡는 존재

"나방과 나비를 죽이지 말라.
최후의 심판이 가까이 왔노라."

└→ 윌리엄 블레이크, 〈순수의 전조〉

악마의 사도는 로아사상충, 모기, 체체파리 같은 동물과 관련해 이 책에서 발언권이 꽤 있다(78장, 23장, 45장 참조). 하지만 지금은 나비로 눈을 돌려보자. 단순하고 명백하고 무한히 연약한 아름다움을 지닌 동물이다. 분명 나비의 아름다움을 보지 못하는 인간은 아직 태어나지 않았다(조만간 태어날 가능성은 충분히 있는 것 같다). 나비는 자비로운 창조자의 존재를 증명하고 영혼의 존재를 보여주는 동물로 여겨졌다. 죽음의 순간 사람의 입을 떠나는 나비를 묘사한 로마의 조각상도 있다. 고대 그리스어로 나비를 뜻하는 단어는 '프시케'다. 정신 혹은 영혼이라는 뜻이다.

콜롬비아의 삼림 개간, 생태 관광의 이익에 관한 강의 등 이런 문제에 관한 나의 관심은 불현듯 등장한 푸른 모르포나비 때문에 산산이 부서졌다. 날개를 펄럭인다기보다 비현실적으로 강렬한 푸른색으로 번쩍이는 녀석은 보는 각도에 따라 달라지는 무지갯빛 특성과 굴절된 빛의 법칙 때문에 순식간에 자취를 감췄다. 평생 내가 본 것 중 가장 아름다운 존재였다.

수집 애호가: 무작위로 나비를 모아놓은 옛
날식 진열 상자.

역사를 통틀어 우리 인간은 나비를 사랑하고 동경해왔고, 자신을 위해
나비의 짧은 아름다움을 보전하고 함께 공유하면서 우리 곁에 영원히 살게
만들고 싶어 했다. 어떤 면에서 나비는 신이 우리를 사랑하신다는 사실을 보
여주는 생생하고 가슴 설레는 증거다. 단 1초라도 어떤 위협이나 해를 가하
지 않고 인간의 눈을 즐겁게 해주는 것 말고는 아무 기능도 없어 보이는, 덧
없는 아름다움의 편린이 나비다. (우리는 당연히 나비의 성충과 애벌레를 구분
한다. 애벌레는 인간이 기르는 작물에 해를 입힐 수 있다. '배추벌레'라는 통칭이 가

100가지 동물로 읽는 세계사

리키는 바대로다.)

나비목에 속하는 곤충은 나비와 나방이다. 최초의 화석은 1억 9,000만 년 전인 트라이아스기 후기까지 거슬러 올라가지만, 최초의 나비는 나방에 서 진화한 것으로 그 후에 등장했다. 5,500만 년 이전에는 명확하게 식별할 수 있는 나비 화석이 없다. 이는 공룡의 멸종보다 1,000만 년 정도 더 늦다. 대부분의 경우(많은 예외가 있지만) 나비는 낮에 속하고 나방은 밤에 속하는 동물이다. 나방은 감지하기 힘들고 칙칙한 색으로 위장하고 나비는 화려하 고 밝은 색을 뽐낸다. 나비는 날개를 편 채로 쉬며 나방은 날개를 접은 채로 쉰다. 나비는 약 1만 8,000종, 나방은 약 17만 종이 있다.

나비목을 뜻하는 단어 '레피도프테라(Lepidoptera)'는 '비늘 날개'라는 뜻 이다. 나비와 나방은 모두 비늘이 덮인 큰 날개를 펄럭이며 날아다닌다. 날 개 네 개는 두 쌍으로 이루어져 있다. 나비와 나방 모두 네 단계의 전형적인 곤충 생활을 거친다. 알은 적절한 먹이식물 위에 놓는다. 유충인 애벌레는 기본적으로 먹는 기계나 다름없다. 아주 빨리 먹는 경우도 많으며 먹이를 다 먹으면 번데기가 된 다음 부화해 완전히 나비의 모습을 갖춘다. 번데기에서 마지막 단계 성충인 나비로 넘어가는 변화는 엄밀히 따지면 상상의 영역이 라고밖에 형언할 길이 없다.

일부 나비는 1년 동안 (알에서 성충까지) 여러 세대를 거치는 반면, 다른 일부 나비는 한 세대만 거친다. 추운 지역에 사는 일부 종은 같은 변화를 겪 는 데 몇 년이 걸리기도 한다. 성충은 종에 따라 짧게는 1주일, 길게는 1년 동안 살 수 있다. 성충은 에너지 수준을 유지하기 위해 액체만 먹는다. 이들 의 우선순위는 더 많은 나비를 만드는 것이며 짝짓기와 올바른 장소에서 산 란하는 것이 이러한 번식 과제에 포함된다. 주로 꿀을 먹지만 수액, 썩은 과 일, 동물의 똥, 썩은 고기에서도 영양분을 섭취한다. 사랑스러운 나비가 열 심히 개똥을 먹는 광경은 나비와 어울리는 것에 관한 우리의 통념과는 늘 큰 차이가 난다. 나비 애호가들은 특이한 조리법이나 심지어 비밀 조리법으 로 만든 악취 나는 먹잇감을 사용해 왕오색나비(독특하게 아름다워 영국에서 인기가 많은 종)를 공중에서 아래쪽으로 유혹한다. 이런 먹잇감에는 발효시킨 새우를 으깬 것이 일반적으로 들어간다.

나비를 뜻하는 영어 단어 '버터플라이(butterfly)'는 멧노랑나비의 수컷 색깔에서 유래한다. 눈길을 사로잡는 연한 노란색이 최상급 버터의 색깔과 같다(멧노랑나비는 영어로 브림스톤 버터플라이라 하는데, 브림스톤[brimstone]은 '유황'이라는 뜻이며 역시 노란색이다). 나비의 색깔과 무늬가 어떻게 생기게 되었는지는 오랫동안 진화론의 매력적인 연구 주제였다. 이는 어느 정도 짝을 유혹하기 위해 생긴 것이라고 볼 수 있다(물론 나비들의 구애에는 페로몬 작용도 포함된다. 나비는 냄새를 통해 서로를 찾고 인식할 수 있다). 일부 종은 밝은 색을 내보이면서 애벌레에는 위험한 독소가 있으며 유충과 성체 모두 맛이 없음을 알린다. 독이 없는 일부 종은 이러한 모습을 모방하기만 한다(잘 알려진 제왕나비는 독성이 있고, 제왕나비를 모방한 모습의 총독나비는 독성이 없다). 위험한 포식자의 무늬와 색깔을 모방하는 경우도 자주 있다. 공작나비 날개의 눈(目) 무늬는 깜짝 놀란 작은 올빼미의 눈과 비슷하다(아테나 여신의 이름을 학명으로 가지고 있는 금눈쇠올빼미다. 51장 '올빼미' 편을 보라). 또한 나비는 올빼미가 내는 쉿 소리를 모방하기 위해 두 날개를 문지르기도 한다. 필립 하우즈는 그의 책 『나비 관찰』과 『나비-프시케가 보낸 메시지』 등에서 영국의 나비들이 오색방울새를 모방했으며, 남아메리카의 나비들이 피라냐를 닮았다는 사실을 발견해 이러한 관찰의 계보를 탁월하게 확장시켰다.

나비들의 삶은 당혹스러울 정도로 복잡할 수 있다. 북아메리카의 제왕나비는 먼 거리를 이동하고 무리 짓는 행동으로 유명하다. 아프리카와 유라시아 구대륙에 있는 작은멋쟁이나비는 두 배의 거리를 이동한다. 역시 여러 세대에 걸친 이동이며 아프리카에서 영국까지, 그리고 더 멀리 이동하는 해에는 북극권까지 이동한다. 과거에 이렇듯 먼 거리까지 이동하는 세대는 '운이 다한 세대' 혹은 진화론적 실수나 막다른 골목으로 간주되었다. 하지만 최근 몇 년 동안 첨단 레이더의 추적으로 작은멋쟁이나비 무리가 남쪽으로 다시 날아가 이동 경로 중 멈추는 곳에서 적절한 먹이식물에 알을 낳고 다음 세대를 만들어낸 다음 남쪽으로 계속 가서 아프리카를 향한다는 사실이 밝혀졌다. 나비는 태양을 따라 이동하므로 하루 중 태양의 위치를 정확히 파악하고 있다. 이들은 편광을 볼 수 있어 흐린 날씨에도 태양의 위치를 정확히 알아낸다.

나비는 도저히 보지 않을 수 없을 만큼 무모하다 싶을 정도로 아름답다. 이들은 매혹적인 색깔을 입고 인간 앞에서 춤춘다. 인류 공동체는 생존의 문제 너머를 바라볼 수 있게 된 순간 밝은 세상의 증거인 나비를 보고 기쁨을 느낀다. 3,500년 전 이집트의 그림에는 나비가 그려져 있다. 아즈텍인들은 나비가 죽은 전사의 영혼이라고 믿었다. 나비는 삶과 죽음의 중간쯤에 놓여 있는 듯 보인다. 육체는 벗어났지만 영혼은 분명히 살아 있는 상태를 상징하는 듯하다. 일본인들은 나비가 집에 들어와 앉으면 가장 사랑하는 사람이 온다는 사실을 알 수 있다고 믿는다. 기원전 289년에 세상을 떠난 도가 사상가 장자에 관한 중국 전통 설화가 있다. 장자는 나비가 된 꿈을 꾸었다. 깨어났을 때 그는 자신이 사람인 꿈을 꾸고 있는 나비가 아닐까 생각했다고 한다.

18세기가 되자 세계 여러 곳에서 나비에 매료되는 사람들이 늘어났다. 런던의 아우렐리아누스학회는 설립 몇 년 후인 1745년에 나비 연구를 본격화했다. 회원들은 나비 수집에 전념했다. 나비 채집과 전시를 향한 열의가 널리 퍼져 나갔다. 사람들은 나비를 죽여서 나비의 아름다움을 기념했다. 그들은 아름다움을 음미할 뿐 아니라 추구하고 소유했다. 오늘날에는 잔인하다고 생각할 수 있는 태도지만 200년 후의 기준으로 과거를 재단해봐야 별 도움이 되지 않는다.

18세기 당시에는 멸종이나 심지어 감소라는 개념은 상상조차 하지 못했다. 모든 사람이 자연은 무궁무진하며 인간 문명은 자연과 역경에 대한 승리라고 알고 있었다. 당시 사람들은 자연을 인간 마음대로 할 수 있는 것으로 받아들였다. 모든 사람이 나비에 대한 권리가 있고 야생에서 한 마리 가져간다고 해가 될 가능성은 없다고 보았다. 게다가 나비 수집은 아름다움

호접몽: 기원전 4세기의 사상가 장자. 일
본 화가 이케노 다이가(1723-1776년).

의 편에서 무언가 노력하는 일이었다. (박물학자들에게 표준이 될 만한) 전형
적인 예를 길버트 화이트가 보여주었다. 화이트는 18세기에 거의 평생 동안
햄프셔에서 성직자로 일하며 관찰의 고전이라 할 수 있는『셀본의 자연사』
를 저술했다. 책은 그의 사후에 출간되었다. 찰스 다윈도 비글호 항해로 완
전히 변모하기 전까지는 화이트와 같은 인물이 되려고 생각했다.

나비 수집 열풍은 예술과 과학을 결합시켰다. 예술과 과학이 결정적으로 분리되고 있던 바로 그 시기에 일어났으니 아이러니한 일이다. 나비 수집은 세상을 이해하는 하나의 방법이었다. 자연이 고갈되어가는 동시에 접근도 쉬워지던 때 자연을 통해 세상을 이해하는 방법이었던 것이다.

수집광은 이러한 방안의 일부였다. 그리고 경멸하기 쉬운 일이기도 하다. 수집하고 수집품을 완성하려는 시도는 지식을 추구하는 하나의 방법이다. 아니면 세상의 모든 지식을 포괄하려는 노력으로 보아도 좋다. 길을 잃고 강풍에 날려 와 몇 시간 혹은 며칠 동안 모습을 드러내는 희귀한 새를 찾는 조류 관찰자들이 있다. 이런 사람들은 트위처(twitcher), 즉 희귀 조류 관찰자라 불리며 가능한 한 가장 긴 목록을 작성하기 위해 서로 경쟁을 벌인다. 이들을 조롱하고 경멸하기는 쉽지만 다윈도 일종의 트위처였다. 다윈은 어렸을 때 희귀한 새를 관찰하는 대신 딱정벌레의 사체를 수집했다. "희귀한 딱정벌레를 잡았다는 소식을 들을 때마다 진군나팔 소리를 듣는 늙은 군마가 된 느낌이다." 중년이 된 다윈이 한 말이다.

나비는 나무 상자에 고정시켜 진열했다. 이러한 수집품은 다수가 진드기와 딱정벌레의 침입에 취약했다. 그래서 현재 대부분의 나라에서는 불법인 유독성 나프탈렌으로 만든 좀약과 수집품을 함께 두기도 했다. 영국의 은행가이자 정치인, 동물학자였던 월터 로스차일드는 225만 마리의 나비와 그 밖의 많은 곤충을 수집했다. 하지만 협박하는 내연녀에게 줄 돈을 마련하기 위해 상당한 양의 수집품을 미국자연사박물관에 팔아야 했다. 그가 사망하자 수집품 대부분은 런던의 자연사박물관(그 당시에는 대영박물관의 일부였다)으로 갔다. 유례없이 어마어마한 유산이었다.

나비 수집은 중요한 사업이었다. 네빌 체임벌린과 윈스턴 처칠 같은 영국의 전직 총리 두 사람도 나비를 수집했다. 나비 농장에서는 나비를 번식시키고 수집가들에게 표본을 공급했다. 나비 수집은 지금도 계속되고 있고 대부분 합법적이다. 영국에서는 일부 종을 잡고 죽이고 거래하는 일이 합법이지만 정기적으로 번식하는 59종 중 23종은 법으로 보호하고 있다.

하지만 오늘날 대부분의 나비 수집은 카메라로 한다. 나비 수집을 하는 방식이 바뀐 것은 인간이 아닌 동물의 삶을 대하는 태도가 달라졌음을 반영한다. 1963년 존 파울즈의 소설 『콜렉터』에도 이러한 태도가 나타나 있다 (레이첼 카슨의 『침묵의 봄』이 출간되고 1년 후다. 23장 '모기' 편을 보라). 나비 수집가 프레데릭(페르디난드로 알려지기를 선호한다)은 아름다운 여성 미란다를 인간 나비로 삼아 납치한다. 아니, 수집한다. 소름끼치는 수집 관행을 다룬 이야기다. 오늘날에도 나비를 쫓는 많은 사람이 있지만 포충망을 사용하는 사람은 거의 없고, 대신 근접 촬영이 가능한 쌍안경과 디지털 사진기를 선호한다.

나비는 자연을 관찰할 기회가 거의 없는 사람들에게도 쉽게 기쁨을 안겨준다. 시골의 풍경이 변하면서 나비는 점점 희귀해지고 있다. 영국에서는 전체 종의 76퍼센트가 줄어들고 있으며, 미국에서는 제왕나비가 99퍼센트나 줄어들었다. 나비는 인간과 인간이 아닌 생명체 사이에 존재하는 부서지기 쉽지만 강력한 고리다. 나비는 의심의 여지 없이 밝고 아름답다. 나비는 영혼의 상징이었다. 지금은 상실의 상징으로 우리 마음에 훨씬 더 큰 감흥을 일으킨다.

초파리

새로운 생활 방식

"내 몸속 세포 하나하나에 다 적혀 있어."

⌐ 인크레더블 스트링 밴드의 마이크 헤론

찰스 다윈은 생명체가 작용하는 원리를 밝혀냈다. 그레고어 멘델은 선구적인 유전학 연구를 통해 생명체가 작용하는 구조를 밝혔다. 그 외에 다른 모든 것에 관해 우리는 초파리에게 신세를 지고 있다. 다윈과 멘델의 연구를 결합한 연구를 때로 현대 진화 이론 혹은 신다윈주의라고 한다. 신다윈주의는 19세기 상상력을 넘어서는 방식뿐 아니라 21세기 지성인들을 압도하는 방식으로도 발전했다. 이 또한 모두 초파리를 통한 성과였다.

초파리로 불리는 곤충종은 꽤 여럿이다. 초파리란 과일을 좋아하고 두 날개로 날아다니는 곤충을 통칭하는 다소 느슨한 용어다. 여기서 우리가 이야기하는 종은 초파리속, 특히 노랑초파리라는 종이다. 이 종을 흔히 초파리라고 부른다. 우리는 대부분 싱싱한 상태가 지난 과일 위를 날아다니는 야생 상태의 초파리를 잘 알고 있다. 곰팡이가 핀 과일 그릇에서 이들이 구름처럼 뭉게뭉게 피어오른다. 별로 보고 싶은 광경은 아니다. 초파리는 인간의 눈과 콧구멍을 특히 자극하는 생명체다. 이들은 집이나 식당, 음식을 쉽게 구할 수 있는 곳이라면 어디에나 있는 작은 해충이다. 편의상 이 장에서 초파리라는 이름을 내내 사용하겠다.

초파리는 전형적인 '모델 생물'이 되었다. 모델 생물이란 이 생물을 이용한 연구가 다른 여러 종에게도 적용될 수 있다는 사실을 인식하고 실험하는 대상으로 자리 잡은 종이다. 초파리는 섬을 비롯한 모든 대륙에서 야생 상태로 쉽게 발견되며 실험실에서 가장 널리 사용되는 동물 중 하나다. 초파리는 모든 '진핵생물' 중 가장 유명하다. 진핵생물이란 핵이 있는 세포로 구성된 생물을 뜻하며 여기에는 동물, 식물, 곰팡이가 포함된다. 노벨상 중 여덟 개는 초파리가 대상인 연구에 돌아갔다.

노벨상을 향한 초파리 연구 과정은 1910년 토머스 헌트 모건이 뉴욕의 컬럼비아 대학교에서 '초파리 배양실(정확하지만 상상력은 별로 없는 명칭이다)'을 설치해 유전 실험을 행하면서 시작되었다. 모건은 유전을 단일 염색체와 연관시킨 최초의 인물이다. 그는 우유병에서 초파리를 기르면서 바나나 페이스트를 먹였다. 이것만 보아도 실험 대상으로 초파리를 선택하는 이유는 명백하다. 일단 기르기가 매우 쉽다. 사실 기르고 번식시키는 일보다 없애는 일이 더 어려울 정도다.

하지만 초파리는 다른 장점도 많다. 일단 공간을 거의 차지하지 않는다. 마취시키기도 쉽고 안전하다. 한 세대도 짧아 알에서 성체가 되어 죽을 때까지 50일 정도면 된다. 게다가 번식력이 왕성하다. 수컷과 암컷 간의 형태 차이도 뚜렷하다. 수컷은 배에 뚜렷이 검은 부분이 있어 암컷과 쉽게 구별된다. 검은 반점이 있으면 수컷이라는 뜻이다. 초파리는 네 쌍의 염색체만 가지고 있어 문제가 단순해진다. 인간은 보통 23쌍의 염색체를 가지고 있다. 초파리의 염색체는 따로 검사할 수 있을 만큼 크다.

초파리는 단순한 복잡성의 원리를 구현하는 동물이다. 형용모순 같지만 꼭 그렇지는 않다. 초파리의 뇌와 인간의 뇌를 비교해보면 알 수 있다. 인

| 유전의 비밀을 풀다: 초파리를 연구하는 토머스 헌트 모건(1866-1945년).

100가지 동물로 읽는 세계사

간의 뇌는 1.3킬로그램이고 1,000억 개의 뉴런이 있다. 초파리의 뇌는 1제곱밀리미터를 차지하고 15만 개의 뉴런이 있다. 다시 말해 초파리를 연구하면 교착상태에 빠지는 일 없이 뇌의 복잡성에 관한 중요한 원리를 발견할 수 있다.

초파리가 윤리적 문제를 그다지 일으키지 않는다는 점도 장점에 추가해야 한다. 초파리를 잔인하게 대한다고 지나치게 우려하는 사람은 거의 없다. 이미 과학자들은 초파리를 상대로 광범위한 영역에서 마음대로 하고 싶은 연구를 해왔다. 우리가 생명에 관해 알고 있는 지식의 상당 부분은 초파리에게 신세를 진 결과물이다.

초파리는 유전학, 생리학, 질병, 진화 연구에 사용되었다. 초파리는 우리에게 반성유전, 게놈 지도, 유전의 기본 원리를 가르쳐주었다. 초파리의 게놈은 2000년에 해독되었다. 초파리는 인간과 같은 유전 물질을 60퍼센트 정도 가지고 있고, 알려진 인간의 질병 중 75퍼센트 정도도 초파리에게 영향을 미친다. 덕분에 초파리는 인간의 질병을 연구할 때 편리하게 이용할 수 있는 종이 되었다. 면역 체계에 대한 연구도 초파리를 이용해 진행되었다. 과학자들은 시각, 후각, 청각, 학습과 기억, 구애, 고통, 수명에 해당하는 초파리 유전자를 분리해냈다. 초파리는 암 연구와 세균, 곰팡이 감염 연구에 사용되었다. 초파리는 방사능 영향 실험에도 동원되었다. 일상생활의 기본 중 하나인 수면 양상과 활동 일 주기 연구에도 등장했다.

이런 연구는 어느 선에서 멈춰야 하는 것일까? 아마도 가장 의미 있는 윤리적 질문이 아닐까 싶다. 실험실의 초파리가 겪는 불편함과 부자연스러운 삶은 다소 느긋한 태도로 바라볼 수 있을지 몰라도, 완전히 새로운 형태의 생명체를 만들기 위해 초파리를 이용하는 문제에 관해서는 마음이 다소 불편해지기 때문이다. 초파리에 유전자 변형 물질을 투입하는 실험이 이루어지고 있다. 다시 말해, 아주 다른 종의 유전자 물질을 추가하는 실험이다. 농작물, 더 나아가 유전자 변형 동물 등 유전자 변형(GM) 생물에 대한 연구 차원에서 초파리 연구가 증가하는 추세다.

일상적으로 수확하는 GM 농작물에는 제초제에 내성이 있는 콩과 곤충에 내성이 있는 옥수수 등이 있다. GM 농작물은 현재 미국, 캐나다, 오스트레일리아, 브라질, 콜롬비아, 아르헨티나에서 피할 수 없는 현실이다. GM 가축 사료 중 하나는 유럽연합(EU)에서도 허용하고 있다.

현재 캐나다에서는 GM 연어를 양식하고 있다. 이 연어는 18개월 만에 다 자란다. 자연에서 자라는 연어보다 두 배 빠른 속도다. 질병에 강한 돼지, 조류독감에 강한 닭, 뿔 없는 젖소, 더 많은 털을 생산하는 양에 대한 연구도 계속되고 있다. 모두 하루아침에 이루어진 일은 아니다. GM 연어를 개발하는 데는 25년이 걸렸다.

GM 농작물은 지난 몇십 년 전부터 피할 수 없는 현실이 되었지만 이를 다루는 윤리는 더 발전하지 못했다. GM 농작물을 옹호하는 사람들은 모든 종류의 GM 생산물이 인류, 특히 인구가 끊임없이 증가하는 인류를 위한 유일한 길이라고 주장한다. 앞으로 태어날 수십억 사람들에게 식량을 공급하기 위해서는 GM의 노선(초파리가 우리에게 보여준 노선)을 받아들이거나, 아니면 굶주림과 전 지구적인 사회 불안을 받아들여야 한다는 주장이다.

GM에 대한 반대는 두 가지 형태로 나타난다. 첫 번째는 종교적인 것으로 인간은 종의 신성함에 개입할 권리가 없다고 선언한다. 인류가 1만 2,000년 동안 해온 선택적 번식을 통한 품종 개량은 이러한 근본주의자들에게도 받아들일 정도의 것이지만 직접적인 변형은 다르다. 두 번째 반대는 의도치 않은 결과에 문제를 제기한다. 유전 과학은 아직 초기 단계이며 GM 종이 지구를 지배하도록 허용한다면 예측할 수 없는 결과를 낳게 된다는 것이다. 유전자 변형 문제를 인간이 완전히 이해하고 있지 못하기 때문이다.

GM 농작물을 발전시키려 하는 사람들이 직면한 주요 문제 중 하나는 대중의 불안감이다. 어떤 지지자들(과학계의 근본주의자라고 부를 수 있다)은 이런 불안감은 시대를 역행하는 어리석은 공포, 진보에 대한 단순한 공포라고 본다. 반대편에 있는 사람들은 GM 농업 추진을 무모하고 무책임한 일로 본다. 어느 쪽이든 핵심은 초파리를 통해 인간이 신의 자리를 빼앗는 쪽으로 큰 걸음을 내디뎠다는 것이다. 창세기는 지구상의 모든 종을 신이 창조했다고 말한다. 이제는 더 이상 그렇지 않을 것이다. 이미 그렇지 않을 수도 있다. 창세기에 대한 믿음은 점점 더 줄어들 것이다. 『성경』은 신이 무한한 지혜를 가진 존재라고 상정한다. 종을 창조하는 자에게는 무한한 지혜가 필요할 것이다. 애석하게도 이 지점에서 초파리는 우리에게 도움을 줄 수 없다.

100가지 동물로 읽는 세계사

089

사올라

최후의 비밀

보전은 평화의 예술이다. 아마 가장 위대한 예술일 것이다. 나라가 전쟁 중일 때 사람들은 전쟁이 끝나기만을 갈망한다. 아무리 불안한 평화라 해도 일단 선포되면 사람들은 조국을 전보다 더 나은 곳으로 만들겠다는 희망을 품고 생존이 아닌 생활을 시작한다. 이것이 바로 20년 가까이 치른 전쟁이 끝나고 1975년 미국인이 철수한 베트남에서 일어난 일이다.

베트남에서 거의 반세기 동안 전쟁을 치른(미국이 개입하기 전에도 전쟁을 하고 있었다) 이후 나라를 재건하는 일은 여전히 계속되고 있는 길고 지난한 과정이다. 1986년에 500제곱킬로미터 이상의 부꽝현이 산림보호구역으로 지정되었고 2002년에는 국립공원이 되었다. 일단 보호구역으로 지정되면 그 안에 실제로 무엇이 있는지 알아보고자 하는 자연스러운 호기심이 생긴다. 오랜 세월 동안 숲은 과학자들이나 다른 누구에게도 안전한 지역이 아니었다. 하지만 베트남 산림부와 세계자연기금이 조직한 원정대가 1992년 이 지역의 생물 다양성을 탐구했다. 지역 사냥꾼에게서 영양의 것처럼 생긴 두개골도 얻었지만 알고 보니 영양과는 전혀 상관이 없었다.

다음 날 이들은 같은 종인 다른 동물의 사체(혹은 사체의 일부)를 손에 넣을 수 있었다. 과연 이것은 어떤 종일까? 크기가 상당한 동물이었지만 지역 주민 말고는 아무도 그 존재를 알지 못했다. 이 동물은 5년 뒤 최초로 야생 상태에서 촬영되었다. 50년이 넘는 지난 기간 동안 최초로 발견된 새로운 대형 육상동물종이었다.

이것은 사올라였다. 사올라는 영양처럼 보이는 소과 동물이다. 베트남어로 '부꽝 소'라고 하며 스핀들혼(spindlehorn)이라고도 부른다. 일명 '아시아 유니콘'이라 부르기도 한다. 아마도 유니콘과 비슷한 다른 모든 종과의 혼돈을 피하기 위해 붙인 이름일 것이다. 사올라에 대해 처음으로 밝혀진 사실은 이 동물이 위급(CR) 종이라는 것이다.

사올라는 사올라속에 속한 유일한 동물이다. 사올라 학명에서 앞에 오는 속명은 수도오릭스(Pseudoryx), 즉 가짜 오릭스라는 뜻으로 오릭스와 외양이 비슷해서 붙인 이름이다(67장 참조). 사올라는 영양과 같은 특징을 가지고 있다는 점에서 다른 소과 동물 전부와 현격한 차이가 난다. 어깨까지의 높이는 약 84센티미터이고 길이는 약 150센티미터다. 길고 가지가 없으며 뒤쪽으로 부드럽게 휘어진 길이 약 20센티미터 가량의 뿔이 달렸다. 털은 짙은 갈색이고 얼굴에는 여러 개의 흰 반점이 있어 알아보기 쉽다. 반점이 있는 이유는 아마도 그늘진 숲에서 윤곽을 드러내기 위해서거나, 희미한 빛 속에서 서로를 알아보기 위해서거나, 오소리의 흰 반점을 모방해 잠재적 공격자에게 자신을 공격하면 끝이 험난하리라는 사실을 경고하려는 것일 수 있다. 오소리가 상대를 물 듯 사올라는 뿔을 사용할 수 있다. 뿔은 암컷과 수컷 모두에게 있다.

내가 나름대로 이렇게 추측해보는 것은 사올라에 대해 알려진 바가 거의 없기 때문이다. 내 추측이 맞을 확률은 다른 사람들만큼은 된다고 본다. 사올라는 습윤림인 상록수 숲과 낙엽수 숲 모두에서 발견된다. 사올라는 강과 계곡을 좋아한다. 그리고 베트남과 라오스의 안남산맥에서만 발견된다.

알려진 바에 따르면, 이들의 서식 분포 범위는 5,000제곱킬로미터 정도로 네 군데의 자연보호구역이 있는 곳이다. 대부분 혼자 있는 것으로 보이지만 세 마리가 모여 있는 모습이 한두 번 목격된 적도 있다. 이들이 인간과 가까이하기를 싫어하는 것은 분명해 보인다. 사올라는 지역 주민들에게는 귀한 사냥감이다. 라오스에서 사올라는 '예의 바른 동물'로 통한다.

　사올라 몇 마리를 붙잡아 가둬놓은 적도 있지만 오래 살아남지 못했고, 이렇듯 만족스럽지 못한 상황에서 이들은 연구 대상이 되었다. 1988년에 마사라는 다소 운명적인 이름(44장 '여행비둘기' 편을 보라)의 암컷이 붙잡혀 라

오스의 한 동물원에 수용되었다. 사올라에 관한 정보는 죄다 사체, 이따금씩 이루어진 포획, 원격 카메라, 지역 주민들의 지식에서 비롯된 것들이다.

사올라는 현장 생물학자들이 야생에서 보지 못한 유일한 대형 육상동물이라는 독특한 위치에 있다. 울창한 숲에 사는 이들은 어스름한 새벽녘과 황혼에 활동하면서 더운 한낮 시간대를 피해 지낸다. 이들은 얼마 남지 않았다. 정확한 개체 수는 아무도 모른다. 몇 백 마리일까? 백 마리 미만일까? 나름대로 추정해보라. 어쨌든 이들이 벼랑 끝에 선 동물이라는 사실은 쉽게 알 수 있다.

이들의 개체 수를 가늠하기 어려운 이유 중 하나가 전쟁이다. 전쟁은 야생동물 보전에 이로울 때도 있다. 전쟁으로 인해 인간이, 그리고 더 중요하게는 대기업이 들어가지 못하는 지역이 생기기 때문이다. 전시라는 불안정한 시기에 돈을 벌기 위해 숲에 들어가 나무를 베려는 사람은 없다. 하지만 베트남전쟁 동안 이 숲은 북베트남 반군의 친구였고 게릴라 병사들의 은신처였다.

이런 이유로 베트남의 숲 지대는 미국의 적이 되었고 미국은 숲과 전쟁을 벌였다. 그들이 사용한 주요 무기는 '에이전트 오렌지'라는 고엽제였다. 그들은 적군이 숨어 있는 숲을 없애기 위해 숲 상공에서 고엽제를 뿌려댔다. 고엽제는 농작물에도 사용되었다. 미군의 적인 북베트남을 지지하는 농촌을 파괴하기 위한 시도였다. 이러한 생물학전의 후유증은 오늘날까지 남아 있다. 이 지역 주민들이 냉소적으로 '미국 잔디'라고 이름 붙인 광활한 지역이다. 한때 거대한 숲이 울창하던 곳이 오늘날 거대한 초원, 아무것도 자라지 않는 광활하고 울퉁불퉁한 지대가 되었다. 열대우림은 아무것도 없는 곳에서는 재생되지 못한다. 열대우림은 스스로 영양분을 공급하는 '닫힌계 (closed system)'이기 때문이다. 놀랍게도 열대우림이 자라는 토양은 그 자체로는 척박하며 토양이 지탱하는 숲이 우거질 때만 비옥하다.

지금 베트남의 숲 지대에는 수 킬로미터에 달하는 사올라 서식지와 지구의 대기를 조절해주는 거대한 열대우림 대신 '미국 잔디'만 남아 있다. 숲

노획물: 사올라의 두개골과 뿔을 들고 있는 베트남 카투족 사냥꾼.

의 일부를 복원하려는 계획들이 있다. 현지 비정부기구인 비엣네이처(Viet Nature)가 운영한다. 나는 반세기 전의 피해를 복원하려는 이 대담한 프로젝트를 직접 가서 보았다. "대단하네요. 500년 정도 지나면 정말 멋질 겁니다." 내가 감탄하자 CEO인 투안 안 응우옌이 미소를 지으며 대답했다. "그렇게 오래 걸리진 않겠죠. 200년이면 될 거예요." 200년 정도를 내다보고 생각하는 것이 맞고 또한 슬기롭다.

　사올라의 문제점 중 하나는 누구도 녀석에 관해 잘 모른다는 점이다. 그러니 사올라를 보전하기 위해 필요한 것이 무엇인지 아무도 모른다. 사올라는 거의 남아 있지 않고 그렇기 때문에 정보도 거의 없다. 정보가 거의 없기 때문에 점점 더 사라지고 있는 것이다. 하지만 사올라가 당면한 가장 큰 문제만큼은 분명하다. 바로 서식지 파괴다. 미래라는 것이 있다면 사올라의 미래는 숲(특히 이들이 살고 있는 네 곳의 보호구역 사이에 있는 지역)의 보호와 재생에 달려 있다.

사올라는 지난 반세기 동안 최초로 발견한 대형 육상동물이다. 이들은 또한 우리가 찾을 수 있는 새로운 대형 육상동물 중 마지막일 가능성이 크다. 사올라는 이 땅의 마지막 비밀이었다. '발견의 시대'는 끝났다. 우리는 이미 '상실의 시대'에 깊숙이 들어와 있다. 이 진실 때문에 괴로운 사람은 이 책의 에필로그를 읽어보기를 권한다.

대왕오징어

살아 있는 신화

> "본드는 반쯤 최면에 걸린 채 밑을 내려다보았다.
>
> 저 멀리 아래쪽에서 흔들리는 웅덩이 같은 거대한 안구가 보였다.
>
> 그것은 거대한 오징어였다.
>
> 파도 밑으로 배를 끌고 내려갈 수 있는 신화 속 크라켄이었다."
>
> └ 이언 플레밍, 『007 살인 번호』

사올라는 오랫동안 숨어 있었지만 1992년 마침내 모습을 드러냈을 때 그 동물이 진짜라는 사실을 아무도 의심하지 않았다. 세계자연기금과 베트남 산림부가 미쳤다고 생각한 사람은 없었다는 말이다. 하지만 군함 다이달로스호를 지휘하는 피터 맥콰이 함장이 1848년에 희망봉과 세인트헬레나섬 사이에서 목격한 어떤 생물을 묘사했을 때, 전 세계까지는 아니더라도 영국에서 최고 권위자였던 한 생물학자는 맥콰이가 여왕의 임무를 맡기에는 적합하지 않다는, 다시 말해 제정신이 아닌 것 같다는 뜻을 넌지시 비쳤다. 그가 바로 리처드 오웬이다.

위대한 생물학자였던 리처드 오웬은 오늘날에는 공룡(dinosaur, '공포스러운 도마뱀'이라는 뜻이다)이라는 단어를 만든 사람으로 유명하다. 찰스 다윈을 노골적으로 비판한 전력이 있기도 하다. 그는 진화가 일어났다는 사실은 받아들였지만 다윈이 묘사한 방법으로 일어난 것은 아니라고 생각했다. 오웬은 건전한 논쟁을 좋아했고, 자신의 명성이 지닌 무게를 이용하는 일을

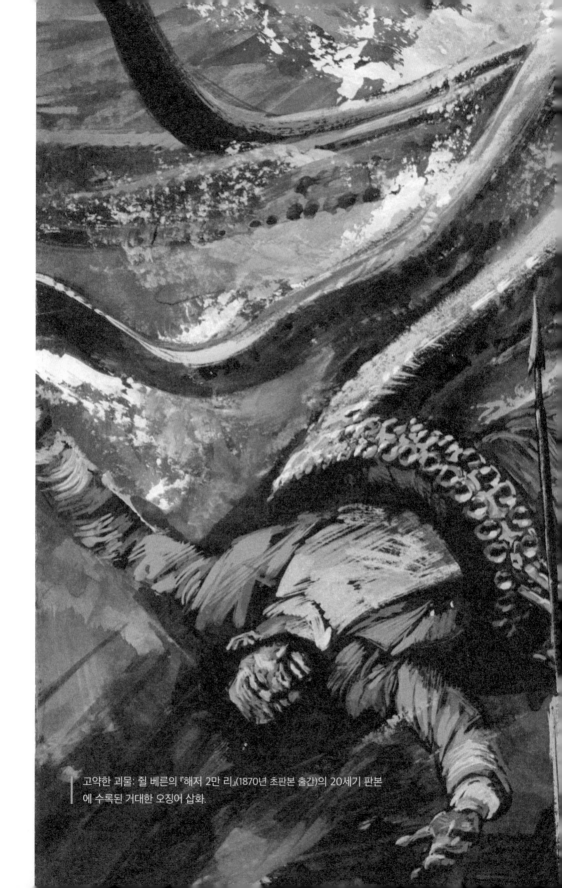

고약한 괴물: 쥘 베른의 『해저 2만 리』(1870년 초판본 출간)의 20세기 판본
에 수록된 거대한 오징어 삽화.

서슴지 않았으며, 『종의 기원』이 출간되기 11년 전 맥콰이를 반박했다. 맥콰이가 본 것은 오늘날 대왕오징어로 알려진 생물이었다.

하지만 당시 오웬은 맥콰이가 본 것은 큰 물개보다 더 흥미로울 것도 없는 생물이라고 단정 지었다. 그는 "물속에 일부 잠긴 채 재빨리 움직이는 동물을 얼핏 보고 속았을 가능성이 높다"라고, "본인에게나 낯설지 별로 신기할 것도 없는 동물을 보고 오해한 것이다"라고 말했다. 조롱과 훈계 섞인 듯한 어조는 상대방의 화를 돋우기 위해 계산된 것이었다. 어떤 뱃사람이든 대왕오징어를 보았더라도 침묵하는 편이 현명한 처사였다.

그러나 대왕오징어는 수백 년 동안 인간의 상상력을 사로잡아왔으며, 때로는 사실로 수용되기도 하고, 때로는 헤아릴 수 없이 깊은 바다에 관한 과장 섞인 이야기의 전형으로 치부되기도 했다. 아리스토텔레스는 기원전 4세기에 대왕오징어를 언급했다. 대(大) 플리니우스는 기원후 1세기에 대왕오징어를 가리켜 "머리가 술통만큼 크다"라고 기록했다.

대왕오징어는 신화에도 자주 등장한다. 신화에 나온다고 해서 그것이 허구의 존재라는 뜻은 아니다. 오징어처럼 생긴 괴물인 스킬라는 『오디세이아』(37장 '문어' 편을 보라)에서 소용돌이 괴물 카리브디스의 맞은편에 존재한다. 크라켄은 스칸디나비아신화에 등장한다. 촉수가 많이 달려 있고 노르웨이와 그린란드 해안에서 발견되는 심해의 괴물이다. 어둡고 깊은 곳에 대한 두려움, 망망대해가 주는 두려움, 그리고 괴물(특히 바다 괴물)에 매혹을 느끼는 우리의 내적 성향은 실제 생물에 환상 가득한 세부 사항을 더해 크기를 키운다. 이렇게 해서 창조된 괴물은 항상 그 촉수로 배를 휘감아 끌어내리고 불운한 선원을 집어삼킨다. 거대한 바다뱀에 관한 수많은 이야기는 대왕오징어를 잘못 봐서 탄생했다고 말할 수 있다.

수백 년 동안 대왕오징어는 사실과 신화 사이의 무인 지대에 존재했다. 초기의 과장은 이후에 야생 세계를 관찰하는 더 냉철한 이들이 이 동물의 실재를 믿지 않는 경향이 있음을 의미한다. 조르주 퀴비에(76장 '매머드' 편을 보라)는 털매머드가 존재한다면 어떻게든 목격되었을 텐데, 그렇지 않은 것으로 보아 멸종한 것이 분명하다고 주장했다. 같은 주장을 대왕오징어에 대해서도 했지만 바다는 육지와 다르다. 바다는 (오랜 전쟁의 역사를 지닌 나라의 열대우림을 포함해) 육지로서는 꿈도 꾸지 못할 정도로 많은 것을 숨기고 있다. 오징어를 연구하는 과학자 클라이드 로퍼는 이렇게 말한 적이 있다. "인간은 해저보다 달 뒤편에 관해 더 많이 알고 있습니다. 그만큼 해저에 관해서는 아는 바가 없지요."

린네는 대왕오징어에 양가적 감정을 가지고 있었다. 그는 1735년 『자연의 체계』 초판본에 대왕오징어를 포함시키고 미크로코스무스라는 학명을 붙였지만 후속 판본에서는 이를 삭제했다. 아마도 사실과 신화의 관계에 대한 생각을 바꾼 듯하다. 맥콰이가 자신이 목격한 오징어를 훨씬 나중에 묘사한 바를 보면, 현장을 객관적으로 묘사하는 냉철한 명료함이 없었다는 점을 인정해야 한다. 《더 타임스》 지의 보도에 따르면, 맥콰이는 이 생물에 대해 길이는 거의 30미터에 달하며 입은 "큰 이빨로 가득 차 있고 … 똑바로 서 있는 사람을 집어삼키기에 충분할 정도로 커다랗다"라고 말했다. 1857년 덴마크의 과학자 야페투스 스틴스트루프는 큰 부리를 포함해 해변에 떠밀려온 신체의 일부를 근거로 거대 생명체가 오징어라는 데 찬성표를 던졌고 아르키테우티스 둑스(Architeuthis dux)라는 학명을 붙였다. 그 후 1861년 프랑스 군함 알렉통이 거대한 오징어를 우연히 발견하고 심지어 일부를 가져오기까지 했다. 그리고 또 한 명의 함장이 비웃음거리가 되었다. 전문가들이 이것을 보고 식물성 물질이라고 했기 때문이다.

하지만 쥘 베른은 이런 이야기들을 좋아했다. 그가 쓴 공상과학소설은 사실과 신화와 추정을 마구 뒤섞어놓는 경우가 대부분이다. 『해저 2만 리』(1870년 출간)에서 노틸러스 잠수함의 승무원들은 잃어버린 도시 아틀란티스를 발견하고 대왕오징어와도 마주친다. 이 오징어는 노틸러스를 공격하고는 떠나기 전에 승무원 한 명을 집어삼킨다.

그 후 1873년 테오필로스 피콧이라는 뉴펀들랜드의 어부는 자신이 대왕오징어를 정확히 발견한 것은 아니지만 녀석에게 잡힐 뻔했다고 말했다.

대왕오징어가 배를 붙잡아 바다 밑으로 끌고 가려 했다고 증언한 것이다. 심해에 관한 전형적인 이야기였지만 여기에는 반전이 있다. 그와 선원들이 함께 긴 촉수 두 개를 잘라내는 데 성공한 것이다. 오징어에는 긴 촉수 두 개와 짧은 촉수 여덟 개가 달려 있다. 이들은 잘라낸 촉수를 육지로 가져왔고, 교구 목사 모스 하비는 이들이 중대한 무언가를 발견했다는 사실을 알아차렸다. 촉수의 길이는 6미터에 달했다. 이번에도 사람들이 비웃고 빠져나갈 수 있을까?

그 후로는 대왕오징어가 실제로 존재한다는 사실을 다들 점차 받아들이게 되었다. 크라켄은 정말 바다 밑바닥에 살고 있었다. 깊디깊은 심해에서 물고기를 잡아먹으며 살고 있었기 때문에 거의 볼 수 없었던 것이다. 오징어와 문어는 모두 정원에 있는 민달팽이처럼 연체동물이다. 무척추동물이고 부드러운 몸은 죽은 뒤에 오래 보존되지 못한다. 대왕오징어 한 조각을 손에 넣어도 이를 검사할 수 있는 사람들에게 전달하는 일 자체가 무척 어려웠을 것이다. 무엇보다도 냉장고가 없는 시대였으니 말이다.

오늘날 대왕오징어는 신화뿐 아니라 동물학에서 일부를 차지하고 있다. 총 길이가 13미터인 표본도 발견되었다. 외투막(몸과 머리)은 길이가 2미터에 달했다. 실제로 술통만큼 컸던 셈이다. 2004년에는 심해의 자연 서식지에 있는 대왕오징어를 최초로 촬영했다. 2012년 다시 심해에서 성체를 촬영했고, 2019년에도 또 다른 성체 오징어를 촬영했다. 이 영상을 유튜브에서 쉽게 찾아볼 수 있다. 대왕오징어의 크기에 대해 명확한 감은 얻을 수는 없지만 이 동물이 얼마나 우아한지 알아볼 수 있다.

대왕오징어가 존재한다는 사실이 생물학적 정설로 받아들여지면서 이보다 더 큰 생물에 관한 이야기와 증거 수집도 이루어졌다. 1925년 대왕오징어의 것이라기에는 지나치게 긴 촉수가 향유고래의 위장에서 발견되었다. 이빨이 있는 고래하목 중 가장 큰 동물인 향유고래는 대왕오징어의 자연 포식자다. 1981년 러시아의 저인망 어선이 커다란 오징어 한 마리를 잡았다. 대왕오징어라고 하기에는 지나치게 거대했다. 이 오징어는 새로운 종으

100가지 동물로 읽는 세계사

마지막 의식: 2005년 캘리포니아 해변에 떠밀려 온 거대한 오징어.

로 받아들여졌다. 총 길이가 18미터에 눈은 직경 30센티미터인 콜로살오징어(남극하트지느러미오징어)다. 대왕오징어보다 훨씬 더 거대하고 먹이가 되기에는 너무나 커서 아마 최상위 포식자인 듯하다.

인간이 다른 생명체를 파악해온 방식은 늘 비슷하다. 생명체에 관해 올바르게 관찰한 사실들과, 생명체 자체보다 우리의 필요에 관해 더 많은 이야기를 들려주는 거친 신화들을 뒤섞는 것이다. 사실과 신화가 뒤섞이는 교집합과 합집합의 복잡한 벤다이어그램에서 신화는 때로 과학이 쉽게 도달하지 못하는 진실을 이야기해주기도 한다.

091
비버

풍경을 짓는 건축가

"그래서 수전이 '정말 멋진 댐이네요!'라고 말한 것은 예의를 갖춘 것에 불과했다.

이번에는 비버 씨도 '쉿'이라고 말하는 대신 이렇게 대답했다.

'별 거 아니에요! 별 거 아니죠! 아직 끝나지도 않았어요.'"

└ C. S. 루이스, 『사자, 마녀, 그리고 옷장』

이 책에서 계속 언급했듯이, 인류는 약 1만 2,000년 전부터 자신의 필요에 맞춰 풍경을 바꾸기 시작했다. 비버 역시 인간처럼 호화롭지는 않아도 훨씬 더 오랜 세월 동안 같은 일을 해왔다. 습지를 만들고 강을 바꾸고 연못을 만들면서 수백만 년 동안 자신이 살고 있는 물가의 풍경을 변모시켰다. 동물도 서식지를 부지불식간에 바꾸는 경우가 많지만(코끼리가 가장 분명한 예다) 자신에게 유리하게 의도적으로 조정하는 일에 관한 한 비버는 역사상 인간 다음으로 뛰어난 동물이다. 이들은 열의를 다해 나무를 갉아대면서 인류 다음으로 2인자 자리를 차지했다.

그 때문에 비버는 풍경을 바꾸는 일의 제왕인 인간과 지속적으로 마찰을 빚었다. 풍경을 바꾸는 일에 대한 비버의 생각은 빈번히, 그리고 점점 더 인간의 생각과 충돌하고 있다. 하지만 최근 일종의 '비버 수정주의'가 생겨났다. 사람들은 비버가 풍경과 하천 시스템에 가져올 수 있는 변화를 중시하기 시작했다. 이것이 인간에게 유용한 측면이 많다는 점을 인지하기 시작한 것이다. 비버 자체를 보면서 즐거워하는 사람들도 늘고 있다. (뉴욕시를 비롯해) 많은 지역에서 비버는 오랫동안 비워두었던 자리에 다시 돌아와 환영을 받고 있다.

비버는 두 종이 있다. 아메리카비버와 유라시안비버다. 두 종은 무척 비슷하게 생겼다. 유라시안비버가 조금 더 크고 미묘한 차이도 많다. 이들을 인위적으로 함께 두면 번식을 꺼리고 서로 교배하지 않는다. 하지만 이들의 행동과 생태는 호환성이 꽤 높다.

비버는 남아메리카의 카피바라에 이어 두 번째로 큰 설치류다. 반(半)수생동물이며 살고 있는 습지의 초목을 먹는다. 물고기는 건드리지 않는다. 사실 비버는 물고기가 살기 더 좋은 조건을 만들어준다. 자신의 즐거움을 극렬히 보호하려는 낚시꾼들은 이 사실을 받아들이려 하지 않지만.

비버는 갉기 선수다. 쥐를 다룬 장에서도 살펴보았지만(25장 참조), 갉는 일은 설치류가 갖고 있는 뛰어난 재능이다. 비버는 다른 어떤 설치류보다 갉기 재능이 뛰어나다. 계속해서 자라는 앞니는 이들이 살고 있는 환경

뛰어난 건축가: 『소비에트 백과사전』에 나오는 유라시아비버 삽화(1927년).

에 맞춰진 것으로 덕분에 이들은 먹이를 먹고 저장하고 살기에 가장 적합한 조건을 만들어낼 수 있었다. 이러한 작업은 갉기에서 시작된다. 비버는 어린 나무부터 완전히 자란 나무껍질까지 다 갉아댄다. 이러한 작업은 건축물로 이어진다. 이들이 만든 댐이 특히 유명하다. 댐을 지으면 깊은 웅덩이가 생긴다. 이 웅덩이는 포식자의 침입을 막아준다. 깊은 물로 둘러싸인 집에서 비버는 곰과 늑대를 벗어나 안전하게 지낼 수 있다.

비버는 운하도 건설한다. 운하를 이용해 원하는 곳으로 갉아먹은 나무를 떠다니게 하고 먹이뿐 아니라 집과 댐을 짓는 건축 재료를 나르는 데 사용한다. 비버는 겨울잠을 자지 않는다. 이들은 먹이 저장고 덕에 겨울을 날 수 있다. 비버는 강과 개울을 가로질러 댐을 만드는데, 수직으로 가지를 세운 다음 수평으로 가지를 추가해 쌓고 식물과 진흙으로 틈새를 막는다.

인간은 항상 비버를 사냥해왔다. 고기보다는 털을 얻기 위해서였다. 물론 가톨릭교회에서 비버를 물고기라고 편리하게 선언한 덕에(거위를 따개비라고 한 것과 비슷하다. 61장 참조) 금요일에 먹을거리로 유용하기는 했다. 비버는 반(半)수생 생활양식, 특히 북쪽 서식지의 반수생 생활양식을 위해 효율적인 단열재가 필요하다. 비버는 털가죽으로 체온을 보존한다. 비버의 속털은 최고의 모피이기 때문에 최고급 실크해트에 사용된다. (크리켓에서 투수가 세 명의 타자를 연속 아웃시키면 해트트릭이 되는데, 공 네 개로 타자를 네 명 연속 아웃시키면 구식 용어로 비버트릭이라 한다. 비버 모자가 보통 모자[해트] 보다 훨씬 좋기 때문에 이렇게 부른다.)

하지만 비버가 인간에게 가치 있는 이유는 또 있다. 비버에게는 캐스토리움이라는 비버 특유의 향 물질이 있다. 2,000년 이상 의학에서 사용해온 물질이다. 피마자씨로 만든 피마자유(캐스터 오일)와 혼동해서는 안 된다. 이 물질은 비버 암수 둘 다에게 있는 분비선에서 나오며 영역을 표시하는 냄새로 사용된다. 비버향낭이라는 기관에서 나오는 이 물질은 진통제와 소염제로 사용되었다. 20세기에도 자궁 질환을 치료하고 혈압과 심장박출량을 높이기 위해 사용된다. 불안, 수면장애, 생리통을 완화시키는 데 이 물질을 권고하기도 한다.

이솝우화 중에는 비버가 사냥꾼에게 쫓길 때 자신의 고환을 물어뜯어 던져주고 달아난다는 이야기가 있다. 대(大) 플리니우스는 이 이야기를 재미있어 했기 때문에 무비판적으로 퍼뜨렸지만 대왕오징어 이야기와 달리 이것은 순전히 허황된 거짓말이다. 비버향은 음식의 맛, 특히 바닐라, 딸기, 라즈베리의 맛을 더해주는 데 사용되었다. 향수 제조에서도 중요한 성분이다. 가죽 같은 향을 내며 남성 화장품에서 선호한다.

비버 두 종은 사냥감이었을 뿐 아니라 인간이 통제하려는 환경을 교란시킨다는 이유로 핍박을 받았다. 유라시아비버(유럽비버)는 대부분의 서식지에서 멸종되었다. 유럽인들이 도착했을 때 약 9,000만 마리로 추산되던 북아메리카비버의 개체 수는 20세기 후반 약 600만~1,200만 마리로 줄어들었다. 비버 털의 수요는 미국 서부 개척 시대를 여는 강력한 요인이었다. 당시 개척자들은 총을 쏘고 덫을 놓는 사냥꾼들이었다. 서부 정복의 역사(그리고 신화)는 비버로부터 시작되었다.

따라서 유럽과 북아메리카에서는 비버가 과거의 일부로서 인간이 출현한 옛 역사의 상태를 표상하는 동물로 간주되었다. 국립공원 밖에 있는 비버는 우리가 밟고 지나온 옛 시대를 상기시켜주는 반갑지 않은 동물처럼 느껴졌다. 하지만 인간이 자연에게 지나치게 완벽한 승리를 거두면서 등장한 수정주의적 견해로 인해 비버를 재고하는 흐름도 나타났다. 유라시아비버의 예전 서식지의 일부, 즉 엘베강, 라인강, 스칸디나비아에서 방사 프로젝트가 이루어졌고, 폴란드, 슬로바키아, 체코에 있는 기존 개체군도 더 너그럽게 보게 되었다. 북아메리카의 일반 사람들 가운데서도 비버를 긍정적인 눈으로 바라보는 태도가 늘어났다. 강이 더 깨끗해지면서 비버는 토론토, 캘거리, 위니펙을 포함한 도시 지역까지 이르렀고 시카고, 샌프란시스코, 뉴욕의 브롱크스강에서 목격되었다.

비버는 16세기 영국에서 멸종되었지만 재도입과 탈출로 소수의 개체군이 형성되었다. 비버가 인공 경관을 엉망으로 만들 것을 우려해 강하게 반

비버 사냥: 맨 위에 있는 비버가 자기 고환을 물어뜯고 있다(1230년경).

대하는 사람들이 여전히 많기 때문에 이들은 면밀한 감시 대상이 되었다. 하지만 비버의 영향에 대한 연구를 통해 예상치 못했던 놀라운 사실들이 다수 밝혀졌다. 비버의 토목공사는 물을 정화하고 습지를 조성함으로써 생물 다양성을 증가시킨다. 낚시꾼들은 비버가 쌓은 댐이 물고기의 이동을 막을까 봐 두려워한다. 하지만 물고기는 인간이 비버와 강을 통제하기 훨씬 이전부터 수백만 년 동안 이동해왔다. 물고기는 댐을 통과할 수 있고 더 깨끗한 물과 더 큰 다양성은 물고기들에게 긍정적인 자산이다.

　　비버의 토목공사는 인간이 물을 관리하는 데도 도움이 된다. 물 관리에 대한 전통적인 생각은 가능한 한 빨리 물을 없애는 것이다. 강을 준설하고 운하를 만들어 빗물이 바다로 빨리 흘러가도록 만드는 것이 핵심이다. 이러한 조치는 취약한 하류 지역에 홍수를 일으키고 가뭄 때는 물 부족을 초래한다. 잉글랜드 데번의 보호구역에 비버들을 풀어놓고 면밀히 관찰한 결과, 이들의 서식지가 가뭄 때는 더 많은 물을 방류하고, 홍수 때는 더 많은 물을 수용하는 데 도움이 되는 것으로 밝혀졌다. 상류에 다시 조성한 숲은 물을 수용하고 천천히 방류해 하류에서 홍수의 위험성을 감소시킨다. 이러한 시스템은 저수지에 비버가 살고 있을 때 훨씬 더 원활히 작동한다.

이제 비버는 사람들의 의견이 갈리는 동물 중 하나가 되었다. 야생의 자연을 더 좋아하는 사람들, 그리고 동물에 대한 통제를 줄이기는커녕 더 늘려야 한다고 믿는 사람들의 의견이 첨예하게 갈리는 데 비버가 한몫한 셈이다. 스코틀랜드에서 비버의 방생은 불행한 결과 없이 많은 사람에게 큰 기쁨을 안겨주었지만, 웨일스에서 비버 방생을 반대하는 이들은 나를 밟고 지나가라는 식으로 극렬한 반대 입장을 보였다. 미국에서는 많은 곳에서 비버의 귀환을 긍정적으로 받아들였지만 비버가 보이는 즉시 사살하는 지역도 여전히 있다.

비버의 가장 큰 매력은 재야생화라는 매혹적인 개념에서 비롯된다. 이 개념은 잘못 정의되고 있는데, 일부 사람들(찬성하거나 반대하는 사람들 모두)이 보기에 재야생화는 늑대나 그 밖의 다른 포식자를 농장 근처에 풀어주는 것을 뜻하기 때문이다. 논쟁은 계속될 것이고 의견도 계속 갈릴 것이다. 그럼에도 비버는 이전보다 덜 난폭하게 기능하는 풍경을 만들고, 인간 중심적인 데서 조금은 더 자유로워진 마음의 풍경도 함께 실어다주는 등 시골을 관리하는 온건한 방식의 선구자가 되었다.

구아노가마우지

개체 수의 폭발적 증가

"그래서 5마일의 두 배나 되는 비옥한 대지가

성벽과 성탑으로 둘러싸였네."

└ 새뮤얼 테일러 콜리지, 〈쿠빌라이 칸〉

구아노가마우지는 같은 장소에서 되풀이해 똥을 싼다. 언뜻 보기에 놀라워 보이는 이 사실 때문에 전쟁과 기근이 벌어졌고 미국의 제국주의 야심이 일어났으며 집약적 농업이 촉발되어 그 어느 때보다 많은 사람이 지구상에 살 수 있게 되었다. 물고기를 잡고 새끼를 기르고 후손을 남기려는 야심밖에 없는 새가 이루기에는 턱없이 경이로운 업적이다.

구아노가마우지는 페루와 칠레 북부 태평양 연안의 작은 섬과 외딴 곳에 서식한다. 파타고니아 대서양 연안에 있던 개체들은 더 이상 살아남지 못했다. 20세기와 21세기에 걸쳐 둥지를 지을 곳이 줄어들고 이들의 먹이인 물고기를 인간이 남획하면서 개체 수가 꾸준히 감소하고 있다. 이들은 1년 내내 번식하지만 먹이를 가장 많이 구할 수 있는 시기에는 번식이 최고조에 이른다.

다른 모든 종의 바닷새처럼 이들도 육지에 있는 둥지로 돌아가야 한다. 이들은 큰 무리를 지어 이동한다. 고독하게 지내는 기간과 사회성이 높은 기간이 번갈아 나타난다. 이들은 섬과 둥지를 튼 다른 장소에 매우 충실한 모습을 보인다. 대대로 같은 섬에서 부화하고 자라며 끊임없이 같은 장소로 돌아온다. 자손과 먼 후손들도 같은 섬으로 돌아온다. 그곳에서 살고 번식하고 잠자고, 그리고 똥을 싼다.

똥은 계속해서 쌓인다. 한때 이들이 서식한 섬에는 수천 년 동안 어마어마한 양의 배설물이 쌓여 있었다. 새들의 배설은 불가피한 일이지만 19세기 유럽과 북아메리카 사람들은 이 배설물이 인간에게 유용하다는 사실을 발견했다. 배설물은 혁명이었다. 엄청난 부와 권력의 원천이 바로 구아노가마우지의 똥이었다. 19세기는 '구아노 시대'라 불린다.

'구아노(guano)'라는 말은 스페인어에서 유래했다. 기원을 더 거슬러 올라가면 안데스 언어 중 하나에서 온 것이다. 남아메리카에서는 구아노의 비밀을 식민지 강대국들이 알기 전부터 이미 1,500년 동안 알고 있었다. 구아

기적의 물질 생산자: (왼쪽에서 오른쪽으로) 케이프가마우지, 피그미가마우지, 구아노가마우지(화가 미상).

노는 식량 작물을 잘 자라게 해준다. 같은 면적의 땅에서 더 많은 산출량을 낼 수 있게 해준다. 지력을 너무 빼앗아 땅이 척박해지기 전에 구아노를 사용하면 땅을 다시 비옥하게 되돌릴 수 있다. 구아노를 쓰면 땅에서 전보다 더 (적은 작물이 아니라) 많은 작물을 생산할 수 있다.

구아노가마우지의 배설물에는 질소와 인산염, 칼륨이 들어 있다. 이것이 열대 섬에서 바싹 마르면 밭에 직접 쓰기에 알맞은 형태가 된다. 잉카의 통치자들은 이 배설물을 귀히 여겼다. 서식지에서 구아노를 훔치려 한 사람뿐 아니라 새들을 방해하려는 사람까지 사형에 처했다. 인간이 개입하면서 구아노는 본격적인 사업 품목이 되었다. 구아노가마우지만 이 귀한 상품을 공급할 수 있는 것은 아니었다. 페루펠리컨과 페루얼가니새의 배설물도 사용되었다. 이들은 서서히 착취당했다. 그래서 이 사업은 반드시 지속 가능한 것은 아니지만 예측 가능한 미래를 위해 존재했다. 그런데 알렉산더 폰 훔볼트가 부두를 산책하다가 재채기를 했을 때 이 모든 상황이 바뀌었다.

훔볼트는 19세기 초 독일의 위대한 지리학자이자 박물학자, 탐험가, 그리고 다양한 분야에 박식한 지성인이었다. 우리가 지구의 물리적 성질을 이해하는 방식 중 상당 부분은 훔볼트의 지식에 기댄 것이다. 그 어떤 인간보다 그의 이름을 딴 종이 많다는 주장이 있을 정도다. 훔볼트펭귄도 있고 훔볼트 해류도 있다. 호기심이 끝없이 왕성했던 훔볼트는 페루 부두에 정박한 배에서 하역하는 이 물질의 정체가 궁금해졌다. 자신에게 심한 재채기를 유발한 성분이 무엇인지도 알고 싶었다. 재채기의 원인은 구아노가 말라서 생긴 먼지였다. 구아노가 새의 배설물이라는 말을 듣고 그는 처음에는 의심했다. 확실히 양이 지나칠 정도로 많았다. 이것이 오랜 세월 동안 쌓이고 굳은 배설물이라는 것을 이해하려면 상상력의 도약이 필요했다. 그는 물질의 용도를 알게 되자 일부를 얻어 고향으로 가지고 돌아왔다. 화학자들은 물질을 분석했다. 이 물질을 척박해진 토양에서 시험해본 결과는 기적이나 다름없었다. 그 어느 때보다 더 많은 작물을 수확할 수 있게 되었다. 갑자기 모든 사람이 구아노를 원하기 시작했다. 구아노가 모든 것을 바꿔놓았기 때문이

100가지 동물로 읽는 세계사

다. 필시 구아노는 지구상에서 가장 중요한 물질이었다.

구아노 사업에 뛰어든 사람들에게 호황인 시절이었다. 영국은 15년 동안 200만 톤의 구아노를 수입했다. 벼락부자 시대가 열렸다. 끔찍한 노동 착취도 이어졌다. 열대 더위에 먼지를 들이마시며 새의 마른 배설물을 파내는 일은 치명적일 만큼 위험한 작업이었다. 사실상 노예제나 다름없는 조건에서 중국인과 폴리네시아인 노동자들이 이 일을 맡았다. 톱밥과 다른 재료를 구아노에 섞는 사기도 벌어졌다. 사기를 방지하기 위해 분석가들을 고용해 부둣가에 세워놓았다.

구아노를 채취할 새로운 장소를 발견한 사람은 금세 돈을 벌 수 있었다. 박쥐 군체도 풍성한 채집 장소를 제공해 채집이 이루어졌다. 1843년 나미비아 연안의 이차보섬이 구아노로 덮여 있다는 사실이 밝혀졌고, 이듬해 450척의 배가 이곳을 찾았다. 배설물이 고갈되었을 때 섬의 높이는 땅을 파기 시작하기 전보다 8미터나 낮아졌다.

영국은 페루와 동맹을 맺었고, 그 결과 다른 물품뿐 아니라 새로운 품종의 감자를 수입하는 것이 유리하다는 사실을 알게 되었다. 아일랜드에 감자 역병이 전염된 것은 이러한 조치가 가져온 의도치 않은 결과였다. 감자 역병으로 인한 아일랜드 대기근이 1845~1849년에 벌어지면서 약 100만 명이 사망하고 또 100만 명 이상이 해외로 이민을 떠났다. 영국과 페루의 동맹에 자극받은 미국은 1856년 구아노 제도법을 통과시켰다. 미국 시민들이 구아노섬을 찾아 미국의 소유라고 주장하도록 장려하는 법이었다. 100개의 섬이 합병되었고 그중 70개는 오늘날까지 미국의 소유로 남아 있다. 제국주의 강대국으로서 미국의 야심이 시작된 것이다.

오스트레일리아, 프랑스, 독일, 일본, 멕시코는 모두 구아노섬을 몹시 합병하고 싶어 했다. 구아노 교역으로 남아메리카 국가들 사이에 전쟁이 촉발되었다. 이 전쟁 중 칠레는 볼리비아를 침공하고 페루를 선제공격했다. 교전은 1884년 조약으로 종식되었다.

이제 집약적 농업이 가능해졌다. 1만 2,000년 전 농업이 고안된 이래

구아노를 유럽에 들여오다: 알렉산더 폰 훔볼트. 프
리드리히 게오르크 바이쉬(1758-1828년) 그림.

100가지 동물로 읽는 세계사

구아노의 이용은 농업이 결정적으로 발전한 두 번째 단계였다. 그러나 동시에 두 가지 일이 일어나고 있었다. 첫 번째는 구아노가 고갈되기 시작한 것이다. 수십만 년 동안 새들이 이루어놓은 것이 단 100년 만에 바닥났다. 두 번째는 인간이 합성 구아노를 만들 줄 알게 되었다는 것이다. 바로 인공 비료다. 19세기 내내 인공 비료 제조 과정이 지속되면서 새들은 차츰 사라졌다. 구아노가마우지는 집약 농업을 가능하게 만드는 데 필요한 것을 인류에게 보여주었다. 이제 인류는 그 어느 때보다 인구를 늘려갈 수 있게 되었다.

093

생쥐

식탁을 공유하는 자

"난 저 생쥐들이 정말 싫어!"

└• 미스터 징크스, 해나-바베라의 만화 〈픽시와 딕시 그리고 미스터 징크스〉

아마도 생쥐는 지구상에서 인간 다음으로 성공한 포유류 종일 것이다. 생쥐도 인간처럼 남극의 소수 개체를 포함해 모든 대륙으로 퍼져 나갔고, 인간처럼 거의 모든 환경에서 생존할 수 있다. 더구나 (역시 인간처럼) 변화하는 환경에 따라 행동과 사회구조를 맞춰나간다.

최근 수천 년 동안 인간이 아닌 동물의 성공적인 생존 비결은 인류와 동맹을 맺는 것이었다. 인간들이 좋아하든 싫어하든 상관없다. 쥐는 인간의 사랑을 받는 경로와 혐오를 받는 경로 두 가지를 모두 이용했다. 한편으로 인간의 소망에 반해 주거지와 음식을 탈취했고, 다른 한편으로는 애완동물이나 실험실 동물이 되었다. 개체 수 늘리기는 생쥐가 잘하는 일이다.

생쥐는 쥐상과에 속하는 1,800여 종의 대가족(모든 생쥐, 시궁쥐, 들쥐, 햄스터, 저빌 등이 있다) 중 하나다(쥐과의 동물을 통칭해 우리말로 '쥐'라 하고 'mouse'는 생쥐, 'rat'은 집쥐 또는 시궁쥐라고 흔히 번역한다. 이 책에서는 'house mouse'를 생쥐로 옮겼다—옮긴이). 생쥐(mouse)와 시궁쥐(rat)의 차이는 공식적으로 규정된 것은 없다. 몸집이 크면 시궁쥐라고 부른다. 생쥐라고 부르는 작은 종들 중 일부는 인간의 주거지로 들어와 인간의 자원을 이용한다. 다른 어떤 쥐보다 수가 많고 성공을 거둔 종이 무스 무스쿨루스(Mus musculus), 즉 생쥐다. 주의 깊은 독자들은 이것이 대왕고래와 종명(이명법의 두 번째 부분)을 공유한다는 사실을 눈치 챘을 것이다(대왕고래의 학명은 발라이노프테라 무스쿨루스[Balaenoptera musculus]로 생쥐와 종명이 같다—옮긴이). 린네는 자신만의 조용한 방식으로 익살을 부린 셈이다.

생쥐는 사람이 집을 짓기 훨씬 전에도 존재했다. 이들은 특유의 천재성으로 인간이 영구 주거지를 생활 요소로 확립하기 시작했을 때 그 기회를 놓치지 않고 잡아챘다. 이들은 인간의 삶을 공유하는 다른 모든 종들처럼 승자의 편이었다. 이들은 원래 초식동물이었고 아마 인도 북부를 기반으로 살았을 것이다. 이곳에서 서쪽으로 퍼져 나간 생쥐는 1만 5,000여 년 전에 지중해 동부에 이르렀고, 약 3,000년 전 유럽의 나머지 지역에 도달했다. 다시 말해, 농업의 발명보다 조금 먼저 퍼져 나갔지만 농업과 인간의 영구 주거지가 확립되면서 개체 수가 늘고 더 멀리 퍼져 나가기 시작했다. 하지만 급격한 속도로 늘어난 것은 아니다. 쥐가 인간을 제대로 이용하려면 인구가 일정 규모에 올라야 했기 때문이다.

생쥐는 급격히 변화하는 환경에 가장 잘 적응하는 동물이다. 인류가 지구상으로 퍼져 나간 것은 6,500만 년 전 공룡을 멸종시킨 유성 충돌 이후 지구에서 일어난 가장 파괴적인 변화였다(이 변화는 현재도 진행되고 있다). 유성 충돌로 포유류와 조류가 출현할 수 있었다. 인류 때문에 가축과 기회주의적인 동행자들의 확산도 가능해졌다. 이들 동행자 중 생쥐는 가장 유능한 포유류다.

생쥐는 초식동물로 진화했을 수도 있지만 결코 편식하는 동물은 아니다. 이들은 영양가 있는 것이라면 무엇이든 먹는다. 편식이라는 부드러운 함정은 이들의 몫이 아니었다. 생쥐에게 무엇이든 먹을 만한 것을 줘보라. 이들은 바로 갉아먹기 시작한다. 비버처럼, 그리고 다른 모든 설치류처럼 쥐

는 갉아먹는 일에 재능이 대단히 뛰어나다. 이들은 햇빛을 피하고 대부분 야행성이다. 새벽이나 황혼에도 잘 돌아다닌다. (비교적) 크고 둥근 귀에서 예상할 수 있듯이 청력과 후각이 뛰어나다. 큰 쥐는 무게가 45그램이고 짧은 거리를 놀랍도록 빠르게 움직일 수 있으며 점프도 잘한다. 서 있는 곳에서 45센티미터 정도를 도약할 수 있다. 긴 꼬리 덕에 뛰어난 균형 감각도 갖추고 있다. 꼬리에는 털이 없어 체온 조절에 도움이 된다. 혈액이 털 없는 꼬리쪽으로 흘러가면서 식는 것이다. 쥐는 오래 살지 못한다. 1년을 채웠다면 꽤오래 산 것이다. 길들인 쥐는 잘 돌볼 경우 2~3년을 살 수 있다.

인간이 무심코 제공한 식량 자원을 이용하는 생쥐 개체군을 '공생 쥐'라한다. 이들이 바로 우리와 식탁을 공유하는 생쥐다. 이러한 환경의 특징은 생쥐 개체군이 생존하는 데 필요한 것보다 식량이 풍부하다는 것이다. 이러한 환경에는 대체로 많은 수의 생쥐 개체군이 고밀도 상태로 살고 있다. 이들은 다른 종류의 생쥐들보다 공격성이 훨씬 적다. 이들은 협동하에 번식한다. 수컷은 대개 암컷 둘 이상과 짝짓기를 한다. 협동 번식과 이러한 형태의 짝짓기는 연관성이 있다. 암컷들은 새끼 양육을 분담하고 암컷 중 하나가 죽더라도 새끼를 계속 돌본다.

공생하지 않은 생쥐 개체군은 훨씬 더 개방된 공간에서 살고 있으며 활동 반경이 더 넓어 방어 또한 적극적으로 해야 한다. 암컷과 수컷의 공격성도 더 크다. 이러한 상황에서는 대개 수컷이 암컷 한 마리와 짝짓기를 한다. 이런 공간의 쥐들은 탈출 경로를 잘 갖춘 복잡한 터널 시스템을 구축한다.

행동과 식단에 적응하는 능력 덕에 생쥐는 크게 번성했다. 이들은 인간의 삶에 비교적 하찮은 영향을 끼치면서 이 정도의 성공을 거두었다. 생쥐는 물론 상당한 불편을 야기했지만 시궁쥐가 유발하는 깊은 증오와 두려움을 불러일으키지는 않았다. 생쥐는 기회만 되면 인간이 음식을 버리기 전에 먼저 먹어치운다. 농작물을 해치고 인간의 구조물을 갉아 손상시킨다. 전선과

이크, 생쥐다!: 〈포획〉, 안젤로 마르티네티(1874년).

컴퓨터 케이블을 갉아놓아 온갖 혼란을 일으킬 수도 있다. 생쥐가 일으키는 재난에는 늘 무언가 우스꽝스러운 데가 있다. 이들은 기생충과 배설물로 인간이 비축해둔 음식을 오염시킬 수도 있다. 이들은 또한 육상 포유류 개체군이 없는 섬에 우연히 유입되면서 여러 문제를 일으키기도 했다. 가령 뉴질랜드의 수많은 조류종의 멸종을 재촉하는 데 일익을 담당했다. 고프섬에서 키는 1미터지만 무력하기 짝이 없는 앨버트로스 새끼를 이들이 산 채로 먹는 모습이 목격되었다.

생쥐를 무서워하는 사람들도 있다. 나의 어머니는 생쥐라는 말만 들어도 몸서리를 치셨다. 생쥐 공포증은 특히 여성과 관련 있다. 아마도 집에 침입하는 생쥐의 특성상 이들이 훨씬 더 내밀하고 사적인 영역으로 들어오지 않을까 하는 두려움 때문일까? 생쥐가 치마 속으로 뛰어들 것이라는 끔찍한 생각은 전형적인(그리고 여성을 제외한 모든 사람들에게는 우스워 보이는) 이미지를 만들어냈다. 생쥐가 의자 아래로 제 갈 길을 가는 동안 의자 위에 올라서서 비명을 지르는 여성의 이미지다.

쥐의 문제에 대한 인간의 대응은 언제나 좀 익살스러운 구석이 있다. 그렇기는 해도 인간은 생쥐를 제거하는 많은 방법을 생각해냈다. 그중 하나가 물론 집고양이(92장 참조)를 이용해 생쥐의 침입을 미연에 방지하는 것이었다. 세상에 생쥐가 없었다면 인간은 고양이를 키우는 수고를 하지 않았을지도 모른다. 그랬다면 일상의 행복은 훨씬 줄어들었을 수 있다. 고양이와 쥐의 관계는 언어에도 나타난다. 오래 지속되는 두뇌 싸움이 있거나 두 사람 중 한 명이 다른 한 명을 가지고 노는 것 같을 때 '고양이와 쥐' 상황이라고 말한다. 배부른 집고양이는 쥐를 먹이로 보고 죽일 필요가 없지만 그렇다고 해서 사냥의 즐거움을 포기하지 않는다(인간의 경우와 별반 다르지 않다). 때때로 고양이는 쥐를 잡은 뒤 놓아주었다가 다시 잡으면서 재미있어 한다. 사자나 다른 큰 고양이과 동물들이 새끼에게 사냥을 가르칠 때 볼 수 있는 행동이다. 쥐를 가지고 노는 고양이에 대한 관념은 나태한 사디즘의 이미지가 되었다.

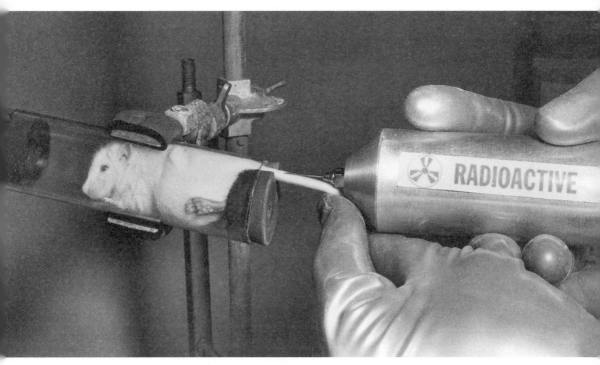

최첨단 설치류: 실험 쥐에게 방사성
물질을 주입하고 있다(1953년경).

　그럼에도 불구하고 생쥐와 관련된 온갖 것에는 여전히 어느 정도 익살
이 배어 있다. 생쥐 당사자나 여성들은 꼭 그렇게 보지 않는다 해도 말이다.
1940년 처음 선보인 윌리엄 해나와 조지프 바베라의 만화 시리즈에 나오는
톰과 제리의 영원한 전쟁은 이 점을 잘 보여준다. 각 에피소드(1958년에 제
작된 오리지널 시리즈의 마지막 회까지 114회가 있고, 이후의 리메이크까지 더해 모
두 164편이 제작되었다)마다 고양이 톰은 속아 넘어가고 생쥐 제리는 상대방
에게 벌을 주면서 가학적인 기쁨을 누린다. 미키 마우스는 전 세계에서 인간
이 아닌 동물 중 가장 잘 알려진 표상 중 하나가 되었다. 이 만화를 보는 사
람이 거의 없는 오늘날까지도 그러하다. 미키 마우스는 월트디즈니사가 만
든 캐릭터로 1928년 처음 등장했고 130편이 넘는 단편과 장편 영화에 출연
했다. 미키가 맡은 가장 큰 역할은 1940년 영화 《판타지아》에 나오는 마법

사의 제자다. 이 영화에서 미키 마우스는 폴 뒤카스의 음악이 흐르는 가운데 젊은이다운 야심, 그리고 지나친 욕심의 위험성을 배운다.

생쥐는 손이 많이 가지 않는 애완동물로 사람들의 손에서 길러졌다. 생쥐를 사랑하는 사람들은 이들이 장난기가 많고 다정하다고 말한다. 생쥐는 생물학 및 심리학 연구 실험실에서도 대표적인 동물로 널리 사용되었다. 생쥐는 실험하기에 가장 쉽고 저렴한 포유류다. 실험실에서 가혹한 취급을 받으며 살아도 인간과는 동떨어진 종이기 때문에 큰 우려를 불러일으키지 않는 반면에, 실험 결과는 인간의 것과 매우 가깝기 때문에 유용한 가치를 갖는다. 인간과 인간이 아닌 생명체와의 관계에 나타나는 전형적인 모순을 보여주는 또 하나의 사례다.

생쥐는 유전학 연구에도 사용된다. 이런 쥐를 '유전자 제거 생쥐'라 한다. 유전자 물질을 변형시킨 쥐, 다시 말해 유전자 물질을 비활성화하거나 다른 것으로 대체한 실험용 쥐를 말한다. 이런 쥐를 이용하면 알려지지 않은 유전자의 기능을 밝혀낼 수 있다. 쥐를 관찰하고 유전자 물질을 변형시킨 후 생긴 차이점에 주목하는 방법이다.

상상 속의 생쥐는 용감하고 강하지만 현실의 생쥐는 나약하고 비겁하다. 우리는 이러한 모순을 좋아하고 즐긴다. 소설에 등장하는 가장 훌륭한 생쥐는 『나니아 연대기』에 나오는 용감한 생쥐 기사 리피치프일 것이다. 리피치프는 제2차 베루나전투에서 불멸의 영광을 얻은 뒤 새벽출정호를 타고 세상 끝으로 항해한다. 우리는 몇 번이고 역경을 극복하는 용기의 상징으로 생쥐를 내세워왔다. 생쥐의 모습에서 늘 자연이라는 역경에 맞서 싸우는 우리 자신의 모습을 보는 것이다. 제리에게 대책 없이 당하는 만화 속의 불쌍한 톰처럼 자연 역시 에피소드마다 매번 인간에게 크게 당한다.

094
황새

아기와 화살

"그의 어머니는 그를 버리고 황새를 키우는 편이 나았다."

└ 메이 웨스트

우리는 수백 년 동안 생쥐를 주거지에서 쫓아내는 일에 힘썼다. 정도는 다르지만 그럭저럭 성공한 편이다. 동시에 많은 사람이 황새를 집으로 유인하려 애썼다. 인간의 건물 위에 황새가 둥지를 지으면 명예와 축복이자 최고의 행운으로 여겼기 때문이다. 황새 둥지는 온갖 가정적 미담이 담긴 생생한 교훈의 성지로 칭송받았고 오늘날에도 마찬가지다. 황새는 또한 인간을 데려온다고 여겨졌다. 이는 자연이 작용하는 방식을 보여주는 위대한 계시 중 하나였다. 게다가 이 계시는 인간이 인위적으로 만드는 그 어떤 것보다 경이로운 자연의 모습을 보여주었다. 그것만으로는 충분치 않다는 듯 황새는 인간에게 하늘을 나는 법까지 보여주었다.

황새는 여섯 개 속에 20종이 있다. 모두 몸집과 키가 크고 다리가 길며 인상적인 부리로 무장한 녀석들이다. 이들은 주로 열린 공간과 얕은 물에서 먹이를 찾으며 대부분 딱정벌레, 메뚜기, 귀뚜라미, 물고기, 개구리, 작은 새, 포유류 같은 다양한 종류의 작은 동물을 잡아먹는다. 가장 큰 황새는 아프리카대머리황새로 날개 길이가 최대 3.7미터, 무게는 9킬로그램에 이른다.

하지만 인류의 관심과 애정, 상상력, 그리고 신화를 만드는 능력에 영감을 준 것은 단 한 종이다. 바로 유럽의 홍부리황새다. 이들은 과거에는 이베리아반도, 독일, 동유럽, 서아시아의 광범위한 지역에 여름철이면 찾아들었다. 개체 수가 크게 줄기는 했지만 아직 꽤 남아 있다. 대체로 영국에서는 번식하지 않지만 1416년 에든버러의 세인트 자일스 대성당에서 번식한 기록이 있다. 2019년 서식스의 넵 캐슬(영국 작가 이사벨라 트리의 사유지로 야생 재건 프로젝트가 진행되고 있다—옮긴이)에서 알은 낳지 않았지만 한 쌍이 짝을 이루기도 했다. 황새는 생명을 긍정하는 것이면 무엇이든 생각나게 한다. 왜 아니겠는가? 황새는 봄에 도착해 특별한 둥지를 지을 인간의 정착지를 적극적으로 찾아 나선다. 둥지의 폭은 1.8미터가 넘는다. 주로 교회, 탑, 굴뚝, 지붕에 둥지를 튼다. 새 자체도 꽤 크기 때문에 눈길을 사로잡는다. 전체 길이가 115센티미터나 되기 때문에 그 존재감이 압도적이다.

일단 자리를 잡으면 이들은 더 많은 새끼를 낳는 과제에 착수하고 여보란 듯 동등한 협력 관계를 보여준다. 함께 둥지를 짓고 또 짓고 수리하며, 도착 후 처음 몇 주 동안은 옥상에서 짝짓기 장관을 연출한다. 암수 모두 새끼에게 먹이를 주고 부리를 세게 부딪치며 의사소통을 한다. 이들의 목소리는 약한 쉿 소리 정도지만 부리를 서로 부딪쳐 내는 타악기 같은 음향은 이들의 넓은 둥지를 가득 채운다. 부리를 부딪쳐 내는 소리는 목주머니를 통해 증폭된다. 황새는 시끄러운 소리를 좋아하고 둥지가 있는 곳에서 부산스럽게 움직인다. 둥지에서는 서로의 몸치장을 돕는다. 상호이타주의, 암수 한 쌍의 유대감, 그리고 일반적으로 이들이 하는 모든 일이 지붕 아래의 인간들에게 목가적이고 행복한 가정을 연상시킨다.

황새는 배우자에 대한 신의의 모범으로 간주된다. 하지만 여러 연구와 장기간의 관찰을 통해 꼭 그렇지만은 않다는 사실이 밝혀졌다. 그래도 행복

▍새 생명을 가져다주는 황새: 〈가장 진심 어린 축하〉, 채색 석판화(20세기).

한 가정을 꾸리는 듯한 모습, 봄이면 어김없이 등장한다는 사실(전통적으로 황새의 도착으로 농작물 심을 때를 가늠했다)로 인해 황새는 생활과 미덕의 중요한 상징으로 등극한다. 그리스 전설에서 황새는 자식에 대한 부모의 헌신뿐 아니라 부모에 대한 자식의 효성과도 연관이 있다. 그 덕에 황새는 미덕에 대한 보상으로 인간이 된다. 제우스의 아내이자 하늘의 여왕인 헤라는 가정의 덕목을 지킨다는 이유로 황새와 연관된다. 고대 이집트인들은 황새를 영혼과 연관 지었다. 슬라브 신화에서 황새는 영혼들을 지상으로 데리고 내려온다.

황새의 이 모든 특성 덕분에 사람들은 황새가 인간에게 아기를 물어다준다고 생각하기에 이르렀다. 천으로 감싼 아기가 황새의 부리에 매달려 있는 이미지는 서양인이 세상을 바라보는 방식의 일부가 되었다. 어린 칼 융은 여동생이 태어났을 때 황새가 아기를 데려왔다는 말을 정말로 믿었다. 유럽의 많은 지역에서 황새가 도착하는 시기가 춘분에 가까운 때라는 사실을 생각하면 꽤 그럴듯한 이야기다. 춘분은 하지로부터 정확히 9개월 후다. 하지에는 축제가 벌어지고 축제 때는 남녀가 사랑을 나누며 아기를 잉태하는 경우가 많으니 대체로 아기가 이듬해 춘분 때 태어나는 경우가 많았을 것이다. 여름의 더운 날씨는 알몸으로 비밀리에 애정 행각을 벌일 기회를 충분히 제공할 수 있다. 겨울에 복닥거리는 숙소를 함께 써야 하는 사람들은 누리지 못하는 기회일 것이다. 아기들은 봄에 태어난다. 황새도 봄에 도착한다. 사정이 이러하니 황새는 가정의 행복을 상징하는 모범이 될 수밖에 없다.

이러한 사실들은 통계학자를 훈련시키는 데 중요한 교훈을 제공했다. 이를테면 황새 둥지 수와 인구 증가를 보여주는 수치를 한데 모아 비교해보는 것이다. 물론 그 교훈이란 상관관계가 꼭 인과관계는 아니라는 사실이다.

그렇다고 해도 황새가 아기를 데려온다는 이야기는 성관계나 출산을 알기에는 너무 어린 아이들에게 아기가 어떻게 태어나는지 설명하는 적절한 방법이 되어주었다. 이 이야기에는 주목할 부분이 하나 있는데 좀 우스꽝스러운 구석이 있다. 태어날 때 겸자로 잡아당긴 아기는 출생 후에 머리나 몸에 자국이 남는데 이를 '황새 자국'이라 한다. 새의 부리로 무거운 아기를 나르다 생긴 변색이라는 것이다.

덴마크의 동화 작가 한스 크리스티안 안데르센의 동화 「황새」에는 이 전설에 대한 불길한 해석이 있다. 장난꾸러기 소년들이 황새를 괴롭히자 황새는 그에 대한 복수로 죽은 아기를 소년의 가족에게 데려온다. 과거에 존재했고 지금도 일부 지역에서 지키는 풍습 중에는 젊은 부부가 황새의 방문을 기대하며 창턱에 과자를 두는 경우도 있다.

황새가 인간에게 그토록 특별한 의미를 갖는 것은 이들이 봄에 극적으로 도착한다는 사실에서 비롯된 바가 크다. 황새에게 무슨 일이 벌어질까? 이들은 어디로 갈까? 이들은 겨울을 어떻게 날까? 온갖 추정이 사람들의 입에 오르내렸다. 황새가 해저에서 겨울잠을 잘지 모른다고도 생각했다. 하지만 해답은 1822년 (오늘날 독일 지역인) 메클렌부르크의 클뢰츠 마을로 황새가 직접 가져다주었다. 목에 화살이 박힌 황새 한 마리가 마을로 들어온 것이다. 가엾은 이 황새는 호기심의 대상이 되어 총에 맞았다. 조사 결과 목에 박힌 화살은 사하라사막 이남의 아프리카에서 온 것이 분명했다. 황새가 겨울을 나기 위해 아프리카로 간다는 것은 움직일 수 없는 사실이었다. 화살이 박힌 황제는 박제되어 벽에 걸렸다. 독일의 로스토크 대학교 박물관에서 볼 수 있다. 이후에도 화살이 박힌 다른 황새들이 계속해서 나타났고 차례대로 총에 맞아 표본이 되었다. 파이일스토치(pfeilstorch, '화살 황새'라는 뜻의 독일어)라고 불리는 이러한 표본들은 20개 이상이 있다. 이후 조류의 서식지 이동에 대한 연구가 시작되었다. 요즘같이 변화가 심한 시대에는 장거리를 이동하는 철새들은 다른 어떤 새 집단보다 더 큰 위험에 처하기 때문에 이 연구는 과거 어느 때보다 의의가 크다.

황새는 크고 무거운 새이므로 장거리 동력 비행은 이들에게 매우 어려운 일이고 에너지 소모가 크다. 하지만 이들은 날갯짓으로 이동하지 않는다. 이보다 훨씬 적은 에너지를 사용하는 방법을 쓴다. 날개를 고정시킨 채 활공하고 비상하면서 이동하는 것이다. 이들은 땅 위로 상승하는 따뜻한 공기에

서 생성되는 열을 타고 비상하면서 날갯짓 없이 고도를 높인다. 이들의 날개는 길고 아주 넓어 이러한 비행에 최적화되어 있다. 황새는 초창기 글라이더의 모델이었다. 오토마르 안쉬츠가 촬영한 날아오르는 황새 사진은 오토 릴리엔탈이 1891년부터 15미터 상공에서 추락해 사망한 1896년까지 몰았던 초창기 글라이더를 제작하는 데 이용되었다.

요하네스 티네만은 황새 다리에 고리를 달아 연구하는 방법을 개척했다. 1908~1954년에 약 10만 마리의 황새 다리에 고리를 달았고 그중 2,000마리가 다시 발견되었다. 이 연구로 황새가 바다 위로는 가능한 한 적게 이동한다는 사실을 알게 되었다. 온난 기류는 육지에서만 형성되기 때문이다. 그래서 이들은 지브롤터해협으로 지중해를 건너거나 중동의 레반트 지역을 지나 이동한다. 1942년 나치의 하인리히 힘러는 이동하는 황새를 이용해 독일에서 남아프리카 보어인들이 있는 곳까지 선전물을 나르고 싶어했다. 이 계획은 '황새 선전'이라고 명명되었다. 기발한 아이디어일지는 몰라도 비현실적이었고 실제로 시도된 적도 없다.

황새는 분명히 인간이 좋아하는 생물이다. 농업의 발전, 인간 주거지의 확산, 그리고 이에 따른 먹이 공급지의 파괴로 그 수는 감소했지만, 황새는 우리 삶에서 여전히 환영받는 새이고 우리의 신화에서도 확실한 지위를 차지하고 있다.

095

굴

백만 달러짜리 연체동물

"또 하늘나라는 좋은 진주를 구하는 상인과 같다.

그가 값진 진주 하나를 발견하면,

가서 가진 것을 다 팔아서 그것을 산다."

└ 마태복음 13장 45-46절

굴은 환경을 창조한다. 굴은 살고 있는 바다의 방대한 구역을 청소할 수 있다. 굴은 해안에 살던 수렵·채집자들에게 사라지지 않는 고단백질 음식을 제공했다. 동굴 속 패총은 1만 년 된 굴 껍질로 밝혀졌다. 인간이 굴을 어마어마한 양으로 채취하는 법을 개발하면서 굴은 노동자 계층을 위한 값싼 음식이 되었다. 희소가치가 생길 때까지 이용된 굴은 궁극의 사치가 되었다. 이는 아마도 음식의 재료가 아직 살아 있을 때 먹는다는 데서 오는 전율과 관계가 있을 것이다. 지난 2,000여 년 동안 굴이 천연으로 생산하는 품목은 사람들이 기꺼이 목숨이라도 걸 만한 무척 값나가는 대상이 되었다.

　굴(oyster)은 두 개의 껍데기를 가진 이매패류라는 여러 종의 연체동물에 비공식적으로 사용하는 말이다. 전통적으로 인간이 먹을 수 있는 굴과 진주를 만들어내는 굴, 이렇게 두 종류의 굴을 귀하게 여겨왔다. 하지만 최근 들어서는 군체를 형성하고 여과 섭식을 하는 조개류의 모든 종을 중시하게 되었다. 이들이 세상을 만들고 유지하기 때문이다. 굴 한 마리는 하루 동안 자신의 여과 구조로 놀라운 양의 물을 통과시킬 수 있다. 추정치는 최대 225리터다. 굴은 물을 섭취했다 다시 배출하면서 미량의 영양분을 추출하는데, 이 작업을 통해 물이 정화되고 다른 모든 종이 살 수 있는 더 좋은 환경이 형성된다. 또한 굴은 군체나 암초를 만들면서 말미잘이나 따개비, 홍합 등 다른 많은 종이 살 수 있는 장소를 제공하고, 이들을 먹는 종에게도 이익을 준다. 한마디로 굴은 세상을 만든다. 이들은 연안 해역의 파랑 작용에도 영향을 미치며, 기후가 변하고 해수면이 상승하는 시기에는 인간, 그리고 인간이 관리하고 이용하는 해안선에도 이로운 존재로 간주되고 있다.

미국 메릴랜드주와 버지니아주에 걸쳐 있는 체서피크만은 굴로 유명하다. 군체가 절정에 이르렀을 때는 사나흘에 한 번씩 하구의 물 전체가 정화된 것으로 추정된다. 굴의 수가 줄어든 오늘날에는 그 정도의 물이 정화되는데 1년 가까이 걸린다. 전 세계에서 인간이 사용하는 비료는 육지를 벗어나 하천으로 흘러들어가 바다로 나간다. 바다에서 이 농도 짙은 물질은 물고기를 죽이고 녹조를 일으켜 아무것도 살 수 없는 죽음의 해역이 발생한다. 굴은 이러한 과잉 영양분을 제거해주기 때문에 그 어느 때보다 긴요하다.

굴은 알에서 시작해 자유롭게 헤엄치는 유충으로 자란다. 충분히 성장하면 한곳에 자리를 잡는다. 굴은 게나 불가사리, 바닷새의 먹이가 되고 물론 인간의 음식도 된다. 많은 종이 엄청나게 많은 군집을 형성하는 경향을 타고났다. 인간이 먹을 수 있는 굴은 필연적으로 과잉 개발될 수밖에 없었다. 굴은 로마 시대부터 의도적인 어획(일부 사람들은 굴이 마치 식물인 양 수확이라는 말을 선호하기도 한다) 대상이었다. 영국 굴 산업의 중심지인 위스터블에서는 2,000년 동안 굴을 채취해왔다.

굴은 19세기 뉴욕 시민을 먹여 살린 음식이다. 굴 덕분에 뉴욕의 훌륭한 레스토랑 전통이 형성된 듯하다. 굴은 값싼 영양소로 여겨졌다. 〈J. 알프레드 프루프록의 연가〉에서 T. S. 엘리엇은 이렇게 읊었다.

우리 갑시다, 인적 드문 거리를 지나,

노동자를 위한 음식: 〈젊은이, 굴 한번 들어 볼래요?〉, 헨리 펄리 파커(1795-1873년).

하룻밤 몸을 누이는 싸구려 호텔
잠 못 이루는 밤 뒷골목의 웅성거림,
그리고 굴 껍질과 톱밥이 깔린 식당을 지나…

누추하고 우울한 도시 풍경이 여기 있다. 결정적인 디테일은 굴 껍질이다. 하지만 굴은 남획된 후 별미가 되었다. 자랑스럽게 내보이는 음식, 샴페인과 함께 내는 진미가 된 것이다. 예로부터 열두 달 중 이름에 철자 'r'이 붙은 달에 굴을 먹는다. 다시 말해 5월, 6월, 7월, 8월 같이 북반구의 날씨가 따뜻한 동안에는 굴을 먹지 말라는 뜻이다. 그럴싸한 관습이다. 더운 날씨에는 굴을 신선하게 유지하기 힘들고 굴이 옮길 수 있는 병원균도 맹활약하기 때문이다. 굴은 위험한 먹을거리일 수 있다. 수많은 굴에는 인간의 배설물이

100가지 동물로 읽는 세계사

들어 있어 이를 제거하려면 정화 과정을 통해 사계절 내내 아주 깨끗이 씻어야 한다.

껍데기가 있는 연체동물 중 거의 모든 종은 진주를 만들어낸다. 연체동물이 몸에 붙은 이물질을 처리하는 방식의 산물이 진주다. 우리가 먹는 굴(주로 태평양굴이라고 하며 참굴, 일본굴[미야기굴]로도 알려져 있지만 모두 크라소스트레아 기가스[Crassostrea gigas] 다)도 진주를 만들어내지만 이 진주는 아무런 가치도 인정받지 못하는 덩어리에 불과하다. 반짝이지 않기 때문이다. 우리는 반짝이는 것을 좋아한다.

반짝이는 진주를 만들어내는 종은 따로 있다. 이른바 '먹는 참굴'은 굴상과에 속한다. 진주굴은 상당히 다른 과인 진주굴과에 속하기 때문에 둘은 큰 관련이 없다. 진주굴과에 속하는 굴이 광택 나는 진주를 만든다. 진주는 껍데기 내면의 진주층('진주의 모체'라 부르기도 한다)이 지닌 특성 때문에 빛난다. 굴은 침입자를 진주층으로 둘러싸고 이 층은 빛을 반사하고 굴절 및 회절을 시킨다. 그래서 반짝이는 것이다. 매혹적인 시각 효과 덕에 굴은 수세기에 걸쳐 욕망의 대상이 되었다.

대(大) 플리니우스는 진주를 '보석 중 가장 귀한 것'이라고 부르며 굴과 관련된 최고의 이야기도 들려준다. 이집트의 여왕이었던 '고집불통 여성' 클레오파트라는 마르쿠스 안토니우스에게 그가 제공할 수 있는 어떤 연회보다 호화로운 연회를 열 수 있다고 자랑했다. 클레오파트라는 엄청나게 귀한 큰 진주를 식초에 녹여 마심으로써 자신의 자랑이 허언이 아니라는 것을 증명했다(진주는 약한산[酸]에서 용해되는 탄산칼슘으로 이루어져 있다). 대플리니우스는 최고의 진주는 페르시아만에서 나온다는 사실도 언급한다. 우리가 현재 알고 있는 멜레아그리나 불가리스(Meleagrina vulgaris) 종에서 나오는 진주다.

다른 종이나 다른 연체동물도 값진 진주를 만들어낸다. 율리우스 카이사르가 기원후 55년 영국을 침공한 이유 중 하나는 영국 바다에 있는 진주 지대 때문이었다. 당시 민물진주홍합이 그곳에 많았던 것이다. 물을 정화해주는 생태 환경상의 이점 때문에 이들을 재도입하는 프로젝트가 진행되고 있다.

진주는 많은 문화권에서 경이로운 물건으로 여겨졌다. 『코란』은 천국으로 들어가는 이들은 진주로 장식하게 될 것이라고 설명한다. 진주를 신의 눈물로 여기기도 한다. 아담과 이브가 에덴동산에서 쫓겨났을 때 흘린 눈물도 진주라고 전해진다. 아담이 울 때 훨씬 더 희귀한 검은 진주를 흘렸는데, 이는 미약한 여자보다 감정을 더 잘 다스리기 때문이라고 설명한다. 결혼식 날 진주를 달면 울음을 멈출 수 있다는 미신이 있다.

모든 굴에 진주가 있는 것도 아니고 100개당 하나씩 있지도 않다. 진주 하나를 발견하기 위해 얼마나 많은 굴을 까야 하는지에 관한 추정치는 다양하다. 확실한 한 가지는 진주 목걸이를 만드는 데 무수히 많은 죽음이 연루된다는 것이다. 이번에도 매력의 원인은 바로 그런 사실일 것이다. 자연산 굴의 남획으로 시장에 공백이 생겼고 굴 양식이 시작되었다.

양식 진주는 굴 껍질 안에 구슬을 넣고 몇 년(최소 18개월) 뒤에 그 결과로 생긴 진주를 꺼내는 방식으로 만든다. 양식 진주와 더 비싼 천연 진주를 감별할 때 유일하게 믿을 만한 방법은 엑스레이다. 천연 진주는 나이테가 더 두드러져 보인다. 사람들은 여전히 페르시아만과 오스트레일리아 해안에서 천연 진주를 채취한다. 천연 진

왕실의 진주: 엘리자베스 2세 여왕과 훗날 웨일스 공이 될 찰스 왕세자(1949년).

주는 고급 제품이다. 짝이 맞는, 즉 대칭성을 갖춘 등급 좋은 천연 진주 목걸이의 가격은 우리 대부분의 상상을 초월한다. 하지만 감이라도 잡을 수 있게 일화 하나를 소개하겠다. 1917년 보석상 피에르 까르띠에는 뉴욕 5번가에 있는 저택을 구입했다. 오늘날에도 뉴욕 까르띠에 매장이 이곳에 있다. 까르띠에는 짝이 잘 맞는 두 줄짜리 진주 목걸이를 집과 맞바꾸었다. 당시 목걸이의 가치는 미화 100만 달러에 달했다.

오늘날 우리는 진주보다 굴이 더 필요하다. 우리가 일상적으로 바다에 쏟아붓는 유해 물질에 완화 작용을 해주기 때문에 굴이 긴요하다. 뉴욕에서는 굴을 이용해 폭풍으로부터 도시를 보호하려는 계획이 있다. 이 계획은 2012년 허리케인 '샌디' 때문에 620억 달러의 피해가 생긴 후에 시작되었다. '오이스터텍쳐(oyster-tecture)'라는 별명이 붙은 이 시스템은 소멸된 굴 암초가 다시 자리 잡게 만듦으로써 파도를 줄여 도시를 안전하게 보호하는 것이 목표다. 인류는 부지불식간에 거대하고 소중한 자산을 파괴했다. 이 책에서 자주 언급했는데 지금도 오셀로가 떠오른다. 오셀로는 아내 데스데모나에게 불륜의 죄악을 뒤집어씌워 죽인 과오를 되돌아보며 자신을 '종족 전체보다 값진 진주를 내던져버린 어리석은 인도인'에 비유했다.

096
재규어

정글의 고양이

"오, 저 소리를 들어보라!
정글의 법을 지키는 모든 자에게 사냥의 행운이 있기를!"
└ 러디어드 키플링, 〈정글의 밤 노래〉

우리는 다른 무언가를 표상하는 것에 매력을 느낀다. 은유, 직유, 상징, 표상. 이런 것은 인간의 조건을 형성하는 일부지만 최소한 어느 정도는 인간이 아닌 동물에게도 존재한다. 내가 키우는 말은 내게 짜증이 나면 꼬리를 휘두른다. 나를 파리 대하듯 하는 것이다. 하지만 인간은 이 분야에 좀 더 특화되었고, 앞서 살펴보았듯이 우리는 신, 성령, 왕권, 평화, 여러 다른 나라, 사랑, 선과 악을 상징하는 데 인간이 아닌 동물을 활용해왔다. 때로 이들의 의미는 변한다. 한때 괴물 취급을 받았던 고릴라는 이제 목가적이고 평화로운 자연의 삶을 상징한다. 한때 왕족과 전쟁의 상징이었던 재규어는 오늘날 자취를 감추고 있는 열대우림의 표상이다.

재규어는 아메리카 대륙에서 발견된다. 소수만 남아 있는 미국 남서부부터 아르헨티나 북부의 숲까지다. 이들은 사자(1장 참조)와 호랑이(24장 참조)에 이어 세 번째로 큰 고양이과 동물이다. 이 책에는 많은 고양이가 등장한다. 우리 인간이 이들을 사랑하기 때문이다. 아즈텍인들에게 재규어는 온

100가지 동물로 읽는 세계사

갖 종류의 맹렬한 미덕을 구현하는 존재였다. 이들은 우리가 지구가 보유하고 있는 가장 소중한 자원을 상징하는 하나의 생생한 표상이 되었다. 오셀로의 말대로 우리는 '종족 전체보다 값진 진주'를 내던졌고 지금도 여전히 내던지고 있다.

재규어는 다양한 서식지에서 활동할 수 있지만 열대와 아열대 활엽수림을 가장 좋아한다. 대부분의 고양이과 동물처럼 대부분 혼자 산다(사자와 길고양이는 예외적인 경우다). 수컷이 차지하고 있는 영토에는 암컷 두세 마리의 영토가 포함된다. 암컷은 키우고 있는 새끼들과 영토를 공유한다. 이들은 매복 포식자이며 낮게 기고 나무를 타고 오르며 헤엄치는 데 능하다.

재규어는 표범과 많이 닮았지만 몸집이 더 크고 강하다. 몸길이가 더 짧고 다부진 편이다. 반점도 표범과 다르다. 반점이 더 크고 개수는 더 적으며, 반점 안에 또 다른 검은 점이 있는 경우도 있다. 표범과 달리 재규어는 자신의 영토에서 최상위 포식자다. 다른 어느 포식자의 지배도 받지 않는 정점 포식자인 셈이다. 재규어가 인간을 공격했다는 기록이 있기는 하지만 극히 드문 일이다. 이들의 주요 먹이는 세계에서 가장 큰 설치류인 카피바라다. 비글호를 타고 여행하던 찰스 다윈은 카피바라가 많다면 재규어를 두려워할 필요가 없다는 현지인의 말을 전한 적이 있다. 하지만 인구가 증가하면서 재규어는 어쩔 수 없이 가축을 노리기 시작했고 일상적으로 소를 죽였다. 나는 파라과이의 정글에 머물렀던 적이 있는데, 당시 그곳에서 재규어가 말 한 마리를 죽인 지 얼마 안 된 상황이었다.

재규어는 구세계인 아프로·유라시아 대륙(유럽, 아시아, 아프리카를 모두 합해 일컫는 지질학 용어—옮긴이)의 고양이과에서 진화했으며, 이들의 조상은 베링육교(현재 베링해협)를 통해 아메리카 대륙으로 들어와 남쪽으로 진출했다. 역사적으로 재규어의 범위는 북쪽으로는 미국의 그랜드캐니언까지, 남쪽으로는 캘리포니아 북부의 몬터레이까지였다. 남서부주에 남아 있는 소수의 개체군은 멕시코와 미국의 국경선을 따라 장벽을 건설하려는 계획 때문에 위협받고 있다. 완전히 고립된 개체군인 미국의 재규어는 그 수를 유지하지 못할 것이 거의 확실하다.

　가장 많은 개체군은 아마존 분지, 그란차코, 판타나우에 있으며, 아마존의 개체군이 세계인들의 상상력을 사로잡았다. 열대우림이 중요하다는 인식(심지어 인간이 아닌 생명에 관심이 조금도 없는 사람들조차 이런 생각을 한다)은 비교적 최근에 나타난 현상이다. 열대우림의 중요성은 생물 다양성, 탄소 격리, 산소 증발 등을 포함하는 비교적 복잡한 개념이다. 그러므로 이보다는 아마존 정글의 영원한 그림자를 따라 걷고 있는, 아름다운 반점을 가진 고양이의 모습을 보는 편이 훨씬 더 쉽다. 관절 하나하나가 기름을 몇 리터나 들이부은 듯 매끈하고 부드럽게 움직이고 내부에서 빛을 발산하듯 반짝거리는 동물이 재규어다. 재규어는 우리에게 말한다. 열대우림은 결코 사라져서는 안 될 귀한 자산이라고.

　베어버린 나무의 그루터기만 무성한 절망적인 묘지에서 우리는 열대우림의 파괴가 얼마나 어리석은 일인지 또렷이 볼 수 있다. 대부분의 인간이 관련된 이 광경은 비통하다. 재규어가 살 집이 없어져버렸기 때문이다. 황폐해진 숲의 죽은 풍경은 생명이 자취를 감춘 세상을 미리 보여주는 예고편인 것만 같다.

　열대우림 파괴에 대한 인류의 인식은 인간이 아닌 생명체에 대한 인간의 이해가 변화했음을 보여주는 사례다. 20세기 후반 이전에는 열대우림이라는 용어조차 보기 힘들었다. 열대우림은 그저 정글이었다. 두려움을 모르는 탐험가와 더할 나위 없이 이국적인 부족 외의 모든 사람에게 정글은 적대적인 장소였다. 열대우림은 전통을 따라 사는 원주민들뿐 아니라 지구상의 모든 생명체에게 귀중한 자원이라는 자각이 처음 퍼져 나간 것은 1984년 데이비드 애튼버러의 《살아 있는 지구》(70장 '오랑우탄' 편을 보라)라는 자연 다큐멘터리 덕이었다. 그 후로 이러한 자각은 대중문화에 편입되었다. 사람들은 무료 신문, 책, 연례 보고서, 우편 광고물같이 불필요하게 장황한 물품

　숲속의 사냥꾼: 2014년 루마니아 부쿠레슈티 북부의 동물원에서 해질녘에 찍은 재규어 사진.

을 가볍게 비난할 때조차 열대우림을 구해야 한다는 개념을 차용한다. 열대우림에 대한 감상적인 옹호론은 '나무 포옹' 같은 일로 치부되기도 한다.

하지만 부정적인 사례들마저 21세기 인류 삶에서 열대우림이라는 밈 (meme)이 얼마나 널리 확산되고 있는지 극명히 보여준다. 열대우림이 중요하다는 확신이 커지면서 인간이 지구를 관리하는 방식에 대한 불안감이 널리 퍼져 나갔고, 전 세계적으로 시위가 일상화되면서 이 문제는 중요한 정치적 의제로 더 높이 올라갈 수 있었다. 열대우림과 그곳에 서식하는 동물들 (무엇보다 재규어)의 생생한 존재감과 신비로움, 그리고 열대우림의 유린이 제공하는 생생한 느낌은 현대인의 삶에서 잊을 수 없을 정도로 강렬한 관념과 이미지로 자리 잡았다.

이제 우리는 숲, 특히 남아 있는 거대한 열대우림이 지구의 에어컨 역할을 한다는 사실, 그리고 우리와 농작물과 가축을 살아 있게 만드는 상수도 역할을 한다는 사실을 알고 있다. 열대우림은 탄소를 흡수한다. 지구 시스템에서 이산화탄소를 제거해 지구온난화를 지속시키는 온실가스 중 하나가 쌓이지 못하게 막는 역할을 하는 것이다. 또한 숲은 이 시스템에 산소를 다시 방출한다. 숲은 보유하고 있는 엄청난 양의 물에서 수증기를 배출해 구름을 만들고, 열대우림에서 나온 물은 전 세계로 퍼져 나간다. 이들은 물을 저장하고 천천히 방출해 하류에 홍수가 일어날 위험을 크게 줄여준다. 열대우림에서 방출되는 물은 지역 주민들과 동물들에게 먹을거리를 주고 영양을 공급한다. 나무가 없어지면 깨끗한 물도 함께 사라지고 사람들은 더 이상 살 수 없어 도시로 이주해야 한다. 현대 의약품의 4분의 1은 본래 열대우림 식물에서 나온 것이다. 이제껏 우리는 열대우림의 1퍼센트를 이용했다. 그곳에는 또 무엇이 있을까? 아마도 결코 다 알아낼 수 없을 것이다.

생물 다양성 문제도 있다. 일부 과학자들은 지구상의 생명체가 유지되는 것은 지구의 다양성 덕분이라고 주장한다. 다양한 형태의 생명체들이 거미줄같이 촘촘히 엮은 그물망이 지구의 생명체들에게 힘과 복원력을 부여한다는 것이다. 거미줄은 여기서 좋은 이미지로 기능한다. 거미를 다룬 장

100가지 동물로 읽는 세계사

(57장 참조)에서 보았듯이, 거미줄은 한 가닥만 끊어져도 전체 구조가 약해진다. 우리는 복잡성을 단순성으로 대체하고 다양성을 단일 문화로 대체하면서 계속해서 여러 가닥의 줄을 끊고 있다. 아마도 우리는 지구 시스템을 작동시킬 수 있는 방안을 찾아낼 것이다. 하지만 에드워드 윌슨이 했던 말을 여기서 되풀이하고 싶다. "지구는 하나, 실험도 한 번뿐"이다.

하나 더 덧붙이자면, 모든 종의 70퍼센트는 열대우림에서 발견된다.

우리는 열대우림이 중요하다는 생각에 익숙해지기 시작했다. 아직도 열대우림이 광범위하게 분포해 있는 많은 국가의 전통적인 반응은 다음과 같다. "선진국들은 자국의 발전을 위해 숲을 모조리 파괴했다. 우리 역시 같은 일을 할 권리이자 포부가 있다." 하지만 열대우림은 세계 전체에 필요한 자원이다. 열대우림 보호는 세계 전체의 이익이 달린 일이다.

재규어는 그 난해하고도 미묘한 문제의 상징이 되었다. 재규어는 숲을 보전하고 재생하는 일에 찬성해야 할 근거, 반박할 수 없는 명확한 정서적 근거다.

> "보전이 단지 솜털 보송보송한 동물을
> 구하는 것이라고 많은 사람이 생각한다. …
> 우리가 막으려 애쓰는 것이 인류의 자살임을 모르고 있다."
>
> └→ 제럴드 더럴

햄릿은 말했다. "인간이란 대단한 걸작이 아닌가! 이성은 얼마나 고결한지! 능력은 얼마나 무궁무진한지! 생김과 움직임은 얼마나 또렷하고 경탄스러운지! 행동은 얼마나 천사 같은지! 이해력은 또 얼마나 신과 같은지! 세상의 아름다움이요 동물의 귀감인지!" 하지만 이 책의 각 장에서 인간은 햄릿이 요약한 인간의 특성에 부응하지 못한다. 천사같이 행동하는 일은 극히 드물다. 자기 파괴적인 어리석음은 빈번하다. 이제 책의 마지막 부분으로 다가가면서 인간이 슬기와 연민과 능력으로 행동할 완벽한 능력이 있다는 것, 그것도 우리 자신이 아닌 다른 동물종에게 그렇게 할 수 있다는 것을 보여주는 상당히 중요한 작업을 해보자. 분홍비둘기는 우리가 관심과 정성을 쏟기만 하면 쇠퇴와 파괴를 막을 수 있을 뿐 아니라 실제로 상황을 완전히 반전시킬 수 있다는 사실을 즉시 보여준다. 문제는 인간의 의지다.

분홍비둘기는 도도(19장 참조)와 마찬가지로 모리셔스섬에서만 발견되는 종이다. 앞에서 살펴보았듯이 섬은 독특한 종을 만들어내는 경향이 있다.

고립으로 인해 생긴 특징이다. 도도는 섬이 만들어낸 진화의 산물 중 하나였고, 인간이 대규모로 유입될 때 드러내는 파괴적 본성에 대처하지 못했다. 분홍비둘기도 같은 경우다. 하지만 분홍비둘기는 도도처럼 덩치가 크거나 날지 못한 것은 아니었기에 버텨낼 수 있는 가능성은 더 컸다. 분홍비둘기는 크고 기괴한 도도와 달리 예쁘게 생겼지만 색깔은 서식지인 섬과 어울리지 않게 다소 초현실적인 느낌을 준다. 분홍비둘기의 색깔은 인테리어 디자이너가 호텔 라운지를 꾸밀 때 선호하는 은은한 분홍색, 즉 도드라지는 분홍이라기보다 스모키한 회색 계열의 분홍색이다. 빨간색 눈테와 진한 갈색 눈동자가 분홍색과 깔끔한 대조를 이룬다. 현실감이 좀 결여되어 보이기는 하다. 분홍비둘기를 처음 보는 사람은 녀석이 실제로 존재하는지 아닌지 분명 물을 만하다. 하지만 눈을 반짝거리며 호기심을 보이다가도 약간 화난 것 같기도 한 표정을 보면 녀석이 실물 비둘기라는 사실이 금세 분명해진다.

분홍비둘기와 제일 가까운 친척인 레위니옹핑크비둘기는 225킬로미터 떨어진 레위니옹섬에 살다가 인간이 도착한 다음 견디지 못하고 1700년에 멸종했다. 하지만 모리셔스섬의 분홍비둘기는 어려움을 겪으면서도 버

아직 여기 있다: 2018년 IUCN의 적색 목록에 포함된 분홍비둘기.

쳐냈다. 인간이 멸종을 주도하고 있다는 생각을 받아들이기 시작했을 때, 그리고 문제 해결을 위해 기꺼이 무언가를 하려고 했을 때 분홍비둘기는 여전히 존재하고 있었다. 이들은 멸종을 막으려는 인간의 시도에 반응했다. 정말 아슬아슬했다. 1990년 분홍비둘기의 개체 수는 아홉 마리밖에 남지 않았기 때문이다.

분홍비둘기가 직면한 문제들은 앞의 여러 장을 읽은 이들에게는 그다지 큰 충격으로 느껴지지 않을 것이다. 이들은 인간에게 식용으로 사냥당했다. 섬에 유입된 포식자들과 관련해서도 문제가 끊이지 않았다. 그중에서도 곰쥐, 몽구스, 게잡이마카크(원숭이종)가 가장 큰 피해를 주었다. 이들은 분홍비둘기의 알과 새끼를 잡아먹었다. 유입된 비둘기종과 함께 들어온 질병도 문제를 일으켰다. 하지만 늘 그렇듯 가장 큰 문제는 서식지 파괴였다. 이들은 산림에 서식하는 조류인데 대부분의 숲이 연료와 농업을 위해 벌채되었기 때문이다. 마스카렌제도의 원래 숲에서 1.5퍼센트만 남아 있다. 숲 자체에는 더 심각한 문제가 있었다. 쥐똥나무와 중국구아바 같은 외래 식물이 숲을 침범해 분홍비둘기(그리고 다른 종)가 살아남는 데 필요한 토착 식물의 성장을 방해했기 때문이다.

1970년 분홍비둘기가 멸종으로 빠르게 직행하고 있다는 사실이 분명해졌다. 멸종 방지에 나선 중심 단체는 모리셔스야생동물재단이었지만, 실제로 핵심 역할은 제럴드 더럴이 설립한 더럴야생동물보호재단이 수행했다(설립 당시의 이름은 저지[Jersey] 야생동물보호 단체였다). 더럴은 야생동물과 자연보호에 대한 반(半)자전적인 책을 여러 권 저술했다. 유머 감각과 관록, 수준 높은 풍자와 이야기를 풀어내는 놀라운 재주가 가득한 책들이다. 그의 걸작 『나의 특별한 동물 친구들』은 그리스의 케르키라섬에서 보낸 목가적인 어린 시절을 이야기하고 있다. 지금까지 쓰인 최고의 야생동물 책 중 하나다. 그는 영국해협에 있는 저지섬에 동물원을 세웠다. 동물원의 가장 큰 목표는 오락보다는 보전이었다. 당시로서는 혁명적인 목표였다. 오늘날까지 남아 있는 이 동물원은 특정한 단일 장소에서 진화한 섬 종들을 꽤 성공

모리셔스섬의 새들: 모리셔스분홍비둘기(왼쪽 중앙), 모리셔스포디(오른쪽 중앙), 모리셔스올리브동박새(아래), 모리셔스황조롱이(왼쪽 위), 마스카렌칼새(오른쪽 위), 모리셔스고삼림낮도마뱀붙이(맨 오른쪽).

적으로 다루었고, 결국 분홍비둘기의 경우처럼 문제를 찾아냈다. 더럴야생동물보호재단은 전 세계에서 많은 프로젝트를 운영하고 있으며 모리셔스에도 계속해서 깊이 관여하고 있다.

　1986년 남은 분홍비둘기는 12마리였고, 이들은 다섯 차례 둥지 짓는 작업을 시도했다. 둥지는 쥐가 모두 없애버렸다. 이듬해 포획한 새를 방생했지만 처음에는 뚜렷하게 나아진 점이 없었다. 앞서 말했듯이 1990년에는 단아홉 마리밖에 남지 않았다. 하지만 지속적인 노력으로 개체 수가 다시 늘어나기 시작했고 새로운 개체군이 섬의 다른 지역에서도 생겨났다. 지금은 아홉 개의 새로운 개체군이 있고, 그중 여섯 개는 블랙리버협곡 국립공원에 있다. 연안에 있는 섬 일오 에그레트에도 한 개체군이 있는데 이곳은 포식자로부터 안전하다. 2000년에 이 종은 절멸 위급(CR) 종에서 위기(EN) 종으로 단계가 내려갔고, 2018년에는 야생 분홍비둘기의 전 세계 개체 수가 470마리로 늘어나면서 위기(EN) 종에서 취약(VU) 종으로 등급이 내려갔다.

분홍비둘기의 문제가 끝났다고 속단하기는 이르다. 숲이 너무 심하게 훼손된 탓에 비둘기의 먹이가 충분하지 않다. 그 때문에 다른 종의 접근을 막도록 설계한 먹이통에 밀과 옥수수 분말 같은 먹이를 보충해주고 있다. 당연히 많은 수의 새들이 먹이통으로 유인되어 질병을 옮길 위험이 있다는 우려도 나올 수밖에 없다. 더구나 적은 수의 개체군, 특히 소수의 개체에서 늘어난 개체군에는 유전적 다양성이 현저히 떨어진다. 다양성이 올라가야 내구력과 복원성을 갖추고 미래를 약속할 수 있다. (이 사실은 많은 사람이 인식해야 하는 중요한 문제다. 단일한 인종 문화를 만들려고 시도하는 사람들이 전 세계에 존재하지만, 인간이라는 종이 지속되려면 이종교배가 필수적이다.) 유전적 다양성을 올리기 위한 노력의 일환으로 2019년 저지섬에서 자란 분홍비둘기 세 마리가 모리셔스섬에 방사되었다.

하지만 결정적인 문제는 어느 하나에 국한되지 않는다. 사실 개체 수가 적은 상황에서 아무리 작은 문제라도 심각하지 않다고 단정 지을 수 없다. 화재나 질병도 멸종을 초래할 수 있다. 기상이변이 나날이 잦아지고 있는 세상에서는 사이클론 하나만으로도 모리셔스의 잔존 산림이 파괴될 수 있다. 작고 고립된 개체군은 예전에 어느 영국 축구감독이 말했던 '복귀능력(bouncebackability)'이 결여되어 있기 때문이다.

이러한 교훈은 모리셔스를 넘어 전 세계로 퍼져 나가는 지혜다. 인간이 아닌 야생종 대부분은 보호받고 고립된 좁은 지역에서 발견된다. 이러한 지역은 근친교배와 소규모 개체군이라는 취약성으로 위기에 처해 있다. 분홍비둘기의 사연은 일종의 경고다. 동시에 인간이 실행할 수 있는 좋은 일의 모범 사례이기도 하다. 인간의 개입이 많은 종의 삶에 중요하다는 사실, 그리고 거의 모든 종이 생존 문제에서 인간의 호의에 의존하고 있다는 사실이 점차 더 분명해지고 있다.

우리에게는 선택권이 있지만 정작 선택할 시간은 촉박하다. 분홍비둘기를 살리는 일에서는 간신히 늦지 않게 문제를 해결한 셈이다. 헌신적으로 수고한 많은 사람 덕에 분홍비둘기는 살아남을 수 있었다. 여기서 우리는 종을 구하는 일이 가능하며, 종을 구하는 가장 중요한 방법은 서식지를 구하는 것이라는 중요한 교훈을 얻을 수 있다. 우리는 분홍비둘기를 구함으로써 한 종을 구했다. 그러므로 지구상에 존재하는 다른 모든 종도 얼마든지 구할 수 있다. 우리가 원하기만 한다면 말이다.

2,040제곱킬로미터의 작은 섬에서 일어난 일을 5억 1,000만 제곱킬로미터(그중 71퍼센트는 바다)의 지구 전체에서 재현하기란 더 어렵다. 하지만 이것을 단지 확장성의 문제라고 생각해보자. 우리는 무엇이든 파괴할 수 있다는 것을 증명했다. 그러므로 이제 우리가 남겨놓은 모든 것을 구하는 일, 더 가슴 벅차고 보람찬 도전도 얼마든지 시작할 수 있다.

098
바키타

다음 차례는 누구인가?

"보전의 좌우명은 항상 '절대로 희망을 버리지 말라'여야 한다."
└→ 제럴드 더럴, 『아이아이와 나』

이제부터 할 이야기에 관해 미리 경고하지 않을 수 없다. 내용 중 일부는 좀 우울하다. 사과한다. 나도 좋은 소식만 전하고 싶다. 바로 앞 장에서는 멸종 위기에서 돌아온 분홍비둘기를 다루었고 인간이 무엇을 할 수 있는지 보여 줬다는 점을 유념하길 바란다. 우울함에 짓눌리는 느낌이 든다면 에필로그 부터 읽어보길 바란다. 우울을 즐기는 것은 이 책에서 나의 바람도 목적도 아니니까.

강연을 할 때마다 받는 질문이 있다. "선생님은 낙관주의자인가요?" 그 때마다 이렇게 반문하고 싶은 유혹에 빠진다. "내가 영 바보로 보이시나요?" 자연계의 미래에 대한 낙관주의가 환경보전 문제에서 꼭 필요하다고 믿은 시절이 없었던 것은 아니다. 보전은 고사하고 낙관주의조차 점점 지속 가능 성이 떨어지고 있다는 점이 문제다. 희망과 상반되는 실상을 경험하는 일이 많아지고 이에 관한 증거가 늘어나고 있기 때문이다. 이 책에 소개한 많은 동물 종은 가차 없이 쇠퇴하는 쪽으로 흘러가고 있다. 하지만 그렇다고 내가

100가지 동물로 읽는 세계사

비관론자가 되는 건 아니다. 내가 보기에 낙관론이나 비관론 모두 현실에 도움이 되지 않으며 적어도 이 문제에서는 적절하지도 않다. 가능한 최선의 세상에서 만물은 최선을 향해 존재한다고 무턱대고 믿었던 볼테르의 낙관주의자 팡글로스 박사의 말을 되풀이할 필요도 없지만, 그렇다고 영국의 시트콤 〈아빠 부대〉에 나오는 비관주의자 프레이저 일병이 동료 병사들에게 되풀이하듯 "우린 모두 완전히 망했어!"라고 외쳐댈 필요도 없다.

대신에 현실주의적인 태도를 견지해보자. 물론 수동적인 방법을 쓰자는 말은 아니다. 낙관주의자냐는 질문을 받을 때면 나는 늘 비관주의뿐 아니라 낙관주의도 거부한다고 대답한다. 나는 우리를 둘러싼 현실에는 비관할 측면과 낙관할 측면이 둘 다 존재한다는 사실을 잘 알고 있다. 하지만 어느 편이 이길지 예측하는 것은 내 소관이 아니다. 다만, 자신이 옳은 방향에서 싸우고 있는지 확인하는 것이 우리 모두에게 중요하다.

확인하고 싶은 이야기를 해두었으니 이제 멸종 이야기로 넘어가보자. 그리 유쾌한 이야기가 아니라는 점은 인정하지만 적어도 우리는 분홍비둘기를 구해냈으니 아마도 바키타의 미래라는 훨씬 더 힘겨운 싸움에서도 이길 수 있을 것이다. 바키타는 지구상에서 사라질 거대 동물 중 가장 이목이 집중되는 후보다.

바키타는 스페인어로 작은 소를 뜻하지만 의외로 이것은 쇠돌고래과 동물이다. 세계에서 가장 작은 고래목 동물(고래와 돌고래를 포함한다)로 암컷이 수컷보다 조금 더 크고, 길이는 최대 1.4미터다. 이들은 멕시코 칼리포르니아만의 북쪽 끝, 즉 바하칼리포르니아의 긴 반도와 멕시코 나머지 지역 사이에 있는 코르테스해에서만 발견된다. 이들의 서식지는 항상 작았다. 바키타는 해양 동물 중에서 고립된 섬 종과 비슷하다고 볼 수 있다.

이들은 만 지대의 따뜻하고 얕은 물과 주위의 석호를 좋아하고 그곳에서 물고기를 쫓는다. 가끔은 아주 얕은 물에서 활동하기 때문에 이들의 등이 꽤 오랫동안 눈에 띈다. 쇠돌고래과 동물은 냉철한 버전의 돌고래인지라 뛰어오른다든지 그밖에 과도한 활동에 열중하는 일이 거의 없다. 덕분에 이들

677

아직 살아 있다: 바키타, 2019년 다큐멘터리 영화 《어두운 바다》 포스터.

을 관찰하기가 쉽지 않다. 이들은 숨을 쉬기 위해 물 밖으로 구르듯 나왔다가 다시 바다로 미끄러져 들어간다. 바키타는 북쪽 바다에서 가끔씩 보이는 여느 쇠돌고래보다 훨씬 신중하기에 인간의 마음에 불쑥 들어오는 동물이었던 적이 없다. 심지어 1958년까지는 과학계에서도 바키타에 관한 설명이 없을 정도였다. 그나마 1958년에 기술된 내용도 그보다 10여 년 전에 발견

100가지 동물로 읽는 세계사

된 두 점의 두개골을 바탕으로 한 것이었다.

바키타는 눈 주위에 까만 고리가 있어 다른 돌고래종과 구별된다. 이들은 음파 탐지 기술을 이용해 가끔씩 탁한 물속에서 물고기를 찾아내고 높은 음조의 소리로 서로 의사소통을 한다. 이들은 유유자적한 속도로 먹이를 먹고 헤엄을 치며 배에서 멀찌감치 떨어져 있는 방법을 익혔다. 엔진 소리는 확실히 음파 탐지에 방해가 되기 때문이다. 이들은 30미터 이상의 심해로는 거의 들어가지 않는다. 바키타는 또한 참돌고래과와 쇠돌고래과에 속한 대부분의 종보다 훨씬 사회성이 떨어진다. 보통 혼자 있거나 어미와 새끼가 함께 있는 모습이 목격된다. 쇠돌고래는 소규모 집단으로 주로 발견되며 돌고래들만큼 줄기차게 사회적 활동을 하지는 않더라도 서로의 집단에 관심이 아주 많다. 하지만 바키타는 이와는 다른 선택을 했다. 이들은 가까운 친척도 없고 주류와 떨어진 종으로 진화했다. 틀림없이 고립으로 인한 결과다.

칼리포르니아만의 지형은 확실히 바키타에게 녹록치 않은 환경이다. 바키타는 해양 동물인 것 치고는 육지와 관련이 깊다. 이들은 사실상 호수에서 살고 있다고 해도 과언이 아니다. 칼리포르니아만의 길이는 1,125킬로미터로 아라비아반도 다음으로 세계에서 가장 길다. 폭은 48킬로미터에서 최대 240킬로미터까지로 매우 좁다. 이 비좁고 길쭉한 만에는 4,000킬로미터의 해안선이 펼쳐져 있다. 그것은 이 만에 있는 모든 것이 해안에 거주하는 많은 사람, 대개는 가난한 인간의 손에 달려 있음을 의미한다. 바키타는 인간과 만날 운명이었다.

바키타를 못마땅하게 여기는 사람은 아무도 없다. 바키타는 사냥감이 된 적이 없다. 선택할 수만 있었다면 대부분의 사람들은 바키타가 그 바다에서 번성하기를 바랐을 것이다. 쾌활하고 친근한 표정으로 바닷속을 헤엄쳐 다니는 매력적이고 사랑스러운 작은 동물을 마다할 사람이 어디 있겠는가? 바키타에게 악의나 적의를 품은 사람은 아무도 없다. 이들은 그저 사람들의 생계에 방해가 되었을 뿐이다.

바키타는 자망(刺網)에 걸린다. 자망은 물고기가 지나갈 법한 길목에 수직으로 길게 쳐놓은 그물이다. 자망은 걸려드는 물고기를 가리지 않는다. 그물 구멍보다 큰 녀석은 무엇이든 잡는다. 바키타처럼 물 밖에서 호흡해야 하는 동물은 자망에 걸리면 물속에서 그대로 익사하게 된다. 공교롭게도 바키타가 서식하는 만 끝 쪽에서 사람들이 노리는 주요 목표물은 바키타와 크기가 거의 같은 토토아바다. 두툼하고 살이 많은 물고기로 높은 값을 받는다. 높은 값을 받는 이유 중 하나는 중국인들이 건강에 도움이 된다는 이유로 이 물고기를 중시하기 때문이다. 토토아바의 부레(모든 조기어류가 숨 쉬는 동안 물속에서 정지 상태를 유지할 수 있게 해주는 기관, 31장 '시조새' 편을 보라)는 약효가 높은 별미로 여겨진다. 의학적 가치가 사실이 아니라 해도 금전적 가치는 엄연한 현실이다. 바키타와 마찬가지로 토토아바도 위급(CR) 종으로 분류되었다. 토토아바 어업은 1975년부터 불법이었다.

바키타는 1996년부터 위급(CR) 종이었다. 1997년에는 600마리만 남아 있었다. 2014년에는 100마리 미만이었고, 2017년에는 약 60마리로 줄어들었다. 2018년 조사에 따르면, 전 세계의 바티카 개체 수는 12~15마리로 추정된다. 이제 이들은 19×40킬로미터 넓이의 영역에서만 살고 있다.

멕시코 정부는 바키타를 보전하기 위해 막대한 돈을 들였다. 자망 어업은 중단되었고 곧이어 영구적으로 불법화되었다. 인공번식 개체 수 설정과 관련된 논의가 이루어졌고 타당성 조사가 실시되었다. 그런데 번식을 위해 포획한 암컷이 죽으면서 계획은 중단되었다. 콜로라도강 하구를 포괄하는 만의 최상단에 자연보호구역이 세워졌다. 어부들에게는 어업을 하지 않는 대가로 금전적 보상을 해주었다.

하지만 문제는 사라지지 않았다. 불법 어업이 계속되고 있기 때문이다. 토토아바는 빈곤한 주민들에게는 큰 수입원이다. 불법 그물을 제거하는 배는 어부들의 공격을 받았다. 멕시코 해군을 배치했지만 불법 행위를 저지르는 범죄자들과 달리 군은 자국민에게 평화적으로 행동해야 한다는 제약이 있기 때문에 별다른 효과가 없었다. 칼리포르니아만에서 생태 관광의 중요성이 점점 더 커지고 있다. 이곳에서는 계절에 따라 다른 여러 종의 고래와 엄청난 수의 바닷새를 볼 수 있다. 보전에 도움이 되는 강력한 경제적 근거가 있을 때 비로소 보전이 가능해질 확률이 커진다.

앞에서 나는 낙관주의에 대해 말했다. 생존해 있는 바키타들은 건강하고 튼튼하다. 심지어 기회만 주어지면 번식하고 싶어 한다. 연구자들에게 애나로 알려진 암컷이 두 차례 목격되었는데 매번 다른 새끼와 함께 있었다. 번식을 잘 해나갈 수 있는 조건이 형성된다면 바키타들은 다시 회복될 것이다. 여기서 문제는 서식지의 감소가 아니다. 만(灣)의 물은 여전히 영양분으로 가득 차 있다. 이 대목에서 양쯔강돌고래의 슬픈 이야기(74장 참조)가 떠오른다 해도 둘 사이에 유사성은 없다. 건강한 환경에서 여전히 살고 있는 건강한 바키타 개체들이 있기 때문이다.

이미 많이 인용했지만 또 한 번 소개하자면, 1960년대 초 미국인 풍자가 톰 레러는 〈다음 차례는 누구인가〉라는 곡을 썼다. 여러 나라가 차례로 핵무기를 보유하게 되는 내용을 담고 있다. 인간의 어리석음이 불가피함을 탁월하게 묘사한 것도 좋았지만 무엇보다 노래 제목이 수년간 나를 사로잡았다. 나는 위급(CR) 종 동물의 목록을 곱씹어보며 이렇게 묻지 않을 수 없었다(2019년에 3,086개가 있었으니 전부 다 노래로 부를 수는 없는 노릇이다). 다음은 누구인가? 우리의 관심을 거대 동물로 제한한다면 바키타는 목록의 맨 위쪽에 있다. 낙관론자든 비관론자든 모두 이 진실에 대처해야 한다. 하지만 두 진영 모두 애나를 기억해야 한다. 애나는 이 글을 쓰고 있는 시점에도 여전히 고군분투하고 있었다.

개미

도시를 세상으로 삼다

"맑고 쌀쌀한 4월 어느 날,
괘종시계가 13시를 치고 있었다."

↳ 조지 오웰, 『1984년』

영화 《스타워즈》 은하계의 중심에는 코러산트라는 곳이 있다. 행성 전체가
하나의 거대한 도시인 이곳은 하늘을 찌를 듯 끝없이 솟은 탑과 지표면 아
래로 깊이 내려가는 지하실이 있는 건물로 가득하다. 이곳에는 자연이 금지
되어 있다. 더 이상의 공간이 없기 때문이다. 이 도시는 상상의 산물이지만
날이 갈수록 점점 더 인간이 살고 있는 지구의 종합 계획과 닮아가고 있다.

하지만 이러한 도시 계획은 새로운 생각이 아니다. 극도의 군집성이라
는 개념은 1억 2,000만 년 동안 곤충들이 개발해온 것이다. 이러한 삶의 방
식을 전문용어로 '진사회성(eusociality)'이라고 한다. 위대한 과학자이자 저
술가인 에드워드 윌슨은 진사회성을 가리켜 "여러 세대를 포괄해 분업의 일
환으로 이타적 행동을 하는 경향을 보이는 집단 구성원" 시스템이라고 정의
했다. 그는 저서 『지구의 정복자』에서 진사회성의 정의에는 인간도 포함된
다고 주장했고, 인류 성공의 핵심 원인은 진사회성이라고 진단했다. "이런
측면에서 엄밀히 말하면 [인간은] 개미, 흰개미, 그리고 다른 진사회적 곤충

인간의 개미 언덕: 프리츠 랑 감독의
1926년 영화 《메트로폴리스》 포스터.

과 비슷하다." 일각에서는 진사회성의 정의를 보다 엄격히 적용할 수 있다.
진사회적 곤충의 경우 분업에 번식까지 포함된다. 번식을 담당하는 개체가
따로 있다는 뜻이다. (여기서 주목할 점은 개미[ant]와 흰개미[termite]가 아주 비
슷한 방식으로 살지만 밀접한 관련은 없다는 사실이다. 개미는 벌목에 속하며 꿀벌
이나 말벌과 관계가 있지만, 흰개미는 사회성이 있는 바퀴벌레다.)

아프리카의 대초원 지대를 가로질러 걷다 보면 오래지 않아 흰개미 언

덕을 만나게 될 것이다. 잠비아 땅의 1퍼센트가 흰개미 언덕으로 추정된다. 이들이 활동하고 있는 언덕을 발견하면 작은 경이의 순간을 경험할 수 있다. 손바닥을 언덕 꼭대기의 구멍 위에 올려놓기만 하면 된다. 고요한 날에는 한줄기 따뜻한 바람이 느껴질 것이다. 한낮의 기온이 섭씨 50도 가까이 올라가는 뜨거운 날씨에도 바람은 좀 더 따뜻해지는 정도다. 온도는 더 이상 오르지 않는다. 이러한 현상은 흰개미 언덕이 갖춘 에어컨 시스템의 결과다. 내부의 열이 공기를 위로 밀어 올리면서 아래쪽에 대류 현상이 일어나 이곳에 사는 주민들이 성 안에서 산 채로 구이가 되는 일을 방지해준다. 흰개미 언덕 하나에 100만 마리의 개미가 살고 있을 수도 있다. 통풍구를 통해 올라오는 문명의 뜨거운 숨결을 느끼다 보면 고도로 집중화된 사회성의 본질을 파악하게 된다. 개미와 흰개미, 그밖에 진사회성이 있는 다른 곤충들을 오랜 세월 동안 지속시켜온 특성이다.

개미는 진사회성이 우리 인간보다 뛰어나다. 인간보다 훨씬 더 오랫동안 그런 생활을 해왔기 때문이다. 또한 이들은 진정 경종을 울리는 방식으로 우리 인간을 상기시키는 삶의 방식을 진화시켜왔다. 『지구의 정복자』에서 윌슨은 아메리카 대륙의 가위개미를 가리켜 "인간을 제외하고 가장 복잡한 사회적 생물"이라고 묘사했다. 이들은 조심스럽게 뜯어낸 잎 조각을 물고 (이들에게는) 어마어마한 거리를 가로질러 운반하면서 살아간다. 이 모든 것은 집단의 이익을 위해 하는 일이다. 각각 자기보다 훨씬 더 큰 짐을 지고 가는 개미의 행렬에 우리는 감탄하기도 하고 충격을 받기도 한다.

이들은 뜯어낸 잎을 집 짓는 재료나 먹이로 사용하지 않는다. 대신 농업에 사용한다. 일단 안전하게 잎을 둥지(공격적이고 잘 무장된 병사 계급이 보호하는 둥지다. 이 개미들은 침입자에게 자살 공격을 가할 만반의 준비가 되어 있다)로 옮기고 나면, 이것을 거름으로 만들기 위해 걸쭉해질 때까지 씹는다. 그런 다음 자신의 배설물로 거름을 기름지게 만든다. 이렇게 만든 배양액에 이들은 '식용 균류'를 키운다. 자연의 다른 곳 어디에서도 볼 수 없는 균류의 일종이다. 이것이 군체를 먹여 살린다. 다시 말해, 이 군체는 완전히 자급자

100가지 동물로 읽는 세계사

도시 습격: 흰개미 언덕과 흰개미 채집
자. 19세기 판화.

족하는 것처럼 보이지만 스스로에게 힘을 공급하는 데 필요한 에너지를 외
부에서 구해 와야 한다. 《스타워즈》에서는 '코러산트(Coruscant)'가 어떻게
식량을 확보하는지 설명하지 않지만 아마도 근처의 행성 한두 곳을 이용하
지 않았을까 싶다. 이는 다음 세기나 이후에 인류를 위한 최선의 해결책이
될 것이다. 문제는 이런 예비 행성을 찾기가 아주 어렵다는 것이다.

　　일부 진사회적 곤충은 농업보다 축산업에 몰두한다. 많은 종의 개미는
진딧물을 이용한다. 진딧물은 식물의 수액을 빨아들이고 감로(甘露)라는 영

양 물질을 배설하는데, 이를 통해 개미들이 식물의 영양분을 섭취한다. 개미들이 감로를 워낙 많이 먹다 보니 일부 진딧물종은 개미가 요청할 때만 감로를 배설하기도 한다. 개미는 진딧물을 돌보고 보호한다. 이들에게서 감로를 짜내고, 식물의 수액이 고갈되면 새로운 식물로 옮겨준다. 피난처를 만들어주고 포식자로부터 지킨다. 무당벌레 같은 포식자의 알을 파괴해 선제적으로 방어하기도 한다. 그리고 안전하게 겨울을 날 수 있는 이들의 알을 개미 둥지로 옮긴다. 특정 종의 개미가 돌봐야만 살아남을 수 있는 진딧물종까지 있다. 이것을 과연 '가축화'라고 부를 수 있는지는 가축화를 어떻게 정의하느냐에 달려 있다. 하지만 인간, 그리고 이 책에서 이미 만났던 많은 종들이 그렇듯 개미와 진딧물 모두 이러한 공생 관계에서 이득을 얻는다.

개미와 흰개미는 큰 성공을 거두었다. 아마존 열대우림의 1만 제곱미터 구역에 있는 흰개미와 개미의 총 무게는 같은 지역에 있는 모든 곤충의 무게 중 3분의 2를 차지하는 것으로 추산된다. 개미만 따져도 육상의 척추동물 전체보다 무게가 네 배나 더 나간다. 이들은 다른 거주자들이 접근할 수 없는 식량 자원을 가공해 이용할 수 있게 하는 추가 기능을 실행한다. 흰개미는 식물의 섬유소를 분해하고 자신의 몸을 먹이로 내놓음으로써 에너지를 제공한다.

진사회적 곤충과 관련된 숫자는 천문학에서나 볼 수 있는 아찔한 숫자를 가볍게 따라잡는다. 윌슨은 지구상에 살고 있는 개미의 수를 1,016조 혹은 1경(京) 마리로 추산했다. 하지만 인구조사도 놀랍기는 마찬가지다. 도시의 인구는 추정하기가 어렵다. 항상 변동하고 일반적으로는 증가하지만 어디까지가 도시인지 경계도 불분명하기 때문이다. 가령 인접해 있는 요코하마와 도쿄를 억지로 분리할 수 있을까? 도시 지역(대도시권)의 인구는 무서울 정도다. 도쿄는 3,800만 명, 델리는 3,500만 명, 상하이는 3,400만 명이다. 인구 도표의 아래쪽으로 가면 뉴욕은 2,300만 명, 로스앤젤레스는 1,900만 명, 런던은 1,400만 명이다.

2010년대 10년 동안 인구는 일종의 '티핑 포인트(작은 변화들이 일정 기

100가지 동물로 읽는 세계사

간 동안 쌓여 이제 작은 변화 하나만 더 일어나도 갑자기 큰 영향을 초래할 수 있게 된 단계—옮긴이)'에 도달했다. 지구에 사는 대부분의 사람들은 이제 도시에서 살고 있다. 도시민 비율은 2019년 55퍼센트가 되었고, 2050년에는 68퍼센트에 이를 것으로 예상된다. 우리가 있는 곳이 바로 코러산트다. 이제 이러한 새로운 도시 개념을 가리킬 새로운 단어가 필요해졌다. 이토록 거대하고 모든 것을 아우르는 도시를 '에큐메노폴리스(ecumenopolis)'라 한다. 그리스어에서 유래한 단어로 '세계도시'라는 뜻이다.

개미와 흰개미는 수백만 년에 걸쳐 이러한 방식을 진화시켰기에 고도로 발전된 사회성을 감당할 수 있다. 이들은 사회성에서 인류를 앞지른다. 21세기 도시 생활에서 새롭게 나타난 극단적 특징의 초기 징후는 사람들이 도시 생활에 적응하는 데 문제를 겪고 있다는 것이다.

21세기 신체적, 정신적 질병의 가장 흔한 원인은 (신체와 정신을 굳이 분리한다면) 스트레스다. 치매, 당뇨병, 심혈관 질환, 우울증은 모두 스트레스와 관련 있다. 스트레스를 줄이는 가장 쉽고 값싼 방법은 사람들이 자연을 접하는 것이다. 토니 주니퍼는 그의 책『자연이 보내는 손익 계산서』에서 영국인의 정신건강 문제를 치료하는 데 드는 연간 비용을 1,050억 파운드(한화로 약 160조 원—편집자)로, 영국 전역에 2만 7,000개의 공원과 녹지를 유지하는 데 드는 연간 비용을 6억 3,000만 파운드(한화로 약 1조 원—편집자)로 추산하고 있다.

연이은 실험을 통해 자연을 접했을 때 얻을 수 있는 건강상의 이점은 심리적, 생리적 측면 모두에서 나타난다는 사실이 입증되었다. 창밖을 내다볼 수 있는 환자들은 수술 후 회복이 더 빠르고 나무를 볼 수 있으면 회복 속도는 더 빨라진다. 까다로운 교정 작업을 하는 사람도 휴식 뒤에 더 좋은 성과를 보인다. 휴식과 산책까지 하면 성과는 더욱 좋아진다. 녹지에서 휴식하고 산책한 경우 성과가 가장 좋았다. 학습 장애와 주의력 문제를 보이던 아이들도 야외 수업을 하거나 자연과 접촉할 때 더 나은 태도를 보인다.

이 모든 사실이 입증하는 바는 다음과 같다. 인간의 역할 모델인 개미

종과 흰개미종에서 관찰할 수 있는 강력한 수준의 진사회성 준비가 인간은 되어 있지 않으며, 우리는 아직 이러한 사회성을 스스로에게 부과하는 과정에 있다는 것이다. 우리는 어마어마하게 빠른 속도로 진화해왔다. 인간종의 놀라운 특성이다. 그런데 과거의 많은 부분을 간직하고 있는 우리 마음의 본성까지 훨씬 능가해버렸다. 우리의 일부는 아프리카 초원(그 모든 흰개미 언덕들과 함께)에서 수렵·채집을 하던 조상들과 함께 남아 있는데 말이다.

인간은 코러산트, 즉 에큐메노폴리스를 만들 수도 있다. 확실히 우리 인류는 그 방향으로 움직이고 있는 것 같다. 이 글을 쓰고 있는 시점 기준으로 지구상의 인구는 77억 명이며, 매년 약 8,200만 명의 비율로 증가하고 있다. 인구 증가율이 둔화되었고 둔화가 계속되고 있다는 지적은 맞는 말이다. 하지만 느려져도 엄연히 증가하고 있다. 인구 증가는 우리 모두의 가장 큰 문제로 이어진다. 감히 그 이름조차 말하기 두려운 문제, 바로 생태계 위기다. 해결책은 (만약 그런 것이 있다면) 여성의 교육과 권한 부여에 있다. 인도 케랄라의 사례(인도에서도 낮은 편에 속하는 경제 수준에도 불구하고 주민의 참여와 지지를 통해 교육, 보건, 삶의 질에서 큰 성취를 이룬 케랄라주의 발전 사례를 가리킨다. 양성평등과 평등 교육, 노동자의 권리 증진, 생산수단의 사회화 등이 높은 수준으로 진행되었다—옮긴이)는 이러한 원칙이 작용되고 있는 전형적인 모범으로 꼽힌다.

하지만 바로 지금 이 순간에도 세계의 인구는 증가하고 있고 도시는 확장과 통합을 거듭하고 있다. 인류는 진사회성 역량 덕분에 현재의 위상을 지니게 되었다. 미래 세대는 이 역량이 우리를 어디로 데려가는지 보게 될 것이다.

100
북극곰

세상 끝 벼랑에 몰린 곰

"그리고 내가 보니, 청황색 말 한 마리가 있는데
그 위에 탄 사람의 이름은 '사망'이고 지옥이 그를 뒤따르고 있었습니다.
그들은 칼과 기근과 죽음과 들짐승으로써
사분의 일에 이르는 땅의 주민들을 멸하는 권세를 받아 가지고 있었습니다."

→ 요한계시록 6장 8절

지구상 동물 중 환경 보전에 대한 생각을 가장 많이 바꾼 동물은 북극곰이다. 북극곰 이야기가 전하는 이미지는 두 가지다. 첫 번째 이미지는 에드윈 랜시어가 1864년에 그린 그림으로 인류에 대한 자연의 궁극적인 승리를 나타낸다. 두 번째 이미지는 북극곰이 텅 빈 바다를 헤엄치며 눈앞에서 녹아내리고 멀어져가는 빙하를 계속 찾아 헤매는 이미지다. 앞의 이미지와는 반대로 자연에 대한 인류의 궁극적 승리를 상징한다. 첫 번째 이미지가 두 번째 이미지로 바뀌는 데 200년도 채 걸리지 않았다. 우리는 지구상의 다른 모든 종과 인간종의 관계에 관한 생각을 180도 바꾸었다. 심지어 가장 사납고 강한 종에 대해서도 마찬가지다.

랜시어는 빅토리아시대의 저명한 동물 화가이자 조각가다. 붉은 수사슴을 그린 그의 작품 〈협곡의 군주〉는 런던의 트라팔가 광장의 넬슨 기념탑 옆에 당당하게 앉아 있는 네 마리의 사자만큼이나 유명하다. 그는 북극곰도 그렸다.

1864년 그가 선택한 주제는 존 프랭클린 경의 원정이었다. 원정은 존재하지 않는 북서 항로를 찾으려는 시도였다. 캐나다를 거쳐 동양으로 교역할 기회를 찾으려 했던 시도, 명성과 부를 당장 얻을 수 있는 지름길을 찾으려 했던 시도다. 하지만 원정대의 배는 북해에서 빙하에 갇혀버렸고 선원들은 빠져나오지 못했다. 이들은 캠프를 만들어 겨울을 이겨내고 얼음이 녹으면 다시 항해하기를 기대했지만 실패했다. 이들의 유해는 1854년에 발견되었다. 기아, 저체온증, 결핵, 괴혈병, (초창기 통조림 식품으로 인한) 납 중독으로 사망했다. 식인을 시도했다고도 알려졌다. 식인은 혐오감과 격렬한 반대

100가지 동물로 읽는 세계사

자연의 힘: 〈계획은 인간이, 성패는 신이 결정한다〉, 에드윈 랜시어(1864년).

를 유발했다. 후속 조사는 이것이 사실이라는 설득력 있는 증거를 찾아냈다. 당시 사람들은 비운의 원정대 이야기에서 무언가 강렬한 감정을 느꼈다.

랜시어는 원정대의 최후를 북극곰의 손(이라기보다는 발톱과 이빨)에 달린 것으로 재구성한 상상화를 그렸다. 북극곰 두 마리가 캠프를 열심히 망가뜨리고 있다. 이야기를 전달하는 이 전형적인 그림에서 혹시라도 도덕적 의미가 충분히 드러나지 않을까 봐 랜시어는 다음과 같은 제목을 붙였다. "계획은 인간이 결정하고, 성패는 신이 결정한다." 신은 여전히 자연의 형태를 한 책임자다. 인간은 최선을 다할 수 있지만 결국은 신과 자연이 항상 더 강하다. 인간은 더 겸허해져야 한다. 세상을 바꾸려 하는 인간에게는 북극곰이 기다리고 있기 때문이다. 반박할 수 없는 사실이다.

북극곰은 좋은 동물이다. 많은 사람들의 버킷 리스트 상단에 적혀 있을 만큼 인기가 매우 많다. 오늘날 우리는 북극곰을 만나면 도망치기보다 구경하고 기념하고 싶어 한다. 이들은 지구상에 살고 있는 가장 큰 육식 포식자로 크기가 사자의 세 배 가까이에 이를 수 있다. 큰 북극곰 수컷의 무게는 최대 700킬로그램까지 나간다. 기록상 가장 큰 북극곰은 무게가 1,002킬로그램이라고 보고된 바 있다. 1960년 알래스카 북서부에 있는 코체부 사운드에서 사진에 찍힌 수컷이다. 북극곰은 대체로 북극권 내에서 살고 있다. 추위에 매우 잘 적응하며 섭씨 10도부터는 고체온증에 시달리기 시작한다. 이들에게는 두꺼운 지방층과 단열 효과가 뛰어난 털로 뒤덮인 아주 두터운 가죽이 있다.

북극곰은 역사적으로 다른 육상 육식동물보다 더 넓은 서식 범위에서 살아왔다. 이들이 선택한 서식지는 인간이 별로 가고 싶어 하지 않는 곳이었기 때문이다. 이들의 서식 범위는 다섯 나라를 아우른다. 러시아, 캐나다, 미국(알래스카), 덴마크(그린란드), 노르웨이(스발바르제도)다. 주위에는 눈과 얼음, 개빙 구역이 있고 이들은 바다표범을 잡아먹는다.

북극곰은 이 다섯 나라 대륙붕 주위의 얼음에서 발견되며 북위 88도 위쪽으로는 드문 편이다. 북극곰은 지방층 덕분에 극도의 부력이 있어 거의 해양 포유류로 간주될 정도로 물속에서 매우 편안하게 지낸다. 아무리 그래도 수영할 때 속도와 민첩성에서 바다표범과 겨룰 수 있을 정도는 아니다. 북극곰은 거대한 덩치로 개헤엄 비슷한 헤엄을 치며 이동한다. 이들은 바다표범보다 빨리 헤엄쳐 먹이를 잡으려 하지 않고 대신 뜻밖의 방법을 사용한다. 얼음 위에서 햇볕을 쬐고 있는 바다표범이 보지 못하는 쪽의 물속에서 튀어나오는 전략을 선호한다. 이들은 바다표범 새끼가 숨어 있는 굴을 찾는 데도 능숙하다. 1.5킬로미터 떨어진 곳에서도 바다표범의 냄새를 맡을 수 있다.

북극곰은 부력 덕분에 거의 지치지 않고 몇 킬로미터를 헤엄칠 수 있다. 암컷 한 마리가 베링해에서 9일 동안 쉬지 않고 650킬로미터를 헤엄쳤다는 기록도 있다. 암컷은 그 여정에서 살아남았지만 새끼는 그러지 못했다. 이러한 환경의 문제 중 하나는 먹을 물이 없다는 것이다. 북극곰은 먹잇감인 바다표범의 지방을 대사하는 능력으로 물 문제를 해결한다.

북극곰은 무심하게 흉포한 것으로 유명하지만 북극곰과 함께 시간을 보낸 사람들은 이들 대부분이 대치 국면에서 신중한 경향을 보인다고 전한다. 사냥 기술의 특성 때문이다. 이들은 정면으로 대결하기보다 기회를 노리는 쪽에 가깝다. 대부분의 북극곰은 인간을 만날 기회가 거의 없다. 그러므로 인간과 맞닥뜨렸을 때 이들이 어떻게 나올지는 예측할 수 없다.

북극곰은 처음에는 가죽 때문에 사냥을 당했지만 너무 두껍다는 이유로 북극여우, 심지어 순록보다 인기가 없었다. 최근에는 설상차와 비행기를 탄 사람들에게 사냥을 당했다. 사냥꾼이 위험에 처하지 않고 사냥할 수 있는 방법을 쓴 것이다. 이러한 관행은 북극곰을 보유한 다섯 나라가 1973년에 북극곰 보전에 대한 국제 협약에 서명하면서 끝이 났다. 이러한 성격의 협약으로는 비교적 이른 시기에 이루어진 일이다. 이 협약은 북극곰의 인기가 엄청났다는 방증일 뿐 아니라 행여 이들 종의 상당수가 사라질 경우 대중이 어떻게 반응할지 자각하고 있었음을 보여준다.

북극곰은 대중의 상상력을 크게 사로잡는 존재다. 어마어마한 몸집, 하얀 색깔, 포악함에 얽힌 전설, 그리고 동떨어진 곳에서 살고 있다는 사실에서 비롯된 신비감 때문이다. 이들은 동물원에서 엄청난 인기를 끌었다. 1949년 런던 동물원에서 태어나 영국에서 성공적으로 자라난 최초의 북극곰 브루마스는 전국적으로 유명세를 탔다. 1950년 한 해 동안에만 약 300만 명의 관람객이 방문했다. 브루마스는 1958년에 죽었다. 또 다른 북극곰 피팔루크는 1967년에 같은 동물원에서 태어났지만, 당시에는 북극곰을 가둬 놓는 것이 과연 윤리적인지에 대한 의구심이 커지고 있었다. 결국, 피팔루크는 폴란드 동물원으로 이송되었다.

인류의 힘: 녹고 있는 유빙과 알래스카 보퍼트 해에서 헤엄치는 북극곰. 게릿 빈의 사진.

　　동료 동물에 대한 우리의 생각과 지구 운영 방식이 변화하기 시작하면서 북극곰의 역할이 확연히 바뀌었다. 북극곰은 이제 랜시어가 말했던 것처럼 신의 진노를 전달하는 역할을 그만두고 인류의 진노에 의한 피해자가 되기 시작했다. 진노가 아니라면 멈출 수 없는 야망이라고 해도 좋다.

　　북극곰은 오늘날 북극 빙원의 건강 상태를 나타내는 지표로 간주되며, 더 나아가 지구의 건강 상태를 상징한다. 지구의 기온이 상승하고 있고 상승이 계속되면 북극의 얼음이 녹는다. 북극곰의 서식지는 줄어들었다. 이들은 쉴 수 있는 유빙을 찾아, 그곳에서 햇볕을 쬐고 있는 바다표범을 찾아 더 멀리까지 헤엄쳐야 하고, 그러다 보니 에너지가 고갈된다. 얼음은 더 얇아지고 있고 일부 얼음은 북극곰의 체중을 버텨내지 못한다.

이 모든 것은 잊을 수 없는 날카로운 이미지를 통해 선명하고 생생하게 기후변화의 현실을 알려준다. 지구온난화는 이산화탄소와 다른 기체(메탄가스 등. 7장 '소' 편을 보라)의 증가로 인해 태양열이 지구 대기 속에 갇히면서 발생한다. 대부분은 우리가 화석연료를 태운 결과이고 자동차를 탈 때마다 지속되는 과정이다. 1880년부터 기온의 상승폭은 섭씨 0.8도로 측정되었다. 코트를 입을지 고민할 때는 별로 의미 없는 수치일지 몰라도 지구가 작용하는 방식에서는 큰 문제다. 바다의 수온이 올라가면 얼음이 녹고 그로 인해 전 세계의 해수면이 더욱 높아진다. 그동안 우리는 이산화탄소를 흡수하고 지구를 식혀주는 숲을 계속 파괴하고 있다. 시스템에 에너지를 더 많이 투입하는 과정으로 인해 (당연히) 시스템에 더 많은 에너지가 생겨난다. 지구는 더 많은 열을 보유함으로써 기후 시스템에 더 많은 에너지를 투입한 셈이 되고, 이에 기후는 기상이변으로 반응한다. 현 상태 그대로 온난화가 지속된다면 2050년에는 섭씨 1.5도, 세기 말에는 섭씨 2.6~4.8도가 상승할 것으로 예상된다.

미국의 전직 부통령 앨 고어는 현재 녹아내리고 있는 세계를 향해, 쓸쓸한 모습으로 한없이 헤엄치는 북극곰의 이미지를 기후변화의 이미지로 대중화시켰다. 이후 의문점이 제기되었다. 북극곰 수는 오늘날 비교적 안정적이다. 북극곰은 취약(VU) 종으로만 분류되어 있고 즉각적인 멸종 위험에 처해 있지는 않다. 그렇다고 해서 이 이미지와 그에 따른 주장이 의미 없는 것이 되지 않는다. 기후변화는 북극곰에게만 비상사태가 아니다. 지구상에 사는 모든 생물은 기후변화에 부정적인 영향을 받는다.

압도적인 모습과 상징성 덕에 북극곰은 비상사태가 존재한다는 사실을 이해하는 데 도움을 주었다. 2018년에는 탄소 배출량이 사상 최고치에 도달했고, 이는 조절 능력을 회복해야 하는 지구의 입장에서 그다지 바람직한 상태가 아니었다. 2018년 데이비드 애튼버러는 폴란드의 카토비체에서 열린 유엔기후변화회의의 '국민석'에 초청받았다. 그는 기후변화가 "수천 년 만에 닥친 가장 큰 위협"이라고 말했다. 흑사병? 세계대전? 에티오피아 대기근?

기후변화는 훨씬 더 심각한 일이다. 1장에서 보았듯이 우리 조상들의 삶을 위협한 사자보다 더 큰 위협이 될 것이다. 2019년 스위스 다보스에서 열린 세계경제포럼에서 애튼버러는 재계 지도자들과 정치인들에게 이렇게 말했다. "우리는 죄책감이나 비난을 넘어 이제 당면한 실질적 임무를 수행해야 합니다."

기후변화는 새로운 현상이 아니다. 급격한 기후변화는 과거에도 지구상에서 벌어진 적이 있었다. 가장 좋은 예를 페름기 초기에서 찾을 수 있다. 2억 5,100만 년 전 시베리아에서 일어난 일련의 화산 폭발(혹은 유성 충돌)로 이산화탄소와 메탄이 방출되었다. 이것이 바로 온실가스다. 그 결과 열대우림이 모조리 파괴되었고 이들의 유익한 효과도 사라졌으며 이들이 한때 서 있었던 토양은 풍화되었다. 바다는 산소를 잃었다. 지구상에 살고 있던 전체 종의 96퍼센트가 사라졌다.

희소식은 지구가 회복되었다는 것이다. 나쁜 소식은 회복에 소요된 시간이 2,000만 년이었다는 것이다.

그러니 21세기의 북극곰은 충분히 주목해볼 가치가 있다. 북극곰은 어디에도 없는 섬을 찾아 계속해서 헤엄치고 있다. 우리 모두 그곳을 향하고 있는 셈이다.

이제 정말 무언가 하지 않으면 안 된다. 우리는 페름기 멸종 사건 당시 지구에 살고 있던 생물과 달리 선택을 할 수 있다. 오늘날의 대량 절멸의 여부는 우리 인간의 손에 달려 있다. 절멸 자체의 시작도 우리에게서 비롯되었다. 우리는 절멸을 막을 수 있다. 반대로 절멸을 일으킬 수도 있다.

지구의 사도인 십대 소녀 그레타 툰베리는 지극히 간단명료한 말을 남겼다. "우리에게는 아직 모든 것을 되돌릴 시간이 있습니다. … 하지만 그 짧은 시간이 영원히 계속되지는 않을 것입니다."

우리는 다른 종, 우리 행성, 우리 자신을 이해하는 방식에서 급격한 변화를 겪었다. 우리가 지구에서 살았던 짧은 시간 동안에, 문명을 발명한 이후의 더 짧은 시간 동안에, 그리고 산업, 집약적 농업, 도시 생활을 발명한 훨씬 더 짧은 시간 동안에 이루어진 변화다. 이제 우리는 전형적인 '티핑 포인트'에 도달했음을 안다. 행동하거나 멸종하는 길 말고는 다른 길이 없다. 우리 종과 거의 모든 다른 종의 미래가 우리 손에 달려 있다.

에필로그

우리 모두는 지구가 자전을 멈추는 진기한 순간을 경험했다. 시간이 멈춰 선다. 숨 쉴 필요도 거의 없다. 의식은 보거나 듣는 일처럼 단조로운 일에 더 이상 제약받지 않고, 완전한 고요 속에서 통상의 이해력을 넘어서는 무언가를 파악하는 느낌이다.

물론 나는 열대우림에 있었다. 캠프 사람들은 모두 잠들어 있었지만 나는 옷도 갈아입지 않은 채 숲 바닥에서 1.8미터 높이의 기둥에 세운 오두막 안 접이식 의자에 앉아 있었다. 지구상 동물종 전체의 4분의 3이 열대우림 종으로 추산된다. 어둠 속에서 나는 모든 종을 느낄 수 있었다. 종 하나하나가 주위에 가득했다. 그들은 숨 쉬고 생겨나고 죽고 살아가고 먹고 먹히고 짝짓기하고 싹트고 부화하고 태어나고 있었다.

나는 보르네오섬 키나바탄간강의 둑에 있었다. 운이 좋은 날이었다. 매혹적인 피그미코끼리 20마리 정도가 강에 있었고, 거대한 오랑우탄 수컷이 밤을 지낼 집을 짓는 것도 보았다. 세상에 또 없을 것 같은 코뿔새를 비롯해 여섯 종의 코뿔새과 동물을 세어보았다. 산림 복원 프로젝트를 보러 간 것이었다. 야자유 농장으로 많은 숲이 파괴되었지만 울창한 숲도 아직은 조금 남아 있었고 다수의 숲이 복원되고 있었다. 나는 영국에 기반을 둔 자연 보전 단체 월드랜드트러스트에서 자금을 지원받아 그 지역 자연 보전 단체인 후탄이 최근 인수한 산림 지역을 방문했다. 월드랜드트러스트의 이사회 구성원 자격으로 간 것이다. 우리는 100만 파운드를 모을 수 있다면 후탄이 무엇을 할 수 있을지 상상의 나래를 펼치며 이야기를 나누었고, 꿈의 인수(引受)가 될 수도 있는 찬란한 강변의 숲 지역을 둘러보았다. 나는 오두막에 꼼짝않고 조용히 앉아 있는 동안 우리가 이 수많은 종을 발견할 것이고 숲이 곧 안전해지리라는 것을 알았다. 1년 후 꿈은 현실이 되었다.

후탄은 오랑우탄을 관찰하는 프로젝트로 출발했지만 관찰만으로 충분하지 않다는 사실이 금세 명백해졌다. 그래서 자연보호 활동에 적극 나섰다. 현재 캄풍 수카우 사람들이 이 활동에 깊숙이 참여하고 있다. 유인원을 관찰하고 나무를 심고 밀렵꾼과 불법 벌목꾼을 막기 위해 숲을 순찰하며 생태 관광객을 안내하고 있다. 이들은 또한 지역 주민과 야생동물 간의 충돌을 줄이려는 조치도 취하고 있다. 코끼리가 논이나 밭에 들어오지 못하게 하는 것이다. 이 프로젝트에서 나온 자금은 지역사회로 전달된다. 보전 프로젝트의 모범 사례다. 지구상에서 가장 중요한 서식지 중 한곳에서 훌륭한 작업이 진행되고 있다.

도시에서는 절망하고 체념하기 쉽다. 하지만 살아 있는 나무들 사이에 있을 때, 주위에 생명이 가득할 때면 느껴지는 것은 생명, 오로지 생명이다. 지구상의 모든 서식지를 구할 수 있고 모든 종도 구할 수 있다는 사실을 바로 그 순간 아주 분명히 자각하게 된다. 나머지는 의지의 문제일 뿐이다.

숲이 아직 남아 있는 동안: 날고 있는 코뿔새 (존 홈즈 촬영).

찾아보기

〈룩!〉 333

〈말돈전투〉 424

〈블루 플래닛 II〉 317

〈블루 피터〉 145

〈사자굴 속의 다니엘〉 16

〈알프스를 넘는 나폴레옹〉 358

〈에덴동산과 인간의 타락〉 205

〈톰과 제리〉 649

〈픽시와 딕시 그리고 미스터 징크스〉 644

〈호랑이 사냥〉 178, 179

《니모를 찾아서》 79

《다이너스티, 야생의 지배자들》 266

《닥터 후》 272

《돌아온 핑크 팬더》 219

《리버티 밸런스를 쏜 사나이》 399

《메리 포핀스》 400

《살아 있는 지구》 30, 488, 666

《생명의 위대한 역사》 29

《아프리카의 여왕》 501

《와이어트 어프》 48

《왕좌의 게임》 98

《위드네일과 나》 444

《쥬라기 공원》 105

《타란튤라》 412

《판타지아》 473, 649

《펭귄: 위대한 모험》 266

《플리퍼》 276

「매사냥과 숭배에 관한 논문」 425

『가웨인 경과 녹기사』583

『겹겹의 책: 음식 백과사전』299

『내셔널 지오그래픽』308, 310

『닥터 둘리틀』188, 303, 474, 501, 567

『더 필드』428

『데일리 메일』450

『데일리 미러』285, 286, 376

『땡땡의 모험』245

『라마야나』524, 586

『마하바라타』64, 388, 449

『바니 더 뱀파이어』455, 456

『반지의 제왕』365, 412

『브렘의 동물 생활』513

『브리태니커 백과사전』434

『빨간 모자』156-157

『샬롯의 거미줄』412

『세인트 올번스의 책』423

『소비에트 백과사전』633

『안개 속의 고릴라』33

『오디세이아』214, 478, 628

『오즈의 마법사』244

『일리아스』83, 214

『자연의 체계』70, 89, 223, 490

『전래동요 그림책』411

『펀치』199, 403

『피터팬』245

C. S. 루이스 15, 22, 315, 470, 632

DDT 85-86 173-174, 462, 507

G. K. 체스터턴 540

GM 농작물 616-617

H. G. 웰스 269, 271, 273, 274

J. B. S. 홀데인 87

J. K. 롤링, 『신비한 동물 사전』619

L. S. 로리 244

T. S. 엘리엇 28, 260, 659

ㄱ

가네쉬 188, 190, 388

가니메데 83

가루다 83

가마우지 397, 423, 638-643

가발 441, 442-444

가비알 351

가쓰시카 호쿠사이, 〈어부의 아내가 꾸는 꿈〉
     270, 274

가오리 111

가이 마운트포트 182

가이어 앤더슨 고양이 25

갈라파고스펭귄 264

갈색곰 249, 250

강가(Ganga) 355

강돌고래 276, 397, 517

강상어 110

개 26, 53, 239-247, 250, 481

개미 682-688

개코원숭이(비비) 221-222

갠지스강돌고래 276

거대 동물(megafauna) 68, 105, 127, 517, 521,
     677, 681

거미 115, 193, 206, 267, 271, 272, 406-413,

433, 454

거미원숭이 221

거북 38, 39

거위 330

   개별 종들도 보라

거위목따개비 434

거트루드 톰슨 147, 595

검독수리 177, 431

검은목두루미 523

검은코뿔소 283, 284, 288, 289

게 119, 271, 433, 659

게르치노, 〈성모와 참새〉 601

게잡이마카그 146, 672

고기잡이올빼미 237

고대 그리스인 478

고대 이집트인 25, 334, 654

고래 14, 67, 99, 71, 319, 334, 434

   개별 종들도 보라

고래상어 110

고릴라 13, 29-35, 59, 126, 219, 486, 489,
   664

고릴라 재단 34

고야, 〈마녀의 현장〉 369

곰 248-254, 262, 293, 466

   개별 종들도 보라

곰쥐 187, 672

공룡 346, 531

   개별 종들도 보라

공작나비 608

과부거미 410

과일박쥐 453

관두루미 526

구슬칠면조 577

구아노 639-643

구아노 시대 639

구아노 제도법(1856) 641

구아노가마우지 638-643

국립오듀본협회 140

국제동물복지기금 377

국제동식물협회 474

국제상어공격정보 112-113

국제자연보전연맹(IUCN) 14

   대구 134

   대왕고래 74

   버펄로 49

   분홍비둘기 671

   아라비아오릭스 471

   아프리카 야생 당나귀 149

   참새 604

   태즈메이니아주머니늑대 349

국제조류보호협회 267, 316

국제포경위원회 73

굴 172, 658-663

귀스타브 도레 314

   〈거미로 변한 아라크네〉 408

귀스타브 플로베르 427, 501, 587

그레고어 멘델 613

그레이트배리어리프 75, 79, 113

그레타 툰베리 696

그루초 마르크스 386

그리스도 151, 166, 204, 218, 260, 540, 541, 570, 594

그린피스 73

그물무늬비단뱀 206

금강앵무 502

금붕어 111, 557-562

기후변화 141, 343, 542, 574, 695-697

긴부리돌고래 277

긴칼뿔오릭스 471, 475

길버트 화이트 610

깃털 136-141, 144, 230-231

깃털연맹 140

까마귀 445-450

까치 445, 449

깔대기그물거미 410

꿀 93

꿀벌 93-99, 461
    개별 종들도 보라

꿀벌 93-99, 194, 458-459, 461, 463

꿩 427-432, 551, 577

ㄴ

나그네앨버트로스 317

나데즈다(바퀴벌레) 120

나무참새 599, 602

나방 462, 605, 607

나비 433, 462, 605-612

나이팅게일 290-296, 384, 566, 567

나일악어 352-353

낙타 255-261

낙타거미 406, 410

난디 63

남방코끼리물범 375

남방큰돌고래 280

남부흰코뿔소 286

남아프리카오릭스 471

낸시 미트포드 245

네드 번틀린 47

네빌 체임벌린 464, 611

노리치 플레인헤드 569

노먼 카 329

노새 151

노아 106, 165, 448, 471, 472, 534

누 351-352

누벨칼레도니까마귀 448, 449

누에 414-419

느림보곰 250

늑대 13, 45, 154-161, 208, 239, 240, 241, 242, 342, 345, 585, 634, 637

니니시나 243

니콜라 클레이턴 교수 447-448

니콜라스 튈프 박사 490

ㄷ

다리우스 2세 471

다보스 세계경제포럼 696

다윈의 핀치 39, 41

다이앤 포시 29, 33-34, 492

다필라 스콧 333

단봉낙타 257, 339

닭 152, 212-218, 241, 335, 401, 420, 469, 551, 577, 617

당나귀 148-153, 377

당나귀보호소 153

대 피터르 브뤼헐, 〈사슬에 묶인 두 마리 원숭이〉 220

대(大) 윌리엄 피트 131

대(大) 플리니우스

　굴 661

　누에 417

　대왕오징어 628

　두루미 525

　물범 375

　비버 635

　산토끼 595

　새장 564

　올빼미 372

　코끼리 388

　토끼 592

대구 111, 129-135

대니얼 매클리스, 〈셔우드숲에서 사자왕 리처드와 잔치를 벌이는 로빈 후드와 그의 부하들〉 588

대서양연어 466, 469

대왕고래 67-74, 177

대왕오징어 625-631, 635

더글러스 애덤스 275, 516, 520

더럴야생동물보전재단 147, 672, 673

덤불때까치 294

덤불멧토끼 596

데이비드 로텐버그 384

데이비드 애튼버러 경 266, 485

기후변화 456

　《살아 있는 곤충의 세계》 509

　《살아 있는 지구》 488, 666

　고릴라 29-31

　로아사상충 547

　산호 75

도널드 그리핀 454

도널드 덕 336

도도 142-147, 189, 671

도디 스미스 245

도마뱀 63, 462

도메니키노, 〈처녀와 유니콘〉 473

독수리 12, 81-86, 233, 262, 438, 423

　개별 종들도 보라

독일 유파 163

독피시 110

돈 러셀 574

돌고래 275-282, 445, 448, 549

　개별 종들도 보라

돌리(양) 481

동아프리카오릭스 471

동양쥐벼룩 51, 53

동정녀 마리아 204, 472

돼지 146, 297-303, 377, 617

돼지우리 변소 298, 302

두루미 136, 424, 522-528

두르가 180

둥근귀코끼리 385

뒤영벌(호박벌) 458-463

드라큘라 451, 456

드미트리 벨라예프 241

디아나 586

따개비 433-438, 659

따개비거위 434

딱따구리 118, 496

ㄹ

라(이집트 신) 152

라마 257, 474, 586

라미아 109

라이얼굴뚝새 28

라이프치히 동물원 494

라파엘 필, 〈손수건으로 덮어놓은 복숭아〉 234

락새먼 113, 466

락슈미 552

램브란트 490

러너오리 335

러디어드 키플링 259

　〈물범의 자장가〉 373

　〈정글의 밤 노래〉 664

　『아빠가 읽어주는 신기한 이야기』 23, 24, 26,
　　210, 255, 356

　『정글북 두 번째 이야기』 210, 356

　『정글북』 154, 155, 180, 209, 219, 223, 409

런던 대영박물관 25, 27, 534, 611

런던 동물원 125, 265, 304, 387, 490, 560,
　693

런던 자연사박물관 36, 67, 89, 611

레오나르도 다빈치 566

　〈그리스도의 세례〉 166

　'새의 비행'에 관해 적은 노트 568

레위기 540

레위니옹핑크비둘기 671

레이철 카슨, 『침묵의 봄』 174, 175, 426, 482,
　612

로널드 로스 경 172

로렌조 랭스트로스 96, 98

로리 크로포드 267

로마인 85, 150, 334, 428, 478, 592, 594

로물루스와 레무스 159

로버트 1세 412

로버트 그린 136

로버트 루이스 메이 573

로버트 루이스 스티븐슨 500

로버트 리 장군 365

로버트 베이든 파월 159

로버트 사우디 252

로버트 셀프 464

로버트 쇼버크, 『기아나 어류의 자연사』 396

로버트 시벌드 70

로버트 팔콘 스콧 484

로빈 후드 588, 589

로아사상충 544-549, 605

로키산메뚜기 515

로테르담 동물원 306

루돌프 잘링거 225

루스 하크니스 123

루이 13세 442

루이 14세 441, 443

루이스 리키 307-308, 492

루이스 캐럴

　『거울나라의 앨리스』 473

　『이상한 나라의 앨리스』 28, 142, 145, 147,
　　350, 595, 597

루크 렌델 279

루트비히 비트겐슈타인 420

리그베다 586

리처드 도킨스 101, 344, 345

리처드 애덤스 597

리처드 오웬 433, 625, 628

리처드 와이즈먼 336

리하르트 슈타이프 253

릭 매킨타이어 161

린나이우스(칼 폰 린네) 70, 87

마르코스 로드리게즈 판토하 159

마르쿠스 라에니우스 스트라보 564

마르쿠스 안토니우스 661

마사(여행비둘기) 319, 324

마쓰오 바쇼 598

마오리족 314

마오쩌둥 518, 603

마우나로아의 하와이기러기 485

마이크 헤론 613

마이클 본드 254

마크 애들링턴, 〈질주하는 오릭스〉 471

마크 카워다인 520

마태 601

마하트마 간디 419

말 327, 342, 357-366, 358, 553

말라리아 171-173

말레이공작 550

말벌 95, 192-197, 460, 683

망치상어 112

매 420-426

매리언 페트리 556

매머드 529-535, 628

매미 323, 515

매트 샤들로 202

맥퀸느시 422

머릿니 439-444

머스코비오리 333

메건(양) 481

메두사 271

메뚜기 510-515

메리 리키 196

메리언 쿠퍼 29

메이 웨스트 651

멜키오르 드 혼데쾨터, 〈다른 새들이 있는 공
　원에서 싸우는 수탉과 칠면조〉 213

멧노랑나비 608

멧돼지 297, 298, 300, 301

멧비둘기 164

멸종 위기에 처한 야생 동식물종의 국제 거래
　에 관한 협약(CITES) 183, 288, 389

모기 170-176, 180, 235, 239, 326, 327, 462,
　604, 605

모낭충 439

모레이(양) 481

모리셔스분홍비둘기 671-673

모리셔스섬 142, 146, 147, 189

모리셔스야생동물재단 672

모리스 미첨 253

모스 하비 630

모아날로 484

모아민 423

모피·지느러미·깃털을 보호하는 사람들 140

목도리앵무 501

목테수마 황제 564

몬산토 147, 507

몬티 로버츠 365

몬티 파이튼 500, 544

몰디브 80

몽구스 209, 485-486, 672

무스 154, 155, 584

문어 78, 269-274, 344, 630

문짝거미 409

물개 628

물소 44, 62, 339

물수리 423, 431

미국자연사박물관 104, 105, 611

미국해양대기청 574

미국기후순응학회 603

미국농무부 및 야생동물관리국 147

미국시민자유연맹 224

미국어류야생동물관리국 21, 589

미국흰두루미 526, 528

미나 홀 140

미스 피기 303

미키 마우스 253, 649

미하엘 볼게무트, 〈죽음의 무도〉 52

민달팽이 267, 271, 630

민대구 130

밀레니엄 환초 76

밀른 A. 148, 153, 253

ㅂ

바넘 브라운 103

바다뱀 109, 207, 209

바다사자 378, 517

바다악어 352, 353

바다이구아나 38

바다코끼리 375

바루나 355

바루니 355

바버리붉은사슴 584

바베이도스실뱀 206

바스테트 25, 27

바우어새 379-384

바위비둘기 162, 164, 167

바이오필리아(녹색갈증) 405

바이칼물범 375

바퀴벌레 115-120, 239, 297, 462

바키타 676-681

박새 383, 400-405

박쥐 339, 451-457, 462, 517, 641

박쥐매 453

발람 152

발미키 524

밤비 589-590

밥 딜런 513

밥 뱁튼 459

방울깃작은느시 422

배리 로드 칼슨 621

배트맨 451, 456

백로 136-141, 290, 523

백조 330

뱀 204-211, 353, 406, 413, 452, 454

버그라이프 202

버락 오마바 50

버사 모리스 파커 100, 103

버지니아 매케나 20

버펄로(아메리카들소) 13, 43-50, 420, 422

벅스 버니 591, 596

벌거숭이두더지쥐 194

벌꿀 술 98

벌새 545

범고래 264, 276

베다 베네라빌리스(성 비드) 601

베아트릭스 포터

　　『제미마 퍼들덕 이야기』 332

　　『티틀마우스 아줌마』 461

　　『피터 래빗 이야기』 109

베이징 동물원 123

베이징 카오야 334

베조아르 536

베트남 산림부 619, 625

벤저민 디즈레일리 224

벤저민(태즈메이니아주머니늑대) 348-349

벨로시랩터 105

벼룩 51-58, 187, 442

별빨판피그미문어 272

병든 동물을 위한 진료소(PDSA) 165

보나파르트 나폴레옹 85, 303, 358, 365

보디세아(부디카) 361

보르네오오랑우탄 489, 494

보아뱀 206, 207

보카치오 54

보타이 문화 359

본프리재단 182

볼라스거미 409

볼테르 677

부짱 소 620

부처 209, 211, 388, 570, 586

부활절 토끼 591, 595

북극곰 14, 250, 375, 689-697

북극곰 보전에 대한 국제 협약(1973) 693

북아메리카비버 635

분홍비둘기 670-675

불교 180, 209, 223, 411, 440, 552

붉은들닭 212, 213, 214, 551

붉은등거미 410

붉은배피라냐 395

붉은사슴 155

붉은캥거루 339, 341, 342

뷰티(고양이) 28

브램 스토커 455

브레어 래빗 596

브루마스(북극곰) 693

브리지트 바르도 376

블랙우드 로 464

비단뱀 206, 207, 210, 356

비둘기 12, 41, 118, 162-169, 241, 267, 401,
426, 445, 449

개별 종들도 보라

비루테 갈디카스 492

비버 77, 159-160, 632-637

비벡 메논 182

비슈누 83

비토레 카르파치오, 〈성 아우구스티누스의 환
상〉 240, 243

빅토리아노 우에르타 120

빈센트 반 고흐 117, 379

빌 콤스톡 30

뿔까마귀 448

뿔닭 144, 579

ㅅ

사사키 사다코 522, 528

사슴 583-590

사올라 619-624

사우스조지아섬 189, 317, 331

사자 15-22, 26, 81, 109, 126, 159, 172, 180,
208, 242, 262, 290, 316, 342, 353, 367,
385, 420, 526, 597, 664

사키 28

사하라사막 542

산비둘기 164

산타클로스 570, 573

산토끼 591, 594-596

산호 75-80

살충제 85, 99, 174, 202, 462, 507

상아 389-390

상어 107-114, 172, 279, 373, 406, 511

새 36, 206, 227, 297, 462

개별 종들도 보라

새매 432

새뮤얼 존슨 박사 341, 439

새뮤얼 테일러 콜리지 312, 314, 315, 638

새뮤얼 피프스 57, 443

새틴바우어새 380, 383

생물 다양성 77-79, 377, 461-462, 486, 619,
666, 668

생물다양성과학기구(IPBES) 485

생물다양성센터 147

생쥐 644-650

샤를 르브룅 441

샤를 페로 156

샤를마뉴 85, 587

샤자한 552

서룽씨 414

성 자일즈 586

성게 77

성경 40, 46, 71, 84, 89, 97, 152, 211, 231
『구텐베르크 성경』 196-197
『뉘른베르크 성경』 514
『킹 제임스 성경』 83, 97, 165, 472

개 239

굴 658

낙타 259

돼지 297

메뚜기 511-513

뱀 204, 211

사슴 380

양 470-478

염소 539-540

올빼미 368

참새 601

칠면조 576

세계보건기구(WHO) 65, 172, 208, 328

세계자연기금(WWF) 182, 285, 286, 377, 474, 486, 619, 625

세례 요한 513

세르게이 프로코피에프, 〈피터와 늑대〉 336

세실(사자) 21

셀레네 540

셜록 홈즈 209

셰어 아미(비둘기) 165

소 11, 59-66, 149, 241, 329, 592, 619, 665

소등쪼기새 13

소베크 355

소시세키 217

소여, 〈물가로 오는 버펄로〉 46-47

솜털오리 336

송골매 424, 426

송치 521

쇠돌고래 276, 677-679

쇠백로 138, 139

쇠재두루미 523

쇠참새올빼미 370

수 헨드릭슨 104

수(티라노사우루스) 105

수단(코뿔소) 286

수리부엉이 370

수마트라오랑우탄 489, 494

수마트라코뿔소 284

수면병 326, 327, 328

수분 99, 458, 460-463, 509

수족관 560

순다르반스 179

순록 570-575, 584, 586, 693

스콥스 원숭이 재판 31, 224

스키너 168

스킬라 271, 628

스튜어트 졸라 310

스티브 로버츠 116, 505

스티븐 볼드윈 226

스티븐 스필버그 112

스티븐 제이 굴드 123, 201

스픽스마코앵무 502, 503

시고니 위버 33

시링크스 540

시바 63

시어도어 루스벨트 128, 250, 252, 253, 397, 398

시조새 227-232

시카고 브룩필드 동물원 123

100가지 동물로 읽는 세계사

시카고 필드 자연사박물관 101, 104

시타 공주 586

신다윈주의 613

신시내티 동물원 319, 324

신시아 모스 390

실레노스 152

심전 526

싱가포르 스리 마리암만 힌두 사원 554

쌍봉낙타 257, 259, 260

ㅇ

아가서 97, 162

아그레뜨 138

아나콘다 206

아담 209-210, 553, 662

아돌프 히틀러 11, 85

아라비아오릭스 471, 474, 486

아라크네 410-411

아르고스(영웅) 552

아르고스(개) 243

아르망 다비드 121

아르테미스 586

아리스토텔레스 97, 471, 525, 628

아마데우스 모차르트 566

아마존 열대우림 65, 395, 397, 666, 686

아메리카 원주민 45, 578

아메리카들소 43-44

아메리카흑곰 250, 252

아모츠 자하비 556

아서 코난 도일 경 229

아스클레피오스 209

아시아코끼리 385, 386

아시아흑곰 250

아우렐리아누스학회 609

아이린 페퍼버그 499

아이작 와츠 476

아즈텍인 578, 609, 664

아켈라(늑대) 159

아테나 372, 410-411

아테네의 솔론 158

아프로디테 164, 540, 601

아프리카 야생 당나귀 148-149

아프리카대머리황새 651-652

아프리카물소 44

아프리카코끼리 385-386, 391

악어 350-356, 391, 439

악타이온 586

안경곰 250

안드레아 델 베로키오, 〈그리스도의 세례〉 166

안드레아 만테냐, 〈동방박사들의 경배〉 256

안젤로 마르티네티, 〈포획〉 421

알렉산더 고든 멜빌 144

알렉산더 부인, 『어린이를 위한 찬송가』 548

알렉산더 포프 598

알렉산더 폰 훔볼트 640, 642

알렉산드로스대제 365

알렉상드르 예르생 58

알렉스(회색앵무) 499

알로이스 제네펠더 229

알마드 알부다이리 513

알브레히트 뒤러

　〈기사, 죽음 그리고 악마〉 541

　〈코뿔소〉 287

앙리 마티스 557

앙리 푸젤리, 〈티타니아와 보텀〉 149

앙브루아즈 루이 가르느레, 〈대구잡이〉 130

앙앙(판다) 125

앙주 루이 자네 428

애나(바키타) 681

애틀랜타 동물원 494

앤 머레이, 〈테디 베어의 소풍〉 248

앤드류 로이드 웨버 28

앤서니 파월 260

앨 고어 695

앨리게이터 351

앨버트 차일드 515

앨버트(원숭이) 222

앨버트로스 190, 312-318, 571

앨버트로스와 바다제비 보전에 관한 협약(2004)
　316

앨프리드 러셀 월리스 490

앵무새 496-503

야생조류및습지재단 333, 483, 485

야오밍 113

야코부스 본티우스 490

야페투스 스틴스트루프 629

얀 브뤼헐 553

　〈노아의 방주로 들어가는 동물들〉 6, 10

　〈에덴동산과 인간의 타락〉 205

얀 판 에이크, 〈신비로운 어린 양 숭배〉 479

양 476-481, 537, 538, 539, 540, 541, 577,
　592

양샹셴, 〈달빛 아래의 참새들〉 602

양쯔강돌고래 276, 349, 516-521, 681

양쯔강돌고래연구소 520

어니타 로딕 170

어치 445, 447, 448

얼룩바다표범 264

에드먼드 브리스토, 〈상 받을 만한 황소〉 60

에드워드 리어 499, 526

에드워드 워너, 『중국의 신화와 전설』 417,
　418

에드워드 윌슨 176, 405, 458, 488, 669, 682

에드윈 랜시어

　〈계획은 인간이, 성패는 신이 결정한다〉 690-
　　691

　〈협곡의 군주〉 585, 689

에로스 541

에르난 코르테스 564

에릭 아이들 544

에릭 저프 338

에밀리 디킨슨 238

에밀리 윌리엄슨 140

에이드리언 데스먼드 545

엘로이즈 해리엇 스탠나드, 〈딸기 잔치〉 402

엘리자베스 1세 442

엘리자베스 2세 662

엘리자베스 굴드 380

엘사(사자) 20

엘제 보스텔만 518

엘크 154, 155, 159, 160, 584, 585

엠마누엘 프리미에 32

여우 241-242, 336, 342, 420, 447, 596

여행비둘기 319-325

연어 111, 134, 464-469, 617

열대우림 65, 77, 91, 146, 306, 381, 488-495,
    545-547, 585

염소 478, 536-543

영국 보전우려목록 604

영국조류연구재단 604

예언자 무함마드 165, 258, 259, 480, 513

옐로스톤 국립공원 48, 159, 161, 307

오디세우스 214, 243, 271, 478

오랑우탄 219, 488-495, 698, 699

오록스 61-62, 129, 241, 586

오리 330-337

오리너구리 87-92, 112, 292, 339

오릭스 470-475, 486, 620

오비디우스 372

오스트레일리아 338-343, 344-347

오스트레일리아 원주민 91, 242

오토 릴리엔탈 657

오토마르 안쉬츠 657

옥스 61

옥스팜 542

올빼미 367-372

왕립조류보호협회(RSPB) 27, 140

왕연어 466

왕오색나비 607

왜가리 136, 137, 424, 425, 523, 557

외젠 이오네스코 283

요아힘 베케라르, 〈어시장〉 132

요하네스 구텐베르크 196

요하네스 티네만 657

용 209

우유 63, 64

우이칠로포치틀리 83

웃투 410

워쇼(침팬지) 309

원숭이 219-226, 308, 310, 504

    개별 종들도 보라

월드랜드트러스트 699

월터 로스차일드 611

월터 앨로이스 웨버 139

월트디즈니사 262, 336, 473, 589, 649

월튼 포드, 〈떨어지는 나뭇가지〉 320-321

웰링턴 공작 365

위니프레드 캐번디시 벤팅크 140

윈스턴 처칠 611

윌 로저스 496

윌리엄 2세 588

윌리엄 리자스, 〈덴티쿨라타 피라냐〉 396

윌리엄 버틀러 예이츠 420

윌리엄 블레이크 81, 201, 210

    〈벼룩의 유령〉 55

    〈순수의 전조〉 451, 563, 605

    〈파리〉 233

    〈호랑이〉 177, 180, 183

    『지옥의 잠언』 180, 536, 550

윌리엄 셰익스피어 152, 192, 197, 524

〈리어 왕〉 326

〈리처드 3세〉 357

〈맥베스〉 212, 372, 449, 451

〈오셀로〉 355, 414, 425-426, 603, 663

〈한여름 밤의 꿈〉 152, 406

〈햄릿〉 117, 424, 602, 670

윌리엄 자딘, 『자딘 박물학 총서』 72

윌리엄 코디(버펄로 빌) 43, 47

윌리엄 페일리 40

윌리엄 홀먼 헌트, 〈속죄의 염소〉 538-539,
    540

유니콘 470-474, 620

유대교 297, 301, 592,

유라시아비버 633, 635

유럽두루미 526

유럽의 홍부리황새 652

유스티니아누스 1세 54

유엔식량농업기구 537

유인원 219

    개별 종들도 보라

유진 쉬펠린 603

율리우스 카이사르 661

은키시(앵무새) 499

이난나 164

이누이트족 572

이래즈머스 다윈 39

이반 투르게네프 567

이브 205, 209, 210, 553

이비쿠스 525

이솝 19, 158, 447, 497, 635

이슬람 301

이시타르 164

이아인 더글러스 해밀턴 393

이언 플레밍 274, 625

이오 552

이집트기러기 330

이케노 다이가 610

인도공작(청공작) 550

인도물소 44

인도야생동물재단 182, 391

인도양 크리스마스섬 78

인도코뿔소 284, 287

인디라 간디 182

일라이자 필립스 140

임이 334

잇사 238

잉어 558

잉카 640

ㅈ

자노 슈와르크 112

자바코뿔소 284

자이나교 223

자이언트태평양문어 272

자크 루이 다비드, 〈수리 문장 깃발의 분배〉 82

자크 쿠스토 79, 377

작은멋쟁이나비 608

잔느 빌르프흐 프워 560

장 바티스트 라마르크 39, 534

장자 609

100가지 동물로 읽는 세계사

재규어 26, 664-669

재레드 다이아몬드 305, 381

재야생화 637

잭 런던 245

잿빛개구리매 431, 432

점보(코끼리) 387, 389

정쥐신 604

제니(오랑우탄) 490, 492

제러미 색스턴 519

제럴드 더럴 118, 147, 670, 672, 676

제왕나비 233, 608, 612

제우스 83, 84, 109, 209, 552, 654

제이슨 틸리아나키스 462

제인 구달 304, 305, 307, 308, 311, 492

제임스 1세 97, 423

제임스 매디슨 444

제임스 먼로 444

제임스 무어 545

제임스 보즈웰 341

제임스 본드 105, 274, 394, 395

제임스 스튜워트(리자스가 나중에 그림), 〈덴티
　쿨라타 피라냐〉 396

제임스 조이스, 『율리시스』 197, 300

제임스 허턴 102

제프리 초서 601

조너선 스위프트 51

조니 마크스 574

조류보호법(1954) 432

조르조 바사리 566

조르주 뷔퐁 백작 341, 534

조르주 퀴비에 433, 529, 534-535, 628

조반니 피에트로 올리나 566

조시 웨일즈 46

조엘 챈들러 해리스 596

조이 애덤슨 20

조지 5세 431

조지 거슈윈과 아이라 거슈윈 504

조지 리치먼드 40

조지 샬러 20, 33, 126

조지 쇼 89

　『박물학 문집』 87, 91

조지 스텁스, 〈뉴홀랜드의 콩고로〉 340

조지 애덤슨 20

조지 오웰 185, 188, 303, 682

조지 워싱턴 444

조지프 뱅크스 경 340-341

조지프 카로, 〈노란 카나리아〉 564

조지프 후커 436, 545

조토 151

존 F. 레이시 324

존 굴드 37

　『영국의 새』 292

　『오스트레일리아의 새』 380

　『오스트레일리아의 포유류』 345

　『유럽의 새』 526

존 던 53, 385

존 러스킨 262

존 릴리 281

존 맥피 101

존 맨더빌 경 227

존 밀턴 210

존 스콥스 31, 224

존 스타인벡 269

존 애덤스 444

존 왕 423

존 월터 브래튼 253

존 제임스 오듀본 319

　『북미의 새』 84, 420, 578

존 클레어 290

존 키츠 174, 294

존 테니얼 경 147, 595

존 파울즈 612

존 프랭클린 경 690

존 프레더릭 루이스 468

존 헨리 패터슨 중령 17

종달새 295, 384

종이 194-197

죠스 107, 109, 112, 113

주세페 체사리(카발리에 다르피노) 160

주피터 84

줄리오 로마노, 〈자마전투〉 392

쥐 12, 13, 23, 24, 25, 54, 57, 146, 185-191, 222, 239, 245, 267, 310, 316, 413, 431, 445, 513, 604, 633

쥘 베른, 『해저 2만 리』 626-627, 629

지그문트 프로이트 42, 75, 209, 233, 356

지렁이 13, 198-203

지미 케네디 253

지미 헨드릭스 501

지중해몽크물범 375

진딧물 685-686

진주 661-663

짐 코빗 179

집고양이 23-28, 648

집참새 599, 602, 603, 604

집파리 171, 233-238, 272, 327

　개별 종들도 보라

집파리 171, 233-238, 326, 327

찌르레기 566

ㅊ

찰스 나이트 66, 67, 68, 344-345

찰스 다윈 11, 40, 89, 102, 210, 415, 613

　『인간의 유래와 성 선택』 11, 383, 554

　『종의 기원』 32, 33, 41, 90, 145, 167, 197, 198, 201, 224, 227, 229, 231, 232, 438, 492, 628

　갈라파고스흉내지빠귀 36-42, 143, 168

　개 245

　공작 550, 553-556

　따개비 433, 436-438

　딱정벌레 611

　바우새 383

　비둘기 167

　오랑우탄 490

　오스트레일리아 338

　재규어 665

　지렁이 198, 201

　해파리 545

찰스 디킨스 580

찰스 라이엘 102, 492

찰스 로스차일드 58

찰스 애덤스 470

찰스 에드워드 페루지니, 〈금붕어 어항〉 559, 562

찰스 왕세자 662

참다랑어 134

참새 106, 383, 598-604

참파와트(호랑이) 179

채륜 195-196

청둥오리 331, 333, 334, 335

청어 134

청파리 171, 234

체셔 고양이 28

체체파리 326-329, 605

초파리 613-618

추수감사절 577, 581

치요 138

치치(판다) 125

치코 마르크스 330, 336

치타 70

칠면조 576-582

칠보비둘기 164

침팬지 304-311, 440, 445, 448, 489

ㅋ

카나리아 563-569

카르티케야 357, 359

카리브해몽크물범 378, 517

카일라시 상할라 181

카투족 623

카피바라 665

칼 사피나, 『소리와 몸짓: 동물은 어떻게 생각과 감정을 표현하는가?』 161

칼 시그먼 583

칼 융 654

칼라라트리 97

칼룰루 596

칼리포르니아만 677, 679-680

캐나다기러기 483

캐서린 헵번 501

캐시우스 마르셀러스 쿨리지 156

캡틴 비프하트 275

캥거루 292, 338-343, 344, 347, 359

커밋 루스벨트 121

컵스카우트 159

케네스 그레이엄 136, 331

케르베로스 243

케이프가마우지 639

켄터키프라이드치킨(KFC) 215

켄트 개빈 373

코끼리 113, 384-393, 531, 699

코란 196, 197, 301, 513, 662

코뿔새 698, 700-701

코뿔소 59, 177, 283-289, 373

코코(고릴라) 34-35

콘도르 83

콘라트 로렌츠 123, 448

콜로라도감자잎벌레 504-509

콜로살오징어(남극하트지느러미오징어) 631

쿡 선장 216-217, 220, 312

크라켄 270, 625, 628, 630

크레스트 노리치 569

크리슈나 63

크리스 패컴 127

크리스마스 260, 404, 573-575, 579-581

크리스토퍼 콜럼버스 378

크릴새우 70, 334

크세노폰 361

크테시아스 471

큰까마귀 445, 447, 448

큰돌고래 276, 280, 281

큰두루미 523

클라이드 로퍼 629

클레멘트 클라크 무어, 〈성 니콜라우스의 방
  문〉 573

클레오파트라 661

클리포드 베리먼 250, 253

클린트 이스트우드 376, 594

키리바시 48, 49, 51

키쿠유족 371

키티돼지코박쥐 453

킹콩 29-31

ㅌ

타라스 278

타이거 프로젝트 182

타조 140

타파눌리오랑우탄 489, 494

탄자니아 라에톨리협곡 15-16, 307

태양곰 250

태즈메이니아주머니늑대 344-349

태즈메이니아호랑이 345

태평양굴 661

태평양연어 466

털매머드 531, 535, 628

털코뿔소 284

테드 휴즈 445

테디 베어 253

테오필로스 피콧 629

토끼 344, 591-597

토니 실바 500

토니 주니퍼 687

토라 513

토머스 맬서스 41

토머스 베켓 대주교 428

토머스 제퍼슨 286

토머스 터서 579

토머스 허버트 경 144

토머스 헉슬리 438, 544, 545

토머스 헌트 모건 614

토버모리(고양이) 28

토비아스 스트라노버 430

토토아바 680

톰 레러 164, 168, 584, 588, 681

투계 214

투명상어 110

투안 안 응우옌 623

트리케라톱스 103, 104, 285

티라노사우루스 100-106

티블스(고양이) 28

티아시 83

ㅍ

파르테논 신전 프리즈 부조 363

파리 동물원 389

파리강화회의(1949) 165

파블로 피카소 165

판다 121-128, 250, 478, 486, 487

판데르발스 힘 235

패딩턴 254

패스트푸드 산업 216

패트릭 맨슨 경 355

팻 파렐리 365

페스트(흑사병) 51-58, 513, 695

페스트균 51, 53

페이 레이 31

페테르 파울 루벤스 553

페트루스 캄페르 490

펠릭스 푸르네리, 〈파리 오페라 극장의 밤〉 137

펭귄 190, 262-268, 375, 640

포세이돈 278

포식자 포만 323

포티오스 1세 355

폴 & 린다 매카트니 376

폴 뒤 샤이유 33

폼페이 243-244

표범 26, 342, 665

푸른박새 402-404

풀러 양 415

퓨연구소 224

프란스 드 발 306

프란체스코 레디, 『곤충의 발생에 관한 실험』 443

프랑수아 펠사르트 216

프랑스 라스코 동굴 61, 64, 572, 584

프랑스 쇼베 동굴 18, 284

프랑스 페슈메를 동굴 531

프레더릭 폴리도어 노더 91

프레드 듀브레이 49

프레드 호일 231

프리드리히 게오르크 바이쉬 642

프리츠 랑, 《메트로폴리스》 683

플루타르코스 540

피그미가마우지 639

피라냐 394-399, 406, 438, 511

피에르 까르띠에 663

피터 맥콰이 함장 625

피터 벤츨리 107, 112

피터 스콧 경 333, 482, 485, 487

피파울 550

피팔루크(북극곰) 693

필리파 스코트 333

필립 고스 560

필립 셰리든 육군 소장 48

필립 하우즈 608

핑구 267

ㅎ

하누만 223

하마 13, 276, 353, 355

하멜른의 피리 부는 사나이 186, 188

하와이기러기 482-487

하이에나 20, 286, 353

하인리히 힘러 657

하일레 셀라시에 21

하퍼 리 39

하프물범 376-378

한니발 388

한스 사베리, 〈도도〉 143

한스 슬론 534

한스 크리스티안 안데르센 655

할 화이트헤드 279

할랜드 샌더스 216

항해자 한노 32

해달 77

해덕대구 130

해리 포터 209, 244, 412

해리스매 426

해리엇 헤먼웨이 140

해밀턴 하트리지 454

향유고래 71, 72, 630

허먼 멜빌 67, 71

허버트 경 144

험프리 보가트 501

헤라 109, 552, 654

헤라클레스 19, 586

헤르메스 552

헤이우드 하디, 〈온실에서〉 551

헨리 녹 429

헨리 데이비드 소로 403

헨리 펄리 파커, 〈젊은이, 굴 한번 들어볼래
　　요?〉 660

헨리 페어필드 오스본 104

호랑이 26, 177-184, 253, 319, 342

호레이스 그릴리 부인 415

호레이시오 월폴 579

호바트 동물원 348

홍머리오리 332

홍연어 466

화제 196

환경식품농무부 432

환경운동 20, 73, 141, 174, 181, 183, 285,
　　333, 482, 486

황금볏과일박쥐 453

황새 651-657

황새치 134

황소 59-60

황소상어 110, 113

황열병 171, 172

황오리 330

황제펭귄 263-266

회색고래 73

회색곰 250

회색앵무 499

후고 바이골트 121

후베르트 판 에이크, 〈신비로운 어린 양 숭배〉
　　479

후탄 489, 699

훔볼트펭귄 640

휩스네이드 동물원 556

휴 로프팅 188, 299, 474

휴 에드윈 144

휴 팔코너 227

휴글린 로빈 294

흉내지빠귀 36-42, 143, 168

흑멧돼지 293, 300, 308

흑사병 52-56

흡혈박쥐 455

흰개미 194, 308, 682-688

흰꼬리수리 86, 431

흰머리독수리 83, 85, 177

흰머리로빈채팅 294

흰코뿔소 284, 286

히말라야원숭이 222

히아신스금강앵무 497, 500

히포크라테스 172

힌두교

　공작 552, 554

　돼지 301

　뱀 209

　사슴 586

　소 63

　악어 355

　원숭이 223

　쥐 188, 190

　코끼리 388

　호랑이 180

도판 저작권자

Geographic Image Collection; Pg 143 Bridgeman Images; Pg 147 Getty Images / Photo 12, Pg 149 Alamy Stock Photo / Peter Barritt; Pg 151 Bridgeman Images / Mondadori Portfolio/Electa/Sergio Anelli; Pg 155 From Rudyard Kipling The Jungle Book, (The Reprint Society Ltd, 1955). Illustration by Stuart Tresilian (1891-1974); Pg 160 Bridgeman Images; Pg 163 Bridgeman Images / Purix Verlag Volker Christen; Pg 166 Wikimedia Commons https://commons.wikimedia.org/wiki/File:Verrocchio,_Leonardo_da_Vinci_-_Battesimo_di_Cristo.jpg; Pg 171 Getty Images / Universal Images Group / Windmill Books; Pg 175 Getty Images / Alfred Eisenstaedt; Pg 178 Alamy Stock Photo / Peter Horree; Pg 183 The Metropolitan Museum of Art / Rogers Fund, 1917; Pg 188 Alamy Stock Photo / Chris Howes / Wild Places Photography; Pg 190 Bridgeman Images / © British Library Board. All Rights Reserved; Pg 193 Bridgeman Images / Private Collection; Pg 195 Alamy Stock Photos / CPA Media Pte Ltd; Pg 199 iStockphoto.com / whitemay; Pg 205 Wikimedia Commons https://commons.wikimedia.org/wiki/File:Jan_Brueghel_de_Oude_en_Peter_Paul_Rubens_-_Het_aards_paradijs_met_de_zondeval_van_Adam_en_Eva.jpg; Pg 210 123RF.com / Bidouze Stephane; Pg 213 Bridgeman Images / National Trust Photographic Library; Pg 217 Minneapolis Institute of Art / The John R. Van Derlip Fund; purchase from the collection of Elizabeth and Willard Clark; Pg 220 Wikimedia Commons / https://commons.wikimedia.org/wiki/File:Pieter_Bruegel_de_Oude_-_Twee_geketend_apen.jpg; Pg 225 123RF.com / neyro2008; Pg 228 Alamy Stock Photo / MasPix; Pg 232 Alamy Stock Photo / Tom Bean; Pg 234 Getty Images / Corbis / Kevin Fleming 77902; Pg 237 Alamy Stock Photo / PjrStudio; Pg 240 akg-images / MPortfolio / Electa; Pg 244 Alamy Stock Photo / National Geographic Image Collection; Pg 249 Getty Images / Deb Garside / Design Pics; Pg 250 Getty Images / Stock Montage; Pg 256 Alamy Stock Photo / Peter Horree; Pg 265 Getty Images / ullstein bild Dtl; Pg 270 Bridgeman Images / © British Library Board. All Rights Reserved; Pg 273 Alamy Stock Photo / Heritage Image Partnership Ltd; Pg 278 Getty Images / DEA / G. Gagli Orti; Pg 280 Juvenile female sponger. Photo: Ewa Krzyszczyk; monkeymiadolphins.org; Pg 285 John Frost Newspapers / Daily Mirror October 9, 1961 front cover; Pg 287 Courtesy National Gallery of Art, Washington, Rosenwald Collection; Pg 292 Alamy Stock Photo / Old Images; Pg 299 Hugh Lofting (1886–1947), Gub Gub's Book: An Encyclopedia of Food (London: Jonathan Cape, 1932); Pg 302 akg-images / Rabatti & Domingie; Pg 305 Alamy Stock Photo / A.F. Archive; Pg 309 Alamy Stock Photo / Nature Picture Library; Pg 314 Alamy Stock Photo / The Granger Collection; Pg 319 USFWS National Digital Library / https://digitalmedia.fws.gov/digital/collection/natdiglib/id/25278/rec/1; Pg 320-321 Walton Ford (b. 1960), Falling Bough, 2002. Courtesy of Kasmin Gallery, New York; Pg 328 Shutterstock / Jaco Visser; Pg 332 Alamy Stock Photo / Daisy Photography; Pg 334 Bridgeman Images / Photo © Christie's Images; Pg 340 Alamy Stock Photo / incamerastock; Pg 345 Alamy Stock Photo / Pictures Now; Pg 347 Alamy Stock Photo / Historic Collection; Pg 352 iStockphoto / USO; Pg 354 Minneapolis Institute of Art / Gift of Rhodes Robertson; Pg 358 Wikimedia Commons / https://commons.wikimedia.org/wiki/File:Jacques_Louis_David_-_Bonaparte_franchissant_le_Grand_Saint-Bernard,_20_mai_1800_-_Google_Art_Project.jpg; Pg 363 Getty Images / Fine Art; Pg 369 Bridgeman Images; Pg 370 Getty Images / Fine Art; Pg 374 Bridgeman Images / © Giancarlo Costa; Pg 380 Rawpixel Ltd / Elizabeth Gould (1804-1841) https://www.flickr.com/photos/vintage_illustration/41972947871; Pg 387 Alamy Stock Photo / Pictures Now; Pg 392 Bridgeman Images; Pg 396 Bridgeman Images / Florilegius; Pg 398 Library of Congress LC-DIG-ds-09858; Pg 402 Getty Images / Fine Art; Pg 404 Alamy Stock Photo / Dorling Kindersley Ltd; Pg 408 Alamy Stock Photo / Premiergraphics; Pg 411 Bridgeman Images / Look and Learn; Pg 416 Bridgeman Images; Pg 418 Alamy Stock Photos / Glasshouse Images; Pg 421 Wikimedia Commons / https://commons.wikimedia.org/wiki/File:366_Iceland_or_Jer_Falcon.jpg; Pg 425 Getty

100가지 동물로 읽는 세계사

감사의 말

이 책을 만드는 데 도움을 주신 모든 분께 감사 인사드립니다. 사이먼 & 슈스터 출판사에서 이안 마샬과 로라 니콜이 이 모든 과정을 함께해주었습니다. 편집자 조안나 치솔름, 디자이너 키스 윌리엄스, 도판 작업자 리즈 무어, 교정교열자 로레인 제람에게 감사드립니다. 제 원고를 검토해준 무척추동물 자선단체 버그라이프(Buglife)의 CEO 매트 샤들로우에게도 깊은 감사를 표합니다. 조지나 카펠 에이전시의 조지와 아이린에게도 늘 감사합니다. 마지막으로 노퍽에 있는 제 가족 신디, 조셉, 에디가 없었다면 이 일을 해낼 수 없었을 것입니다. 가족들에게 항상 감사할 따름입니다.

옮긴이 ✦ 오수원

서강대학교에서 영어영문학과를 졸업하고 같은 대학원에서 석사학위를 받았다. 동료 번역가들과 '번역인'이라는 공동체를 꾸려 전문 번역가로 활동하면서 역사, 과학, 철학, 문학, 경제경영 등 다양한 분야의 책을 우리말로 옮기고 있다. 《처음 읽는 바다 세계사》, 《세상을 바꾼 위대한 과학실험 100》, 《면역의 힘》, 《비》, 《걸어다니는 표현 사전》 등을 번역했다.

100가지 동물로 읽는 세계사
티라노사우루스부터 북극곰까지 인류와 공생한 동물들의 이야기

1판 1쇄 발행 2023년 3월 31일
1판 4쇄 발행 2024년 12월 30일

지은이 사이먼 반즈
옮긴이 오수원
발행인 박명곤 **CEO** 박지성 **CFO** 김영은
기획편집1팀 채대광, 김준원, 이승미, 김윤아, 백환희, 이상지
기획편집2팀 박일귀, 이은빈, 강민형, 이지은, 박고은
디자인팀 구경표, 유채민, 윤신혜, 임지선
마케팅팀 임우열, 김은지, 전상미, 이호, 최고은

펴낸곳 (주)현대지성
출판등록 제406-2014-000124호
전화 070-7791-2136 **팩스** 0303-3444-2136
주소 서울시 강서구 마곡중앙6로 40, 장흥빌딩 10층
홈페이지 www.hdjisung.com **이메일** support@hdjisung.com
제작처 영신사

ⓒ 현대지성 2023

"Curious and Creative people make Inspiring Contents"
현대지성은 여러분의 의견 하나하나를 소중히 받고 있습니다.
원고 투고, 오탈자 제보, 제휴 제안은 support@hdjisung.com으로 보내 주세요.

이 책을 만든 사람들
기획·편집 박일귀 **디자인** 구경표